UNSER GEISTESERBE

Richard W. Eichler

Unser Geisteserbe

Kraftquellen
für das neue Jahrtausend

Von Homer bis heute

EDITION · GRABERT · TÜBINGEN

Druck und Bindung: Kösel-Druck, Kempten
Satz und Schutzumschlaggestaltung: Grabert-Verlag, Tübingen

Umschlagmotiv: ›Weimarer 1893‹,
nach einem Gemälde von Otto Knille

Die Deutsche Bibliothek – CIP-Einheitsaufnahme

Unser Geisteserbe : Kraftquellen für das neue
Jahrtausend / Richard W. Eichler . -
Tübingen : Grabert, 1995
ISBN 3-87847-143-2
NE: Eichler, Richard W. [Hrsg.]

ISBN 3-87847-143-2

© 1995 by Grabert-Verlag,
Postfach 1629, D-72006 Tübingen

Inhaltsverzeichnis

Kulturelle Wertanlagen

Habgierige haben keinen Blick für die wahren Reichtümer – weil diese kostenfrei sind: die Sonne, die Liebe, die öffentlichen Bibliotheken. Was nicht abzuschätzen ist, wird abschätzig behandelt. Schätze, im Herzen und im Kopf bewahrt, können nicht geraubt werden, Bildung und Wissen sind nicht von Kursverlusten bedroht. Weisheiten, selbst Binsenwahrheiten, können zwar vorübergehend vom Zeitgeist verdunkelt werden, wer an ihnen festhält, bleibt jedoch im Vorteil.

Das Erbe aus Jahrtausenden Kulturerfahrung ist nicht nur nützlich, es hebt uns auch, wenn wir uns seiner erinnern, aus dem Trott des Alltags, der so oft den Schwung für wesentliche Entschlüsse lähmt. Wem es gelingt, einige Schritte vom Gewohnten zurückzutreten, bedrängende Fragen aus der nachdenklichen Distanz zu betrachten – Entfernung stellt Größenverhältnisse richtig –, der ist der Lösung schon nahe.

Einen solchen höheren Betrachtungsstandort zu gewinnen, hilft uns das Wort eines bedeutenden Menschen. Erleichtert stellen wir fest, daß wir mit unseren Nöten und Sorgen weder die ersten noch einzigen sind, daß alles schon einmal bedacht und durchgestanden worden ist.

Auf Weh und Wunden gute Salbe! wünschte Goethe in einem Neujahrsgruß. Eine Hausapotheke in diesem Sinne will, unter anderem, diese Sammlung schöner Gedanken und kluger Worte sein. Manches wurde in einem nur scheinbar aufgeklärten Zeitalter vergessen oder verdrängt. Daß wir an Tiefe verloren haben, belegt allein schon eine Begriffskette: Freude – Vergnügen – Unterhaltung – Zerstreuung; daß unser Gefühl für Rechtlichkeit schwindet, wird erkennbar, wenn ›Recht und Ordnung‹, ›blauäugig‹ und ›Saubermann‹ von den Meinungsmachern der Verachtung preisgegeben werden können. Von der Antike bis zum Heute die gleichen Fronten: die Rechtlichen, welche die Welt im Lot zu halten trachten einerseits, die Boshaften und die Leichtfertigen, die auf Kosten der Schöpferischen, Verantwortungsvollen leben und alles umtreiben, andererseits.

Den bejahenden, ja rühmenden Aussagen innerhalb der Themen wurde stets der Vortritt gelassen; aber selbst im Zweifel oder gar Vorwurf ist das Förderliche enthalten; ein Beispiel dafür: Erstaunlich viele Geister haben gegen Vermassung und Gleichmacherei Stellung bezogen, aber nicht aus Überheblichkeit, Menschenverachtung oder Ablehnung des Volkswillens; stets glaubt man den Seufzer eines Wunsches mitzuhören: »Wie herrlich wäre es, mit souveränen Menschen einverständlich zusammenzuleben. . .!«

Dieser Band will die Reihe der Zitatenlexika nicht vermehren. Er möchte lebensvolle Zusammenhänge knüpfen, kann als tägliche Vitamingabe für die Seele dienen. Ostasien kennt diese anspruchsvolle Form der Besinnung, unterstützt durch Niederschreiben oder Aufsagen eines Gedichts, Musik hören, bewußtem Betrachten eines sinnhaltigen Bildes.

Goethe befaßte sich in den Jahren 1808 und 1809 im Schriftwechsel mit dem bayrischen Zentralschulrat Friedrich Immanuel Niethammer mit dem Plan eines ›Deutschen Volksbuches‹ (auch für »die österreichischen Erblande«), wobei die Stichworte: Poetisches-Lyrisches, Historisch-genetisch, Volksbildung, Charakter, Geschmack erscheinen. »Man begänne mit dem Hohen und Ideellen: Gott, Unsterblichkeit, höhere Sehnsucht und Liebe; höhere Naturansichten stünden daran... Tugend, Tauglichkeit, Sitte, Sittlichkeit, Anhänglichkeit an Familie und Vaterland würden hier ihren Raum finden... Begebenheiten, Mythen, Legenden und Fabeln... Der Sinnlichkeit würde die unmittelbar ergreifende Liebe mit ihrem Wohl und Weh..., Neckereyen und derbe Späße darzubieten seyn... ganze Nationen, insofern sie auf den ersten Stufen der Cultur stehen... Völlig eigenes, angeeignetes durch Behandlung, Übersetzung, alles würde aufzunehmen seyn.«

Ernst Jünger schrieb am 26. Januar 1990 in sein Tagebuch: »Ein ›Mantrana‹ als Sammlung von Aphorismen und Maximen in Fluß zu bringen war keine üble Idee. Manchmal bedaure ich, daß sie versickerte. Aber es träufelt noch nach. Ich hatte an ein Zusammenspiel wie beim Domino gedacht. Gute Gedanken haben spermatische Kraft. Von der literarischen Darbietung inmitten einer Zeitwende hat der Aphorismus den besten Bestand. Er ist noch unverwittert seit Heraklit. Im Sand der Wüste erhalten sich Edelsteine, in der Tiefsee Einzeller. Der Aphorismus ist ursprünglich; er blitzt auf. Das Genie des Volkes überrascht durch Einfälle und Sprichwörter. Es bildet an der Sprache mit. So wurde dieser Tage ›Wendehals‹ als neues Wort geboren für schräge Vögel, die sich wie Wetterfahnen nach jedem Winde drehen.«

Wertberichtigungen

Öffentliche Rede heute und Parlamentsgeplänkel halten – Cicero und Bismarck sei's geklagt – den Vergleich mit der Vergangenheit nicht aus. Man könnte die Berechtigung der vorliegenden Sammlung schon damit rechtfertigen, daß ein historisch ausgebildeter Spitzenpolitiker den Ruf »The Germans to the front!« allen Ernstes Kaiser Wilhelm II. in den Mund legte.

Wenn in unseren Tagen jemand seine Behauptungen durch Zitate stützen zu müssen meint, dann nicht selten in fälschender Weise. Auf der folgenden Seite werden dafür einige zeitgemäße Beweise erbracht. Die klassische Sammlung von historischen Falschaussagen und Fehldeutungen ›Der Treppenwitz der Weltgeschichte‹ stammt von W. L. Hertslet.

Wendehälse gab es nicht nur 1945 und 1989, sondern auch nach 1918; so hatte Thomas Mann gegen die Feinde des Reiches gewettert, Ernst Barlach sie karikiert, Kurt Tucholsky bei den unbeliebten Feldgendarmen gedient.

als epochemachender Auftakt der Französischen Revolution gefeiert, befreite nach der Niedermetzelung der wenigen invaliden Bewacher in Wahrheit vier Fälscher, zwei Geistesgestörte und einen überschuldeten Adeligen, der mit Einverständnis der Familie einsaß.

DENK' ICH AN DEUTSCHLAND IN DER NACHT, SO BIN ICH UM DEN SCHLAF GEBRACHT

»Nun stimmt es zwar, daß Heine bei allen Einwänden gegen die politischen Zustände in Deutschland sein Heimatland liebte – aber gerade dieses Gedicht läßt sich als Beweis hierfür nicht anführen. Denn wenige Zeiten weiter gibt Heine als Grund für seinen Kummer den Gedanken an seine alte Mutter in Düsseldorf an.«

Salcia Landmann, in ›Junge Freiheit‹, 49/1994

FREIHEIT IST IMMER NUR DIE FREIHEIT DES ANDERS DENKENDEN

Dieses Zitat aus Rosa Luxemburgs Buch ›Die Russische Revolution‹ wird immer wieder als Bekenntnis zu Freiheit und Rechtsstaatlichkeit angeführt. Ihr wohlwollender Biograph Peter Nettl stellte richtig: »Natürlich war das kein Plädoyer für die bürgerliche Demokratie; Rosa meinte jene Demokratie, die nach sozialistischer Ansicht erst nach dem Sieg der Revolution möglich würde.«

›Rosa Luxemburg‹, 1969, Seite 485

STELL DIR VOR, ES GIBT KRIEG UND KEINER GEHT HIN!

Parole für Wehrdienstverweigerer? Das Folgende sagt das Gegenteil:
Dann kommt der Krieg zu euch!
Wer zu Hause bleibt, wenn der Kampf beginnt
und läßt andere kämpfen für seine Sache
der muß sich vorsehen:
denn wer den Kampf nicht geführt hat
der wird teilen die Niederlage.

Bertolt Brecht

SOLDATEN SIND MÖRDER

Was gilt die Moral des Verfassers, die ihm das höchste Gericht zubilligt, wenn der gleiche Kurt Tucholsky andernorts schreibt:
Möge das Gas in die Spielstuben Eurer Kinder schleichen!
Mögen sie langsam umsinken, die Püppchen! Ich wünsche
der Frau des Kirchenrates und des Chefredakteurs
und der Mutter des Bildhauers und der Schwester des Bankiers,
daß sie einen bitteren und qualvollen Tod finden, alle zusammen!

Tucholsky, in ›Die Weltbühne‹, 30/1927, Seite 152

Der Linientreue halber werden heutzutage die Biographien und das Werk von Autoren beschnitten, eher am Kopf als am Unterleib.

Mag eine sinistre Ideologie und Praxis noch so offenkundig gescheitert sein, die in der Frankfurter Schule Dressierten bestimmen weitgehend die Kulturpolitik. Unter den vom Unterrichtsminister (Adorno-Habermas-Schüler Holzapfel in Hessen, nach *Der Spiegel*, 7/1995) den Schülern empfohlenen zehn Schriftstellern kommt Schiller nicht vor, aber Caroll, Defoe, Kafka und Kästner. »Natürlich bedaure ich, daß so vielen Goethe nichts mehr bedeutet. Aber die Gleichung ›Wer Goethe nicht kennt, ist ungebildet‹, halte ich für falsch.« Um Größe würdigen zu können, darf man kein Zwerg sein. Auch an US-Universitäten ist der Kampf gegen die ›Dead White European Males‹ voll im Gange. Wir dagegen wollen Gräben überbrücken, den der Geist weht bekanntlich, wo er will (und wo man ihn frei wehen läßt.)

Die Tilgung des Geschichtsbewußtseins war vielleicht die boshafteste Maßnahme der manipulierenden Umerzieher, neben Eschenburgs Verbot, neuere deutsche Geschichte nach dem in Europa erstrittenen Grundsatz objektiver Wissenschaftlichkeit zu betrachten. Selbstbewußtere Länder wie Österreich und Bayern haben sich der Geschichtsvergessenheit widersetzt und seit Begriffe wie Brandenburg-Preußen, Potsdam und Weimar in das Bewußtsein der Gebildeten zurückgekehrt sind, die geographische Lage Berlins uns tagtäglich auf die Einbußen verweist, werden uns fünfzig Jahre Rheinbund-Engstirnigkeit peinlich vor Augen geführt.

Noch eine Beobachtung sei den Lesern zur weiteren Überlegung anempfohlen: Völker, die ihr Geschichtsbewußtsein auf Gefangenschaften, Teilungen und Niederlagen gründen, neigen eher zur Rachsucht als jene, die sich ihrer Siege, Befreiungen und Leistungen erfreuen.

Außerhalb Deutschlands triumphiert aufgekratzter nationaler Optimismus, werden Fahnen hochgehalten und beim Ertönen der Hymne die Hände bekenntnisstark aufs Herz gelegt – mag die gesellschaftliche Lage noch so trübselig sein; selbst dort, wo die imperiale Größe verlorenging, gibt man sich nicht der Niedergeschlagenheit hin. Übrigens zum Thema Hymnen: Das Deutschlandlied ist eine der herzlichsten und freundlichsten, besingt neben den großen Tugenden auch die Frauen, den Wein und den Gesang – kein Schrei nach Rache (». . . das unreine Blut tränke unserer Äcker Furchen«, wie es das Volk in der Vendée mitsingen muß).

Mut zum Pathos

Der Ergriffene macht nicht große Worte, aber seine Empfindung darf ihn tragen und seiner Sprache den Ton des Außergewöhnlichen verleihen. Nach 1945 wurden die Anthologien in Deutschland vom Ballast des Begeisternden, Erhebenden befreit. Es ist nicht zu leugnen: Antike und deutsche Klassik waren nach dem parteipolitischen Schema rechts – rechts rechtverstanden: das Überzeitliche nicht leugnend und ein organisch geordnetes Weltbild erstrebend. Was an dessen Stelle trat, war das Sinistre, also Linkisch-Linke. Im Materialismus jedoch ist kein Platz für Ideale, die so genannt zu werden verdienten.

Man hat uns Deutschen nach dem Kriege manches auszureden getrachtet. Enzensberger meinte, wir sollten keine Oden mehr lesen, nur noch Fahrpläne, die wären genauer. Nun sind solche Verordnungen lebensfremd, und so geht die Zeit über sie hinweg.

Daß die öffentlichen Wortführer sich scheuen, Begriffe wie Volk, Vaterland, Heimat, Ehrenhaftigkeit, Pflicht, Opfer auszusprechen, ist Zeichen für den Wertewandel, der nicht das Redliche und Höherstrebende in den Vordergrund stellt, sondern das Gewöhnliche, oft genug auch Schäbige, das Verquere und Außenseiterische. Und wie vermag man einen deutschen ›Bürger in Uniform‹ (das klingt nach Maskarade) mit Berufung auf Dienst- und Opferpflicht nach Somalia zu schicken? Dynastenkriege und Söldnerheere waren noch üblich, als Lessing schon schrieb: »Man muß Soldat sein für sein Land oder aus Liebe zur Sache, für die gefochten wird. Ohne Absicht heute hier, morgen da zu dienen, heißt wie ein Fleischerknecht reisen, sonst nichts.« Auch heute: Mit welchem Ethos kann ein Deutscher für neukoloniale Interessen anderer kämpfen?

Nein, es gilt einiges Verschrobene zurechtzurücken. Das »Dulce et decorum est pro patria mori« kann nur ein ehrvergessenes Geschlecht abschätzig bereden; in gleichem Geiste schrieben Daniel Georg Morhof »Kein sel'ger Tod ist in der Welt, / Als wer vorm Feind erschlagen, /... dem Vaterland zugute«, und Friedrich Hölderlin: »O Vaterland, / Und zähle nicht die Toten! / Dir ist, Liebstes! / Nicht einer zu viel gefallen.« Selbst Schillers »Und setzet ihr nicht das Leben ein...« stößt auf Unverständnis der Charakterschwachen. Insgeheim aber hofft der Wohlstandsbürger doch, im Notfalle mit der Todesbereitschaft des Wehrmannes rechnen zu können.

Zwei Zeilen werden von Flachköpfen immer wieder als Beweis deutscher Überheblichkeit zitiert: »Und es mag am deutschen Wesen / Einmal noch die Welt genesen.« Kaum einer der Nachbeter wird das Gedicht Emanuel Geibels ›Deutschlands Beruf‹ gelesen haben. Darin heißt es: »Daß die Welt nicht mehr, in Sorgen / Um ihr leichterschüttert Glück, / Täglich bebe vor dem Morgen, / Gebt ihr ihren Kern zurück! / Macht Europas Herz gesunden,/ Und das Heil ist euch gefunden.«

Wer heute nach Riga, Sarajewo und Grosny blickt und die mangelnde Weisheit in Moskau, London und Paris in Betracht zieht, wird die von Geibel ausgesprochenen Zweifel am ›Koloß im Norden‹, den ›Launen an der Seine‹, am ›Fischer in Rom‹ nach wie vor berechtigt finden. Sein hellsichtiges Urteil gibt jenen angeschuldigten Zeilen einen sittlich-fordernden, positiven Sinn, bürdet den Deutschen eine besondere Verantwortung auf:

»Macht und Freiheit, Recht und Sitte, / Klarer Geist und scharfer Hieb, / Zügeln dann aus starker Mitte / Jeder Selbstsucht eitlen Trieb, / Und es mag am deutschen Wesen / Einmal noch die Welt genesen.« Die Gelegenheit, 1945 als Beginn einer parteifreien Geistigkeit zu sehen, wurde vertan, es kam lediglich zum Personalwechsel mit nenen Ausgrenzungen im Geistigen wie im Künstlerischen. »War man vor 1945 fanatisch *für* Deutschland und alles Deutsche, so ist man seit einigen Jahrzehnten, auf der Basis ständig wachsender Unwissenheit, fanatisch dagegen. Und noch die letzte Mickey-Maus-Sprechblase ist der Selbstvernichtungslogik dieser sich pazifistisch gebenden Kulturoffiziere des westdeutschen Sonderbewußtseins ein höherwertiges Geist-Ereignis, weil angeblich *westlich*, als beispielsweise Texte und Bilder der deutschen Romantik, die angeblich präfaschistisch sind.« So Ulrich Schacht in seiner feurigen Rede am 6. Mai 1995 auf dem Hambacher Schloß.

Das Deutsche im Europäischen

Auf den folgenden Seiten wird der Leser Aphorismen und Epigramme, Sinngedichte, Volksweisheit und philosophische Prosa von den Vorsokratikern bis in unsere Tage zu vielen Lebensbereichen finden. Das thematische Nebeneinander führt zu Bestätigungen, Abwandlungen oder zum Widerspruch.

Gewiß, das deutschsprachige Gebiet ist bevorzugt mit seinen biographischen wie geistigen Verflechtungen, etwa durch Friedrich Hebbel zwischen Dithmarschen und Wien, zwischen Rheinland und Österreich durch Beethoven, Gottfried Keller in der Schweiz, durch die schwäbischen und ostpreußischen Dichter am Weimarer Hof und so weiter und so fort; schön aber auch die tiefreichende Verwandtschaft mit der griechisch-römischen Antike, den geistvollen und heroischen Hellenen, den staatsklug-sachlichen Römern, das Herauswachsen des Deutschen aus dem Germanischen – sozusagen eine Quersumme des Gedankenreichtums von Heraklit bis Ernst Jünger. Wer wichtige Namen vermißt, bedenke: Nicht jeder Dichter ist auch ein Aphoristiker. Aus juristischen Gründen konnten manche Personen nicht berücksichtigt werden.

So mühsam es mit dem politischen Gemeinschaftsbewußtsein in Europa vorangeht, uns nationale Eigensüchteleien und Bürokratismus verärgern, viel gemeinsame kulturelle Substanz gibt uns Hoffnung: Florenz und Madrid, Reims und Köln, Potsdam und Wien, Prag und Krakau stehen auf ihre Weise dafür ein. Zu deutscher Besinnlichkeit gesellen sich französischer Esprit und angelsächsischer Humor. So stehen Hochgeistiges und gesunder Hausverstand zwischen diesen Buchdeckeln einträchtig nebeneinander. Die Philosophie eines Wilhelm Busch ist nicht gering zu schätzen, Friedrich Nietzsche wiederum hat es nicht unter seiner Würde gefunden, drastisch-anschaulich zu sein. Ein weites, durch den Umfang des Bandes keineswegs begrenztes Feld angehäufter Weltweisheit ist zu durchschreiten. Der Geist überspringt viele Grenzen.

Wer zwei Paar Hosen hat, mache eins zu Geld
und schaffe sich dieses Buch an.
Georg Christoph Lichtenberg, ›Sudelbücher‹

O Geist, der du aufschriebst, was ich sah,
Hier wird sich deine Vornehmheit erweisen.
Dante Alighieri, ›Die göttliche Komödie‹

Hier sind die großen Lexika,
die großen Krambuden der Literatur,
wo jeder einzeln sein Bedürfnis pfennigweise
nach dem Alphabet abholen kann!
Goethe, ›Die Vögel‹

Gib Leser nicht zu sehr auf alle Fehler acht:
Noch nie ist wohl ein Buch und der so es gemacht
und der so es gekauft und der so es gelesen -
von allen Fehlern frei gewesen.
Friedrich Trescho

Gleichnisse dürft ihr mir nicht verwehren.
Ich wüßte mich sonst nicht zu erklären.
Johann Wolfgang von Goethe

Der Einnehmen ethischer Substanzen in literarischer Form
kann Nebenwirkungen zeitigen, die indes nicht zu fürchten sind.
Richard W. Eichler

Dies Büchlein soll dir manches Gute zeigen,
Das Beste nur muß ich zuletzt verschweigen.
Goethe, ›Das Tagebuch‹

Verzeiht, wenn manchen manches hart hier trifft,
Mein Pfeil soll treffen, doch er trägt kein Gift.
Christian Morgenstern

Gefallen werd ich nicht Hörern und Lesern allen:
Mir will auch nicht jeder Hörer und Leser gefallen.
Valentin Loeber

Ich protestiere feierlich gegen alles Ärgernis, alle Klagen,
alle boshafte Auslegung und jede Krittelei,
die schlechten Spaßmacher und die übelwollenden Leser.
Jean de La Bruyère

Spucke nicht in den Brunnen, du könntest daraus trinken müssen.
Russisches Sprichwort

APHORISMUS: VERDAUTE WEISHEIT
Ambrose Gwinnett Bierce

Kurzgefaßte Sprüche jeder Art weiß ich zu ehren,
besonders wenn sie mich anregen, das Entgegengesetzte
zu überschauen und in Übereinstimmung zu bringen.
Goethe, ›Wilhelm Meisters Wanderjahre‹

Etwas Kurz-Gesagtes kann die Frucht und Ernte
von vielem Lang-Gedachten sein.
Friedrich Nietzsche

Der längste Arm gehört zum Aphorismus.
Karl Kraus

Wer an einem Aphorismus feilt, schleift an einer Klinge.
Germund Fitzthum, ›Salonblüten‹, 1983

Wenige Maximen sind wahr in jeder Hinsicht.
Luc de Clapiers de Vauvenargues

Selbst erfinden ist schön; doch glücklich von andern Gefundnes
Fröhlich erkannt und geschätzt, nennst du es weniger dein?
Goethe, ›Vier Jahreszeiten‹

Einen Aphorismus soll man nicht mehrfach lesen,
um ihn zu verstehen, sondern einmal lesen,
um ihn mehrfach zu verstehen.
André Brie

Diese Worte sind nicht alle in Sachsen
Noch auf meinem eignen Mist gewachsen,
Doch was für Samen die Fremde bringt,
Erzog ich im Lande gut gedüngt.
Goethe, ›Sprichwörtlich‹

Es hört doch jeder nur, was er versteht.
Goethe, ›Maximen und Reflexionen‹

Über manche Gedankenlücke
Bilden Zitate die Eselsbrücke.
Ludwig Fulda

Wir alle zitieren, aus Not, aus Neigung und aus Freude.
Ralph Waldo Emerson, ›Kultureller Fortschritt‹

Ein guter Satz hat viele Fenster.
Friedrich Georg Jünger, ›Gedanken und Merkzeichen‹, 1949

Urzeit war es, /da Ymir hauste: / nicht war Sand noch See
noch Salzwogen, / nicht Erde unten / noch oben Himmel,
Gähnung grundlos, / doch Gras nirgends.
›Der Seherin Gesicht‹, aus der ›Edda‹

Das Göttliche und die Welt

Allgefühl und Stil der Verehrung
Denken, Forschen und Vertrauen
Kirche, Himmel und Verdammnis

Caspar David Friedrich, ›Das Eismeer‹, 1823

Emanuel Geibel

Wie heißt der Baum, der da breitet
über die Erde sein Geäst?
Mimameid heißt er, kein Mensch aber weiß,
aus welcher Wurzel er wächst.
Edda, ›Das Fjölswinnlied‹

Aus den Gärten komm ich zu euch, ihr Söhne des Berges!
... Mit gewaltigem Arme den Raum, und gegen die Wolken
Ist euch heiter und groß die sonnige Krone gerichtet.
Eine Welt ist jeder von euch, wie die Sterne des Himmels
Lebt ihr, jeder ein Gott, in freiem Bunde zusammen. . .
Friedrich Hölderlin, ›Die Eichbäume‹

Ostar, Ostar, Erdenmutter, lasse diesen Acker wachsen,
laß ihn grünen, laß ihn blühen, Früchte tragen, gib ihm Frieden,
daß die Erde sei gefriedet, daß sie sei geborgen.
Osterspruch des 11. Jahrhunderts, gefunden im Kloster Corvey

Die Welt ist ein körperliches Bild Gottes,
der Geist ein unkörperliches, aber doch erschaffenes Bild Gottes.
Johannes Kepler an H. von Hohenburg am 9. April 1599

Ich bin ein Span von deinem Stamme, / von deinem Feuer eine Flamme,
ein Korn, das deine Erde reift, / ein Blatt, das deine Liebe streift!
Alfons Petzold

Du wirst kein Buch finden,
wo du der göttlichen Weisheit mehr inne werden kannst,
als wenn du auf eine grünende und blühende Wiese gehest:
Da wirst du die wunderbare Kraft Gottes sehen,
riechen und schmecken, wiewohl es nur ein Gleichnis ist.
Jakob Böhme

Die alten Athener errichteten nebst den Altären mit ihren Götterstatuen –
sie stellten sich nämlich ihre Götter als Gestalt angenommene Wesen vor –
einen leeren Altar. Sie weihten ihn dem ›unbekannten Gott‹. . .
Diese Offenheit birgt weiters eine vorsichtige und besonnene Philosophie.
Diese spricht zwar von einer Aufteilung der Welt unter die Götter,
doch wer weiß, ob man da nicht etwas vergessen habe?
Gábor Görgey, ›Agnostos Theos‹

Gott ist so gefaßt wie ein Kristall und so zerstreut wie die Sterne.
Ernst Wilhelm Eschmann

So ist das Universum also ein Einziges,
Unendliches, Unbewegliches. . .
Es wird nicht geschaffen, denn es gibt
kein anderes Sein. . .
Es geht nicht unter, denn es gibt nichts anderes,
worin es verwandelt werden könnte,
da es ja selber alles ist.
Giordano Bruno, ›Über die Ursache‹

Im Arme der Götter wuchs ich groß.
Friedrich Hölderlin, ›Da ich ein Knabe war‹

Wo ist Gott?–- Im Meeresrauschen! / Wo ist Gott? – Im Eichenwald!
Kehr in dich und lerne lauschen; seinen Atem hörst du bald.
Wo ist Gott? – Im Duft der Linde / und im Lied der Nachtigall
und im Hauch der Frühlingswinde: überall im Weltenall.
Felix Dahn

Oh all ihr treuen / Freundlichen Götter!
Daß ihr wüßtet, / Wie euch meine Seele geliebt!
Friedrich Hölderlin, ›Da ich ein Knabe war‹

Nicht in dir
Schau alle Dinge in Gott und Gott in allen an.
Du siehst, daß alles sich in ihm vergleichen kann.
Jedes durchs andere
Die Ewigkeit durch die Zeit, das Leben durch den Tod,
Durch Nacht das Licht und durch den Menschen seh ich Gott.
Der Unbewegliche
Wer in sich schaut, der schaut, was Sonn und Erde trägt.
Es regt sich alles zwar, doch er bleibt unbewegt.
Nach dem Wesen, nicht der Meinung
O Seele, schlag das Bild in deinem Grund entzwei –
Wie heilig du auch bist, du treibst Abgötterei.
Daniel von Czepko, ›Monodisticha Sapientium‹

Allein, wozu das peinliche Gegrübel?
Was sichtbar bleibt, ist auch nicht übel.
Wilhelm Busch

Die Kirche ist der Versuch, Gott begreiflich zu machen.
Germund Fitzthum, ›Salonblüten‹, 1983

Gott zwingt den Willen nicht, er setzt ihn in Freiheit:
So daß er nichts will, als was Gott und die Freiheit
selber ist! Da vermag der Geist nun nichts anderes
zu wollen, als was Gott will. Das ist keine Unfreiheit
an ihm, das ist seine eigenste Freiheit.

Glaub an dich selbst, Mensch,
glaub an den Wert deines inneren Wesens,
so glaubst du an Gott und an die Unsterblichkeit.

Es ist im Inneren unserer Natur
ein heiliges göttliches Wesen, durch dessen Bildung und
Pflege der Mensch sich allein zu der inneren Würde
seiner Natur erheben, durch die allein er
Mensch zu werden vermag.

Die Natur übertritt niemals eine Stufe,
sie hebt an zu wirken im Niedersten
und wirkt auf das Höchste hin.

Willst du den Kern haben, mußt du die Schale brechen.

Das geringste Vermögen, das es in meiner Seele gibt,
ist weiter als der weite Himmel.
Seele ist mehr als das Weltall, ist frei vor Gott.

Nicht gedenke man Heiligkeit zu gründen auf Tun;
man soll Heiligkeit gründen auf ein Sein,
denn die Werke heiligen nicht uns, wir aber die Werke.

Wir sollen es dahin bringen,
daß wir Gott nicht mehr zu bitten brauchen,
er möge uns seine Gnade und göttliche Güte geben,
sondern wir sollen schaffen, daß wir es selber nehmen
und daß wir darum gar nicht fragen.

Daß wir die Gerechtigkeit um ihrer selbst willen und Gott
ohne Warum lieben, dazu helfe uns Gott.

. . .denn wenn einer für sich selbst nichts will,
für den muß Gott in gleicher Weise wollen wie für sich selbst.

Ohne damit einen einzigen meiner Sätze preiszugeben,
verbessere und widerrufe ich aber alle die,
von denen man imstande sein wird nachzuweisen,
daß sie auf fehlerhaftem Vernunftgebrauch beruhen.

Wenn ein Gott dich berührt, loderst du in Flammen auf
Giordano Bruno

Du darfst nicht warten, bis Gott zu dir geht
Und sagt: Ich bin.
Ein Gott, der seine Stärke eingesteht,
Hat keinen Sinn.
Da mußt du wissen, daß dich Gott durchweht
Seit Anbeginn,
Und wenn dein Herz dir glüht und nichts verrät,
Dann schafft er drin.
Rainer Maria Rilke

Es wurde mir klar, daß Gott nichts Äußeres ist,
sondern ein Inneres, und daß er sich nicht damit befaßt,
ob eine Frucht vom Baum fällt, sondern damit,
wie ich meine Seele forme.
Paul Ernst

Was sagt Meister Ekkehart anderes als:
Zerbrich alle Sprache und damit alle Begriffe und Dinge:
Der Rest ist Schweigen. Dies Schweigen aber ist Gott.
Christian Morgenstern, ›Aphorismen und Sprüche‹

Alltagsmenschen suchen den Himmel;
Sonntagsmenschen aber, die tiefen und auserwählten Geister,
suchen Gott.
Peter Rosegger

Ein einziger dankbarer Gedanke gen Himmel
ist das vollkommenste Gebet.
Gotthold Ephraim Lessing

Spür die längste Nacht, die nun beginnt.
Lausche ihrem Atem, träume wach
und vernimm das Leben, das sich regt,
unsichtbar und klein in seiner Haft.
Ahn sein Wachsen, das dich tief bewegt
in der Stille, die das Große schafft.
Karl Krolow

Was der Mensch als Gott verehrt,
ist sein eigenes Innere herausgekehrt.
Goethe zu Friedrich Wilhelm Riemer

Die Religion, die Beziehung des Menschen zum Ewigen,
ist ein Naturding wie Meer, Sonne, Wind und Wolken.

Die Historie schafft uns keine Religion,
die gegenwärtige menschliche Seele tut es.

Gustav Frenssen

In allen Werken des Genies ist Religion;
in allen religiösen Gedanken ist Genie.

Anne Germaine de Staël, ›Über Deutschland‹

Gott denkt in den Genies, träumt in den Dichtern
und schläft in den übrigen Menschen.

Peter Altenberg, ›Prodromos‹, 1906

. . . warum sollten die Macht zu lieben, die Poesie, die Philosophie
nicht Säulen des Glaubenstempels sein?

Anne Germaine de Staël, ›Über Deutschland‹

Was kümmert es mich, ob Gott nicht existiert:
Gott verleiht dem Menschen etwas Göttliches.

Antoine de Saint-Exupéry, ›Carnets‹

Alles ist Offenbarung des Göttlichen: soviel Kinder
du hinterläßt, Bäume du pflanzt, Blumen du säest –
sovielmal hilfst du dem Göttlichen, sichtbar zu werden.

Marie Adelheid Prinzessin Reuß zur Lippe

Der Ausdruck: das ist göttlich, hat sich durchgesetzt,
um die Schönheiten der Natur und Kunst zu rühmen;
und dieser Ausdruck ist bei den Deutschen Glaubensformel.

Anne Germaine de Staël, ›Über Deutschland‹

Das ist ein königlicher Mann,
welchen nichts besiegt als das Schöne und Göttliche,
dessen Knie nichts beugt als die Andacht.

Ernst Wagner

Man nimmt die unerklärte dunkle Sache wichtiger
als die erklärte helle.

Friedrich Nietzsche

Eins in Drein sind Freunde:
Brüder vor der Not,
Gleiche vor dem Feinde,
Freie – vor dem Tod!

Der Weise spricht
Dem Volke fremd und nützlich doch dem Volke,
Zieh ich des Weges, Sonne bald, bald Wolke –
Und immer über diesem Volke!

Ecce homo
Ja! Ich weiß, woher ich stamme!
Ungesättigt gleich der Flamme
Glühe und verzehr ich mich.
Licht wird alles, was ich fasse,
Kohle alles, was ich lasse:
Flamme bin ich sicherlich.

Nach neuen Meeren
Dorthin – *will* ich; und ich traue
Mir fortan und meinem Griff.
Offen liegt das Meer, ins Blaue
Treibt mein Genueser Schiff.

Alles glänzt mir neu und neuer,
Mittag schläft auf Raum und Zeit –:
Nur *dein* Auge – ungeheuer
Blickts mich an, Unendlichkeit!

Die Bedingungen Gottes
›Gott selber kann nicht ohne weise Menschen bestehen‹ –
hat Luther gesagt und mit gutem Rechte;
aber ›Gott kann noch weniger ohne unweise Menschen
bestehen‹ – das hat der gute Luther nicht gesagt!

Woran glaubst du? Daran:
daß die Gewichte aller Dinge neu bestimmt werden müssen.

Wer das Große nicht in Gott findet,
findet es überhaupt nicht mehr –
er muß es leugnen oder schaffen.

Daß ein solcher Mensch [Schopenhauer] geschrieben hat, dadurch
ist wahrlich die Lust, auf dieser Erde zu leben, vermehrt worden.

Es ist ein wundersam Ding um des Menschen Seele,
und des Menschen Herz kann sehr oft
am glücklichsten sein, wenn es sich so recht sehnt.
Wilhelm Raabe

Wahre Überzeugung geht vom Herzen aus, das Gemüt,
der eigentliche Sitz des Gewissens,
richtet über das Zulässige und Unzulässige weit sicherer
als der Verstand, der gar manches einsehen und
bestimmen wird, ohne den rechten Punkt zu treffen.
Goethe an Thomas Carlyle am 18. März 1828

Laß, o Welt, o laß mich sein! / Locket nicht mit Liebesgaben,
Laßt dies Herz alleine haben / Seine Wonne, seine Pein!
Eduard Mörike, ›Verborgenheit‹

Alle Nationen germanischen Ursprungs sind von Natur aus religiös. . .
Die dogmatische Religion ist ein Gebot; die mythische Religion
stützt sich auf die innere Erfahrung des Herzens.
Anne Germaine de Staël, ›Über Deutschland‹

Wohl ist das Sehnen nach göttlicher Wahrheit heilig zu nennen
Und auch der Wunsch, es anderen Seelen zu stillen, ein edler,
Doch darf es nicht freveln am göttlichen Wesen!
Mathilde Ludendorff, ›Das Gottlied der Völker‹

Und ein Gott ist, ein heiliger Wille lebt,
Und wie auch der menschliche wanke;
Hoch über der Zeit und dem Raume schwebt
Lebendig der höchste Gedanke.
Schiller, ›Die Worte des Glaubens‹

Immer engre Kreise / zieh ich um mein Sein,
und so sink ich leise / in mich selbst hinein.
Richard von Schaukal

Ich kehre in mich selbst zurück, und finde eine Welt.
Goethe, ›Werther‹

Ich liebe die zerstreuten Menschen.
Zerstreutheit ist Zeichen von Gedanken, von Güte.
Dumme und böse Menschen sind immer geistesgegenwärtig.
Charles Joseph Fürst von Ligne

WAS SOLL MIR EUER HOHN / ÜBER DAS ALL UND EINE?
DER PROFESSOR IST EINE PERSON, / GOTT IST KEINE

Goethe, ›Zahme Xenien, Der Pantheist‹

Selbst schon ward ich geboren als Knabe und Mädchen,
war schon Pflanze und Vogel und stummer Fisch in den Wogen des Meeres.

Empedokles ahnt die Entwicklungsgeschichte der Lebewesen

Was Gott an und für sich ist, wissen wir so wenig,
als ein Käfer weiß, was ein Mensch ist.

Ulrich Zwingli

Gott ist Nähe, Gott ist Ferne, / Gott sind über uns die Sterne
und das weite, tiefe Meer. /Gott ist Werden und Vergehen,
Herbstessturm und Frühlingswehen /und von Ewigkeiten her.
Gott spricht auch durch dich zu mir,
denn du bist in Gott, und Gott in dir.

Erika Neubauer

Religiosität. . . ist das Verlangen des Menschen,
mit dem Unbedingten lebendige Gemeinschaft zu stiften,
und sein Wille, es durch sein Tun zu verwirklichen
und in die Menschenwelt einzusetzen.

Marin Buber

Glaube, dem die Tür versagt, /steigt als Aberglaub' zum Fenster.
Wenn die Götter ihr verjagt, / kommen die Gespenster.

Emanuel Geibel

Religion entsteht überall da, wo Menschenherzen
fähig sind, eine Seite des Lebens Gottes zu erfassen.
Der Fromme freut sich an Welt und Geschichte, weil er
in beiden etwas erblickt, was nicht Welt und Geschichte ist.

Paul de Lagarde

Was ist heilig? Das ist's, was viele Seelen zusammen
Bindet; bänd es auch nur leicht wie die Binse den Kranz.

Goethe, ›Vier Jahreszeiten‹

Halt an, wo läufst du hin; der Himmel ist in dir:
Suchst du Gott anderswo, du fehlst ihn für und für.

Angelus Silesius

. . . wenn von ihm Glückseligkeit erwartet wird, so ist es ein Götze.

*Johann Gottlieb Fichte, ›Appellation an das Publikum gegen die Anklage
des Atheismus‹, 1799. An den kursächsischen Kirchenrat:
»S i e sind die wahren Atheisten!«*

An das Göttliche glauben
Die allein, die es selber sind
Friedrich Hölderlin, ›Menschenbeifall‹

Ach ihr Götter, große Götter / In dem weiten Himmel droben,
Gäbet ihr uns auf der Erde / Festen Sinn und guten Mut –
O, wir ließen euch, ihr Guten, / Euren weiten Himmel droben.
Goethe, ›Menschengefühl‹

Die Titanen sind die Folie des Polytheismus,
so wie man als Folie des Monotheismus den Teufel betrachten kann.
Goethe, ›Dichtung und Wahrheit‹

Das Heidentum hielt den am höchsten,
der die meisten Vorzüge, das Christentum den,
der die wenigsten Fehler hat.
Franz Grillparzer

. . . als Dichter und Künstler bin ich Polytheist,
Pantheist hingegen als Naturforscher
und eines so entschieden wie das andere.
Bedarf ich eines Gottes für meine Persönlichkeit als
sittlicher Mensch, so ist dafür auch schon gesorgt.
Goethe am 6. Januar 1813 an Friedrich Heinrich Jacobi

Wie ich auch rang und fleht' und frug: Entsagen
War stets die Antwort, die mir Christus bot,
Das schöne Leben an das Kreuz zu schlagen
Ist Christenbrauch und ihre Kunst der Tod. . .

Die Heldensagen aber einsam ragen
Herein noch ins verwandelte Geschlecht,
Und auf den Riesentrümmern stehn und fragen
Die alten Götter nach dem alten Recht.
Joseph von Eichendorff

Die Gegensätze der heidnischen und christlichen Religion
bieten allerdings eine reiche Fundgrube für die Poesie.
Aber eigentlich taugen sie beide nichts.
Goethe zu Friedrich von Müller am 6. Juni 1824

Merkmal der wahren Theologie ist, daß sie nicht aufgeht.
Der Schlußstein im Gewölbe darf nicht gesetzt werden,
wenn der Himmel hereinschauen soll.
Heinz Zahrnt

Die heilige Kirche berichtigt einiges mit glühender
Leidenschaft, einiges erträgt sie aus Milde,
einiges verändert und duldet sie aus kluger Überlegung,
so daß sie oft das Übel, welches beseitigt werden soll,
durch Duldung und Unkenntlichmachen unterdrückt.
Missionsanweisung Papst Gregors I.

ouch hoerich sagen, daz sippebluot
von wazzere niht verdirbet.
Heinrich der Gleisner um 1180, Anspielung auf die Taufe

Glaubt bitte nicht, Brüder, daß Ketzereien
durch irgendwelche kleinen Gemüter entstehen würden.
Nur große Menschen haben Ketzereien hervorgebracht.
Augustinus, ›Enarratio‹, um 416

Die Kirche Roms hat durch die Einführung des
Weihnachtsfestes das Christentum gerettet.
Paul de Lagarde, ›Mitteilungen‹

Doch auch die Theorie der guten Werke, die hingebungsvollste
Frömmigkeit, die Verehrung des volkstümlichsten Heiligen
schuf den Menschen keine Gewißheit. Was genau einer tun
mußte, welche Tat er gerade noch abbüßen konnte, um durchs
Nadelöhr zu gelangen, würde jeder erst hinterher erfahren.
. . . Nach 1150 entwarfen Pariser Theologen das Purgatorium
als Vor-Hölle mit dem exklusiven Ausgang in den Himmel.
Vor allem für die wachsende Zahl der Städter,
die in der feudalen Ordnung von Priestern, Rittern und Bauern
keinen Platz hatten und deshalb auch fürchteten,
mit ihren Handels- und Wucherpraktiken im Himmel nicht
vorgesehen zu sein, bedeutete das Fegefeuer ein Jenseitsventil. . .
Der schwunghafte Handel, den die Kirche fortan mit ihrem
durch Christus angehäuften ›Gnadensschatz‹ aufmachte,
ermöglichte den Sündenablaß sogar bereits Gestorbener.
Das Jüngste Gericht war hier und jetzt.
Dirk Schümer, ›Feilschen ums Fegefeuer‹, FAZ 16. Juli 1994

Wer an einen Glauben glaubt, läßt andere für sich glauben.
Friedrich Georg Jünger, ›Gedanken und Merkzeichen‹, 1949

Vielleicht hast Du noch die Wahl. . ., entweder der letzte Christ, der Brutus
der alten Religion, oder der Christus des neuen Evangeliums zu sein.
Friedrich von Schlegel an Novalis am 2. Dezember 1798

**SCHON IST DER GENIUS DER NÜCHTERNHEIT AM WERKE,
UM EUROPA, DAS LETZTE GRIECHENLAND DER GESCHICHTE,
VON DER TAFEL DER ZEIT AUSZULÖSCHEN**
Franz Werfel, ›Die Monotonisierung der Welt‹

Vor neunzehnhundert Jahren wart ihr eine unverdorbene,
sorgenfreie, heidnische Rasse. Ihr verehrtet zahlreiche
Götter und Göttinnen, Geister der Luft, der strömenden
Flüsse und weiten Wälder.
Ohne zu erröten wart ihr stolz auf die entblößte
Pracht eurer Leiber. Ihr schuft Bildnisse eurer Götter
und wohlgebildeter menschlicher Gestalten.
Ihr hattet Freude an der offenen Feldschlacht und der
Kampfbahn. . . es kamen euch Gedanken zu den Wundern
und Geheimnissen des Lebens und ihr legtet
den Grundstein zu den Naturwissenschaften und der
Philosophie. Euch war eine edle, sinnlich-lebensnahe
Kultur zueigen, unverfälscht durch Spitzfindigkeiten
eines gesellschaftlichen Bewußtseins und einer
rührseligen Fragerei nach der Gleichheit der Menschen.
Wer weiß, welch große und erhabene Bestimmung euch
zugekommen wäre, wenn wir euch
sich selbst überlassen hätten. . .

Unsere Stammesbräuche wurden Kern eures Sittengesetzes.
Unsere Stammesgesetze wurden die Grundlage eurer
ehrwürdigen Verfassungen und Rechtsordnungen.
Unsere Legenden und Volkssagen sind die heiligen
Botschaften, die ihr euren Kindern lehrt.
Unser früheres Ländchen ist euer Heiliges Land.
Unsere Nationalliteratur ist eure Heilige Bibel. . .
Wir haben eure Idole niedergeworfen,
euer rassisches Erbe beiseitegedrängt und an deren Stelle
unseren Gott und unsere Überlieferung gesetzt.
Keine Eroberung in der Geschichte läßt sich
im entferntesten mit jenem Kahlschlag vergleichen,
durch den wir euch uns untertan gemacht haben.
Der Rabbiner Marcus Eli Ravage in ›The Twentieth Century Magazine‹, 1928

Der Christ ist nur ein Jude ›freieren‹ Bekenntnisses.
Friedrich Nietzsche, ›Der Antichrist‹

Aus altnordischer Überlieferung ragt ein Mythos von unerhörter
Größe in die christliche Epoche der germanisch-deutschen Geschichte.
Wilhelm Hauer

Goethe war religiös, ohne Christ zu sein; er glaubte an Werte,
ohne Moralist zu sein: so wurde er zum Propheten
der neuen Religion, zum Verkünder der neuen Ethik.
Diese Religion war pantheistisch, diese Ethik ästhetisch.

Den freiwerdenden Thron des gestürzten christlichen
Usurpators besteigen die legitimen Erben der beiden
ursprünglichen Religionen Europas: der Heldenreligion
seiner physischen Vorfahen – der *Germanen*;
der Schönheitsreligion seiner geistigen Vorfahren – der *Hellenen*.
Die Mythen der Edda und Odyssee bleiben begraben:
die Ideale der Edda und Odyssee werden lebendig.

Die Christianisierung dieser Völker erwuchs zu einem
der folgenschwersten Paradoxon der Weltgeschichte:
dem nordischen Wesen hätten die heroischen Religionen
Zoroasters, Mithras und Mohammeds besser entsprochen
als das Christentum.
Dieses Paradoxon, das in der Divergenz der ritterlichen
und christlichen Werte seinen mittelalterlichen Ausdruck
fand, ist die letzte Ursache für die *grenzenlose
Verlogenheit der europäischen Kultur,*
deren Worte und Taten, Ideale und Interessen in
ständigem Widerspruch stehen. Ein verkrüppeltes
Heidentum erhielt sich, mit schlechtem Gewissen,
unter der christlichen Maske: der Augenblick ist
gekommen, die Maske abzuwerfen und sich mit gutem
Gewissen zum verklärten Heidentum der Zukunft
zu bekennen.
Europas Erwachen aus Christentum und Skepsis zur
Religion der heroischen Schönheit ist Selbstbesinnung,
ist Heimkehr zu seinen eigenen Idealen, ist ein geistiger
Befreiungskampf aus orientalischer Fremdherrschaft.
›Krise der Weltanschauung‹, 1923

Jeder Europäer ist ein Schlachtfeld von Leidenschaften,
von Willensrichtungen, von Charakteren. In jedem Europäer morden
und vergewaltigen seine Vorfahren einander.
›Held oder Heiliger‹, 1927

Jedes große historische Geschehen begann als Utopie
und endete als Realität.
›Pan-Europa‹, 1923, Vorwort

Wonach soll man am Ende trachten?
Die Welt zu kennen und sie nicht verachten.
Goethe widersprach dem Heiligen Filippo Neri, der Weltverachtung predigte

Der Mensch schuf Gott nach seinem Bilde.
Wie die Wünsche der Menschen, so sind ihre Götter.
Ludwig Büchner

Ich glaube, daß ein großer, nie begriffner Geist
die herrlich schöne Welt regiert;
ich glaub an ihn, doch weiß ich nicht,
wie man ihn würdig preist.
Bruno Bürgel

Denn wenn mans beim Lichte besieht, so hat jeder
seine eigene Religion, und Gott muß mit unserem
armseligen Dienst zufrieden sein. . .
Goethe, ›Brief des Pastors‹

Weil man den Glauben nicht ins Herz gießen kann,
so soll und kann auch niemand dazu gezwungen
oder gedrungen werden.
Martin Luther

Ich selbst muß Sonne sein, ich muß mit meinen Strahlen
das farbenlose Meer der ganzen Gottheit malen.
Angelus Silesius

Was wir als das Natürliche sehen und zu begreifen suchen, ist das Göttliche.
Walter Friedrich Otto

Die Religion ist die Wurzel menschlichen Daseins.
Wäre es dem Menschen möglich, alle Religion,
auch die unbewußte und unwillkürliche, zu verleugnen,
so würde er ganz Oberfläche werden, kein Inneres wäre dabei.
August Wilhelm von Schlegel

Der Teufel des einen ist anständiger als der Gott des andern.
Emil Gött

Was sollen wir uns viel um eine Zukunft aufregen,
wenn schon die Gegenwart eines Menschen Einsicht übersteigt.
Goethe, ›Paralipomena‹

Sigrid Hunke

Welche Religion ich bekenne?
Keine von allen, die du mir nennst! Und warum keine? – Aus Religion.
Schiller, ›Votivtafeln, Mein Glaube‹

Je niedriger ein Mensch in intellektueller Hinsicht steht,
desto weniger Rätselhaftes hat für ihn das Dasein selbst:
ihm scheint vielmehr sich alles, wie es ist,
von selbst zu verstehen.
Arthur Schopenhauer

Jede tiefere Religiosität wird denkend,
jedes wahrhaft tiefe Denken wird religiös.
Albert Schweitzer

Das Verhältnis zum Jehovah, dem abstrakten Götzen, vor
dem er die Angst des Sklaven hat, dessen Namen er nicht
einmal auszusprechen wagt, charakterisiert den Juden analog
dem Weibe als einer fremden Herrschaft über sich bedürftig.
. . . Von dem Göttlichen im Menschen, dem ›Gott, der mir
im Busen wohnt‹, weiß der echte Jude nichts.
Otto Weininger, ›Geschlecht und Charakter‹

Für die nordische Moral bedeutet das Leben Kampf,
für die südliche bedeutet es Leiden.
Darum bejaht der Held das Leben, das der Heilige verneint.
Richard N. Graf Coudenhove-Kalergi, ›Held oder Heiliger‹, 1927

Wissenschaft, Religion, Kunst lassen sich niemals
vollständig voneinander trennen. Stets ist das Ganze
noch etwas anderes als die Summe der einzelnen Teile.
*Max Planck, ›Die Physik im Kampf um die
Weltanschauung‹, 1935*

Schafft euch eine eigene Bibel. Wählt und sammelt alle Worte
und Gedanken, die euch beim Lesen ein Fanfarenklang waren.
Ralph Waldo Emerson

Jedes Volk hat sein eigenes Wesen und seine eigene Gestalt,
jedes Volk steht in seiner eigenen Art und darf keinem
anderen Untertan sein, jedes Volk hat seinen eigenen Ort und
einen Anspruch, da zu leben, und jedem Volk muß gewährt sein,
sich seinen Gott nach seinen eigenen Gedanken zu wählen.
Martin Buber

So nannte Zacharias Werner Goethe, nach Karl von Holtei

Die Heiden, die das Gesetz nicht haben und doch von Natur tun
des Gesetzes Werk, sind sich selbst ein Gesetz, damit daß sie beweisen,
des Gesetzes Werk sei geschrieben in ihrem Herzen.
Apostel Paulus, Römer 2, 14/15

. . . das Abhängigkeitsgefühl ist der Grund der Religion,
der ursprüngliche Gegenstand dieses Abhängigkeitsgefühls
ist aber die Natur, die Natur also der
erste Gegenstand der Religion.
Ludwig Feuerbach, ›Vorlesungen über das Wesen der Religion‹

Wenn ich die genaue Wahrheit gestehen soll:
Gott ist unbegreiflich und kann nicht erkannt werden.
*Origines, griechischer Kirchenlehrer, als Ketzer verfolgt, in ›De principiis‹.
Goethe bejahte seine Lehre der Versöhnung aller mit Gott:*
Wer immer strebend sich bemüht / Den können wir erlösen.

Am Ende der Griechenweisheit ist Tugend und ehrbarer Wandel.
Aber das Ende der Judenweisheit ist, Gott fürchten und vertraun.
Martin Luther, ›Tischreden‹

Wer ist ein Heide, wer ein Gerechter?
Ist gut der eine, ist der andre nicht schlechter.
Nichts trennt die Gerechten somit von den Heiden,
es wohnen im Menschen doch immer die beiden.
Ehm Welk

Vielleicht hat Gott selber mich zum Atheisten erwählt?
Stanislaw Jerzy Lec, ›Unfrisierte Gedanken‹

Gott ist eine leere Tafel, auf der nichts weiter steht,
als was du selbst darauf geschrieben.
Martin Luther

Wie? der Mensch nur ein Fehlgriff Gottes?
Oder Gott nur ein Fehlgriff des Menschen?
Friedrich Nietzsche

Der Glaube soll ruhig auf seiner Burg bleiben. Da ist er sicher und
geborgen und niemand kann ihm etwas anhaben.
Steigt er aber herunter in die Niederungen und meint, sein Recht
erst beweisen und verteidigen zu müssen mit verstandesmäßigen
Gründen, dann muß er sich den Gesetzen des Landes fügen.
Wilhelm Busch

DENN, GÖTTERN GLEICH ZU SEIN, IST EDLER WUNSCH

Goethe, ›Elpenor‹

. . . ich denke, ein gewisses Heidentum hätte nie zerstört
werden sollen, und jeder Mensch, der es mit seinem
Geschlecht gut meint, sollte dahin arbeiten,
es wieder lebendig zu machen. Unter diesem Heidentum
verstehe ich die Gesamtheit des Menschen, wodurch
das Altertum so mächtig und herrlich war. . .
Die wahre Unzucht (ist es), welche unsere schönen Triebe
einzeln in die Beichte nimmt und sie so lange
einschüchtert und ausgeißelt,
bis sie ein Ideengespenst anerkennen.

Der evangelische Theologe Ernst Moritz Arndt

Der Glaube ist zum Ruhen gut, /Doch bringt er nicht von der Stelle.
Der Zweifel in ehrlicher Männerfaust, / Der sprengt die Pforten der Hölle.

Theodor Storm, ›Mannesmut‹

Es ist ein seltsamer Vogel um einen Christen,
wollte Gott, wir wären das mehrere Teil
gute, fromme Heiden, die das natürliche Recht hielten,
ich schweige des christlichen.

Luther, ›Ermahnung zum Frieden‹, 1525

Gott wohnt nur in stolzen Herzen.
Für den niedrigen Sinn ist der Himmel zu hoch.

Ernst Moritz Arndt

Gott ist Edelmann. Er liebt es nicht,
wenn ihm allzu höflich begegnet wird.

Ernst Wilhelm Eschmann

Was? Ihr mißbilligt den kräftigen Sturm
Des Übermuts, verlogne Pfaffen!
Hätt' Allah mich bestimmt zum Wurm,
So hätt' er mich als Wurm geschaffen.

Goethe, ›Westöstlicher Divan. Buch des Unmuts‹

Bei den Buchstaben kommen auf fünf Selbstlaute
zwanzig Mitlaute. Bei den Menschen ist es ähnlich.

Osmin

Ein pommerscher Pfarrer hatte an der Auferstehung der Leiber am Ende
der Zeiten gezweifelt und wurde angeschwärzt. Der Alte Fritz entschied:
»Der Pfarrer bleibt; wenn er am Jüngsten Tag nicht aufstehen will,
kann er ruhig liegen bleiben.«

Die Kirche dürstet nicht nach Blut. Darum wahrscheinlich
›vergoß‹ sie es auch, sonst würde sie es getrunken haben.
Carl Gustav Jochmann
(Die Inquisition verurteilte, die weltliche Macht vollstreckte)

›Ketzer‹. – Wenn ich das Wort höre oder lese,
kehrt sich mir der Magen um. Als wenn wir nicht alle
vor dem Geheimnis in der gleichen Lage wären.
Rudolf Alexander Schröder, ›Aphorismen und Reflexionen‹

Wenn es Kunst wäre, mit Feuer Ketzer zu überwinden,
so wären die Henker die gelehrtesten Doctores auf Erden.
Martin Luther

Es ist am Ende an der Religion das beste,
daß sie Ketzer hervorruft.
Woher kommt es wohl, daß alles, was auf Erden
jemals bedeutend war, über Christentum dachte, wie ich?
Einem erst die Augen ausstechen,
um ihn dann zu führen:
ob das wirklich eine Tugend ist?
Es gibt keinen Weg zur Gottheit, als durch das Tun
des Menschen. Durch die vorzüglichste Kraft, das
hervorragendste Talent, was jedem verliehen worden,
hängt er mit dem Ewigen zusammen, und soweit er
dieses Talent ausbildet, diese Kraft entwickelt, soweit
nähert er sich seinem Schöpfer
und tritt mit ihm in Verhältnis.
Friedrich Hebbel

Eine langjährige Beschäftigung mit den Schicksalen
Irrgläubiger aller Art im Ablauf von fast zwei
Jahrtausenden Kirchengeschichte hat bei mir den
nachhaltigen Eindruck hinterlassen, daß schlechtes
Benehmen von Theologen, Historikern, Hierarchen und
kleinen Ketzerriechern im Umgang mit ihnen
fast durchgängig die Regel ist.
Hans-Georg Beck, ›Vom Umgang mit Ketzern‹

Den Geruch, Sekte zu sein, verliert man nicht mit dem
Machtgewinn, sondern mit dem Verzicht auf Widersinniges.
Richard W. Eichler

Martin Luther ist Mönch geworden gegen den heftigen
Widerstand seines Vaters. . . Da er aber zu seiner Entschuldigung
vorbrachte, er sei durch das Gewitter so erschreckt worden,
daß er sich einfach gezwungen gefühlt habe, Mönch zu werden,
antwortete der Vater: Schauet nur zu, daß es nicht
ein Gespenst gewesen sei!

Da ich zu Erfurt meine erste Messe las, wäre ich fast
gestorben. Denn es war überhaupt kein Glaube da, sondern
ich war nur auf die Würdigkeit meiner Person bedacht:
daß ich ja kein Sünder wäre, daß ich ja nichts vergäße!

Ich bin in Rom gewesen nicht lange,
habe daselbst viel Messen gehalten und auch viele halten gesehen,
daß mich graut, wenn ich daran denke. . . wie etliche sprechen:
›Brot bist du und Brot wirst du bleiben‹. . . Wie, wenn sie
allzumal, Papst, Kardinäle, mit den Kurtisanen also Messe
halten, wie fein wäre ich betrogen, der ich von ihnen
so viele Messen gehört hatte! Und zwar ekelt mich sehr
daneben, daß sie so fein rips raps konnten Messe halten,
als trieben sie ein Gaukelspiel.
Denn ehe ich zum Evangelium kam, hatte mein
Nebenpfaffe eine Messe ausgerichtet und schrie mir zu:
Passa, passa, immer hinweg, komm davon!

Die Bischöfe und die Adeligen sind Deutschlands Skorpione,
Krebsgeschwür und Eiterbeulen.
Sie würden ohne weiteres der spanischen Praxis [des Kaisers]
beifallen. Ebenso auch die Juristen:
Sie schreiben und behaupten, alles sei des Kaisers.
Wir aber bestreiten das und behaupten dagegen,
daß der Kaiser ein Herr über Bürger ist, nicht über Knechte.

Und endlich, im Jahre 1523, habe ich dann das Mönchskleid
abgelegt, zur Ehre Gottes und zur Schande des Teufels,
und um der Freiheit willen haben sich viele
über meinen Schritt gefreut. Denn hätte ich nicht selbst
die Kappe abgelegt, Fleisch gegessen, ein Weib genommen,
so hätten alle Papisten geschmäht, meine Lehre sei nicht
wahr, da ich anders getan als gelehrt hätte.

Unter uns gesagt, ist an der ganzen Sache
nichts interessanter, als Luthers Charakter, und auch
das einzige, was der Menge eigentlich imponiert.
Alles übrige ist ein verworrener Handel,
wie er uns noch täglich zur Last fällt.
Goethe zu Friedrich Wilhelm Riemer am 22. August 1817

Nur bei den Deutschen mußte eine durch Ideen bewirkte
Revolution stattfinden; denn der hervorspringende Zug dieser
kontemplativen Nation ist die Stärke der inneren Überzeugung.
Anne Germaine de Staël, ›Über Deutschland, Protestantismus‹

Die Reformation war ein Zeichen der Zeit gewesen.
Sie war für ganz Europa bedeutend, wenn sie gleich nur
im wahrhaft freien Deutschland öffentlich ausgebrochen war.
Die guten Köpfe aller Nationen waren heimlich mündig
geworden, und lehnten sich im täuschenden Gefühl ihres
Berufs um desto dreister gegen verjährten Zwang auf.
Aus Instinkt ist der Gelehrte Feind der Geistlichkeit.
Novalis, ›Die Christenheit und Europa‹, 1799

Luther und seine Gefährten lüfteten den Schleier nur etwas. . .
Friedrich der Große an Herzogin Dorothea von Gotha

Da der Katholizismus ein Feind philosophischer Untersuchungen ist,
müssen sich die so religiösen wie nachdenklichen Deutschen
nach einer Weise, die Religion zu fühlen, zuwenden,
welche auf alle Konfessionen anwendbar ist.
Anne Germaine de Staël, ›Über Deutschland‹

Definition des Protestantismus: die halbseitige Lähmung
des Christentums und der Vernunft.
Friedrich Nietzsche, ›Der Antichrist‹

Ist es nicht sonderbar, daß die Menschen
so gerne für die Religion fechten und so ungerne
nach ihren Vorschriften leben?
Georg Christoph Lichtenberg

Es gehört kein Mut, kein Charakter, keine Anstrengung,
kein Opfer dazu, Christ zu sein – Christentum und weltlicher
Vorteil ist identisch – wohl aber, kein Christ zu sein.
Ludwig Feuerbach, ›Sämtliche Schriften‹

DER ABFALL DER EVANGELISCHEN KIRCHE VOM VATERLAND

Alexander Evertz, evangelischer Theologe

Wach auf, wach auf du deutsches Land!
Du hast genug geschlafen.
Bedenk, was Gott an dich gewandt,
wozu er dich erschaffen.
Bedenk, was Gott dir hat gesandt
und dir vertraut sein höchstes Pfand,
drum magst du wohl aufwachen.

Gott hat dich, Deutschland, hoch geehrt
mit seinem Wort der Gnaden,
ein großes Licht dir auch beschert
und hat dich lassen laden
zu seinem Reich, welchs ewig ist,
dazu du denn geladen bist,
will heilen deinen Schaden. . .

Vertont 1561 von Johann Walter, nach Ulrich von Hutten

. . . Laß alle, die regieren, / ihr Amt getreulich führen,
schaff jedermann sein Recht,
daß Fried und Treu sich müssen / in unserm Lande küssen,
und segne beide, Herrn und Knecht.

*Heinrich Isaac, Ende des 15. Jahrhunderts
(Der Liedgruppentitel ›Für Volk und Vaterland‹ wurde im
Evangelischen Gesangbuch von 1993 getilgt)*

. . . Wenn Mann und Weib sich wohl verstehn
und unverrückt zusammengehn / im Bande reiner Treue,
da geht das Glück in vollem Lauf. . .
Der Mann wird einem Baume gleich,
an Ästen schön, an Zweigen reich,
das Weib gleicht einem Reben,
der seine Träublein trägt und nährt
und sich je mehr und mehr vermehrt
mit Früchten, die da leben.
Wohl dir, o Zier, Mannes Sonne, Hauses Wonne, Ehrenkrone!
Gott denkt dein bei seinem Throne.

Ehestandslied Paul Gerhardts von 1643, 1993 getilgt

Die Kirche wird schwach, wenn sie sich vom Volksleben entfremdet.
Wilhelm Heinrich von Riehl

Christian Morgenstern, ›Stufen‹

Warum bekehrte man die Völker mit Feuer und Schwert, wie es Karl in Deutschland tat? Wenn die Religion wahr ist, genügt Anschaulichkeit zur Überzeugung hin. Ist sie aber falsch, dann muß man freilich verfolgen. . .
Friedrich der Große im Vorwort zu ›Fleurys Kirchengeschichte‹, 1770 indiziert

Doch siehe, viele rufen: Christus, Christus, /Die einst ihm ferner stehn beim Weltgericht / Als viele, die da nimmer kannten Christus.
Dante Alighieri, ›Das Paradies‹

Was sind Talismane, Amulette?
Hoffe nicht, daß dich ein Fremdes rette. . .

Feuer hebt dich, und du wirst nicht bangen,
Nicht vor Skorpionen, nicht vor Schlangen.

Heil wie du auf diese Welt gekommen,
Unzerstörbar wirst du fortgenommen.
Friedrich Georg Jünger, ›Geleitspruch‹

Betet denn, doch betet nur /zu euch selbst, und ihr beschwört
aus der eigenen Natur / einen Geist, der euch erhört.
Friedrich Hebbel

Worum ein Mensch auch betet – er betet um Wunder.
Jedes Gebet enthält eigentlich den Wunsch:
›Allmächtiger hilf, daß zweimal zwei nicht mehr vier ist!‹
Iwan Turgenjew

Es gibt nur wenige, die es wagen würden, ihre
heimlichen Bitten an Gott ans Tageslicht kommen zu lassen.
Michel de Montaigne, ›Essais‹

Niemand lasse den Glauben daran fahren,
daß Gott durch ihn eine große Tat tun will.
Martin Luther

Die sittliche Tat ist das uneigennützigste, heiligste,
menschlichste und göttlichste Gebet.
Jeanne-Marie Guyon du Chesnoy

Ich fühle nach und nach ein allgemeines Zutrauen, und gebe Gott,
daß ich's verdienen möge, nicht wie's leicht ist, sondern wie ich wünsche.
Goethe, ›Tagebuch‹ 13. März 1780

Sittlichkeit auszusprechen / Vermagst du's im Gedicht?
Eh' muß der Mann zerbrechen, / Ehe sein Wort zerbricht.
Julius Langbehn

Wär nicht das Auge sonnenhaft,
Die Sonne könnt es nie erblicken;
Läg nicht in uns des Gottes eigne Kraft,
Wie könnt uns Göttliches entzücken?

Goethe, ›Zahme Xenien‹

Philipp Otto Runge, ›Der Morgen‹, 1808

Heraklit

Ganz leise spricht ein Gott in unserer Brust,
ganz leise, ganz vernehmlich,
zeigt an, was zu ergreifen ist und was zu fliehn.
Johann Wolfgang von Goethe

Greife ins All nur hinein! / Wie du gekämpft und geduldet,
Sind dir die Götter verschuldet. / Nimm dir, denn alles ist dein!
Friedrich Hebbel

Sofort nun wende dich nach innen:
Das Zentrum findest du da drinnen,
Woran kein Edler zweifeln mag.
Wirst keine Regel da vermissen:
Denn das selbständige Gewissen
Ist Sonne Deinem Sittentag.
Goethe, ›Gott und Welt. Vermächtnis‹

Es ist ein Zeitalter neuer Vergeistigung
und neuen Glaubens mitten in allem Zweifeln
und Leugnen, gleichsam eine neue Offenbarung der Natur
und der Freiheit und Unendlichkeit des Menschen,
in der Ehrfurcht wieder vereinbar wird mit Wissen,
in der Kunst und Religion wieder eins sind.
Thomas Carlyle

So sollte auch der Mensch wachsen, im stetigen
Gleichgewicht zwischen Himmel und Erde,
das volle Maß seines Lebens und seiner Kräfte
im einfältigen Weltgenuß und Weltglauben zusammenhaltend.
Zu welcher Kraft würde das Geistige mit dem Irdischen
zusammenwachsen!
Ernst Moritz Arndt

Gott ist nichts anderes, als die sich in jedem Naturgesetz
bestätigende Einheit des unendlichen Universums,
und das Universum wiederum ist nichts anderes,
als ein unendlich geteilter Gott.
Giordano Bruno

Naturwissenschaftler sind ja nicht unbedingt gottlos.
Aber wir sagen, wenn Gott das Leben erschaffen hat,
dann hat er es nach den Regeln der Naturgesetze getan.
Manfred Eigen, ›FAZ-Magazin‹ 17. Februar 1995

Friedrich Hebbel

Kleriker sind verpflichtet, vollkommene und immerwährende
Enthaltsamkeit um des Himmelreiches zu wahren; deshalb sind sie
zum Zölibat verpflichtet, der ein besonderes Geschenk Gottes ist. . .
Codex Juris Caninici, Canon 277

Die Sünden des einen sind Gott lieber als die Gebete der andern.
Emil Gött

Wenn Weltmenschen beim Herannahen des Alters
vom Geräusche der Jugend sich verlassen fühlen, die Glut
der Sinnlichkeit erlischt, und nichts als der ausgebrannte Vulkan
zurückbleibt: So pflegen sie sich nach einem neuen Interesse
umzusehen. Dann ergreifen sie, was ihnen Religion erscheint.
Wilhelm Mejer, ›Aphorismen über Religion, Kirche und Staat‹, 1817

Wer auf sein Frommsein hält allein,
die andern urteilt bös und klein,
der stößt sich oft an harte Stein.
Sebastian Brant, ›Das Narrenschiff‹

Die falschen Frommen sind wie schlechte Krieger;
Ein wahrhaft tapfrer Mann macht kein Geschrei.
Molière, ›Tartuffe‹

Nichts verschlechtert den menschlichen Charakter so tief
als Frömmelei: weil sie eine Lüge eben des Heiligsten ist.
Ernst von Feuchtersleben

Die Welt glaubt auch das nicht, was sie glaubt.
Sebastian Franck

Bei den meisten Menschen gründet sich der Unglaube
in einer Sache auf blinden Glauben in einer andern.
Georg Christoph Lichtenberg

Ich kann das Predigen nicht vertragen;
ich glaube, ich habe in meiner Jugend mich daran übergessen.
Goethe, ›Maximen und Reflexionen‹

Das Wort Gottesdienst sollte verlegt, und nicht mehr vom
Kirchengehen, sondern bloß von guten Handlungen gebraucht werden.
Georg Christoph Lichtenberg

Unter den Weisen sind die Frömmler so selten wie die Leugner des Göttlichen.
Richard W. Eichler

DER ASKET MACHT AUS DER TUGEND EINE NOT

Friedrich Nietzsche

Die Voraussetzung jeder echten Erlösungsreligion ist jedoch
der Argwohn gegen das Leben und seine ›Sündhaftigkeit‹.
Zwangsläufig folgt daraus eine Abwertung des Eros.
Heinrich Härtle, ›Rom und Hellas warnen‹, 1972

Überhaupt sind Mannspersonen, die im Zölibat leben,
im Durchschnitt gottlos; ehelose Frauenzimmer aber fromm.
Theodor Gottlieb von Hippel, ›Über die Ehe‹, 1774

Die Skopzen haben sich entmannt, um gottgefälliger zu werden.
Gott mißfällt gewiß jede Preisgabe von Kräften, erst recht
ein Verzicht auf die dem Menschen allein geschenkte
Erkenntnis- und Denkfähigkeit.
Richard W. Eichler

Dadurch, daß Jesus Christus der Welt die Empfindung
für das Leiden gebracht hat, hat er die Leidensfähigkeit
gewaltig vermehrt.
Sein Tod ist der körperliche und geistige Tod
der heidnischen Gesundheit gewesen.
Die Neurosen stammen von Golgatha her.
Edmond und Jules de Goncourt

Zur Kritik der Heiligen
Muß man denn, um eine Tugend zu haben, sie gerade in ihrer
brutalsten Gestalt haben wollen? – wie es die christlichen Heiligen
wollten und nötig hatten; als welche das Leben nur mit dem Gedanken
ertrugen, daß beim Anblick ihrer Tugend einen jeden die
Verachtung seiner selber anwandle.
Eine Tugend aber mit solcher Wirkung nenne ich brutal.
Friedrich Nietzsche, ›Die fröhliche Wissenschaft‹

Der Himmel hat uns die Erde verdorben.
Johann Gottfried Seume

Die Kirche schwächt alles, was sie anrührt.
Goethe, ›Maximen und Reflexionen‹

Europa ist nur dem Namen nach christlich.
In Wirklichkeit betet es den Mammon an.
Mahatma Gandhi

Dem echt Religiösen ist nichts Sünde.
Novalis

DER TEUFEL KANN SICH AUF DIE SCHRIFT BERUFEN

William Shakespeare, ›Der Kaufmann von Venedig‹

Auf die Frage, ob er seine heidnischen Voreltern im Himmel
wiederfinden würde, antwortete der Priester, daß sie
als Ungetaufte in der Hölle wären.
Darauf zog der Friese seinen Fuß vom Taufbecken zurück
und entschied, er wolle lieber bei seinen Verwandten sein.

Der Friese Radbod nach einer alten Chronik

Die anregendsten Gesellschafter sitzen in der Hölle.

Oscar Wilde

Nur ein Bußtag, nur eine Heilige Nacht gibt es alljährlich,
Wieviel Raum läßt doch das Christentum seinem Liebling:
der Sünde

Arthur Hafink, ›Hergebrachtes‹

Gegenwärtig entmachtet, hat der Katholizismus die Majestät
eines alten Löwen, welcher früher die Welt zittern machte.

Anne Germaine de Staël, ›Über Deutschland‹

Die Hölle ist kein Ort, sondern ein Zustand des Gemüts,
der alles um sich her in ein Inferno verwandelt.

August Strindberg, ›Schwarze Fahnen‹, 1907

Warum nur die Kirche? Auch den Teufel soll man
vom Staate trennen.

Brana Crncevic, ›Staatsexamen‹

. . . Der Herr sprach ohne viel Federlesen:
›Auf mein Geheiß ist er Satan gewesen;
Hätte die Sünde gehabt nicht Platz,
Wo wäre geblieben der Gegensatz?
Wäre kein Satan zur Erde gekommen,
Gäb's keine Schächer, gäb's keine Frommen.
Ihr Erzengel, öffnet eure Reih'n:
Fortan soll er wieder Luzifer sein!‹

Hermann Löns, ›Luzifer‹

Ja, man muß gut bezahlt sein, um zu lügen.
Goethe am 17. März 1830 scherzend zum frommen Eckermann:
»Ohne Aussicht auf die Bischofsmütze und meine 30 000 Pfund jährlich«
würde er das anglikanische Glaubensbekenntnis und die Erbsünde nicht verfechten.

Jean-Paul Sartre, ›Bei geschlossenen Türen‹

Eng ist wirklich der Weg der Wahrheit, ein schmaler Pfad, steil
abfallend nach beiden Seiten. Gleitest du aus, dann stürzest du hinab
in den schauerlichen Abgrund des Irrtums.
Drohung des Kirchenvaters Amphilochios, 4. Jahrhundert

Die Hölle ist nicht so heiß, wie der Pfaff sie macht.
Johannes Agricola

Keine andere Religion hat gelehrt,
daß der Mensch sündig sei von Geburt.
Blaise Pascal, ›Gedanken über die Religion‹, 1669

Der Teufel ist eine nützliche Hypothese.
Nur muß sie geschmeidig und mit Phantasie angewandt werden.
Ernst Wilhelm Eschmann

Herr Pastor, mach Er uns nichts weis!
Er schürt die Hölle mächtig heiß,
Um uns in Furcht zu jagen.
Doch sieh Er, noch hat's keine Not!
Ein feste Burg ist unser Gott.
Drum werden wir nicht zagen. . .
August Lamey

Noch hat keiner Gott erflogen, / Der vor Gottes Teufeln flüchtete.
Richard Dehmel

Die kleinen Sünder tun die größte Buße.
Marie von Ebner-Eschenbach

Der Theolog befreit sich von der Sünde, / die er selbst erfunden hat. . .
Goethe, ›Die Aufgeregten‹

Warum die Hölle im Jenseits suchen? Sie ist schon im Diesseits
vorhanden, im Herzen der Bösen.
Jean-Jacques Rousseau, ›Emil oder über die Erziehung‹, 1762

Der Teufel hat die Welt verlassen, weil er weiß,
Die Menschen machen selbst die Höll' sich heiß.
Friedrich Rückert

Religion ist (subjektiv betrachtet) das Erkenntnis
aller unserer Pflichten als göttlicher Gebote.
Immanuel Kant, ›Die Religion innerhalb der Grenzen der bloßen Vernunft‹

SOBALD DAS GELD IM KASTEN KLINGT, DIE SEELE AUS DEM FEGFEUER SPRINGT

Von Hans Sachs den Ablaßkrämern in den Mund gelegt

Ja, selig ist der fromme Christ,
Wenn er nur gut bei Kasse ist!
Wilhelm Busch

Die Kirchensteuer ist eine Art himmlische
Hereinkommensteuer-Vorauszahlung.
Robert Lembke, ›Grüße aus dem Fettnäpfchen‹, 1986

Solange du deine Werke tust um deiner Seligkeit willen,
bist du noch nicht auf dem richtigen Wege.
Meister Eckhart

Nichts Unchristlicheres,
als der Tugend eine dauernde Herrschaft,
einen materiellen Gotteslohn auf Erden zu verheißen.
Jacob Burckhardt, ›Weltgeschichtliche Betrachtungen‹

Ein wahrhaft frommer Mensch müßte so leben,
als ob Gott nicht da sei.
Ernst Wilhelm Eschmann

Logischerweise müßte Gott allein den Atheisten lieben können,
da dieser nichts von ihm möchte,
und ihn nicht in eine bestimmte Richtung führen will.
Aber Gott verzeiht auch jenen, die an ihn glauben.
Ernst Wilhelm Eschmann

Kirchenfromme meinen oft, sie hätten als solche
bereits ihre sittlichen Pflichten erfüllt;
die in Freiheit gewissenhaft Religiösen fühlen sich strenger befragt.
Richard W. Eichler

Gott ist ein miserabler Kirchenbesucher.
Wolfdietrich Schnurre

Manche Leute sind halt in der Kirche,
wie sie früher halt in der Partei waren.
Robert Lembke, ›Grüße aus dem Fettnäpfchen‹, 1986

Den Christus in der Hand,
die Hoffart und die Weltlust in den Herzen.
Paulet in Schillers ›Maria Stuart‹

Du hast Beziehungen zum Himmel, die ich nicht habe, und kannst somit
wissen, wie Dein ewiger Schwiegervater uns begünstigt und benachteiligt.
Als ein armer Sterblicher, der keinen Hund im Paradies kennt,
empfange ich das Gute, das mir begegnet, mit Freuden,
und ertrage das Widerwärtige mit Geduld. . .
wenn Du in mir einen großen Ketzer siehst, sei trotzdem überzeugt,
daß ich Dich mit wahrer Herzlichkeit liebe. . .
Friedrich der Große an seine Schwester Amalia

Gott ist der einzige Herr der Welt,
der weniger zu sagen hat als seine Diener.
Karlheinz Deschner
›Nur Lebendiges schwimmt gegen den Strom‹, 1985

Wichtig ist die Unterscheidung zwischen der allen Menschen im Herz
gelegten Rückbindung, die wir Religiosität nennen, die in geistverwandten
Gruppen eine wesensgemäße Ausprägung der Verehrung des Göttlichen
findet, und jenen von schwärmerischen Stiftern gegründeten Konfessionen,
die Zulauf bekommen, Macht ausüben, entarten, untergehen.
Große Persönlichkeiten des Abendlandes
haben sich durch solches Erbe zur Freiheit gekämpft.
Richard W. Eichler

Durch die Vermengung mit dem Weltlichen hat die Kirche
offenbar ihr wahres Ziel aus den Augen verloren.
Sie geht damit dem Schicksal weltlicher Dinge,
ihrem Untergang, entgegen.
Wilhelm Mejer, ›Aphorismen über Religion, Kirche und Staat‹, 1817

Kein Reich ward je von so viel Bürgerkrieg verheert
wie das von Christus.
Charles de Secondat et Montesquieu, ›Persische Briefe‹

Die Weltreligionen sind es,
welche die größten historischen Krisen herbeiführen.
Jacob Burckhardt, ›Weltgeschichtliche Betrachtungen‹

Wo viele Kirchen sind, gibt es auch viele Sünder.
Zarko Petan, ›Viele Herren von heute waren gestern noch Genossen‹, 1990

Zuhause zertraten die Kreuzritter Jesus in ihren Nebenmenschen,
und draußen warfen sie ihre Lieber in den heißen Wüstensand.
Emil Gött

Wenn ich heute am Apostelgrab bete, dann halte du
immer das Schwert über meinem Haupte, denn ich weiß
sehr wohl, welche Erfahrungen meine Vorgänger
mit der Treue der Römer gemacht haben.
Bete du, wenn wir im Lager sind.
Kaiser Otto I. vor seiner Krönung zum Getreuen Ansfried

Gibt's einen Himmel und weilen dort Götter noch,
Schützer der Menschheit ?
Oder *glauben* wir ferner nur, daß Götter bestehn ?
Kümmern wohl einen der Götter die sterblichen Dinge dort oben?
Oder ziemt es sich, daß Götter der Leichtsinn erfaßt?
Wie sich's auch damit verhält,
und an welche Gottheit wir glauben,
daß sie hier unten mit Macht noch beherrscht die Welt:
Unstet scheinet sie mir, trughaft und treulos,
denn sie schützet nur, was schändet, ja die Schandtat selbst.
Ulrich von Hutten

Wer solche Schmähschriften gegen die Nuntien schreibt,
muß ein schlagkräftiges Heer hinter sich haben.
Doch kann ich Huttens Bekennermut loben.
Nicht alle haben die Kraft zum Martyrium, ich fürchte,
sollte ein Tumult ausbrechen, werde ich Petrus ähneln.
Erasmus von Rotterdam

. . . Was gibt es Bequemeres für Könige als eine Religion,
die sie als Ebenbilder Gottes hinstellt
und blinden Gehorsam gegen sie befiehlt?. . . Mein Freund,
dieser blinde Gehorsam taugt nur für Tyrannen.
Wahren Herrschern genügt vernünftiger und begründeter
Gehorsam. Übrigens stellen die Priester uns nur
darum als Stellvertreter Gottes hin, um sich selbst
als Werkzeuge und Dolmetscher der Gottheit auszugeben.
Dadurch machen sie uns abhängig von sich
und zwingen uns zu ihren Füßen.
Friedrich der Große zu seinem Neffen,
dem Prinzen Wilhelm von Braunschweig

Wenn Seligkeit wie Freibier verzapft würde, der Himmel steckte des
Gesindels so lange voll, daß kein anständiger Mensch mehr hineinginge.
Emil Gött

Sichere Wahrheit erkannte kein Mensch
und wird keiner erkennen über die Götter und alle Dinge,
von denen ich spreche.
Sollte einer auch einst die vollkommene Wahrheit verkünden,
wissen könnt er es nicht. Alles ist durchweht von Vermutung.
Nicht von Beginn an enthüllen die Götter den Sterblichen alles,
aber im Laufe der Zeit finden wir suchend das Bess're.
Xenophanes

Selig, wer göttlicher Gedanken Schatz sich erwarb,
Armselig, wem ein finstrer Wahn über die Götter innewohnt.
Empedokles

Wer das Vorhandensein eines höheren Wesens,
das diese Welt erhält, nicht zugibt,
muß seinen gesunden Menschenverstand verloren haben.
Friedrich der Große

Die allgemeine, die natürliche Religion bedarf eigentlich
keines Glaubens: denn die Überzeugung, daß ein großes
hervorbringendes, ordnendes und leitendes Wesen
sich gleichsam hinter der Natur verberge, um sich uns
faßlich zu machen, eine solche Überzeugung dringt sich
einem jeden auf; ja wenn er auch den Faden derselben,
der ihn durchs Leben führt, manchmal fahren ließe,
so wird er ihn doch gleich und überall wieder aufnehmen können.
Goethe, ›Dichtung und Wahrheit‹

Der Weg der Erlösung führt nicht nach rechts und nach links,
er führt ins eigene Herz, und dort allein ist Gott
und dort allein ist Friede.
Hermann Hesse, ›Wanderung‹

Es gibt nur zwei wahre Religionen, die eine,
die das Heilige, das in und um uns wohnt, ganz formlos,
die andere, die es in der schönsten Form anerkennt und anbetet.
Alles, was dazwischen liegt, ist Götzendienst.
Goethe, ›Maximen und Reflexionen‹

Die Lehre von der Wiederkehr / Ist zweifelhaften Sinns.
Es fragt sich sehr, ob man nachher / Noch sagen kann: Ich bin's.
Wilhelm Busch

Wer Wissenschaft und Kunst besitzt, / Hat auch Religion;
Wer jene beiden nicht besitzt, / Der habe Religion.
Goethe, ›Zahme Xenien‹

Der Religion ist nur das Heilige wahr,
der Philosophie nur das Wahre heilig.
Ludwig A. Feuerbach, ›Das Wesen der Religion‹, 1845

Religion und Theologie / Sind grundverschiedene Dinge,
Eine künstliche Leiter zum Himmel die,
Jene die angebor'ne Schwinge.
Emanuel Geibel

Das schönste Glück des denkenden Menschen ist,
das Erforschliche erforscht zu haben
und das Unerforschliche ruhig zu verehren.
Goethe, ›Maximen und Reflexionen‹

Auch bei der Religion muß man auf den Urgrund
zurückgehn. Dieser ist ewig, aber er tritt nur in
vergänglicher Erscheinung hervor, und darin, daß diese
sich zu lange behaupten will, liegt hier, wie überall,
der tragische Fluch.
Friedrich Hebbel

Für den religiösen Menschen ist das Übernatürliche
unauflöslich mit dem Natürlichen verbunden,
ist die Natur immer Ausdruck für etwas,
das sie überschreitet.
Mircea Eliade

Gott ist zu groß, als daß er mit dem stumpfen Gerät
der Theologie faßbar sein könnte.
Das Gemüt erahnt ihn im überwältigenden Glück
wie im läuternden Leid.
Richard W. Eichler

Die Gottheit ist wesensgleich mit der naturgesetzlichen Macht.
Max Planck

Es wäre nicht die Mühe wert, siebzig Jahre alt zu werden,
wenn alle Weisheit der Welt Torheit wäre vor Gott.
Goethe, ›Maximen und Reflexionen‹

DER GEIST SOLL WISSEN, WAS DER GLAUBE TUT

Ernst Wilhelm Eschmann

Um die Wahrheit ich fechte, niemand mich abbrächte.
Es brech oder gang: Gottes Geist mich bezwang.
Ulrich von Hutten

Wer Gott will finden dort, der muß ihn mit sich bringen;
Nur wenn er ist in dir, siehst du ihn in allen Dingen.
Friedrich Rückert

Mensch, geh nur in Dich selbst! Nach dem Stein der Weisen
Darf man nicht allererst in fremde Länder reisen.
Angelus Silesius

Wenn der Mensch in sein Inneres geht
und da nichts findet, das ihn verklagt,
so ist er ganz frei mit allem Frieden vor jedem Urteil.
Meister Eckhart

Wie ich mich auch in mich selber neige:
Mein Gott ist dunkel und wie ein Gewebe
von hundert Wurzeln, welche schweigsam trinken.
Nur, daß ich mich aus seiner Wärme hebe,
mehr weiß ich nicht, weil alle meine Zweige
tief unten ruhn und nur im Winde winken.
Rainer Maria Rilke

Ich bin aus Gott wie alles Sein geboren,
Ich geh in Gott mit allem Mein zu sterben.
Ich kehre heim, o Gott, als Dein zu leben.
Christian Morgenstern

Es ist nicht draußen, da sucht es der Tor,
Es ist in dir, du bringst es ewig hervor.

Nehmt die Gottheit auf in euren Willen,
Und sie steigt von ihrem Weltenthron!
Friedrich von Schiller

Was kann der Mensch im Leben mehr gewinnen,
Als daß sich Gott-Natur ihm offenbare?
Goethe, bei der Betrachtung von Schillers Schädel

Weder die Luft noch die Seele kann man sehen;
aber beider Widerstand bekommt man zu spüren.
Hans Albrecht Moser

Da war nicht Nichtsein und auch Sein war nicht,
nicht Tod noch Unsterblichkeit.
Von keinem Wind bewegt atmet das Eine aus eigner Kraft.
Nichts anderes war als dieses nur.
Wem ist auszuforschen je gelungen,
wer hat, woher die Schöpfung kam, vernommen?
Die Götter sind diesseits von ihr entsprungen.
Wer ist's, der weiß, woher sie sind gekommen?
Die Schöpfung selbst, seit wann,
und ob geschaffen oder ungeschaffen, es weiß nur ER,
der Allbeschauer im höchsten Himmel.
Oder weiß auch er es nicht?

Aus dem indischen Rigveda (wie ähnlich der ›Edda‹!)

Hört auf den Rat einer Frau:
Nehmt Rücksicht auf Gottes Geschöpfe.
Ein Heide war der erste Mensch, den Gott machte.

Wolfram von Eschenbach, ›Willehalm‹

Es gibt nur eine wahre Religion;
aber es kann vielerlei Arten des Glaubens geben.

Immanuel Kant

Eine Religion nach der andern löscht aus,
aber der religiöse Sinn, der sie alle schuf,
kann der Menschheit nie getötet werden.

Jean Paul

Laßt die Religionen frei, und es wird eine neue Menschheit beginnnen.

Friedrich von Schlegel

Dämonen wollen nur Sklaven;
Göttern kann man auch in Freiheit dienen.

Bernd Rill, ›Das Neueste aus der Tonne des Diogenes‹, 1989

Man kann ohne das Bekenntnis zu Lehre und Kult
eines der Gebilde, wie sie in religionsgeschichtlichen
Lehrbüchern vorkommen, durchaus sittlich leben.

Herbert Huber, ›Politische Studien 335‹, 1994

Jede Lehre, die darauf abzielt, unsere Fähigkeiten zu beschränken,
ist immer herabwürdigend, denn es gilt, diese auf das erhabene
Ziel des Daseins, die moralische Vervollkommnung, hinzuleiten.

Anne Germaine de Staël, ›Über Deutschland‹

Blaise Pascal

. . . die Religionen sind wie die Leuchtwürmer:
sie bedürfen der Dunkelheit, um zu leuchten.
Ein gewisser Grad allgemeiner Unwissenheit
ist die Bedingung der Religionen. . .
In der Tat ist Intoleranz nur dem Monotheismus wesentlich:
ein alleiniger Gott ist, seiner Natur nach,
ein eifersüchtiger Gott, der keinem andern das Leben
gönnt. Hingegen sind polytheistische Götter, ihrer Natur nach,
tolerant: sie leben und lassen leben. . .
Arthur Schopenhauer, ›Parergra und Paralipomena‹

Man darf das nicht vor keuschen Ohren nennen,
Was keusche Herzen nicht entbehren können.
Und kurz und gut: ich gönn ihm das Vergnügen,
Gelegentlich sich etwas vorzulügen;
Doch lange hält Er das nicht aus.
Mephisto in Goethes ›Faust I‹

Man kann jetzt den Menschen nicht alles gerade heraus sagen,
denn sie sind zu träg und eigenliebig, um die Gedankenlosigkeit und
Irreligion, worin sie stecken, wie eine verpestete Stadt zu verlassen
und auf die Berge zu flüchen, wo reinere Luft ist
. . . und man zum Gefühle der Gottheit sich erhoben hat. . .
Der Theologiestudent Hölderlin 1798 im Brief an die Mutter

Natur und Geist – so spricht man nicht zu Christen.
Deshalb verbrennt man Atheisten,
Weil solche Reden höchst gefährlich sind.
Natur ist Sünde, Geist ist Teufel,
Sie hegen zwischen sich den Zweifel,
Ihr mißgestaltet Zwitterkind.
Goethe, ›Faust II‹

Der Zwist der Götter. Monotheismus ist Selbstbetrug,
erdacht von Gelehrten ohne eigene Gotteserfahrung.
Daher ihr Bilderverbot,
aus Furcht vor der Erscheinung der Widersprüche.
Karl-Heinz Kausch, ›Widersprüche – prosaisch‹

. . . die an einer Fliege wollen zum Ritter werden
und den Drachen unangefochten lassen.
Catharina Regina von Greiffenberg

Von nun an wirst du Menschenfänger sein.
Inschrift im Ring des Papstes

Gott zwingt den Willen nicht, er setzt ihn in Freiheit.
Meister Eckhart, ›Predigten‹

Ich glaube, weil es widersinnig ist.
Credo, quia absurdum – der Kirchenlehrer Tertullian

Wage es, wissend zu werden.
Sapere aude – Horaz und Immanuel Kant

Außerhalb der Kirche kein Heil.
Extra ecclesiam nulla salus – Grundsatz der römischen Kirche

Da die Götter menschlicher noch waren,
waren die Menschen göttlicher.
Friedrich von Schiller

Glück des Schuldigseins.
Felix culpa – nach der Oster-Liturgie

Die Gottheit hatte dich
Vollendet einst gedacht und dargestellt.
Goethe, ›Die natürliche Tochter‹

Das Weib schweige in der Gemeinde.
Mulier taceat in ecclesia – der Apostel Paulus

Die Germanen glauben, daß den Frauen etwas Heiliges
und Seherisches innewohne, sie verschmähen
ihre Ratschläge nicht, achten auf ihre Bescheide.
Cornelius Tacitus, ›Germania‹

Verzeichnis der verbotenen Bücher.
Index librorum prohibitorum, der Vatikan seit 1559
Es gibt nur zwei Arten von Büchern: kluge und dumme,
und jede hat die ihr gemäße Leserschaft.
Richard W. Eichler

Die Ehe geduldet ›um der Hurerei willen‹.
Apostel Paulus, ›Erster Brief an die Korinther‹, 7

Arm an Arm in Seligkeit und Ruh, / Da wohnt das Glück mit unterm Dach.
Wohl dem, dem je ward solch Gemach. / Gott selber sieht lächelnd zu.
Reinmar von Zweter

Goethe, ›Maximen und Reflexionen‹

Dir ist Scheidung bestimmt des Leibes und der Seele – sowie des wonnelosen Jammertals der Welt von der kommenden Herrlichkeit des Heils.
Altsächsische Genesis des 9. Jahrhunderts

Ich erkenne, auf daß ich glauben kann.
Peter Abaelard

Der Glaube kann uns niemals von etwas überzeugen,
das unserer Erkenntnis zuwiderläuft.
John Locke

Glaube: sicher überzeugt zu sein von etwas, wofür es keine Gewißheit gibt.
Bertrand Russel

In der Erkenntnis des Glaubens kommt die Sehnsucht des Menschen
nicht zur Ruhe. Denn der Glaube ist eine unvollkommene Erkenntnis.
Thomas von Aquin, ›Compendium theologiae‹

Alle sind eher bereit zu glauben als nachzudenken,
deshalb wird über das Leben wenig nachgedacht.
Seneca

Wenn ein neuer Heiliger kommt, vergißt man den alten.
Johann Agricola

Die einzige brauchbare Religion muß einfach und warm sein, von der
einzigen Wahren haben wir nicht zu urteilen, wer will das echte Verhältnis
der Seele gegen Gott bestimmen als Gott selbst.
Goethe, ›Zwo biblische Fragen‹

Die Theologie ist jene Wissenschaft, in der es nur Laien gibt.
Emil Gött

Priester sind im Glauben auch nicht erfahrener; aber im Unglauben.
Karlheinz Deschner, ›Nur Lebendiges schwimmt gegen den Strom‹, 1985

Ich glaube an Gott, aber nicht an organisierte Religionen.
Paul McCartney

Gewiß ist der Mensch völlig verrückt; er kann keinen
Wurm machen, aber Götter macht er dutzendweise.
Michel de Montaigne, ›Essais‹

Der Geist braucht eine Bindung, die Freiheit eine Ordnung,
der Flug der Phantasie braucht einen Stoff.
Robert Koch

IN DER BIBEL NICHT DIE SPUR VON HUMOR – MERKWÜRDIGSTE TATSACHE DER GANZEN LITERATUR
Alfred North Whitehead, ›Abenteuer der Ideen‹

Die erste Abschreibungsgesellschaft entstand
durch den Vertrag Gottes mit dem Volke Israel.
Gabriel Laub, ›Denken verdirbt den Charakter‹, 1984

Ich habe zwei unwiderlegbare Gründe, an die Bibel
zu glauben; erstens, weil ich Bischof von Autun bin;
und dann, weil ich davon überhaupt nichts verstehe.
*Charles Herzog von Talleyrand (Paul Valéry
am 20. Dezember 1934 vor der Académie Française)*

Die Bibel kann schon darum nicht von Gott sein,
weil er darin gar zu viel Gutes von sich selbst
und gar zu viel Schlimmes von den Menschen sagt.
Friedrich Hebbel

Das Christentum ist das Meisterwerk des Judentums,
seine Glorie und die Krönung seiner Entwicklung.
Ernest Renan, ›Geschichte des Volkes Israel‹, 1887–93

Das Christentum wurde von unwissenden Menschen
gepredigt und von Gelehrten hingenommen, darum ist es
so ganz anders als alles sonst Bekannte.
Joseph Marie de Maistre, ›Betrachtungen über Frankreich‹

Ist nicht das ganze Christentum / Aufs Judentum aufgebaut?
Klosterbruder in Lessings ›Nathan der Weise‹

Die goldne Zeit der Geistlichkeit fiel immer
in die Gefangenschaft des menschlichen Geistes.
Schiller, ›Der Abfall der Niederlande‹

Der falsche Glaubenseifer ist ein Tyrann, der die Provinzen
entvölkert, die Duldsamkeit aber eine zärtliche Mutter,
die sie hegt und blühen macht!
*Friedrich der Große, ›Denkwürdigkeiten zur Geschichte
des Hauses Brandenburg, Über Aberglauben und Religion‹, 1751*

Der Papst ist der einzige Konzern-Vize,
der seinen Chef nie zu sehen bekommt.
Nicht einmal bei der Weihnachtsfeier.
Oliver Hassencamp, ›555 kandierte Sätze‹

Regenwasser ist rein; wenn es die Gossen durchlaufen
hat, verliert es seine reine Klarheit.
Ramakrischna

Immerhin kämpfte man mit der Welt um sein Christentum
bis Konstantin. Seitdem war es entschieden,
daß man es niemals zu etwas anderem bringen werde
als zu einem Kulturchristentum, das sich mit der
Einbildung zu begnügen hatte, die Welt erobert zu haben,
während es in Wahrheit sich von ihr hatte erobern lassen.
Franz Overbeck, ›Christentum und Kultur‹

Die Kirche hat einen guten Magen,
Hat ganze Länder aufgefressen,
Und doch noch nie sich überessen;
Die Kirch' allein, meine lieben Frauen,
Kann ungerechtes Gut verdauen.
Goethe, ›Faust I‹

Die Kirchen müssen Demut lernen, wie sie sie lehren.
George Bernard Shaw

Ein guter Papst mußte von jeher, notgedrungen, ein schlechter Christ sein.
Friedrich Hebbel

Was soll der Prunk bedeuten?
Regt er nicht der Seele Spott?
Wenn wir in das Freie schreiten,
Auf den Höhen, da ist Gott!
Goethe zum Luther-Jubeljahr 1817

Es würde nie einen Ungläubigen gegeben haben,
hätte es nie einen Priester gegeben.
Thomas Jefferson 1816 an Mrs. H. Smith

Zu lang ist alles Göttliche dienstbar schon,
Und alle Himmelskräfte verscherzt, verbraucht ...
Friedrich Hölderlin, ›Dichterberuf‹

Alle Religionen, die sich mit der Regierung verbunden haben,
stehen der Freiheit mehr oder weniger feindlich gegenüber.
Henry Clay

Denn welcher Kluge fänd' im Vatikan / Nicht seinen Meister?
Goethe, ›Torquato Tasso‹

NICHT GOTT STREITET, NUR DIE PRIESTER

Thomas Niederreuther

Wer immer seine eigene Religion hochpreist und eine
andere schmäht, der schädigt, was er erhöhen will.
Aus der Felsinschrift des indischen Herrschers Asoka, 3.Jh.v.d.Zw.

Jeglichen Schwärmer schlagt mir ans Kreuz im dreißigsten Jahre;
Kennt er nur einmal die Welt, wird der Betrogne der Schelm.
Goethe, ›Epigramme‹

Man betrachte z. B. den Koran: dieses schlechte Buch
war hinreichend, eine Weltreligion zu begründen,
das metaphysische Bedürfnis zahlloser Millionen Menschen
seit 1200 Jahren zu befriedigen, die Grundlage ihrer Moral
und einer bedeutenden Verachtung des Todes zu werden,
wie auch, sie zu blutigen Kriegen und
den ausgedehntesten Eroberungen zu begeistern.
Arthur Schopenhauer

Auf dem Grund der Religion liegt eine Art kollektiver Trunkenheit.
Alain Chartier

Indem das Christentum solch hohe Anforderungen stellt,
macht es sie selbst unerfüllbar und unnütz.
Jean-Jacques Rousseau, ›Emil oder über die Erziehung‹

Der Gotteserde lichten Saal / Verdüstern sie zum Jammertal;
Daran entdecken wir geschwind, / Wie jämmerlich sie selber sind.
Goethe, ›Zahme Xenien‹

Es gibt kein widerwärtigeres Schauspiel,
als wenn aus einem Menschen ein Berufspfaffe wird.
Christian Morgenstern, ›Aphorismen und Sprüche‹

Je größer das Kloster, desto größer die Sottise.
Johann Gottfried Seume

Demut (ebensowenig die Reue) ist keine Tugend,
das heißt, sie entspricht nicht der Vernunft.
Baruch de Spinoza

Es gab eine Zeit, in der sie Mode waren,
die Ministerien der Aufklärung, aber sie wurden bald überall
mit denen des Kultus vereinigt; so nämlich,
daß der Kultus die Aufklärung unter sich bringt.
Carl Gustav Jochmann

Lutherisch, Päpstisch und Calvinisch,
diese Glauben alle drei, sind vorhanden; doch Zweifel,
wo das Christentum dann sei.
Deutschland soll von dreien Glauben
nunmehr nur behalten einen.
Christus meint, wann er wird kummen,
dürft er alsbald finden keinen.
Friedrich von Logau, Breslau 1654

Keimt ein Glaube neu, / Wird oft Lieb und Treu
Wie ein böses Unkraut ausgerauft.
Goethe, ›Die Braut von Corinth‹

Der nackten Wahrheit Schleier machen
ist kluger Theologen Amt.
Und Schleiermacher sind bei so bewandten Sachen
die Meister der Dogmatik insgesamt.
August Wilhelm von Schlegel

Heinrici erklärt den Römerbrief
bisweilen richtig, bisweilen schief;
die Römer sind schlimm drangewesen,
sie mußten den Brief ohne Heinrici lesen.
Marburger Studentenspott, nach Hans Joachim Schoeps

Drei Dinge machen einen Theologen: Die Meditation
oder Nachsinnung, das Gebet und die Anfechtung.
Martin Luther

Glaube mir, es ist nicht so arg, an den Fronkarren
der löblichen Schreiberei gespannt zu sein,
als an der Galeere der Theologie zu seufzen.
Friedrich Hölderlin 1793 in einem Brief an den Bruder

Von nichts kann man nicht leben, hört man oft,
besonders vom Pfarrer. Und gerade die Pfarrer bringen
es zuwege: das Christentum existiert nicht,
– aber sie leben davon.
Søren Kierkegaard, ›Der Augenblick‹, 1855

Dem Glauben ist man bald geneigt,
der viel Rot im Kalender zeigt.
Sprichwörtlich

Keiner kommt aus dem Jenseits zurück uns zu sagen,
wie es ihm dort ergangen.
Niemand nimmt mit, was er besitzt.
Feiere fröhlich den Tag; sei nicht traurig im Leben.
Aus dem alten Ägypten

Wie? Wann? und Wo? – Die Götter bleiben stumm!
Du, halte dich ans Weil, und frage nicht: Warum?
Goethe, ›Sprichwörtlich‹

Sorge dich nicht um das, was kommen wird,
weine nicht um das, was vergeht:
aber sorge, dich nicht selbst zu verlieren, und weine,
wenn du dahintreibst im Strome der Zeit,
ohne den Himmel in dir zu tragen.
Friedrich Schleiermacher

Wer darf ihn nennen? / Und wer bekennen:
Ich glaub' ihn?
Wer empfinden / Und sich unterwinden,
Zu sagen: ich glaub' ihn nicht?
Der Allumfasser, / Der Allerhalter,
Faßt und erhält er nicht / Dich, mich, sich selbst?
Johann Wolfgang von Goethe

Wie weit hat Gott die Mängel und Übel
in der von ihm geschaffenen Welt durch Gutes ausgeglichen?
Gottfried Wilhelm Leibniz

Ich lege mich nie zu Bette, ohne zu bedenken, daß ich
vielleicht (so jung als ich bin) den andern Tag nicht mehr
sein werde – und es wird doch kein Mensch von allen,
die mich kennen, sagen können, daß ich im Umgang
mürrisch oder traurig wäre. Und für diese
Glückseligkeit danke ich alle Tage meinem Schöpfer
und wünsche sie von Herzen jedem meiner Mitmenschen.
Mozart im Brief an seinen Vater

Sie sind noch nicht gestorben, also wissen Sie auch nicht,
was Sterben ist. Was aus dem Denken dieser Persönlichkeit
geworden ist – das sie beseelte –, darüber ist nicht möglich,
Auskunft zu geben.
*Der vierundzwanzigjährige Kronprinz Friedrich von Preußen
im Brief an einen Geistlichen*

Keine Skepsis, kein Zweifel, aber auch kein Glaube
ändert etwas daran, daß zu den großen Leuchtfeuern
unserer Zeit nach wie vor die Vernunft gehört:
als Begriff und Norm, als sittliche Forderung.
Vernünftig zu handeln – dieses Lob ist kaum zu übertreffen.

Allerdings bricht sich auch ein unausrottbares Bedürfnis
des Menschen Bahn: Er will mehr als ›vernünftige‹
Erklärungen und sogenannte unumstößliche Tatsachen.
Er besitzt einen unermeßlichen Hunger nach dem,
was in den Sammelbegriff der Werte gehört,
deren Unentbehrlichkeit sich zwar ebenfalls mit der
Vernunft erklären läßt, die aber nicht von der Vernunft
leben oder auf ihr gründen.

Dazu gehört etwa die fundamentale Bindung
an einen anderen Menschen, an etwas Überpersönliches,
gehört die ganze geistig-kulturelle Sphäre, gehört alles,
was jenseits der Elementartriebe von Essen, Schlafen
und Fortpflanzung dem Menschen einen Sonderstatus
erschließt: der Überschuß an zweckfreien Ereignissen
und die Teilhabe daran.

Hellmut Diwald, ›Warum so bedrückt?‹

Sie haben mir schon manchmal über Religion geschrieben,
als wüßten Sie nicht,
was Sie von meiner Religion zu halten hätten.
O, könnt ich so mit einmal mein Innerstes auftun vor Ihnen.
Zweifeln Sie nicht an dem, was Heiliges in mir ist.
Nur mag ich mich und mein Herz nicht da bloß geben,
wo es mißverstanden wird und schweige deswegen
vor den Theologen, . . . die uns durch
den toten Buchstaben und schreckende Gebote
alle Religion, die doch das erste und letzte Bedürfnis
des Menschen ist, verleidet haben.

Der Theologiestudent Hölderlin im Brief an die Mutter

Wähntest du etwa, / Ich sollte das Leben hassen,
In Wüsten fliehen, / Weil nicht alle / Blütenträume reiften?

Goethe, ›Prometheus‹

Und geht es draußen noch so toll, / Unchristlich oder christlich,
Ist doch die Welt, die schöne Welt, / So gänzlich unverwüstlich.

Theodor Storm

fand Kelsos die verehrungswürdigen Dinge bei den Griechen ausgesprochen.

Jeder Christ jedoch, ›. . . auf der Unwissenheit der Leichtgläubigen fußend. . .‹,
›trachte sich einen eigenen Anhang zu schaffen und dann verdammen sie
sich gegenseitig. . .‹ ›Was hat das Herabkommen des Gottes für einen Sinn?
Etwa, daß er die Zustände bei den Menschen kennenlerne?
Weiß er denn nicht alles? Er weiß es also, bessert's aber nicht. . .‹
›Nun laß uns hören, wen die Christen einladen! Wer ein Sünder ist, sagen sie,
wer unverständig, mit einem Wort, unglückselig ist, den wird das Reich Gottes
aufnehmen. . . Was für andere Leute hätte ein Räuberhauptmann eingeladen?‹
*Kelsos um 178/179 geschriebenes kritisches Werk wurde vernichtet und ist
nur aus der Schrift des Origines ›Wider den Weltweisen Celsus‹ bekannt*

Wenn Christus sich als Weg des Heils, als Gnade und Wahrheit bezeichnet
und behauptet, in ihm allein sei Zuflucht für die Gläubigen,
was haben dann die Menschen so viele Jahrhunderte vor Christus getan?

Das, was Gott einmal gefiel und über so lange Zeit hin bewahrt wurde,
verdient ewig zu sein und nicht vom Schöpfer gering geschätzt
und vernichtet zu werden wie etwas, das vom Menschen stammt und,
vom Sterblichen verfertigt, selbst vergänglich ist.
Porphyrios, nach Fragmenten und der Apologie des Makarios des Großen

Raubtiere sind dem Menschen nicht so feindlich wie Christen untereinander...
Ihr haltet Schriften für göttlich, durch die keiner klüger, tapferer oder
besser wird, als er zuvor war. Andere Schriften jedoch, aus denen man
Tapferkeit, Klugheit und Gerechtigkeit entnehmen kann,
schreibt ihr dem Satan und Satansknechten zu.
*Kaiser Julian wurde als Fünfjähriger Zeuge der Ausrottung nahezu seiner ganzen
Sippe, seines Vaters, zweier Onkel, sechs Vettern und mehrerer Hofleute*

Wie aber blieb das Christentum Sieger über die Philosophie und die
Gleichgültigkeit, die auch alle früheren Irrlehren ausgelöscht hatten?
Die Erkenntnisse jener Zeit waren erstens weder beständig noch bestimmt
und fest umrissen, zweitens nicht weit verbreitet, oder drittens
so tief verwurzelt wie jetzt.
Giacomo Leopardi, ›Theorie des schönen Wahns und Kritik der modernen Zeit‹

Wer darf das Kind beim rechten Namen nennen?
Die wenigen, die was davon erkannt,
Die töricht gnug ihr volles Herz nicht wahrten,
Dem Pöbel ihr Gefühl, ihr Schauen offenbarten,
Hat man von je gekreuzigt und verbrannt.
Goethe, ›Faust I‹

An einem finsteren Ort sitzen die Gott nicht Gefälligen
und werden geprügelt und geschmort, wilde Tiere gehen
aus der stinkenden Milch der Frauenbrüste hervor
und verschlingen die Verdammten; ekles Gewürm
zerfrißt ihre Eingeweide, weil Gott es so will.
Aus der ›Pertrus-Apokalypse‹, Alexandria um 135

Wer nicht mit mir ist, der ist gegen mich.
Evangelium Matthäus, 12,30

Der Gesetzgeber, Priester, politische Kopf, Despot oder
was er war, der die armen, eingeschreckten Menschen
glauben machte, eine allgemeine Wasserflut habe einst,
um der Sünde willen, unser ganzes Geschlecht vertilgt,
wußte wohl, daß er zu Leuten sprach,
die so etwas zu verdienen glauben konnten.
Friedrich Maximilian von Klinger

Die Kirchen leben davon,
daß die Ergebnisse historischer Jesusforschung unbekannt bleiben.
Hans Conzelmann

. . . Was nehmt ihr auch den kalten Priester mit,
Ihr Toren, wenn um Gutes euch zu tun ist?
Und wählet zum Versöhner
Den Gottverlaßnen, der nicht lieben kann!
Friedrich Hölderlin

Die quälende Furcht vor Göttern, welche Macht haben
in das Geschick der Menschen einzugreifen, die zürnen
und strafen, ist unbegründet und beruht auf Torheit.

Unsinnig ist es, von den Göttern zu erbitten,
was man aus eigener Kraft zu leisten vermag.

Nur ein kleiner Geist wird durch Erfolge übermütig,
durch Rückschläge niedergedrückt.
Epikur

Die Kirche hat mit Hilfe ihrer Buß- und Beichtordnung
das mittelalterliche Europa domestiziert.
Max Weber, ›Wirtschaftsgeschichte‹, 1923

Konfessionen sind für Talbewohner; auf den Höhen wird es
lichter, die Luft reiner, zugleich dünner.
Richard W. Eichler

Horaz

Keine Religion, sagten sie [die Würdigen], die sich auf
Furcht gründet, wird unter uns geachtet.
Goethe, ›Wilhelm Meisters Wanderjahre‹

Ich seh die Seligen gähnen, / Sich nach dem Diesseits sehnen.
Eduard von Bauernfeld

Der Mensch wird lernen, ohne kollektive Hoffnung zu leben.
Ernst Wilhelm Eschmann

Wenn ich im Himmel abgewiesen werde, komme ich nicht wieder.
Johann Gottfried Seume

Nicht so vieles Federlesen! / Laßt mich immer nur herein;
Denn ich bin ein Mensch gewesen, / Und das heißt ein Kämpfer sein.
Goethe, ›West-östlicher Divan, Buch des Paradieses‹

Mir gäb' es keine größre Pein, / wär' ich im Paradies allein.
Goethe, ›Sprichwörtlich‹

. . . Mir willst du zum Gotte machen / Solch ein Jammerbild am Holze!
Goethe, ›West-östlicher Divan. Aus dem Nachlaß‹

Bete tapfer, auch als der tapferste Sünder!
Martin Luther

Gott verdammt niemanden, sondern jeder sich selbst.
Sebastian Franck

Denn was tut der Mystiker anderes,
als daß er sich an den *Problemen vorbeischleicht*
oder sie weiterschiebt, wenn es sich tun läßt?
Goethe, ›West-östlicher Divan‹

Mystik: eine unreife Poesie, eine unreife Philosophie;
Poesie: eine reife Natur; Philosophie: eine reife Vernunft.
Goethe, ›Maximen und Reflexionen‹

Metaphysik ist die Suche nach einer schwarzen Katze in einem
stockfinsteren Raum – und denken Sie sich, gnädige Frau,
die schwarze Katze ist am Ende gar nicht drin.
Max Scheler belehrt eine bildungsbeflissene Tischdame

Er hatte ein paar Stückchen auf der Metaphysik spielen gelernt.
Georg Christoph Lichtenberg

Der Gott, der in den Himmel entfloh –
Aus der Erde wird er uns wiederkommen!
Rainer Maria Rilke, ›Märchen vom Tod‹

Gekreuzigter Erlöser
Dein Leiden nimmt niemals ein Ende,
so wie es ohne Gnade ist!
Es klagen deine blut'gen Hände,
die taumelnd jetzt die Menschheit küßt.

Dein Stöhnen quält die Reichen, Armen.
Jahrhundert um Jahrhundert gellt
Dein ›Vater, Vater, hab Erbarmen!‹
durch die von dir erlöste Welt.

›Erlöser!‹ hallen tausend Zungen
und denken immer nur an sich.
Millionenfach wirst du besungen.
Und . . . wer erhöret endlich dich?
Hedy-Maria Schöffel

Das, was sie Himmel nennen, liegt nicht jenseits des Grabes;
es ist schon hier in unserer Natur verbreitet,
und sein Licht geht in jedem reinen Herzen auf.
Johann Gottlieb Fichte

Was wirst du tun, Gott, wenn ich sterbe?
Ich bin ein Krug (wenn ich zerscherbe?)
Ich bin ein Trank (wenn ich verderbe?)
Bin dein Gewand und dein Gewerbe,
Mit mir verlierst du deinen Sinn.
Rainer Maria Rilke, ›Das Stundenbuch‹

Und wenn du's vollbracht hast, / Wirst du erkennen
der Götter und Menschen unveränderlich Wesen,
Drin sich alles bewegt, und davon alles umgrenzt ist,
Stille schaun die Natur, sich gleich in allem und allem,
Nichts Unmögliches hoffen und doch dem Leben genug sein.
Pythagoras zugeschrieben, übersetzt von Goethe

. . . Aus dem seligen Glauben des Kreuzes
Bricht ein anderer hervor, / Selbstloser und größer;
Dessen Gebot wird sein: / Edel lebe und schön,
Ohne Hoffnung künftigen Seins / Und ohne Vergeltung,
Nur um der Schönheit des Lebens willen.
Theodor Storm

ist für vornehme Stände und besonders für Frauenzimmer,
die nichts zu tun haben. Ein tüchtiger Mensch aber,
der schon hier etwas Ordentliches zu sein gedenkt,
und der täglich zu streben, zu kämpfen und zu wirken hat,
läßt die künftige Welt auf sich beruhen
und ist tätig und nützlich in dieser.
. . . ich mußte es leiden, daß manche mich über diesen Punkt
auf eine sehr dünkelhafte Weise examinierte. Ich ärgerte sie aber,
indem ich sagte: es könne mir ganz recht sein,
wenn nach Ablauf dieses Lebens uns ein abermaliges beglücke;
allein ich wolle mir ausbitten, daß mir drüben niemand von
denen begegne, die hier daran geglaubt hätten.
Goethe zu Eckermann am 25. Februar 1824

O Ewigkeit, du Donnerwort,
O Schwert, das durch die Seele bohrt,
O Anfang sonder Ende! / O Ewigkeit, Zeit ohne Zeit,
Ich weiß vor großer Traurigkeit / Nicht, wo ich mich hinwende!
Mein ganz erschrocken Herz erbebt,
Daß mir die Zung' am Gaumen klebt.
Kein Unglück ist in aller Welt,
Das endlich mit der Zeit nit fällt / Und ganz wird aufgehoben.
Die Ewigkeit nur hat kein Ziel,
Sie treibet fort und fort ihr Spiel, / Läßt nimmer ab zu toben.
Nichts ist zu finden weit und breit
So schrecklich wie die Ewigkeit.
Johann von Rist

Jesu Religion ist eine Drohung,
die des Mohammed ein Versprechen.
Napoleon Bonaparte

Was sich der Mensch von seinem Gott verspricht, muß er sich selber halten.
Emil Gött

Ich bedaure die Menschen, welche von der Vergänglichkeit
der Dinge viel Wesens machen und sich in Betrachtung
irdischer Nichtigkeit verlieren.
Sind wir ja eben deshalb da, um das Vergängliche
unvergänglich zu machen; das kann ja nur dadurch geschehen,
wenn man beides zu schätzen weiß.
Goethe, ›Maximen und Reflexionen‹

Nur ein rissiger Geist hat Öffnungen zum Jenseits.
Emile M. Cioran

Friedrich der Große in einem Gedicht vom Januar 1759,
nachdem der Papst seinem unbegabten Gegner Daun
gleich dem Türkenbesieger Prinz Eugen einen geweihten Hut
und Degen verliehen hatte: »Als ob ich Herr der Türken wäre.«

Es gibt keine Tugend, in welcher die Römer die Wandalen
übertreffen; wir verachten sie als Ketzer,
und doch sind sie stärker als wir an Gottesfurcht.
Wo Goten herrschen, ist niemand unzüchtig außer den Römern,
wo Wandalen herrschen, sind selbst die Römer keusch geworden.
Der Priester Salvian

Hätten wir die Sodomitereien und ägyptisch-babylonischen
Grillen nie kennen lernen und wäre Homer unsere Bibel
geblieben, welch eine ganz andere Gestalt
würde die Menschheit dadurch gewonnen haben.
Goethe im Juni 1794 an Karl August Böttiger

Es ist jedoch ein Irrtum, eine fremde Lehre,
daß der sterbende Mensch seinen Körper verläßt –
seine Gestalt tritt vielmehr in eine neue Ordnung ein,
der gegenüber jeder räumliche, zeitliche oder ursächliche
Vergleich unzulässig ist. Diesem Wissen entsprach
die Anschauung unserer Vorväter, nach der der Krieger
im Augenblick des Todes nach Walhalla geleitet wurde –
nicht die Seele wurde dort aufgenommen, sondern in
strahlender Leibhaftigkeit, von welcher der Leib des
Helden in der Schlacht ein hohes Gleichnis war.
Ernst Jünger, ›Der Arbeiter‹

Wenn das gegründete Staatsgefühl zerstört ist,
dann bleibt nichts übrig als die Ausfüllung des Leerraums
mit allgemeinen Tugenden privater Natur
wie Wohlwollen, Hilfsbereitschaft usw.

So führte bekanntlich eine verschärfte, radikalisierte
Jenseits- und Erlösungsreligion in der Regel zur
kategorischen Verwerfung bestimmter innerweltlichen
Verhaltensweisen, einschließlich des dazugehörigen Ethos,
z. B. der Familiengründung und des Kriegsdienstes.
Arnold Gehlen, ›Moral und Hypermoral‹

Der Mensch kann gewiß einen Fruchtkern in die Erde legen,
einen Baum großziehen, ihn durch ein Propfreis veredeln,
ihn auf hundert Arten beschneiden, aber nie ist ihm in den Sinn
gekommen, er hätte die Macht, einen Baum zu schaffen.
Joseph de Maistre, ›Betrachtungen über Frankreich‹

Natur und Mensch

Sonne und Erde, Pflanze und Tier
Heimat und Ferne
Werden und Vergehen

Caspar David Friedrich, ›Der einsame Baum‹, 1882

Deine Morgenröte, o Re, erschließt neu den Himmelskreis
und jegliches Reich, das du zum Leben erweckst,
eroberst du mit deiner Liebe, wie der fröhliche Tag
in schönem Frieden deinen Fußspuren folgt.

Wenn du untergehst, wird freudlos die Welt;
die Häuser wie Grüfte, in denen Menschen blind wie Tote,
nur Löwe und Schlange bewegen sich
durch das schwarze Gewölbe der sichtlosen Nacht.
Beginn des Sonnengesangs des Amenophis-Echnaton

Anbetung sei dem Auge Mitra-Varunas,
dem Gotte bring voll Andacht Opfer dar;
dem gottgebornen Lichte, welches weithin schaut,
dem Sonnengott, dem Sohn des Himmels, singt ein Lied!
Aus dem Rigveda, indischen Opferhymnen

Helios aber, der nie versagt, der Unsterblichen Abbild,
Lichtwart den Sterblichen wie den unsterblichen Göttern,
stehend auf dem Gespann, aus dem Goldhelm Augen
schrecklich blitzen, es sprühet von strahlendem Glanze
rings um ihn her; von den Schläfen des Hauptes herab
umschließt eherner Schutz sein ferne erhellendes Antlitz.
Aus homerischer Zeit

. . . Von Süden die Sonne, des Mondes Gesell,
schlang die Rechte um den Rand des Himmels:
die Sonne kannte ihre Säle nicht;
die Sterne kannten ihre Stätte nicht;
der Mond kannte seine Macht noch nicht..
Weltschöpfung nach der ›Edda‹, aus ›Der Seherin Gesicht‹

Unseres Himmels schönste Stelle, / Großer Mittelpunkt des Lichts,
Farbenvater, Freudenquelle, / Geist und Seele des Gesichts!
Billig sollte keiner leben, / Der in dir nicht Gott erheben,
Und des Schöpfers Macht und Ehr / Stets zu rühmen schuldig wär. . .
Barthold Hinrich Brockes

Nur weil die Sonne keinem gehört, gehört sie allen.
Friedrich Hebbel

Herz, öffne dich weit! / Es braucht / Eine Weile / Geduld nur / Und Zeit!
Dann jubelt die Seele / Wie der Frühling im Land
Aus tausend Kehlen / Lieblicher Vögel: / Dank, Himmel Dank!
Hans Bahrs, ›Osterlied‹

Friedrich Nietzsches Leitspruch

Ich bin Leben von Leben, das leben will inmitten von Leben, das leben will.
Albert Schweitzer

Wie Merlin / Möcht' ich durch die Wälder ziehn;
... Was die Bäume sprechen, / Möcht' ich wie Merlin verstehn.
Nikolaus Lenau, ›Waldlieder‹

Im Walde fühle ich mich nie einsam.
Das muß in der Natur des Waldes begründet liegen.
Otto von Bismarck

Auf den Bergen ist Freiheit! Der Hauch der Grüfte
Steigt nicht hinauf in die reinen Lüfte;
Die Welt ist vollkommen überall
Wo der Mensch nicht hinkommt mit seiner Qual.
Schiller, ›Die Braut von Messina‹

Die Hochzeit der Seele mit der Natur macht den Verstand
fruchtbar und erzeugt die Phantasie.
Henry David Thoreau

Gottes Gesetze stehen nicht in irgendeinem Buch,
sondern in der Natur geschrieben.
Baruch de Spinoza

Die Natur muß gefühlt werden; wer sie nur sieht und
abstrahiert, kann. .. Pflanzen und Tiere zergliedern, er wird
die Natur beschreiben, ihr aber selbst ewig fremd sein.
Alexander von Humboldt an Goethe am 3. Januar 1810

Wer ohne Begleitung spazieren geht, kommt mit vielen Gedanken zurück.
Ernst R. Hauschka

Die Schönheit der Erde und ihres Lebens
ist Nahrung für den menschlichen Geist.
Daniel Goeudevert

In der Ehrfurcht vor dem Leben liegt Frömmigkeit in ihrer tiefsten
Fassung vor, die ganz aus innerster Notwendigkeit kommt
und dann nicht nach dem Ende fragt.
Albert Schweitzer

... Und meine Seele spannte / Weit ihre Flügel aus,
Flog durch die stillen Lande, / Als flöge sie nach Haus.
Joseph von Eichendorff, ›Mondnacht‹

Friedrich Hölderlin

Wenn alle Wesen du in dir und dich in allen Wesen siehst,
dann hast Allwissen du erreicht, dann ist dir nichts mehr ungewiß.
Aus dem altindischen Yajurveda

Wer nicht ein Vaterland auf Erden fühlt,
der wird im Himmel keinen Himmel haben.
Leopold Schefer

Die Welt ist ein Organismus, ein Ganzes;
Aufbau und Gliederung der Teile werden vom Ganzen her
bestimmt. Der Mensch ist abhängig vom Weltenschicksal
und dieses wiederum vom Verhalten des Menschen.
Heraklit

Was wär ein Gott, der nur von außen stieße,
Im Kreis das All am Finger laufen ließe!
Ihm ziemts, die Welt im Innern zu bewegen,
Natur in sich, sich in Natur zu hegen,
So daß, was in ihm lebt und webt und ist,
Nie seine Kraft, nie seinen Geist vermißt.
Johann Wolfgang von Goethe

Denn die Natur ist aller Meister Meister!
Sie zeigt uns erst den Geist der Geister,
Läßt uns den Geist der Körper sehn,
Lehrt jedes Geheimnis zu verstehn.
Goethe, ›Künstlers Apotheose‹

(Die Natur) hat mich hereingestellt, sie wird mich auch
herausführen. Ich vertraue mich ihr. Sie mag mit mir
schalten. Sie wird ihr Werk nicht hassen.
Goethe, ›Schriften zur Natur- und Wissenschaftslehre‹

Niemals sagt uns die Natur etwas anderes als die Weisheit.
Juvenal

Erde, die uns dies gebracht, / Sonne, die es reif gemacht,
Liebe Sonne, liebe Erde, / Euer nie vergessen werde.
Christian Morgenstern

Aus der blauen Flut / grüßt mich der freudige Himmel,
blick ich zu ihm empor / seh ich die weitere Welt.
Juliane Böcker, ›Und der Lotos wuchs‹

Die ganze Welt ist wie ein Buch, / Darin uns aufgeschrieben
In bunten Zeilen manch ein Spruch, / Wie Gott uns treu geblieben;
Wald und Blumen nah und fern / Und der helle Morgenstern
Sind Zeugen von seinem Lieben.
Emanuel Geibel, ›Wer recht in Freuden wandern will‹

Vaterland – / Du bist mehr als Kraft, die Länder bindet,
Du Morgenglanz und Blütentraum,
Du der Kranz, der unsere Stirn umwindet,
Bist jahrhundertealten Glaubens Traum.
Robert Hohlbaum

Der aus der Kindheit aufblickende Mensch
findet die Natur nicht etwa rein und nackt um sich her,
denn die göttliche Kraft seiner Vorfahren
hat eine zweite Welt in der Welt geschaffen.
Goethe, ›Am Rhein, Main und Neckar‹

Die Natur vermeidet das Vakuum.
François Rabelais, ›Gargantua und Pantagruel‹, 1532

Das Natürliche ist nicht schimpflich.
Vergil, ›Hypsipyle-Fragment‹

Die Natürlichkeit ist nicht nur das Beste, sondern auch das Vornehmste.
Theodor Fontane, ›Frau Jenny Treibel‹, 1892

Das geringste Produkt der Natur hat den Kreis seiner
Vollkommenheit in sich, und ich darf nur Augen haben,
um zu sehen, so kann ich die Verhältnisse entdecken;
ich bin sicher, daß innerhalb eines kleinen Zirkels
eine ganze wahre Existenz beschlossen ist.
Goethe an Herzogin Luise am 23. Dezember 1786

Alles Gediegene gedeiht nur, wenn der Mensch gleich recht beides ist:
bereit dem Anspruch des höchsten Himmels
und aufgehoben im Schutz der tragenden Erde.
Martin Heidegger, ›Der Feldweg‹

Einsamkeit in der offenen Natur ist ein Prüfstein des Gewissens.
Heinrich von Kleist

Man kann nicht den Schmetterling lieben und die Raupe töten.
Richard Thöne, ›Aphorismen‹, 1995

Naturschutz und Heimatschutz

Von Ernst Rudorff 1888 geschaffene Begriffe

Im Herzen der westlichen Welt und aus ihren eigensten Realitäten
heraus ist die Ökologie oder der Umweltschutz entstanden.
Es ist fraglich, ob diese Tendenz nicht viel eher von der Rechten
als von der Linken ausgegangen ist; denn was könnte ›konservativer‹
sein als die Bewahrung der Natur
und damit der Lebensgrundlage der Menschheit?
Ernst Nolte, ›Links und rechts‹, in ›Die selbstbewußte Nation‹, 1993

Der Mensch, Herr über die Naturgewalten geworden,
Herr über seine eigene Wildheit und Zügellosigkeit. . .
der Mensch, im Vergleich zum Vor-Menschen, stellt ein
ungeheures Quantum an Macht dar, nicht ein Plus von Glück!
Friedrich Nietzsche, ›Der Wille zur Macht‹

Die Erde gehört nicht den Menschen, der Mensch gehört der Erde.
Alles ist miteinander verbunden, wie das Blut, das die Familie vereint.
Alles ist verbunden. Was die Erde befällt, befällt auch ihre Söhne.
Der Mensch schuf nicht das Gewebe des Lebens, er ist darin nur eine Faser.
Was immer ihr dem Gewebe antut, das tut ihr euch selber an.
Aus des Indianerhäuptlings Seattle 1855 gehaltener Rede,
von Ted Perry 1972 in einem Filmmanuskript umgeformt

Die Erde verkaufen? Warum nicht auch die Luft, die Wolken, das große Meer?
Tecumseh, Häuptling der Shawnee-Indianer

Wieviel Schönheit und Harmonie gebiert die Natur,
wieviel Häßliches bringt der Mensch in die Welt!
Richard Thöne, ›Aphorismen‹

Es fällt uns immer wieder auf, wie für indianische Menschen
die Bereiche des Göttlichen und Natürlichen offenbar nicht
in der Weise voneinander geschieden sind,
wie wir es aus unserer eigenen. . . Tradition gewohnt sind.
Rudolf Kaiser, ›Geh mit leisen Schritten‹

Ich kann nicht leugnen, daß mein Vertrauen in den Charakter
meines Nachfolgers einen Stoß erlitten hat, seit ich erfahren habe,
daß er die uralten Bäume vor der Gartenseite seiner. . .
Wohnung hat abhauen lassen. . . Aus der Baumvertilgung
spricht nicht ein deutscher. . . Charakterzug.
Otto von Bismarck, ›Gedanken und Erinnerungen‹

Schiller, ›Die Braut von Messina‹

Es gibt in der Natur keine Sentimentalitäten.

Hermann Hesse

Der Wolf, der das Schaf versteht, ist verloren, wird Hungers sterben.

Henri Michaux

Die Natur macht niemals hervorragende Dinge zu geringen
oder gar keinen Zwecken.

John Locke

Die Seele ist um sehr vieles älter als der menschliche Geist.
Wann die Seele, das subjektive Erleben, entstanden ist,
wissen wir nicht. Jeder Mensch, der höhere Tiere kennt,
weiß, daß ihr Erleben, ihre ›Emotionen‹ den unseren
brüderlich verwandt sind. Ein Hund hat eine Seele,
die der meinen im allgemeinen gleicht, sie an
bedingungsloser Liebesfähigkeit wahrscheinlich übertrifft;
einen Geist in dem hier definierten Sinne aber hat kein Tier,
haben weder die Hunde noch die dem Menschen
verwandtschaftlich am nächsten stehenden Anthropoiden.

Konrad Lorenz, ›Der Abbau des Menschlichen‹

Wenn der Mensch wirklich vom Affen abstammt, so möchte ich wetten:
Die Affen haben einst seinen Urvater hinausgeschmissen!

Emil Gött, ›Selbstgespräch‹, 1982

Sie werden es nicht glauben, aber es gibt soziale Staaten,
die von den Klügsten regiert werden,
das ist bei den Pavianen der Fall.

Konrad Lorenz

Gleichheit ist kein Naturgesetz. Die Natur hat nichts gleich
gemacht. Ihr Gesetz ist Unterordnung und Abhängigkeit.

Luc de Clapiers de Vauvenargues

Kein Stoff ohne Kraft! Keine Kraft ohne Stoff !

Ludwig Büchner

Wer möchte leben ohne den Trost der Bäume?

Günter Eich, ›Ende eines Sommers‹

Mit allen Kreaturen bin ich / In schönster Seelenharmonie.
Wir sind verwandt, ich fühl es innig, / Und eben darum lieb ich sie.

Wilhelm Busch

Epikur

Die Natur hat nur Vorstellungen wie ein Tier;
Zwecke sind unter ihrer Würde.
Friedrich von Schlegel

Ich fürchte, die Tiere betrachten den Menschen als ein Wesen ihresgleichen,
das in höchst gefährlicher Weise den gesunden Tierverstand verloren hat,
– als das wahnwitzige Tier, als das lachende Tier,
als das weinende Tier, als das unglückselige Tier.
Friedrich Nietzsche

Tiere sind am gefährlichsten, wenn in ihnen der Mensch erwacht.
Brana Crncevic, ›Staatsexamen‹

Wenn ein Löwe sprechen könnte, würden wir ihn nicht verstehen.
Ludwig Wittgenstein

Wenn Tiere gähnen, haben sie ein menschliches Gesicht.
Karl Kraus

Das Tier muß es ertragen, daß seine Freunde, geht es fehl,
›Du Mensch!‹ verächtlich sagen.
Mascha Kaléko

Ganze Weltalter voll Liebe werden notwendig sein,
um den Tieren ihre Dienste und Verdienste zu entgelten.
Christian Morgenstern, ›Aphorismen und Sprüche‹

Der unschuldig Gestorbenen, hilflos am Weg Verdorbenen,
O Welt, gedenke ihres Leidens auch!
Agnes Miegel, ›Zum Gedächtnis der Tiere‹

Die Leute sind schändliche Verräter an der Natur.
Johann Gottfried Seume

Man glaubt für gewöhnlich, es gäbe keine Steigerungsform
für tot. Die gibt es doch: ausgestorben.
Martin Kessel, › Gegengabe‹, 1960

Es hieße das Wesen des Tieres und seine Daseinsgebundenheit
verkennen, sähe man die Aufgabe der zum Umgang mit uns
gehaltenen Tiere darin, dem Menschen zum Spielzeug,
zur Menschenverneinung oder gar zur Weltflucht zu dienen.
Ehm Welk

Die Natur verbirgt Gott! Aber nicht jedem!
Goethe, ›Maximen und Reflexionen‹

Die Schranke der Kreatur ist die Freiheit der Natur
Friedrich Hebbel

Die schönsten Gipfelgespräche führen die Vögel im Wald.
Karlheinz Deschner
›Nur Lebendiges schwimmt gegen den Strom‹, 1985

Eine Schwalbe ist gesellschaftsfähig in Salon, Kirche,
Krankensaal, sowohl was Grazie, Bildung und Toilette anbetrifft.
Wilhelm Raabe

Der Löwe liegt faul, aber mit Löwengedanken.
Wilhelm Pleyer, ›Mit wenigen Worten‹

Die Schlange sticht nicht ungereizt.
Schiller, ›Wilhelm Tell‹

Schmerzliches Abbild der Zivilisation:
ein Löwe, der die Gefangenschaft gewohnt war und,
der Wildnis zurückgegeben,
dort auf und ab geht wie vor Gitterstäben.
Karl Kraus

So würdig wie das Pferd die Schmach,
erträgt sein Herr die Würde nicht.
Karl Kraus

Die Selbstachtung einer Katze ist außerordentlich.
Christian Morgenstern, ›Aphorismen und Sprüche‹

Wundern kann es mich nicht, daß Menschen die Hunde so lieben:
Denn ein erbärmlicher Schuft ist, wie der Mensch, so der Hund.
Goethe, ›Venezianische Epigramme‹

Ich verabscheue Leute, die einen Hund halten.
Es sind Feiglinge, die nicht genug Schneid haben, selbst zu beißen.
August Strindberg

Kein Zweifel, daß der Hund treu ist.
Aber sollen wir uns deshalb ein Beispiel an ihm nehmen?
Ist er doch dem Menschen treu und nicht dem Hund.
Karl Kraus

Wundern darf es mich nicht, daß manche die Hunde verleumden:
Denn es beschämet zu oft leider den Menschen der Hund.
Arthur Schopenhauer

DER BAUER WEISS ETWAS, WAS DIE ZIVILISIERTE MENSCHHEIT VERGESSEN ZU HABEN SCHEINT

Konrad Lorenz, ›Die acht Todsünden‹

Du sehr verachter Bauernstand,
Bist doch der beste in dem Land.
Kein Mann dich genugsam preisen kann,
Wenn er dich nur recht siehet an.
Hans Jacob Christoffel von Grimmelshausen, ›Simplicissimus‹

Des Bauern Handschlag, edler Herr, / ist auch ein Manneswort!
Was ist der Ritter ohne uns? / Und unser Stand ist älter als der eure.
Schiller, ›Wilhelm Tell‹

Wir Bauern sind aus hartem Holz,
Im Reden schwer, im Werken stolz.
Wir haben Weib und Kind und Knecht,
Und sonntags ist ein Spaß uns recht.
Wir geben euch das Brot, den Wein
Und unsre Söhne obendrein.
Und unsrer Töchter Liebeskraft,
Daß nimmer das Geschlecht erschlafft,
Daß sich sein Kern, sein Glück und Glut
Erweise im gesunden Blut.
Josef Weinheber

Das Beste und Liebste ist mir
noch ein gesunder Bauer, grob, listig, hartnäckig,
langhaltig: das ist heute die vornehmste Art.
Friedrich Nietzsche, ›Also sprach Zarathustra‹

Der Bauer ist der ewige Mensch, unabhängig von
aller Kultur, die in den Städten nistet.
Er geht ihr voraus, er überlebt sie...
Oswald Spengler, ›Der Untergang des Abendlandes‹

Der Wirklichkeitssinn des Bauern beruht
auf der Grausamkeit der Natur.
Thomas Niederreuther

Der Mensch ist zu stark in die Konstruktion eingetreten, er wird zu billig
und verliert den Grund. Das bringt ihn den Katastrophen nahe,
den großen Gefahren und dem Schmerz.
Ernst Jünger, ›Der Waldgang‹

Friedrich Georg Jünger

Was ist alle gemachte Poesie in einer großen Stadt
gegen die Schönheit eines Kornfeldes.
Peter Rosegger, ›Erdsegen‹

Wenn irgend etwas uns verflacht hat, dann ist es doch
die Großstadt gewesen, nirgends mehr geht die
Einzelpersönlichkeit zugrunde als in diesen Stätten
der Massensuggestion.
Gustav Stresemann, ›Reden und Schriften I‹

Das Land ist die leibliche Folie der Stadt –
aber diese die geistige, dämonische des Landes.
Emil Gött, ›Selbstgespräch‹, 1982

Jede Werbung ist ein Appell zur Zerstörung.
Günther Anders, ›Die Antiquiertheit des Menschen‹

Je länger der sogenannte Wohlstand anhält, desto häßlicher
wird das Land. Die Wälder werden abgeholzt,
die Berge aufgeschürft, die Bäche verunreinigt.
Die Wiesen werden mit Fabriken besetzt, die Luft mit Rauch
erfüllt, die Menschen unruhig, unzufrieden, heimatlos gemacht.
Peter Rosegger im Jahre 1912

Jeder ist an allem schuld. Wenn das jedem bewußt wäre,
hätten wir das Paradies auf Erden.
Fjodor M. Dostojewskij

Die Natur selbst, fürchte ich, hat dem Menschen
eine gewisse Neigung zur Unmenschlichkeit mitgegeben.
Michel Eyquem de Montaigne

Die Menschheit als Ganzes wird sich nie wieder bescheiden können.
Elias Canetti

Nicht der Anfang, das Ende trägt die Last.
Friedrich Georg Jünger, ›Die Perfektion der Technik‹, 1946

Von manchen wird der Herzinfarkt wie ein Orden getragen.
Max J. Halhuber

Die Größe jedes Fortschritts bemißt sich nach der Masse dessen,
was ihm alles geopfert werden mußte.
Friedrich Nietzsche

Friedrich von Logau

Das Universum, Freund, denkt nicht an dich.
Voltaire

Suchst du das Höchste, das Größte? Die Pflanze kann es dich lehren.
Was sie willenlos ist, sei du es wollend – das ist's.
Schiller, ›Das Höchste‹

Zwiespältig sind die Menschen. Die einen halten
am Schein des Wortes, die andern am Licht der Natur.
Erwin Guido Kolbenheyer

Es gibt keinen ärgeren Feind der Natur als den,
der sich für klüger hält als sie,
die doch unser allerhöchster Lehrmeister ist.
Paracelsus

Der Mensch muß sich in die Natur schicken lernen,
aber er will, daß sie sich in ihn schicken soll.
Immanuel Kant

Das wütende Gemurmel und die tiefe Ruhe
aus dem Grund aller Dinge.
Ernst Wilhelm Eschmann

Wann werden wir die Natur ganz entgöttlicht haben?
Friedrich Nietzsche

Bevor man die Welt vollendet, wäre es vielleicht wichtiger,
sie nicht zugrunde zu richten.
Paul Claudel

Die Erde bedarf des Menschen als eines Pflegers und Hirten.
Wir müssen wieder lernen, sie wie eine Mutter zu behandeln.
Dann werden wir auf ihr gedeihen.
Friedrich Georg Jünger, ›Die Perfektion der Technik‹, 1946

Wir sind auf einer Mission – zur Bildung der Erde sind wir berufen.
Novalis

Die Rückkehr zur Natur ist allen Quelle des Heils.
Ludwig A. Feuerbach

Erst in der Entfernung wird dem Sohn die Einheit der Mutter
offenbar und ihre Liebe, die er mit Belebtem und Unbelebtem teilt.
Kein Heimweh kann größer sein.
Ernst Jünger, ›Der Weltstaat‹

ÄUSSERST KOMPLIZIERT: DAS EINFACHE LEBEN!

Rupert Schützbach

Glückselig wer fern von Geschäften,
Mit eignen Rindern seine Scholle pflügt,
Wie einst die Väter taten.

Horaz

Wie herrlich leuchtet / Mir die Natur!
Wie glänzt die Sonne! / Wie lacht die Flur!

Goethe, ›Mailied‹

Winterstürme wichen dem Wonnemond, in mildem Lichte leuchtet der Lenz,
auf lauen Lüften, lind und lieblich Wunder webend er sich wiegt;
durch Wald und Auen weht sein Atem, weit geöffnet lacht sein Aug.

Richard Wagner, Die Walküre

Schön ist, Mutter Natur, deiner Erfindung Pracht,
Auf die Fluren verstreut, schöner dein froh Gesicht,
Das den großen Gedanken
Deiner Schöpfung noch einmal denkt.

Friedrich Gottlieb Klopstock, ›Der Zürcher See‹, 1750

Wer zum Tischtrunk Fischtrunk nimmt,
Selten dem die Fuß-Gicht kimmt.

Friedrich von Logau

Behalt den Kragen warm, fülle nicht zu sehr den Darm,
mach dich der Grethen nicht zu nah; so wirst du langsam grau.

Martin Luther, ›Tischreden‹

Und all das Geld und all das Gut / Gewährt zwar viele Sachen;
Gesundheit, Schlaf und guten Mut / Kann's aber doch nicht machen.

Matthias Claudius

Warum können wir nicht im Walde leben und
zugleich die Vorzüge der großen Bibliotheken genießen?

*seufzte ein Gelehrter aus Übersee auf einer Tagung am
Eibsee, nachdem er sich vergewissert hatte,
daß eine Steckdose für seinen Rechner vorhanden war.*

Früher rasierte man sich, wenn man Beethoven hören wollte.
Heute hört man Beethoven beim Rasieren.

Peter Bamm

Die Grünen betrachten den Menschen als Störfall im Biotop der Erde.

Jürgen Rüttgers

Hanns Koren

Du kleiner Ort, wo ich das erste Licht gesogen,
den ersten Schmerz, die erste Lust empfand,
sei immerhin unscheinbar, unbekannt;
mein Herz bleibt doch vor allen dir gewogen,
fühlt überall nach dir sich heimlich hingezogen,
fühlt selbst im Paradies sich noch aus dir verbannt.
Christoph Martin Wieland

Im Heimaterlebnis schwingt etwas tief Religiöses mit,
auch bei dem, der es sich nicht eingestehen will.
Eduard Spranger

Es kommt die Zeit, sei deiner Schwingen Raum
Auch kühn gespannt durch alle ferne Welt,
Die Stunde kommt: Sternhell am Himmelssaum
Ersteht dein Jugendland, ein Friedenstraum,
Und zwischen dir und ihm – ein braches Feld.
Erwin Guido Kolbenheyer

Der größte Segen allen Reisens ist der,
daß man sein Vaterland wieder lieben lernt -
sagte mal ein Franzos in der guten alten Zeit,
und ich glaube, er wußte, was er sprach.
Theodor Fontane, ›Ein Sommer in London‹

Was kann ich für die Heimat tun, / bevor ich geh im Grabe ruhn?
Was geb ich, was dem Tod entflieht? / Vielleicht ein Wort, vielleicht ein
Lied, ein kleines, stilles Leuchten.
Conrad Ferdinand Meyer

Vaterlandsliebe ist religiöse Pflicht.
Joseph Höffner

Wer aufrecht steht, hält die Welt aufrecht.
Georg Stammler

Sehnsucht ins Ferne, Künftige zu beschwichtigen,
Beschäftige dich hier und heut im Tüchtigen.
Goethe, ›Chinesisch-deutsche Jahres- und Tageszeiten‹

Denn ob sie aufblickten, sahen sie die göttliche Erscheinung,
ob sie niederblickten, sahen sie noch immer die göttliche Erscheinung,
die sie von allen Seiten umgab, jenseits von Sünde, Tod und Hölle.
William Blake

Der moderne Mensch wird in einem Tätigkeitstaumel gehalten,
damit er nicht zum Nachdenken über den Sinn
seines Lebens und der Welt kommt.
Albert Schweitzer

Carl Blechen, ›Im Park von Terni‹, nach 1830

Martial

Die Stufen der Entwicklung des Menschen:
Die erste: Der Heimat den Rücken kehren, den Himmel
stürmen wollen, die Welt aus den Angeln heben.
Die zweite: Sich, der Welt gram, der Heimat wieder
zuwenden, in ihr alles sehen, sie zum Mittelpunkt
alles Lebens machen, die Welt draußen verachten.
Die dritte und höchste: Mit der Heimat im Herzen
die Welt umfassen, mit der Welt vor Augen
die Heimat liebend und bauend durchdringen.

Gorch Fock

O warme Heimat, der ihr mich entzieht,
O Liebestraum, aus dem ihr mich gestört,
Zu dir zurück auf tausend Schlichen flieht
Mein Wesen, wie zum Meer das Wasser kehrt.

Hermann Hesse

Daß nur die Liebe nicht stirbt, die Liebe zum Land!
Daß sie das Herz noch erfüllt bis zum Rand,
daß sie die Schritte noch lenkt und das Tun,
daß sie uns aufrecht erhält, nicht zu ruh'n,
nicht satt und müde zu sein, weil sonst verdirbt,
was einst die Heimat war. Daß nur die Liebe nicht stirbt!

Ursel Peter

Nimm, Bruder Wandrer, meinen Gruß noch mit
An Mutter, Kindheit, der ich lang entrückt.
Nun wandre, und gesegnet sei dein Schritt,
Von meiner Heimat sei auch du beglückt.

Anton Konrad Senft

Wer, wie der Zugvogel, Rettung sucht durch den
Wechsel des Ortes, der findet sie nicht,
denn für ihn ist die Welt überall gleich.

Anton P. Tschechow, ›Das Duell‹ 1891

Lieber ist mir der Heimat Rauch als der Fremde Feuer.

Isländisches Sprichwort

Wieder einmal ausgeflogen, / wieder einmal heimgekehrt,
fand ich doch die alten Freunde / und die Herzen unversehrt.

Theodor Storm

O unglücksel'ge Stunde, da der Fremde / in diese still beglückten Täler kam,
der Sitten fromme Unschuld zu zerstören!
Schiller, ›Wilhelm Tell‹

Wenn ich einmal frei sein werde, / frag ich mich, wie wird das sein?
Ich grab tief in deine Erde, / mein Heimatland, die Hände ein.

Ich geh einsam durch die Straßen, / ganz still als wie im Traum;
ich kann die Freiheit nicht erfassen, / mein Kopf ruht sacht an einem Baum.

Und wenn mich jemand fragen wollte, / wo ich so lang gewesen bin –
so werde ich verhalten sagen: / ›Ich war in Gottes Mühlen drin.‹

Ich sah den Müller Spuren mahlen / den Menschen tief ins Angesicht
und mußte mit dem Herzblut zahlen / wie sonst in meinem Leben nicht.

Wenn ich einmal frei sein werde, / frag ich mich, was mir noch blieb?
Dich, meine deutsche Heimaterde, / Dich habe ich von Herzen lieb.
*Nachgelassenes Gedicht des Schauspielers Heinrich George,
gestorben im Sowjetlager Sachsenhausen am 25. September 1946*

Wir wandern, wir wandern, endloser Zug,
Volk, das die Geißel des Krieges schlug,
Entwurzelter Wald, von der Flut getragen. . . Wohin? Wohin?
Agnes Miegel, ›Wagen an Wagen‹

Von jeher hat man diesen Heimatverlust als Vertreibung
aus dem Paradies empfunden, und zwar selbst dann,
wenn die Kindheit ganz und gar nicht paradiesisch war.
So wird die Heimat inmitten ihres Entschwundenseins
zu einem Licht, das zauberisch in die Nacht des Erwachsenen
hinüberleuchtet und ihm die Gewißheit gibt,
daß er nicht schlechthin heimatlos auf der Erde herumirrt.
Gerd Bergfleth, ›Erde und Heimat‹, in ›Die selbstbewußte Nation‹ 1993

Lassen Sie uns in der Hektik der täglichen Probleme
an einigen grundlegenden Werten wie dem Glauben an Gott,
der Liebe zum Vaterland, zu Freiheit und Recht festhalten.
Karl Carstens, 1986 vor der Freiherr-vom-Stein-Stiftung in Bonn

Deutschland, heiliges Wort, / du voll Unendlichkeit,
über die Zeiten fort / seist du gebenedeit.
Heilig sind deine Seen, heilig dein Wald
und der Kranz deiner stillen Höhen / bis an das grüne Meer.
Eberhard Wolfgang Möller

Brana Crncevic

Es ist eine Unwahrheit, daß mit jeder Generation die
Welt neu zu beginnen habe, daß aus einem jeden Geschlecht
der neue Mensch geboren werden müsse oder könne.
Wir Lebenden sind immer nur die Entwickler und Weitertrager.
Erwin Guido Kolbenheyer

Und in vielerlei Hinsicht scheint modern
denn auch ein Synonym für Kulturkrise zu sein.
René Girard, ›Das Heilige und die Gewalt‹, 1992

Die Technik in Verbindung mit dem Abgeschmackten
ist die fürchterlichste Feindin der Kunst.
Goethe, ›Maximen und Reflexionen‹

Je durchrationalisierter die Wirklichkeit ist,
desto närrischer muß sich die Kunst gebärden.
Bernd Rill, ›Das Neueste aus der Tonne des Diogenes‹, 1989

Gemäß dem Wortsinn wäre Originalität das Zurückgreifen
auf den Ursprung. Dieser Sinn ist jetzt ins Gegenteil verkehrt.
Carl Jacob Burckhardt, ›Einfälle, Aphorismen und Betrachtungen‹

Über die ganze Welt hin ist eine Gemeinde verstreut,
bereit, das Neue, wenn es gut ist, anzuerkennen,
aber nicht gewillt, all das Alte und Bewährte preiszugeben.
Sie sind nicht durch Parolen und Abzeichen verbunden,
ihre Gemeinschaft ist eine solche des Geistes.
Johan Huizinga

Menschen, die sich überall zu Hause fühlen, wenn sie
verreisen, verdienen auch sonst nicht viel Vertrauen.
George Bernard Shaw

Es glaube doch niemand, daß die Menschen schon fliegen könnten.
Sie kaleschen doch nur durch die Luft.
Martin Kessel, ›Gegengabe‹, 1960

Nicht jeder, der die Welt umfuhr, ist ihr dadurch nähergekommen.
Karlheinz Deschner
›Nur Lebendiges schwimmt gegen den Strom‹, 1985

Heimatlosigkeit ist Identitätsverlust. Wenn das Vaterland aus dem Sprach-
gebrauch verschwindet, gehen auch wichtige Lebensinhalte verloren.
Joseph Höffner

DIE MASCHINEN WERDEN ZU EINER EINZIGEN MASCHINE

Günther Anders, ›Die Antiquiertheit des Menschen‹

Wo jetzt nur, wie unsre Weisen sagen, / Seelenlos ein Feuerball sich dreht,
Lenkte damals seinen goldnen Wagen, / Helios in stiller Majestät
Schiller, ›Die Götter Griechenlands‹

Gleich dem toten Schlag der Pendeluhr,
dient sie knechtisch dem Gesetz der Schwere / die entgöttlichte Natur!
Schiller, ›Die Götter Griechenlands‹, erste Fassung 1788

Ihr habt den Gang der Gestirne bis ins letzte erforscht als eine Generation
von Helden des Laboratoriums, aber ihr kennt das Gestirn nicht mehr.
Antoine de Saint-Exupéry, ›Südkurier‹

Dann ist die größte Gabe, für die ich den Göttern danke,
daß ich durch Schnelligkeit und Mannigfaltigkeit der Gedanken
einen solchen heitern Tag in Millionen Teile spalten
und eine kleine Ewigkeit daraus bilden kann.
Goethe an Charlotte von Stein am 12. September 1780

Fortschritt bedeutet, daß wir immer mehr wissen
und immer weniger davon haben.
Josef Meinrad

Mich hat man auf dem Weg in die Zukunft überfahren.
Brana Crcevic

Die Technik ist auf dem Wege eine solche Perfektion
zu erreichen, daß der Mensch ohne sich selber auskommt.
Stanislaw Jerzy Lec

Großstädte sind die zoologischen Gärten der Menschheit.
Charles Tschopp

Werden in Häusern aus Glas und Stahl stählerne Menschen wohnen?
Hans Kasper

Es gibt keine Erzeuger mehr, nur noch Vertreter.
Karl Kraus

Trösten Sie sich! Erst wenn ein Anzug abgetragen ist,
beginnt seine Glanzzeit.
Heinz Rühmann

Der Computer erlaubt uns, Informationen zu vergessen, ohne sie zu verlieren.
Ulrich Lohmar

Johann Wolfgang von Goethe, ›Faust‹

Vor dem Ewigen ist kein Vergangenes,
Kein Zukünftiges, Gestern nicht und Morgen –
Alles Gegenwart und ewiges Heute.
Ernst von Wildenbruch

Der Seele Wesen stirbt ja nicht, / Sie wechselt Form nur und Gestalten,
Und ewig werden Reiz und Licht / Zu neuem Dasein sie entfalten.
Verklärte reine Wesenheit / Besieget sie der Erde Schranke
Und schwingt sich über Raum und Zeit, / Ganz Licht und lauterer Gedanke.
Hermann von Lingg

Kein Wesen kann zu nichts zerfallen!
Das Ewge regt sich fort in allen,
Am Sein erhalte dich beglückt!
Das Sein ist ewig: denn Gesetze
Bewahren die lebendgen Schätze
Aus denen sich das All geschmückt.
Johann Wolfgang von Goethe

Verbinde mich wieder mit dem Baum, von dem ich stamme.
Ich bin ohne Sinn, wenn ich allein bleibe. Hier bin ich aufgelöst und
vorläufig. Ich trage Verlangen zu sein.
Antoine de Saint-Exupéry, ›Stadt in der Wüste‹

Wer den unvergänglichen Dingen vertraut,
der wird auf dieser Erde den Fuß in Ungewittern
und das Haupt in Sonnenstrahlen haben,
der wird immer größer sein, als was ihm begegnet.
Matthias Claudius

Durch ein wallend Korngefilde schreitend
sah ich, wie ein Mann die Ähren mähte;
aus der freien Linken aber gleitend
sah ich Körner, die er wieder säte.

Seltsam war ein Schnitter mir erschienen,
der zugleich das Feld mit Samen segnet;
da erkannt ich seine ernsten Mienen:
sieh, es war der Tod, dem ich begegnet.
Ricarda Huch

Der Morgen, das ist meine Freude! / Da steig ich in stiller Stund
auf den höchsten Berg in der Weite, / grüß dich, Deutschland,
aus Herzensgrund
Joseph von Eichendorff

Wie jede Blüte welkt und jede Jugend
dem Alter weicht, blüht jede Lebensstufe,
blüht jede Weisheit auch und jede Tugend
zu ihrer Zeit und darf nicht dauern.
Es muß das Herz bei jedem Lebensrufe
bereit zu Abschied sein und Neubeginne.
Um sich in Tapferkeit und ohne Trauern
in andre, neue Bindungen zu geben.
Und jedem Anfang wohnt ein Zauber inne,
der uns beschützt und der uns hilft, zu leben.

Wir sollen heiter Raum um Raum durchschreiten,
an keinem wie an unsrer Heimat hangen,
der Weltgeist will nicht fesseln uns und engen,
er will uns Stuf' um Stufe heben, weiten.
Kaum sind wir heimisch einem Lebenskreise
und traulich eingewohnt, so droht Erschlaffen;
nur wer bereit zu Aufbruch ist und Reise,
mag lähmender Gewöhnung sich entraffen.
Es wird vielleicht auch noch die Todesstunde
uns neuen Räumen jung entgegen senden,
des Lebens Ruf an uns wird niemals enden. . .
Wohlan denn, Herz, nimm Abschied und gesunde!

Hermann Hesse

Soll ich dir nicht mehr schreiben, weil du es doch nicht liest?
Du tot? Ich fühle, wie du mir über die Schulter siehst
Und liesest die Worte – doch wend' ich mich zu dir,
So bist du mir entschwunden. Dennoch bist du bei mir. . .

Heinrich Lersch

Jedem, der seine Gedanken niederlegt,
blickt schon im Augenblick des Schreibens
ein Größerer über die Schulter, sei es ein Vergangener,
Lebendiger oder noch Ungeborener.
Wohl dem, der diesen Blick fühlt:
Er wird sich nie wichtiger nehmen,
als ein geistiger Mensch sich nehmen darf.

Christian Morgenstern

Die Persönlichkeit, als eine völlige Verwirklichung der Ganzheit
unseres Wesens, ist ein unerreichbares Ideal.
Die Unerreichbarkeit ist aber nie ein Gegengrund gegen ein Ideal;
denn Ideale sind nichts als Wegweiser und niemals Ziele.

Carl Gustav Jung

Homer, ›Ilias‹

Etwas Heidnisches, Antikisches spricht zu mir aus dieser Haltung
[der Furchtlosigkeit vor dem Tod]. Wie anders sein Nachkomme.
Zu viel hat er von der bittersüßen Essenz des Christentums getrunken,
sich genährt aus dem Kelch seiner maßlosen Übertreibungen

Albert von Schirnding, ›Herkommen‹, 1987

Grüne Jugend, was prahlst du so? /Ein jeder Halm wird endlich Stroh.

Paul Heyse, ›Spruchbüchlein‹

Der Jungen Lob wird mehren, / Wenn sie das Alter ehren.
Doch große Tugend ist's des Alten, /Der Jugend was zugute halten.

Freidank, um 1220

Die Alten ehre stets. Du bleibst nicht ewig Kind.
Sie waren, was du bist und du wirst, was sie sind.

An einem Bauernhaus im Odenwald

Vor Zeiten standen Junge den Alten höflich auf.
Jetzt heißt es: Junger sitze und alter Greiner lauf.

Friedrich von Logau

Wer nicht im Geiste auf sein Alter eingestellt ist,
hat das ganze Ungemach des Alterns zu tragen.

Voltaire

Ja, lang leben will halt alles, aber alt werden will kein Mensch.

Johann Nestroy

Jedes Jubiläum ist eine Vorfeier des Begräbnisses.

Heinrich Leo

Siehe, das nenn ich doch würdig, fürwahr, sich im Alter beschäftigen!
Er zerlegt jetzt den Strahl, den seine Jugend sonst warf.

Heinrich von Kleist, ›Herr von Goethe‹

Man meint immer, man müsse alt werden, um gescheit zu sein;
im Grunde aber hat man bei zunehmenden Jahren zu tun,
sich so klug zu erhalten, als man gewesen ist.

Goethe zu Eckermann am 17. Februar 1831

Das Alter ist nicht trübe, weil darin unsere Freuden,
sondern weil unsere Hoffnungen aufhören .

Jean Paul

Bewahre dein Alter vor Schandflecken.

›Tausendundeine Nacht, Die Geschichte Aladins‹

Goethe, ›Zahme Xenien‹

Der Jugend wird oft der Vorwurf gemacht, sie glaube
immer, daß die Welt mit ihr erst anfange.
Aber das Alter glaubt noch öfter, daß mit ihm die Welt
aufhöre. Was ist schlimmer?
Friedrich Hebbel

Man wird nicht besser mit den Jahren;
Wie sollt' es auch, man wird bequem
Und bringt, um sich die Reu zu sparen,
Die Fehler all in ein System.
Theodor Fontane

Kein Singen und kein Sagen / Vermag den Tod zu jagen.
Martin Opitz

Das Alter ist ein Tyrann, der alle Vergnügungen der Jugend
bei Todesstrafe verbietet.
François de La Rochefoucauld

Läßt mich das Alter im Stich? / Bin ich wieder ein Kind?
Ich weiß nicht, ob ich / oder die andern verrückt sind.
Goethe, ›Zahme Xenien‹

Das aber ist des Alters Schöne,
daß es die Saiten reiner stimmt,
daß es der Lust die grellen Töne,
dem Schmerz den herben Stachel nimmt.
Ferdinand von Saar

Bleiben wir tapfer und werden wir immer milder.
Lassen Sie uns fröhlich, fröhlich sein
die paar Tage auf Erden.
Detlev von Liliencron an Richard Dehmel, 1892

Der Tod, meine Herren, ist uns allen beschieden.
Wohl denen, die mit dem tröstlichen Bewußtsein sterben,
daß sie die Tränen der Überlebenden verdienen.
Friedrich der Große in der Gedenkrede auf Prinz Heinrich d.J.

Der ist der glücklichste Mensch, der das Ende seines Lebens
mit dem Anfang in Verbindung setzen kann.
Goethe, ›Maximen und Reflexionen‹

Leicht verschwindet der Taten Spur
Von der sonnenbeleuchteten Erde,
Wie aus dem Antlitz die leichte Gebärde.
Aber nichts ist verloren und verschwunden,
Was die geheimnisvoll waltenden Stunden
In den dunkel schaffenden Schoß aufnehmen:
Die Zeit ist eine blühende Flur,
Ein großes Lebendiges ist die Natur,
Und alles ist Frucht, und alles ist Samen.
Friedrich von Schiller

Laßt fahren hin das allzu Flüchtige!
Ihr sucht bei ihm vergebens Rat:
In dem Vergangnen lebt das Tüchtige,
Verewigt sich in schöner Tat.

Und so gewinnt sich das Lebendige
Durch Folg' aus Folge neue Kraft;
Denn die Gesinnung, die beständige,
Sie macht allein den Menschen dauerhaft.

So löst sich jene große Frage
Nach unserm zweiten Vaterland;
Denn das Beständige der ird'schen Tage
Verbürgt uns ewigen Bestand.
Johann Wolfgang von Goethe

Aus tiefem Born bist du geborn.
Von Urwelt her lebt deine Welt,
Erstirb, an keinen Tod verlorn,
Brücke du, Weg und Feld!

Über dich hin, durch dich muß gehn,
Was Frucht vom Baum wird fallen sehn,
Selber nur Fleisch und Kern,
Gesät auf den rollenden Stern.
Erwin Guido Kolbenheyer

Das Denken der Menschen muß sich wieder auf die elementaren
Ordnungen ihres terristrischen Daseins richten.
Wir suchen das Sinnreich der Erde.
Carl Schmitt, ›Der Nomos der Erde‹

Marie von Ebner-Eschenbach

Nichts Irdisches ist ewig,
aber alles Irdische kann Sinnbild des Ewigen sein.
Gertrud von Le Fort

Tatsächlich hat die himmlische Unsterblichkeit nichts gemein
mit den Strafen und Belohnungen, welche man auf dieser
Erde begreift; das Gefühl, welches uns zur Unsterblichkeit
hinleitet, ist ebenso uneigennützig wie das, wodurch wir
bewogen werden, unser Glück in der Aufopferung
für anderer Glück zu finden.
Anne Germaine de Staël, ›Über Deutschland‹

Auch Geschlechter, die heute in Blüte und Laub
Bis in die Kronen stehn, stürzen und werden zu Staub,
Aber der Ruhm ihrer Taten, der Glanz wie der Lug
Haftet am Volk, das sie erzeugte und trug.
Hans Friedrich Blunck, ›Nachruhm, Buch der Sprüche‹, 1953

Wer die Zeichen der Zeit versteht, weiß,
daß es auf die Zeitlosigkeit ankommt.
Karlheinz Deschner
›Nur Lebendiges schwimmt gegen den Strom‹, 1985

. . . wachsen heißt: der Weite des Himmels sich öffnen
und zugleich in das Dunkel der Erde wurzeln.
Martin Heidegger, ›Der Feldweg‹

Jugend gleicht dem Getriebe der Bäche,
heiteres Alter der Meeresflut,
wo unter blinkender Wellenfläche
die kristallene Tiefe ruht.
Frida Schanz

Macht das Alter wirklich weise, / oder macht es nur geneigter?
Ist's das Ende einer Reise, / oder wird der Weg verzweigter?
Friedrich Drawe, ›Deutsche Gedanken‹, 1983

. . . Entfliehe nicht dir selber. / Laß aller Zeit den Flug.
Reif mit dem Korn der Felder. / Des Blühens war genug.
Rudolf G. Binding

Hat denn das Leben einen Sinn, wenn es prinzipiell gar nichts gibt,
wofür man es notfalls einzusetzen bereit wäre?
Peter R. Hofstätter

Erich Kästner

Seele des Menschen, / Wie gleichst du dem Wasser!
Schicksal des Menschen, / Wie gleichst du dem Wind!
Goethe, ›Gesang der Geister über den Wassern‹

Wir kommen und greinen – das ist das Leben,
wir weinen und gehen – und das ist der Tod.
Sebastian Franck

Ein Mensch erblickt das Licht der Welt –
Doch oft hat sich herausgestellt
Nach manchem trüb verbrachten Jahr,
Daß dies der einzige Lichtblick war.
Eugen Roth, ›Ein Mensch‹

Wir wünschen uns Alter alle Tage,
Und kommt es, hört man nichts als Klage.
Volksweisheit

Mit Vierzig beginnt das Altsein der Jungen,
mit Fünfzig das Jungsein der Alten.
Tröstlicher Spruch

Für alles kann der Arzt, doch eines fehlt ihm nur:
Daß er für seinen Tod weiß selbsten keine Kur.
Paul Fleming

Wer dauernd kränkelt, stirbt nicht schnell.
Volksweisheit

Das Immer-jünger-werden beginnt erst im Alter,
das Älterwerden bei der Geburt.
Karlheinz Deschner
›Nur Lebendiges schwimmt gegen den Strom‹, 1985

Der schönste Schneemann hinterläßt im Frühjahr nur eine Pfütze.
Hans Kasper

Vor dem Tode habe ich keine Angst –
denn alle, die gestorben sind, lassen nicht wieder davon ab.
Heinz Erhardt

Mit siebzig 'ne Jubiläumsfeier, / Artikel im Brockhaus und im Meyer. . .
Theodor Fontane, ›Summa Summarum‹

WER IST MÄCHTIGER ALS DER TOD?
WER DA LACHEN KANN, WENN ER DROHT
Friedrich Rückert, ›Das Rätsel der Elfen‹

Sein eigenes Dasein, seine Herkunft, die seltsamen Windungen
des Schicksals mit ihren freudigen Überraschungen
und schrecklichen Enttäuschungen waren dem Menschen
immer das Rätsel aller Rätsel. Warum geschieht das, was geschieht,
wer lenkt die Geschicke, verteilt die Lose?. . .

Erstaunlicherweise ist der Schicksalsglaube der Germanen
ganz ähnlich dem der alten Griechen. Auch die Edda kennt
drei Schicksalsgöttinnen, die Nornen Urd, Verdandi und Skuld.
Auch in die Volksmärchen sind die Schicksalsspinnerinnen gelangt.
Otto Betz, ›Der Lebensfaden‹

Wenn dir die Gottheit das Notwendige nicht mehr darreicht,
dann gibt sie dir damit das Zeichen zum Rückzug,
öffnet die Tür und ruft dir zu: komm!
Wohin? An keinen furchtbaren Ort,
sondern dahin, woher du stammst,
in eine verwandte und befreundete Welt: in die Elemente.
Epiktet

Verachte nicht den Tod,
sieh ihm vielmehr mit Ergebung entgegen
als einem Glied in der Kette der Veränderungen,
die dem Willen der Natur entsprechen,
Alles was du siehst,
wird die allwaltende Natur bald verwandeln
und aus diesem Stoff andere Dinge schaffen,
damit die Welt immer wieder jung werde.
Mark Aurel

Sterben ist wie das Auslöschen der Lampe im Morgenlicht,
nicht das Auslöschen der Sonne.
Rabindranath Tagore

Was räucherst du nun deinen Toten?
Hätt'st du's ihm so im Leben geboten!
Goethe, ›Sprichwörtlich‹

Das Leben besteht aus zwei Teilen:
Die Vergangenheit – ein Traum; die Zukunft – ein Wunsch.
Arabisches Sprichwort

Wie aller Dinge Untergang
Ist andrer Ding Geburt und Anfang,
Wie aller Ding Urgrund ist ein Auferstehn;
Wie Himmels- und Erdenlauf ineinander gehn,
Und ewige Wirkung ein ewiger Wandel.
Johannes von Saaz, ›Der Ackermann aus Böhmen‹

Der Tod ist eine Einziehung des Lebens,
wie das Einatmen Gottes,
damit er seine Geschöpfe zurücknimmt in sich selbst.
Jakob Böhme

Ich gebe ohne Bedenken den Lebenshauch, der mich beseelt,
der gütigen Natur zurück und meinen Körper den Elementen,
aus denen er zusammengesetzt ist.
Aus dem Testament Friedrichs des Großen

Der Weg, den ich noch schreite, / geht freilich ins Weite
und auch – um Gott zu loben – / führt er vielleicht nach oben!
Doch hier im Erdenleben, / ist keine Wahl gegeben:
Hier heißt es abwärts steigen / und in das große Schweigen!
Gerhart Hauptmann an seinem achtzigsten Geburtstag

Wandelt sich rasch auch die Welt / wie Wolkengestalten,
alles Vollendete fällt / heim zum Uralten.
Rainer Maria Rilke

Die Blätter fallen ab, die Strahlen sind verglommen
und niemand sieht, wie sie zurück zur Wurzel kommen.
Friedrich Rückert

Es wird aussehen, als ob ich tot wäre,
und das wird nicht wahr sein.
Antoine de Saint-Exupéry, ›Der kleine Prinz‹

Sich des Todes zu besinnen / und in Angst nicht zu vergehen,
heißt, das Leben erst gewinnen, / alle Tode zu bestehen.
Herbert Böhme

Ein kleines Stück der neuen, großen Welt, voll von dem, was verging
und was noch kommen wird, eine Landschaft voll Arbeit und Frieden,
und zwei Silben Sehnsucht – Deutschland.
Hanns Cibulka

William Shakespeare, ›Hamlet‹

Der Tod geht uns gar nichts an.
Diogenes Laertios

Der Tod ist groß.
Wir sind die Seinen / lachenden Munds.
Wenn wir uns mitten im Leben meinen,
wagt er zu weinen / mitten in uns.
Rainer Maria Rilke, ›Schlußstück‹

Auf die Menschen wartet nach ihrem Tode,
was sie weder hoffen noch vermuten.
Heraklit

Der Tod ist nichts Schreckliches;
nur die fürchterliche Vorstellung vom Tode
macht ihn furchtbar.
Epiktet

›Lernt sterben‹, sprach im Hospital
ein Mönch zu einem frommen Greise.
›Was lernen?‹, rief der graue Weise,
›man kann es gleich beim ersten Mal.‹
Unbekannter Verfasser

Tod ist ein langer Schlaf,
Schlaf ist ein kurzer, kurzer Tod,
der lindert dir und jener tilgt des Lebens Not.
Tod ist ein langer Schlaf.
Friedrich von Logau

Ist der Tod nur ein Schlaf – wie kann dich das Sterben schrecken?
Hast du je noch gespürt, wie du des Abends entschliefst?
Friedrich Hebbel

Ich denke einen langen Schlaf zu tun.
Schiller, ›Wallenstein‹

Frau von Wolzogen, eine Freundin, die es wert war, ihn
zu verstehen, fragte ihn [Schiller] einige Stunden vor seinem
Tode, wie er sich befinde? Immer ruhiger, war seine Antwort.
Aber, in der Tat, hatte er nicht auch Ursache, sich der
Gottheit zu vertrauen, deren Reich auf Erden er gefördert hatte?
Anne Germaine de Staël, ›Über Deutschland‹

Ich sterbe als Märtyrer und freiwillig.
Meine Seele wird mit dem Rauch zum Paradies aufsteigen.
Giordano Bruno, am 17. Februar 1600 auf dem Scheiterhaufen in Rom

Solche Speere mit breiter Spitze werden, scheint's, beliebt.
Isländischer Recke, als er durchbohrt wurde, nach der Grettir-Saga

O Mutter, welch tiefen Schmerz wird dir die Nachricht
von diesem Tag bereiten!
*Der sechzehnjährige Konradin, letzter Hohenstaufer, am 29. Oktober 1268
in Neapel, bevor er auf Befehl Karls von Anjou enthauptet wurde*

Monsieur, ich danke Ihnen!
*Margarete Gertruida Zelle, ›Mata Hari‹, am 15. Oktober 1917 zum Offizier,
der den Befehl zur Erschießung der deutschen Kundschafterin gab*

Es hat mich erwischt, aber es macht nichts.
Der Lützowsche Jäger Theodor Körner, am 26. August 1813 vor Gadebusch

Warum weint ihr? Habt ihr geglaubt, ich sei unsterblich?
König Ludwig XIV., am 1. September 1715

Mach doch den zweiten Fensterladen auf,
damit mehr Licht hereinkomme.
*Goethes letzte Worte am Sterbetag, dem 22. März 1832,
gerichtet an seinen Diener, verkürzt zu »Mehr Licht!«*

Es ist mir ganz hell und besonnen, so daß ich nicht klagen kann.
Legt mich höher–- höher hinauf in jedem Sinne.
Wilhelm von Humboldt, am 8. April 1835 zu seiner Tochter Gabriele

Schon gut. Ich brauche keine Medizin mehr.
Ich fühle, daß ich geheilt bin.
Johann Gottlob Fichte, am 29. Januar 1814

Legt mir mein Schwanenkostüm zurecht!
Anna Pawlowa am 23. September 1931

Es ist soweit, Sauerbruch, sagen Sie jetzt Freund Hein,
daß er eintreten kann.
Paul von Hindenburg, am 2. August 1934 zu seinem Arzt

Bin ich noch in meinem Hause?
Gerhart Hauptmann, am 6. Juni 1946

Ich leb, weiß nit wie lang, / Ich stirb und weiß nit wann,
Ich fahr, weiß nit wohin, / Mich wundert, daß ich fröhlich bin.
Grabschrift des Magister Martinus Biberach zu Heilbronn

Die Angst vor dem Tode ist der eigentliche Tod und nichts anderes.
Marin Luther, ›Tischreden‹

Erde, Erde unter deinen Schuhn, / Erde, drin die Abgestorbnen ruhn.
Jeder Schritt rührt an die alte Nacht.
Werner Bergengruen, ›Erde, Erde‹

Wie ein glücklicher Tag einen glücklichen Schlaf beschert,
so beschert ein gut verbrachtes Leben einen glücklichen Tod.
Leonardo da Vinci

Der Berg ist überschritten, jetzt wird es besser gehen.
Friedrichs des Großen letzte Worte am 17. August 1786

Der Geschmack des Todes ist auf meiner Zunge, ich fühle
etwas, das nicht von dieser Welt ist.
Wolfgang Amadeus Mozart, letzte Worte vor seinem Tode am 12. Dez. 1791

Muß ich wandeln / den nächtlichen Weg?
Mir graut, ich bekenn' es. / Wandeln will ich ihn doch,
führt er zu Wahrheit und Recht.
Worte aus Schillers ›Der Genius‹ auf Charlottes Grabplatte

Der Sterbende zieht nicht in die Ewigkeit,
sondern in das Zeitlose ein. Jede Lust will nicht Ewigkeit,
sondern Entlastung sowohl von der Zeit wie von der Individualität –
sie strebt dem Zeit- wie dem Namenlosen zu. Das ist die Hoffnung,
die jedes Kunstwerk belebt und erweckt.
Ernst Jünger, ›Siebzig verweht‹, Vierter Band, 25. Dezember 1989

Da man sich in das Leben hat fügen müssen,
wieviel leichter sollte man sich in den Tod fügen können.
Wilhelm Raabe

Dein Vermächtnis zu erkennen und zu bewahren. Was ist das?
Mein Vaterland zu lieben auf meine Art
wie Du es liebtest auf Deine. Und diese Liebe zu bestätigen.
Auf die Jugend zu sehen und ihr liebevoll treu zu sein.
Ich will wahr sein, echt und ungefärbt.
Käthe Kollwitz gedenkt ihres bei Langemarck gefallenen Sohnes Peter

Aus dem alten Ägypten

Wir Toten sind nicht tot, wir gehen mit.
Unsichtbar sind wir nur, unhörbar unser Tritt.
Gorch Fock

Nichts vom Vergänglichen, / Wie's auch geschah!
Uns zu verewigen, / Sind wir ja da.
Goethe, ›Zahme Xenien‹

Doch Ihr Schlafenden wacht / am Herzen mir, in verwandter
Seele ruhet von euch / mir das fliehende Bild.
Friedrich Hölderlin

Bläst uns, o Welt, in deinem Haus / Der Tod das Lichtlein aus,
Wird am Geruch erst offenbar, / Wer Wachslicht oder Talglicht war.
Hausinschrift in Tuttlingen

Was einer ist, was einer war,
Beim Scheiden wird es offenbar.
Wir hörens nicht, wenn Gottes Weise summt,
Wir schaudern erst, wenn sie verstummt.
Hans Carossa

Ein kleiner Ring / Begrenzt unser Leben, / Und viele Geschlechter
Reihen sich dauernd / An ihres Daseins / Unendliche Kette.
Goethe, ›Grenzen der Menschheit‹

Die Welt wird alt und wieder jung,
Doch der Mensch hofft immer Verbesserung.
Schiller, ›Hoffnung‹

Du kannst dein Leben nicht verlängern, noch verbreitern.
Du kannst es nur vertiefen.
Gorch Fock

Fürchte nicht, daß der Körper, umso mehr,
daß die Seele altert.
Chinesisches Sprichwort

Alle gehen wir in die Zukunft. Nur die Unsterblichen bleiben.
Ernst Wilhelm Eschmann

Und solang du das nicht hast, / Dieses: Stirb und werde!
Bist du nur ein trüber Gast / Auf der dunklen Erde.
Goethe, ›West-östlicher Divan‹

DAS ENDE EINES DINGES IST DER ANFANG EINES ANDEREN
Leonardo da Vinci

Erlebe diesen Augenblick von Zeit der Natur gemäß,
dann scheide heiter von hinnen, gleich der gereiften Olive:
Sie fällt ab, die Erde, ihre Erzeugerin, preisend
und voll Dankes gegen den Baum, der sie hervorgebracht.
Marc Aurel

Blüht nicht wie eine Sage / Dein Leben aus dem Blut?
Sind deine nahen Tage / Nicht ferner Nächte Glut?

Und kaum ein fühlbar Beben / Licht, das im Taue hängt,
Ist all dein Tropfen Leben, / geschöpft und hingesprengt.

Über ein kleines, über ein kleines / Schon zittert der Glanz,
Klargekeltert, des reifen Weines / Grüngoldne Monstranz.

Hoch, vor den Mauern, in schwellender Ferne
Jauchzet Tochter und Sohn,
Und deine Väter im Chor deiner Sterne
Sie winken dir schon.
Erwin Guido Kolbenheyer

Soll ich dann nicht mehr sein, / wenn ich dir fern bin?
Wirst du dann Erde sein, / wenn ich ein Stern bin?

Folgest du mir nicht mehr, / wenn ich entschwunden?
Wenn ich entfesselt schon, / bist du gebunden?

Leben und Tod ist nur / gleiches Berauschen.
Sterne und Erde sind / nicht mehr zu tauschen.

Sterb ich dir heute nicht, / sterb ich dir morgen:
Schwebend im Gleich des Alls / sind wir geborgen.
Rudolf G. Binding

Wo schweres Schicksal große Seelen findet,
Die glauben können und unendlich lieben,
Da wird das Leben neu gegründet,
Aus jedem Leid wird Kraft emporgetrieben.
Jakob Eberz

Ja sogar über unser Dasein hinaus sind wir fähig, zu erhalten und
zu sichern; wir übertragen Gesinnungen so gut als wie Besitz.
Johann Wolfgang von Goethe

Niemals glänzt der Ausblick freier / Als im Glast des Scheidelichts,
Nie liebt man das Leben treuer / Als im Schatten des Verzichts.
Stefan Zweig, ›Der Sechzigjährige dankt‹

Bühnenwerk von Hermann Sudermann

Als Knabe verschlossen und trutzig, / Als Jüngling anmaßend und stutzig,
Als Mann zu Taten willig, / Als Greis leichtsinnig und grillig,
Auf dem Grabstein wird man lesen: / Das ist fürwahr ein Mensch gewesen!

Goethe, ›Epigrammatisch‹

. . . Wer keinen Menschen machen kann, / Der kann auch keinen lieben.
Drum tret ich frei und stolz einher / Und brüste mich und singe:
Ich bin ein Mann! - Wer ist es mehr? / Der hüpfe hoch und springe.

Schiller, ›Kastraten und Männer‹

Laßt mir die jungen Leute nur, / Und ergötzt euch an ihren Gaben!
Es will doch Großmama Natur / Manchmal einen närrischen Einfall haben.

Goethe, ›Sprichwörtlich‹

Das Geheimnis ewiger Jugend, ewigen Lebens liegt im Ja.
Darum kennst du auch Greise, die werden immer
freundlicher, klarer, lichter, geduldiger.
Wenn sie scheiden, ist's, als ob eine Sonne von
freundlichem Glanze unterginge für ein Haus,
eine weite Umgebung. In denen ist ja das Ja zum Siege
gekommen, schon lange; aber es entfaltete sich
immer köstlicher und verschlang den Schutt des Nein.

Johannes von Müller

Ja, es ist ein Trost im Alter,
daß man die Arbeit des Lebens hinter sich hat.

Arthur Schopenhauer, ›Aphorismen zur Lebensweisheit‹

Reife des Mannes: das heißt den Ernst wiedergefunden haben,
den man als Kind hatte, beim Spiel.

Friedrich Nietzsche

Nach dem Zeitalter des Spezialistentums, der einseitigen
Verstandeskultur will sie [die Neuromantik] die Welt als Ganzes
genießen und betrachten. Indem sie das Weltbild wieder intuitiv faßt,
überwindet sie die aus der Verstandeskultur hervorgegangenen
Erscheinungen des Materialismus und Naturalismus.

Eugen Diederichs

Nach seinem Lebensziel befragt, soll Fürst von Ligne geantwortet haben:
Bis zum dreißigsten Lebensjahr eine schöne Frau,
bis zum sechzigsten ein erfolgreicher Feldherr,
danach ein Kardinal.

Ein schöner Leib ist viel, / ein schöner Geist ist mehr,
gewinnst du beides, wahr's für dich, /dank deinem Los, halt's säuberlich!
Hans Friedrich Blunck, ›Junges Weib‹, in ›Buch der Sprüche‹, 1953

Frauen und Leben

Liebe, Ehe und Familie
Kinder und Erziehung

*Sandro Botticelli, ›Die Geburt der Venus‹,
1482 bis 1486*

Selig durch die Liebe / Götter durch die Liebe / Menschen Göttern gleich!
Liebe macht den Himmel / Himmlischer – die Erde / Zu dem Himmelreich.
Friedrich von Schiller

. . . es ist nichts Himmlischeres als ein weibliches Wesen, das sich dem
geliebten Manne hingibt! Wir sind kalt, stolz, hoch, klar, klug, wenn wir
verdienen, Weiber zu heißen, und alle diese Vorzüge legen wir euch zu
Füßen, sobald wir lieben, sobald wir hoffen, Gegenliebe zu erwerben.
Aurelie in Goethes ›Wilhelm Meisters Lehrjahre‹

Annchen von Tharau ist, die mir gefällt;
Sie ist mein Leben, mein Gut und mein Geld.
Annchen von Tharau hat wieder ihr Herz
Auf mich gerichtet in Lieb und Schmerz.
Annchen von Tharau, mein Reichtum, mein Gut,
Du meine Seele, mein Fleisch und mein Blut!
Käm' alles Wetter gleich auf uns zu schlahn,
Wir sind gesinnet bei einander zu stahn. . .
Herders Fassung nach einem unbekannten Dichter

Du, du liegst mir im Herzen, / Du, du liegst mir im Sinn.
Du, du machst mir viel Schmerzen, / Weißt nicht wie gut ich dir bin.
Volkslied, aufgezeichnet 1820

. . . Darum an dem langen Tage / Merke dir es, liebe Brust:
Jeder Tag hat seine Plage, / Und die Nacht hat ihre Lust.
Goethe, ›Wilhelm Meisters Lehrjahre‹

Um bei dir zu sein, / Trüg ich Not und Fährde,
Ließ ich Freund und Haus / Und die Fülle der Erde.
Ricarda Huch, ›Sehnsucht‹

O, daß ich dich fand, / Einzig warm und fest, / Hand in meiner Hand.
Ina Seidel, ›Ehe‹

Was gäb ich, um bei dir zu sein? / Ich ließe Haus und Garten,
ich möchte Stunden warten, könnt ich den Abend bei dir sein.
Was tät' ich alles dir zu lieb? / Ich liefe bis ans Ende.
Hielt ich nur immer deine Hände / und daß dein Herz mir immer blieb!
Hedy-Maria Schöffel, ›Sehnsucht‹

Die Liebe traf ihn. . . Zum ersten Mal begriff er, daß er eines Menschen,
und zwar eines bestimmten Menschen, bedürftig war.
Ernst Jünger, ›Heliopolis‹

Theodor Körner, ›Leier und Schwert‹

Sie war die erste an Schönheit und Verstand, einsichtig,
des Wortes mächtig und freigebig.
Über die Gudrun der nordischen Lachswassersaga

Da ich sie so von Herzen liebe / und ohne Wanken immer trage
im Herzen und im Sinn, / bisweilen unter mancher Klage –
was gibt die Liebe mir dafür zum Lohne? / Sie vergilt mir's wohl und schön:
Eh ich sie aufgäb', gäb ich auf die Krone.
Kaiser Heinrich IV. , Minnesänger

Dank dir, Gefährtin gute, daß ich bei dir lag.
Du wohnst in meinem Mute Nacht und Tag.
Du verschönst mein Gemüt und bist mir hold dazu.
Nun merket, wie ich's meine:
Wie edles Gestein, das man in Gold gefaßt.
Kaiser Heinrich IV., Minnesänger

Under der linden an der haide, / da unser zweyer bette was,
da mugt ir vinden schone beyde / gebrochen bluomen unde gras.
vor dem walde in einem tal, tandaradei, / schone sanc diu nahtegal.
Walther von der Vogelweide

Du bist min, ich bin din; / des solt du gewis sin.
Du bist beslozzen / in minem herzen:
verlorn ist daz sluzzelin: du muost immer drinne sin.
Unbekannter Dichter in der Tegernseer Handschrift von 1150

Daß zwei sich herzlich lieben, gibt erst der Welt den Sinn,
macht sie erst rund und richtig, bis an die Sterne hin.
Hermann Claudius

Schließe mir die Augen beide / Mit den lieben Händen zu!
Geht doch alles, was ich leide, / Unter deiner Hand zur Ruh.
Theodor Storm, ›Trost‹

Unschuldige Jugend, / Dir sei es bewußt:
Nur Feinde der Tugend / Sind Feinde der Lust!
Denn Tugend und Freude / Sind ewig verwandt;
Es knüpfet sie beide / Himmlisches Band!
Johann Wilhelm Ludwig Gleim

Gotthold Ephraim Lessing

Wonnesam, lustsam, froh und wohlgemut ist der Mann,
der ein tüchtiges Weib hat; einem solchen Mann ist es
auch eine Freude, nach Nahrung zu streben und nach
Ehren zu trachten. Ihm ist es auch eine Freude,
Ehre mit Ehre, Treue mit Treue, Gutes mit Gutem
zu vergelten. Er braucht sie nicht zu hüten; denn das
ist die beste Hut, die ein treffliches Weib für sich selber übt.

Johannes von Saaz, ›Der Ackermann aus Böhmen.
Streitgespräch mit dem Tod‹, um 1400

Denn manch gutes Mädchen bedarf des schützenden Mannes,
Und der Mann des erheiternden Weibs, wenn ihm Unglück bevorsteht.

Goethe, ›Hermann und Dorothea‹

In einer guten Eh ist wohl das Haupt der Mann,
Jedoch das Herz das Weib, das er nicht missen kann.

Friedrich Rückert

Ehe: so heiß ich den Willen, zu Zweien
das Eine zu schaffen, das mehr ist, als die es schufen.

Friedrich Nietzsche

Sei's Frieden oder Krieg oder Sieg, / Und nichts ist gefehlt,
Sobald sich in Liebe / Ein Pärchen vermählt.

Goethe, ›Gedichte, Paralipomena‹

Einst ging ich meinem Mädchen nach / Tief in den Wald hinein,
Und fiel ihr um den Hals, und ›Ach!‹ / Droht sie, ›ich werde schrei'n!‹ –
Da rief ich trotzig: ›Ha! ich will / Den töten, der uns stört!‹ –
›Still!‹, lispelt sie, ›Geliebter, still! / Daß ja dich niemand hört!‹

Goethe, ›Das Schreien‹

Ehe – das große Tor, durch das unser Volksleben
von Geschlecht zu Geschlecht weiterrückt und in dem
es zugleich seine Sichtung findet. Durch dies Tor
darf nur Aufrechtes gehen. Wie verfallen ist es aber
heute und wie gering die Wacht über das,
was hindurchschlüpft!

Georg Stammler

Liebe besteht aus Kameradschaft, Geschlechtlichkeit – und Liebe.

Rudolf Leonhard

Liebe ist: miteinander alt werden wollen

Martin Andersen Nexø

Dat du wul weest.
Kumm by de Nacht, kumm by de Nacht, / Segg my wo du heest.
Kaem du um Mitternacht, / Kaem du Klock een,
Vader slöpt, Moder slöpt, / Ik slaep alleen.
Klopp an de Kammerdaer, / Klopp an de Klink,
Vader meent, Moder meent, / Dat deit de Wint.

Aus Holstein

Von den Blicken, die der Tag tat durch das Glas,
Und da der Wächter warnend sang,
Sie mußte erschrecken um den, der bei ihr saß,
Ihr Brüstelein an Brust sie zwang;
Der Ritter keinen Trost vergaß –
Das wollt ihm nehmen Wächters Ton –
Urlaub er nahm, als er besaß
Der Küsse viel und andern Minnelohn.

Wolfram von Eschenbach, übertragen von Will Vesper

Und ich und mein Gretle, / Mein Gretle und ich,
Und ich mag mein Gretle, / Mein Gretle mag mich,
Den Leuten zum Schaden, / Den Leuten zum Trutz,
Und die Leut, wo so scheltet, / Sind selber nix nutz.

Schnadahüpferl

Zu nehmen, zu geben des Glückes Gaben,
Wird immer ein groß Vergnügen sein.
Sich liebend an einander zu laben
Wird Paradieses Wonne sein.

Goethe, ›West-östlicher Divan‹

Dein Mund, der schön geschweifte, / Dein Lächeln, das mich streifte,
Dein Blick, der mich umarmte, / Dein Schoß, der mich erwarmte,
Dein Arm, der mich umschlungen, / Dein Wort, das mich umsungen,
Dein Haar, darein ich tauchte, / Dein Atem, der mich hauchte,
Dein Herz, das wilde Fohlen, / Die Seele unverhohlen,
Die Füße, welche liefen, / Als meine Lippen riefen:
Gehört wohl mir, ist alles meins / Wüßt' nicht, was mir das Liebste wär',
Und gäb nicht Höll noch Himmel her: / Eines und alles, all und eins.

Klabund, ›Liebeslied‹

Es ist in der ganzen Natur alles ineinander ein kräftig ringendes Liebesspiel.

Jakob Böhme

Ein verzücktes Jasagen zum Gesamtcharakter des Lebens.

Friedrich Nietzsche, ›Unio mystica‹

Friedrich von Schiller, ›Don Carlos‹

Soll ich wahrer Minne singen,
So muß sie mir die Treue bringen.
Wolfram von Eschenbach

Ohne Liebe kehrt kein Frühling wieder,
Ohne Liebe preist kein Wesen Gott!
Schiller, ›Phantasie an Laura‹

Der Apfel war nicht gleich am Baum.
Da war erst lauter Blüte.
Da war erst lauter Blütenschaum,
Da war erst lauter Frühlingstraum
und lauter Lieb und Güte.
Hermann Claudius, ›Apfel-Kantate‹

. . . Mag die Welt uns rauben / Unser äußres Gut,
Wenn nur beider Glauben / Tief im andern ruht.
Laß die Welt verfluchen / Dich und mich.
Meine Augen suchen / Immer dich.
Hans W. Hagen

Freiwillige Abhängigkeit ist der schönste Zustand,
und wie wäre der möglich ohne Liebe.
Goethe, ›Die Wahlverwandtschaften‹

Der wahrhaft Liebende ist ohne allen Neid,
er ist gebend, segnend, ein Geweihter und Gefeiter.
Juliane Böcker, ›Mach die Faust auf!‹

Liebe fordert Beugung, / Und ich trau dem dunklen Rufe.
Noch im tiefen Graun der Zeugung/ Fühl ich Sehnsucht, ahn ich Stufe.
Hans Carossa, ›Von Lust zu Lust‹

Haß, als minus und vergebens,
Wird vom Leben abgeschrieben,
Positiv im Buch des Lebens
Steht verzeichnet nur das Lieben.
Ob ein Minus oder Plus
Uns verblieben, zeigt der Schluß.
Wilhelm Busch

Die Liebe ist in Deutschland eine weit ernsthaftere Leidenschaft
als in Frankreich.
Anne Germaine de Staël, ›Über Deutschland‹

Wohl dir, der du gefunden hast
Das Herz, das ruft: Komm, sei mein Gast.
Der Abend dunkelt übers Feld,
Ich hab ein Licht dir aufgestellt.

Du gingst so irr, du gingst so fern,
Nun über dir steht still der Stern.
Es ruft das Herz nach lieberem Reim:
Wohl mir, du kamst, nun sei daheim.
Herybert Menzel

Hinunter soll kein Mann die Blicke wenden,
Hinauf zur höchsten Frauen kehr er sich!
Goethe, ›Die natürliche Tochter‹

Eins gab euch Gott in Gnaden,
daß ihr werdet Kameraden!
Wer den Kameraden fand,
griff die Sonne mit der Hand!
Gorch Fock

Das ist der höchste Segen der Ehe, daß sie die Bürde des Lebens
erleichtert, weil sie die Tragkraft verdoppelt.
Marie Louise von François

Die Leidenschaft flieht, / Die Liebe muß bleiben;
Die Blume verblüht, / Die Frucht muß treiben.
Schiller, ›Das Lied von der Glocke‹

Eines Fehlers wegen entsagt man keinem Mann.
Lessing, ›Minna von Barnhelm‹

Junge Liebe und junge Vögel haben anfangs nur Wärme
und Bedeckung nötig, erst später Nahrung.
Jean Paul

Schwierig, gefällig, freundlich und bitter in einer Person:
Weder mit dir kann ich leben noch ohne dich!
Martial

Eifersucht ist eine Leidenschaft,
die mit Eifer sucht, was Leiden schafft.
Friedrich Schleiermacher zugeschrieben

O zarte Sehnsucht, süsses Hoffen, ——
Der ersten Liebe goldne Zeit
Schiller, ›Das Lied von der Glocke‹

Wie ungerecht sind Väter gegen alle jungen Leut' als Richter!
Für recht erachten sie's, wenn wir gleich klein als Greise geboren werden
und nicht zu jenen Dingen neigen, die die Jugend mit sich bringt.
Sie messen nach ihrem Liebesbedarf, wie er jetzt ist, nicht wie er war.
Terenz, ›Heautontimorumenos‹

Lieber Knabe, schäme du dich nicht, daß du eines
Maidleins begehrst, und das Maidlein eines Knaben.
Martin Luther, ›Deutsche Schriften‹

Der Gott, der Bub und Mädchen schuf,
Erkannte gleich den edelsten Beruf,
Auch selbst Gelegenheit zu machen.
Goethe, ›Faust I‹

Krone des Lebens, / Glück ohne Ruh / Liebe bist du!
Goethe, ›Rastlose Liebe‹

Herr, ein allerliebstes Kindchen, / Zindelröcken, blink und blank,
Schelm'sches Grübchen, Rosenmündchen: / Torheit heißt sie – Gott sei Dank!
Franz von Gaudy

Mittags tut der Schlaf im Sommer wohl
dem, der unbehelligt ruhen darf
bei dem Mädchen auf dem Stroh:
in dem Kopfe macht es froh. . .
Minnelied des Mönchs von Salzburg, um 1380

Ein schönes Mädchen sehn und nichts empfinden,
ist eine von den größten Sünden / und ich sündige nicht gern.
Stammbucheintrag, Jena 1765

Ich weiß nicht, was ein Kuß, ihr Jungfern, auf sich hätte?
Oh, wer auf's Küssen kömmt, der kömmt auch gern ins Bette.
Friedrich von Logau

Die Schönheit eines nackten Körpers
können nur die bekleideten Rassen würdigen.
Fernando Pessoa

Ich will ein Weib haben, die auch in der Finsternis schön ist,
nicht eine, die man erst illuminieren muß.
Ferdinand Raimund

Horaz

Albanie, gebrauche deiner Zeit
Und laß den Liebeslüsten freien Zügel.
Wenn uns der Schnee der Jahre hat beschneit,
So schmeckt kein Kuß, der Liebe wahres Siegel.
Im grünen Mai nur grünt der bunte Klee, Albanie. . .

Christian Hofmann von Hofmannswaldau

Was Wagestück! rief Friedrich: in der Liebe ist alles
Wagestück. Unter der Laube oder vor dem Altar,
mit Umarmungen oder goldenen Ringen,
beim Gesange der Heimchen oder bei Trompeten und
Pauken, es ist nur eine Wagestück, und der Zufall tut alles.

Goethe, ›Lehrjahre‹

Bei meines Lebens Narretei'n, / Da ward ich einmal klug,
Ich liebte mich in dein Herz hinein, /Und tat's doch nie genug.

Georg von der Vring

Ach, man sparte viel,
Seltener wäre verruckt das Ziel,
Wäre weniger Dumpfheit, vergebenes Sehnen,
Ich könnte viel glücklicher sein –
Gäb's nur keinen Wein / Und keine Weibertränen !

Goethe, ›Stoßseufzer‹

Geh den Weibern zart entgegen, / Du gewinnst sie, auf mein Wort;
Und wer rasch ist und verwegen, /Kommt vielleicht noch besser fort;
Doch wem wenig dran gelegen /Scheinet, ob er reizt und rührt,
Der beleidigt, der verführt.

Johann Wolfgang von Goethe

In der Liebe wirkt nichts so überzeugend
wie eine kühne Dummheit.

Honoré de Balzac

Der letzte Tag in ihrem Bunde, / Der letzte Kuß von ihrem Munde
Nahm wie der erste sie noch ein. / Sie starben. Wann? Wie kannst du fragen?
Acht Tage nach den Hochzeitstagen; / Sonst würde dies ein Märchen sein.

Christian Fürchtegott Gellert, ›Die glückliche Ehe‹

Hinter jedem Don Juan steht die Langeweile, wenn auch mit
Bravour überspielt, die Langeweile, die nicht gähnt, sondern Possen reißt.

Max Frisch, ›Don Juan oder die Liebe zur Geometrie‹, 1953

Plautus

Die Lieb ist mir noch unbekannt,
drum denkt und schreibt auch mein Verstand
als wie ein Blinder von der grünen Farben.
Christian Friedrich Henrici

Sie schicken sich zur Liebespflicht / Beinah wie die Faust aufs Auge,
Wie braunes Wurtzner Bier / Und Seifensiederlauge.
Daniel Stoppe, 1722

Heut ist alles herrlich; wenn's nur so bliebe!
Ich sehe heut durch's Augenglas der Liebe.
Goethe, ›West-östlicher Divan, Abglanz‹

Wenn dir's in Kopf und Herzen schwirrt,
Was willst du Bess'res haben!
Wer nicht mehr liebt und nicht mehr irrt,
Der lasse sich begraben.
Goethe, ›Das Beste‹

Jungfrauschaft ist zwar ein Sieg / Wider unsres Fleisches Krieg,
Doch sind viel, die für das Siegen / Lieber wollen unten liegen.
Friedrich von Logau

Die Liebe – o, wie seltsam und verkehrt! –
Lebt, wenn sie hungert, stirbt, wenn man sie nährt.
Alfred de Musset

Ein harte Nuß, ein stumpfer Zahn,
Ein junges Weib, ein alter Mann,
zusammen sich nicht reimen wohl;
Seinesgleichen ein jeder nehmen soll.
Sprichwörtlich

Des Pöbels Einfalt hält Gemahl und Mann für einerlei;
Doch manche Dam' hat ihren Herr Gemahl und einen Mann dabei.
Johann Heinrich Voß

Eifersucht macht scharfsichtig und blind,
Sieht wie ein Schütz und trifft wie ein Kind.
Emanuel Geibel

Der Mensch will brutto geliebt werden, nicht netto.
Friedrich Hebbel

Das Herz bleibt ein Kind
Theodor Fontane

Wozu der Lärm? Wozu das Drängen, Toben, die Angst und die Not?
Es handelt sich ja bloß darum, daß jeder Hans eine Grete finde. . .
Arthur Schopenhauer, ›Metaphysik der Geschlechtsliebe‹

In Leuten, die dem Erotischen abhold sind, entwickelt sich
deshalb wohl auch trotzdem das Gegengeschlecht, nur eben
in verzerrten Formen: im weibisch hantierenden Mann,
in der emanzipierten Frau.
Lou Andreas-Salomé

Es ist mit der Liebe auch wie mit anderen Pflanzen:
Wer Liebe ernten will, muß Liebe pflanzen.
Jeremias Gotthelf

Mädel, schau mir ins Gesicht! / Schelmenauge, blinzle nicht!
Mädel, merke, was ich sage! / Gib Bescheid auf meine Frage!
Holla, hoch mir ins Gesicht! / Schelmenauge, blinzle nicht!. . .
Gottfried August Bürger, ›Liebeszauber‹

Und wenn ich mit Scherzen raube / Ihren Kranz der Schäferin,
Bring ich ihr dafür die Haube, / Hält sie es noch für Gewinn.
Friedrich Rückert

Ohne Flügel ist Amor nur ein kleiner Nackedei.
Hans Kudszus, ›Jaworte, Neinworte‹, 1970

Wenn ich zwei Vöglein wär, / Und auch vier Flügel hätt,
Flög die eine Hälfte zu dir. / Und die andre, die ging auch ins Bett,
Aber zu Haus bei mir.
Joachim Ringelnatz

Viele, die ihr ganzes Leben auf die Liebe verwendeten,
können uns weniger über sie sagen als ein Kind,
das gestern seinen Hund verloren hat.
Thornton Wilder

Liebe ist das einzige, das nicht weniger wird, wenn wir es verschwenden.
Ricarda Huch

Ich lobe mir den Freund, der Wachsen macht; –
vor trocknen Seelen nimm dich, Herz, in acht.
*Christian Morgenstern, Wer vom Ziel nichts weiß,
kann den Weg nicht haben, 1964*

Emil Gött, ›Selbstgespräch‹, 1982

Die Welt bedarf der mütterlichen Frau,
denn sie ist weithin ein armes, hilfloses Kind.
Gertrud von Le Fort

Es ist sonderbar, daß man es dem Manne verargt,
der eine Frau an die höchste Stelle setzen will,
die sie einzunehmen fähig ist: und welche ist höher
als das Regiment des Hauses?. . . indessen herrscht
eine vernünftige Hausfrau im Innern wirklich und macht
einer ganzen Familie jede Tätigkeit,
jede Zufriedenheit möglich.
Goethe, ›Lehrjahre‹

Die dem Mann, gleichviel in welcher Form, hingegebene Frau
bringt ihm als Mitgift die Hälfte einer Welt zu!
In der Hingebung der Frau als Offenbarung dieser anderen
Welthälfte steckt der weibliche Anteil
an der geistig-kulturellen Schöpfung des Mannes.
Gertrud von Le Fort

Den seelischen Wert einer Frau erkennst du daran,
wie sie zu altern versteht und wie sie sich im Alter darstellt.
Christian Morgenstern
›Stufen – Aphorismen und Tagebuchnotizen‹, 1963

Das Heil, das die Frau trägt, deutet stets über sie hinaus,
seine eigentliche Erfüllung und Durchsetzung auf Erden
ist des Mannes Sendung.
Gertrud von Le Fort

Je mehr die Frau sich zur sittlichen Persönlichkeit entwickelt,
um so stolzer schreibt sie das ›Ich dien‹ auf ihren Schild.
Helene Lange

Weh, wer so arm ist, daß er Zucht und Güte
Nicht bei dem Weib lernt', das er sich erwählt'!
Umsonst, daß er den Flüchtigen sich mählt;
Die Stund entscheidet nicht, das Leben zählt.
Hans Friedrich Blunck

Eine Frau, die Geist nicht hat, sollte nach Tugend streben,
sonst bleibt ihr nichts Beständiges.
Italienisches Sprichwort

DER ERDE PARADIES UND HÖLLE
LIEGT IN DEM WORTE WEIB
Johann Gottfried Seume

Nachdem ich sah, wie Götter selbst sich beugen
Der Liebe Joch, und wie es nicht vermeiden
Die Sterblichen, die Göttergleiches zeugen:
Nahm ich ein Beispiel mir an ihrem Leiden,
Und mich in fremdem Unglück zu betrachten,
Gewann ich Trost für meinen Schmerz von Beiden.
Francesco Petrarca, ›Der Triumph der Keuschheit‹

Zwischen Sinnenglück und Seelenfrieden
Bleibt dem Menschen nur die bange Wahl.
Schiller, ›Das Ideal und das Leben‹

Die Ehe ist der Anfang und der Gipfel der Kultur.
Sie macht den Rohen mild, und der Gebildete
hat Gelegenheit, seine Milde zu beweisen.
Unauflöslich muß sie sein: den sie bringt so vieles
Glück, daß alles einzelne Unglück
dagegen gar nicht zu rechnen ist.
Goethe, ›Die Wahlverwandtschaften‹

Eins, das müßt ihr dem Weibe lassen:
Daß sie zu weich ist, dauernd zu hassen.
Mögen sie hundert Männer betrüben,
Den hundertundersten wird sie noch lieben.
Johann Gottfried Kinkel

Ein Mann läßt sich berechnen ganz genau;
Wozu jedoch im Guten wie im Bösen
Sich aufzuschwingen fähig eine Frau,
Die Frage wird ihr bester Freund nicht lösen!
Friedrich Halm

Die Frauen versuchen sich als Roman zu arrangieren
und die Männer als Geschichte.
Anne Germaine de Staël, ›Über Deutschland‹

Es ist manchmal schwer, Frauen zu verstehen, man muß sie nur mögen.
Und wenn man sie mag, muß man sie nicht mehr verstehen.
Birgit Breuel

Die beste Mitgift, guter Mann / ist das, was deine Liebste kann.
Erich Limpach

Man kann nicht mild genug gegen die Frauen sein
Friedrich Nietzsche

Willst du ein braves Weib, dann sei ein rechter Mann.
Goethe, ›Die Mitschuldigen‹

Frauenwahlrecht – sich von dem Richtigen wählen lassen.
Wilhelm Pleyer, ›Mit wenigen Worten‹

So bös ist keine, daß sie nicht zum gut machen wär!
Johann Nestroy

Sind doch ein wunderlich Volk die Weiber, so wie die Kinder!
Jedes lebet so gern nach seinem eignen Belieben,
Und man sollte hernach nur immer loben und streicheln.
Goethe, ›Hermann und Dorothea‹

Frauen werden durch Komplimente niemals entwaffnet.
Männer stets.
Oscar Wilde, ›Ein idealer Gatte‹

Vor Frauenzimmern darf man nur Männer loben.
Jean Paul

Wo wäre die Macht der Frauen,
wenn die Eitelkeit der Männer nicht wäre?
Marie von Ebner-Eschenbach

So geht's! – Bei Damen sollst du fein –
gar niemals nicht ironisch sein.
Wilhelm Busch

Es gibt gewisse Dinge, wo ein Frauenzimmer immer
schärfer sieht als hundert Augen der Mannspersonen.
Gotthold Ephraim Lessing

Nicht herrlich wie die euern, aber nicht
Unedel, sind die Waffen eines Weibes.
Goethe, ›Iphigenie‹

Willst du Männer gesprächig machen, / Sprich von Sachen;
Soll das Gespräch mit Frauen sich lohnen, / Sprich von Personen.
Ludwig Fulda

Ob aber ein fröhliches Mahl überhaupt ohne Frauen
denkbar ist, lasse ich unentschieden.
Erasmus von Rotterdam, ›Lob der Narrheit‹, 1511

Wenn die Weiber lieben und hassen,
Das wollen wir ihnen gelten lassen;
Wenn sie aber urteilen und meinen,
Da will's oft wunderlich scheinen.
Goethe, ›Zahme Xenien‹

In der Antike auch beginnen
Die ersten Frauenrechtlerinnen.
Es schwuren, keinen Mann zu schonen,
Die kriegerischen Amazonen.
Eins leuchtet uns dabei nicht ein:
Sie sollen hübsch gewesen sein.
Eugen Roth, ›Die Frau in der Weltgeschichte‹, 1936

Denn das ist und bleibt wahr:
Eine Frau, so schwach sie ist, ist durch das Gefühl,
das sie einflößt, stärker als der stärkste Mann.
Casanova de Seingalt, ›Memoiren‹

Denn das Naturell der Frauen / Ist so nah mit Kunst verwandt.
Goethe, ›Faust II‹

Die Frau, die nachdenkt, ist verloren
Joseph Addison, ›The Campaign‹, 1705

Ehret die Frauen! Sie flechten und weben
Himmlische Rosen ins irdische Leben,
Flechten der Liebe beglückendes Band.
Schiller, ›Würde der Frauen‹

Ein edler Mann wird durch ein gutes Wort /der Frauen weit geführt.
Goethe, ›Iphigenie‹

Willst du genau erfahren, was sich ziemt,
So frage nur bei edlen Frauen an.
Goethe, ›Torquato Tasso‹

. . . ein Weib soll ihre Weiblichkeit nicht ausziehen wollen.
Goethe an Charlotte von Stein am 21. September 1785

Aus Mitleid wird die Liebe oft geboren,
Folgt Mitleid, ist die Liebe bald verloren.
Detlev von Liliencron

Sebastian Franck

Denn Wollust fühlen alle Tiere, / Der Mensch allein verfeinert sie.
Goethe, ›Der wahre Genuß‹

Ein schlechter Liebhaber, der den Leib mehr als die Seele liebt.
Plato, ›Gastmahl‹, Quelle der mißverstandenen ›platonischen Liebe‹

Der Körper ist die Übersetzung der Seele ins Sichtbare.
Christian Morgenstern

Behüte Gott! wie sonst das Zeugen Mode war,
Erklären wir für eitel Possen.
Goethe, ›Faust II, Laboratorium‹

Kein Frauenzimmer liebt eine Mannsperson,
die wie ein Frauenzimmer aussieht.
Theodor Gottlieb von Hippel

Die Liebe vergibt dem Geliebten sogar die Begierde.
Friedrich Nietzsche

Sie hat jetzt Geist – wie kam's, daß sie ihn fand?
Ein Mann verlor durch sie jüngst den Verstand.
Sein Kopf war reich vor diesem Zeitvertreibe:
Zum Teufel ging sein Kopf – nein, nein! Zum Weibe!
Friedrich Nietzsche

Das Auge fordert seinen Zoll,
Was hat man an den nackten Heiden ?
Ich liebe, mir was auszukleiden,
Wenn man doch einmal lieben soll.
Goethe, ›Faust II‹

Eine Sünde, die micht weckt, ist besser als eine Tugend,
an der ich einschlafe.
Emil Gött

Die Sinnlichkeit übereilt oft das Wachstum der Liebe,
so daß die Wuzel schwach bleibt und leicht auszureißen ist.
Friedrich Nietzsche

Die Hersteller von Schönheitsmitteln sind wahre Menschenfreunde.
Sie verkaufen Glaube, Hoffnung und Liebe.
Richard W. Eichler

Will eines sich zum andern binden, / muß Treue sich zur Liebe finden,
nur treulos ist der Mensch nichts wert. / Sie aber hebt ihn im Vereine
und leuchtend über das Gemeine, / bis ihn des Volkes Treue ehrt.

Herbert Böhme

Sogenannte Thusnelda – Bildnis einer Germanin
Plastik an der Loggia dei Lanzi, Florenz 1. Jh. n.d.Ztr.

Publilius Syrus

Das niedrig gewachsene, schmalschultrige, breithüftige und
kurzbeinige Geschlecht das schöne nennen, konnte nur
der vom Geschlechtstrieb umnebelte männliche Intellekt:
in diesem Triebe nämlich steckt seine ganze Schönheit.
Arthur Schopenhauer, ›Über die Weiber‹

Das Weib ist zur Bosheit viel mehr geneigt als der Mann.
Demokrit

Nichts ist unergründlicher als die Oberflächlichkeit des Weibes.
Karl Kraus

Es gibt Frauen, die nicht schön sind, sondern nur so aussehen.
Karl Kraus

Von Ferne bist du schön und häßlich in der Nähe:
Drum fleucht dein Mann vor dir, daß er dich schöner sehe.
Martin Opitz

Das ist der Freiheit Quintessenz, / Die viele am Freien hindert:
Die Schönheit dauert einen Lenz, / Die Dummheit überwintert.
Rudolf Presber

Wenn sie manchmal mir gefällt, glaub ich, daß sie Glück enthält.
Und dann danke ich der Welt dafür, daß sie sich verstellt.
Arabisches Sprichwort

Die Nase rümpft oft vor verblühten Rosen,
Wer vor der Knospe kniete.
William Shakespeare, ›König Lear‹

Von weitem schon gefiel mir Phasis sehr:
Nun ich sie in der Nähe / Von Zeit zu Zeiten sehe,
Gefällt sie mir – auch nicht von weitem mehr.
Gotthold Ephraim Lessing

Die Frau ist ein menschliches Wesen,
das sich anzieht, schwatzt und sich auszieht.
Voltaire

Frau von heute. Selbstbewußt. Autonom. Ihr eigener Mann.
Dieter Leisegang, ›Unordentliche Gegend‹, 1971

Die moderne Liebe ist schwache Melodie, überinstrumentiert.
Hugo von Hofmannsthal, ›Buch der Freunde‹, 1922

Jean Paul, ›Der Komet‹, 1820

Frauensinn ist wohl zu beugen –
Ist der Mann ein Mann und schlau -
Aber nicht zu überzeugen:
Logik gibt's für keine Frau;
Sie kennt keine andern Schlüsse
Als Krämpfe, Tränen und Küsse.
Friedrich Bodenstedt

Allen rechten Frauen geht die Wissenschaft wider
die Scham. Es ist ihnen dabei zumute, als ob man ihnen
damit unter die Haut – schlimmer noch!
unter Kleid und Putz gucken wolle.
Das Weib lernt hassen in dem Maße,
in dem es zu bezaubern – verlernt.
Wo nicht Liebe oder Haß mitspielt,
spielt das Weib mittelmäßig.
Friedrich Nietzsche

Denn mir ist unleidlicher nichts, als Tränen der Weiber,
Leidenschaftlich Geschrei, das heftig verworren beginnet,
Was mit ein wenig Vernunft sich ließe gemächlicher schlichten.
Goethe, ›Hermann und Dorothea‹

Ist Ihnen schon einmal aufgefallen, / Was geschieht,
Wenn eine alternde Hyäne / Eine jungendliche Schöne sieht?
Mascha Kaléko

Verheiratete Frauen, auch wenn sie sich untereinander
nicht lieben, stehen doch stillschweigend miteinander,
besonders gegen junge Mädchen, im Bündnis.
Goethe, ›Die Wahlverwandtschaften‹

Der Mann verlangt den Mann; er würde sich
einen zweiten schaffen, wenn es keinen zweiten gäbe:
eine Frau könnte eine Ewigkeit leben, ohne daran
zu denken, sich ihresgleichen hervorzubringen.
Goethe, ›Die Wahlverwandtschaften‹

Die Psychologen sind schlechte Liebhaber.
Friedrich Georg Jünger

In der Liebe muß man sich entscheiden: entweder Freude oder Freud.
Peter Bamm

WER EINE FRAU BEIM WORT NIMMT, IST EIN SADIST
Jeanne Moreau

Der Unterschied zwischen Mann und Frau ist der,
daß jener noch nicht einmal an der erkannten Wahrheit genug hat,
diese aber schon zufrieden ist, wenn sie sich selbst belügen kann.
Emil Gött, ›Selbstgespräch‹, 1982

Was ist das, dem ein Windbeutel, den es beherrscht, lieber ist,
als ein Mann, der ihm nicht dient ? – Ein Weib.
Emil Gött, Selbstgespräch, 1982

Das Weib im Manne zieht ihn zum Weibe;
der Mann im Weibe trotzt dem Mann.
Friedrich Hebbel

O trüg ich doch ein männlich Herz in mir,
Das, wenn es kühnen Vorsatz hegt,
Vor jeder andern Stimme sich verschließt!
Goethe, ›Iphigenie‹

Im Sohn will die Mutter Mann werden.
Christian Morgenstern
›Stufen – Aphorismen und Tagebuchnotizen‹, 1963

Eine Frau, die Geist und Talent hat,
steht unter ihrem Geschlecht einsam. Vergebt ihr,
wenn sie sich zu den Männern flüchtet.
Karl Ferdinand Gutzkow

Die Weiber selber haben im Hintergrund aller
persönlichen Eitelkeit immer noch ihre persönliche
Verachtung – für ›das Weib‹.
Nietzsche, ›Jenseits von Gut und Böse‹

Wie schlecht ein Mann von den Frauen denken mag,
es gibt keine Frau, die ihn nicht darin übertrifft.
Nicolas de Chamfort

Ich selbst möchte kein Mann sein. Der Gedanke,
dann eine Frau heiraten zu müssen, schreckt mich.
Irmgard Keun

Frauen würden noch reizender sein, wenn man in ihre Arme
sinken könnte, ohne ihnen in die Hände zu fallen.
Ambrose Gwinnett Bierce

Sprichwort

Liebe Tochter, halte dich so gegen deinen Mann,
daß er fröhlich wird, wenn er auf dem Wiederwege
des Hauses Spitze sieht. Und wenn der Mann
mit seinem Weibe also lebt und umgeht,
daß sie ihn nicht gern sieht wegziehn und fröhlich wird,
so er heimkommt, da steht's wohl.
Martin Luther

Ich wünsche mir eine hübsche Frau,
Die nicht alles nähme gar zu genau,
Doch aber zugleich am besten verstände,
Wie ich mich selbst am besten befände.
Johann Wolfgang von Goethe

Das Weib, das Gott der Herr erschuf, / Schuf er zu mancherlei Beruf;
Allein der süßeste von allen / Ist der, den Männern zu gefallen.
Wir danken Gott zu dieser Frist, / Daß du ein Weib geworden bist.
Goethe, ›An Personen‹

Des Weibes Willen durch Gewalt und List
Zu lenken, nur ein Dummer sich vermißt.
Pedro Calderon de la Barca

Die Ehe ist ein Übel / Und bittersüßes Joch;
Sie ist wie eine Zwiebel, / Man weint und ißt sie doch.
Johann Geiler von Kaisersberg

. . .bey meinen Tagen
Hab ich der Heyrat viel verschlagen
Die mich wolten, die wolt ich nit.
Also mir jetzundt auch geschieht.
Des bin ich schier von Altenhausen.
Sagt die alte Jungfer bei Hans Sachs

Der Hagestolz hat das Unglück, daß ihm niemand
seine Fehler frei sagt, aber der Ehemann hat dies Glück.
Jean Paul, ›Aphorismen‹

Was in den Traumentwürfen der Befreierinnen aufleuchtet, ist ja die
Befreiung von der Geschlechtszugehörigkeit überhaupt. . . Was im Kampf
um eine chemisch reine Zukunftshoffnung offenbar wird, ist das unaus-
sprechliche Leiden an den Konditionen der menschlichen Natur selbst.
Gertrud Höhler, ›Die Anspruchsgesellschaft‹

Christian Dietrich Grabbe

Die Athener regieren die Griechen. Ich regiere die Athener;
du, mein Weib, regierst mich; und dein Sohn regiert dich.
Themistokles, nach Plutarch

Der Mann ward, wie es sich gebühret,
Von seiner lieben Frau regieret,
Trotz seiner stolzen Männlichkeit!
Die Fromme herrschte nur gelinder!
Ihr blieb der Hut und ihm die Kinder.
Friedrich von Hagedorn

Ein jeder ist Monarch in seines Hauses Pfählen;
Es sei denn, daß sein Weib sich neben ihn will zählen.
Friedrich von Logau

Mit Bitten herrscht die Frau und mit Befehl der Mann:
Die eine, wenn sie will, der andere, wenn er kann.
Johann Christian Rost, ›Das Vorspiel‹

Frauen vereinen oft mit äußerster Zartheit eine bedeutende Energie.
Otto Michel

Die Eheherrn sollten künftig die Trauringe statt auf dem Finger
in der Nase tragen, zum Zeichen,
daß sie doch an der Nase geführt werden.
Christian Dietrich Grabbe

Zanken wir, so drängt uns des geraumen Hauses Stätte;
Lieben wir, so haben wir Raums genug in einem Bette.
Georg Greflinger

Das Wort ›Familienbande‹ hat einen Beigeschmack von Wahrheit.
Karl Kraus

Freunde, Liebende und Eheleute sollten alles gemein haben nur nicht –
die Stube. Mit der Ferne der Leiber nimmt die Nähe der Herzen zu.
Jean Paul, ›Aphorismen‹

Wenn ich noch eins freien müßt, wollt ich mir
ein gehorsam Weib aus einem Stein hauen.
Martin Luther, ›Tischreden‹

Das ist gewiß! Die Magd, wo sie wird Frau im Haus,
Die schicket ihre Mägd im ärgsten Regen aus.
Friedrich Rückert, ›Die Weisheit des Brahmanen‹

HEIRATE GETROST. MIT EINER GUTEN FRAU WIRST DU GLÜCKLICH WERDEN, MIT EINER SCHLECHTEN WIRST DU PHILOSOPH
Sokrates

Es legte Adam sich im Paradiese schlafen;
Da ward aus ihm das Weib geschaffen.
Du armer Vater Adam du!
Dein erster Schlaf war deine letzte Ruh'.
Matthias Claudius

Wenn Laura den Petrarc geehelicht hätte,
Hätt' er sein Leben lang verfaßt Sonette?
Lord Byron, ›Don Juan‹

Amor ist ein von den Dichtern verzogenes Kind.
Samuel Butler der Ältere

Unsre männlichsten Gedanken,
Oft zerstörte sie – ein Weib.
Herder, ›Der Cid‹

Wohl dem, der ein tugendsam Weib hat!
des lebet er noch eins so lang.
Goethe, ›Götz von Berlichingen‹

Suchen Sie rechtzeitig die richtige Frau,
sonst werden Sie von der unrichtigen gefunden.
Zarko Petan, ›Vor uns die Sintflut‹, 1983

Bevor du heiratest, halte deine Augen weit offen,
– und halb geschlossen danach.
Benjamin Franklin

Die besten Frauen sind am schwersten kennenzulernen.
Alexander Puschkin

Er fand eine Frau fürs Leben.
Jetzt sucht er noch eine für den Haushalt.
Werner Mitsch

In den Vereinigten Staaten gibt es zwei unterdrückte Rassen.
Die Neger und die Männer.
Klaus Happrecht, nach Robert Lembke

Brüllt ein Mann, ist er dynamisch – Brüllt eine Frau, ist sie hysterisch.
Hildegard Knef

William Shakespeare, ›Was ihr wollt‹

ein weib ist listig wie ein fuchs
durchtrieben wie ein gehetzter luchs.
Jakob Ayrer

Ein einzig böses Weib lebt höchstens in der Welt:
schlimm, daß jeder seins für dieses einz'ge hält.
Gotthold Ephraim Lessing

Nichts Ärgeres kann auf dieser Erden,
Denn ein bös Weib erfunden werden,
Welches alle Gift, wie herb sie sind,
Mit ihrer Bosheit überwind.
Laß ab, der du mit Prügeln stark
Austreiben willst die Bosheit arg;
Schlägst du gleich einen Teufel raus,
Besitzen zehn dasselbe Haus.
Janus Hainricus Schröterus von Güstrow

Das Altern ist die Verzweiflung der Frau;
sie verliert ihr Leben, während der Mann sein Werk wachsen sieht.
Emil Gött, ›Selbstgespräch‹, 1982

Mit gift'gem Weib ist lebenslang gequält,
Wer sich ein Weib der Mitgift wegen wählt;
Denn Gift bleibt Gift, von welcher Art es sei,
Und solche Hochzeit ist Giftmischerei.
August Heinrich Hoffmann von Fallersleben

Welch' Ausweg steht dem Manne offen,
Der pekuniär am Rande ist?
Nur von der Eh' ist was zu hoffen,
Zumal, wenn er von Stande ist.
Ernst Ludwig von Wolzogen

Jede Braut, die kein Geld hat, ist eine Heiratsschwindlerin.
George Bernard Shaw

Das Geld ist am schnellsten beim Teufel,
wenn man einen Engel kennenlernt.
Robert Lembke

Julius Wilhelm Zincgref

Eifersüchtig sein heißt, nicht an seiner Frau,
sondern an sich selbst zu zweifeln.
Honoré de Balzac

Du verklagest das Weib, sie schwanke von einem zum andern!
Tadle sie nicht: sie sucht einen beständigen Mann.
Goethe, ›Antiker Form sich nähernd‹

Behandelt die Frauen mit Nachsicht! /
Aus krummer Rippe ward sie erschaffen,
Gott konnte sie nicht ganz grade machen.
Goethe, ›West-östlicher Divan, Buch der Betrachtungen‹

Wo es Heirat ohne Liebe gibt,
da wird es Liebe ohne Heirat geben.
Benjamin Franklin

Du sollst nicht ehebrechen. . ., wie grob, wie unanständig!
Klänge es nicht ganz anders, wenn es hieße:
Du sollst Ehrfurcht haben vor der ehelichen Verbindung;
wo du Gatten siehst, die sich lieben, sollst du dich
darüber freuen und teil daran nehmen
wie an dem Glück eines heiteren Tages.
Goethe, ›Wahlverwandtschaften‹

Die Liebe macht mehr Vergnügen als die Ehe,
Romane sind auch unterhaltender als die Geschichte.
Nicolas de Chamfort

Ein großer Mann braucht keine große Frau, ihm reichen zwei kleine.
Brana Crncevic

Frauen und Freunde verlieren an Wert,
wenn man sie zu sammeln beginnt.
Karlheinz Deschner
›Nur Lebendiges schwimmt gegen den Strom‹, 1985

Die Mutter der Ausschweifung ist nicht die Freude,
sondern die Freudlosigkeit.
Nietzsche, ›Menschliches, Allzumenschliches‹

Laster ist Verschwendung von Leben.
George Bernard Shaw

DIE FAMILIE IST EIN MEISTERWERK DER NATUR

George A. N. de Santayana

Weißt du wie ein Igel sprach? / ›Gut ist eine eigene Wohnung.‹
Bau ein Haus, Kerling. / Darin besorg dein Werk. /
Die Herren sind arg geworden.
Wer kein Heim hat, / Wie mancher Dinge der entbehrt!
Der ältere Spervogel

Was liegt / dem guten Menschen näher als die Seinen?
Schiller, ›Wilhelm Tell‹

Auch die, welche die Nächsten und Liebsten sind,
erträgst du manchmal schwer. Sei gewiß,
es geht ihnen mit dir ebenso. Das bedenke gut und oft.
Es gibt kein besseres Vorbeugungsmittel.
Ernst von Feuchtersleben

Der Arme kennt seine Verwandten besser als der Reiche.
Deutsches Sprichwort

Ein Schelm ist, wer die Sippe schmäht, / Denn er zerstört, was Gott gesät.
Ein Schelm ist, wer den Ahn vergißt. / Kein Bauer für sich selber ist.
Ein Schelm, wer Gold sucht anstatt Brot, / Denn unser Reichtum ist die Not.
Ein Schelm ist, wer das Land verrät, / Darin er stirbt und aufersteht.
Ein Schelm ist, wer an Gott nicht glaubt, / Weil er dem Hof den Atem raubt.
Josef Georg Oberkofler

Nur durch das kleine Vaterland, die Familie,
wird das Herz dem großen zugewandt.
Jean-Jacques Rousseau, ›Emile oder Über die Erziehung‹, 1762

. . . alles was uns begegnet, läßt Spuren zurück,
alles trägt unmerklich zu unserer Bildung bei. . .
Goethe, ›Wilhelm Meisters Lehrjahre‹

Alle glücklichen Familien ähneln einander;
jede unglückliche aber ist auf ihre eigne Art unglücklich.
Leo Tolstoi, Anfangssatz von ›Anna Karenina‹

Wir bilden uns die Welt, und was wir erleben, ist nicht dem Zufall untertan.
Die Dinge werden durch unseren Zustand angezogen und ausgewählt:
Die Welt ist so, wie wir beschaffen sind. Jeder von uns vermag die
Welt zu verändern – das ist die ungeheure Bedeutung, die den Menschen
verliehen ist. Und daher ist es wichtig, daß wir an uns arbeiten.
Ernst Jünger

Chinesische Weisheit

Zähl auf die alten Ahnenreihen
und künde mir der Männer Sippen!
Wer stammt von Freien, wer von Fürsten,
erlesene Männer in Midgards Reich?

Aus dem Hyndlalied der Edda

Die jungen Eheleute, Frau und Mann, / müssen darauf bedacht sein,
dem Staat so schöne und treffliche Kinder / wie irgend möglich darzubieten.

Platon

In den Kindern pflanzest du dich fort,
das ist, Sterblicher, deine Unsterblichkeit.

Aus den altindischen Brahmanas

Die Hand, die eine Wiege bewegt, bewegt die Welt.

Gertrud von Le Fort

Du bist nicht dir zu eigen, / noch dein, was du getan.
In der Geschlechter Reigen / bist Enkel du und Ahn.

Wolfram Brockmeier

Enkel bist du. Dem Siegen und Sorgen
Gestern Gewesener dankst du dein Dasein.
Hälst als Ahnherr Segen und Fluch
Fernster Geschlechter hütend in Händen.

Lothar Stengel von Rutkowski

Der Wechsel alles Seins ist Leben,
und sein Erstarrtsein deutet Tod.
Wir sind von Todesschauern nicht umgeben,
wenn man Gestorbenen ihr Bette bot.
Erst wenn die Mütter keine Kinder heben
aus ihrem Schoße – ist das Leben tot.

Karl Günther Stempel

Der Mensch beginnt zu Hause. Die Nation fängt in den Familien an.

Ehm Welk, ›Wundersame Freundschaften‹

Wir sind durch die Kinder mit Gott verbunden.

Paul Ernst

Dein Knabe spielt im warmen Sand / Und kreischt aus allem Übermut.
Du streichelst ihn mit sanfter Hand / Und bist ihm recht von Herzen gut.
Du beugst dich über sein Gesicht, / Das klar wie eine Blume ist,
Und hebst ihn hoch ins Sonnenlicht, / Stolz, daß du seine Mutter bist. . .

Karl Bröger, ›Junge Muttter‹

Persisches Sprichwort

So bedarf das Kind keines Gestirns oder Planeten.
Seine Mutter ist sein Planet und Stern.

Paracelsus

Um Dankes willen hab ich nichts, / Was ich dir gab, geschenkt,
Und hätte ich, mein Liebes, dich / mit meinem Blut getränkt.

Arabische Weisheit

Es ist nichts reizender, als eine Mutter zu sehen
mit einem Kinde auf dem Arme und nichts ehrwürdiger,
als eine Mutter unter vielen Kindern.

Goethe, ›Lehrjahre‹

. . . Und drinnen waltet / Die züchtige Hausfrau,/ Die Mutter der Kinder.

Schiller, ›Das Lied von der Glocke‹

Das Mutterherz ist der schönste und unverlierbarste Platz des Sohnes,
selbst wenn er schon graue Haare trägt,
jeder hat im ganzen Weltall nur ein einziges solches.

Adalbert Stifter

Mütter geben unserem Geiste Wärme, die Väter Licht.

Jean Paul, ›Der Jubelsenior‹

Warum die Not wird lieb genannt, / Das war mir lange unbekannt.
Bis ich's von einer Frau erfahren,/ Es war umringt von Kindern sie,
Und einer meinte, viele Müh /Müßte sie doch haben mit der kleinen Schar.
›Ja‹, sagte sie, und ihre Mienen / Erhellten sich, ›ja, es ist wahr,
Ich habe meine liebe Not mit ihnen.‹

Johannes Trojan

Großmutter heißen ist kaum minder lieb
Als einer Mutter innigsüßer Name.

William Shakespeare, ›König Richard III.‹

Du liebes Kind, / wenn deine warme kleine Hand
die schwielige Rechte mir umklammert,
schutzsuchend wie ein Vogel du / aufschaust zu mir,
ich aber ruh / im blauen Quellgrund deiner Augen.
Wie fühl ich alles Böse dieser Welt
in solcher Stund sich von mir wenden,
da nun das Göttliche mich hält / in diesen Kinderhänden.

Fritz von Graevenitz

Emil Gött, ›Selbstgespräch‹, 1982

Vaters Wort folgt er immer, / Ob alle auch anders rieten;
Hilfe bot im Hause er mir, / Stützte stets stark meine Kraft.
Erblied des Skalden Egil

Sohn, da hast du meinen Speer,
Meinem Arm wird er zu schwer,
Nimm den Schild und dies Geschoß!
Tummle du forthin mein Roß!
Friedrich Leopold Graf zu Stolberg

Ich bin alt und weiß das, ich habe vielleicht dreißig
Bücher geschrieben, ich erinnere mich nicht, aber
ich habe auch fünf Kinder, das ist mein großer Segen.
Was sollen die Leute mit den Büchern? Ohne meine Kinder
hätte ich nicht einmal das Recht auf ein Grab.
Knut Hamsun

Wenn der Mensch keine Söhne hat, so hat er
kein volles Recht über die Bedürfnisse eines einzelnen Staatswesens
mitzureden. Man muß selber mit den anderen sein Liebstes
daran gewagt haben: das erst bindet an den Staat fest;
man muß das Glück seiner Nachkommen ins Auge fassen, also vor
allem Nachkommen haben, um an allen Institutionen und deren
Veränderung rechten, natürlichen Anteil zu nehmen.
Friedrich Nietzsche

Wie kann man den Sohn lieben, ohne zu denken, er werde
edel und stolz sein, ohne ihm den Ruhm zu wünschen,
der sein Leben vervielfältigen, der denselben Namen,
den unser Herz wiederholt, von allen Seiten her
ertönen lassen wird?
Anne Germaine de Staël, ›Über Deutschland‹

Im Hause muß beginnen, was leuchten soll im Vaterland.
Jeremias Gotthelf

Auch ich war ein Jüngling mit lockigem Haar.
An Mut und an Hoffnung reich.
Albert Lortzing, ›Der Waffenschmied‹

Nach Gott kommt gleich der Papa.
Wolfgang Amadeus Mozart (ganz ohne Ödipus-Komplex)

Ein Haus ohne Jugend schaut gleich her,
als ob im Jahr kein Frühling wär.
Hausspruch

Im weinenden Auge mir oft die Tränen zurückhält,
Ist ein spielendes Kind oder ein Vogel im Flug.
Justinus Kerner, ›Tröstung‹

Abends
Auf meinem Schoße sitzet nun
und ruht der kleine Mann;
mich schauen aus der Dämmerung
die zarten Augen an.

Er spielt nicht mehr, er ist bei mir,
will nirgend anders sein,
Die kleine Seele tritt heraus
und will zu mir herein.
Theodor Storm

Begreif's und starre nicht blind / nach Wundern am Gezelt.
In jedem neugebornen Kind / kommt Gott noch heut zur Welt.
Rudolf Alexander Schröder

. . . aus früheren Geburten
zuckt entfernte Ahnung her:
Sterne sanken, Sterne wurden,
Und der Raum war niemals leer.

Seele beugt sich und erhebt sich,
Atmet in Unendlichkeit,
Aus zerrißnen Fäden webt sich
Neu und schöner Gottes Kleid.
Hermann Hesse

Eltern sein heißt nichts denn den Weg bereiten
und Pfosten gründen, darauf der Nachfahren Bau wachsen soll.
Erwin Guido Kolbenheyer

Jedes Kind gibt uns die Gewißheit,
daß Gott an der Menschheit nicht verzweifelt.
Rabindranath Tagore

Die Erziehung in der Familie bedarf vorgelebter Liebe,
damit die Kinder Ausrichtungsmarken für ihr eigenes Leben gewinnen.
Christa Meves, in ›Handbuch zur Deutschen Nation‹, Bd. 2

Kinder sind das lieblichste Pfand in der Ehe, Sie binden und erhalten das Band der Liebe.
Martin Luther, ›Tischreden‹

Der größte Schmuck der Frauen sind ihre Kinder.
Cornelia, Mutter der Gracchen, weist einer geschmückten Nachbarin gegenüber auf ihre aus der Schule kommenden Kinder

Die Natur geht von Familien aus. Familien schließen
sich aneinander; sie bilden einen Baum mit Zweigen,
Stamm und Wurzeln. Jede Wurzel gräbt sich
in den Boden und sucht ihre Nahrung in der Erde,
wie jeder Zweig sie bis zum Gipfel in der Luft sucht.
Sie laufen nicht auseinander, stürzen nicht übereinander.
Johann Gottfried Herder

Wer ohne Weiber könnte sein,
wär frei von vielerlei Beschwerden;
wer ohne Weiber wollte sein,
wär aber nicht viel nütz auf Erden.
Friedrich von Logau

Die Familie ist es, die unserer Zeit not tut;
sie tut mehr not als Kunst und Wissenschaft,
als Verkehr, Handel, Aufschwung, Fortschritt
und wie alles heißt, was begehrenswert erscheint.
Auf der Familie ruht die Kunst, die Wissenschaft,
der menschliche Fortschritt und der Staat.
Adalbert Stifter

Tiefstes Menschenglück auf Erden: / seiner selbstgetürmten Mauern
selbstverschenkend frei zu werden, / sich im Du zu überdauern.
Erwin Guido Kolbenheyer

Ein Freund desselben Alters, an dessen Seite man leben
und sterben soll; ein Freund, dessen sämtliche Angelegenheiten
die unsrigen sind und ohne Ausnahme (so daß selbst das Grab
darin inbegriffen ist) auf uns übergehen: dies ist das Gefühl,
welches das ganze Schicksal enthält.
Anne Germaine de Staël, ›Über Deutschland‹

Indem das Weib den Mann an das Zeitliche knüpft,
verknüpft sie ihn mir der Ewigkeit.
Emil Gött, ›Selbstgespräch‹, 1982

UNSICHTBAR IST ER UND DOCH WIRKLICH
Laotse, ›Taoteking‹

Es gibt einen Willen, der glüht wie Wein,
der ruft, niemals müde, zu wagen:
Du, aller Geheimnisse Welt, sei mein,
sollst uraltem Dunkel entsagen.
Sven Hedin

Bestärke dich in den alten Träumen, auf daß unsere Welt
die Hoffnung nicht verliere.
Ezra Pound

Merke: die Frage nach dem Zweck
ist die Frage nach dem Ende des Unendlichen.
Emil Gött

Werde, was du noch nicht bist!
Bleibe, was du jetzt schon bist!
In diesem Bleiben und in diesem Werden
liegt alles Schöne hier auf Erden.
Franz Grillparzer

Stund um Stunde / Wird uns das Leben freundlich dargeboten.
Das Gestrige ließ uns geringe Kunde,
Das Morgende – zu wissen ist verboten;
Und wenn ich je mich vor dem Abend scheute,
Die Sonne sank und sah noch, was mich freute.
Goethe, ›Elegie‹

Vor jedem steht ein Bild des, was er werden soll;
Solang er das nicht ist, ist nicht sein Friede voll.
Friedrich Rückert

Man darf nie vergessen, daß man der Jugend
nur das in die Seele legen darf, von dem man wünscht,
daß es immer darin bleibe.
François de Fénelon, ›Über die Erziehung der Mädchen‹, 1687

Einziges Richtziel der Erziehung: der Stil.
Es kommt nicht auf das Gepäck (die Belehrung) an,
sondern auf das Werkzeug, das dem Erfassen dient.
Antoine de Saint-Exupéry

Vom Dulden zum Erdulden führt häufig nur ein kurzer Weg.
Erich Limpach

Horaz

Der Mutter Worte bewahre nun, Sohn, / und behalt im Herzen sie.
Vollgemessen Heil soll dir folgen stets, / solange du dessen gedenkst.
Aus der Edda

Niemand vermag mit Ruten Kindes Erziehung zu erzwingen.
Den man zu einem Mann von Ehre erziehen kann,
dem ist ein Wort wie ein Schlag.
Walther von der Vogelweide

Ein Kind ist eine sichtbar gewordene Liebe.
Wir selbst sind ein sichtbar gewordener Keim
der Liebe zwischen Natur und Geist und Kunst.
Novalis

Unsere Kindheit ist die einzige unverstümmelte Natur,
die wir in der kultivierten Menschheit noch antreffen;
daher ist es kein Wunder, wenn uns jede Fußstapfe
der Natur außer uns auf unsere Kindheit zurückführt.
Friedrich von Schiller

. . .Nun wächst ein Sohn mir auf, so heiß geliebt
wie keiner, dran ein Vaterherz gehangen,
und ich vergelte, was ich einst empfangen,
an dem, der mirs nicht gab – noch wiedergibt. . .
. . . Weithin im Saal der Zeiten sieht mein Blick
dem Spiel des Lebens zu, gefaßt und heiter;
den goldnen Ball wirft jeder lächelnd weiter,
– und keiner gab den goldnen Ball zurück!
Börries von Münchhausen

Man sollte sich zur heiligsten Pflicht machen, dem Kinde
nicht zu früh einen Begriff von Gott beibringen zu wollen.
Die Forderung soll von innen heraus geschehen,
und jede Frage, die man beantwortet, ehe sie gestellt ist,
ist verwerflich. Das Kind hat vielleicht seine ganze Lebenszeit
daranzuwenden, um jene irrigen Vorstellungen wieder zu verlieren.
Friedrich von Schiller

Das Kind ist ein Buch, aus dem man lernen und in das wir schreiben sollen.
Peter Rosegger

Wer von Kindern nichts lernen will, der handelt dumm und ungerecht
gegen sie, wenn er verlangt, daß sie von ihm lernen sollen.
Johann Georg Hamann

KINDER BRAUCHEN EHER DAS VORBILD ALS DEN TADEL
Joseph Joubert

Geboren wird nicht nur das Kind durch die Mutter,
sondern auch die Mutter durch das Kind.
Gertrud von Le Fort

Die beste Erziehungsmethode für ein Kind ist,
ihm eine gute Mutter zu verschaffen.
Christian Morgenstern, ›Wer vom Ziel nichts weiß,
kann den Weg nicht haben‹, 1964

Vater sein ist höchste Autorschaft und ein ebenso
großes Geheimnis – ja, die beste Schule der beiden
äußersten Tugenden, Demut und Sanftmut.
Johann Georg Hamann an Herder am 13. Januar 1773

Ein Vater soll zu Gott an jedem Tage beten:
Herr, lehre mich, dein Amt beim Kinde recht vertreten!
Friedrich Rückert

Die unaufgelösten Dissonanzen im Verhältnis von Charakter
und Gesinnung der Eltern klingen in dem Wesen des Kindes fort
und machen seine innere Leidensgeschichte aus.
Friedrich Nietzsche

Es gibt leider nicht viele Eltern, deren Umgang für die Kinder ein Segen ist.
Marie von Ebner-Eschenbach

Eltern kommen leichter zu Kindern als Kinder zu Eltern.
Karlheinz Deschner
›Nur Lebendiges schwimmt gegen den Strom‹, 1985

Alle Familien sind zu klein, um den Kindern
die nötige soziale Ausbildung zu bieten.
George Bernard Shaw

Ja, wenn es schon ein angenehmer Anblick ist, zu sehen,
daß Eltern ihren Kindern eine ununterbrochene Sorgfalt
widmen, so hat es noch etwas Schöneres,
wenn Geschwister Geschwistern das Gleiche leisten.
Goethe, ›Dichtung und Wahrheit‹

Wo Anmaßung mir wohlgefällt? / An Kindern: denen gehört die Welt.
Goethe, ›Sprichwörtlich‹

Friedrich Fröbel

Nichts gräbt sich tiefer dem Herzen ein
und haftet beharrlicher darin als Kindheitseindrücke.
Erasmus von Rotterdam

Die Kindheit ist nicht eine Vorbereitung auf das Leben,
als welche wir sie bei unseren Kleinen so oft
auffassen wollen, sondern schon das Leben selbst.
Peter Rosegger

Die Seele eines Kindes ist heilig, und was vor sie gebracht
wird, muß wenigstens den Wert der Reinigkeit haben.
Herder, ›Palmblätter, Vorrede‹

Wer viel mit Kindern lebt, wird finden,
daß keine äußere Einwirkung auf sie ohne Gegenwirkung bleibt.
Goethe, ›Maximen und Reflexionen‹

Die Aufforderung zur freien Selbständigkeit ist das,
was man Erziehung nennt.
Johann Gottlieb Fichte

O der Menschenkenner! Er stellt sich kindisch mit Kindern,
Aber der Baum und das Kind suchet, was über ihm ist.
Friedrich Hölderlin

An einem jungen Menschen ist es in intellektueller und
auch moralischer Hinsicht ein schlechtes Zeichen,
wenn er in Tun und Treiben der Menschen
sich recht früh zurechtzufinden weiß, folglich darin
zuhause ist und wie vorbereitet in dasselbe eintritt;
es kündigt Gewöhnlichkeit an. Hingegen deutet in
solcher Hinsicht ein befremdetes, stutziges, ungeschicktes
und verkehrtes Benehmen auf eine Natur edlerer Art.
Arthur Schopenhauer

Wir können die Kinder nach unserem Sinne nicht formen;
So wie Gott sie uns gab, so muß man sie haben und lieben,
Sie erziehen auf 's beste und jeglichen lassen gewähren.
Denn der eine hat die, die anderen andere Gaben. . .
Johann Wolfgang von Goethe

Wer sich hübsch an die Landstraße hält, verirrt sich nie;
seine Reise ist aber auch danach.
Emil Gött, ›Selbstgespräch‹

Menander

Wenn das Hälmchen nicht gejätet wird,
braucht man schließlich Axt und Beil dafür.
Konfuzius

Man gibt die Kinder auf die Schule, daß sie still werden,
auf die Hochschule, daß sie laut werden.
Jean Paul, ›Aphorismen‹

Im Umgang mit Männern lernt der Mann sich selber kennen,
im Umgang mit Frauen die Welt.
Ludwig Strauss

Wie viele Erziehungsberechtigte machen gar keinen Gebrauch
von ihrem Recht!
Germund Fitzthum, ›Salonblüten‹, 1983

Eine einzige offenbare Lüge des Lehrers gegen seinen
Schüler kann ihn um alle Früchte seiner Erziehung bringen.
Jean-Jacques Rousseau, ›Emil oder Über die Erziehung‹

Ich fürchte, unsere allzu sorgfältige Erziehung
liefert uns Zwergobst.
Georg Christoph Lichtenberg

Unglückseligerweise ist es für überlastete Lehrer fast unmöglich,
sich eine innigere Zuneigung für die Kinder zu erhalten;
bald werden sie unweigerlich das gleiche für sie empfinden,
wie ein Konditorlehrling für die Makronen.
Bertrand Russell

In der Jugend werden wir durch die Wissensstoffe geschleppt
wie der Bauer durchs Museum.
Richard Münzer, ›Tausend und ein Aphorismus‹, 1914

Aus Kindern, die zu viel dürfen,
werden leicht Erwachsene, die zu wenig können.
Oliver Hassencamp, ›Sage und Schreibe‹

Tausende von Kindern sind durch die bekannte
›Non-frustration‹-Erziehung zu unglücklichen Neurotikern
gemacht worden.
Konrad Lorenz, ›Die acht Todsünden der zivilisierten Menschheit‹

Ich lasse nicht ab, zum Freiheitskampf aufzurufen,
werfe meinen Landsleuten unablässig ihre unmännliche Geduld vor,
auch auf die Gefahr hin, mich bei ihnen verhaßt zu machen.
Ulrich von Hütten

Tugend und Sittlichkeit

Ehre, Wahrhaftigkeit und Treue
Freiheit und Begeisterung

Unbekannter Meister: ›Aufständischer Bauer‹

Schiller, ›Die Braut von Messina‹

Der Mensch ist nicht um seiner selbst willen geschaffen,
sondern zugleich für sein Vaterland und die Mitmenschen.
Platon

Wanderer, kommst du nach Sparta, verkünde dorten,
du habest uns hier liegen gesehen, wie das Gesetz es befahl.
Simonides an die Gefallenen an den Thermopylen

Wer schlägt den Leu, wer schlägt den Riesen?
Wer überwindet den und diesen?
Das tut jener, der sich selbst bezwingt.
Walther von der Vogelweide

Der Mensch hat freien Willen – das heißt,
er kann einwilligen ins Notwendige.
Friedrich Hebbel

Zeichen der Vornehmheit: nicht daran denken,
unsere Pflichten zu Pflichten für jedermann herabzusetzen;
die eigne Verantwortlichkeit nicht abgeben wollen, nicht
teilen wollen; seine Vorrechte . . . unter seine Pflichten rechnen.
Nietzsche, ›Jenseits von Gut und Böse‹

Das Glück der Menschen ist, das zu lieben, was sie tun müssen.
Auf diesem Prinzip ist die Gesellschaft nicht aufgebaut.
Claude Adrien Helvétius, ›Über den Geist‹, 1758

Das ist der Fluch des unglücksel'gen Landes,
wo Freiheit und Gesetz darniederliegt,
daß sich die Besten und die Edelsten
verzehren müssen in fruchtlosem Harm,
daß, die fürs Vaterland am reinsten glüh'n,
gebrandmarkt werden als des Lands Verräter.
Ludwig Uhland

Nicht der Glanz des Erfolges, sondern die Lauterkeit des Strebens und das
treue Beharren in der Pflicht auch da, wo das äußere Ergebnis kaum in
Erscheinung tritt, wird über den Wert eines Menschenlebens entscheiden.
Helmut von Moltke

Das Ausland wird uns um so mehr Achtung zollen, je mehr wir selbst
in unserem Auftreten die Selbstachtung eines aufrechten
und stolzen Volkes bewahren.
Paul von Hindenburg

Schiller, ›Das Siegesfest‹

Jede Gewalt, die sich erheben will, muß sich auf ein
großes Verdienst gründen. Erst wirkliche Verdienste
gewähren Autorität.

Leopold von Ranke, ›Französische Geschichte‹

Nicht größern Vorteil wüßt' ich zu nennen,
Als des Feindes Verdienst erkennen.

Goethe, ›Sprichwörtlich‹

Warum denn wie mit einem Besen
Wird so ein König hinausgekehrt?
Wärens Könige gewesen,
Sie stünden alle noch unversehrt.

Goethe, ›Zahme Xenien‹

Glücklich der Mensch, der fremde Größe fühlt
Und sie durch Liebe macht zu seiner eignen.
Denn groß zu sein, ist wenigen vergönnt.

Franz Grillparzer

Aber freilich, um eine große Persönlichkeit
zu empfinden und zu ehren, muß man auch wiederum
selber etwas sein.

Johann Wolfgang von Goethe

Wer ist der glücklichste Mensch? Der fremdes Verdienst zu empfinden
Weiß und an fremdem Genuß sich wie am eigenen zu freun.

Goethe, ›Antiker Form sich nähernd‹

Nur zwei Tugenden gibt's.
Oh, wären sie immer vereinigt:
immer die Güte auch groß,
immer das Große auch gut!

Friedrich von Schiller

Den Beweis der Unsterblichkeit muß jeder in sich tragen,
außerdem kann er nicht gegeben werden.

Goethe an Friedrich von Müller am 15. Mai 1822

Schließlich erreicht jeder Mensch jedes Ziel.
Er muß es nur genügend weit zurückstecken.

Hans Söhnker

Sie meinen, Sie haben, was not tut: die Seele aus dem
Supermarkt? Nichts von Siegfried, nichts von Kriemhild,
nichts von Gunther, nichts von Hagen ?
Die Seele ohne Preislage?
Wenn es so wäre, wenn es Ihnen gelänge, hier oder in der
Fremde den Psalter, den zu schlagen uns bestimmt ist,
wegzuwerfen, zu zertrampeln oder umzustimmen
auf einen Kammerton, den Ihnen der Wind frisch zuträgt,
dann werden Sie das Gespött der Welt sein, nicht Fisch,
nicht Fleisch, nicht Franzose, nicht Italiener, nicht Grieche,
nicht Spanier, nicht Russe.
Fürchten Sie sich denn vor dem Facit der Bestandsaufnahme?
Schreckliche Zutaten, sagen Sie? Ja, das ist wahr.
Aber seien Sie ohne Sorge; wenn Sie wüßten,
womit die Kuchen anderer Völker gebacken sind!
Schreckliche Zutaten, es ist wahr. Und unbeschreiblich schöne.
Mit einem Bein in der Hölle, mit dem andern auf der
vorletzten Stufe zum Himmel; zur Himmelstür,
hinter der wir schon Gott sprechen hören können. . .
›Disteln für Hagen‹

Der große Schuldige ist tot. Er starb 1945,
als sich die ganze übrige Welt verbrüdernd in den Armen lag,
Wissen Sie, wieviel Tod und Elend, wieviel Leiden
inzwischen diese Erde wieder gesehen hat? Wissen Sie,
wie viele Kriege und bewaffnete Auseinandersetzungen
seit 1945 unsere Richter geführt haben? Zwei? Fünf? Zehn?
Ich werde es Ihnen sagen: Fünfundsiebzig, wobei ich
Ereignisse wie die amerikanischen Rassen-Unruhen
weggelassen habe!
›Deutschland, Deutschland über alles. . .‹

»Wenn diese schlimme Sache mit Daney und Sieberer Sie so
bedrückt, Sandwirt, dann – seien Sie mir nicht böse –,
dann müßten Ihnen die vielen Toten, die vielen sinnlos
Gefallenen auch keine Ruhe lassen?«
Er fuhr auf: »Sinnlos gefallen?« rief er erregt. »Was sagen
Sie da! Ja, sehen Sie denn nicht den Unterschied?
Herr, sterben müssen wir alle – für etwas sterben, das man
liebt und verteidigt, glauben Sie mir, das ist der beste Tod.«
›Guten Abend, Herr Fernau‹ (Andreas Hofer besucht ihn)

Horaz

Du nimmst die höchste aller Lehren ernst,
Wenn du die Würdigen verehren lernst.
Aus Benno Papentrigk's (Anton Kippenberg) ›Schüttelreimen‹

Den wahren Wert anderer erkennen heißt
seinen eigenen aussprechen; den nur der Würdige würdigt.
Ernst von Feuchtersleben

Ebenso kann und muß auch der Gelehrte seine Vorgänger
benutzen, ohne jedesmal ängstlich anzudeuten,
woher es ihm gekommen; versäumen aber wird er niemals,
seine Dankbarkeit gelegentlich auszudrücken gegen die
Wohltäter, welche die Welt ihm aufgeschlossen.
Goethe, ›Schriften zur Natur- und Wissenschaftslehre‹

Ich finde es angenehm sowie pflichtmäßig, das Ansehn
eines Vorgängers zu feiern. Bin ich doch nur ein Vorfahre
von künftigen andern, im Leben wie auf der Reise!
Goethe, ›Die italienische Reise‹

Der Weise fragt nicht, ob man ihn auch ehrt;
Nur er allein bestimmt sich seinen Wert.
Johann Gottfried Seume, ›Einem Kleinmütigen‹

Ja, wer eure Verehrung nicht kennte!
Euch, nicht ihm, baut ihr Monumente.
Goethe, ›Sprichwörtlich‹

Etwas sind doch die Namen, der Tod beendet nicht alles,
Siegreich entflieht der bleiche Schatten der flammenden Glut.
Properz, ›Auf Cynthias Tod‹

Unsterblicher! In aller Völker Herzen gebettet,
brennen dir die Totenkerzen.
Josef Weinheber, ›Wolfgang Amadeus Mozart‹

Jemand vergessen wollen, bedeutet an ihn denken.
Jean de La Bruyère

Sprecht mehr, ihr Spötter, / Ich hielte nichts von Lob und Ruhm,
Mein Name dringt durch Sturm und Wetter / Der Ewigkeit ins Heiligtum.
Ihr mögt mich rühmen oder tadeln, / Es gilt mir beides einerlei;
Wen wahre Lieb und Weisheit adeln, / Der ist allein vom Sterben frei.
Johann Christian Günther

William Shakespeare, ›König Lear‹

[Der Friedericianismus] hat Europa eine gute Zeit
unter der Botmäßigkeit des deutschen Geistes gebracht.
In Friedrich dem Großen wuchs die Skepsis der verwegenen
Männlichkeit, welche dem Genie zum Kriege und Eroberung
zunächst verwandt ist und in der Gestalt des großen Friedrich
ihren ersten Einzug hielt. Diese Skepsis verachtet und reißt
trotzdem an sich; sie glaubt nicht aber sie verliert sich nicht
dabei; sie gibt dem Geist gefährliche Freiheit, aber sie hält
das Herz streng, es ist die deutsche Form der Skepsis.
Friedrich Nietzsche über Friedrich den Großen

Wir sind eingeschlafen auf den Lorbeeren
Friedrichs des Großen.
Königin Luise von Preußen an ihren Vater, 1808

Der Starke ist am mächtigsten allein.
Schiller, ›Wilhelm Tell‹

Den Entwaffneten soll man umarmen.
Königin Christine von Schweden

Gesell dich einem Bessern zu,
Daß mit ihm deine bessern Kräfte ringen.
Wer selbst nicht weiter ist als du,
Der kann dich auch nicht weiter bringen.
Friedrich Rückert

Das Schöne und sittlich Gute erkennen und erstreben
nur die von Natur dazu Befähigten.
Demokritos

Liebe gibt Ebenbürtigkeit.
Theodor Fontane, ›Der Stechlin‹

Was setzt ihr ihnen Bilder von Stein,
Als könnten sie jemals vergessen sein?
Wollt ihr sie aber wirklich ehren,
So folgt ihrem Beispiel und horcht ihren Lehren.
Franz Grillparzer, ›Goethe und Schiller‹, 1853

. . .Ich lebe die Tage / Voll Glauben und Mut
Und sterbe die Nächte / In heiliger Glut.
Novalis

Schiller, ›Wallenstein‹

Stolz auf unsere großen Männer dürfen wir nur sein,
wenn sie sich unsrer nicht zu schämen brauchen.

Carl von Clausewitz

Durch feine Spekulation ist nie der Geist einer Nation
geändert, aber durch große Beispiele allemal.

Herder, ›Fragmente über die neuere deutsche Literatur‹

Der Mensch will groß sein, das ist seine Größe;
dem Absoluten gilt unausweichlich sein Bemühen.

Gottfried Benn

Große Menschen fühlen die Weltgesetze stärker
als andere; daher kommt ihre Kraft und ihr Mut.

Friedrich Hebbel

Außerordentliche Menschen, wie Napoleon, treten aus der Moralität
heraus. Sie wirken zuletzt wie physische Ursachen, wie Feuer und Wasser.

Goethe zu Friedrich Wilhelm Riemer am 3. Februar 1807

Man braucht ja mit vorzüglichen Menschen nicht durchaus einig zu sein,
um Neigung und Bewunderung für sie zu empfinden.

Johann Wolfgang von Goethe

Geh hin und sag es an: der Zeiten Schoß,
Er bringt uns fürder Mäkler, Schreiber, Pfaffen,
Die Welt hat nichts mit Großem mehr zu schaffen,
Denn ringt sich auch einmal ein Löwe los,
Er wird zum Tiger unter so viel Affen.
Wie soll er schonen, was hält länger Stich,
Wenn niemand sonst er achten kann als sich?

Franz Grillparzer

Er war ein Mann, nehmt alles nur in allem!
Ich werde niemals seinesgleichen sehn.

William Shakespeare, ›Hamlet‹

Der Löwe hat sich zurückgezogen,
jetzt ist der Mensch der König der Tiere.

Brana Crncevic

Sich selbst etwas versprechen und es nicht halten,
ist der nächste Weg zur Nullität und Charakterlosigkeit.

Friedrich Hebbel, ›Tagebücher‹

Ein Charakter
ist vollständig gebildeter Wille
Novalis

Vieles Gewaltige lebt, und nichts / Ist gewaltiger als der Mensch.
Sophokles, ›Antigone‹

Wenn Geistesgröße mit des Herzens Güte
Ganz in eins verflößt,
Bildet einen Mann für Erd und Himmel.
Christian Friedrich Daniel Schubart

Es bildet ein Talent sich in der Stille,
Sich ein Charakter in dem Strom der Welt.
Goethe, ›Torquato Tasso‹

Der kultivierte Mensch hat seine Energie nach innen,
der zivilisierte nach außen.
Oswald Spengler, ›Der Untergang des Abendlandes‹

Wer etwas Großes will, der muß sich zu beschränken
wissen; wer dagegen alles will, der will in der Tat
nichts und bringt es zu nichts.
Hegel, ›Enzyklopädie der philosophischen Wissenschaft‹

Es gibt Menschen, die mächtig sind, ohne Macht zu haben.
Es sind die einzigen, die ihrer Machtmittel
nicht beraubt werden können.
Sven Hedin

Nichts mehr bedarf eine Nation als einen Überfluß
an edlen Männern, die sich dem Allgemeinen widmen.
Leopold von Ranke, ›Die Osmanen‹

Nichts kann die Menschheit mehr adeln
als die Verbindung der Tapferkeit mit echter Frömmigkeit.
August Wilhelm von Schlegel

Es gibt keine Niedrigkeit des Standes, wenn die Seele geadelt.
Johann Heinrich Jung-Stilling

Wenn man erst einmal einen Namen hat, ist es gleichgültig, wie man heißt.
Werner Mitsch

Ich bin Gottlob! altadelig; / Jedoch mein Sohn – das ärgert mich –
Zählt einen Ahnen mehr, als ich.
Johann Christian Friedrich Haug

Die Ehre ist der Lohn der Tugend.
Cicero, ›Brutus‹

Ohne Stolz ist man aller Welt Lumpenhund.
Johann Peter Eckermann, ›Aphorismen‹

Ein Mensch ohne geistigen Aufschwung kann nicht gütig,
höchstens gutmütig sein.
Nicolas de Chamfort

Vernichten kann einen nicht der Schmerz,
denn er will geheilt sein,
nicht die Schuld, denn sie will gesühnt sein,
nur die Stumpfheit, denn sie will – nichts.
Peter Rosegger

Der Mittelmäßige fühlt sich dem Ausgezeichneten gegenüber
immer im Zustand der Notwehr.
Marie von Ebner-Eschenbach

Der Undank ist immer eine Art Schwäche. Ich habe
nie gesehen, daß tüchtige Menschen wären undankbar gewesen.
Goethe, ›Maximen und Reflexionen‹

Beim Genie heißt es: Laß dich gehen!
Beim Talent: Nimm dich zusammen!
Marie von Ebner-Eschenbach

Zucht ist das Wort, in dem der neue Mensch sich findet.
*Christian Morgenstern, ›Wer vom Ziel nichts weiß,
kann den Weg nicht haben‹, 1964*

Merkmal großer Menschen ist es, daß sie an andere
weit geringere Anforderungen stellen als an sich selbst.
Marie von Ebner-Eschenbach

Zur Humanität eines Meisters gehört,
seine Schüler vor sich zu warnen.
Friedrich Nietzsche

Wenn man ein Seher ist, braucht man kein Beobachter zu sein.
Marie von Ebner-Eschenbach

Haus und Hof verbrennet, gehet hin. Kunst ist gut zu tragen.
Martin Luther, ›Tischreden‹

Friedrich Hebbel

Licht und Geist, jenes im Physischen, dieser im Sittlichen
herrschend, sind die höchsten denkbaren unteilbaren Energien.
Goethe, ›Maximen und Reflexionen‹

Alles Hohe und Große in der Welt beruht auf dem Talent,
ein Vieles unmittelbar in Einem und hinwiederum Eines in Vielem
begreifen zu können, mit einem Wort auf dem Sinn für Totalität.
Friedrich W. J. von Schelling

So fand ich es überall und immerdar: / Wo Großes zu schaffen war,
Stand der erste allein. / Kein Fels im Meer konnte einsamer sein.
*Christian Morgenstern, ›Wer vom Ziel nichts weiß,
kann den Weg nicht haben‹, 1964*

Man sollte einen großen Mann nach Wirkungen beurteilen,
die er auf seine Nation ausübt.
Johann Peter Eckermann, ›Aphorismen‹

In die Hölle des Lebens kommt nur der hohe Adel der Menschheit;
die andern stehen davor und wärmen sich.
Friedrich Hebbel

Es ist nicht die einfache Kreatur, die der Hilfe bedarf, sondern das Genie.
Eleonora Duse

Groß ist, wer das Furchtbare überwindet.
Erhaben ist, wer es, auch selbst unterliegend, nicht fürchtet.
Friedrich Schiller, ›Vom Erhabenen‹

Und sollt ich noch einmal die Tage beginnen,
Ich würde denselben Faden spinnen.
Theodor Fontane

Und du der Geisteskräfte gewaltigste,
Du löwenstarke Liebe des Vaterlandes.
Friedrich Hölderlin

Glaube, Liebe, Treu und Recht, / Die vier sich schlafen gelegt;
Wenn erneut sie auferstehn, / Dann wird es wieder besser gehn.
Hausspruch aus Franken

Es gibt zuletzt keine andere Sünde als: niedere Gesinnung.
Emil Gött

Friedrich von Schiller, ›Wallenstein‹

Elend sind jene, die bloß in Erwartung einer Belohnung handeln.
Bhagavadgita

Sprichwörtlich heißt es: ›Kein Mensch ist unersetzlich.‹
Aber die wenigen, die es doch sind, sind groß.
Jacob Burckhardt, ›Weltgeschichtliche Betrachtungen‹

Das Genie macht die Fußstapfen. Das nachfolgende
Talent tritt in dieselben hinein, tritt sie aber schief.
Wilhelm Raabe, ›Frau Salome‹

Siehst du also dem einen Geschöpf besonderen Vorzug
Irgend gegönnt, so frage nur gleich: wo leidet es etwa
Mangel anderswo?
Goethe, ›Gott und Welt‹

Von einem großen Mann sagen: ›Er wird weit überschätzt‹.
Und im übrigen gibt es gar keine großen Männer.
Gustave Flaubert, ›Katalog der schicken Ideen‹

Es gibt, sagt man, für den Kammerdiener keinen Helden.
Das kommt aber nur daher, weil der Held nur
von Helden anerkannt werden kann.
Goethe, ›Maximen und Reflexionen‹

Wenn die Könige bauen, haben die Kärrner zu tun.
Schiller, ›Kant und seine Ausleger‹

Hier stehe ich, ich kann nicht anders, Gott helfe mir, Amen!
Martin Luther vor dem Reichstag zu Worms am 18. April 1521

Anerkennung ist eine Pflanze, die vorwiegend auf Gräbern wächst.
Robert Lembke

Unsere Tugenden und Eigenschaften sind es,
die uns verhaßt machen.
Paul Valéry

Wenn es unsre Fürsten wüßten, / Was er tat fürs Vaterland,
Legionen Orden müßten / Längst schmücken sein Gewand.
Und was ward im Vaterlande / Ihm schon für Ehrenlohn?
Nur zu Deutschlands Spott und Schande / Frankreichs Ehrenlegion.
Hoffmann von Fallersleben, ›Für Jacob Grimm‹

Publilius Syrus

Der Edle hat Würde, ist aber nicht hochmütig.
Der gemeine Mann ist hochmütig ohne Würde.
Der Edle ist ruhig und gelassen;
Der kleine Mann aufbrausend und reizbar.
Konfuzius

Das Ehrgefühl allein altert nicht,
und im Alter ist nicht das Geld, wie manche sagen,
der letzte Genuß, sondern die Ehre.
Perikles

Immer der Erste zu sein und voranzustreben den anderen,
und nicht Schande zu machen den Ahnen,
so mahnte mich dringend der Vater.
Glaukos sprach's und Freude empfand Diomedes.
Homer, ›Ilias‹

Es kann die Ehre dieser Welt / Dir keine Ehre geben,
Was dich in Wahrheit hebt und hält, / Muß in dir selber leben.
Theodor Fontane

Lohnt sich, was sich bloß rentiert?
Charles Tschopp, ›Aphorismen‹

Zwei Leben hat der Mensch, weh, wenn es anders wäre!
Das eine raubt der Tod, das andre bleibt: Die Ehre.
Franz Grillparzer

Gott will dich stolz und frei. Nur der ist in Ihm rein,
Der seine Ehre hält. – Die Ehr' steht nicht allein;
Dein Recht will Rechenschaft, will göttlich sein.
Hans Friedrich Blunck

Meine Ehre steht in niemandes Hand als in meiner eigenen,
und man kann mich damit nicht überhäufen;
die eigene, die ich in meinem Herzen trage,
genügt mir vollständig, und niemand ist Richter darüber.
Otto von Bismarck

Mehr Mut! Mehr Gerechtigkeit!
Mehr Brüderlichkeit! Mehr Reinheit!
Julian Apostata

Carlyle ist eine moralische Macht von großer Bedeutung.
Es ist in ihm viel Zukunft vorhanden, und es ist gar
nicht abzusehen, was er alles leisten und wirken wird.
Goethe zu Eckermann am 25. Juli 1827

Ja, die Gesinnung, aus der er handelt, ist besonders schätzbar.
Und wie ist es ihm ernst! und wie hat er uns Deutsche
studiert! Er ist in unserer Literatur fast besser zuhause, als wir selbst.
Goethe zu Eckermann am 11. Oktober 1828

Jene nordische Religion, eine rohe, aber ernsthafte,
trotzig eindrucksvolle Weihe der Tapferkeit
(so könnten wir sie bezeichnen),
genügte diesen alten tapferen Nordländern.

›Nehmt mein Geld, da es in eurer Macht steht
und ihr solches Verlagen danach tragt; und laßt mich
allein hier bei meiner Arbeit. Ich bin immer noch hier;
kann immer noch arbeiten, trotz all dem Gelde,
das ihr mir genommen habt!‹

Doch wenn sie zu ihm kommen und sagen:
›Bekenne dich zu einer Lüge. . . glaube nicht das,
was du für wahr befindest, sondern das, was ich wahr
finde oder wahr zu finden vorgebe!‹
Er wird antworten: ›Nein; so Gott mir helfe, nein!‹
Thomas Carlyle, ›Helden und Heldenverehrung‹

Man kann ein Regiment von Schurken
nicht zu einem Regiment ehrlicher Leute einexerzieren,
so schlau man sie auch anwerben und einteilen mag.
Man gebe uns redliche Leute,
und das wohlgeordnete Regiment macht sich von selbst.

Kein großer Mann lebt vergebens. Die Weltgeschichte ist
nichts als die Biographie großer Männer.
Alle Größe ist unbewußt oder sie ist wenig oder gar nichts.
Die Öffentlichkeit ist ein altes Weib.
Laß es faseln und mummeln.
Thomas Carlyle

Einer gilt mir wie zehntausend, wenn er der Beste ist.
Heraklit

CARL VON CLAUSEWITZ
AUS DEN DREI BEKENNTNISSEN

Ich sage mich los
von der leichtsinnigen Hoffnung einer Errettung
durch die Hand des Zufalls,
von der dumpfen Erwartung der Zukunft,
die ein stumpfer Sinn nicht erkennen will,
von der kindischen Hoffnung, den Zorn eines Tyrannen
durch freiwillige Entwaffnung zu beschwören,
durch niedrige Untertänigkeit und Schmeichelei
sein Vertrauen zu gewinnen,
von falscher Resignation unterdrückten Geistesvermögens,
von dem unvernünftigen Mißtrauen
in die uns von Gott gegebenen Kräfte,
von der sündhaften Vergessenheit aller Pflichten
für das allgemeine Beste,
von der schamlosen Aufopferung aller Ehre des Staates
und Volkes, aller persönlichen und Menschenwürde!

Ich glaube und bekenne,
daß ein Volk nichts Höheres zu achten hat als die Würde
und Freiheit seines Daseins,
daß es sie mit dem letzten Blutstropfen verteidigen soll,
daß es keine heiligere Pflicht zu erfüllen,
keinem höheren Gesetz zu gehorchen hat,
daß der Schandfleck einer feigen Unterwerfung
nie zu verwischen ist . . .
daß man die Ehre nur einmal verlieren kann,
daß ein Volk unter den meisten Verhältnissen
unüberwindlich ist in dem großmütigen Kampf
um seine Freiheit . . .

Ich erkläre und beteure der Welt und Nachwelt,
daß ich die falsche Klugheit, die sich der Gefahr
entziehen will, für das Verderblichste halte,
was Furcht und Angst einflößen können. . .

Carl von Clausewitz sandte die ›Drei Bekenntnisse‹
im Februar 1812 an Gerhard von Scharnhorst

Die moralischen Hauptkräfte sind: Die Talente des Feldherrn,
kriegerische Tugend des Heeres, völkischer Geist desselben.
Carl von Clausewitz, ›Vom Kriege‹

WILLST DU WEISHEIT DIR ERJAGEN, LERNE WAHRHEIT ERST ERTRAGEN
Sprichwörtlich

Die Wahrheit bedarf nicht vieler Worte,
die Lüge kann ihrer nie genug haben.
Sprichwörtlich

Schwächlinge müssen lügen, sie mögen es hassen, wie sie wollen.
Ein Drohblick treibt sie mitten ins Lügengarn.
Jean Paul, ›Levana oder Erziehlehre‹

Die Wahrheit ist wie Wein; / Das heißt: in unsern Tagen
Muß einer betrunken sein, / Um Lust zu haben, die Wahrheit zu sagen.
Friedrich Rückert

Die Wahrheit triumphiert nie, / nur ihre Gegner sterben aus.
Max Planck

Die Wahrheit wird jetzt unterdrückt, / Will niemand Wahrheit hören.
Die Lüge wird gar fein geschmückt, / Man hilft ihr oft mir Schwören.
Dadurch wird göttlich Wort veracht, / Die Wahrheit höhnend noch verlacht,
Die Lüge tut man ehren!
Johann Walter

Die geschichtliche Wahrheit ist, daß es den Leuten nicht nur gut tut,
wenn sie gelegentlich aufgeschreckt werden, sondern daß es für den
Fortschritt der Gesellschaft unerläßlich ist, sie recht oft aufzuschrecken.
George Bernard Shaw

Die Welt, so alt sie immer sei, / An Trug und Täuschung bleibt sie neu,
Und edle Wahrheit thronet nur / Im Herzen kräftiger Natur.
Ferdinand Raimund

Masse und Kollektiv können in der Tat ohne Wahrheit leben.
Sie sind ihrer weder bedürftig noch fähig.
José Ortega y Gasset, ›Der Aufstand der Massen‹

Daß er dies aus Überzeugung spricht,
Die Meinung laß' ich mir nicht rauben;
Wer eine Lüge Tag für Tag verficht,
Der muß sie schließlich selber glauben.
Ludwig Fulda

Was du teurer bezahlst, die Lüge oder die Wahrheit?
Jene kostet dein Ich, diese doch höchstens dein Glück!
Friedrich Hebbel

ALLE VERSCHWIEGENE WAHRHEIT WIRD GIFTIG
Friedrich Nietzsche

Ich glaube an die Wahrheit.
Sie zu suchen, nach ihr zu forschen in und um uns,
muß unser höchstes Ziel sein. Damit dienen wir
dem Gestern, dem Heute, der Zukunft.
Ohne Wahrheit gibt es keine Sicherheit und keinen Bestand.
Fürchtet es nicht, wenn die Meute aufschreit,
denn nichts ist so gehaßt und gefürchtet wie die Wahrheit.
Letzten Endes wird jeder Widerstand gegen sie
vergehen wie die Nacht vor dem Tag.
Theodor Fontane

Und zuletzt: teuflisch ist, wer das Reich der Lüge
aufrichtet und andere Menschen zwingt, in ihm zu leben.
Das geht über die Demütigung der geistigen Abtrennung
noch hinaus, dann wird das Reich der verkehrten Welt
aufgerichtet, und der Antichrist trägt die Maske des
Erlösers. . . Der Teufel ist nicht der Töter, er ist
Diabolos, der Verleumder, ist der Gott, in dem die Lüge
nicht Feigheit ist, wie im Menschen, sondern Herrschaft.
Er verschüttet den letzten Ausweg der Verzweiflung,
die Erkenntnis, er stiftet das Reich der Verrücktheit,
denn es ist Wahnsinn, sich in der Lüge einzurichten.
Arnold Gehlen, ›Moral und Hypermoral‹

Geschichte ist die Lüge, auf die man sich geeinigt hat.
Napoleon Bonaparte

Wer das erste Knopfloch verfehlt,
kommt mit dem Zuknöpfen nicht zu Rande.
Goethe, ›Maximen und Reflexionen‹

Daß die Weltgeschichte von Zeit zu Zeit umgeschrieben
werden müsse, darüber ist in unseren Tagen
wohl kein Zweifel übrig geblieben.
Goethe, ›Geschichte der Farbenlehre‹

Was ist Wahrheit, fragte Pilatus – aber er wartete die Antwort nicht ab.
Francis Bacon

Wer die Wahrheit sagt, sollte sein Pferd gesattelt halten.
Kaukasisches Sprichwort

Mensch, sei wahr! Und du wirst wieder schön!
Emil Gött

ZWISCHEN UNS SEI WAHRHEIT!

Goethe, ›Iphigenie auf Tauris‹

Wer die Wahrheit kennt, lasse die Welt nicht der Lüge.
Aus den Gathas des Zarathustra

Verstellung ist der offnen Seele fremd.
Schiller, ›Wallenstein‹

Wahrheit ist die Übereinstimmung unserer Ideen mit der Natur der Dinge.
Paul Henry Thiry d'Holbach

Die wahre Ruhe kann nur in der Wahrhcit liegen.
Ferdinando Galiani

Aufrichtigkeit ist der Gipfel guter Manieren.
George Bernard Shaw

Alte Wahrheiten wirklich verstehen, heißt: sie neu entdecken.
Charles Tschopp

Soll ich nicht reden, wie ich's versteh, / warum fragt man mich dann?
Johann Agricola

Was hat der Mensch dem Menschen Größeres zu geben als Wahrheit?
Schiller in seiner akademischen Antrittsrede, Jena 1789

Da ich für die Nachwelt schreibe,
lasse ich mich von keiner Rücksicht behindern.
Friedrich der Große

Es ist fast unmöglich, die Fackel der Wahrheit durch die Menge
zu tragen, ohne jemandem den Bart zu versengen.
Lichtenberg (oft Jean Jaurès zugeschrieben)

Ein Witz kommt weiter herum als eine Wahrheit.
Rupert Schützbach

Der Hauptzug der Sittenverderbnis ist die Verbannung der Wahrheit.
Michel Eyquem de Montaigne

Es gibt drei Arten von Lügen: Notlügen, gemeine Lügen und die Statistik.
Mark Twain, auch Disraeli zugeschrieben

Einer deckt die Wahrheit auf, zwei decken sie wieder zu.
Brana Crncevic

Oswald Spengler

Wer glaubt, gehorcht, des Fragens sich bescheidet,
Als frommes Rind sein Plätzchen Wiese weidet,
Dem wird wohl nimmer mit dem Futtergrase
Die Wahrheit freundlich wachsen vor die Nase.
Nikolaus Lenau

Wo viel Licht ist, ist starker Schatten.
Goethe, ›Götz von Berlichingen‹

Das sprecht ihr so! Das scheint euch sonnenklar;
Doch weiß es anders, der zugegen war.
Goethe, ›Faust I‹

Die gefährlichsten Unwahrheiten
sind Wahrheiten, mäßig entstellt.
Georg Christoph Lichtenberg

Gegen jede sogenannte neue Wahrheit
bin ich mißtrauisch, die nicht in mir ein Gefühl erregt,
als hätte ich ihre Existenz schon lange zuvor geahnt.
Friedrich Hebbel

Man muß das Wahre immer wiederholen,
Weil auch der Irrtum um uns her immer wieder
gepredigt wird, und zwar nicht von einzelnen,
sondern von der Masse. In Zeitungen und Enzyklopädien,
auf Schulen und Universitäten, überall ist der Irrtum
obenauf, und es ist ihm wohl und behaglich, im Gefühl
der Majorität, die auf seiner Seite ist.
Goethe zu Eckermann am 16. Dezember 1928

Das Interesse ist der Feind der Wahrheit.
Otto Michel

Manipulation ist die vorsätzliche Weitergabe von verfälschten
Informationen, mit denen sich der Manipulant einen Vorteil
verschaffen will. Desinformation ist die bewußte oder unbewußte
Weitergabe und/oder Zurückhaltung von Informationen,
die beim Empfänger eine falsche Meinungsbildung bewirken.
Gerhard Löwenthal, Criticón 144 (IV/1994)

Wehe den Gescheiten im dummen Staat!
Zarko Petan, ›Viele Herren von heute waren gestern noch Genossen‹, 1990

Sein Kopf hat ihn den Kopf gekostet

Pavle Kovacevic

Als Pythagoras seinen bekannten Lehrsatz entdeckte,
brachte er den Göttern eine Hekatombe dar. Seitdem zittern
die Ochsen, sooft eine neue Wahrheit an das Licht kommt.
Ludwig Börne, ›Aphorismen‹

Auch ein Streifschuß kann töten,
nämlich den, der nicht richtig getroffen hat.
Jack London

Der Witz ist ein brillanter Emporkömmling
von zweifelhafter Abstammung.
Marie von Ebner-Eschenbach

Einen Gedanken zu haben und ihn zehnmal verkaufen,
das ist höchste und schönste Lebenskunst.
Johannes Gross

Es ist rührend, wie unsere kleinen Laster die Nachbarn anheimeln.
Emil Gött, ›Selbstgespräch‹, 1982

Die Eigenliebe läßt uns sowohl unsere Tugenden als unsere Fehler
viel bedeutender, als sie sind, erscheinen.
Goethe, ›Wilhelm Meisters Lehrjahre‹

Durch eine Spötterei hört eine wahre Sache
Drum noch nicht auf, gewiß zu sein.
Christian Fürchtegott Gellert

Manche Leute sagen sogar die Wahrheit nur aus taktischen Gründen.
Helmut Markwort, ›Focus‹ 30/1994

Die Wahrheit ist in dieser Zeit so verdunkelt und die Lüge
so verbreitet, daß man die Wahrheit nicht erkennen kann,
wenn man sie nicht liebt.
Blaise Pascal, ›Gedanken‹

Es gibt keinen Rat, der für zwei Menschen
in ähnlicher Situation gleich gut wäre.
Aleksander Swietochowski

Erfolgreichen Lumpen wird leichter vergeben, weil sich unser Respekt
vor dem Erfolg mit der Nächstenliebe wirkungsvoll vermischt.
George Bernard Shaw, ›Die Schwächen der Heilsarmee‹

Christian Morgenstern, ›Aphorismen und Sprüche‹

Irrtum verläßt uns nie; doch zieht ein höher Bedürfnis
Immer den strebenden Geist leise zur Wahrheit hinan.
Goethe, ›Vier Jahreszeiten‹

Schwache Seelen haben jene Leute, welche die Wahrheit
zwar erkennen, aber sie nur soweit fördern,
als sie ihnen nützt, und sie im Stich lassen, wenn das nicht der Fall ist.
Blaise Pascal,› Gedanken‹

Allzuhäufig gebiert die Angst vor einer Lüge
nur eine andere, eitel hoffend, daß sie als Rettung vor der
ersten die Rettung vor der Lüge überhaupt sei.
Doch kann uns die Lüge nie vor der Lüge retten.
Václav Havel in Salzburg am 26. Juli 1990

So wie es selten Komplimente gibt ohne alle Lügen,
so finden sich auch selten Grobheiten ohne alle Wahrheit.
Gotthold Ephraim Lessing

Das Wahre ist eine Fackel, aber eine ungeheure;
deswegen suchen wir alle nur blinzelnd so daran vorbei
zu kommen, in Furcht sogar, uns zu verbrennen.
Goethe, ›Maximen und Reflexionen‹

Wie kann man durch Denken die Wahrheit lernen?
Wie man ein Gesicht besser sehen lernt, wenn man es zeichnet.
Ludwig Wittgenstein

Das Wahre ist das Ganze. Das Ganze aber ist
nur das durch seine Entwicklung sich vollendende Wesen.
Georg Wilhelm Friedrich Hegel, ›Die Phänomenologie des Geistes‹

Sehr viele Menschen leben davon, daß die Wahrheit
auf Erden so schwer zu finden ist:
die Detektive, Rechtsanwälte, Richter, Schriftsteller,
Wissenschaftler, Philosophen, Geistlichen und viele andere.
Georges Simenon

Grundsätzliche Zustimmung ist die höflichste Form der Verneinung.
Robert Lembke, ›Grüße aus dem Fettnäpfchen‹, 1986

Wenn es um Wahrheitsuche geht, bin ich entschieden Fundamentalist.
Richard W. Eichler

Die heute Herrschenden preisen als höchste Tugend die Duldsamkeit und ertränken den Andersdenkenden in einer Flut von Haß.
Edgar Julius Jung, ›Die Herrschaft der Minderwertigen‹, 1930

Albrecht Dürer, ›Ritter, Tod und Teufel‹, 1513

Ovid

Nur eines läßt die Wahrheit erröten – wenn man sie versteckt.
Tertullian

Der Hochgemute ist freimütig;
weil er nichts für sich erstrebt, ist er wahrhaftig;
Er mag nicht anderen zu Gefallen leben.
Aristoteles

Nur die Liebe zur Wahrheit schafft Wunder.
Johannes Kepler an W. Janson am 7. Februar 1604

Wer schon der Wahrheit milde Herrschaft scheut,
wie trägt er die Notwendigkeit?
Friedrich von Schiller

Das sind die Weisen, / Die durch Irrtum zur Wahrheit reisen;
Die bei dem Irrtum verharren, / Das sind die Narren.
Friedrich Rückert

Eyns mans redde eine halbe redde.
Man sal sie billich verhören bede.
Im Römer zu Frankfurt am Main

Ich liebe das Volk so gewiß als einer, aber es ist nicht mein Götze.
Es ist mein König, aber ich will und soll ihm die Wahrheit sagen
unverhohlen, wenn es auch hart klingt.
Jeremias Gotthelf

Was fruchtbar ist, allein ist wahr;
Du prüfst das allgemeine Walten,
Es wird nach seiner Weise schalten.
Geselle dich zur kleinsten Schar.
Johann Wolfgang von Goethe

Lüge, wie sie schlau sich hüte, / Bricht am Ende stets das Bein;
Kannst du wahr nicht sein aus Güte, / Lern aus Klugheit wahr zu sein.
Emanuel Geibel

Das Leben ist kurz – und die Wahrheit
wirkt fern und wirkt lange – sagen wir die Wahrheit!
Arthur Schopenhauer

Wer davon lebt, einen Feind zu bekämpfen,
hat ein Interesse daran, daß er am Leben bleibt.
Friedrich Nietzsche

Dies über alles: sei dir selber treu!
Und darauf folgt so wie die Nacht dem Tage:
Du kannst nicht falsch sein gegen irgendwen.
William Shakespeare

Wenn Wankelmut beim Herzen wohnt, / Wie das mit Leid der Seele lohnt!
Denn scheckig nach der Elstern Art / Ist, wer die Treu mit Untreu paart,
Mit Schmach die Ehre, Fluch mit Heil: / An ihm hat Höll' und Himmel teil!
Wer ganz der Falschheit sich gesellt, / Ist schwarz wie Satans finst're Welt.
Doch ein getreuer, steter Sinn; / Der wandelt vom Licht zum Lichte hin.
Wolfram von Eschenbach

Der Bösewicht gelangt zu keiner Größe;
Der Neidische erbarmt sich nicht der Blöße;
Der Lügner hofft vergeblich Treu und Glauben
Das halte fest und niemand laßt dir's rauben.
Goethe, ›West-östlicher Divan, Fünf Dinge‹

Er ist das Muster eines Ritters,
tapfer und edel in der Freiheit,
und gelassen und treu im Unglück.
Goethe, ›Götz von Berlichingen‹

Das höchste Gut des Mannes ist sein Volk,
Das höchste Gut des Volkes ist sein Recht.
Des Volkes Seele lebt in seiner Sprache.
Dem Volk, dem Recht und seiner Sprache treu,
fand uns der Tag, wird jeder Tag uns finden.
Felix Dahn, Inschrift am Egerer Rathaus seit 1897

Du sehnst dich, weit hinaus zu wandern, / Bereitest dich zu raschem Flug:
Dir selbst sei treu und treu den andern, / Dann ist die Enge weit genug.
Goethe, ›Zahme Xenien‹

Was auch daraus werde – steh' zu deinem Volke!
Es ist dein angeborener Platz.
Friedrich von Schiller

Für uns Abendländer besteht alle Kultur darin,
daß wir zugleich an unserer Vollendung und an der der Welt arbeiten.
Albert Schweitzer

Auf Erden gibts nicht bessern Fund, / Als treues Herz und stillen Mund.
Sprichwörtlich

Paul von Hindenburgs Wahlspruch

Das ist Treulosigkeit,
wenn sich einer nach dem Wechsel des Glücks richtet
und seine Treue wandelbar macht;
mich hat die Gerechtigkeit meiner Sache getrieben,
auch gegen ein widriges Geschick anzukämpfen.

Ulrich von Hutten

Wehre dich! Sei tapfer dem Feind und wahr dem Freund,
und sei dir selber wahr, das ist das Höchste!

Felix Dühnen

Wenn alle untreu werden, / So bleib' ich dir doch treu;
Daß Dankbarkeit auf Erden / Nicht ausgestorben sei.

Novalis, ›Geistliche Lieder‹

Wenn alle untreu werden, so bleiben wir doch treu,
daß immer noch auf Erden für euch ein Fähnlein sei.
Gefährten unsrer Jugend, ihr Bilder bessrer Zeit,
die uns zu Männertugend und Liebestod geweiht.

Wollt nimmer von uns weichen, uns immer nahe sein,
treu wie die deutschen Eichen, wie Mond und Sonnenschein!
Einst wird es wieder helle in aller Brüder Sinn,
sie kehren zu der Quelle in Lieb und Treue hin.

Ihr Sterne seid uns Zeugen, die ruhig niederschau'n,
wenn alle Brüder schweigen und falschen Götzen trau'n.
Wir woll'n das Wort nicht brechen, nicht Buben werden gleich,
woll'n predigen und sprechen vom heil'gen deutschen Reich.

Max von Schenkendorf

Wir hatten uns ein Haus gewollt, / von Blute rein und rein von Gold.
Sie bauten uns aus Werg ein Dach / und ein Gemach aus Ungemach.
Der Satzung gaben sie Gewicht / im Namen Gottes. Dieser spricht:
Wer anders redet, handelt, denkt, / wird rasch bekehrt, wird rasch gehenkt.
Die Freiheit ist ein Gaunerkniff / und Volk ein strafbarer Begriff.
Ihr zahlt und blutet, dient und dort / im Namen Gottes. Dies ist mein Wort.

Josef Weinheber, 1945

›Vaterland!‹ – ›Vaterland?‹ / in Todesgefahren.
Wo sind die Söhne, die ›um Dich sich scharen‹?
Blieb auch der Letzte der Treuen auf blutigem Feld?
Hat die Norne dem ›Land der Getreuen‹ / das Ende gestellt?. . .

Erich Lipok, ›Cantus de reditu mortuorum‹

Ludwig Ch. H. Hölty, ›Der Landmann an seinen Sohn‹

Treu zu sein, ist Gottes Gesetz.
Zu versuchen, sich selbst treu zu sein, ist Menschengesetz.
Konfuzius

. . . es gibt nichts, woran man besser erkennen kann,
ob man ganze Liebe habe, als Vertrauen.
Meister Eckhart, ›Reden der Unterweisung‹

Vertrauen zu genießen ist Zeichen höherer Wertschätzung
als geliebt zu werden.
George MacDonald

Vertrauen ist für alle Unternehmungen das große Betriebskapital,
ohne welches kein nützliches Werk auskommen kann.
Albert Schweitzer, ›Das Problem des Friedens‹, Oslo 11. November 1854

Vertrauen soll von unten hinauf, Macht von oben hinuntersteigen.
Französisches Sprichwort

Vertrauen ist eine Tugend. Mißtrauen geht immer aus Schwäche hervor.
Mahatma Gandhi

Vertrauen stellt sich bei bedeutenden Fragen nur langsam ein.
Ovid

Dem traue nie, der einmal Treue brach!
William Shakespeare, ›König Heinrich VI.‹

Tugend ohne Wachsamkeit / Verliert sich bald in Sicherheit.
Christian Fürchtegott Gellert

Denn was auch immer auf Erden besteht, / besteht durch Liebe und Treue.
Wer heute die alte Pflicht verrät, / verrät auch morgen die neue.
Adalbert Stifter

Gefährten, seht die Gefahr! / Steht fest, wenn das Treibholz treibt:
Nicht klammern an das, was war. / Doch leben aus dem, was bleibt.
Gerhard Schumann

Gott hat die Gradheit selbst ans Herz genommen;
Auf gradem Weg ist keiner umgekommen.
Goethe, ›Xenien‹

Ein Meineid wird in manchen Kreisen eher verziehen als eine geflickte Hose.
Julius Langbehn

Vertrauen ist Mut, und Treue ist Kraft

Marie von Ebner-Eschenbach

So wahr der Herr lebt und so wahr mein König lebt,
an welchem Ort mein Herr und König sein wird, da werde
auch ich, dein Knecht, sein, sei es zum Tode oder zum Leben!
*Der Philister Itthai aus Gath, Hauptmann der Leibgarde Davids,
als der König vor seinem Sohn Absalom in die Wüste floh
und seinen Getreuen in die Heimat entlassen wollte*

Rebellentreue ist schwankend.
Schiller, ›Die Verschwörung des Fiesko‹

Wenn du nützlich und gelassen / So dem Staate treu geblieben,
Wisse! niemand wird dich hassen / Und dich werden viele lieben.
Goethe, ›West-östlicher Divan‹

Die höchste Ehre, die einem Menschen zuteil werden kann, ist die,
wegen der Liebe zu seinem Volke von dessen Feinden gehaßt zu werden.
Erich Limpach

Es ist nicht schwer, in guten Tagen
das Fahnentuch voranzutragen / der stolzen Reihe;
erst wenn im Sturm die Fetzen knattern,
der müde Haufe will zerflattern, / zeigt sich die Treue.
Joseph Hieß

Ein Wehe nur und eine Schande / Wird bleiben, wenn die Nacht verschwand,
Daß in dem eignen Heimatlande / Der Feind die Bundeshelfer fand.
Theodor Storm

Es ist von allen Verblendungen die unseligste, wenn ein Volk seine
Eigentümlichkeit verläßt, wenn es, mißkennnend seine innere Natur,
in fremde Kreise hinübertaumelt.
Joseph von Görres

Ein Volk, das sich einem fremden Geiste fügt,
verliert schließlich alle guten Eigenschaften und damit sich selbst.
Ernst Moritz Arndt

Die feige Unterwürfigkeit gegenüber fremden Besatzungsmächten ist nichts
anderes als die historische Verlängerung des Untertanengeistes.
Ernst Niekisch

Nimm vor jedem dich in acht, / der sein Volk verächtlich macht.
Erich Limpach

Einem anderen gehöre nicht, wer sein eigner Herr sein kann
Paracelsus , ›Wahlspruch‹

Der ursprünglichen Verfassung deutscher Völker
war der Despotismus eigentlich so ganz zuwider,
daß sich eher behaupten ließe, die Könige haben ihn
von den Bischöfen gelernt, wenn diese Seelenkrankheit
gelernt werden dürfte. Bischöfe nämlich brachten aus ihrer
mißbrauchten Schrift, aus Rom und ihrem eigenen Stande
morgenländische und klösterliche Begriffe von blinder
Unterwerfung unter den Willen der Oberherren.
Herder, ›Ideen zur Philosophie der Geschichte‹

›Die Germanen‹, sagte er (Guillaume Guizot, französischer
Historiker und Staatsmann), ›brachten uns die Idee
der persönlichen Freiheit, welche diesem Volke
vor allem eigen war.‹ Ist das nicht sehr artig,
und hat er nicht vollkommen recht, und ist nicht diese
Idee noch bis auf den heutigen Tag unter uns wirksam?
Goethe zu Eckermann am 6. April 1829

Freiheit sei uns Losung im Nord, / Freiheit für Loki und Thor auf Erden,
Freiheit jeglichem Wort. / Sich selbst erschaffen im Werden
Neu unter den Himmelsringen. / Freiheit, die aus dem Geiste stammt,
Durch nichts zu bezwingen; / Doch wehe, wenn sie in Ketten gebannt!
Nikolaj Frederik Severin Grundtvig

Gott möge dem Kaiser verzeihen,
daß er den Tributpflichtigen zum Herrn gemacht hat.
Thietmar von Merseburg

Wer, wer ist ein freier Mann? / Der, dem nur eigner Wille
und keines Zwingherrn Grille / Gesetze geben kann.
Gottlieb Konrad Pfeffel

Der Mensch ist mehr, als Sie von ihm gehalten.
Des langen Schlummers Bande wird er brechen
Und wiederfordern sein geheiligt Recht.
Schiller, ›Don Carlos‹

So! Meint ihr wohl, ich soll ihm
Ein schönes deutsches Land zum Raube geben,
Daß wir zuletzt auf eignem Grund und Boden
Selbst nicht mehr Herren sind? Sie müssen fort,
Fort, fort! Wir brauchen keine solchen Nachbarn.
Schiller, ›Wallenstein‹

Theodor Körner, ›Aufruf‹, 1813

So ist es gut, so ist es recht, / Niemandes Herr, niemandes Knecht.

Heinrich Hoffmann von Fallersleben

Keines Mannes Zwang will ich mich ergeben,
solang ich aufrecht stehen und Waffen führen kann.
Das Beste, wenn einer doch einst sterben soll:
zuvor eine Tat zu vollbringen, die lange nachlebt.

Der Islandbauer Kjartan in der Lachswassersaga

Freiheit, die ich meine, / Die mein Herz erfüllt,
Komm in deinem Scheine, / Süßes Engelsbild. . .

Max von Schenkendorf, ›Freiheit‹

Alles prüfe der Mensch, sagen die Himmlischen,
Daß er, kräftig genährt, danken für Alles lern,
Und verstehe die Freiheit, / Aufzubrechen, wohin er will.

Friedrich Hölderlin, ›Lebenslauf‹, 1800

Je schwerer sich ein Erdensohn befreit,
Je mächt'ger rührt er unsre Menschlichkeit.

Conrad Ferdinand Meyer, ›Huttens letzte Tage‹

Noch ist Deutschland nicht verloren, / ob auch Willkür drückt
und die Freiheit, kaum geboren, / man im Keim erstickt!

Rudolf Lohbauer

Festen Mut in schwerem Leiden, / Hilfe, wo die Unschuld weint,
Ewigkeit geschwornen Eiden, / Wahrheit gegen Freund und Feind,
Männerstolz vor Königsthronen, – / Brüder, gält' es Gut und Blut –
Dem Verdienste seine Kronen, / Untergang der Lügenbrut!

Schiller, ›An die Freude‹

Durch Schillers alle Werke geht die Idee von Freiheit,
und diese Idee nahm eine andere Gestalt an, sowie Schiller
in seiner Kultur weiterging und selber ein anderer wurde.

Goethe zu Eckermann am 18. Januar 1827

Wenn Schillers Freiheitssehnsucht mich umwehte
Und ward mein Herz an seinen Gluten heiß,
Geschah's oft, daß der Zweifel in mir bebte:
›Wenn heute der Freiheit großer Dichter lebte –
Bekäme Schiller wohl den Schillerpreis?‹

Oskar Blumenthal

Göttern kann man nichts vergelten,
schön ist's, ihnen gleich zu sein.

Freiheit der Vernunft erfechten,
heißt für alle Völker rechten,
gilt für alle ew'ge Zeit.

Immer strebe zum Ganzen,
und kannst du selber kein Ganzes werden,
als dienendes Glied schließ an
ein Ganzes dich an.

Der Brotgelehrte verzäunet sich gegen alle seine Nachbarn,
denen er neidisch Licht und Sonne mißgönnt,
und bewacht mit Sorge die baufällige Schranke,
die ihn nur schwach gegen die siegende Vernunft verteidigt.

Das gemeinschaftliche Ziel des Despotismus
und des Priestertums ist Einförmigkeit, und Einförmigkeit
ist ein notwendiges Hilfsmittel der menschlichen Armut
und Beschränkung.

Auch die Schönheit muß wie die Wahrheit und das Recht
auf ewigen Fundamenten ruhn,
und die ursprünglichen Gesetze der Vernunft
müssen auch die Gesetze des Geschmacks sein.

Der Geschmack befördert nicht nur unsere Glückseligkeit,
sondern zivilisiert und kultiviert uns auch

Der Geschmack allein bringt Harmonie in die Gesellschaft,
weil er Harmonie in dem Individuum stiftet.

Alle großen Versammlungen haben immer eine gewisse
Gesetzlosigkeit im Gefolge – alle kleineren
aber haben Mühe, sich von aristokratischem Despotismus
ganz rein zu halten. Zwischen beiden
eine glückliche Mitte zu treffen, ist das schwerste Problem,
das die kommenden Jahrhunderte erst lösen sollen.

Was den Vortrefflichen gefällt, ist gut;
was allen ohne Unterschied gefällt, ist es noch mehr.

So wie Anmut der Ausdruck einer schönen Seele ist,
so ist Würde der Ausdruck einer erhabenen Gesinnung.

Goethe, ›Faust II‹

Nur die Geschichte freier Völker ist der Beachtung wert;
die der geknechteten ist eine bloße Anekdotensammlung.
Nicolas de Chamfort

Der Gott der Eisen wachsen ließ, / Der wollte keine Knechte,
Drum gab er Säbel, Schwert und Spieß / Dem Mann in seine Rechte,
Drum gab er ihm den kühnen Mut, / Den Zorn der freien Rede,
Daß er bestände bis aufs Blut / Bis in den Tod die Fehde. . .
Ernst Moritz Arndt, ›Vaterlandslied‹

. . . Da reckt sich der Pidder, steht wie ein Baum:
›Hennig Pogwisch, halt deine Reden im Zaum!
Wir waren der Steuern von jeher frei, / und ob du sie wünscht,
ist uns einerlei, /Zieh ab mit deinen Hungergesellen,
hörst du meine Hunde bellen? Und das Wort bleibt stehn:
Lewwer Duad üs Slaav!‹. . .
Detlev von Liliencron, ›Pidder Lüng‹

Ist die Seele verwurzelt, keimt die Saat des Freisinns.
Margot Bickel

Die Knechtschaft erniedrigt den Menschen so weit, daß er sie liebgewinnt.
Luc de Clapiers de Vauvenargues

Mich reut mein allzuspät erkanntes Amt!
Mich reut, daß mir zu schwach das Herz entflammt!

Mich reut, daß ich in meine Fehden trat
Mit schärf'ren Streichen nicht und kühn'rer Tat!

Mich reut die Stunde, die nicht Harnisch trug!
Mich reut der Tag, der keine Wunde schlug!

Mich reut – ich streu' mir Aschen auf das Haupt –
Daß nicht ich fester noch an Sieg geglaubt!

Mich reut, daß ich nur einmal bin gebannt!
Mich reut, daß oft ich Menschenfurcht gekannt!

Mich reut – ich beicht' es mit zerknirschtem Sinn –
Daß nicht ich Hutten stets gewesen bin!
Conrad Ferdinand Meyer, ›Huttens letzte Tage‹

Wir alle sollen's lesen / Im schweigenden Gestein:
Ihr seid treu gewesen, / Mögen auch wir es sein.
Inschrift an einem deutschen Soldatenfriedhof in den Ardennen

Schiller, ›Don Carlos‹

Das Menschengeschlecht kann ohne Freiheit nicht glücklich sein,
diese politische Freiheit aber ist auf Freiheit des Urteils gegründet.
Dante Alighieri, ›Über die Monarchie‹

Es binden Sklavenfesseln nur die Hände,
Der Sinn, er macht den Freien und den Knecht!
Franz Grillparzer, ›Sappho‹

Die Gedanken sind frei – welch ein schäbiger Trost.
Richard W. Eichler

Hier ist nicht Moskau. Nicht Despotenfurcht
Schnürt hier die freie Seele zu. Hier darf
Die Wahrheit wandeln mit erhobnem Haupt.
Friedrich von Schiller, ›Demetrius‹

Herr Abbé, ich verabscheue, was Sie schreiben,
aber ich würde mein Leben dafür hingeben,
daß Sie weiter schreiben können.
Voltaire am 6. Februar 1770 an A. M. de Riche

Das schädlichste Vorurteil ist, daß irgend eine Art Naturuntersuchung
mit dem Bann belegt werden könnte.
Goethe, ›Maximen und Reflexionen‹

Wer leben muß in Sklaverei, / Dessen Urteil ist nicht frei.
Jüdisches Sprichwort

. . . Ihr segelt wohl in Ewigkeit / Langsam lavierend nach dem Wind?
Was scheret uns ein freies Land, / Wenn, die drinnen wohnen, Knechte sind?
Gottfried Keller

Es mögen Einzelmenschen über äußere Bedrückung erhaben sein;
aber Völker in Sklaverei verderben.
Ernst Moritz Arndt

Ach Freiheit, welche Verbrechen begeht man in deinem Namen!
Manon Roland 1793 auf dem Schafott beim Anblick einer Freiheitsstatue

Die auf die Weise des Vergessens erschlichene Freiheit ist leer.
Wjatscheslaw Iwanow

Das wäre die größte Tyrannei, wenn uns einer vorschreiben wollte,
was wir glauben sollen.
Die Stedinger verteidigen ihre Freiheit gegen den Erzbischof von Bremen

Georg Rollenhagen

Nicht das macht uns frei,
daß wir nichts über uns anerkennen wollen,
sondern eben, daß wir etwas verehren, das über uns ist.
Denn indem wir es verehren, heben wir uns zu ihm hinauf
und legen durch unsere Anerkennung an den Tag,
daß wir selber das Höhere in uns tragen
und wert sind, seinesgleichen zu sein.

Goethe zu Eckermann

Nur freie Menschen sind einander wahrhaft dankbar.

Baruch de Spinoza

Es stößt die Freiheit an der Freiheit sich, und was geschieht
trägt der Beschränkung und Gemeinschaft Zeichen.

Friedrich Schleiermacher

Ich haßte Schranzen und Fürstenschmeichler,
glaubte beinah an Held und Eichler,
Und Herwegh, Karl Beck und Dingelstedten
Erhob ich zu meinen Leibpoeten.
Freiheit freilich. Aber zum Schlimmen
Führt der Masse Sich-selbst-Bestimmen,
Und das Klügste, das Beste, Bequemste,
Das auch *freien* Seelen weitaus Genehmste
Heißt doch schließlich, ich hab's nicht Hehl:
Festes Gesetz und fester Befehl.

Theodor Fontane, ›Fester Befehl‹

Frei nennst du dich?
Deinen herrschenden Gedanken will ich hören und nicht,
daß du einem Joche entronnen bist.
Bist du ein solcher, der einem Joche entrinnen durfte?
Es gibt manchen, der seinen letzten Wert wegwarf,
als er seine Dienstbarkeit wegwarf.

Friedrich Nietzsche

Das ist der Weisheit letzter Schluß:
Nur der verdient sich Freiheit wie das Leben,
Der täglich sie erobern muß!

Goethe, ›Faust II‹

Freiheit ist wie Glück – dem schädlich – und jenem nützlich.

Novalis

AM FREIESTEN WIRD DER SEIN, DER AM WENIGSTEN BEDÜRFNISSE HAT

Ludwig Thoma

Freiheit und Schwarzbrot sind bessre Gaben,
als Knecht sein, aber Braten haben.
Herbert Böhme

Edler Freund! Wo öffnet sich dem Frieden,
Wo der Freiheit sich ein Zufluchtsort?
Das Jahrhundert ist im Sturm geschieden,
Und das neue öffnet sich mit Mord. . .

Zwo gewaltge Nationen ringen
Um der Welt alleinigen Besitz,
Aller Länder Freiheit zu verschlingen,
Schwingen sie den Dreizack und den Blitz. . .
Schiller, ›Der Antritt des neuen Jahrhunderts‹, 1800

Frei wären die Schweizer? Frei diese wohlhabenden Bürger
in den verschlossenen Städten? Frei diese armen Teufel
an ihren Klippen und Felsen?
Was man den Menschen nicht alles weismachen kann!
Goethe, ›Briefe aus der Schweiz‹

Was schmiedest du, Schmied? ›Wir schmieden Ketten, Ketten!‹
Ach, in die Ketten seid ihr selbst geschlagen.
Was pflügst du, Bau'r? ›Das Feld soll Früchte tragen!‹
Ja, für den Feind die Saat, für dich die Ketten.
Was zielst du, Schütze? ›Tod dem Hirsch, dem fetten.‹
Gleich Hirsch und Reh wird man euch selber jagen.
Was strickst du, Fischer? ›Netz dem Fisch, dem zagen.‹
Aus eurem Todesnetz, wer kann euch retten?
Was wiegest du, schlaflose Mutter? ›Knaben.‹
Ja, daß sie wachsen und dem Vaterlande,
Im Dienst des Feindes, Wunden schlagen sollen.
Was schreibest, Dichter, du? ›In Glutbuchstaben
Einschreib' ich mein und meines Volkes Schande,
Das seine Freiheit nicht darf denken wollen.‹
Friedrich Rückert

In Amerika gibt es wenigstens eine Freiheitsstatue.
Anderswo wurde die Freiheit begraben, ohne ihr ein Denkmal zu setzen.
Zarko Petan, ›Vor uns die Sintflut‹, 1983

Es sind nicht alle frei, die ihrer Fesseln spotten
Gotthold Ephraim Lessing

Ludwig XIV., von seiner Allmacht durchdrungen, soll vor
Hofleuten gesagt haben: ›Wenn ich einem von Ihnen ins
Wasser zu springen befehle, hat er ohne Zögern zu gehorchen.‹
Der Herzog von Guise erhob sich, um hinausgehen.
›Wohin?‹ rief der König. ›Schwimmen lernen, Sire.‹
Nach Hans Joachim Schoeps zum Thema Absolutismus

Der höchste denkbare Grad der Gleichheit,
der Kommunismus, ist, weil er die Unterdrückung
aller natürlichen Neigungen voraussetzt, der höchste
denkbare Grad der Knechtschaft.
Treitschke, ›Historische und politische Aufsätze‹, 1865–71

Während die Nichteuropäer über das Ende des
Kolonialismus jubeln, schreitet die Europäisierung
der Welt unaufhaltsam fort.
Sigismund von Radecki

Der Wärter ist auch eine Art Gefangener.
Ist er neidisch auf die Träume seines Gefangenen?
Gérard de Nerval

Wir Subalternen haben keinen Willen;
Der freie Man, der mächtige, allein
Gehorcht dem schönen menschlichen Gefühl.
Schiller, ›Wallenstein‹

In tausend Knechten stecken 999 Sklavenhalter.
Emil Gött

Sie streiten sich, so heißt's, um Freiheitsrechte;
Genau besehn, sind's Knechte gegen Knechte.
Goethe, ›Faust II‹

Am sorglosesten lebt sich's auf Befehl.
Thomas Niederreuther

Es kann der Frömmste nicht in Frieden bleiben,
Wenn es dem bösen Nachbar nicht gefällt.
Schiller, ›Wilhelm Tell‹

Wer sich nicht die Freiheit nimmt, hat sie nicht.
Heinz Müller-Dietz, ›Alles was Recht ist‹, 1983

Über absolute Freiheit und den Schrecken.
Kapitel aus Hegels ›Phänomenologie des Geistes‹

Die Freiheit ist nicht die Willkür, beliebig zu handeln,
sondern die Fähigkeit, vernünftig zu handeln.
Rudolf Virchow, ›Über die mechanische Auffassung des Lebens‹, 1858

Der Mensch ist frei geboren,
und dennoch liegt er überall in Ketten.
Rousseau, Einleitung zum ›Gesellschaftsvertrag‹

Das Gefängnis des abendländischen Menschen
ist eines der furchterregendsten, weil es zu denen gehört,
die keine Mauern haben. . .
Wir rufen deshalb nicht mehr ›Haltet ein‹ oder ›Kehrt um‹,
sondern vielmehr: Schneller, immer schneller,
immer weiter abwärts, reißt die Dämme ein.
Ketten, die euch halten, gibt es nicht. Sammelt den Ruhm
all eurer Eroberungen. Eilt mit immer schnelleren Flügeln,
voll Stolz, der durch eure Eroberungen und durch eure
Demokratien immer größer wird. Eure Gesellschaft
ist eine Theokratie der Rentabilität und des Geldes. . .
Die Grube muß gefüllt sein, und Dünger ist nötig für den
neuen Baum, der flammend eurem Ende entspringen wird!
Julius Evola

Man muß sich vor allem vor dem gewaltigen Irrtum hüten,
daß die Freiheit etwas Absolutes sei und nicht ein Mehr oder Weniger
darstelle. Man denke an Jupiters zwei Fässer und fülle sie,
statt mit Gutem und Bösem mit Freiheit und Ruhe.
Jupiter mißt jedem Volk sein Teil zu, dem einen mehr,
dem andern weniger; der Mensch vermag bei dieser Verteilung nichts.
Joseph de Maistre, ›Betrachtungen über Frankreich‹

Den Mißbrauch der Freiheit nennt man Liberalismus.
Zarko Petan, ›Viele Herren von heute waren gestern noch Genossen‹, 1990

Sieh her, mein Kind, und lerne diese Zweiheit:
Den Hang zur Güte und den Drang zur Freiheit.
Christian Morgenstern, ›Wer vom Ziel nichts weiß, kann den Weg nicht haben‹

Je freier man wird, desto mehr fügt man sich der Sitte.
Wilhelm Raabe

Goethe, ›Iphigenie‹

Gönnt nur der jungen Brust ihr Wogen
Von Leid in Lust, von Lust in Pein;
Tränen der Lieb und froher Hoffnung Schein,
Das gibt des Lebens schönsten Regenbogen.
Emanuel Geibel

Allem Lauen, allem Halben, / Aller Asche den Krieg!
Aller reinen Flamme, die durchbricht / Und Wege weist, / Den Sieg.
Georg Stammler

Es ist ein großer Irrtum, anzunehmen,
nur das jeweils Realisierte sei geschichtlich real.
Als Triebkräfte mächtiger Entwicklungen
sind auch Sehnsüchte und Zukunftsträume
höchst reale Faktoren der politischen Welt.
Iring Fetscher

Ohne Leidenschaft gibt es keine Genialität.
Theodor Mommsen, ›Römische Geschichte‹

Es gibt Fälle, in denen vernünftig sein feige sein heißt.
Marie von Ebner-Eschenbach

Herr, es ist eine gewaltige Sünde,
einen schönen Gedanken zu töten.
Henrik Ibsen, ›Die Kronprätendenten‹, 1863

Laßt andere klagen, daß unser Zeitalter böse sei;
ich klage, daß es armselig, da ohne Leidenschaft ist.
Der Menschen Gedanken sind zu armselig,
um sündig zu sein.
Søren Kierkegaard, ›Entweder / Oder‹

Die höchsten Werte liegen im Gemüte.
Wie herrlich des Denkens Stern erglühte –
Zur Weisheit formt Erkenntnis sich erst dann,
Wenn sie das Herz zum Bruder sich gewann.
Erich Limpach

Im Politischen, sagte Herr Necker, muß alle Freiheit herrschen,
welche mit der Ordnung verträglich ist.
Anne Germaine de Staël, ›Über Deutschland‹

Nach Leistungen, die dem Gemeinsamen dienen, sucht mein Sinn.
Pindar

Christian Morgenstern, ›Stufen‹

Wer je die flamme umschritt,
Bleibe der flamme trabant!
Wie er auch wandert und kreist:
Wo noch ihr schein ihn erreicht,
Irrt er zu weit nie vom ziel;
Nur wenn sein blick sie verlor,
Eigener schimmer ihn trügt:
Fehlt ihm der mitte gesetz,
Treibt er zerstiebend ins all.
Stefan George

Ein volles Herz kann die Worte nicht wägen.
Lessing, ›Minna von Barnhelm‹

Wo ist des Sängers Vaterland?
Wo edler Geister Funken sprühten,
Wo Kränze für das Schöne blühten,
Wo starke Herzen freudig glühten,
Für alles Heilige entbrannt:
Da war mein Vaterland!
Theodor Körner, ›Mein Vaterland‹

Es siegt immer notwendig die Begeisterung über den,
der nicht begeistert ist. Nicht die Gewalt der Arme
noch die Tüchtigkeit der Waffen, sondern
die Kraft des Gemütes ist es, welche den Sieg erkämpft.
Johann Gottlieb Fichte

Wie wird verlorene Freiheit wiedergewonnen? Durch einen
aus der Tiefe des Volkes kommenden Stoß und Sturm
der sittlichen Kräfte.
Conrad Ferdinand Meyer, ›Die Versuchung des Pescara‹

Nichts Großes ist je ohne Begeisterung geschaffen worden.
Ralph Waldo Emerson

Der Mäßige wird öfters kalt genannt
Von Menschen, die sich warm vor andern glauben,
Weil sie die Hitze fliegend überfällt.
Goethe, ›Torquato Tasso‹

. . . man sieht nur mit dem Herzen gut.
Das Wesentliche ist für die Augen unsichtbar.
Antoine de Saint-Exupéry, ›Der kleine Prinz‹

Alles Denken ist wesentlich optimistisch.
Der vollendete Pessimist würde verstummen – und sterben.

Glaube mir, es gibt nichts Großes ohne Einfalt.
Der Mensch, das Individuum ist Gottes Einfalt,
ist ein-fältig gewordene Gottheit.
In der Beschränkung zeigt sich erst der Meister.

Gott wäre etwas Erbärmliches, wenn er sich
in einem Menschenkopfe begreifen könnte.

Was ist ›persönlicher Gott‹ anderes als der Riesenschatten,
den wir selber auf den Vorhang ewiger Mysterien werfen.

Mußte der wahrhaft innerliche Mensch früher mit der Kirche
ringen, so muß er es heute mit der Wissenschaft.

Der sich selbst schauende Gott ist immer nur als – Ketzer möglich.
Ich will den Menschen nicht schiffbrüchig sehen,
aber er sollte dessen bewußt sein, daß er auf einem Meer fährt.

Man weiß, wie wichtig es ist, Schwangeren harmonische
Verhältnisse zu schaffen. Sollte es anders sein
mit der Menschheit, die sich fortwährend im Zustande
der Mutterschaft befindet?

Höher als die Vielwisserei stelle ich stete Selbstkontrolle,
die absolute Skepsis gegen sich selbst.

Eine Wahrheit kann erst wirken, wenn der Empfänger
für sie reif ist. Nicht an der Wahrheit liegt es daher,
wenn die Menschen noch so voller Unweisheit sind.

Das ist meine schlimmste Erfahrung. Der Schmerz
macht die meisten Menschen nicht groß, sondern klein.

Es gibt für Unzählige nur ein Heilmittel – die Katastrophe.

Ich definiere den Humor als die Betrachtung des Endlichen
vom Standpunkt des Unendlichen aus.

Ihr anderen werdet sicherer immerdar.
Ich werde fragender von Jahr zu Jahr.

Jeder von uns hat etwas Unbehauenes, Unerlöstes an sich, daran
unaufhörlich zu arbeiten seine heimlichste Lebensaufgabe bleibt.

Das Absolute steht noch über dem Vernünftigen
Goethe zu Friedrich von Müller am 20. Juni 1827

Ideale sind wie Sterne; ihr könnt sie mit Händen
nicht berühren. Aber wie Seefahrer in den Wasserwüsten
wählt ihr sie als eure Führer.
Carl Schurz, Rede in Boston 1859

Wer nach den Sternen reisen will,
der sehe sich nicht nach Gesellschaft um.
Friedrich Hebbel

Wenn dem Menschen nicht immer etwas teurer ist
als das Leben, so ist das Leben nicht viel wert.
Johann Gottfried Seume

Ein Individuum wie auch ein Volk wird durch seine Ideale
treffender charakterisiert als durch seine Realitäten.
José Ortega y Gasset, ›Triumph des Augenblicks‹

Metaphysik ist das Hinausfragen über das Seiende,
um es als solches und im Ganzen
für das Begreifen zurückzuerhalten.
Marin Heidegger, ›Was ist Metaphysik‹

Gebt mir eine große Idee, daß ich an ihr gesunde!
Johann Gottfried Herder auf dem Totenbett am 18. Dezember 1803

Am letzten Ende pflegen die Idealisten doch recht
zu behalten, wenn auch mitunter vielleicht hundert Jahre,
nachdem sie begraben sind.
Theodor Storm an den Vater am 15. Mai 1862

Nur indem man das Unerreichbare anstrebt,
gelingt das Erreichbare.
Miguel de Unamuno

Es gibt in Wahrheit kein letztes Verständnis ohne Liebe.
Christian Morgenstern

Es ist unglaublich, wie viel Kraft die Seele
dem Körper zu verleihen vermag.
Wilhelm von Humboldt

Die Seele ist jene Welt, die wir uns selber erschaffen.
Hans Lohberger

Nicht vom Brot allein, es lebt vom Traum der Mensch. Es ist
Traum das Unsre und stärker als die Tat, die ihm willig nachfolgt.

Unter Völkern gewohnt zu kämpfen, tapferes Volk, bewahr
immer einer den Traum, und einer halte die Flamme lebendig.

Josef Weinheber

Wir denken königlich
Und achten einen freien, mut'gen Tod
Anständiger als ein entehrtes Leben.

Friedrich von Schiller

Die man für Schwärmer hielt,
haben dem menschlichen Geschlecht
die nützlichsten Dienste geleistet.
Trotz allen Spotts, trotz jeder Verfolgung
und Verachtung drangen sie durch,
und wenn sie nicht zum Ziele kamen,
kamen sie doch weiter und brachten weiter.

Johann Gottfried Herder

Wenn ein Mann nicht bereit ist,
für seine Überzeugung Gefahr auf sich zu nehmen,
dann taugt entweder die Überzeugung nichts,
oder der Mann taugt nichts.

Ezra Pound

Jede große Zeit erfaßt den ganzen Menschen.

Theodor Mommsen, ›Römische Geschichte‹

Mit andern kann man sich belehren,
begeistert wird man nur allein.

Goethe, ›Chinesisch-deutsche Jahres- und Tageszeiten‹

Wo ein Begeisterter steht, ist der Gipfel der Welt.

Eichendorff, ›Ahnung und Gegenwart‹

Schön ist, Mutter Natur, deiner Erfindung Pracht
Auf die Fluren verstreut, schöner ein froh Gesicht,
Das den großen Gedanken / Deiner Schöpfung, noch einmal denkt.

Friedrich Gottlieb Klopstock

Die Vernunft hat geleistet, was sie leisten kann,
wenn sie das Gesetz findet und aufstellt;
vollstrecken muß es der mutige Wille und das lebendige Gefühl.

Friedrich Schiller, ›Ästhetische Briefe‹

Johann Heinrich Jung-Stilling

Vollkommenheit ist die Norm des Himmels,
Vollkommenes wollen die Norm des Menschen.
Goethe, ›Maximen und Reflexionen‹

Was vom Geist geschaffen ist, ist lebendiger als die Materie.
Charles Baudelaire

In einem Augenblick gewährt die Liebe,
Was Mühe kaum in langer Zeit erreicht.
Goethe, ›Torquato Tasso‹

Nie verbinde dich einem, der das als Mittel behandelt,
Was dir Zweck ist, du selbst bist nur ein Mittel für ihn!
Friedrich Hebbel

Ich hasse Leute, die nichts bewundern, denn ich habe
mein Leben damit hingebracht, alles zu bewundern.
Goethe an Frédéric Jean Soret am 8. Mai 1831

Der Verantwortungsmensch, der für das Ganze denkt und handelt,
der allein wird die Zukunft gestalten.
Ernst Jünger

Ohne Begeisterung kann man sich niemals
zu großen Wahrheiten aufschwingen.
Luc de Clapiers de Vauvenargues

Nur Begeisterung hilft über die Klippen hinweg,
die alle Weisheit der Erde nicht zu umschiffen vermag.
Karl Ferdinand Gutzkow, ›Denksprüche‹

Begeisterung ist keine Heringsware,
Die man einpökelt auf einige Jahre.
Goethe, ›Frisches Ei, gutes Ei‹

Wenn einer nur das Schöne, der andere nur das Nützliche
befördert, so machen beide zusammen
erst einen Menschen aus.
Goethe, ›LehrJahre‹

Wir glauben an die neue Zeit,
die Zeit der Menschenwürdigkeit.
O selig, wer sie schauen mag:
Brich an, brich an du neuer Tag!
Hermann Claudius

SIEGER SEIN HEISST WENIG, GROSS GESINNT SEIN ALLES
Victor Hugo

Wenn Athen euch groß dünkt, bedenkt, daß sein Ruhm
durch tapfere Männer erkauft wurde, und solchen,
die ihre Pflicht kannten.
Thukydides am Grabe des Perikles

Reizvoll klingt des Ruhmes lockender Silberton
In das schlagende Herz, und die Unsterblichkeit
Ist ein großer Gedanke,
Ist des Schweißes der Edlen wert!
Friedrich Gottlieb Klopstock, ›Der Zürcher See‹, 1750

Wirf den Helden in deiner Seele nicht weg!
Halte heilig deine höchste Hoffnung!
Friedrich Nietzsche

Nicht von umsichtigen Erwägungen werden die Völker
geleitet. Sie werden von großen Gefühlen bestimmt.
Leopold von Ranke, ›Englische Geschichte‹

Ohne Begeisterung schlafen die besten Kräfte
unseres Gemütes. Es ist ein Zunder in uns,
der Funken will.
Ohne Begeisterung geschah nichts Großes und Gutes
auf der Erde.
Johann Gottfried Herder

Das Beste, was wir von der Geschichte haben,
ist der Enthusiasmus, den sie erregt.
Goethe, ›Maximen und Reflexionen‹

Man kämpft nicht nur mit dem Schwert,
sondern auch mit dem Herzen. Ist erst die
Widerstandskraft des Herzens gebrochen,
dann wird das Schwert stumpf.
Gustav Stresemann, ›Reden und Schriften I‹

Wird die Begeisterung erst einmal lächerlich gemacht,
so wird alles zunichte gemacht, außer dem Geld
und der Macht.
Germaine de Staël, ›Corinna‹

Entgöttlichung heißt Entpersönlichung, also Weltvergewöhnlichung.
Christian Morgenstern, ›Aphorismen und Sprüche‹

Karl Jaspers

In der letzten Tiefe des Abgrunds liegt ein Schatz begraben;
das Geschlecht, dem es bestimmt sein wird, ihn zu heben
in der Stunde der Not, wird finden, daß die alten Gefäße
das kostbarste Gut der Menschheit noch unversehrt
bewahren: das Uralt-Heilige, unter dessen Berührung
sich die Völker verjüngen.

Reinhold Schneider, ›Macht und Gnade‹

Die Begeisterung – ich wiederhole es – hat mit dem
Fanatismus nichts gemein und kann nicht, wie dieser, in die Irre
führen. Die Begeisterung ist duldsam, nicht aus Gleichgültigkeit,
sondern weil sie macht, daß wir das Anziehende
und Schöne in allen Dingen fühlen.

Anne Germaine de Staël, ›Über Deutschland‹

Nur wenn du immerdar gebierst / des Helden welterlösend Herz,
erhöhst du deine Art und wirst / besiegen deiner Armut Schmerz.

Christian Morgenstern, ›Wer vom Ziel nichts weiß, kann den Weg nicht haben‹

Aber der Wunsch wuchs in mir.
Er wuchs mit jedem Vogel, den ich fliegen sah, mit jeder sommerlichen
Himmelsbläue und der segelnden Wolke darin.
Er wurde ein Verlangen, eine Sehnsucht und schließlich ein
tiefes Heimweh, das in mir saß und mich nicht mehr losließ.

Hanna Reitsch

Nichts sieht hinterher so einfach aus wie eine verwirklichte Utopie.

Wernher von Braun

Keine Macht kann uns den Glauben aus dem Herzen reißen, mit dem die
besten unseres Volkes fielen, den Glauben an ein freies deutsches Vaterland.

Werner von Blomberg

Im Krieg wußten wir, warum wir sterben.
Heute wissen wir nicht, warum wir leben.

Zarko Petan, ›Viele Herren von heute waren gestern noch Genossen‹, 1990

Irgendwann wird es zu einem gewaltigen Ausbruch
gegen den Sinnbetrug kommen.

Botho Strauß, ›Anschwellender Bocksgesang‹, 1993

Keinen andern Lohn / Strebt von den Unseren an,
Wer als getreuer Sohn / Immer nur dienen kann, / Deutschland!

Fritz Stüber

Titel eines Buches von Norman Vincent Peale

Und damit es dir nicht begegne, von der Wirklichkeit
das Muster zu empfangen, das du ihr geben sollst,
so wage dich nicht eher in ihre bedenkliche Gesellschaft, bis du eines
idealischen Gefolges in deinem Herzen versichert bist.
Lebe mit deinem Jahrhundert, aber sei nicht sein Geschöpf;
leiste deinen Zeitgenossen, aber, was sie bedürfen, nicht, was sie loben.
Friedrich von Schiller

Es muß ein Menschenherz wohl etwas Großes sein:
Gott, Teufel, Welt und Fleisch und alles will hinein.
Erwähle, weil du kannst, dir doch den besten Gast,
hast du was Guts gewählt, so halte, was du hast.
Gerhard Tersteegen

Die Grundlage unserer Kultur ist die Bewunderungsfähigkeit.
Peter Horton, ›Die andere Saite‹, 1978

Die Lebenskunst des Idealisten besteht darin,
soviel Abstand zu halten, daß er nicht isoliert wird.
Martin Held

Das Alter mag sich den Umständen unterwerfen;
aber beim Eintritt in das Leben soll der Jüngling
seine Ideen aus einer ungetrübten Quelle schöpfen.
Anne Germaine de Staël, ›Über Deutschland‹

Wer die Leidenschaft als Jugendsünde abtut,
degradiert die Vernunft zur Alterserscheinung.
Hans Kasper

Die Träume von heute sind die Realitäten von morgen.
Han Suyin

Unsere Gedanken – ein Spiel göttlicher Winde,
unsere Erkenntnisse – goldgeränderte Wolken,
unser Gefühl – ein allumfassender Himmel.
Karl Günther Stempel

Eine stolz getragene Niederlage ist auch ein Sieg.
Marie von Ebner-Eschenbach

Was hindert uns eigentlich daran, das zu tun,
was wir von anderen erwarten?
Kurt Martin Magiera

Gedenke jeder, was er für die Ehre des deutschen Namens zu tun habe,
um sich gegen sein eigenes Blut und sein Vaterland nicht zu versündigen.

Friedrich Wilhelm, der Große Kurfürst

Wirken für die Gemeinschaft

Volk, Staat und Politik
Persönlichkeit und Mehrheit
Pflicht, Dienst und Eigennutz
Gesinnung, Recht, Meinungsbildung

*Das Eiserne Kreuz vom 13. März 1813
gestiftet von König Wilhelm III. von Preußen
zu Breslau im Befreiungskrieg*

Georg Wilhelm Friedrich Hegel

Wenig für sich verbrauchen, im rechten Augenblick
hinlänglich geben, beizeiten Erleichterung schaffen,
den Hilfsbedürftigen zuvorkommen, mit Staatsgeldern
haushälterisch umgehen, sie ordentlich und sparsam
verwalten: Das sind königliche Eigenschaften,
die dem Geiz wie der Verschwendung
im gleichen Maße fernbleiben.
Aus Friedrich des Großen politischem Testament von 1752

Deutschland ist mir das Heiligste, das ich kenne!
Deutschland ist meine Seele! mein Halt!
Mein Alles ist Deutschland!
Es ist, was ich bin und haben muß, um glücklich zu sein!
Das Schöne in den Augen der Kinder ist doch Deutschland,
es ist die Treue, die Ehrlichkeit, der Fleiß der stillen Tat.
Die Anständigkeit, der Ruhepunkt im ziellosen Herumsuchen.
Deutschland ist das, was mich gut macht!
Unsere Liebe ist deutsch, unser Zusammenhaltenmüssen, unser
Aneinandergebundensein. Wenn Deutschland stirbt, sterbe auch ich.
Königin Luise von Preußen

Die wahre Tapferkeit gebildeter Völker
ist das Bereitsein zur Aufopferung im Dienste des Staates.
Hegel, ›Grundlinien zur Philosophie des Rechts‹

So spricht die edle Rasse: Ich tue dies und das,
weil ich es *mir* schuldig bin.
*Christian Morgenstern, ›Wer vom Ziel nichts weiß,
kann den Weg nicht haben‹, 1964*

Jeder vornehme Mensch ehrt in sich den Mächtigen, auch den,
welcher Macht über sich selbst hat, der zu reden und
zu schweigen versteht.
Friedrich Nietzsche, ›Jenseits von Gut und Böse‹

Ein Mensch ohne höhere Gesinnung kann keine wahre Güte
besitzen, er ist bloß gutartig.
Nicolas de Chamfort

Ich bin ein Mann, der an Autoritäten glaubt und sich ihnen da,
wo ich nicht notwendig auf mein eigenes Urteil verwiesen bin,
gern unterordnet.
Otto von Bismarck

Vaterlandsliebe ist der lebhafte Sinn für Verantwortung
in der Gemeinschaft.
Richard Aldington

Hier ist mein Vaterland, hier ist der Kreis,
In dem meine Seele gern verweilt.
Hier horch ich auf, hier acht ich jeden Wink,
Hier spricht Erfahrung, Wissenschaft, Geschmack.
Goethe, ›Torquato Tasso‹

Ja, mir hat es der Geist gesagt, und im innersten Busen
Regt sich Mut und Begier, dem Vaterlande zu leben und zu sterben. . .
Goethe, ›Hermann und Dorothea‹

Wo mir's wohlgeht, ist mein Vaterland! Doch wäre dieser
tröstliche Spruch noch besser ausgedrückt, wenn es hieße:
Wo ich nütze, ist mein Vaterland.
Goethe, ›Wanderjahre‹

Unbegrenzt sind die edlen Bestrebungen,
welche die Worte ›meine Heimat‹ hervorrufen können.
Dean William Ralph Inge

Keine Nation ist fähig, über eine andere Nation zu urteilen.
Thomas Woodrow Wilson

Für jeden Menschen und jede Nation kommt der Augenblick, sich zwischen
Wahrheit und Lüge, dem Guten oder dem Bösen entscheiden zu müssen.
James Russel Lowell

Eine Nation, die allen gefallen will,
verdient, von allen verachtet zu werden.
Georg Christoph Lichtenberg

Du deutsches Volk, schon alt genug,
So sag' mir doch, wann wirst du klug?
Julius Langbehn

Vergeß ich dein, Deutschland, großes Vaterland:
so werde meiner Rechten vergessen.
Wilhelm Raabe, ›Chronik der Sperlingsgasse‹

Wenn das Vaterland auf dem Spiele steht,
Gibt es für niemanden Rechte, Dann hat ein jeder nur Pflichten.
Ernst von Wildenbruch

Ich hab's euch gesagt, ihr habt's gehört:
Wir sind gewesen lang betört,
Bis daß uns doch hat Gott bedacht
Und wiederum zu Sinnen bracht.

Ich hab es alles nur getan
Dem Vaterland zu Nutz und Gut.
Die Wahrheit mich bewegen tut.
Da kann ich nimmer lassen von,
Hab des auch nie empfangen Lohn,
Ja mehr zu Schaden kommen bin.
Gefahr und Not ist mein Gewinn. . .
Ulrich von Hutten

Ich kann es nicht lassen, ich muß mich sorgen
um das arme, verlassene, verachtete, verratene
und verkaufte Deutschland, dem ich ja kein Arges,
sondern alles Gute gönne,
als ich schuldig bin meinem lieben Vaterland.
Luther im Brief an den Mainzer Erzbischof

Geduld! Ich kenne meines Volkes Mark!
Was langsam wächst, das wird gedoppelt stark.
Geduld! Was langsam reift, das altert spat!
Wenn andre welken, werden wir ein Staat.
Conrad Ferdinand Meyer

Ein glückliches, mächtiges Vaterland zu lieben,
ist keine große Sache. Wir müssen es gerade dann lieben,
wenn es schwach, klein und erniedrigt ist,
vielleicht sogar wenn es dumm, wenn es verderbt ist.
Wassilij Wassiljewitsch Rosanow

Wenn es heute um die Frage gehen würde,
die Nation oder die Verfassung,
so würden wir Sozialdemokraten keine Minute zögern,
die Nation der Verfassung vorzuziehen.
Friedrich Ebert 1922

Aber die Geschichte wird schon zu ihrer Zeit aufstehen
und reden. Und wenn sie geredet hat,
so kommt das vorangegangene Geschwätz nicht mehr in Betracht.
Friedrich Gottlieb Klopstock

Goethe zu Friedrich Wilhelm Riemer am 20. Februar 1828

Im verdorbensten Staat gibt es die meisten Gesetze.
Tacitus, ›Annalen‹

Weißt du nicht, mein Sohn, mit welch geringem Verstand
die Welt regiert wird?
Zugeschrieben Papst Julius III. und Axel Oxenstjerna

Der Staat stützt sich auf Adel und Kirche,
Die beide sich wieder stützen auf ihn.
Das gleicht dem Versuch des Barons Münchhausen,
Sich am eignen Zopf aus dem Sumpfe zu ziehn.
Franz Grillparzer

Die wichtigste Obsorg eines Regenten ist die Auswahl seiner Ratgeber.
Kaiserin Maria Theresia

Das große Welttheater spielt mit beschränktem Personal.
Ernst Jünger, Vorwort zu Hans Speidel, ›Invasion 1944,‹ 1949

Wer sich mit der Administration abgibt,
ohne regierender Herr zu sein, der muß entweder
ein Philister oder ein Schelm oder ein Narr sein.
Goethe im Juli 1786 an Charlotte vom Stein

Es gibt zwei Arten, aus der Politik einen Beruf zu machen.
Entweder: man lebt ›für‹ die Politik –
oder aber: ›von‹ der Politik.
Max Weber, ›Politik als Beruf‹, 1918

Schüttle den Staat, wie du willst.
Nie wirst du etwas bedeuten.
Leicht auf der Fläche schwimmt immer und ewig der Kork.
Goethe, ›Xenien aus dem Nachlaß‹

»Woran erkenn' ich den besten Staat?« Woran du die beste
Frau kennst – daran mein Freund,
daß man von beiden nicht spricht.
Friedrich von Schiller

Herrschen ist Unsinn, aber Regieren ist Weisheit.
Man herrscht also, weil man nicht regieren kann.
Johann Gottfried Seume, ›Apogryphen‹

Goethe, ›Faust II‹

Kein Volk kann auf die Dauer unterjocht werden,
wenn es nicht irgendwann an seiner Unterjochung mitwirkt.
Mahatma Gandhi

Weil die Deutschen eine Scheu davor haben,
sich selbst zu regieren, versuchen sie,
ein europaweites System zu schaffen,
in dem sich keine Nation mehr selbst regiert.
Margaret Thatcher in ihren Erinnerungen

Ein guter Minister soll nicht auf das Stirnrunzeln
des Monarchen schauen, dem er dient, sondern er soll
ihm frei seine Meinung sagen.
Otto von Bismarck am 22. Juni 1890

Mit schlechten Gesetzen und guten Beamten läßt sich
immer noch regieren. Bei schlechten Beamten aber
helfen uns die besten Gesetze nichts.
Die Bürokratie aber ist krebsmäßig an Haupt und Gliedern,
nur ihr Magen ist gesund, und die Gesetzesexkremente,
die sie von sich gibt, sind der natürlichste Dreck von der Welt.
Bismarck in einem Brief von 1850

Man nehme einen Bürger, persönlich in noch so guten Umständen:
Geht sein Vaterland zugrunde, so ist er zugleich mit ihm verloren.
Perikles

Die Deutschen sind eine wohlorganisierte Nation. Sie haben die klügsten
Männer in der Wissenschaft und die einfältigsten in der Politik.
George Bernard Shaw

Der Minister des Äußern, kann sich nicht äußern;
Der Minister des Innern, kann sich nicht erinnern.
Der Minister des Krieges, ist nicht der des Sieges;
Nach dem Minister der Finanzen, muß alles tanzen!
Franz Grillparzer, ›Niederösterreichisch‹

Was man für ein Amt in der Welt bekleide,
man muß die Amtsmiene so gut studieren und ausüben
wie die Amtspflicht.
Ernst von Feuchtersleben

Wohlan, mein Freund, wie steht es mit der Diktatur?
Ist es nicht so, daß sich die Demokratie selber auflöst
durch eine gewisse Unersättlichkeit der Freiheit?
Wenn sich die Väter daran gewöhnen,
ihre Kinder einfach gewähren und laufen zu lassen,
wie sie wollen, und sich vor ihren erwachsenen Kindern
geradezu fürchten, ein Wort zu reden,
oder wenn die Söhne schon so sein wollen wie die Väter,
also ihre Eltern weder scheuen, noch sich um ihre
Würde kümmern, sich nichts mehr sagen lassen wollen,
um ja recht erwachsen und selbständig zu erscheinen.
Und auch die Lehrer
zittern bei solchen Verhältnissen vor ihren Schülern
und schmeicheln ihnen lieber, statt sie sicher und mit
starker Hand auf einen geraden Weg zu führen, so daß
die Schüler sich nichts mehr aus ihren Lehrern machen.
Überhaupt sind wir schon so weit,
daß sich die Jüngeren den Älteren gleichstellen,
ja gegen sie auftreten in Wort und Tat, die Alten aber
setzen sich unter die Jungen und suchen sich ihnen
gefällig zu machen, indem sie ihre Albernheiten und
Ungehörigkeiten übersehen oder gar daran teilnehmen,
damit sie nicht den Anschein erwecken, als
seien sie Spielverderber oder gar auf Autorität versessen.
Auf diese Weise werden die Seele
und die Widerstandskraft aller Jungen allmählich mürbe.
Sie werde aufsässig und können es schließlich nicht mehr
ertragen, wenn man nur ein klein wenig Unterordnung
von ihnen verlangt. Am Ende verachten sie dann auch
die Gesetze, weil sie niemand und nichts mehr
über sich anerkennen wollen,
und das ist der schöne, jugendfrohe Anfang der Tyrannei!

Die schlimmste Art der Ungerechtigkeit
ist vorgespielte Gerechtigkeit.

Es entstehen ja alle Kriege um des Geldes willen.

In einer Demokratie regieren die Drohnen praktisch den Staat.
Die gefährlichsten von ihnen sprechen und handeln
und dulden keine Opposition.

Um Gottes willen, werdet nachdenklich!
Richard W. Eichler

Die organisierten staatlichen, sozialen und religiösen
Gemeinschaften unserer Zeit sind darauf aus,
den einzelnen dahin zu bringen, daß er seine
Überzeugungen nicht aus eigenem Denken gewinnt,
sondern sich diejenigen zu eigen macht,
die sie für ihn bereithalten.
Wer eigenes Denken hat, ist ihnen unbequem und unheimlich
und bietet nicht die genügende Gewähr, daß er in der
Organisation in der gewünschten Weise aufgeht.
Sein ganzen Leben hindurch ist der heutige Mensch
der Einwirkung von Einflüssen ausgesetzt,
die ihm das Vertrauen in das eigene Denken nehmen sollen.
Albert Schweitzer, ›Aus meinem Leben und Denken‹, 1931

Die Intellektuellen sind nicht eine soziale Klasse in dem Sinne,
wie die Bauern oder Industriearbeiter soziale Klassen bilden;
sie kommen aus allen Ecken und Enden der sozialen Welt,
und ein großer Teil ihrer Tätigkeit besteht darin,
sich gegenseitig zu bekämpfen und Lanzen zu brechen
für Klasseninteressen, die nicht ihre eigenen sind. . .
Intellektuelle sind in der Tat Leute, die die Macht
des gesprochenen und geschriebenen Wortes handhaben,
und eine Eigentümlichkeit, die sie von anderen Leuten, die das
gleiche tun, unterscheidet, ist das Fehlen einer direkten
Verantwortung für praktische Dinge. Diese Eigentümlichkeit
erklärt im allgemeinen auch eine weitere – das Fehlen
jener Kenntnisse aus erster Hand, wie sie nur die tatsächliche
Erfahrung geben kann. . .
Andererseits kann die Gruppe der Intellektuellen
gar nicht anders als kritteln, da sie von der Kritik lebt
und ihre ganze Stellung von einer Kritik abhängt,
die schmerzend trifft; und eine Kritik an Personen und
laufenden Ereignissen wird in einer Situation, in der nichts
heilig ist, mit Notwendigkeit in eine Kritik
an Klassen und Institutionen einmünden. . .
Joseph A. Schumpeter, ›Kapitalismus, Sozialismus und Demokratie‹, 1942–1946

Die riesengroße Frage unserer Gegenwart ist also die: kann die deutsche
Seele aus der Verstrickung durch den leeren Verstand und durch toten Stoff
wieder aufbrechen zur Gestaltung eines Gebäudes, das die entstrebenden
Kräfte zu neuer lebendiger Spanung zusammenbindet?
Edgar Julius Jung ›Die Herrschaft der Minderwertigen‹, 1927

Adolf von Harnack 1910 vor der Universität Oslo

Nur eine tapfere Politik ist eine gute Politik. Wem es unbequem ist,
sein geschichtliches Recht zu verteidigen, wird es bald verlieren.
Otto von Bismarck

Freiheit. . . nichts als die Möglichkeit,
unter allen Bedingungen das Rechte zu tun.
Goethe zu Eckermann am 4. Januar 1824

Eine natürliche Disziplin eint das individuelle deutsche Wirken
dem des ganzen Landes und ordnet die Sonderinteressen
derart, daß sie sich zusammenfügen und gegenseitig stärken. . .
Wir kämpfen gegen diese Armee wie wilde Banden
gegen eine organisierte Truppe.
Paul Valéry, ›Eroberung einer Methode‹, 1896

Zwischen dem selbstschöpferischen, nur seinem Gesetz folgenden Geist
und den Mächten der Politik gibt es keine Versöhnung. Zeitlosigkeit
und Zeitverkettung sind zwei Kreise, die einander nicht berühren.
Frank Thiess, ›Hamsuns »Auf überwachsenen Pfaden«‹, 1965

Keine der für Leben und Zukunft der Nation wichtigen Entscheidungen
ist dem Volkssouverän zur Abstimmung vorgelegt worden.
Reinhard Uhle-Wettler, ›Deutsche Aussichten‹, 1995

Das Grundübel unserer Demokratie liegt darin, daß sie keine ist. Das Volk,
der nominelle Herr und Souverän, hat in Wirklichkeit nichts zu sagen.
Herbert von Arnim

Wer die Menschen beherrschen will, muß ihnen Glück –
wenigstens versprechen.
Emil Gött

Die Ideen der Linken bringen Revolutionen hervor;
die Revolutionen hinwiederum gebären die Ideen der Gegenwehr.
Nikolás Gómez Dávila

Revolutionen muß man auf den Tag datieren, an dem sie ausbrechen–
das ist die einzige exakte Zeit, die man ihnen zuweisen kann.
François Guizot, ›Vorlesungen 1820/21‹

Russel sah, daß Marxens System auf Fatalismus und Zukunftssehnsucht
gegründet war, den Stoff, aus dem Religionen gemacht sind.
Franziska Augstein zu Alan Ryan ›Bertrand Russel. A Political Life‹, 1988

Der Staat ist der mächtigste und umfaßt die glücklichsten Bürger,
wo in selbstloser Weise alle einzelnen und alle Parteien die ganze Kraft
einsetzen zum Wohle der Allgemeinheit.
Ferdinand Graf Zeppelin

Ich, der nie mit dem Schicksal hadert, kann dennoch
nicht umhin, mich oftmals höchlich zu bedauern,
daß ich mit meinem ruhigen, friedlichen Temperament
in eine so spektakelsüchtige Zeit fallen mußte,
in eine Zeit, in welcher mein Geist gerade dazu fähig
genug ist, das Wahre in der Sache zu sehen und zu bedauern,
ohne das Schlechte anders als
auf negativen Wegen bekämpfen zu können. . .
Man kann am Ende doch nur auf Menschen bauen,
welche eine moralische Garantie bieten.
Klemens Fürst von Metternich

Der Diplomat Graf von Ronsaglia hat behauptet,
der nüchterne Klemens Fürst von Metternich habe mehr
Geist besessen als Talleyrand, weil er ihn weniger zeigte.
Das sogenannte Metternichsche System war kein System,
sondern eine Weltordnung.
Revolutionen ruhen auf Systemen, ewige Gesetze stehen
außer und über dem, was mit Recht den Wert eines Systems hat.
Sein politischer Gegner, Karl Freiherr vom Stein,
war darin gleicher Meinung:
Der Granit des Charakters ist es, der entscheidet
in allen großen Momenten des männlichen Lebens,
in welchem es viel mehr darauf ankommt,
was einer ist, als was er weiß.
Georg Heinrich Pertz, ›Das Leben des Ministers Frhr. vom Stein‹

Ich habe eine Art Titularprofessur für fundamentale Wahrheiten inne.
Metternich nach seinem Sturz, im Januar 1851

›Erzbeschränkter Konservativer!‹
›Jawohl, mein Herr, die Schranken dienen als Geländer.‹
Gustave Flaubert, ›Wörterbuch der Gemeinplätze‹

Partei zu nehmen bringt kein Heil, / Vorliebe ist immer auch Vorurteil.
Eduard von Bauernfeld

DIE MENSCHEN WAREN ZUERST BRÜDER,
SPÄTER WURDEN SIE GLEICH
Brana Crncevic, ›Schreib wie du schweigst‹

Wer sonst nichts hat, ist in der Gefühlstendenz ein Mensch.
Schon diese Richtung der Menschenliebe
auf das Gattungsmäßige macht sie zugleich wesentlich
auf das Niedrige gerichtet, auf das, was ›verstanden‹ und
›entschuldigt‹ werden muß. Wer sähe aber darin nicht den
im geheimen glimmenden Haß gegen die positiven höheren
Werte, die eben wesenhaft nicht an das Gattungsmäßige
gebunden sind?
Max Scheler, ›Das Ressentiment‹

Kein Ausdruck ist wohl abgedroschener als das Wort ›Demokratie‹,
und die, die es am häufigsten im Munde führen, wollen,
meiner Erfahrung nach, in der Regel am wenigsten von
ihm wissen. Ich werde immer mißtrauisch, wenn ich
gar zu viel von Demokratie reden höre. Ich frage mich dann immer,
ob die Betreffenden eine Art von Despotismus begründen wollen
oder ob sie wünschen, daß andere für sie verrichten,
was sie von Rechts wegen selbst tun müßten.
Henry Ford, ›Mein Leben und Werk‹, 1923

Die meisten Tyrannen sind aus Demagogen hervorgegangen,
die durch Verleumden der Vornehmen
das Vertrauen des Volkes gewannen.
Aristoteles

Parteien mit starken Flügeln bekommen schwache Beine.
Gabriel Laub, ›Denken verdirbt den Charakter‹, 1984

Spargel und Menschen haben ein gemeinsames Schicksal:
Sobald einer den Kopf hochreckt, wird er abgestochen.
Eugen Gerstenmaier

Politiker haben von Beteuerung ihrer Demokratie
schon geschwollene Lippen.
Im gleichen Atemzug verbieten sie dem Volk,
ihre Lügen zu bezweifeln oder gar die Wahrheit auszusprechen.
Alexander Hoyer, ›Wo das Gute kräftig blüht. . .‹, 1991

Unser Volk ist etwas Heiliges. Wer es verrät, wer ihm nicht alles opfert,
ist kein aufrechter Mann.
Adalbert Stifter

NIMMER GEDEIH BRINGT VIELHERRSCHAFT, NUR EINER SEI HERRSCHER, EINER NUR FÜRST

Homer, ›Die Ilias‹

Das Weltregiment - über Nacht / Seine Formen hab ich durchgedacht:
Den hehren Despoten lieb ich im Krieg. / Verständigen Monarchen gleich
hinter dem Sieg; / Dann wünsch ich jedoch, daß alle die Trauten
Sich nicht gleich neben und mit ihm erbauten. / Und wie ich das hoffe, so
kommt mir die Menge, / Nimmt hüben und drüben mich derb ins Gedränge;
Von da verlier ich alle Spur – / Was will mir Gott für Lehre daraus gönnen?
Daß wir uns eben alle nur / Auf kurze Zeit regieren können.

Goethe, ›Zahme Xenien‹

Masse wird absolut. Vertreibt die Schwankenden.
Erdrückt die Widerstrebenden.
Erniedrigt das Hohe. Erhöhet das Niedrige. Um es wieder zu erniedrigen

Goethe, Schema zur Fortsetzung von ›Die natürliche Tochter‹

. . . Falte die Decke. / Lösche die Lampe:
Der Staat, das ist / Der steinerne Gast.
Er erscheint: allen Abwehrgesten / zum Trotz. . .

Karl Krolow, ›Politisch‹, 1954

Hier liegt eine der Schwächen der Demokratien. Ihr Ausleseprozeß
prämiert das größte Maul anstelle des größten Verstandes.

Karl Lubomirski, ›Macht und Ohnmacht des Geistes‹, 1994

Solange ein Volk Nation ist, das Schicksal einer Nation erfüllt,
gibt es in ihm eine Minderheit, die im Namen aller
seine Geschichte vertritt und vollzieht.

Oswald Spengler, ›Der Untergang des Abendlandes‹

. . . es gibt eine Tyrannei ganzer Massen,
die höchst gewaltsam und unwiderstehlich ist.

Goethe, ›Geschichte der Farbenlehre‹

Die Demokratie übertreibt sich selbst, wenn sie
in ihrer Furcht vor starken Männern
die Blässe zur politischen Tugend erhebt.

Hans Kasper, ›Expeditionen nach Innen‹, 1965

Es ist bekannt. . ., daß bei der Zerschlagung der
österreichisch-ungarischen Monarchie im Spätherbst 1918
nur geringes Verständnis für die tatsächliche Bevölkerungsstruktur
der Nachfolgestaaten Österreich-Ungarns bestanden hat.

Felix Ermacora, in ›Handbuch zur Deutschen Nation‹, Bd. 2

Goethe, ›Faust I, Auerbachs Keller‹

Grundsätze, Freund, Prinzipien, / Sind's, die den Staatsmann führen;
Sie geben Haltung, hält man sie, / Und lassen sich ignorieren.
Franz Grillparzer

Abkommen sind wie Rosen und junge Mädchen.
Sie halten, solange sie sich halten.
Charles de Gaulle zu Ludwig Erhard 1963

Die Politik ist keine Wissenschaft,
wie viele der Herren Professoren sich einbilden,
sondern eine Kunst.
Bismarck vor dem Reichstag am 15. März 1884

Nicht wer Staatstheorien doziert, ein Politiker ist nur,
Wer im gegebenen Fall richtig das Mögliche schafft.
Emanuel Geibel

In den meisten Fällen ist eine offene und ehrliche
Politik erfolgreicher als die Feinspinnerei. . .
Bismarck, ›Gedanken und Erinnerungen‹

Die Deutschen haben den Fehler, daß sie, was vor
ihren Füßen liegt, in den Wolken suchen;
bei gewissen Worten wie Freiheit, Idee, Sein
wird ihnen ganz schwindlig.
Arthur Schopenhauer, ›Parerga und Paralipomena‹

Herr! Setze dem Überfluß Grenzen
und laß die Grenzen überflüssig werden.
Gib den Regierungen ein besseres Deutsch
und den Deutschen bessere Regierungen.
Schenke unseren Freunden mehr Wahrheit
und der Wahrheit mehr Freunde.
Sorge dafür, daß wir in den Himmel kommen,
aber bitte noch nicht gleich.
Wünsche der ›Bergischen Volkszeitung‹ zum Jahr 1865

Leute in Dreizimmerwohnungen erhalten den Staat.
Die drunter und drüber nutzen ihn aus.
Gottfried Benn

Widerstand ist auch dann geboten, wenn es Angepaßten nicht paßt.
Jede Zeit hat ihre Übel , und der Erkennende ist in der Pflicht.
Richard W. Eichler

Bernhard Brigl, Prospekt zur Neugründung der ›Täglichen Rundschau‹ 1881

Nicht die Politik, das heißt nicht die Sorge um das
Gemeinwohl verdirbt den Charakter, sondern der verdorbene
Charakter verdirbt die Politik.
Julius Raab im Schulfunk am 10. September 1956

Für den wahren revolutionären Konservativen geht es um Treue,
nicht zu Formen oder Einrichtungen vergangener Zeiten,
sondern zu grundlegenden Prinzipien.
Julius Evola

›Preußen, – Preußen, meine Herren, das ist gefährlich.
Weil es Sinn stiftet,‹ Was? – Noch immer?
Wolf von Quitzow, ›Schalmeien und Rapiere‹, in ›Staatsbriefe‹ 9/1994

Politik bedeutet ein starkes langsames Bohren
von harten Brettern mit Leidenschaft und Augenmaß zugleich.
Max Weber, ›Politik als Beruf‹

Wo eine große Vielfalt vorhanden ist, besteht die größere
Wahrscheinlichkeit, daß Dinge, die zuvor nicht
zusammengehörten, verbunden werden können.
Das ist eine Begriffsbestimmung für Schöpferisches.
Albert Shapero, 1977

Daß jedcr Staatsbürger zu den Zwecken des Staates beitrage,
braucht nicht positiv gewiß zu sein;
allein der Staat kann keine Institute dulden,
welche das Gegenteil gewiß machen.
Johann Wilhelm Mejer, ›Aphorismen über Religion, Kirche und Staat‹, 1817

Nichts gereicht einem Staate mehr zum Schaden,
als daß die Schlauen für klug gelten.
Francis Bacon

Politik ohne Richtung und Ziel ist Opportunismus und Wurstelei;
sie beschränkt sich auf eine verlegene Abwehr
und unwilliges Aufarbeiten der Tagesschwierigkeit.
Walther Rathenau

Demokratie ist die Anteilnahme eines Volkes an seinem Schicksal.
Arthur Möller van den Bruck

Jedes Volk hat die Regierung, die es verdient.
Joseph Marie de Maistre

Karlheinz Deschner
›Nur Lebendiges schwimmt gegen den Strom‹, 1985

Wir leben in schlechten Zeiten:
Die Zwerge sind uns über den Kopf gewachsen.
Zarko Petan, ›Viele Herren von heute waren gestern noch Genossen‹, 1990

Das Zugpferd war politisch so gut geschult,
daß es sich für einen Kutscher hielt.
Gabriel Laub, ›Denken verdirbt den Charakter‹, 1984

Unsere Politiker: Amateure mit Profigehältern.
Zarko Petan, ›Vor uns die Sintflut‹, 1983

Ich kannte einen, der hatte seine subjektiven Fehler
erfolgreich in objektive Schwierigkeiten verwandelt.
Zarko Petan, ›Vor uns die Sintflut‹, 1983

In jedem fehlerhaften Menschen steckt ein fehlerloser Politiker.
Dragoslav Misic

Je weniger die Leute wissen, wie Würste und Gesetze
gemacht werden, desto besser schlafen sie nachts.
Otto von Bismarck

Die Politiker, die in der Opposition schneidige Düsenjäger waren,
werden an der Macht bedächtige Segelflieger.
Ignazio Silone

Beschlüsse reifen haufenweise, und dann werden sie faul.
Zarko Petan, ›Vor uns die Sintflut‹, 1983

Leider werden der Verwaltung mehr Eingaben als Eingebungen zuteil.
Heinz Müller-Dietz, ›Alles was Recht ist‹, 1983

Manche Politiker strahlen so in die Kamera,
daß man sie nur mit Filter aufnehmen kann.
Robert Lembke, ›Grüße aus dem Fettnäpfchen‹, 1986

Wer in der Politik seinen Charme einsetzt,
nimmt anderen die Möglichkeit, ihren Verstand zu gebrauchen.
Hermann Höcherl

Bei uns vermag keine noch so große Faulheit oder Dummheit
den Dank des Vaterlandes von einem Politiker abzuwenden.
Karl Steinbuch

bei dem die Völker matt gesetzt werden.
Karl Kraus

Mögen die Federn der Diplomaten nicht wieder verderben,
was das Volk mit großen Anstrengungen errungen.
Gebhard von Blücher, Trinkspruch nach Waterloo

Ein Diplomat ist heutzutage nichts als ein Oberkellner,
der sich ab und zu setzen darf.
Peter Ustinov

Die Erfahrung im auswärtigen Dienst hat mich gelehrt,
daß der Glanz des diplomatischen Parketts
hauptsächlich aus Bohnerwachs besteht.
Karl Günther von Hase

Das Dementi ist nach den Spielregeln der Politik
das halbe Eingeständnis einer ganzen Dummheit.
Saint-John Perse

Seine Darstellung war so blendend, daß seine Einstellung
ruhig im Dunkel bleiben konnte.
Rudolf Mayer Freiwaldau, ›Wendezeiten‹, 1991

Die deutschen Minister sind kreuzbrave Leut,
Nur muß man nit verlangen, daß die auch sein g'scheut.
Hoffmann von Fallersleben, ›Ein ministerielles Lied‹

Die ersten Minister waren die Heiligen Drei Könige: Sie sahen ihren Stern
aufgehen, luden den Kamelen die Lasten auf,
hüllten sich in seidene Kleider und eilten zur Krippe.
Heinz Resch

Nur das Staatstheater kann es sich leisten,
untauglichen Leuten Hauptrollen zu geben.
Karlheinz Deschner, ›Nur Lebendiges schwimmt gegen den Strom‹, 1985

In der Politik hängen die Marionetten
oft an noch kürzeren Fäden als im Theater.
Germund Fitzthum, ›Salonblüten‹, 1983

Rücktritt: Wenn ich schon muß, dann werde ich freiwillig zurücktreten.
Dusko M. Petrovic

Vielfalt bedeutet bessere Voraussetzung für die Zukunft.
Albert Shapero, 1977

SCHAFFT EINEN STAAT,
MIT DEM MAN STAAT MACHEN KANN
Richard W. Eichler

Keiner sage, es gäbe nichts Neues unter der Sonne –
Deutschland ist Verbündeter, Freund gar und Feindstaat zugleich.

Nachkriegsdeutschland ist kein Staat – nur ein Ressort:
Wirtschaft und Soziales.

Seit ein Bankmensch Mark-Millionen mit Erdnüssen gleichsetzt,
warten Tausende unverschuldet Arbeitslose auf Vogelfutter.

Unsere Außenpolitiker sind überbezahlt.
Schließlich lassen sie fast alles im billigen Ausland herstellen.

Zweitausend Politiker können einen Staatsmann nicht ersetzen.

Ein Bundespräsident braucht nicht spülmaschinenfest,
muß aber kompatibel sein.

Den Pawlowschen Hund macht die Glocke nicht so erregt,
wie deutsche Politiker das Signal der Journaille.

Wir werden Verständnis für Wendeopfer aufbringen müssen:
In Mitteldeutschland für die Träger muffiger Socken,
im Westen für enttäuschte Spalter in Parteien und Medien.
In Wut verbunden werden sie uns noch zu schaffen machen.

Die deutsche Forschung vor 1945 war bedeutungslos.
Erst als Siegerbeute bekam sie Gewicht.

Geschichtsforschung in Deutschland.
Das Mittelalter eingeschlossen, darf sie noch Rankes
Redlichkeits-Grundsatz folgen.
Neuhistoriker haben der Maxime des lächerlichen Lyssenko
zu gehorchen: Nichts gilt, was nicht sein darf.

Kolonialherren predigten Christus und meinten Kattun.
Umerzieher gebärden sich liberal und fordern das Kuschen.

Was uns gemeinsam ist – Kultur und Erziehung –,
wird zum föderalistischen Experimentierfeld deutscher Länder.

Einigungsprinzip der Eurokraten:
Verwandtes muß getrennt bleiben,
Fremdartiges wird zusammengezwungen.

Europäische Bewegung: Venedig versinkt, Mafia steigt auf.

So muß sich das verfallende Rom gefühlt haben:
alles habend, ziellos schaffend, die Barbaren beneidend.

In der Politik darf man keine Vorliebe für ein Volk
und keine Abneigung gegen ein anderes haben.
Wer heute unser Freund ist, kann morgen ein Feind sein.
Schließt Bündnisse nur mit denen,
die genau die Interessen haben wie Ihr.
Schließt niemals Verträge, um Maßnahmen für ferne
Ereignisse zu treffen. Wartet stets den Eintritt
der Ereignisse ab; danach faßt Euren Entschluß
und handelt entsprechend.
Hütet Euch wohl, auf die Zahl und die Treue
Eurer Verbündeten zu trauen.
Rechnet nur auf Euch selbst,
dann werdet Ihr Euch nie täuschen.
Politisches Testament Friedrichs des Großen von 1752

Niemals darf ein Mensch, niemals ein Volk wähnen,
das Ende sei gekommen. Güterverlust läßt sich ersetzen.
Über anderen Verlust tröstet die Zeit.
Nur ein Übel ist unheilbar: Wenn ein Volk sich aufgibt!
Goethe, ›La Gloire de Frédéric‹

Nicht die Gewalt der Armee noch die Tüchtigkeit der Waffen
sondern die Kraft des Gemüts ist es, welche die Siege erkämpft.
Johann Gottlieb Fichte, ›Reden an die deutsche Nation‹

In Staub mit allen Feinden Brandenburgs!
Heinrich von Kleist, ›Der Prinz von Homburg‹

Wenn dieser Mann noch lebte,
dann stünden wir sicherlich nicht hier.
Napoleon 1806 an der Gruft Friedrichs des Großen

Eine romantische Verherrlichung des Krieges lag den Königen
von Preußen nicht; sie waren mit Kriegen so sparsam wie mit allem anderen.
Golo Mann, ›Deutsche Geschichte des 19. und 20. Jahrhunderts‹

Großmächte sind wie Kinder: Sie beklagen sich,
wenn der andere als erster zuschlägt.
Carlo Manzoni

Wahrhaft mächtige Republiken und Fürsten erkaufen Bündnisse nicht
durch Gold, sondern durch Tapferkeit und Waffenruhm.
Niccolo Machiavelli, ›Vom Staate‹, II. Buch, Kapitel 30

Bernd Rill, ›Das Neueste aus der Tonne des Diogenes‹, 1989

Die Demut ist oft nichts anderes als eine vorgespiegelte
Unterwerfung, um andere zu unterwerfen: es ist ein Kunstgriff
des Stolzes, der sich erniedrigt, um sich zu erhöhen.
François de La Rochefoucauld, ›Reflexionen oder Sentenzen‹

Alle Nationen haben ihre Zungen und Sprachen in Regeln
gefasset, auch in ihre Chroniken und Handelbücher verzeichnet,
wo etwas Ehrliches und Männliches gehandelt oder etwas
Künstliches und Höfliches geredt worden von den Ihren.
Allein wir Deutschen haben solchs vergessen und geringe
geachtet, wie ehrlich es auch gewesen, und auf andrer Leute
und fremder Nationen Wesen, Sitten und Gebärden gegaffet,
gleich als hätten unsere Alten und Vorfahren nie nichts
gehandelt, geredet, gesetzt und geordnet,
das ihnen ehrlich und rühmlich nachzusagen wäre.
Johann Agricola, Vorrede zu den ›Deutschen Sprichwörtern‹, 1534

Viele Deutsche glauben sich jetzt dadurch patriotisch zu zeigen,
daß sie Deutschland als Spucknapf gebrauchen,
wenn sie in der Fremde sind.
Friedrich Hebbel

[Die Deutschen] sind tugendhaft und rechtschaffen,
als Privatleute, als Familienväter, als Staatsbeamte;
aber ihr gefälliger und zuvorkommender Diensteifer gegenüber
der Macht verursacht ein schmerzliches Gefühl,
besonders, wenn man sie liebt und sie für die aufgeklärtesten
spekulativen Verteidiger der menschlichen Würde hält.
Anne Germaine de Staël, ›Über Deutschland‹

Und ob er's noch so redlich meint, / Er dient der Zeit und ihrem Triebe,
Schenkt dem Verderber seine Liebe, und nennt den Retter seinen Feind.
Rudolf Alexander Schröder

So können Worte scheitern und die dahinterstehenden Welten.
Wenn aber Treue, Mut, Ehre usw. nicht mehr gelten, konnte man
kollaborieren, denunzieren, für das Gute des Sieges, der Sieger.
Hans Jürgen Syberberg, ›Eigenes und Fremdes‹, in ›Die selbstbewußte Nation‹

Sich klein machen, sich gemein machen, sich selbst hassen
und alle ›Nächsten‹ lieben, das macht die Deutschen
zum verächtlichsten Gespött der Welt.
Wolf von Quitzow, ›Schalmeien und Rapiere‹, in ›Staatsbriefe‹ 9/1994

Friedrich Georg Jünger

Ich bin nie ein Maler und Bildhauer gewesen,
der mit seiner Kunst Geschäfte macht.
Davor habe ich mich, meinem Geschlechte zu Ehren,
stets gehütet.
Wir sind ja Bürger, von edelstem Geschlechte
herstammend. Ich habe mich immer bemüht,
unseren Stamm wiederzuerwecken.
(Die Buonarotti waren über Simon von Canossa, kaiserlicher Vogt in Florenz,
Nachfahren der Schwester Kaiser Heinrichs II.)
Michelangelo in Briefen an seinen Neffen
vom 2. Mai 1548 und 1. Februar 1549

Gar lieblich ist es, hochzuachten,
Was ruhmvoll die Ahnen einst vollbrachten.
Johann Fischart

Ohne diese Toten, denen meine Verehrung gilt,
ohne diese Ahnen, die ich mir vergegenwärtigen will,
bin ich unverständlich für mich,
wie auch meine Generation, meine Nation, meine Religion
ohne sie für mich unverständlich bleiben.
Sie wirken in mir, in uns, weiter, und sind, solange wir
da sind und uns ihrer erinnern und sie uns gegenwärtig
machen, teilhaftig unseres Lebens, wie wir hinwiederum
ihrer Überlieferung teilhaftig sind.
Michael de Ferdinandy

Die menschliche Geschichte steht und fällt
mit der Ordnung der Differenz.
René Girard, ›Das Heilige und die Gewalt‹, 1992

Der Mann allein ist würdig großer Ahnen,
Der wagt, auf ihre Schultern sich zu heben,
Kühn auszuschreiten kühn gebrochne Bahnen.
Franz von Dingelstedt

Die Kräfte, welche die Geschichte tragen, sind niemals die des Verstandes,
sie entstammen einer tiefen Schicht, die weder mit Gut noch mit Böse,
weder mit Zwecken noch mit Zielen, weder mit Vernunft noch Erfahrung
das Geringste zu tun haben.
Frank Thiess

Sir Walter Scott

Nur das Angelernte der menschlichen Natur scheitert
meist am Widerspruche; das ihr Angeborene
weiß sich überall Eingang zu verschaffen und besiegt
sogar nicht selten mit dem glücklichsten Erfoge seinen Gegensatz.
Goethe an Johann Daniel Falk

Aus ferner Vergangenheit frommt es, alles und jedes zu erforschen,
wir sollten eingedenk sein, daß neben jenem Rohen, Wilden und Gemeinen,
das uns beleidigt, in dem Altdeutschen recht die erfreuliche Reinheit,
Milde und Tugend der Vorfahren leuchtet, und noch inbegriffene Züge
unser ganzes Nachdenken anregen müssen.
Jacob Grimm

Unser Landvolk hat sich freilich fortwährend in guter Kraft
erhalten und wird hoffentlich noch lange imstande sein,
uns nicht allein tüchtige Reuter zu liefern, sondern uns
auch vor gänzlichem Verfall und Verderben zu sichern.
Es ist als ein Depot zu betrachten, aus dem sich die Kräfte
der sinkenden Menschheit immer wieder ergänzen und anfrischen.
Goethe zu Eckermann am 12. März 1828

Das Geld wird nur vom Blut überwältigt und aufgehoben.
Oswald Spengler, ›Der Untergang des Abendlandes‹

Denn beides, Geburt und Geist, geben dem, der sie einmal besitzt,
ein Gepräge, das sich durch kein Inkognito verbergen läßt.
Goethe Anfang März 1832 zu Eckermann

Die Tradition ist die gesiebte Vernunft des gesamten Volkes,
sie trägt die Seele, den Grundwillen des Volkes
aus einem Jahrhundert in das andere.
Ricarda Huch

Die katholische Kirche weiß genau, welch hohe Werte in Blut und Heimat,
in der Gemeinsamkeit der Sprache und Geschichte, im Volkstum liegen.
Kardinal Theodor Innitzer

Bildung kann die Zucht verfeinern, aber nicht ersetzen.
Oswald Spengler, ›Urfragen‹, aus dem Nachlaß

Da in irdischen Dingen so viel verlorengeht,
so muß man festhalten an dem Bleibenden.
Goethe am 4. April 1825 an Johann S. Boisserée

Was je zu Leben kam in Wuchs und Welken,
vermöchte nie das Leben zu behaupten,
wenn es von einer Urzeit her nicht lebte
in ungebrochner Kettung der Geschlechter.
Erwin Guido Kolbenheyer

Die Menschen haben von Geburt an einen unvertilgbaren
Charakter; die Erziehung kann Kenntnisse verschaffen,
dem Schüler Scham über seine Fehler einflößen.
Aber die Erziehung wird niemals die Natur der Dinge ändern.
Die Grundlage bleibt, und jedes Einzelwesen
trägt die Ursachen seiner Handlungen in sich.
Friedrich der Große

Am Vollblut spürst du sofort, was Adel ist,
beim Menschen willst du's nicht gelten lassen.
Christian Morgenstern
›Stufen – Aphorismen und Tagebuchnotizen‹, 1963

Der Sporn gibt dem Rößlein keine Kraft,
und der Haber treibt es nicht in die Schlacht.
Emil Gött, ›Selbstgespräch‹, 1982

Den Großen der Welt und den Königen genügt ihre berühmte
Abstammung nicht, wenn ihrem erlauchten Geschlecht
nicht auch der Adel ihres Sinnes zu Hilfe kommt
und ein rühmliches Streben ihre Herrschaft verklärt.
Kaiser und Könige unterscheiden sich nicht nur deshalb von
anderen, weil sie höher thronen, sondern weil sie tiefer
schauen und tugendhafter handeln.
Kaiser Friedrich II. von Hohenstaufen an seinen Sohn Konrad

Du deutsche Insel am Nordseestrand. . .
Laß in Sonnesgluten und Windeswehen
Ein kernhaft gesundes Geschlecht entstehen.
Gustav Stresemann 1915 im Gästebuch des Hotels ›Miramar‹
in Westerland auf Sylt

Wer nicht aufwärts blickt, dem leuchtet die Sonne nicht,
wer nicht vorwärts blickt, dem endet der Weg,
wer nicht weiß, woher er kam, kennt sich nicht mehr.
Karl Günther Stempel

Georg Herwegh

Adel ist ein Gepräge, das sich durch kein Inkognito verbergen läßt.
Goethe zu Eckermann im März 1832

Ein jeder gibt den Wert sich selbst. Wie hoch ich
Mich selbst anschlagen will, das steht bei mir.
So hoch gestellt ist keiner auf der Erde,
Daß ich mich selber neben ihm verachte.
Schiller, ›Wallenstein‹

Mit einem Herren steht es gut, /Der, was er befohlen, selber tut.
Goethe, ›Sprichwörtlich‹

Das allein ist Adel: mehr zu leisten und tapferer zu sein als die anderen.
Marie Adelheid Prinzessin Reuß zur Lippe

Gleich sei keiner dem andern; doch gleich sei jeder dem Höchsten!
Wie das zu machen? Es sei jeder vollendet in sich.
Goethe, ›Vier Jahreszeiten‹

Der Dienst der Freiheit ist ein strenger Dienst, er trägt nicht Gold,
er trägt nicht Fürstengunst, er bringt Verbannung, Schmach und Not.
Und doch ist dieser Dienst der höchste Dienst.
Ludwig Uhland

Eliten sind eine Lebenstatsache.
Hans L. Merkle

Es schadet nichts, in einem Entenhofe geboren zu sein,
wenn man nur in einem Schwanenei gelegen hat!
Hans Christian Andersen

Wem es nicht Genuß ist, einer Minderheit anzugehören,
welche die Wahrheit verficht und für die Wahrheit leidet,
der verdient nie zu siegen.
Paul de Lagarde

Wenn das Haus Coburg-Gotha-Hannover sich neuerdings
Windsor nennen will, werden wir
die Lustigen Weiber von Coburg-Gotha spielen müssen.
Kaiser Wilhelm II. 1917

Die Adeligen von heute sind nur die Gespenster ihrer Vorfahren.
Antoine de Rivarol

Ernst Wilhelm Eschmann

Feuer fängt Feuer aus Feuers Samen – auch der Mensch gibt Funken
dem Menschen weiter, Volkes Lohe verlöscht nie.
Aus der ›Edda‹

Darum ist es wünschenswert, daß die Nation mit verstärkter Liebe
wieder zu ihren heimlichen alten Schätzen eilt, und was ihr einst so eigen
gewesen, sich wieder ganz und vollkommen anzueignen strebt.
Joseph von Görres

Ein Volk wird nur durch große Männer groß, fehlen diese, so ist's
ein Leib mit zahllosen Köpfen, doch ein Leib ohne Geist.
Freiheit für alle Meinungen! Wo diese herrscht,
hat die Wahrheit nie den Sieg der Lüge zu befürchten.
Mit den Waffen freier Bürger rosten auch ihre Seelen.
Victor Amadeus Coremans

Noch ist nicht erwiesen, daß es eine Vererbung erworbener
Eigenschaften gibt, und sicherer als bei den anderen
Lebewesen bleibt, trotz aller Scheinanpassungen, beim
Menschen der Charakter des einzelnen in der Rasse konstant.
Otto Weininger, ›Geschlecht und Charakter‹

Die Menschengeschichte kennt den Sieg von niedriger
entwickelten Typen der Menschlichkeit und das Absterben
hoher Blüten des Geistes- und Gemütslebens,
wenn die menschliche Gemeinschaft, welche deren Träger war,
die Anpassungsfähigkeit an ihre Lebensbedingungen verlor,
sei es ihrer sozialen Organisation oder ihrer Rassequalitäten wegen.
Max Weber, Antrittsvorlesung in Freiburg am 13. Mai 1895

Man kann auch in einer Welt, die so verkommen ist wie die unsrige,
ein lebenswertes Leben führen. Es genügt, daß man denkt, daß man sich
nicht verkauft, daß man auf seiner Würde besteht und den Unwürdigen
nicht den kleinen Finger reicht – auch unter Opfern nicht.
Joachim Fernau

Wer in der Vergangenheit die wahre Größe nicht zu sehen vermag,
kann sie auch in der Gegenwart nicht sehen. Beides gehört zusammen.
Wilhelm Furtwängler

Ehre und Ideale sind mit Geld nicht zu bezahlen.
Berti Vogts

NICHT IN DEN ZWEIGEN, IN DEN WURZELN
STECKT DES BAUMES KRAFT
Gertrud von Le Fort

Was badt sein Mohren lang umbsunst? / Hör auff, es ist verlorn all Kunst.
Dann niemand der dunklen Nacht kan / Dick Finsternuß erleuchten than.
Jeremias Held, ›Vergebliche Müh‹

Was dir Gott nicht gegeben hat,
kann dir auch Salamanca nicht geben.
Inschrift an der Universität von Salamanca

Vom Vater hab ich die Statur, / Des Lebens ernstes Führen,
Vom Mütterlein die Frohnatur / Und Lust zum Fabulieren.
. . .Urahnherr war der Schönsten hold, / Das spukt so hin und wieder.
Johann Wolfgang von Goethe

Der ist nicht von schlechten Eltern.
Redensart

Die Persönlichkeit ist das romantische Element des Ichs.
Novalis

Ursprünglich eignen Sinn / Laß dir nicht rauben!
Woran die Menge glaubt, / Ist leicht zu glauben.
Goethe, ›Zahme Xenien‹

(Persönlichkeiten kämen kaum noch zur Geltung, da)
. . . sich das vorherrschende Pathos unserer Tage,
das Besser-leben-Wollen der Masse, unmöglich zu einer
wahrhaft großen Gestalt verdichten kann.
Jacob Burckhardt, ›Weltgeschichtliche Betrachtungen‹

Achtundsechzig Professoren – / Vaterland, du bist verloren.
Aus einem Stammbuch zur Frankfurter Nationalversammlung von 1848

Die Majorität hat viele Herzen, aber ein Herz hat sie nicht.
Bismarck vor dem Reichstag am 12. Juni 1882

Für das Seltene hat die Demokratie keinen Sinn,
und wo sie es nicht leugnen oder entfernen kann, haßt sie es von Herzen.
Jacob Burckhardt

Am schönsten wäre es, in einer selbsterfundenen Form zu denken.
Paul Valéry

Irgendwann, vielleicht 1832, hat die Evolution aufgehört.
Johannes Gross

Max Weber, ›Politik als Beruf‹, 1918

Zu allen Zeiten hat man sich über die
beste Regierungsform gestritten, ohne zu beachten,
daß jede von ihnen in gewissen Fällen die beste,
in anderen Fällen die schlechteste ist.

Wenn es ein Volk von Göttern gäbe,
würde es sich demokratisch regieren. Den Menschen
entspricht eine so vollkommene Regierungsform nicht.
Rousseau, ›Der Gesellschaftsvertrag‹, 3. Buch III, IV

Was ist die Mehrheit! Mehrheit ist der Unsinn;
Verstand ist stets bei Wen'gen nur gewesen.
Bekümmert sich ums Ganze, wer nichts hat?
Hat der Bettler eine Freiheit, eine Wahl?
Er muß dem Mächtigen, der ihn bezahlt,
Um Brot und Stiefel seine Stimm' verkaufen.
Man soll die Stimmen wägen, und nicht zählen;
Der Staat muß untergehn, früh oder spät,
Wo Mehrheit siegt und Unverstand entscheidet.
Friedrich von Schiller, ›Demetrius‹

Die Menge, die Majorität, ist notwendig immer absurd und
verkehrt, denn sie ist bequem, und das Falsche ist stets
viel bequemer als die Wahrheit.
Goethe zu Friedrich von Müller am 17. Mai 1829

Dumm in seiner Allgemeinheit ist nicht der richtige
Ausdruck; die Leute sind einzeln betrachtet zum Teil
recht gescheit, meist unterrichtet, regelrechte deutsche
Universitätsbildung; sie werden kindisch, sobald sie
in corpore zusammentreten: massenweise dumm, einzeln verständig.
Bismarck 1863 an seinen amerikanischen Studienfreund
John Lothrop Motley über Parlamentarier

Auf der recht- und linken Seite, / Auf dem Berg und in der Mitten
Sitzen, stehen sie zum Streite, / All einander ungelitten.
Wenn du dich ans Ganze wendest / Und votierest, wie du sinnst,
Merke, welchen du entfremdest, / Fühle, wen du dir gewinnst.
Goethe, ›National-Versammlung‹

Ein Mann, der mehr recht hat als seine Nachbarn,
bildet eine Mehrheit von einer Stimme.
Henry David Thoreau

Ludwig Börne

Hast du Macht, so üb' auch Tugend!
Euripides

In der Demokratie regieren die Drohnen praktisch den Staat. Die gefährlichsten von ihnen sprechen und handeln und dulden keine Opposition.
Plato, ›Der Staat‹

Jede Wirksamkeit der Regierung ist segensreich, welche die
Selbständigkeit der Bürger hervorruft, fördert, läutert; jede von Übel,
welche die Selbständigkeit des Einzelnen unterdrückt.
Heinrich von Treitschke

Welche Regierung die beste sei?
Diejenige, die uns lehrt, uns selbst zu regieren.
Goethe, ›Maximen und Reflexionen‹

Der Parlamentarismus ist die Kasernierung der politischen Prostitution.
Karl Kraus

Als Volksregiment schaltete, gab es keine persönliche Würde,
nur Würde der Stelle.
Goethe zu Friedrich Wilhelm Riemer

Entzwei und gebiete! Tüchtig Wort. / Verein und leite! Beßrer Hort.
Goethe,› Sprichwörtlich (Divide et impera)‹

›Warum denn aber bei unsern Sitzen, / Bist du so selten gegenwärtig?‹
Mag nicht für langer Weile schwitzen, /Der Mehrheit bin ich immer gewärtig.
Goethe, ›Maximen und Reflexionen‹

Allgemeine Begriffe und großer Dünkel sind immer auf dem Wege,
entsetzliches Unglück anzurichten.
Goethe, ›Maximen und Reflexionen‹

Tradition heißt nicht Asche hüten, sondern die Flamme bewahren.
Jean Jaurès

Zu aller dieser äußeren Not noch die innere des Parteisinns!
Goethe an Christian Heinrich Schlosser am 4. August 1831

Wenn Wahlen etwas ändern würden, wären sie bei uns längst verboten.
Deutscher Bürgerspott

Der Ignorant weiß nichts. Der Parteimann will nichts wissen.
Marie von Ebner-Eschenbach

Friedrich Julius Stahl, April 1850 in der Paulskirche

Die Monarchie ist eine Staatsform, die einen hohen Grad
der Zivilisation voraussetzt. Eine gebildete Nation
scheut vor einer unvollkommenen Repräsentation zurück,
die man ›Regierung durch Volksvertretung‹ nennt.

Benjamin Disraeli
nach Hans Joachim Schoeps, ›Ungeflügelte Worte‹

Warum ich Royaliste bin, / Das ist sehr simpel:
Als Poet fand ich Ruhms Gewinn, / Frei Segel, freie Wimpel;
Mußte aber alles selber tun, / Konnt niemand fragen;
Der alte Fritz wußt auch zu tun, / Durft ihm niemand was sagen.

Goethe, ›Zahme Xenien‹

Ein Fürst darf sich glücklich schätzen,
wenn die Untertanen nicht ihn, sondern für ihn fürchten.

Plutarch

Man kann sich vorstellen, daß eine in Kämpfen
herausgestellte Rangordnung innerhalb der Gruppe
die Reizschwellen erhöht, so daß die gegenseitige
Reizbarkeit abnimmt und Konflikte seltener werden,
weil sie sozusagen schon vorentschieden sind.
Beim Menschen hat die Ausbildung von Schichten, Klassen
und sonstigen ähnlichen Strukturen zweifellos zur
inneren Befriedung solange beigetragen, wie diese
Hierarchien als selbstverständlich bejaht wurden und
leistungsfähig arbeiteten, bis endlich die Legitimität
von Herrschaft überhaupt angezweifelt wurde.

Arnold Gehlen, ›Moral und Hypermoral‹

Ich liebe eine gesinnungsvolle Opposition.
König Friedrich Wilhelm IV. am 12. November 1842 zu Georg Herwegh

Glauben Sie, meine Herren, es wird kein Haupt über
Deutschland leuchten, das nicht mit einem Tropfen
demokratischen Öls gesalbt ist.

Ludwig Uhland am 22. Januar 1849 in der Paulskirche

In dem Glauben an das Ideale ist alle Macht und
alle Ohnmacht der Demokratie begründet.

Theodor Mommsen, ›Römische Geschichte‹

Der Illusionist hat keine Illusionen, er verkauft sie nur.

Nenad Crcevic

Hans-Dietrich Sander

Der Papagei ist der Parlamentarier im Vogelstaat.
Julius Stettenheim

Majestät der Menschennatur! Dich soll ich beim Haufen
Suchen? Bei wenigen nur hast du von jeher gewohnt.
Schiller, ›Majestas populi‹

Der Welt Herrschaft – die größte Knechtschaft.
Sebastian Franck

Die höhere Plebs ist giftiger als die niedere; sie hat Ansehen und Gewalt.
Emil Gött, ›Selbstgespräch‹, 1982

Ein Dummkopf bleibt ein Dummkopf nur / Für sich, in Feld und Haus,
Doch wie du ihn zu Einfluß bringst, / So wird ein Schurke draus.
Franz Grillparzer

Alles Große und Gescheite existiert in der Minorität.
Goethe zu Eckermann am 12. Februar 1829

Die Mittelmäßigen werden immer gewandter.
Paul Valéry

Die Verpflichtung der Bürger gegen den Souverän
kann nur so lange gelten, als er ihnen Schutz zu bieten fähig ist.
Thomas Hobbes

Der Parlamentarismus geht nur, wo bloß zwei Parteien
miteinander ringen und wechseln,
und wo die Vertreter der Gesetzgebung wohlsituiert,
nicht egoistisch sind, nicht nötig haben, strebsam für sich
zu sein. Ich bin kein Absolutist. Der Parlamentarismus ist gut,
auch bei uns, als Veto gegen den Willen unverständiger
Regierungen und schlechter Monarchen.
Bismarck am 5. Januar 1886

Ein Mensch, der kein Eigentum erwerben kann,
kann auch kein anderes Interesse haben, als so viel wie
möglich zu essen und so wenig wie möglich zu arbeiten.
Adam Smith

Erkennst du das Schlechte, so nenn es auch schlimm,
und friste nicht Frieden dem Frevel.
Aus der ›Edda‹

Vox populi vox Rindvieh

Ludwig Thoma zugeschriebene Fassung
von ›Vox populi vox Dei‹ des Petrus von Blois

Wenn du wie die Menge denkst, wird der Gedanke überflüssig.
Paul Valéry

Die Menge schwankt in ungewissem Geist;
Dann strömt sie nach, wohin der Strom sie reißt.
Goethe, ›Faust II‹

Ist es wirklich Ziel tausendjährigen Aufwands,
aus aller Farbigkeit und Eigenart menschlicher Stämme
eine graue, morastische Mischung zu brauen?
Walther Rathenau, 1908

Übermacht, ihr konnt es spüren,
Ist nicht aus der Welt zu bannen;
Mir gefällt zu konversieren
Mit Gescheiten, mit Tyrannen.
Goethe, ›West-östlicher Divan, Buch des Unmuts‹

Nichts ist widerwärtiger als die Majorität;
denn sie besteht aus wenigen kräftigen Vorgängern,
aus Schelmen, die sich akkomodieren,
aus Schwachen, die sich assimilieren,
und der Masse, die nachtrollt, ohne nur im mindesten
zu wissen, was sie will.
Goethe, ›Maximen und Reflexionen‹

Die Demokratie ist mit unsäglichen Geburtsfehlern
behaftet, die unbehebbar sind.
Zum Beispiel mit dem Geburtsfehler, daß nicht derjenige
recht kriegt, der recht hat, sondern daß derjenige recht
kriegt und Recht setzen kann, der die Mehrheit hat.
Helmut Schmidt, Tutzing Herbst 1978

Aus Hammel an Hammel entsteht eine Herde.
Aus Zopf an Zopf entsteht eine Behörde.
Fred Endrikat

Die Vereinheitlichung der Welt aber ist ein Meilenstein zum Ende der Welt.
Herbert Gruhl

Die Idee der Nation erhält wie die der Freiheit die Substanz und Würde
einer Notwendigkeit, die daher kommt,
daß uns nichts anderes übrig geblieben ist.
Bernard Willms, ›Identität und Widerstand‹

ALS DIONYS AUFHÖRTE, EIN TYRANN ZU SEIN, DA WARD ER EIN SCHULMEISTERLEIN

Friedrich Schubart (auf Herzog Karl Eugen gemünzt)

Die politischen Verhältnisse könnten mich rasend machen.
Das arme Volk schleppt geduldig den Karren, worauf
die Fürsten und Liberalen ihre Affenkomödie spielen.
Georg Büchner 1833 an seine Braut Minna Jaegle

Der deutsche Philister, das bleibet der Mann,
Auf den die Regierung vertrauen noch kann,
Der passet zu ihren Beglückungsideen,
Der läßt mit sich alles gutwillig geschehn.
August Heinrich Hoffmann von Fallersleben, 1843

Ein Mensch, der mit Descartes gedacht,
Daß Denken erst das Leben macht,
Gerät in Zeiten, wo man Denker
nicht wünscht – und wenn, dann nur zum Henker.
Er kehrt den alten Lehrsatz um
Und sagt: non cogito, ergo sum!
Eugen Roth

Es wäre besser, an der Verhütung des Elends zu arbeiten,
als die Zufluchtsplätze für die Elenden zu vermehren.
Denis Diderot, ›Enzyklopädie‹

Auf die Füße kommt unsere Welt erst wieder,
wenn sie sich beibringen läßt, daß ihr Heil nicht in
Maßnahmen, sondern in neuen Gesinnungen liegt.
Albert Schweitzer, ›Kultur und Ethik‹, 1923

In der Demokratie geht die Macht vom Volk aus,
doch häufig kehrt sie nicht zu ihm zurück.
Hellmut Walters

Viele Amerikaner sind nicht der Ansicht,
daß sie heute in einer Demokratie leben,
daß ›Wir, das Volk‹ wirklich regiert.
Bericht 1991 ›Bürger und Politik‹ der Ketteringstiftung

Wenn die Republikaner aufhören werden, Lügen über
uns zu berichten, werden wir auch aufhören,
die Wahrheit über sie zu erzählen.
Der Demokrat Adlai E. Stevenson 1950 in einer Wahlrede

DIE MÄCHTIGE WAFFE DES GLEICHHEITSDENKENS
Karl Heinz Metz, ›Oliver Cromwell‹, 1993

Laßt mich euch nochmals auf das eindrücklichste
vor den verderblichen Wirkungen der Parteien warnen.
George Washington, Abschiedsbotschaft, 1796

Das demokratische Regime nimmt für sich in Anspruch,
das paradoxe System zu lösen, die Qualität aus der Quantität
zu gewinnen, einzig und allein durch das Wirken der letzteren.
Paul Valéry; nach Walter Kempowski, ›Echolot III‹

Seine Regierung wählt der Bürger nur als Analphabet –
er macht nur Kreuze.
Oliver Hassencamp, ›555 kandierte Sätze‹

Das Wahlproblem: Wen soll ein wählerischer Mensch wählen ?
Gabriel Laub, ›Denken verdirbt den Charakter‹, 1984

In der fortschrittlichen Welt herrscht die Dummheit nicht,
sondern regiert auf demokratischem Weg.
Dragoslav Misic

In jeder Partei ist einer, der durch sein gar zu gläubiges
Aussprechen der Parteigrundsätze die übrigen zum Abfall reizt.
Friedrich Nietzsche

Die schlimmste Folge demokratischer Anschauungsweisen ist,
daß nun auch Worte alle ›gleich‹ gewertet werden.
Christian Morgenstern, ›Aphorismen und Sprüche‹

Vor Gott sind alle Menschen gleich,
aber geschaffen hat er sie ungleich.
Max Rychner

Echte Mehrheiten sind die, in deren Reihen
sich die Mehrheit der Verständigen findet.
Hans Kasper

Die Leute wollen immer, ich soll auch Partei nehmen;
nun gut, ich steh auf meiner Seite.
Goethe zu Friedrich Förster am 4. August 1831

Es ist in der Regel das Schicksal der zum Sieg
gelangten Parteien, über den Sieg zu verfallen.
Leopold von Ranke

Wir finden, daß alle geistig wie körperlich durchaus naturkräftig
ausgestatteten Menschen in der Regel die bescheidensten sind,
dagegen alle besonders verfehlten weit eher einbildnerischer Art.

Goethe zu Eckermann am 5. April 1830

Francesco Cossa, ›Der Monat März‹, nach 1460

Cesare Pavese

Wenn ich von liberalen Ideen reden höre, so verwundere ich mich immer,
wie die Menschen sich gern mit leeren Wortschällen hinhalten:
eine Idee darf nicht liberal sein! Kräftig sei sie, tüchtig,
in sich selbst abgeschlossen, damit sie den göttlichen Auftrag,
produktiv zu sein, erfülle.

Goethe, ›Maximen und Reflexionen‹

Alle Theorie ist grau, außer in der Politik,
wo sie auch rot, schwarz oder grün sein kann.

Robert Schützbach, ›Kopfkonfekt‹, 1983

Kolumbus war der erste Planwirtschaftler.
Es fuhr los und wußte nicht wohin, er kam an, und wußte
nicht, wo er war, und er machte das alles mit anderer Leute Geld.

Otto Graf Lambsdorff

Eine Sardine ist ein Walfisch, der alle Phasen
sozialistischer Aufbauarbeit durchgemacht hat.

Östliche Volksweisheit

In einem Meer von Problemen finden sich am besten die Haie zurecht.

Ilija Markovic

Wer das Freund-Feind-Verhältnis praktiziert, tut gut daran, es zu verurteilen.

Johannes Gross

Vom Links-Sein ist nichts übriggeblieben als
ein gewisser Anti-Idealismus, eine gewisse Parteilichkeit,
die sich aber von der Masse auf Minderheiten verschoben hat.

Sybille Tönnies, ›Kursbuch 116‹

In unterentwickelten Staaten gibt es gut entwickelte Einzelne.

Zarko Petan, ›Vor uns die Sintflut‹, 1983

Die Zukunft ist die einzige Art von Besitz,
die die Herren den Knechten gutwillig zugestehen.

Albert Camus

Aristokratische Hunde, sie knurren auf Bettler, ein echter
Demokratischer Spitz kläfft auf den seidenen Strumpf.

Goethe / Schiller, ›Xenien, Verschiedene Dressuren‹

Seit sich die Spaßmach‹r und Selbstdarsteller in den Medien
zu politischen Fragen äußern, ist Niveau gleich Nullpunkt.

Richard W. Eichler

Terenz, ›Phormio‹

Die Regierung, außerstande, jedem das Seine zu geben,
gibt allen dasselbe.
Max Jacob Friedländer

Wer mit Zwanzig nicht Sozialist ist, hat kein Herz.
Wer es mit Vierzig noch ist, hat keinen Verstand.
Unter anderen Aristide Briand zugeschrieben

Niemand kann von Fortschritt reden, der nicht doktrinär ist.
Gilbert Keith Chesterton

Alle sozialistischen Märchen beginnen: Es wird einmal. . .
Zarko Petan

Wer nicht weiß, was der andere will,
der muß Angst vor ihm haben.
Sebastian Franck

Mit Socialisten ist kein Streiten, / Sie sind dieselben wie zu Grachhus Zeiten:
Weg mit Familie und Eigenthum! / Das ist ihr ganzes Remedium.
Eduard von Bauernfeld

Über Diktatur und Demokratie. Systemunterschiede:
die einen vergewaltigen, die anderen prostituieren.
Gabriel Laub, ›Denken verdirbt den Charakter‹, 1984

Revolution ist Opium für das Volk.
Hans Küng

Wo nichts ist, hat nicht nur der Kaiser,
sondern auch der Proletarier sein Recht verloren.
Max Weber, ›Politik als Beruf‹, 1918

Wenn dir's bei uns nicht gefällt, / So geh in deine östliche Welt.
Goethe, ›Zahme Xenien‹

In demselben Maße, wie die Politik sich aller Köpfe
bemächtigt hat und das tägliche Brot des großen Haufens
geworden ist, hat sie aufgehört, die Gemüter einzelner
großgearteter und tiefsinniger Menschen zu beschäftigen.
Adam Heinrich Müller

Ehrlich sein, heißt – wie es in der Welt zugeht –
ein Auserwählter unter Zehntausenden sein.
William Shakespeare, ›Hamlet‹

Goethe, ›Götz von Berlichingen‹

Der Mensch ist ein nachahmendes Geschöpf,
Und wer der Vorderste ist, führt die Herde.
Schiller, ›Wallenstein‹

Große Herren, die da herrschen, / Mögen scheren, nur nicht schinden.
Hirten nehmen so die Wolle, / Daß sie Wolle wieder finden.
Friedrich von Logau

Der Wolf im Schafpelze ist weniger gefährlich
als ein Schaf in irgendeinem Pelze, wo man es
für mehr als einen Schöps nimmt.
Goethe, ›Maximen und Reflexionen‹

Ich weiß, daß die Polititik selten Treu und Glauben
halten kann, daß sie Offenheit, Gutherzigkeit,
Nachgiebigkeit aus unsern Herzen ausschließt;
in weltlichen Geschäften ist das leider nur zu wahr.
Goethe, ›Egmont‹

Das Staatsschiff, wie bezeichnend trifft / Das Bild hier den Gedanken!
Daß wir seit langem eingeschifft, / Man fühlt's am steten Schwanken.
Anastasius Grün

Staat heißt das kälteste aller Ungeheuer.
Kalt lügt es auch; und diese Lüge kriecht aus seinem Munde:
›Ich, der Staat, bin das Volk.‹
Nietzsche, ›Zarathustra, Vom neuen Götzen‹

In den wachsenden Kollektiven erfolgt die Zertrümmerung der Person.
Bertolt Brecht

Ein verärgerter Chruschtschow machte 1956 Tschou En-lai
den Vorwurf bourgeoiser Abkunft, während er selbst der
Arbeiterklasse entstamme. Der Chinese erwiderte:
›Das ist wahr, Genosse, aber wir haben etwas gemeinsam,
Sie und ich. Wir beide haben unsere Klasse verraten.‹
Nach Han Suyin, ›Eldest Son, Zhou En-lai and the Making of Modern China‹

Konservativ heißt in diesem Fall das innere Verbundenbleiben mit dem
volkhaften Lebensgrund, Bewahrung der seelischen Form.
Aber das Konservative kann nicht der endgültige Ausdruck des Widerstan-
des sein, vielmehr ist es seine geschichtliche Aufgabe, sich zum schöpferischen Revolutionärtum zu entfalten.
August Winnig, ›Das Reich als Republik‹, 1928

Jean Paul

Erwerb kommt ein mit Unzen; die Steuer geht mit Pfunden;
Mich wundert, wie die Leut bei solcher Last bestunden.
Friedrich von Logau

Wie ist der Aktenwald so dicht!
Man sieht den Staat vor Gesetzen nicht.
Eduard von Bauernfeld

Regierungskunst besteht in der Organisation von Götzendienst.
George Bernard Shaw

Wo der Beamte aufhört, fängt der Staatsmann an.
Honoré de Balzac

Warum zu ihrem Glauben / Sie gern Genossen nehmen?
Vielleicht, um in der Menge / Sich weniger zu schämen.
Franz Grillparzer

An kalten Duschen, die seine Politiker bekommen,
erkältet sich das Volk.
Hans Kasper

Hektische Betriebsamkeit hindert viele Politiker daran,
ein schlechtes Gewissen zu haben.
Richard W. Eichler

Ein guter Posten ist ein Posten, der keinen guten Mann benötigt.
Bertolt Brecht

Ein Amt ohne guten Sold macht Diebe.
Christoph Lehmann

Ihr verlangt von euern Politikern eine finanziell
fleckenlose weiße Weste, aber zugleich billigt ihr
ein System, in dem sie Millionen von Dollar aufbringen
müssen, um gewählt zu werden.
Simon Hoggart zum Demokratie-System in den USA
März 1994 in der ›New York Times‹

In geordneten Staatswesen nützt der Egoismus der Allgemeinheit.
Bertold Brecht

Neid ist die Grundlage der Demokratie.
Bertrand Russel, ›Die Eroberung des Glücks‹

Wenn Neid erzeugt gehässige Irrung,
Da kommt Umsturz, da beginnt Verwirrung
William Shakespeare, ›König Heinrich VI.‹

Die Menschen sind grausam, aber der Mensch ist gütig.
Rabindranath Tagore, ›Verirrte Vögel‹

Ich hasse jeden gewaltsamen Umsturz,
weil dabei ebensoviel Gutes vernichtet als gewonnen wird.
Ich hasse die, welche ihn ausführen, wie die,
welche dazu Ursache geben. Aber bin ich darum
kein Freund des Volkes? Denkt denn jeder rechtlich
gesinnte Mann etwa anders?
Goethe zu Eckermann am 27. April 1825

Revolutionäre versuchen neue Fehler auszudenken,
Konservative versuchen, mit den vorhandenen auszukommen.
Hans Joachim Schoeps

Beim Zerstören gelten alle falschen Argumente,
beim Aufbauen keineswegs. Was nicht wahr ist, baut nicht.
Goethe, ›Maximen und Reflexionen‹

Über Opfer und Aufopferung denken die Opfertiere
anders als die Zuschauer:
aber man hat sie von jeher nicht zu Wort kommen lassen.
Friedrich Nietzsche

Und wenn man auch den Tyrannen ersticht,
Ist immer noch viel zu verlieren.
Sie gönnten Cäsarn das Reich nicht,
Und wußten's nicht zu regieren.
Goethe, ›Zahme Xenien‹

Es ist nur noch ein Ungeheuer, welches gräßlicher ist
als Tyrannenunvernunft: die Volkswut; und nur die Furcht
vor der letzteren macht die erstere erträglich.
Johann Gottfried Seume

Radikalismus: Um so mehr zu fürchten, als er ›latent‹ ist.
Die Republik führt uns unweigerlich zum Radikalismus.
Gustave Flaubert, ›Wörterbuch der Gemeinplätze‹

Die Sauberkeit einer Revolution dauert höchstens vierzehn Tage.
Jean Cocteau

Vergil

Nicht das Geld, der Neid regiert die Welt.
Curt Goetz

Aber wie sollte die Welt sich verbessern? Es läßt ein jeder
Alles zu und will mit Gewalt die andern bezwingen.
Und so sinken wir tiefer und immer tiefer ins Arge.
Goethe, ›Reineke Fuchs‹

Gold ist der Souverän der Souveräne.
Antoine de Rivarol

Der Rechtsstaat und die Freiheit sind unter jeder Herrschaft eine Illusion,
und das Geld ist eine Herrschaft, mächtiger als die rohe Gewalt.
Ernst Dronke

Die Macht verlagert sich heute schon aus den Parlamenten
in private Kreise, und ebenso sinken die Wahlen
immer mehr zu einer Komödie herab, bei uns,
wie früher in Rom. Das Geld macht die Wahlen
im Interesse derer, die es besitzen, und die
Wahlhandlung wird ein verabredetes Spiel, das als
Selbstbestimmungsrecht aufgeführt wird.
Oswald Spengler

Schließlich und nicht zuletzt sind da die Sieger
der Geschichte, die jeweils ihren Ideenvorrat,
der mitgesiegt hat, durchdrücken und deren Handlanger
jeden verbellen, der unerwünschte Dinge sagt.
So kann nur ein Don Quichote heute die Alleinschuld
Deutschlands an den letzten drei Kriegen seit 1870 bestreiten.
Arnold Gehlen, ›Moral und Hypermoral‹

Gold kauft die Stimme großer Haufen, / Kein einzig Herz erwirbt es dir.
Goethe, ›Wahrer Genuß‹

Der Machtgewinn beeinflußt das Denken derart,
daß man den einzigen Weg nur noch im Gelde sieht.
Konrad Lorenz

Der Kapitalismus gesiegt? Nein, er ist nur übrig geblieben.
Sprichwörtlich in Mitteldeutschland

Einem schlechten Pferd ist jeder Jockey recht.
Nenad Crncevic

Sprich sanft, aber trag einen großen Stock bei dir.
Theodore Roosevelt, Rede vom 2. September 1901

Ebenso verderblich wie die Einbuße nationaler Selbständigkeit
ist für ein Volk auch das Streben nach grenzenloser Weltherrschaft.
Heinrich von Sybel, ›Kleine Historische Schriften‹, 1863

Churchill ist vielleicht der einzige Staatsmann der Geschichte
der seine große Rolle nur in einem großen Krieg spielen konnte.
Zu Friedenszeiten ist ihm nichts eingefallen.
Johannes Gross, in ›FAZ-Magazin‹, 7. April 1995

Starke Verbündete gibt es nicht. Die Starken lassen sich nicht binden.
Gabriel Laub, ›Denken verdirbt den Charakter‹, 1984

Jeder, der die Gewalt zu seiner Methode gewählt hat,
muß zwangsläufig die Lüge zu seinem Prinzip erwählen.
Alexander Solschenizyn, Nobelpreisrede

Oft aus Lammes Haut / Wolfes Tücke schaut.
Franz Gerhard Wegeler, ›Philosophia Patrum‹

Feige Hunde sind mit dem Maul am freiesten.
William Shakespeare, ›König Heinrich V.‹

Egoismus: Den des andern anklagen
und den eigenen nicht zur Kenntnis nehmen.
Gustave Flaubert, ›Wörterbuch der Gemeinplätze‹

Daß die Schurken so mächtig heute, / Wollt ihr wissen warum?
Es kommt daher, daß die ehrlichen Leute / Entsetzlich dumm.
Franz Grillparzer

Alles, was erforderlich ist, damit das Schlechte in der Welt gewinnt,
sind genügend Menschen, die untätig bleiben.
Edmund Burke

Kommt das Verhängnis über ihn, dann wird er sehen,
Wie gar verschieden ist Herrscher oder Sklave sein.
Äschylos, ›Der gefesselte Prometheus‹

Ruhe und Frieden! Ich glaubs wohl! / Den wünscht jeder Raubvogel,
die Beute nach Bequemlichkeit zu verzehren.
Goethe, ›Götz von Berlichingen‹

ALLES, WAS IHNEN EINFÄLLT, FÄLLT UNS AUF DEN KOPF

Zoran Spasovic

Es ist wahrlich das traurigste aller menschlichen Übel,
alle Einsicht zu haben, aber keine Macht,
ihm entgegenzuhandeln.
Herodot, ›Die Historien‹

Glaube mir, unsere moralische und politische Welt ist
mit unterirdischen Gängen, Kellern und Cloaken miniret,
wie eine große Stadt zu sein pflegt, an deren
Zusammenhang und ihrer Bewohnenden Verhältnisse
wohl niemand denkt und sinnt.
Goethe 1781 im Brief an Johann Kaspar Lavater

Die Stunde hat geschlagen für die internationale
Hochfinanz, öffentlich der Welt ihre Gesetze zu diktieren,
wie sie es schon bisher im Verborgenen getan hat.
Die Hochfinanz ist berufen, die Nachfolge der
Kaiserreiche und Königtümer anzutreten, mit einer
Autorität, die sich nicht über ein Land,
sondern über den gesamten Erdball erstreckt.
Walther Rathenau beim Bankenkongreß 1913 in Paris

Zynische Kapitalisten und zynische Demagogen.
Ausbeuter und Verführer teilen sich die Weltherrschaft.
Nie können Wirtschaft und Politik die Weltanschauung
und Politik sanieren – nur umgekehrt.
Richard N. Coudenhove-Kalergi, 1923

Damit die Industrie genügend Arbeitsquellen gewinne,
müssen fremde Kolonien erobert, ganze Völkerschaften
vernichtet werden. Die alten Raubhorden fahndeten
nach Waren, die modernen nach Käufern.
Peter Rosegger

Durch Feinde, die uns umzingeln, schlagen wir uns
allenfalls durch, die Netze der Staatsklugheit
sind schwerer zu durchbrechen.
Goethe, ›Dichtung und Wahrheit‹

Ich bin zu einem besonderen Geschäft abberufen worden.
Aber meinen Charakter lasse ich hier.
Richard Brinsley Sheridan, ›Die Lästerschule‹, 1777

Unser Ziel ist der Mensch. Legt an! Feuer!

Radivoje Bojicic

Schwache Menschen haben oft revolutionäre Gesinnungen;
sie meinen, es wäre ihnen wohl, wenn sie nicht regiert
würden, und fühlen nicht, daß sie weder sich
noch andere regieren können.
Goethe, ›Maximen und Reflexionen‹

Im Lande gibt es eine Menge catilinarischer Existenzen,
die ein großes Interesse an Umwälzungen haben.
Bismarck vor der preußischen Budgetkommission 30. September 1862

Wir sind unerbittlich und unveränderlich wie die Wahrheit,
ich würde fast sagen, unerträglich wie die Prinzipien.
Maximilien de Robespierre, im November 1792
vor den Abgeordneten des Pariser Nationalkonvents

Frankreichs traurig Geschick, die Großen mögens bedenken;
Aber bedenken fürwahr sollen es Kleine noch mehr.
Große gingen zu Grunde: doch wer beschützt die Menge
Gegen die Menge? Da war Menge der Menge Tyrann.
Goethe, ›Venezianische Epigramme‹

Was ist dieser geheimnisvolle, gewaltige Wagen,
dessen zahllose Räder in alle Richtungen laufen,
beladen mit Schafotten, abgeschlagenen Köpfen und
zerbrochenen Zeptern? Es ist der Wagen der Revolution.
Antoine de Rivarol

Was hilft dem Verstand,
Dem Herzen Güte, Willigkeit der Hand,
Wenn's fieberhaft durchaus im Staate wütet
Und Übel sich in Übeln überbrütet?
Goethe, ›Faust II‹

Jede Revolution ist viel weniger Bauplatz der Zukunft
als Auktion der Vergangenheit.
Heimito von Doderer, ›Repertorium‹, 1969

Die Revolution hat keine Zeit zu verführen, sie vergewaltigt.
Hans Kasper

Ich mag die Leute nicht, die sich vor lauter Langeweile
an einer Revolution beteiligen
Albert Camus, ›Die Gerechten‹

Es ist wichtig, alle großen Gedanken wiederzusagen,
ohne zu wissen, daß sie schon gesagt worden sind.
Elias Canetti, ›Letzte Aufzeichnungen‹

Seltsam, wie man sich ›links‹ nennen kann, da links doch
von altersher als Synonym für das Fehlgehende gilt.
Man heftet sich also ein Zeichen des Verhexten und Verkehrten an,
weil man, voller Aufklärungshochmut, seine Politik gerade
auf den Beweis der Machtlosigkeit von magischen
Ordnungsvorstellungen begründet.
Botho Strauß, ›Anschwellender Bocksgesang‹, 1993

Es gehört offenbar zum Pluralismus, auch Unsinn zum Gesetz zu machen.
Lothar Schmidt-Mühlisch, in ›Handbuch zur Deutschen Nation‹, Bd. 4

Ideologen sind Leute, die glauben,
daß die Menschheit besser ist als der Mensch.
Italo Suevo

Viele würden sehen könnnen, trügen sie nur keine Brillen.
Friedrich Hebbel

Innerhalb des Linkskonformismus übertrifft die Zahl
der Verbote die Zahl der Ideen.
Carl Jacob Burckhardt, ›Einfälle, Aphorismen und Betrachtungen‹

Der Mensch hat die Atombombe erfunden.
Keine Maus der Welt käme auf die Idee, eine Mausefalle zu erfinden.
Volksweisheit

Nach dem Bombentest / Millionen Fischleichen
kamen nach oben und demonstrierten vor dem Atoll.
Hans Baumann, ›Denkzettel‹, 1970

Die Welt weiß alles, was Deutsche begangen haben; sie weiß nichts darüber,
was man Deutschen angetan hat.
Patrick Buchanan

Wer alle Macht hat, muß auch alles fürchten.
Pierre Corneille, ›Cinna‹

Aber so wenig als im Leben des Einzelnen ist es für das Leben
der Menschheit wünschenswert, die Zukunft zu wissen.
Jakob Burckhardt, ›Weltgeschichtliche Betrachtungen‹, 1868

Robert Lembke, ›Grüße aus dem Fettnäpfchen‹, 1986

Wenn man es bei Licht besicht,
ist alles auf das Geld gericht.
Hans Sachs, ›Die Wittenberger Nachtigall‹

Laßt wohlbeleibte Männer um mich sein,
Mit glatten Köpfen, und die nachts gut schlafen!
Shakespeare, ›Julius Caesar‹

Unser Jahrhundert beweihräuchert den Reichtum.
Reichtum ist die Gottheit des Jahrhunderts.
Oscar Wilde, ›Ein idealer Gatte‹

Das Großkapital und das Arbeiterproletariat
sind zwei zusammengewachsene Mißgeburten
des Materialismus.
Peter Rosegger, ›Heimgarten‹, 1907

Es gibt das Proletariat und das Lumpenproletariat,
den Cäsarismus und den Lumpencäsarismus.
Bertolt Brecht

Bei manchen schlägt das Herz nur deshalb so weit links,
damit auf der rechten Seite Platz
für eine möglichst große Brieftasche ist.
Heinz Gunther Hüsch, nach Robert Lembke

Für die Frechheit liegt der größte Reiz zur Untat
in der Hoffnung auf Straflosigkeit.
Cicero

Die ganze Börse hängt nur davon ab, ob es mehr Aktien gibt
als Idioten oder mehr Idioten als Aktien.
André Kostelany

Früher faßte man die Leute beim Portepee -
heute beim Portemonnaie.
Heinz Müller-Dietz, ›Recht sprechen und rechtsprechen‹, 1987

Das sind echte Kommunisten!
Sie haben alle ihre Bedürfnisse befriedigt.
Petar Lazic

Sie haben alles verteilt – und niemand hat etwas bekommen.
Ilija Markovic

Pavle Kovacevic

Der Jammer mit den Weltverbessern ist,
daß sie nicht bei sich selbst anfangen.
Thornton Wilder

Die Vermassung der Individuen
hat die Vergottung der Anführer zur notwendigen Folge.
Bernd Rill, ›Das Neueste aus der Tonne des Diogenes‹, 1989

Das Geheimnis des Agitators ist, sich so dumm zu machen,
wie seine Zuhörer sind, damit sie glauben,
sie seien so gescheit wie er.
Karl Kraus

Wir haben eine Anschauung,
es fehlt uns nur noch die entsprechende Welt.
Milovan Vrzina

Wer die Menschen zur Raserei gegen sich gebracht hat,
hat sich immer auch eine Partei zu seinen Gunsten erworben.
Friedrich Nietzsche

Die Macht ist für jeden zugänglich.
Das sieht man auch an den Resultaten.
Petar Lazic

Der Jammer mit den Weltverbessern ist,
daß sie damit nicht bei sich selbst anfangen.
Mark Twain

An seinen Feinden fühlt man am besten,
wie lebendig man ist.
Brana Crncevic, ›Staatsexamen‹

Die Rache der Geschichte an jungen Revolutionären
besteht darin, daß sie in späteren Jahren
mit Frack und Orden zum Opernball gehen müssen.
Bruno Kreisky

Der Staat stirbt ab,
dafür aber wächst sein Ansehen in der Welt.
Aleksandar Baljak

Ich kann nicht einschlafen. Sie singen mir Wiegenlieder.
Nenad Crncevic

Der Deutsche Idealismus wie der griechische ein Geschenk an die Welt

Seit Kant, Fichte, Schelling und Hegel ist Idealismus gleichbedeutend mit
›Deutschem Idealismus‹ und der Idealismus die Philosophie der Deutschen.
Der so ganz andere als der französische oder englische Nationalgedanke
derDeutschen ist eine Frucht des Idealismus. Die Deutschen verdanken
ihm ihre Identität, aber auch ihren ›Sonderweg‹ durch die Geschichte
der jüngsten Vergangenheit. Zum Unterschied zu den aus der Aufklärung
stammenden Ideen, gründen sie die Einheit der Nation und den Staat
nicht auf willkürlichem ›Volkswillen‹, individuellen Menschenrechten
und rationalem Nutzkalkül, sondern auf Sittlichkeit und Glaubens-
überzeugung. . . Volk und Staat zu dienen, gehört zur ersten Pflicht des
Königs und noch des geringsten Bürgers. . . .

Friedrich Romig, ›Die Philosophie des Deutschen Idealismus‹, 1993

Die erweist sich in den beiden gewaltigen Aufschwüngen der Philosophie:
in der griechischen auf dem Weg zu Platon und der neuzeitlichen
auf dem Wege zum ›Deutschen Idealismus‹. Es ist ein Weg von den Sinnen
zum Sinn, von der äußeren sinnlichen Erfahrung des Empirismus zu der
ontologischen Erfassung der Idee im entfalteten Idealismus, in welchem
die neuzeitliche Philosophie erst zur wahren Philosophie geworden ist.

Rolf Amtmann, ›Die Ganzheit in der europäischen Philosophie‹, 1992

Ich hatt ein seltsam Traumgesicht: / Da saß Gottvater zum Gericht
Und rief jedwede Nation / Hierbei zu seinem Sternenthron. . .
›Wo bleiben denn meine Deutschen wieder?
Recken sie noch die faulen Glieder? Sie könnten, seit ich sie begraben,
Doch endlich ausgeschafen haben!‹

Georg Herwegh, ›Meinen lieben Deutschen‹

Deutschland ist das Heiligste, was ich kenne.
Deutschland ist meine Seele, mein Halt, mein Alles.

Walter von Molo

Blüh, Deutschland, überm Grabe mein,
Jung, stark und schön als Heldenhain.

Walter Flex

Soldatenmut siegt überall, / im Frieden wie im Krieg.

Wilhelm Hauff

Ich habe beschlossen, Soldat zu sein, / und will als solcher sterben.

Christian Morgenstern, ›Wer vom Ziel nichts weiß, kann den Weg nicht haben‹

Wir leben in einer Zeit, in der die Macht Gewicht, jedoch keine Kraft hat,
in der nichts wert ist und alles seinen Preis hat.

Alain de Benoist

Theodor Körner, ›Schwertlied‹

Tapferkeit haben euch die Vorfahren als eine Art Erbe hinterlasssen .
Cicero an das römische Volk

An die Deutschen.
Spottet ja nicht des Kinds, wenn es mit Peitsch und Sporn
Auf dem Rosse von Holz mutig und groß sich dünkt,
Denn, ihr Deutschen, auch ihr seid / Tatenarm und gedankenvoll
Oder kömmt, wie der Strahl aus dem Gewölke kömmt,
Aus Gedanken die Tat? Leben die Bücher bald?
Oh ihr Lieben! So nimmt mich, /Daß ich büße die Lästerung.
Friedrich Hölderlin

Laß mich gehn, Mutter, laß mich gehn!
All das Weinen kann uns nichts mehr nützen,
denn wir gehn, das Vaterland zu schützen!
Laß mich gehn, Mutter, laß mich gehn.
Deinen letzten Gruß will ich vom Mund dir küssen:
Deutschland muß leben, und wenn wir sterben müssen!
Heinrich Lersch, ›Soldatenabschied‹

Wie nun bei dem Soldaten die Tapferkeit
als erste Eigenschaft obenansteht,
so wird sie doch stets mit der Treue verbunden gedacht.
Goethe, ›Wanderjahre‹

Wert oder Unwert eines Menschen tritt erst zutage,
wenn ihm Opfer abverlangt werden.
Karl von Hippel

Wer mit seinem Volke nicht Not und Tod teilen will,
der ist nicht wert, daß er mit ihm lebt.
Jean Paul

Es irrten meine Augen. – Mein Herz, du irrst dich nicht:
es hat ein jeder Toter des Bruders Angesicht.
Heinrich Lersch, ›Brüder‹

Das ist eine schlechte Demokratie,
in der die Toten kein Stimmrecht haben.
Ernst Wilhelm Eschmann, ›Einträge‹, 1967

Eines Menschen Treue zu seinen Toten ist der Maßstab
seiner Verläßlichkeit gegen die Lebenden.
Herbert Eisenreich

Du kömmst, o Schlacht! schon wogen die Jünglinge
Hinab von ihren Hügeln, hinab ins Tal,
Wo keck herauf die Würger dringen,
Sicher der Kunst des Arms, doch sichrer

Kömmt über sie die Seele der Jünglinge,
Denn die Gerechten schlagen, wie Zauberer,
Und ihre Vaterlandsgesänge
Lähmen die Kniee der Ehrelosen.

O nimmt mich, nimmt mich mit in die Reihen auf,
Damit ich einst nicht sterbe gemeinen Tods!
Umsonst zu sterben, lieb ich nicht, doch
Lieb ich zu fallen am Opferhügel

Fürs Vaterland, zu bluten des Herzens Blut
Fürs Vaterland – und bald ists geschehn! Zu euch,
Ihr Teuern! komm ich, die mich leben
Lehrten und sterben, zu euch hinunter!

Wie oft im Lichte dürstet ich, euch zu sehn,
Ihr Helden und ihr Dichter aus alter Zeit!
Nun grüßt ihr freundlich den geringen
Fremdling, und brüderlich ist's hier unten;

Und Siegesboten kommen herab: Die Schlacht
Ist unser! Lebe droben, o Vaterland,
Und zähle nicht die Toten! Dir ist,
Liebes! nicht einer zu viel gefallen.
Friedrich Hölderlin

Wer den Tod fürchtet, ist zu Großem unfähig.
Königin Christine von Schweden

Gemeinschaft ist nicht die Summe von Interessen,
sondern die Summe an Hingabe.
Antoine de Saint-Exupéry

Schützt eure Güter! Und euer Liebstes zu erretten,
Fallt freudig, wie ich euch ein Beispiel gebe.
Goethe, ›Egmont‹

Heldentum fühlt, vernünftelt nicht. und hat damit immer Recht.
Ralph Waldo Emerson, ›Prudence‹

So wie einst der Dichter, so lieben wir heute Deutschland über alles.
Friedrich Ebert, anläßlich der Verkündung der Nationalhymne 1922

Ludwig Uhland, ›Der gute Kamerad‹

Das Schicksal kann die Heldenbrust zerschmettern,
doch einen Heldenwillen beugt es nie!
Theodor Körner

Morgenrot! / Leuchtest mir zum frühen Tod?
Bald wird die Trompete blasen, /Dann muß ich mein Leben lassen,
Ich und mancher Kamerad!
. . . Darum still / Füg ich mich, wie Gott es will,
Und so will ich wacker streiten, / Und sollt ich den Tod erleiden,
Stirbt ein braver Reitersmann.
Wilhelm Hauff, ›Reiters Morgenlied‹

Totenklage ist arger Totendienst, Gesell!
Wollt ihr eure Toten zu Gespenstern machen
oder wollt ihr uns Heimrecht geben?. . .
Laßt uns den feuchten Duft der Heiterkeit, der als
Glanz und Schimmer über unserer Jugend lag. . .
daß wir unter euch wohnen und weilen dürfen
in dunklen und hellen Stunden. . . Gebt uns Heimrecht,
wie wir's im Leben genossen haben.
Walter Flex

Gedenket der Toten.
Doch stünde ihr Bild und Nam' in Stein und Erz,
So wäre dennoch alles Rühmen eitler Wind,
Wenn die Besten nicht geschrieben sind in festen
und blühenden Lettern in euer Herz. Gedenket der Toten!
Wilhelm Pleyer

Den Boden für einen unbekannten Ackersmann
fruchtbar zu machen, das ist die wahre Zukunft
des wahren Soldaten.
Louis-Ferdinand Céline, ›Reise ans Ende der Nacht‹

Wenig liegt daran, wie man geboren wird, doch viel daran, wie man stirbt.
Christine von Schweden

Unser Volk wird gewißlich nicht untergehen; denn in ihm lebt
ein unverwüstlicher Kern geistiger Wiederherstellungskraft.
Johann Gottlob Fichte

Der Krieg ist das Massaker von Leuten, die sich nicht kennen, zugunsten
von Leuten, die sich kennen, aber nicht gegenseitig abschlachten.
Paul Valéry

Diodor von Sizilien

Denn Frevel ist's, den tapfern Mann
Im Tod zu schmäh'n, auch wenn er uns verhaßt.
Sophokles

Sie wissen wohl nicht, daß es nach dem Sieg
keine Feinde mehr gibt!
*Napoleon zu einem Offizier, der sich nicht um
einen verwundeten Russen kümmerte*

Nur feige Seelen rächen sich an überwundenen Feinden,
und ich gehöre nicht dazu.
Friedrich der Große an d'Alembert am 23. Januar 1782

Gib, daß ich tu mit Fleiß, was mir zu tun gebühret,
wozu mich dein Befehl in meinem Stande führet.
Gib, daß ich's tue bald, zu der Zeit, da ich soll,
und wenn ich's tu, so gib, daß es gerate wohl.
Gesang der Preußen vor der Schlacht von Leuthen

Reiste man nach dem Krieg durch die befreiten Länder,
so hörte man allenhalben das Lob des deutschen
Soldaten – und nur zu oft wenig freundliche
Betrachtungen über das Verhalten der Befreiertruppen.
Basil Liddell Hart, ›Lebenserinnerungen‹ 1966

Die Moral als Mäntelchen, die das Unrecht verdecken soll,
ist ärger als das nackte Unrecht.
Bernt von Heiseler

Seit der Krieg geächtet ist, wird er alltäglich.
Johannes Gross

Wie dünn deckt der ideologische Firnis die natürliche Sache der Völker!
Atmet die Erde, springt die Lasur.
Hans Kasper

Das ist der Sinn von diesem großen Sterben,
ihr, die ihr dann noch lebet, merket gut:
Die große Tat will große Erben, / ihr Todesmut will euren Lebensmut.
Anton Wildgans

Gott hat dies Vaterland gegeben allen Männern,
die es verteidigen können, allen Frauen, die, um seinetwillen,
sich die Gefahren ihrer Brüder, Gatten und Söhne gefallen lassen.
Anne Germaine de Staël, ›Über Deutschland‹

Schiller, ›Wallensteins Lager‹

Anders als ihr geträumt / fielen die würfel des streits. . .
Da das zerrüttete Heer / sich seiner waffen begab
Standest du traurig vor mir / wie wenn nach prunkendem fest
Nüchterne woche beginnt / schmückender ehren beraubt. . .
Tränen brachen dir aus / um den vergeudeten schatz
Wichtigster Jahre
Du aber tu es nicht gleich / unbedachtsamem schwarm
Der was er gestern bejauchzt / heute zum kehricht bestimmt.

Stefan George, ›Einem jungen Führer im Ersten Weltkrieg‹

Wenn man anfängt, den Krieger von dem Bürger zu trennen,
ist die Sache der Freiheit und Gerechtigkeit schon halb verloren.

Johann Gottfried Seume

Der aufrechte soziale Demokrat lebt für etwas, für das Leben.
Für etwas zu sterben – das gab es nur während der großen
Erzählungen in der Vergangenheit, als das Leben noch nicht
der Güter höchstes war und die zur nackten Lebenslust
dazugehörende Todesvergessenheit.

Uwe Wolff, ›Tradition und Transzendenz‹, in ›Die selbstbewußte Nation‹ 1993

Wer im Kameradschaftlichen treu, in Gefahr unbeirrbar,
durch Mut und Sachlichkeit sich bewährt hat,
der darf etwas Unantastbares in seinem Selbstbewußtsein
bewahren. Dies rein Soldatische und zugleich Menschliche
ist allen Völkern gemeinsam.
Hier ist Bewährung ein Fundament des Lebenssinnes.

Karl Jaspers

Ja, der Krieg verschlingt die Besten.

Schiller, ›Das Siegesfest‹

Man genießt sich selber am besten in der Gefahr.

Napoleon Bonaparte

Ein preußischer General stirbt, aber er hinterläßt keine Memoiren.

Constantin von Alvensleben

Unter den Leiden und Schrecknissen der blutigen Kriege
unseres Jahrhunderts, die ganze Völker verzehren, vollzieht sich
der fürchterlichste aller Kriege beinah unbeachtet:
der dämonische Kampf der Lüge gegen die Wahrheit, in welchem
das Individuum gegen alle kollektiven Mächte alleinsteht.

Emil Barth, ›Lemuria‹

Häufig Losung auf alten Geschützen

Ich sähe Indien lieber zu den Waffen greifen,
als daß es ein hilfloser Zeuge seiner eigenen Entehrung
würde und bliebe.
Der friedfertige Mahatma Gandhi

Frei will ich leben und also sterben,
Niemand berauben und niemand beerben
Und auf das Gehudel unter mir
Leicht wegschauen von meinem Tier.
Der erste Kürassier in Schillers ›Wallenstein‹

Der erste wahre und höhere eigentliche Lebensgehalt
kam durch Friedrich den Großen und die Taten des
Siebenjährigen Krieges in die Poesie.
Goethe, ›Dichtung und Wahrheit‹

. . . Ermannet euch! Gefährten, Freunde, Brüder,
die ihr doch stets das Vaterland geliebt,
und merket wohl: ›**Es gibt kein Waffen nieder,
weil's keinen Frieden ohne Waffen gibt!**‹
Rainer Maria Rilke 1890 auf Bertha von Suttners Buch

Wer sich über das Wesen des Krieges,über
seine Notwendigkeiten, Forderungen und Folgen klar ist,
also der Soldat, wird weit ernster über
Kriegsmöglichkeiten nachdenken als der Politiker
oder Geschäftsmann, der kühl Vor- und Nachteile abwägt.
Hans von Seeckt

Man muß stets vollkommen zum Kriege gerüstet sein,
um nie in die traurige Notwendigkeit versetzt zu werden,
ihn führen zu müssen,
François de Fénelon

Bis auf den heutigen Tag wird ununterbrochen abgerüstet –
die jeweils veralteten Waffen.
Hellmut Walters

Mit den Wölfen schweigen. . . Wie lange noch? Tapferkeit als Pflicht
gegenüber dem Gemeinwesen, reden wir uns ein, gilt heute als
lächerlich. Doch dahinter versteckt sich unsere Angst. In Wahrheit
sind wir verschreckt und fürchten den Zeitgeist wie ein Schloßgespenst.
Peter Gauweiler, in der ›FAZ‹, 14. Januar 1995

Handle so, daß die Maxime deines Willens jederzeit zugleich
als Prinzip der allgemeinen Gesetzgebung gelten könnte.
Immanuel Kant, ›Kritik der praktischen Vernunft‹

Was werden wird, ist dunkel, aber das Alte ist vergangen!
Was geschehen ist, ist hell und etwas Neues muß werden .
Was wir tun müssen, ist keinem verborgen:
Wir müssen das Rechte und Redliche tun!
Ernst Moritz Arndt

Eine Rechtsordnung kann nur als Produkt und Teil
einer Gesamtkultur begriffen werden. In einem demokratischen
Rechtsstaat darf sich dieses Grundverständnis
nicht auf Fachkreise beschränken.
Umgekehrt sind die Juristen, zu deren Fachwissen
dieses Begreifen in erster Linie gehört, darauf angewiesen,
daß es Experten gibt, die ihnen das Bild
der Gesamtkultur vermitteln.
Otto Kimminich in Diwald/Eichler, ›Warum so bedrückt?‹, 1992

Wahrlich: Gib ein Gebot, das bindend verpflichtet!
Betrachte das Blanke, faß an das Schlichte!
Mach klein dein Eigen und karg deine Süchte!
Laotse

Indem man – beispielsweise – zwar Rechte der Schwachen
(etwa die von Randgruppen und Tieren) stark macht,
aber zugleich die Rechte der Schwächsten (zum Beispiel von
menschlichen Embryos) überhaupt nicht wahrnimmt,
und nicht einmal mehr für diskussionsbedürftig hält.
Das Quantum an moralischer Empörung bleibt so konstant;
je mehr man sie an einer Stelle steigert, desto mehr nimmt sie
(kompensatorisch) an anderer Stelle ab.
Odo Marquard, ›Der Mensch ist ein Prinz auf der Erbse‹

Wer Recht schaffen soll, muß rechtschaffen sein.
Gustav Radbruch, ›Aphorismen zur Rechtsweisheit‹

Je mehr man Gewissen ›ist‹, desto weniger Gewissen
braucht man zu ›haben‹: Man erspart sich das Tribunal,
indem man es wird. Darum gibt es die Kumpanei
zwischen Libertinage und Rigorismus.
Odo Marquard, ›Der Mensch ist ein Prinz auf der Erbse‹

Alles Gute, das nicht auf moralisch gute Gesinnung
gepfropft ist, ist nichts als Schein und schimmerndes Elend.
Immanuel Kant, ›Kritik der Urteilskraft‹, 1790

Vier Eigenschaften gehören zum Richter: weise fragen,
geduldig zuhören, vernünftig erwägen, gerecht urteilen.
Sokrates

Friedrich hatte die Gerichtshöfe in seinen Staaten dergestalt
unabhängig von sich gemacht, daß unter seiner und
seiner Nachfolger Regierung nicht selten Aussprüche von ihnen
ergangen sind, die, in Prozessen, wo es auf politisches
Interesse ankam, dem Untertan recht, dem Fürsten unrecht gaben.
Anne Germaine de Staël, ›Über Deutschland‹

Ich bin in den gesamten preußischen Staaten auf keinen einzigen
Menschen gestoßen, der über willkürliche Handlungen
der Regierung Klage geführt hätte; gleichwohl hätte er ohne Gefahr
Klagen dieser Art hören lassen dürfen...
Anne Germaine de Staël, ›Über Deutschland‹

Ich liebe die Universität von Salamanca:
Als die Spanier Zweifel hatten, ob die Eroberung Amerikas
gesetzlich erlaubt sei, hatte sie die Meinung vertreten,
daß sie ungesetzlich wäre.
Samuel Johnson

Der Schwache schlägt den Starken in gerechter Sache.
Sophokles, ›Ödipus auf Kolonos‹

Es gibt zwei friedliche Gewalten: das Recht, die Schicklichkeit.
Johann Wolfgang von Goethe

Ein edles Herz / Bekennt sich gern von der Vernunft besiegt.
Schiller, ›Die Jungfrau von Orleans‹

Ein guter Mensch in seinem dunklen Drange
Ist sich des rechten Weges wohl bewußt.
Goethe, ›Faust I‹

Anzeigen von Leuten, die ihren Namen nicht nennen,
darf kein Gehör geschenkt werden.
Kaiser Trajan

Jean-Jacques Rousseau, ›Emil oder über die Erziehung‹

Der Friede ist das Werk der Gerechtigkeit.
Thomas von Aquin

Recht zu handeln, / Grad zu wandeln, / Sei des edlen Mannes Wahl.
Johann Wolfgang von Goethe

Bleib auf deinem verlorenen Posten,
wenn du gewinnen willst.
Rudolf Mayer Freiwaldau, ›Wendezeiten‹

Heitern Sinn und reine Zwecke: / Nun, man kommt wohl eine Strecke.
Wilhelm Busch

Wie wenig ist am Ende der Lebensbahn daran gelegen, was wir erlebten,
und wie unendlich viel, was wir daraus machten.
Wilhelm von Humboldt

In der jetzigen Zeit soll niemand schweigen oder nachgeben;
man muß reden und sich rühren, nicht, um zu überwinden,
sondern sich auf seinem Posten zu erhalten;
ob bei der Majorität oder Minorität, ist ganz gleichgültig.
Goethe, ›Maximen und Refexionen‹

Krumm sollst du nicht grade nennen
und Unrecht nicht für Recht erkennen.
Volksweisheit

Ist jede Gerechtigkeit die Grundlage moralischer Einrichtungen, so ist das
Mitleiden die hervorstechendste Quelle moralischer Handlungen.
Ludwig Büchner

Tu nur das Rechte in deinen Sachen;
Das andre wird sich von selber machen,
Wer Recht tun will, immer und mit Lust,
der hege wahre Lieb in Sinn und Brust.
Goethe, ›Sprichwörtlich‹

Früher wurde man rot, wenn man sich schämte.
Jetzt schämt man sich , wenn man rot wird.
Joachim Fuchsberger

Toleranz sollte eigentlich nur eine vorübergehende Gesinnung sein:
sie muß zur Anerkennung führen. Dulden heißt beleidigen.
Goethe, ›Maximen und Reflexionen‹

DIE BESTEN GESETZE ENTSTEHEN AUS DEN GEBRÄUCHEN
Joseph Joubert

Diz recht ne han ich erdacht, es habn von aldere an uns bracht
unse guten vorvaren.
Eike von Repgow, ›Sachsenspiegel‹

Gewalttätigkeit schießt auf – Recht vor Gericht welkt dahin.
Auf denn! Wir haben schon zu viel gesäumt!
Walther von der Vogelweide

Römisch Recht, gedenk' ich deiner,
Liegt's wie Albdruck auf dem Herzen.
Victor von Scheffel

Es erben sich Gesetz und Rechte / Wie eine ewge Krankheit fort. . .
Vernunft wird Unsinn, Wohltat Plage: / Weh dir, daß du ein Enkel bist!
Goethe, ›Faust I‹

A: Mein Recht ist klar, und wie mir scheint,
Kann mein Prozeß gar nicht verloren gehen.
B: Hast du das Recht auf deiner Seite, Freund,
So fürchte noch die Rechtsgelehrten.
Ignaz Franz Castelli

Den Namen des Rechtes würden wir nicht kennen,
wenn es das Ungerechte nicht gäbe.
Heraklit

. . . der ist schuldig der Tat, der zu strafen Gewalt hat,
Und nicht strafet.
Goethe, ›Reineke Fuchs‹

Die Strafen sind das Salz, damit man abwehre,
Daß gute Zucht sich in Faul und Stank verkehre.
Friedrich von Logau

Ein Richter, der nicht strafen kann, /Gesellt sich endlich zum Verbrecher.
Goethe, ›Faust II‹

Wie bringen wir die Majestät des Rechts in einer Republik unter?
Heinz Müller-Dietz, ›Alles was Recht ist‹, 1983

Es war Kanzleirat in Graz, / was immer ihm recht schien, er tat's.
Hat trotz trächtiger Kassen /sich selber entlassen.
Ein Vorbild den Herrn des Senats.
Ernst Fabian, ›Limericks, Der Konsequente‹

Seneca, ›Medea‹

Denn was durch Trug,
Durch ungerechten man gewann, ist nicht von Dauer.
Sophokles, ›Ödipus auf Kolonos‹

Was blutig anfing mit Verrat und Mord,
das setzt sich auch durch blut'ge Taten fort.
Schiller, ›Macbeth‹

Jeder hat so viel Recht, als er Gewalt hat.
Baruch de Spinoza

Die blut'ge Saat gedieh zu blut'ger Ernte.
Adalbert von Chamisso

Auch das Weltgericht hat Pausen.
Friedrich Hebbel

Die geschichtliche Logik ist noch genauer
in ihren Revisionen als unsere Oberrechnungskammer.
Otto von Bismarck

Nichts ist endgültig geregelt,
was nicht gerecht geregelt ist.
Abraham Lincoln

Der Scharfsinn verläßt geistreiche Männer am wenigsten,
wenn sie Unrecht haben.
Goethe, ›Maximen und Reflexionen‹

Wenn es auf die Gerechtigkeit ankommt, so will ich
nicht um einen Pfennig prinzipiell verkürzt werden.
Otto von Bismarck

Wo der Anfang ein Unrecht ist,
da kann kein Recht erzeugt werden.
Reinhold Schneider

Nie kann aus Unrecht Recht und Glück entstehen.
Walther Rathenau, ›Nach der Flut‹

Was man nicht aufgibt, hat man nicht verloren.
Schiller, ›Maria Stuart‹

Woran du selber schuldig, das schiebe nicht auf die Verhältnisse.
Matthias Claudius

Die Natur hat die Menschen durch die Brust verbunden,
die Professoren hätten sie gern mit dem Kopf zusammen.

Der Mann hatte so viel Verstand,
daß er fast zu nichts mehr zu gebrauchen war.

Er verschluckte viel Weisheit; es war aber,
als wenn ihm alles in die falsche Kehle gekommen sei.

Die Leute, die niemals Zeit haben, tun am wenigsten.

Die kleinen Unteroffiziere sind die stolzesten.

Zum Lärmmachen wählt man die kleinsten Leute, die Tambours.

Ich habe Leute gekannt, die haben heimlich getrunken
und sind öffentlich besoffen gewesen.

Die große Regel: Wenn dein Bißchen an sich
nichts Sonderbares ist, so sage es wenigstens ein wenig sonderbar.

Es gibt Stellen, wo Bauernmädchen aussehen wie Königinnen,
das gilt von Leib und Seele.

Ich vergesse das meiste, was ich gelesen habe;
Nichtsdestoweniger trägt es zur Erhaltung meines Geistes bei.

Es kommt nicht darauf an, ob die Sonne in eines Monarchen
Staaten nicht untergeht, wie sich Spanien ehedem rühmte,
sondern was sie während ihres Laufs in diesen Staaten
zu sehen bekommt.

Wir fressen einander nicht, wir schlachten uns bloß.

Da sie sahen, daß sie ihm keinen katholischen Kopf
aufsetzen konnten, schlugen sie ihm wenigstens
den protestantischen ab.

Er teilte am Sonntag Segen und oft schon am Montag Prügel aus.

Zu leben, wenn man nicht will, ist abscheulich;
aber noch entsetzlicher wäre es,
unsterblich zu sein, wenn man nicht wollte.

Zweifel muß nichts weiter sein als Wachsamkeit,
sonst kann er gefährlich werden.

*

Lichtenbergers Schriften können wir uns als der wunderbarsten Wünschel-
rute bedienen; wo er einen Spaß macht, liegt ein Problem verborgen.
Goethe, ›Wanderjahre. Aus Makariens Archiv‹

VOM RECHTE, DAS MIT UNS GEBOREN IST, VON DEM IST, LEIDER! NIE DIE FRAGE
Goethe, ›Faust I‹

Das Gesetz ist der Freund der Schwachen.
Schiller, ›Die Braut von Messina‹

Das Armenrecht ist das Recht der Armen.
Heinz Müller-Dietz, ›Alles was Recht ist‹, 1983

Hier hängt ein Fisch im Netz
wie des armen Mannes Recht im Gesetz.
William Shakespeare, ›König Lear‹

Zum Juristen gehört, wenn ich so sagen soll, viel Wetterklugheit.
Theodor Gottlieb von Hippel

Gottlob, daß ich ein Bauer bin, / Und nicht ein Advokat,
Der alle Tage seinen Sinn / Auf Zank und Streiten hat.
Matthias Claudius

Ein Quentlein Gunst wohl bereit,
Überwiegt hundert Pfund Gerechtigkeit.
Stammbucheintrag 1619

Wer das Recht denkt recht zu führen,
Muß die Räder reichlich schmieren.
Friedrich von Logau

Er hatte kein schlechtes Gewissen, sagten sie.
Sie vergaßen: Er hatte gar keines.
Rudolf Mayer Freiwaldau, ›Wendezeiten‹, 1991

Das Recht muß nie der Politik, wohl aber die Politik
jederzeit dem Recht angepaßt werden.
Immanuel Kant

Eine große Zahl von Juristen ist kein Maßstab für Rechtlichkeit im Land.
Richard W. Eichler

Andauernde Naivität in Sachen richterlicher Unabhängigkeit.
Wie bei jeder garantierten Unabhängigkeit ist sie um so verläßlicher,
je weniger sie in Anspruch genommen wird. Im übrigen:
Die Justiz ist Teil der öffentlichen Meinung.
Johannes Gross, in ›FAZ-Magazin‹, 10. März 1995

Das Zeitalter ist aufgeklärt. . ., woran liegt es,
daß wir noch immer Barbaren sind?
Schiller, ›Über die ästhetische Erziehung des Menschen‹

machen den Anspruch auf Rechtstaatlichkeit zunichte.
Eine Binsenwahrheit

Manche Dinge lassen sich leichter legalisieren als legitimieren.
Nikolas de Chamfort

Die Leute statuieren lieber ein Exempel –
als daß sie ein Beispiel geben.
Heinz Müller-Dietz, ›Alles was Recht ist‹, 1983

Die Wahrheit hat weder Waffen nötig, um sich zu
verteidigen, noch Gewalttätigkeit, um die Menschen
zu zwingen, an sie zu glauben.
Sie hat nur zu erscheinen, und sobald ihr Licht
die Wolken, die sie verbergen, verscheucht hat,
ist ihr Sieg gesichert.
Friedrich der Große

Wenn im Kampf der Interessen und Schlagworte
die Wahrheit in Gefahr kommt, ebenso entwertet,
entstellt und vergewaltigt zu werden wie der Einzelmensch,
dann ist es unsere einzige Pflicht zu widerstehen und
die Wahrheit, das heißt das Streben nach Wahrheit,
als unseren höchsten Glaubenssatz zu retten.
Hermann Hesse, ›Das Glasperlenspiel‹

Eine Lüge ist wie ein Schneeball:
je länger man ihn wälzt, desto größer wird er.
Martin Luther

Die Lüge kann nie zur Wahrheit werden dadurch,
daß sie an Macht wächst.
Rabindranath Tagore, ›Verirrte Vögel‹

Und wenn alle anderen die von der Partei aufgezwungene
Lüge angenommen hatten – wenn alle Berichte
gleich lauteten –, dann ging die Lüge in die Geschichte
ein und wurde Wahrheit.
George Orwell, ›1984‹

Das kann ich nicht getan haben – sagt mein Stolz
und bleibt unerbittlich.
Endlich – gibt mein Gedächtnis nach.
Friedrich Nietzsche

Es geht nicht zu mit rechten Dingen!

Schiller, ›Wallenstein‹

Es gibt nicht nur Menschenrechte, sondern auch Eselsrechte.
Ein Grundrecht jedes Esels ist zum Beispiel
das Recht auf einen toten Löwen,
dem er nach Herzenslust Fußtritte versetzen kann.
Carl Schmitt 1946 über gewandelte Steigbügelhalter

. . . immer sind es die Schwächeren, die nach Recht und Gleichheit
suchen, die Stärkeren aber kümmern sich nicht darum.
Aristoteles

Läßt die Gewalt sich blicken, / geht das Recht auf Krücken.
Günter Grundmann, ›Rechtssprichwörter‹

Sie richten, damit sie nicht gerichtet werden.
Karl Kraus

In seinen roten Roben erinnert der Bundesgerichtshof
an Narrensitzungen im Karneval.
In seinen Urteilen bisweilen auch.
Oliver Hassencamp, ›Sage und Schreibe‹

Auch unanfechtbare Urteile können anfechtbar sein.
Heinz Müller-Dietz, ›Alles was Recht ist‹, 1983

Das Recht hat die merkwürdige Eigenschaft,
daß man es behalten kann, ohne es zu haben.
Joseph Unger

Manche Gesetzes-Novelle wirkt romanhaft.
Heinz Müller-Dietz, ›Alles was Recht ist‹, 1983

›Du hast nicht recht!‹ Das mag wohl sein;
Doch das zu sagen, ist klein.
Habe mehr recht als ich! das wird was sein.
Goethe, ›Zahme Xenien‹

Niemand besitzt irgendein Recht außer dem,
immer seine Pflicht zu tun.
Auguste Comte, ›Système de politique positive‹

Das Ziel des Rechts ist der Friede, das Mittel dazu der Kampf.
Alles Recht der Welt ist erstritten worden.
Rudolf von Ihering

Marie von Ebner-Eschenbach

Es gibt Zeiten, wo die öffentliche Meinung
die schlechteste aller Meinungen ist.

Nicolas de Chamfort

Presse, du bist wieder frei.
Jeder wünscht die Freiheit sich, / Andre brav zu pressen.

Goethe, ›Epigrammatisch‹

Die journalistischen Taglöhner der Lüge.

Karl Kraus

Sie gehn umher, entwürdigt durch die Müh,
sinnlosen Dingen ohne Mut zu dienen !

Rainer Maria Rilke

Was euch die heilige Preßfreiheit,
Für Frommen, Vorteil und Früchte beut?
Davon habt ihr gewisse Erscheinung:
Tiefe Verachtung öffentlicher Meinung.

Goethe, ›Zahme Xenien‹

Journalist ist, wer über Dinge, die er nicht versteht,
kompetent zu schreiben weiß.

Charles Tschopp

Journalisten sind Schriftsteller, die auf Schnee schreiben.

Robert Lembke

Wer war die Schönste auf dem Balle?
Weß schönste Frau kam jüngst zu Falle?
Das beste Pferd in welchem Stalle? / Das meiste Geld in welcher Kralle?
Die vorher schliefen horchen alle.

Carmen Sylva

Wenn man einige Monate die Zeitungen nicht gelesen hat
und man liest sie alsdann zusammen, so zeigt sich erst,
wieviel Zeit man mit diesen Papieren verdirbt.

Goethe, ›Maximen und Reflexionen‹

Um geistreich zu sein,
braucht man nur vor nichts mehr Respekt zu haben.

Bismarck vor dem Reichstag am 9. Mai 1885

Der Skandal von früher ist heute nur noch eine Reklame.

Luis Buñuel

Der einzige Feind, gegen den man nicht kämpfen kann
und dessen Bedrohung die Kräfte nicht anspornt: Volksreichtum.
Sind wenige reich, so herrscht Korruption und Anmaßung.
Ist es das Volk insgesamt, so korrodiert die Substanz.
Jedenfalls schützt Wohlhaben nicht vor der Demontage
des Systems, dem es sich verdankt.

Daß jemand in Tadschikistan es als politischen Auftrag begreift,
seine Sprache zu erhalten, wie wir unsere Gewässer,
das verstehen wir nicht mehr. Daß ein Volk sein Sittengesetz
gegen andere behaupten will und dafür bereit ist, Blutopfer
zu bringen, das verstehen wir nicht mehr und halten es in unserer
liberal-libertären Selbstbezogenheit für falsch und verwerflich.

Es ist gleichgültig, wie wir es bewerten, es wird schwer zu bekämpfen
sein: daß die alten Dinge nicht einfach überlebt und tot sind,
daß der Mensch, der Einzelne wie der Volkszugehörige,
nicht einfach nur von heute ist.

Die heile Welt des Schmunzel-Moderators: ›das bunte, gemütlich
beieinander wohnende Völkchen der Prostituierten, Drogensüchtigen,
deutschen Hausfrauen, Asylanten und Intellektuellen. . .‹

Ich sehe zwischen einem Schau-Gespräch und einem Schau-Prozeß
nur graduelle Unterschiede in der Vorführung von Denunzierten.
Wer sich bei einer privaten Unterhaltung von Millionen Unbeteiligter
begaffen läßt, verletzt die Würde und das Wunder des Zwiegesprächs,
der Rede von Angesicht zu Angesicht und sollte mit einem
lebenslangen Entzug der Intimsphäre bestraft werden.

Ich habe keinen Zweifel, daß Autorität, Meistertum eine höhere
Entfaltung des Individuums befördert bei all jenen, die sich ihr
zu verpflichen imstande sind, als jede Form der zu frühen
leichtgemachten Emanzipation.
Aus ›Anschwellender Bocksgesang‹, 1993

Ich erhebe Anspruch darauf, den Bildungswandel einer freien
Person zu durchleben, und wenn dies zum Rechten hinführt,
so erhebe ich wiederum Anspruch darauf,
daß auch dem Rechten intellektuelle Gerechtigkeit widerfahre.
*Botho Strauß, nach Veröffentlichung des ›Anschwellenden
Bocksgesangs‹ in ›Die selbstbewußte Nation‹, ›FAZ‹ 17.Dez. 1994*

DAS NENNE ICH EINE HÜBSCHE PHRASE,
SO BUNT WIE EINE SEIFENBLASE
Friedrich Hebbel

›Die Garde stirbt und ergibt sich nicht!‹
Sieben Wörter an Stelle von sechs Buchstaben.
Gustave Flaubert, ›Wörterbuch der Gemeinplätze‹
(In Wahrheit soll Cambronnes vor Waterloo
›merde!‹ gerufen haben.)

Was ihr den Geist der Zeiten heißt,
Das ist im Grund der Herren eigner Geist,
In dem die Zeiten sich bespiegeln.
Goethe, ›Faust I‹

Man kann alle Leute eine Zeitlang,
manche Leute für alle Zeit zu Narren machen -
aber niemals alle Leute für alle Zeit.
Abraham Lincoln am 8. September 1858

Alles auf der Welt hat sein zweites Gesicht,
die Natur, die Kultur, die Religion, die Kunst, die Politik,
die Liebe, alles, alles.
Wer das nicht weiß, ist glücklich, ich weiß es.
Hermann Löns, ›Das zweite Gesicht‹

Unter die größten Entdeckungen,
auf die der menschliche Verstand in den neuesten Zeiten
gefallen ist, gehört nach meiner Meinung die Kunst,
Bücher zu beurteilen, ohne sie gelesen zu haben.
Georg Christoph Lichtenberg

Ein Rezensent, das ist ein Mann,
Der alles weiß und gar nichts kann.
Ernst von Wildenbruch

Ein jeder kann nur seinen eignen Stand beurteilen
und tadeln. Aller Tadel heraufwärts oder hinabwärts
ist mit Nebenbegriffen und Kleinheiten vermischt,
man kann nur durch seinesgleichen gerichtet werden.
Goethe, ›Die Aufgeregten‹

Die jetzigen Menschen sind nur zum Tadeln geboren.
Vom ganzen Achilles sehen sie nur die Ferse.
Marie von Ebner-Eschenbach

DIESE WELT IST ABSURD

Albert Camus, ›Der Mythos des Sisyphos‹, 1942

Die Kritiker glauben wirklich, man habe gar nichts anderes
zu tun, als ihnen im Schweiße unseres Angesichts
ihr täglich Brot zu verdienen!
Josef Kainz

Damit man sehe, was man höre,
erfand Herr Braun die Braunsche Röhre.
Wir wär'n Herrn Braun noch mehr verbunden,
hätt er was anderes erfunden.
Heinz Erhardt

Nichts trostloser als ein Humor,
den man aus Humorlosem gekitzelt.
Die Welt ward zu Tode gewitzelt
und trister denn je zuvor.
Christian Morgenstern, ›Aphorismen und Sprüche‹

Das Radio hat bewirkt, daß man die Dummheit hört,
das Fernsehen ermöglicht es, daß man sie auch sehen kann.
Brana Crncevic, ›Schreib wie du schweigst‹

Beim Fernsehen muß man verrückt werden,
es sei denn, man beginnt zu spinnen.
Robert Lembke, ›Grüße aus dem Fettnäpfchen‹, 1986

Es gibt viele erfrischende Fernsehprogramme:
Man fühlt sich richtig erfrischt, wenn man wieder aufwacht.
Robert Lembke, ›Grüße aus dem Fettnäpfchen‹, 1986

Bewegungen gehen über die Erde,
Völker fliehen, Stämme werden umgesiedelt,
Gläubige jagen Ungläubige und Widerwillige wie Wild.
Walter Bauer, ›Dennoch‹

Die Wirklichkeit, in die unsere Kinder hineinwachsen,
ist eine Werbe- und Erwerbswirklichkeit; die Werbung wirbt ihnen
Wirklichkeit an, die sie nur durch Erwerb erwerben können.
Heinrich Böll, ›Jugendschutz‹, 1965

Wahrheit in diesem Lande / lügt aus mächtigem Mund.
Sie geht auf Stelzen hin und her / wie niemand sonst
von jenen Leuten, / die man in Warenhäusern sieht.
Klaus Konjetzky, ›Poem vom grünen Eck‹, 1975

Die Lust am Untergang

Titel eines Buches von Friedrich Sieburg, 1954

Im Journalismus ist ein Ehrenmann jener,
der sich die Meinung, die er hat, bezahlen läßt;
ein Schurke der, den man dafür bezahlt,
eine Meinung zu haben, die er nicht hat.
Edmond und Jules de Goncourt

Pöblesse obligée
Gutes laßt uns stets beschweigen;
denn es dünkt uns selbstverständlich;
Schlechtem aber stets bezeigen,
wie wir ihm so tief erkenntlich.
Christian Morgenstern, ›Aphorismen und Sprüche‹

Weise zurück, was die Zeitung, die Literatur,
die dramatische, die bildende Kunst usw.
dir an Quälendem, Elendem und Schmutzigem aufdrängen will.
Peter Rosegger, ›Heimgarten‹, 1907

In Amerika regiert der Präsident vier Jahre,
der Journalismus für immer und ewig.
Oscar Wilde, ›Die Seele des Menschen und der Sozialismus‹

Wer in die Öffentlichkeit tritt,
hat keine Nachsicht zu erwarten und keine zu fordern.
Marie von Ebner-Eschenbach

In der alten Zeit hatte man die Folterbank.
Jetzt hat man die Presse.
Oscar Wilde, ›Der Kritiker als Künstler‹

Der Reporter hat keine Tendenz, hat nichts zu rechtfertigen
und hat keinen Standpunkt. Er hat unbefangen Zeuge zu sein
und unbefangene Zeugenschaft zu liefern. . .
Egon Erwin Kisch, ›Der rasende Reporter‹

Ich habe geschrieben links, und wieder rechts.
Ich kann schreiben nach jeder Richtung.
Schmock in Gustav Freytags ›Journalisten‹, 1854

In der Zeitung steht alles. Man muß sie nur mit genug Haß lesen.
Elias Canetti, ›Die Provinz des Menschen‹, 1973

Laßt uns alles drucken. . ., / Nur sollte keiner mucken,
Der nicht so denkt wie wir.
Goethe, ›Zahme Xenien‹

Goethe an Karl Friedrich Zelter am 31. Dezember 1817

Lästert nicht die Zeit, die reine! / Schmäht ihr sie, so schmäht ihr euch!
Denn es ist die Zeit dem weißen, / Unbeschrieb'nem Blatte gleich.
Das Papier ist ohne Makel, / Doch die Schrift darauf seid ihr!
Wenn die Schrift nicht just erbaulich, / Nun, was kann das Blatt dafür?
Anastasius Grün

Wenn man sich unter Zensur nicht einen fleißigen Beamten
vorstellt, der mit einem Rotstift dicke Bände durchgeht,
sondern die Technik, mit der eine Seite verhindert, daß die
andere zu Wort kommt, dann kann nur unterstrichen
werden, daß in den modernen Demokratien die Zensur einen
Höhepunkt erreicht hat. Der größte Erfolg der ›neuen Zensoren‹
ist jedoch, das Publikum überzeugt zu haben,
daß es keine Zensur gibt.
Thomas Molnar, ›Die neuen Zensoren‹, in Criticón 11/1972

Es ist immer schwer, sich gegen eine Generation zu verteidigen,
die nicht mit uns gelebt hat.
Cato der Ältere

Der Verdruß am Leben für die Gesellschaft mag noch so laut
vorgetragen werden – ein Rückzug ins Private, in selbstbewußte
Intimität und schützende Einsamkeit ist unterbunden.
Er wird auch gar nicht vermißt. Ganz im Gegenteil,
freiwillig werden Sterben und Gebären, Hochzeitsnächte
und Ehekrisen veröffentlicht, um anderen ›zu helfen‹ und
sie in das allgemeine Gespräch einzubeziehen,
das keine Grenzen kennen kann. . .
Uwe Wolff, ›Tradition und Transzendenz‹, in ›Die selbstbewußte Nation‹, 1993

Mir kommt der Verdacht, daß Prominenz heute etwas
mit Promiskuität und Multikulturismus etwas mit
Muli und Kuli zu tun hat.
Richard W. Eichler

Wer sich ein schlechtes Gewissen leisten möchte,
sollte wenigstens ein gutes Gedächtnis haben.
Richard Thöne, ›Aphorismen‹, 1955

Kadavergehorsam durch Palavergehorsam abgelöst. . .
Ulrich Schacht, ›Stigma und Sorge‹, in ›Die selbstbewußte Nation‹, 1993

Luxus der eigenen Meinung

Die drucken alles, das man bringt,
Was man von Schanden sagt und singt.
Sebastian Brant, ›Das Narrenschiff‹

Sag mir, warum dich keine Zeitung freut?
Ich liebe sie nicht, sie dienen der Zeit.
Goethe, ›Zeit und Zeitung‹

Das Zeitungs-Geschwister, / Wie mag sichs gestalten,
Als um die Philister / Zum Narren zu halten ?
Goethe, ›Zahme Xenien‹

Der Zeitungsschreiber selbst ist wirklich zu beklagen,
Gar öfters weiß er nichts, und oft darf er nichts sagen.
Goethe, ›Die Mitschuldigen‹

Die Zensur zwingt zu geistreicherem Ausdruck
der Ideen durch Umwege.
Goethe am 9. Juli 1827 zu Friedrich von Müller

Die Journalisten sind die Geburtshelfer
und die Totengräber der Zeit.
Karl Fedinand Gutzkow

Oh Freiheit süß der Presse! / Nun sind wir endlich froh;
Sie pocht von Messe zu Messe / In dulce jubilo.
Kommt, laßt uns alles drucken / Und walten für und für;
Nur sollte keiner mucken, / Der nicht so denkt wie wir.
Goethe, ›Zahme Xenien‹

Die Anmaßung der Kleinen: immer von sich,
die der Großen, nie von sich zu reden.
Voltaire

In unserer Zeit ist die Zeitungs-Hypnose aufs höchste
gestiegen. Alle Tagesfragen werden von den Zeitungen
künstlich aufgebauscht. Das Gefährlichste daran ist,
daß sie alles im fertigen Zustand darbieten,
wodurch das Selbstdenken erstickt wird.
Leo N. Tolstoi, ›Gedanken und Erinnerungen‹, 3. Juli 1900

Die Mission der Presse ist, Geist zu verbreiten und zugleich
die Aufnahmefähigkeit zu zerstören.
Karl Kraus

In mir ist das Herz des Vaterlandes,
und ich weiß es, Land, du wirst bestehen!
Denn ein Herz so blütenvollen Standes
kann nicht untergehen.
Ina Seidel

Deutschland

Vom Germanischen zum Deutschen
Vaterland
Vom Wert des Erinnerns

Adlerfibel, deutsch um 1000

Tja, lieber Konrad; da war ich jetzt in Innsbruck und
habe 30 000 Bauern defilieren gesehen. 30 000 deutsche
Bauern, und jeder einzelne war mehr Germane als
sämtliche deutschen Oberlehrer zusammen.

Es war unerhört schön. Ethnologisch war es ein Wunder,
und künstlerisch nichts anderes. Goten, Bajuwaren und
Alemannen, so deutlich zu unterscheiden wie anno Null. . .
adelige Gestalten der Goten, die um Meran herum sitzen
und ganz gewiß die schönsten Menschen sind.
Bauernknechte aus dem Sarntal sehen vornehmer aus
wie englische Lords, und sind auch vornehmer.
Der deutsche Kaiser mit seinem ganzen Stab und allen
Brandenburger Grafen und Baronen, die sind bourgeois
gegenüber diesen prachtvollen Mannen
des Herrn Dietrich von Bern.

Mein alter Glaube, daß nur der Bauer die Rasse hält,
hat seine glänzende Bestätigung gefunden,
und ich bin drei Stunden lang glücklich und stolz gewesen,
als Deutscher zu sehen, wie unser Volk einstmals war,
bevor es Bäckerbäuche und Gelehrtenbrillen verschandelt haben.

Hergott, war das schön! Mit eigenen Augen
sehen zu dürfen, was einen Dürer und Riemenschneider
schon entzückt hat. 30 000 kriegerische Germanenbauern;
in Gletschereis konservierte Goten. . .
Wenn der Kaiser von Österreich seinen Intellekt nicht
mit Weihrauch erstickt hätte, müßte er morgen
Kulturarbeit beginnen. Aber die Herrscher kennen
nur Untertanen, keine Landsleute.
Das schrieb der gesellschaftskritische Ludwig Thoma,
auch sonst ein Freund des freimütigen Wortes,
am 2. September 1909 an seinen Freund Konrad Haussmann.

Die Deutschen sind Sachsen, Preußen, Bayern, Österreicher;
aber der germanische Charakter, welcher die Stärke aller einzelnen
begründen sollte, ist zerstückelt, wie das Land selbst,
das so viele Herren hat. . .
Die Deutschen sind im allgemeinen aufrichtig und treu;
fast immer ist ihr Wort ihnen heilig und der Betrug ihnen fremd.
Sollte sich je die Falschheit in Deutschland einschleichen,
so könnte es nur geschehen, um Ausländer nachzuahmen...
Anne Germaine de Staël, ›Über Deutschland, Sitten und Gebräuche‹

Zum Richterstuhl gingen die Rater alle,
heilge Götter und hielten Rat.

Von dort kommen Frauen, vielwissende,
drei aus dem Born, der unterm Baume liegt:
Urd heißt man eine, die andre Werdandi –
sie schnitten ins Scheit –,
Skuld die dritte; Lose lenkten sie,
Leben koren sie Menschenkindern, Männergeschick.

Nicht einer weiß, was in alten Tagen
deinem Sohn du gesagt! Verfallen dem Tod,
erzähl ich Vorzeitkunde und von der Asen Untergang!
Mit Odin maß ich mein Allwissen:
Du bleibst der Wesen Weisester!

Ganz kläglich ist keiner, ob er auch krank sei:
Dem bringt Segen sein Sohn, dem die Verwandten,
dem sein Wohlstand, dem tüchtige Tat.

Ein Sohn ist besser, ob geboren auch spät
nach des Hausherrn Hingang: Nicht steht ein Denkstein
an der Straße Rand, wenn ihn die Sippe nicht setzt.

Besitz stirbt, Sippen sterben,
du selbst stirbst wie sie; eins weiß ich,
das ewig lebt: Des Toten Tatenruhm.

Selig heißt immer, wem Erben erwachsen
von gleicher Heldenkraft, wie sie Gjuki zeugte:
Lange soll leben in den Landen allen,
wo das Volk es erfahren, ihr furchtloses Trutzwort.

Fürchten durfte kein Fechter den Tod,
auch nicht äußern ein ängstliches Wort;
folgen durfte dem Fürsten nicht,
wer sein Gesetz nicht sorglich hielt. . .

Kränken ließ er keinen Gefangnen,
keinem Weibe Gewalt antun. . .

Seine Macht / soll mit Maß gebrauchen
der Verständige stets: dann findet sich's,
wenn man Furchtlose trifft, / daß keiner der Kühnste ist.

Die Germanen halte ich für Ureinwohner, keineswegs für
Mischlinge aufgrund von Zuwanderung und Aufnahme
fremder Stämme.

Könige wählen sie aufgrund ihres Adels, Heerführer auf
Grund ihrer Tapferkeit. Auch die Könige haben keine
unbeschränkte oder auch nur freie Gewalt.
Die Führer befehligen mehr durch ihr Beispiel als durch
Machtbefugnis, wenn sie stets zur Stelle sind,
in vorderster Reihe kämpfen, hervorragen, kurz,
durch die Bewunderung, die sie erregen.

Es ist ein Zeichen ihrer Tapferkeit und Macht, daß sie
Überlegenheit nicht durch Unrecht zu erreichen trachten.
Doch haben sie Waffen, Kriegsvolk und Pferde in
Bereitschaft. Durch Friedfertigkeit erleidet ihr Ruhm
keine Einbuße.

Über weniger wichtige Angelegenheiten entscheiden
die Fürsten, über die wichtigen das Gesamtvolk.

Aus Besitz und Gebrauch von Silber und Gold machen
sie sich nicht viel.

Damit die Frau nicht wähne, sie stehe außerhalb der
Erlebnisse, wird sie zu Beginn der Ehe gemahnt,
sie komme als Gefährtin der Mühen und Gefahren.

Die Ehen werden dort ernst genommen,
und keine Seite ihrer sittlichen Gepflogenheiten
möchte man mehr loben.

Sie leben in Zucht und Anstand,
niemand lacht dort über Laster.

Die Zahl der Kinder zu beschränken oder eines der
Nachgeborenen zu töten, wird als Schandtat angesehen,
und mehr vermögen dort gute Sitten
als anderswo Gesetze.

Jede Mutter stillt ihre Kinder selbst,
sie werden nicht Mägden oder Ammen zugewiesen.

Tacitus, ›Annalen‹

Der Mensch ist nächst Gott in ganz besonderem Maße
den Eltern und dem Vaterlande verpflichtet.
Thomas von Aquin

Die Natur erzieht Familien; der natürliche Staat ist also auch ein Volk,
mit einem Nationalcharakter. Jahrtausendelang erhält sich dieser in ihm
und kann, wenn einem mitgeborenen Fürsten daran liegt,
am natürlichsten ausgebildet werden. . .
Johann Gottfried Herder

›Volk‹, das ist ein schöner Name, / Schön wie ›Gott‹.
Nimmer werde dieser Name / Uns zum Spott!
Sándor Petöfi

Es ist mir ernst um euch, denn eine Zeit ist jetzt,
wo sich die Guten eng verbinden sollten,
Und alle Guten nenn ich gleichgesinnt.
Schiller, ›Wallenstein‹

Möchte unser Werk einiges dazu beitragen,
daß die Geister der Nibelungenrecken uns nahe bleiben
und den aus der Art geschlagenen Söhnen der Germania
in Erinnerung bleiben, was die alte Welt
von der Wucht der deutschen Waffen zu sagen wußte!
Der Maler Julius Schnorr von Carolsfeld, ein Nazarener,
1866 an den Verleger Cotta, zu den Nibelungen-Zeichnungen

Eine Sünd' nur gibts auf Erden, / alt und immer wieder neu:
Untreu seinem Volk zu werden, / und sich selber ungetreu.
Adolf Bartels, ›Grabsteininschrift‹

Vertraue deinem Volke in der Liebe und im Tod,
das ist der Glaube, das wird zur Tat.
Achim von Arnim

Ein neues Geschlecht wird entstehen, stark und schön
und lebensfreudig, wie die Helden der griechischen
Heroenzeit, wie die germanischen Recken.
Karl Kautsky, ›Vermehrung und Entwicklung in Natur
und Gesellschaft‹, 1910

Mein Leib in Heimaterde, / mein Lied in Volkes Mund:
so möcht ich, daß es werde / nach meiner letzten Stund.
Hermann Allmers

ES IST EIN ALTES BUCH ZU BLÄTTERN: VOM HARZ BIS HELLAS IMMER VETTERN!
Goethe,‹Faust II›

Es ist schon wünschenswert, von guter Abstammung
zu sein, aber der Ruhm dafür gebührt den Vorfahren.
Plutarch, ›Über die Kindererziehung‹

Halte dich edel, daß einst auch Nachgeborene dich loben.
Homer, ›Odyssee‹

Leicht fällt das Sterben, wenn man weiß, daß der Sohn
vom Heil begleitet ist. Ich bin mit dem Leben zufrieden,
weil ich nicht unrechte Gewalt geübt habe.
Der alte Thorstein von den Seetal-Leuten über Ingimund

Der Knabe hat einen freundlichen Blick, ich muß nicht lange
nach einem Namen suchen: er soll Torstein heißen
und möge das Glück ihn begleiten.
Der Sohn ist wohlgestaltet, tüchtig, besonnen und klug im Wort,
treu den Freunden und maßvoll in allen Dingen.
Ingimund über den Thorstein-Enkel

Liebe Freunde, es gab schönre Zeiten
Als die unsern – das ist nicht zu streiten!
Und ein edler Volk hat einst gelebt.
Schiller, ›An die Freunde‹, 1802

Es ist für ein Volk gut und rühmlich, große Vorfahren,
ein hohes Alter, berühmte Götter des Vaterlandes
zu haben – solange diese zu edlen Taten aufwecken.
Johann Gottfried Herder

An der Fahne allein soll niemand unser künftig Volk erkennen;
es muß sich alles verjüngen, es muß von Grund auf anders sein;
voll Ernsts die Lust und heiter alle Arbeit!
Nichts, auch das Kleinste, das Alltäglichste nicht
ohne den Geist und die Götter!
Friedrich Hölderlin

Ruhm ist: mitgedacht werden, wenn an ein ganzes Volk gedacht wird.
Wilhelm Raabe

Denn alles, was aus Furcht und Angst geschieht,
trägt auch das Gepräge davon.
Friedrich der Große

JA, WIR LIEBEN DIESES LAND

Beginn der norwegischen Nationalhymne

Du sollst an Deutschlands Zukunft glauben.
An deines Volkes Auferstehn, laß diesen Glauben
dir nicht rauben, trotz allem, was geschehn.
Und handeln sollst du so, als hinge von dir und deinem Tun
allein das Schicksal ab der deutschen Dinge,
und die Verantwortung wär dein.
Albert Matthäi, oft Fichte zugeschrieben

Ein Menschenkind meiner Art kann gar nicht anders, als mit Gottes Hilfe
auch das Schwerste und Gefährlichste zu versuchen, wenn es sich um das
Wichtigste und Höchste handelt, was es in eines Mannes Lebenskampfe
gibt: um die politische Gesundheit seines Vaterlandes.
Albrecht von Roon

Schaffende Hände ruf' ich und schaffendes Haupt,
Jeden, der an ein ewiges Deutschland glaubt!
Jeden, dem das Blut in den Adern brennt,
Wenn einer den heiligen Namen nennt!
Seht ihr, seht, wie es klar aus den Wolken bricht – / Licht! Licht!
Lulu von Strauß und Torney

Bis zu meinem letzten Atemzuge wird die Wiedergeburt Deutschlands
meine einzige Sorge, der Inhalt meines Bangens und Betens sein.
Paul von Hindenburg

Heilig Vaterland / In Gefahren,
Deine Söhne stehn, / Dich zu wahren.
Von Gefahr umringt, / Heilig Vaterland,
Schau, von Waffen blinkt / Jede Hand. . .

Heilig Vaterland, / Heb zur Stunde
Kühn dein Angesicht / In die Runde.
Sieh uns all entbrannt / Sohn bei Söhnen stehn:
Du sollst leben, Land! / Wir vergehn.
Rudolf Alexander Schröder, ›Deutscher Schwur‹

Vaterlandsliebe ist keine Nützlichkeitserwägung, sondern religiöse Pflicht. . .
auch kein bloßes Gefühl, sondern Willenstugend, freie, bewußte Hingabe. . .
Franz Rudolf Bornewasser, Bischof von Trier
Hirtenbrief über Vaterlandsliebe vom 15. März 1947

Du hast mich auserkoren, / mein heilig Vaterland,
aus dir bin ich geboren / und bleibe unverloren / in deiner guten Hand.
Hans Heinz Dum

Wenn einst dies geschlecht sich gereinigt von schande
Vom nacken geschleudert die fessel des fröners
Nur spürt im geweide den hunger nach ehre:
Dann wird auf der walstatt voll endloser gräber
Aufzucken der blutschein. . . dann jagen auf wolken
Lautdröhnende heere dann braust durchs gefilde
Der schrecklichste schrecken der dritte der stürme:
Der toten zurückkunft!

Wenn je dieses volk sich aus feigem erschlaffen
Sein selber erinnert der kür und der sende:
Wird sich ihm eröffnen die göttliche deutung
Unsagbaren grauens. . . dann heben sich hände
Und münder ertönen zum preise der würde
Dann flattert im frühwind mit wahrhaftem zeichen
Die königsstandarte und grüßt sich verneigend
Die hehren die helden!

Stefan George

Ergebung in das, was geschehen kann, Hoffnung und Vertrauen,
daß nur dasjenige recht und gut ist, und Standhaftigkeit,
wenn etwas Widerwärtiges eintrifft, sind alles,
was man dem Schicksal entgegestellen kann.

Wilhelm von Humboldt

Glaube an die Sonnenkraft, / Die im Menschengeiste lodert,
Glaube an den Lenz in Haft, / Der sein Recht des Freien fordert;
Glaube an das Vaterland, / An das große, deutsche, eine,
Ob auf ein gerißnes Band / Heute noch manch Auge weine.

Anastasius Grün

Es ist allzuviel Treuherzigkeit sowohl in ihrem Charakter
als in ihrem Geiste; es sind vielleicht die einzigen Menschen,
denen man raten könnte, stolz zu sein, um besser zu werden.

Anne Germaine de Staël, ›Über Deutschland‹

Mein Bruder komm und reich mir die Hand,
Gemeinsam baun wir auf das Vaterland!

Börries Freiherr von Münchhausen

Du sollst an Deutschland glauben, / so fest und klar und rein,
so wie du glaubst an die Sonne, / den Mond und Sternenschein.

Hermann Claudius

Wo dir Gottes Sonne zuerst schien, wo dir die
Sterne des Himmels zuerst leuchteten, wo
seine Blitze dir zuerst seine Allmacht
offenbarten und seine Sturmwinde dir mit
heiligem Schrecken durch die Seele brausten –
da ist deine Liebe, da ist dein Vaterland!

Wo das erste Menschenaug' sich liebend über
deine Wiege neigte, wo deine Mutter dich
zuerst mit Freuden auf dem Schoße trug
und dein Vater dir die Lehren der Weisheit
und des Christentums ins Herz grub –
da ist deine Liebe, da ist dein Vaterland!

Und seien es kahle Felsen und öde Inseln
und wohne Armut und Mühe dort mit dir,
du mußt das Land ewig lieb haben,
denn du bist ein Mensch und sollst nicht
vergessen, sondern behalten in deinem Herzen.

Was ist des Deutschen Vaterland?
Ist's Preußenland? Ist's Schwabenland?
Ist's, wo am Rhein die Rebe blüht?
Ist's, wo am Belt die Möve zieht?
O nein, nein, nein! – Sein Vaterland muß größer sein. . .
Soweit die deutsche Zunge klingt
Und Gott im Himmel Lieder singt.
Aus: Des Deutschen Vaterland

Und wenn die Sitte flieht / Und Männerarm' erschlaffen,
Wann Trug für Ehre blüht / Und Gold gebeut den Waffen,
Wann Despotismusjammer / Die Welt mit Schmach bedroht,
Dann schlägt aus ihm der Hammer / Sieg und Tyrannentod.
Aus: Lob des Eisens

Eine freie Nation kann einen Befreier haben,
eine unterjochte bekommt nur einen neuen Unterdrücker.

Das ist die höchste Religion, seinen Enkeln einen ehrlichen Namen,
ein freies Land und einen stolzen Sinn zu hinterlassen.

Deutschland kann, seiner geographischen Lage nach,
für das Herz Europas gelten und der große Bund
des Kontinents allein durch dieses Landes
Unabhängigkeit die eigene erlangen.

Noch waltet und herrscht, wenn ich es so nennen darf,
im leidenden Sinne, der Rittergeist unter den Deutschen.

. . . denn die wahre Kraft eines Landes besteht in dessen
natürlichem Charakter; und die Nachahmung des Auslandes,
sei's, worin es wolle, zeugt von einem Mangel an Patriotismus.

In Deutschland herrscht in allen Dingen ein solcher Ernst und
eine solche Treue, daß man nur in diesem Lande allein
auf eine vollständige Weise den Charakter und die Pflichten
jedes Berufs kennenlernen kann.

Die Unterwerfung eines Volkes unter ein anderes
läuft gegen die Natur. . .
Die Deutschen haben sich oft zu Unrecht von
Schicksalsschlägen überzeugen lassen.
Individuen müssen sich dem Schicksal fügen lernen,
Nationen niemals; denn sie sind es allein, die diesem
Schicksal zu gebieten vermögen – **ein** fester Wille mehr,
und das Elend wäre gebändigt. . .
doch ist es vielleicht dem armen, edlen Deutschland
tröstlich, sich inmitten der Verwüstungen des Krieges
an seine Geistesschätze zu erinnern.

Der deutsche Geist verträgt sich weit weniger als jeder andere
mit jener berechnenden Kleingeisterei. . . er muß tief eindringen,
um zu begreifen: er hascht nichts im Fluge.

Die Deutschen bilden gleichsam den Vortrab der Armee
des menschlichen Geistes, sie schlagen neue Wege ein,
versuchen unbekannte Mittel. . .

*

Das Werk (›Über Deutschland‹) der Frau von Staël
mag man immer gerne wiederlesen; man glaubt wirklich
in guter Gesellschaft zu sein, man wird durch diese
Blätter zum Denken und zum Erwidern aufgefordert.
Goethe an Karl Ludwig von Knebel am 9. März 1814

WAS DEUTSCH UND ECHT, WÜSST' KEINER MEHR, LEBT'S NICHT IN DEUTSCHER MEISTER EHR'

Richard Wagner

Blond die Haare, blau die Augen / Macht den Deutschen, wie es heißt;
Besser zu Wahrzeichen taugen / Deutsches Herz und deutscher Geist.

Johannes Scherr

Wie der köstlichste Wein von seinem Boden Geschmack nimmt,
Saft und Farbe, so sind wir die Gewächse der Zeit;
Dies kocht reifer die Sonne, dem gibt sie süßere Anmut,
Aber des Bodens Natur ändert nicht Sonne noch Zeit.

Johann Gottfried Herder, ›Vergleichung‹

Wilhelmus von Nassaue / Bin ich aus deutschem Blut.
Bis in den Tod hin schaue / Das Land mich treu gemut.

Niederländische Hymne, um 1575

Ich bejahe . . . alles Deutsche, wo immer es zum Guten der Welt tätig sein
mag. Denn ich bin ein Deutscher nicht durch Zufall der Geburt, sondern in
allem, was ich in meinem langen Leben getan, gedacht und versäumt habe.

Gerhart Hauptmann

Deutsch sein heißt, eine Sache um ihrer selbst willen tun.

Richard Wagner, ›Deutsche Kunst und deutsche Politik‹

Und wenn du über Deutschland schimpfst
So kommt's dir aus dem Herzen;
Ach, was wir lieben, das macht uns ja
Die ungeheuersten Schmerzen.

Eduard von Bauernfeld zu Heinrich Heines Gedichten

Immer schon haben wir eine Liebe zu dir gekannt,
bloß wir haben sie nie bei ihrem Namen genannt.
Herrlich zeigte es aber deine größte Gefahr,
daß dein ärmster Sohn auch dein getreuester war.
Denk es, o Deutschland.

Karl Bröger, ›Bekenntnis‹, 1914

Zufrieden aber kann ein Mensch nur in freier Arbeit sein, mit welcher
er sich bewußt in die große Arbeit seines Volkes einreiht.

Paul Ernst

Ich grübelte über alles nach. So konnte ich mich selbst darauf hinweisen,
daß jeder große und stolze Name in unserer norwegischen Kultur
zuerst durch das germanische Deutschland hindurchging,
damit er groß in der ganzen Welt werden konnte.

Knut Hamsun, ›Auf überwachsenen Pfaden‹

Wir wollen sein ein einzig Volk von Brüdern,
In keiner Not uns trennen und Gefahr.
Schiller, ›Wilhelm Tell‹

Unter dem Einfluß der liberalen Weltanschauung
haben wir gelernt, die Sittlichkeit rein individualistisch
zu betrachten. Daß die Sittlichkeit eine soziale Erscheinung ist,
dafür ist uns alles Verständnis abgegangen. Dadurch, daß man der Ethik
ihren sozialen Charakter geraubt hat, sie zu ihrer Selbstnegation treibt,
nimmt man eben überhaupt der Menschlichkeit jede feste Stütze
für das Leben. Der Stolz auf den Stand erscheint uns heute
nicht nur als lächerlich, sondern auch als unsittlich.
Aber genau wie das Duell und so manches andere, was wir heute,
weil wir seine tiefen Wurzeln nicht mehr verstehen, belachen,
war er sozial sittlich. Der Bergmannstand war ein Ehrenstand.
Der Bergmann dünkte sich mehr als ein einfacher Arbeiter,
er hatte sogar dem gelernten Arbeiter gegenüber seine besondere Ehre.
Paul Ernst, ›Die Unzufriedenheit des Arbeiters‹, 1895

Denn der Mensch meiner Kultur bestimmt sich nicht von den
Individuen her, die Individuen werden von ihm bestimmt.
Meine Kultur beruht auf dem Kult des Menschen
durch die Individuen hindurch.
Antoine de Saint-Exupéry

Ein Volk, das mit Lust und Liebe die Ewigkeit
seines Volkstums auffaßt, kann zu allen Zeiten
sein Wiedergeburtsfest und seinen Auferstehungstag feiern.
Friedrich Ludwig Jahn

Nichtswürdig ist die Nation, die nicht / Ihr Alles setzt an ihre Ehre.
Schiller, ›Maria Stuart‹

Wohl dem Manne, dem ein blühend Vaterland das Herz erfreut und stärkt.
Friedrich Hölderlin

Auch der Deutschen Tag wird scheinen,
wenn der Zeiten Kreis sich füllt.
Friedrich von Schiller

Herr Gott im Himmel, welche Wunderblume wird einst
vor allem dieses Deutschland sein !
Ferdinand Freiligrath

Fleiß ziert Deutschland, wenn es nähret,
treu ist Deutschland, wenn es wehret,
groß ist Deutschland, wenn es lehret,
Pflug und Schwert und Buch es ehret.
Clemens von Brentano

›Bamberger Reiter‹,
um 1230 bis 1240 im Dom zu Bamberg

Alfred Mechtersheimer, ›Friedensmacht Deutschland‹

VATERLAND

Ich hab der Länder viel gesehn,
und gab der besten gerne acht.
Übel müßte mir geschehn,
hätt ich je übers Herz gebracht,
daß ihm mehr gefallen wollte fremde Sitte.
Und was hülf's mir, wenn ich für Unrecht stritte?
Deutsches Wesen geht vor in allen.

Von der Elbe bis zum Rhein
und wieder her bis Ungarland,
das mögen wohl die Besten sein,
die ich auf der Erden fand.
Weiß ich recht zu schauen, Schönheit, edle Art,
Ich schwör bei Gott, daß nirgends ich gewahrt
wie bei uns so schöne Frauen.

Deutsche Männer wohl erzogen,
recht wie Engel sind die Frauen schön.
Wer sie schilt, der ist betrogen,
anders könnt ich's nicht verstehn.
Tugend, reine Liebe, wer die suchen will,
komm in unser Land, da ist der Wonne viel,
Ach, daß ich lang darinnen bliebe!
Drei Strophen aus Walthers von der Vogelweide ›Preislied‹

O, lerne fühlen, welches Stamms du bist!
Wirf nicht für eiteln Glanz und Flitterschein
Die echte Perle deines Wertes hin -
Die angebornen Bande knüpfe fest,
Ans Vaterland, ans teure, schließ dich an,
Das halte fest mit deinem ganzen Herzen.
Hier sind die starken Wurzeln deiner Kraft;
Dort in der fremden Welt stehst du allein,
Ein schwankes Rohr, das jeder Sturm zerknickt.
Friedrich von Schiller, ›Wilhelm Tell‹

Ich habe mein Volk geliebt,
aber kein anderes Volk gehaßt.
Der siebenbürgische Freiheitskämpfer Stephan Ludwig Roth

Mythos webt sein Wissen über unseren Köpfen fort –
jedem gehört eine Herkunft aus Dunkelheit.
Wenn man bedenkt, wie selbstverständlich, wie ›kostenlos‹
das Tabu schützte und welche mühevollen Umwege
die Aufgeklärten nun gehen müssen,
um nach einer verheerenden Aufklärung, die Natur und Seele
gleichzeitig betraf, dem gewaltigen Verfügen
wieder Sperr- und Schutzzonen entgegenzurichten.
Botho Strauß, ›Fragmente der Undeutlichkeit‹

Dem Ganzen sollen wir unsere Sorge zuwenden, denn dort, wo
das Ganze sich übel befindet, kann unmöglich ein Teil gesund sein.
Platon

Du nennst mich klein in meinem Lieben,
beschränkt vielleicht und eng dazu,
weil ich in deutschem Denken stehn geblieben
und nicht modern bin, so wie du.

Ich sah die Länder mancher Zunge,
doch näher als der König Psammetich
steht mir der letzte deutsche Bauernjunge,
der fühlt und denkt und spricht wie ich.

Ich bin geboren, deutsch zu fühlen,
bin ganz auf deutsches Wesen eingestellt;
erst kommt mein Volk – dann all die andern vielen,
erst meine Heimat – dann die weite Welt!
Bogislaw von Selchow

Der Stolz nur kann uns taugen
zum Labetrunk der Kraft.
Narr, wer auf fremde Augen
und fremde Mäuler gafft!

Will euch nach Liebe dürsten,
so liebt, was deutsch und echt!
Wir woll'n mit Liebe fürsten
den ärmsten deutschen Knecht.
Walter Flex, ›Deutsche Schicksalsstunde‹

. . .und jeder echte deutsche Mann,
Soll Freund und Bruder heißen!
Matthias Claudius, ›Mein Neujahrslied‹, 1773

Ich bin ein schwaches Boot, ans große Schiff gehangen.
Paul Fleming, ›An Deutschland‹, 1642

Verkennt denn euer Vaterland, undeutsche Deutsche!
Steht und gafft mit blöder Verwunderung
und großem Auge das Ausland an!
Dem Fremden, den ihr vorzieht, kam's nie ein,
den Fremden vorzuziehen.
Er haßt die Empfindung eurer Kriechsucht
und verachtet euch!
Friedrich Gottlieb Klopstock, 1781

Die Neigung, sich für fremde Nationalitäten und
Nationalbestrebungen zu begeistern, auch dann,
wenn dieselben nur auf Kosten des eigenen Vaterlandes
verwirklicht werden können, ist eine politische Krankheit,
deren geographische Verteilung sich leider
auf Deutschland beschränkt.
Bismarck 1863 im preußischen Landtag

Keine Nation fühlt so sehr als die deutsche
den Wert von anderen Nationen und wird leider
von den meisten wenig geachtet eben wegen dieser
Biegsamkeit. Mich dünkt, die anderen Nationen haben recht:
Eine Nation, die allen gefallen will, verdient,
von allen verachtet zu werden.
Lichtenberg, ›Aphorismen‹

Die Tatsache besteht, daß die deutsche Selbstkritik
bösartiger, radikaler, gehässiger ist als die jedes anderen Volkes.
Eine schneidend ungerechte Art der Gerechtigkeit,
eine zügellose Herabsetzung des eigenen Landes
nebst inbrünstig kritikloser Verehrung anderer!
Thomas Mann, ›Betrachtungen eines Unpolitischen‹

Die Deutschen sind gewöhnlich unter einander
ungerecht genug, und die Fremden haben auch nicht immer Lust,
ihnen Gerechtigkeit widerfahren zu lassen.
Goethe an Gräfin O'Donell in Würdigung von Frau de Staël

Vor einer deutschen Not kannst du dich nirgends verstecken
auf der Erde, wenn du ein Deutscher bist – sie findet dich doch.
Hans Grimm, ›Volk ohne Raum‹

William Shakespeare, ›Die lustigen Weiber von Windsor‹

Es gibt kein gutmütigeres,
aber auch kein leichtgläubigeres Volk
als das deutsche. Zwietracht brauchte ich unter ihnen
nicht zu säen. Ich brauchte nur meine Netze auszuspannen,
dann liefen sie wie ein scheues Wild hinein.
Untereinander haben sie sich gewürgt,
und sie meinten, damit ihre Pflicht zu tun.
Törichter ist kein Volk auf Erden.
Keine Lüge kann grob genug ersonnen werden,
die Deutschen glauben sie.
Um eine Parole, die man ihnen gab, verfolgen sie
ihre Landsleute mit größerer Erbitterung als ihre wirklichen Feinde.
Napoleon Bonaparte zugeschrieben

Die Deutschen gelten für gelehrte Träumer
und haben doch überall wachende, lebendige Wahrheiten
auf die Bahn gebracht,
die uns nach langen Mühsalen endlich auch der schweren
Geburt unserer Einheit und Freiheit versichern.
Unser Reich war so versunken, daß ihm die Nachbarn
freventlich alles zumuteten, was sie von sich selber abhielten.
Die Zersplitterung war uns so lange in Fleisch und Blut
gewachsen, daß Fehlschritte nicht ausbleiben konnten;
aber wir wären blöde und unseres Namens unwert,
strebten wir nicht unablässig mit allen Kräften dem Ziele zu.
Wilhelm Grimm

Das Deutschtum – hätt' es andre Feinde nicht
Als äuß're – unbesiegbar wär's für immer.
Doch wen verderben will der Himmel, den
Verblendet er. Was jammerst du, Germane?
Der schlimmste deiner Feinde bist du selbst!
Robert Hamerling 1887 an den Deutschen Schulverein

Die Große Mutter wollte kein Einerlei.
. . . kein Volk sei ein von Gott einzig auserwähltes Volk. . .
Völker sind Gedanken Gottes.
Johann Gottfried Herder, ›Humanitätsbriefe‹, 1794

Die Einsicht in das Mögliche und das Unmögliche ist es,
die den Helden vom Abenteurer unterscheidet.
Theodor Mommsen

Der deutschen Zwietracht mitten ins Herz!

Gerhart Hauptmann, ›Florian Geyer‹

Besiegt sind wir; ob wir nun zugleich auch verachtet
sein wollen, ob wir zu allen anderen Verlusten
auch noch die Ehre verlieren wollen,
das wird noch immer von uns abhängen.
Johann Gottlieb Fichte

Als Deutschland am Boden lag und nichts galt,
umfaßte mein Herz seine Einheit und Einigkeit.
Ernst Moritz Arndt

In Fährden und in Nöten zeigt erst das Volk sich echt,
Drum soll man nie zertreten sein gutes altes Recht.
Ludwig Uhland, ›Graf Eberhard‹

Ich tue einen kühnen Griff, und ich sage Ihnen:
wir müssen die provisorische Zentralgewalt selbst schaffen.
Heinrich von Gagern am 24. Juni 1848
vor der konstituierenden Deutschen Nationalversammlung

Ich kenne keine Parteien mehr, ich kenne nur noch Deutsche!
Kaiser Wilhelm II. am 4. August 1914 vor dem Reichstag

Österreich war durch Jahrhunderte einer der stärksten
Träger deutschen Lebens; sein Werden, Aufsteigen und
Absinken bildet einen wesentlichen Teil der deutschen
Geschichte. Österreich war und ist ein Stück
deutscher Seele, deutschen Ruhmes und deutschen Leides.
Österreich hat aus dem Mutterboden Altdeutschlands
unschätzbare physische und geistige Kräfte gesogen,
es hat aber auch sehr Bedeutsames für die Entfaltung
deutschen Blutes, Raumes und Geistes geleistet.
Heinrich von Srbik, ›Österreich in der deutschen Geschichte‹

Ich habe mein Denken und Arbeiten so einzurichten gesucht,
daß Österreich und Deutschland für mich nicht Gegensätze
sind, sondern einander ersetzen und ergänzen.
Österreich und Deutschland! Für meine Wesenheit
ist eins so notwendig als das andere.
Peter Rosegger im Brief an Wiens Bürgermeister Karl Lueger

Für eine Idee braucht man keinen Krieg zu führen,
Ideen kommen ohne Pulver und Blei durch die Welt.
Paul de Lagarde

James Joyce

Der Deutsche läuft größere Gefahr, als sich mit seinen Nachbarn
zu steigern; es ist vielleicht keine andere Nation geeigneter, sich aus sich
selbst zu entwickeln, deswegen es ihr zum größten Vorteil
gereichte, daß die Außenwelt von ihr so spät Notiz nahm.

Goethe, ›Wanderjahre. Aus Makariens Archiv‹

So entsteht die typische und problematische Lage des modernen Menschen:
das Gefühl, von dieser Unzahl von Kulturelementen wie erdrückt zu sein,
weil er sie innerlich weder assimilieren, noch sie, die potentiell zu seiner
Kultursphäre gehören, einfach ablehnen kann.

Georg Simmel, ›Das individuelle Gesetz‹

Im europäischen Menschen selbst entscheidet sich, ob seine größte Krise
der Abstieg in den totalen Niedergang sein wird. . ., oder ob die Krise der
Weg sein wird, auf dem Erneuerung und Neuentfaltung möglich werden.

Sigrid Hunke, in ›Handbuch zur Deutschen Nation‹, Bd. 3

Von deutscher Zukunft soll ich Künder sein?
Zwei Säulen, denk ich, tragen sie allein:
Die eine ist die deutsche Arbeitskraft,
die sorgt und spart und Wert und Werke schafft,
die andre ist der deutsche Edelgeist,
der jenem Fleiße erst die Wege weist
und über aller Wachheit nicht vergißt,
dem Traum zu geben, was des Traumes ist.

Anton Wildgans

Der deutsche Nationalismus ist Streiter für das Endreich.
Es ist immer verheißen. Und es wird niemals erfüllt.
Es ist das Vollkommene, das nur im Unvollkommenen erreicht wird.

Arthur Moeller van den Bruck

Bist du, mein Volk, nicht immer noch / ein gebündelter Strahl
aus ältester, dunkelster Zeit? / Hält dir das tiefste Geheimnis,
Gottes zeugender Sinn, / nicht immer noch Zukunft bereit?

Wie auch von Flittern und Fetzen / deine Wahrheit verdeckt,
und verloren, vergessen dein Halt, / was aus dem Schoß der Geschlechter
überdauert im Strom, / gibt dir die reine Gestalt.

Laßt sie uns liebend erfassen, / Brüder armseligen Tag's,
da nur der Liebende glaubt. / Solang wir den Quellen lauschen
auch in verhangener Nacht, / sind wir des Lichts nicht beraubt.

Karl Günther Stempel

In derselben Weise tröstet auch nur der Glaube
an Deutschlands Zukunft; ich halte ihn so fest als Sie,
diesen Glauben; ja, das deutsche Volk verspricht
eine Zukunft und hat eine Zukunft. Das Schicksal
der Deutschen ist, um mit Napoleon zu reden,
noch nicht erfüllt.
Goethe an Heinrich Luden

Die Welt, als historischer Gegenstand, ist im Grunde nichts anderes
als der Konflikt der Naturkräfte untereinander selbst und mit der Freiheit
des Menschen, und den Erfolg dieses Kampfs berichtet uns die Geschichte.
Schiller, ›Über das Erhabene‹

Und wenn ich sie, die mich verstieß, / Nicht wieder sehen werde,
Mein letzt' Gebet und Flehn bleibt dies: / Gott schütz' die deutsche Erde!
Franz von Dingelstedt

Deutschlands Einheit war der Traum
meines erwachenden Lebens, das Morgenrot
meiner Jugend. An der Einheit Deutschlands
habe ich festgehalten wie an einer unglücklichen Liebe.
Friedrich Ludwig Jahn

Nur tapfere Völker haben ein sicheres Dasein,
eine Zukunft, eine Entwicklung.
Heinrich von Treitschke

Sich der eigenen nationalen und geschichtlichen Wurzeln bewußt sein
zu wollen, entspricht menschlicher Notwendigkeit.
Helmut Schmidt, in ›Die Zeit‹, 5. April 1985

Die Vergangenheit ist ein Käfig, dessen Gitterstäbe man biegen,
aber nicht zerbrechen kann.
Tennessee Williams

Zwei Aufgaben hat der Denkende, das ist der Mensch,
der nicht hinnimmt, ohne Rechenschaft darüber abzulegen;
die Wahrheit zu wollen um jeden Preis und ihr jederzeit
den ihr gemäßen, das ist den ganzen Ausdruck zu geben.
Richard von Schaukal

Bei Wodan, Gott der Sachsen – Wahrheit ist etwas, was ich alle Zeit
bewahren will bis zu jenem Tage, an dem ich ins Grab falle.
John Cartwight

Vergessen heisst: Erfahrungen aus dem Fenster hinauswerfen
Arthur Schopenhauer

Gar viele Wunder melden / die Mären alter Zeit
von lobesamen Helden / und heißem Kampf und Streit.
Von Jubel auch und Festen, / von Tränen und Jammerlaut,
schwertgrimmen Gästen / sei manches Wunder anvertraut.
Beginn des Nibelungenliedes

Sag mir den Mann, o Muse, den vielverschlagnen, den Irrsal
Schlug, nachdem er die Burg der heiligen Troja zerbrochen.
Örter der Menschen sah er gar viel; und ihre Gedanken
Wußt er zumal und trug auf der Ferne der hohen Gewässer
Leid um sein eigenes Los und die Heimkehr der Gesellen.
Beginn von Homers ›Odyssee‹

Ich heische Gehör von den heiligen Geschlechtern,
von Heimdals Kindern, den hohen und niedern;
Walvater wünscht es, so will ich erzählen
der Vorzeit Geschichten aus frühster Erinnerung.
Beginn des ›Völuspa-Liedes‹ der ›Edda‹

Wer nicht von dreitausend Jahren
Sich weiß Rechenschaft zu geben,
Bleib im Dunkeln unerfahren,
Mag von Tag zu Tage leben.
Goethe, ›Westöstlicher Divan, Buch des Unmuts‹

In Rom, Athen und bei den Lappen, / Da späh'n wir jeden Winkel aus,
Dieweil wir wie die Blinden tappen / Umher im eigenen Vaterhaus.
Karl Simrock

Ich rief im stillen mir das Vergangene zurück,
um, nach meiner Art, daran das Gegenwärtige zu prüfen
und das Künftige daraus zu schließen, oder doch zu ahnen.
Goethe, ›Tag- und Jahreshefte‹

Wer das Vergangene kennte, der wüßte das Künftige; beides
Schließt an heute sich rein als Vollendetes an.
Goethe, ›Weissagungen des Bakis‹

Es befriedigt mehr, von allem etwas zu wissen, als von einer Sache alles.
Blaise Pascal, ›Gedanken‹

Geschichte ist etwas Wahres, was sich einstellt,
und Legende etwas Falsches, was sich einprägt.
Jean Cocteau

Thomas Carlyle

Wer in der Weltgeschichte lebt,
Dem Augenblick sollt er sich richten?
Wer in die Zeiten schaut und strebt,
Nur der ist wert, zu sprechen und zu dichten.

Goethe, ›Zahme Xenien‹

Die ineinander greifenden Menschen- und Zeitalter nötigen uns,
eine mehr oder weniger untersuchte Überlieferung
gelten zu lassen, um so mehr, als auf der Möglichkeit
dieser Überlieferung die Vorzüge
des menschlichen Geschlechts beruhen.

Goethe, ›Geschichte der Farbenlehre‹

Durch Kant wird uns deutlich, daß Geschichte mehr ist
als nur das Sich-Erinnern an Vergangenes. . .,
daß sie als erste und größte Aufgabe dies hat,
den Menschen mit sich selbst bekannt zu machen.

Gerd Wolandt

Ein Mensch, der den Großvater nicht mehr kennt,
Sinkt zum Pöbel hinab und erlischt.
Ein Volk, das von seiner Geschichte sich trennt,
Wird von Gott von der Tafel gewischt.

Gerhard Schumann

Ahnen sind für den nur Nullen, der als Null zu ihnen tritt.
Steh' als Zahl an ihrer Spitze, und die Nullen zählen mit.

Wilhelm Müller

Für das, was einer ist,
haben seine Vorfahren die Kosten bezahlt.

Friedrich Nietzsche, ›Der Wille zur Macht‹

Zu den Vorteilen, die sich aus der Beschäftigung
mit der Geschichte ergeben, zählt eine Art Gelassenheit
und die Zuversicht, daß es Grundelemente gibt,
die so etwas wie ein Koordinatensystem bilden
und die Orientierung festlegen.

Hellmut Diwald

Alle Gegenwart ist eine große Tradition.

Johann Peter Eckermann, ›Aphorismen‹

William Shakespeare, ›Die lustigen Weiber von Windsor‹

In den reichsten wie den ärmsten Menschen
geht eine ganze Bibliothek von Dichtungen
zu Grabe, die nie erschienen sind.
Adalbert Stifter

Zu wissen um des Altertums Beginn,
Das nennen wir des Weges leitenden Sinn.
Laotse

Es ist schade um den ungeheuren Schatz an Kenntnissen,
welche die Generationen unausgesprochen ins Grab
mitgenommen haben. . . Welch wertvolle Nachrichten
hätten sie uns über unsere menschliche Umgebung
hinterlassen können, über die Personen, mit denen
sie lebten, die Frauen, die sie liebten, die Kameraden,
die an ihrer Seite kämpften.
José Ortega y Gasset

Ein holder Born, in welchem ich bade,
Ist Überlieferung, ist Gnade.
Goethe, ›Gott, Gemüt und Welt‹

Ehre deiner Väter Sitten, / Treu bewahre ihren Sinn;
Halte fest, was sie erstritten, / Würdige, was sie gelitten:
Alles brachte dir Gewinn.
Hans Felix Zimmermann

Über Geschichte kann niemand urteilen,
als wer an sich selbst Geschichte erlebt hat.
Johann Wolfgang von Goethe

Wo des Landes Bräuche sterben, / stirbt des Landes Blüte auch.
Bess'res kann kein Volk vererben / als ererbten Väterbrauch.
Frage nicht, was willst du werden? / Frag' dich stets: Was muß ich sein ?
Ottokar Kernstock

Niemand fängt an, alle setzen fort.
Richard von Schaukal, ›Gedanken‹, 1931

Du hast deines toten Vaters Augen, / Von seinem Vater hat sie der.
Sie kommen durch die Jahrhunderte her / und sollen noch für Jahrhunderte
taugen. /Kind meiner Lust, Kind meiner Brust,
wer will dir dein Innerstes auslaugen? / Du wirst, was du mußt. . .
Dr. Owlglaß (Hans Erich Blaich)

Die Entscheidung, in der historischen Arbeit auf die Demutsgeste als
Mittel der Anbiederung zu verzichten, schließt eine bestimmte Haltung ein.
›Mut zur Geschichte‹

Das vielbeklagte und mittlerweile von anderen Völkern
herablassend beurteilte Desinteresse der Deutschen an ihrer
Geschichte erklärt sich bei den Älteren aus der Tatsache,
daß ihnen in bewußter Gründlichkeit ihre Geschichte entwertet,
zerstört und weggenommen wurde. Geschichtsschreibung
schloß zu allen Zeiten auch eine moralische Bilanz ein.
Doch erst nach 1945 trat sie bei den Deutschen in den
Dienst einer Selbstdiskriminierung.
›Geschichte der Deutschen‹

Politik ist nicht zu denken ohne Macht, auch heute nicht.
Daran ändert sich nichts durch den Umstand, daß die Macht
und ihre politisch-militärische Handhabung noch nie
so zweifelhaft war wie in den Jahrzehnten nuklearer Rüstung.
›Seemachtpolitik im 20. Jahrhundert‹

Ibn Chaldun bezeichnet das Vermögen, welches Gemeinschaften
zusammenhält und sowohl ihre Achse und ihren Lebensnerv,
als auch die Summe ihrer Lebensenergien darstellt,
mit dem Wort **Asabijja**. . . Asabijja hat auch viel mit der
griechischen ›Arete‹ zu tun, der aufrechten Tugend,
der Wohlgeratenheit, Tüchtigkeit, der kernigen Sittlichkeit,
bei der freilich mehr die Tendenz zu dem vorwiegt,
was die Germanen mit dem Ausdruck ›Heil‹ gemeint haben,
als die Tendenz zu christlicher Demut.
›Geschichte macht Mut‹

Altgermanisch war auch der Glaube und die Überzeugung,
daß der König durch eine besondere Begnadung, durch
sein Charisma, sein ›Königsheil‹ vor allen anderen Menschen
und den Großen des Stammes ausgezeichnet ist. Der König
hatte eine vermittelnde Stellung zwischen Göttern und Volk.
›Heinrich der Erste‹

In keinem Säkulum war es so einfach, sich von der Geschichte
belehren zu lassen, wie in unserem Jahrhundert. Und in
keinem Jahrhundert haben Politiker diese Möglichkeit
sträflicher ignoriert. . . Jeder vernünftige Mensch hält
jedoch nicht Vergeßlichkeit, sondern Erinnerung für ein Privileg.
›Deutschland einig Vaterland‹

Heinrich von Treitschke

Der Menschen Sünden leben fort in Erz,
Ihr edles Wirken schreiben wir ins Wasser.
William Shakespeare, ›König Heinrich VIII.‹

Die Alten (Griechen und Römer) sind die einzigen Alten,
die nie alt werden.
Karl Julius Weber, ›Demokritos‹

Das Leben des Toren ist ohne dankbares Gedenken
und voll Angst. Es ist ganz der Zukunft zugewandt.
Epikur

Genug gemeistert nun die Weltgeschichte!
Die Sterne, die durch alle Zeiten tagen,
Ihr wolltet sie mit frecher Hand zerschlagen
Und jeder leuchten mit dem eignen Lichte.

Doch unaufhaltsam rücken die Gewichte,
Von selbst die Glocken von den Türmen schlagen,
Der alte Zeiger, ohne euch zu fragen,
Weist flammend auf die Stunde des Gerichts.

O stille Schauer, wunderbares Schweigen,
Wenn heimlich flüsternd sich die Wälder neigen,
Die Täler alle geisterbleich versanken,

Und in Gewittern von den Bergesspitzen
Der Herr der Weltgeschichte schreibt mit Blitzen -
Denn seine sind nicht euere Gedanken.
Joseph von Eichendorff, ›Mahnung‹

Was in der Zeiten Bildersaal
Jemals ist trefflich gewesen,
Das wird immer einer einmal
Wieder auffrischen und lesen.
Goethe, ›Sprüche‹

Es entsteht ein allgemeines Behagen, wenn man einer Nation
ihre Geschichte auf eine geistreiche Weise
wieder in Erinnerung bringt;
sie erfreut sich der Tugenden ihrer Vorfahren und
belächelt die Mängel derselben,
welche sie längst überwunden zu haben glaubt.
Goethe, ›Dichtung und Wahrheit‹

DIE GESCHICHTE HANDELT VON DIR, NUR DER NAME IST GEÄNDERT
Horaz

Ich las in verblichenen Blättern heut' –
Nun geh ich umher wie im Traume.
Ein Land, das ich liebte, den Gruß mir entbeut;
Erinnerung flüstert. . . Erinnerung streut
Mir goldene Blüten vom Baume. . .
Heinrich Anacker, ›Bunter Reigen‹, 1931

Daß wir Deutschen das uns Umgebende als ein Wirkendes –
die ›Wirklichkeit‹ – bezeichnen, die lateinischen Europäer
als die ›Dinglichkeit‹, zeigt die fundamentale Verschiedenheit
des Geistes, und daß jene und wir in ganz verschiedener
Weise auf dieser Welt zuhause sind.
Hugo von Hofmannsthal

Das ›Geschichtsbewußtsein‹, das Erinnerungsvermögen
der Welt Homers ist dem Zeitalter Goethes näher
als der historischen Sozialwissenschaft unserer Tage,
die, wenn sie etwas erzählen möchte,
überall über ihre kurzen narrativen Beine stolpert.
Wilhelm Hennis, ›Träumend in Trauer verstummt‹, in FAZ 20. 8. 1994

Frei auf deutschem Boden walten
Laßt uns, nach dem Brauch der Alten,
Seines Segens selbst uns freun,
Oder unser Grab ihn sein!
Heinrich von Kleist, ›Germanias Anruf an ihre Kinder‹

Wer sich fürchtet, seiner Vergangenheit ins Gesicht zu sehen,
muß notwendigerweise auch fürchten, was kommen wird.
Václav Havel

Ein geschichtsloses Volk hat bestimmt ein reines Gewissen.
*Zarko Petan, ›Viele Herren von heute waren gestern
noch Genossen‹, 1990*

Unser Bestand ist Gnade der Gemeinschaft.
Nicht in dir und in mir, sondern in dem,
was aus uns wird, liegt die Welt.
Erwin Guido Kolbenheyer

Moderne Vampire saugen ihren Opfern den Mut aus.
Robert Schützbach, ›Kopfkonfekt‹, 1983

Was ist vergänglich, wenn das Gewesene lebt?
Botho Strauß

Man umgrenze den Menschen, wie man wolle, so schaut er
doch zuletzt in seiner Zeit umher; und wie kann er die begreifen,
wenn er nicht einigermaßen weiß, was vorgegangen ist?
Goethe, ›Wanderjahre‹

Wer das Heute ganz verstehen will, muß das Gestern,
aus dem es herauswuchs, umspannen.
Houston Stewart Chamberlain

Denn dieses scheint die Hauptaufgabe der Biographie zu sein, den
Menschen in seinen Zeitverhältnissen darzustellen und zu zeigen,
inwiefern ihm das Ganze widerstrebt, inwiefern es ihn begünstigt,
wie er sich eine Welt- und Menschenansicht daraus gebildet
und wie er sie, wenn er Künstler, Dichter, Schriftsteller ist,
wieder nach außen spiegelt.
Goethe, ›Dichtung und Wahrheit‹

Die Beschäftigung mit der Vergangenheit,
das Zurückgehen in dieselbe, hat überaus großen Reiz.
Was ehemals auf die Seele gewirkt hat, gedacht und
empfunden worden ist, hat den jetzigen Zustand
des Denkens, Empfindens und Wollens mitgebildet.
Wilhelm von Humboldt

Wer die Lehren der Geschichte nicht annimmt,
ist dazu verurteilt, ihre Fehler zu wiederholen.
Santayana

Ein Kopf ohne Gedächtniskraft ist eine Festung ohne Besatzung.
Napoleon Bonaparte

Alte Männer sind gefährlich, ihnen ist die Zukunft gleichgültig.
George Bernard Shaw

Das Vergangene ist nie tot; es ist nicht einmal vorbei.
William Faulkner

Weder Seele noch Gehirn des Menschen
haben in historischen Zeiten zugenommen.
Jacob Burckhardt

Aus Erinnerung folgt Erfahrung, aus Erfahrung
Handlungsbereitschaft und Planen für die Zukunft.
Werner Conze

Schiller, ›Resignation‹

Die Vergangenheit ist das einzige Arsenal, wo wir das
Rüstzeug finden, unsere Zukunft zu gestalten;
wir erinnern uns nicht ohne Grund.

José Ortega y Gasset

Wer prophezeien will, braucht nur zurückzuschauen.

Karlheinz Deschner
›Nur Lebendiges schwimmt gegen den Strom‹, 1985

Nicht im Glück, sondern im Unglück offenbart sich
der letzte Wert und die letzte Würde eines Volkes.
Wie dem Sieger die äußere Überwindung des Krieges,
so ist dem Besiegten die innere Überwindung anvertraut,
ein Triumph rein geistiger Art, aber eben auch ein Triumph.

Gertrud von Le Fort

Ein geschichtsloses Volk droht auch gesichtslos zu werden,
und der Wohlstand allein kann weder die Wurzeln unserer
deutschen Vergangenheit noch die Einbindung
in die abendländische Kultur ersetzen.

Karl Günther Stempel

Auch die große Weltuhr hat irgendwo einen Wecker.

Johann Peter Hebel, ›Verschiedene Gedanken‹

Nicht die Kinder bloß speist man / Mit Märchen ab.

Gotthold Ephraim Lessing, ›Nathan der Weise‹

Wenn es nicht wahr ist, ist's doch gut erfunden.

Giordano Bruno, ›Heroische Leidenschaften‹

Die Geschichte ist eine Schindmähre,
die von den Siegern zuschanden geritten wird.

Pavle Kovacevic

Wir geben den Weg zu einer schrankenlosen
Geschichtsdiskussion nicht frei.

Heinz Galinski

Wenn die Schuldigen Schuldige suchen,
müssen sich die Unschuldigen in acht nehmen.

Zarko Petan, ›Vor uns die Sintflut‹, 1983

Auch die Vergangenheit ist manchmal schwer vorauszusagen.

Zarko Petan, ›Vor uns die Sintflut‹, 1983

Richard W. Eichler widerspricht Helmut Kohl

Für mich als Historiker gilt unbedingt, daß ich an beiden
Parteien Anteil nehme, denn wer sich ganz einer Partei
ergeben könnte, der würde sich selbst außer Stand setzen,
das Ganze zu verstehen.

Leopold von Ranke, ›Neueste Geschichte‹, Sommersemester 1850
13. Vorlesung in der Nachschrift von Carl Pertz

Aus dem Verlust des Individuellen und seiner substantiellen Freiheit,
aus Geschichts- und Wirklichkeitsverlust ergibt sich unausweichlich der
Verlust des Politischen. Politiker werden zu Exponenten bloß einseitiger
Interessen, kaum unterscheidet sich der Parteifunkionär noch vom Verbands-
funktionär. Politik bedeutet zum großen Teil das Jagen nach Pfünden. . .

Bernard Willms, in ›Handbuch zur Deutschen Nation‹, Bd. 2

Wissenschaftliche Untersuchungen, die eine allzu
eingeschränkte Fragestellung gewählt haben
und sich von bloß konventionellen Perspektiven leiten lassen,
bewegen sich im Bereich der Richtigkeit, und nicht in
demjenigen der Wahrheit. Da es jedoch uneingeschränkte
Fragestellungen nicht gibt, ist die Grenze nie mit
Sicherheit zu ziehen. Aber was keinen Anstoß erregt,
wird selten in das Gebiet der Wahrheit gehören.

Ernst Nolte, ›Der europäische Bürgerkrieg 1917–1945‹, 1987

Keine Nation ist fähiger zu fühlen und zu denken;
aber wenn der Augenblick eintritt, wo gehandelt werden muß,
so schadet die Reichweite der Begriffe
der Entschiedenheit des Charakters.

Anne Germaine de Staël, ›Über Deutschland‹

Ein Deutscher ist großer Dinge fähig,
aber es ist unwahrscheinlich, daß er sie tut: denn er gehorcht,
wo er kann, wie dies einem an sich trägen Geiste wohltut.

Friedrich Nietzsche, ›Morgenröte‹

Die einzige Pflicht, die wir gegenüber der Geschichte haben, ist,
sie nochmals zu schreiben.

Oscar Wilde, ›Aphorismen‹

Jeder Bürger ist verpflichtet, für sein Vaterland zu sterben;
kein Bürger ist verpflichtet, für sein Vaterland zu lügen!

Charles Montesquieu de Secondat

Richard W. Eichler

Meine Aufgabe ist, alles Berichtete zu erzählen;
aber ich bin nicht verpflichtet,
allem den gleichen Glauben zu schenken.
Herodot, ›Die Historien‹

Wer wüßte nicht, daß es das erste Gesetz
der Geschichtsschreibung ist, daß der Historiker nicht
wage, etwas Falsches zu sagen, sich aber auch nicht
scheue, etwas Wahres auszusprechen.
Cicero

Reiche ohne Gerechtigkeit, sind die etwas anderes
als große Räuberhöhlen?
Aurelius Augustinus, ›De civitate Dei‹

O Weltgeschichte: Wundervolles Buch!
Ein jeder liest was anderes aus dir;
Der Segen und der andre Fluch,
Der Leben, jener Tod dafür.
Sándor Petöfi

Stehen bleiben: es wäre der Tod;
nachahmen: es ist schon eine Art von Knechtschaft;
eigne Ausbildung und Entwicklung: das ist Leben und Freiheit.
Leopold von Ranke

Wehe, wenn die guten, die ewigen Pharisäer Geschichte treiben !
Friedrich Nietzsche, ›Unschuld des Werdens‹

Die Geschichte ist eine viel zu wichtige Sache,
um sie allein den Historiken zu überlassen.
Odo Marquard, ›Apologie des Zufälligen‹

Von der Parteien Gunst und Haß verwirrt
Schwankt sein Charakterbild in der Geschichte.
Schiller, ›Wallenstein‹, Prolog

An Schwätzer und Schmierer
Treibet das Handwerk nur fort!
Wir können euch's freilich nicht legen.
Aber ruhig, das glaubt, treibt ihr es künftig nicht mehr!
Goethe/Schiller, ›Xenien‹

Zuerst verlieren die Menschen die Scham, dann den Verstand.
Karl Kraus

Goethe, ›Faust I‹

Aufklärung ist der Ausgang des Menschen aus seiner
selbstverschuldeten Unmündigkeit. Unmündigkeit ist das
Unvermögen, sich seines Verstandes ohne Leitung
eines andern zu bedienen,
Immanuel Kant, ›Was ist Aufklärung?‹

Der Geist ist immer derselbe, der Wille zur Standardisierung,
der Unduldsamkeit gegenüber dem, der nach eigenen Prinzipien leben
möchte, das eilfertige und schonungslose Eingreifen des Kollektiven
und Sozialen ins Individuelle sind immer dieselben.
Julius Evola über die USA

Die Worte ›bekanntlich‹ und ›angeblich‹ sind gleichbedeutend
mit ja und nein in hundertfacher Verdünnung.
Sigismund von Radecki

Solange die Löwen nicht ihre eigenen Historiker haben,
werden die Jagdgeschichten weiterhin den Jäger verherrlichen.
Eduardo Galeano

Ein Mensch, vertraut auf sein klares
Gedächtnis, sagt getrost: ›So war es.‹
Er ist ja selbst dabei gewesen.
Doch bald muß er es anders lesen.
Es wandeln doch ihm unter Händen
Wahrheiten sich langsam zu Legenden.
Des eignen Glaubens nicht mehr froh,
fragt er sich zweifelnd: ›War es so?‹
Bis schließlich überzeugt er spricht:
›Ich war dabei. So war es nicht!‹
Eugen Roth

Adams Feigenblatt. / Nach dem Fall trug er's unten,
in späteren Fällen vor dem Mund.
Hans Baumann, ›Denkzettel‹, 1970

Wer die Wahrheit sagt, sollte sein Pferd gesattelt halten.
Kaukasisches Sprichwort

Die Lüge stärkt den Schwächling und schwächt den Starken.
Pierre Krebs

Wahrheit ist eine Frucht, die nur reif gepflückt werden soll.
Voltaire

Das welthistorische Individuum hat nicht die Nüchternheit,
dies und jenes zu wollen, viel Rücksichten zu nehmen,
sondern es gehört ganz rücksichtslos dem **einen** Zwecke an.
Georg Wilhelm Friedrich Hegel

Am jüngsten Tag, vor Gottes Thron, / Stand endlich Held Napoleon.
Der Teufel hielt ein groß Register / Gegen denselben und seine Geschwister,
War ein wundersam verruchtes Wesen: / Satan fing an es abzulesen.
Gott, Vater, oder Gott der Sohn, / Einer von beiden sprach vom Thron,
Wenn nicht etwa gar der heilige Geist / Das Wort genommen allermeist:
›Wiederhol's nicht vor göttlichen Ohren! / Du sprichst wie die deutschen
Professoren. / Wir wissen alles, mach' es kurz! / Am jüngsten Tag ist's nur
ein Furz. Getraust du dich ihn anzugreifen, /
So magst du ihn nach der Hölle schleifen.‹
Goethe, im Nachlaß gefundener Entwurf eines Textes zum ›Faust‹

Das Leben wird vorwärts gelebt, aber rückwärts verstanden.
Søren Kierkegaard

Die Erfahrungen der Großväter und Urgroßväter werden heute
plötzlich wieder auf ganz andere Weise aktuell; weil die Probleme
sich ähneln, kommen auch die Begriffe wieder, die mit der Lage
des Kalten Krieges vordergründig wenig zu tun hatten
und auf Eis lagen.
*Karl-Eckhard Hahn, ›Westbindung und Interessenlage‹
in ›Die selbstbewußte Nation‹, 1993*

Will man ein Volk vernichten, nimmt man ihm zuerst das Gedächtnis.
Reiner Kunze

In Wirklichkeit ist die wahre und vollkommene Kritik
die durchsichtige historische Erzählung des Vorgefallenen;
und die Geschichte ist die einzige wahre Kritik, die man
an den Tatsachen der Menschheit üben kann.
Benedetto Croce, ›Kleine Schriften zur Ästhetik‹, 1929

Memoirenschreiber haben das gemeinsam, daß sie sich als Zentralfigur
unter die Mittagssonne stellen, damit sie keinen Schatten werfen; die anderen
stellen sie in einen weiten Kreis und beschreiben deren lange Schatten.
Reinhold Frank, ›Heimkehr‹, 1995

Alle Geschichte ist Revisionismus. Alle Geschichte muß
immer wieder neu geschrieben werden, sogar die deutsche.
Günther Nenning, ›Auf den Klippen des Chaos‹, 1993

DIE NORMATIVE KRAFT DES FAKTISCHEN
Georg Jellinek

In Deutschland dagegen ist im Volk noch viel Rechtschaffenheit und
Frömmigkeit zu finden. Deshalb gibt es dort auch viele freie Städte,
die ihre Gesetze so gut beachten, daß weder ein äußerer noch ein innerer
Feind etwas gegen ihre Unabhängigkeit zu unternehmen wagt.
Niccolo Machiavelli, ›Discorso‹, I. Buch, Kapitel 55

Weil ich an die Kraft des Geistes und der Wahrheit vertraue,
glaube ich an die Zukunft der Menschheit.
Albert Schweitzer

Es schadet einem Volk nicht, weder in seiner Ehre
noch in seinem Glück, einmal besiegt zu werden –
oft trifft das Gegenteil zu. Das niedergeworfene Volk
muß nur die Kraft haben, sich selbst wieder aufzurichten.
Dann ist es hinterher glücklicher, reicher, mächtiger als zuvor.
*Theodor Fontane im Juli 1897 an James Morris
in Erinnerung an die Befreiung Preußens von den Franzosen*

Selbstbewußtsein ist der Grund, auf dem die Anwesenheit
des Menschen ihre vertraute Form findet.
Dieses Vertrautsein mit sich selbst weiß um Herkunft
und Gegenwart als Ressourcen künftiger Gestalt.
Was für das Beisichsein des einzelnen gilt, konstituiert
auch das Gemeinsame: Erfahrungsraum und Identität
von Familie und Nation.
Selbstbewußtsein dieser Art formiert sich nicht gegen andere,
sondern formt sich auf sich selbst hin. Ohne Selbstvertrauen
jedoch ist solch ein Prozeß nicht wirklich möglich.
Heimo Schwilk / Ulrich Schacht, ›Die selbstbewußte Nation‹, 1994

. . . Ein solches Volk stirbt nicht durch Federstriche!
Es hat die Glut der Rache überlebt
und überdauert Advokatenschliche. –
Es setzt ins Nichts des Glaubens Spatenstiche,
spannt die versengten Schwingen aus und schwebt.
Karl Emmert

Wie wird verlorene Freiheit wiedergewonnen?
Durch einen aus der Tiefe des Volkes kommenden Stoß
und Sturm der sittlichen Kräfte.
Conrad Ferdinand Meyer, ›Die Versuchung des Pescara‹

Richard W. Eichler

Zu wählen wissen. Das meiste im Leben hängt davon ab.
Es erfordert guten Geschmack und richtiges Urteil:
Denn weder Gelehrsamkeit noch Verstand reichen aus.
Ohne Wahl ist keine Vollkommenheit.
Baltasar Gracián

Drei Dinge werden nicht eher erkannt als zu gewisser Zeit:
ein Held im Kriege, ein weiser Mann im Zorn,
ein Freund in der Not.
Johann Wolfgang von Goethe

Wer sich alle Menschen als Teufel vorstellt und grausam gegen
sie wütet, der sieht mit den Augen eines wilden Menschenfeindes.
Wer alle Menschen für Engel hält und ihnen die Zügel
schießen läßt, der träumt wie ein schwachsinniger Kapuziner.
Wer aber glaubt, daß weder alle gut noch alle böse sind,
wer gute Handlungen nach Verdienst belohnt und schlechte
milder bestraft, als ihnen gebührt, wer Nachsicht mit Schwachen hat
und menschlich gegen jedermann ist, der handelt
wie ein vernünftiger Mann handeln muß.
Friedrich der Große

Hehle nimmer mit der Wahrheit! / Bringt sie Leid, nicht bringt sie Reue;
Doch weil die Wahrheit eine Perle, / Wirf sie auch nicht vor die Säue.
Was du immer kannst, zu werden, / Arbeit scheue nicht und Wachen;
Aber hüte deine Seele / Vor dem Karrieremachen.
Wenn der Pöbel aller Sorte / Tanzet um die goldnen Kälber,
Halte fest: Du hast vom Leben / Doch am Ende nur dich selber.
Theodor Storm, ›Für meine Söhne‹

Ein Adler auf dem Turm ist besser / als ein Dreckspatz in der Hand.
Emil Gött, ›Selbstgespräch‹, 1982

In diesen langen Nächten, / jetzt, / um die Sonnenwende,
laßt uns vereint die Hände / hart ineinander flechten:
Schicksal, mit dir zu rechten,/ es führt zu keinem Ende.
Doch wolle uns begnaden / und füge zu der Bürde,
die du uns aufgeladen, / den herben Glanz der Würde.
Dr. Owlglaß (Hans Erich Blaich), ›Simplicissimus‹, Neujahr 1919

Bleib, alte deutsche Kaiserpfalz / Des deutschen Landes Schwelle.
Bleib, edles Wien, der Himmel walt's, / Des Deutschtums Zitadelle.
Ottokar Kernstock

Der Weg des Reiches durch die Geschichte

Einigung und Zwietracht
Brücke zwischen Nord und Süd, Ost und West
Glaubenskriege und Bedrängnis
Österreich und Preußen
Gesellschaftlicher Umbruch und Weltanschauungsstreit

Römisch-deutsche Kaiserkrone
962 auf der Reichenau für Otto den Großen gestaltet
Schatzkammer Wien

Tacitus in seinen ›Annalen‹ über den Cheruskerfürsten Arminius

Ihr Denken war aufrichtig und in allen Dingen großzügig,
indem sie gegenüber allem, was ihnen das Schicksal brachte,
und auch in ihren gegenseitigen Beziehungen,
eine mit Klugheit verbundene Milde walten ließen,
denn neben der menschlichen Tüchtigkeit achteten sie
alles andere gering und machten sich wenig aus Besitz.
*Platons Beschreibung der Atlanter in den späten Dialogen,
fußend auf den Gesprächen Solons mit ägyptischen Priestern*

Von Rine so bin ich geborn, / in Oesterriche erwachsen,
Beheim han ich mir erkorn, / mehr durch den herren
denn durch das lant; / doch beide sint si guot. . .
Reinmar von Zweter, um 1250

Theutonia wird es genannt nach einem Riesen Theuton,
dessen Grab bei Wien man dem Wanderer zeigt,
Alemania nach dem alemanischen See, an dem die Stadt
Konstanz liegt, Germania leitet ab sich von generare,
denn es werden viele Menschen dort gezeugt.
Colmarer Annalen, Ende 13. Jahrhundert

Ewiges Deutschland, deine Dauer sang
wilde Heide schon und Urwald wüst
im Äon vor dem, jahrtausendlang.

Götter sanken hin, es kam der Krist.
Edle Fürsten, fast den Göttern gleich,
schufen an dem Geist, der deiner ist.

Deutend schon ertönte da der Leich [das Lied],
ehrend deine erste Wirklichkeit
und den Traum, der Fülle war, das Reich.

Tausend Jahre aber andrer Zeit
stürzten dir hinab in deinen Schoß,
chiliastisch Wirrsal, Schwund und Streit.

Lang im Traum und lange hoffnungslos,
anhebt, kommendem Äon bereit,
neu und dauernd wirklich, tatengroß,

Deutschland, seine dritte Ewigkeit.
Josef Weinheber, ›Ewiges Deutschland‹

Wenn ihr mich hören wollt, so sage ich:
Jetzt ist an Euch, Euch daran zu erinnern, daß Ihr Deutsche seid!
Ulrich von Hutten

Des Staufers Friedrich II. Sohn Manfred an seinen Halbbruder König Konrad IV.

Wenn Tugend, Selbstgefühl, glorreiches Heldentum,
wenn Hoheit, Glanz und des Geschlechtes Ruhm
des Todes dunkle Macht vermöchten zu besiegen:
Nie würde Friedrich in diesem Grabe liegen.
Am Grabmal in Palermo des am 13. Dezember 1250 gestorbenen Friedrich II.

(›Schwert ohne Griff‹ nannte die Kirche Heinrich I, als er sich nach der
Erhebung zum deutschen König nicht vom Mainzer Erzbischof salben ließ.)
Man darf vielleicht behaupten, daß in dieser Haltung der erste
Schritt lag, um Germanien von der unbedingten Herrschaft
des Klerus und selbst des Papstes zu emanzipieren.
Leopold von Ranke, ›Weltgeschichte‹

Heinrich der Sachse machte der Kirche und den Großen der Stämme
vom ersten Tag an klar, daß er von seinen germanisch-sächsischen
Voraussetzungen her nicht Priesterkönig sein würde, sondern
Heerkönig des Deutschen Reiches.
Hellmut Diwald, ›Heinrich der Erste‹

Das Mittelalter wartete auf den Helden des Grals und darauf,
daß das Haupt des Heiligen Römischen Reiches
ein Inbild und eine Manifestation des ›Königs der Welt‹ selber werde.
Julius Evola, ›Das Geheimnis des Grals‹, 1983

Deutschland zerfällt in Schweizer, freie Reichsstädte, Fürsten und den Kaiser.
Wenn aber bei solcher Verschiedenheit der politischen Zustände
keine Kriege oder doch keine von langer Dauer entstehen,
so liegt das am Kaiser. Hat er auch manchmal wenig Macht,
so steht er doch in solchem Ansehen, daß er Vermittler ist. . .
Niccolo Machiavelli, ›Betrachtungen zur Geschichte‹, II. Buch, Kapitel 19

Dem germanischen Charakter ist ein großer Teil der Tugenden
zuzuschreiben, die man in der deutschen Schweiz antrifft.
Anne Germaine de Staël, ›Über Deutschland, Das Fest von Interlaken‹

Deutschland ist wie ein schöner, weidlicher Hengst,
der Futter und alles genug hat.
Es fehlt ihm aber an einem Reiter, der es regiert.
Martin Luther, ›Deutsche Schriften‹

Deutsche zerfleischen einander, und der Wahnwitz der Nation
erregt das Gelächter der anderen Nationen.
Johann Gottfried Seume

Ich wollt gern, dürft ich, führen Klag,
einem jedermann die Wahrheit sag,
gemeinen Irrtum machen klar,
und viel Gebrechen offenbar,
dadurch diese Nation beschwert.

Wer aber jetzt die Wahrheit sagt,
mit Bannen den man bald verjagt.
Das ist nit göttlich und nit recht,
und der nit solches widerfecht,
mit Gott er übel würd bestan.

Des will ich ihn gewarnet han
Und hör nit auf, ich schrei und gilf,
bis man der Wahrheit kommt zu Hilf
und schicket sich zu diesem Krieg.
Wer weiß, ob ich noch unterlieg.

Klang und Vermahnung gegen unchristliche Gewalt des Papstes, 1520

Ich hab's gewagt mit Sinnen / und trag des noch keine Reu:
Mag ich nit dran gewinnen, / noch muß man spüren Treu.
Darmit ich mein: Nit ei'm allein,
wenn man es wollt erkennen, / dem Land zu gut,
wiewohl man tut / ein Paffenfeind mich nennen.
Da laß ich jeden liegen / und reden, was er will.
Hätte Wahrheit ich geschwiegen, / mir wären Hulder viel.
Nun hab ich's gesagt, / bin drum verjagt,
das klag ich allen Frummen, / wiewohl noch ich
nit weiter flich, / vielleicht werd wiederkummen!
Auf, Landsknecht gut / und Reuters Mut,
laßt Hutten nit verderben!

*Enttäuscht in seinem Streben, im Reich die Macht des Kaisers
gegen die Fürsten zu stärken, schrieb der Reichsritter im Sommer 1521
sein Gedicht zum ›Paffenkrieg‹*

Laß doch nicht streiten mich allein, / Erbarmt euch übers Vaterland,
Ihr werten Teutschen, regt die Hand! / Jetzt ist die Zeit zu heben an
Um Freiheit kriegen, Gott will's han.
Wer wollt in solchem bleiben daheim?
Ich hab's gewagt: das ist mein Reim.
Noch einmal ruf ich: keiner hier,
der mit zum Sturme lauf ?
Hei, dann ist's recht, dann stets bei mir:
frisch auf!

Mehr Mut, Germanen!
Werner Sombart

Zum Henker eine Freiheit, die vergißt,
Was sie der Reichesehre schuldig ist!

Zum Teufel eine deutsche Libertät,
Die prahlerisch im Feindeslager steht!

Geduld! Es kommt der Tag, da wird gespannt
Ein einig Zelt ob allem deutschen Land!
Conrad Ferdinand Meyer, ›Huttens letzte Tage‹

Wir sind doch nunmehr ganz, ja mehr denn ganz verheeret!
Der frechen Völker Schar, die rasende Posaun,
Das vom Blut fette Schwert, die donnernde Kartaun,
Hat aller Schweiß und Fleiß und Vorrat aufgezehret. . .
Doch schweig ich noch von dem, was ärger als der Tod,
Was grimmer denn die Pest und Glut und Hungersnot,
Daß auch der Seelenschatz so vielen abgezwungen.
Andreas Gryphius, ›Tränen des Vaterlandes‹, 1636

Zerbrich das schwere Joch, darunter du gebunden,
O Teutschland, wach doch auf, faß wieder einen Mut,
Gebrauch dein altes Herz und widersteh der Wut,
Die dich und die Freiheit durch dich selbst überwunden. . .
Georg Rudolf Weckherlin, ›An das Teutschland‹

In Welschland geht es närrisch her, / Da werden auch gewiß nunmehr
Des Reiches alte Lehen,
Die man mit harter Noth behaupt / Und die schon der und der beraubt,
In die Rapuse gehen.
Aus einer gereimten ›Zeitung‹ von 1740, nach L. Röhrich

Seht ihr ein Volk – mit Ketten belastet –
dem Henker preisgegeben? Sprecht nicht gleich,
es wäre ein rachsüchtiges, ein herrschsüchtiges Volk.
Vielleicht ist es ein Volk, das einen Opfergang geht,
zum Wohle der Menschheit.
*Der französische Priester und Historiker Felicité Lamnais
Ende des 18. Jahrhunderts mit Blick auf die Deutschen*

Deutschland ist der Ball, den sie einander zuwerfen,
die um die Weltherrschaft spielen. Es ist die Arena,
darauf um die Meisterschaft von Europa gefochten wird.
Gottfried Wilhelm Leibniz

Ei, wie christlich der Papst nun lacht,
wenn er den Welschen sagt: ›So hab ich's gemacht!‹
Was er da sagt, er hätt' es besser nie gedacht.
Er sagt: ›Ich hab zwei Alemannen unter eine Kron gebracht,
daß sie das Reich verwirren und schwächen sollen.
Unterdessen füllen wir die Kästen:
Ich habe sie zu meinem Opferstock getrieben, ihr Gut ist alles mein,
deutsches Silber fährt in meinen welschen Schrein.
Ihr Priester, esset Hühner und trinket Wein
und laßt die deutschen Laien magern und fasten!‹
Walther von der Vogelweide

Frankreich zielte über die Schwächung des Reiches hinaus auf
eine völlige Vernichtung der Macht des Hauses Habsburg in Europa.
So waren Frankreich und Schweden, noch bevor sich die Friedenswünsche
der deutschen Fürsten durchzusetzen vermochten, in das Parteien-
und Interessengewirr verschlungen und deshalb imstande, den
Totentanz lange genug in Bewegung zu halten, um als Herren des
Geschehens dem Morden erst dann ein Ende zu bereiten,
als es am gewinnbringendsten erschien.
Hellmut Diwald, ›Geschichte der Deutschen‹, zum Frieden von 1648

Wer jetzig Zeiten leben will, / muß haben tapfers Herze,
es sind der argen Feind so viel, / bereiten ihm groß Schmerze.
Da heißt es stehn ganz unverzagt / in seiner blanken Wehre,
daß sich der Feind nicht an uns wagt, / es geht um Gut und Ehre.

Geld nur regiert die ganze Welt, / dazu verhilft betrügen;
wer sich sonst noch so redlich hält, / muß doch bald unterliegen.
Rechtschaffen hin, rechtschaffen her! / Das sein nur alte Geigen!
Gewalt und List vielmehr! / Klag du, man wird dir's zeigen.

Doch wie's auch kommt, das arge Spiel, / behalt dein tapfer's Herze,
und sein der Feind auch noch so viel, / verzage nicht im Schmerze.
Steh gottgetreulich, unverzagt, / in deiner blanken Wehre,
wenn sich der Feind auch an dich wagt, / es geht um Gut und Ehre!
Siebzehntes Jahrhundert

Kaiser, kannst die Not du sehen, / Und ihr Fürsten in dem Reich,
Daß solch Schandtat kann geschehen, / Und fahret nicht in Harnisch gleich?
Volkslied von 1688 gegen die Verwüstung der Pfalz

O Kaiser! Du von 39 Fürsten / Und Ständen, wie des Meeres Sand,
Das Oberhaupt, gib uns, wonach wir dürsten, / Ein deutsches Vaterland!
Johann Gottfried Herder

Der Fürst ist der erste Diener seines Staates.

Es ist nicht nötig, daß ich lebe –
wohl aber, daß ich meine Pflicht tue...

Klugheit ist geeignet, zu bewahren,
allein die Kühnheit versteht zu erwerben.

Dies sind meine Gedanken über die Regierung dieses Landes,
das, solange es nicht eine größere Dichte und
bessere Grenzen hat, von Fürsten regiert werden muß,
die immer auf dem Posten sein müssen, mit gespitzten Ohren,
um ihre Nachbarn zu überwachen, und bereit,
sich von einem Tag auf den andern gegen die
verderblichen Pläne ihrer Feinde zu verteidigen.

Ist aber einer oder der andere unter Ihnen,
der sich fürchtet, alle Gefahren mit mir zu teilen,
der kann noch heute seinen Abschied erhalten,
ohne von mir den geringsten Vorwurf zu leiden.

Er verläßt mich nicht und gibt acht, daß ich nicht
der Kanaille in die Hände falle. Bleib ich, so bedeckt
er den Körper gleich mit seinem Mantel und läßt den
Wagen holen und sagt keinem ein Wort. Die Schlacht
geht fort, und der Feind – der wird geschlagen.
*Friedrich II. zum Husarenoffizier seiner Begleitung, als er
am 5. Dezember 1757 der Armee voraus in die Schlacht
von Leuthen reitet.*

Ich kann mich von dem Vorurteil, in dem ich befangen bin,
nicht losmachen, daß im Kriege Gott bei den stärkeren Eskadronen ist.
(Sein Feldherrngenie widerlegte es mehrfach.)

Frechheit empört, Schwäche rührt; nur feige Seelen rächen sich an
überwundenen Feinden, und ich gehöre nicht dazu. Diese Welt ist nicht
das Werk des Zufalls, es herrscht eine große Ordnung in ihr.
Ich kenne Gott nicht, aber ich bete ihn bereitwillig alle Tage an.

Die Religionen müssen alle toleriert werden,
und es muß der Fiskal nur ein Auge darauf haben,
daß keine der anderen Abbruch tue,
denn hier muß jeder nach seiner Fasson selig werden.

Gazetten, wenn sie interessant sein sollen, müssen nicht genieret werden.

Leitspruch im Dritten Reich im Sinne von ›Our country, right or wrong‹,
einem Trinkspruch des US-Kommodore Stephen Decatur 1816 in Norfolk

In diesem Sinne erfand Napoleon die Schreckensherrschaft
noch einmal, um ihr indes einen anderen Inhalt zu geben:
die Eroberung anstelle der Tugend.
François Furet, ›Zur Historiographie der Französischen Revolution‹, 1989

In der Politik geschieht nichts zufällig. Wenn etwas geschieht,
kann man sicher sein, daß es auch auf diese Weise geplant war.
Franklin Delano Roosevelt

Durch fremde Waffen gründet sich kein Thron;
Noch keinem Volk, das sich zu ehren wußte,
Drang man den Herrscher wider Willen auf,
Friedrich von Schiller, ›Demetrius‹

Was ist unschuldig, heilig, menschlich gut,
Wenn es der Kampf nicht ist ums Vaterland?
Schiller, ›Die Jungfrau von Orleans‹

Nicht wer zuerst nach den Waffen greift, ist schuld am
Streit, sondern wer die Ursache dafür geschaffen hat.
Niccolo Machiavelli, ›Der Fürst‹

Wie lange zerfleischt mit eigner Hand / Germanien sein Eingeweide?
Besiegt, ein unbesiegbares Land,
sich selbst und seinen Ruhm zu schlauer Feinde Freude?
Johann Nikolaus Götz

Das ist sicher, daß wer das Vaterland liebt,
es in seinen Krankheiten nicht verläßt.
Johannes von Müller

Neid und Mißgunst, Scheelsucht und Selbstsucht, Irrtum und Schwachheit,
das sind die Feinde, die wir jetzt zu bekämpfen haben,
sie sind bei weitem fürchterlicher als alle äußeren Feinde.
Neidhardt von Gneisenau

Man darf nicht warten, bis der Freiheitskampf Landesverrat genannt wird.
Erich Kästner

Die Deutschen sind recht gute Leut', / Sind sie einzeln, sie bringen's weit;
Nun sind ihnen auch die größten Taten / Zum erstenmal im ganzen geraten.
Ein jeder spreche Amen darein, / Daß es nicht möge das letztemal sein.
Goethe, ›Sprüche‹

Georg Rollenhagen

Seit jener Zeit, die in Frankreich eine neue politische Welt erhob,
ging in Deutschland eine neue Verknüpfung des Wissens hervor,
die das Abgesonderte aller Disziplinen und aller einzelnen Gelehrten
zu einem gemeinschaftlichen Ganzen verschmolz.
Achim von Arnim, über Johann Wilhelm Ritters ›Fragmente‹, 1810

Die deutsche Einheit [war] keine bloße deutsche Frage. Seit dem Dreißigjährigen Kriege war keine einzige gemeindeutsche Angelegenheit mehr
entschieden worden ohne die sehr fühlbare Einmischung des Auslands.
So war Deutschland nicht nur macht- und hilflos, in innerem Hader
sich aufreibend, politisch, militärisch und selbst industriell zur Nichtigkeit
verdammt. Sondern was noch schlimmer war, Frankreich und Rußland
hatten durch wiederholten Brauch ein Recht erworben auf die
Zersplitterung Deutschlands. . . Die Einheit Deutschlands mußte
also erkämpft werden, nicht nur gegen die Fürsten und sonstigen
inneren Feinde, sondern auch gegen das Ausland.
Friedrich Engels, ›Die Rolle der Gewalt in der Geschichte‹, 1888

Die Einheit Deutschlands war der Traum meiner Jugend, das Streben
meines Mannesalters und wird, wenn jetzt nicht errungen,
noch im Greisenalter meine Zuversicht bleiben.
Heinrich Carl Esmarck am 3. März 1849 vor der Nationalversammlung

Wir reden deutsch, heißt ja nicht bloß, daß wir unserer Muttersprache
nicht abschwören wollen, sondern es heißt, daß wir in unserer ganzen Art
und Sitte, in unserem Glauben, Wollen und Tun deutsche Kraft
und Treue, deutschen Ernst und Gemeingeist, deutsche
Uneigennützigkeit und Gemütlichkeit bewahren und als heiliges Gut
auf unsere Kinder vererben wollen.
Eduard Reuss, elsässischer evangelischer Theologe

Wir haben die größte Aufgabe zu erfüllen. Wir sollen
eine Verfassung schaffen für Deutschland, für das gesamte Reich.
Heinrich von Gagern, Präsident der Frankfurter Nationalversammlung 1848

Wir wollen aufhören, die Narren der Fremden zu sein und zusammenhalten
zu einem einzigen, unteilbaren, starken, freien deutschen Volke.
Friedrich Engels, 1840

Deutschland ist Hamlet! Ernst und stumm / In seinen Toren jede Nacht
Geht die begrabne Freiheit um / Und winkt den Männern auf der Wacht. . .
›Sei mir ein Rächer, zieh dein Schwert! / Man hat mir Gift ins Ohr geträufelt!‹
Ferdinand Freiligrath

Ich habe, als ich herkam, allerdings die Hoffnung gehegt,
daß ich noch bei anderen als bei mir die Neigung
finden könnte, den Parteistandpunkt unter Umständen
dem allgemeinen vaterländischen Interesse zu opfern.

Nur glaube ich in der Tat nicht, daß die
dauernden Interessen diese [deutschen] Staaten nötigen,
sich an das Ausland anzulehnen, sondern daß ihnen die
dauernden Interessen empfehlen, sich an die beiden
deutschen Großmächte anzuschließen.
22. Januar 1864

Ich bin der Anerkennung in sehr geringem Maße bedürftig
und gegen Kritik ziemlich unempfindlich.
Nehmen Sie immerhin an, daß alles, was geschehen ist,
rein zufällig geschah, daß die preußische Regierung
daran vollständig unschuldig ist, daß wir der Spielball
fremder Intrigen und äußerer Einflüsse gewesen sind,
deren Wellenschlag uns zu unserer eigenen Überraschung
an der Küste von Kiel ans Land geworfen hat.
Zum Abgeordneten Rudolf Virchow am 2. Juni 1865

Es war die Zeit, wo die lebendigste deutsche Bewegung
hier wie in allen deutschen Ländern herrschte, wo ein
gemeinsames deutsches Parlament in Frankfurt tagte,
wo alles, was deutsch war, so wenig fremd erschien,
daß preußische Wehrpflichtige ihre Dienstpflicht
auf der deutschen Flotte absolvieren konnten.
Noch jetzt in dem amtlichen Kirchengebete wird für unser
deutsches Vaterland gebetet. Solchen Tatsachen
gegenüber können Sie mir ein deutsches Land nicht als
ein fremdes hinstellen. Mit dieser Auslegung versündigen
Sie sich an der deutschen Sprache, an unserer eigenen
Nationalität, und die Regierung wird sich der Mitschuld
an dieser Sünde nicht teilhaftig machen.
13. Juni 1865

Geben Sie dem Arbeiter das Recht auf Arbeit!
Reichstag 6. 5. 1884

Wer mich einen gewissenlosen Menschen schilt,
soll sein Gewissen auf diesem Kampfplatz erst versuchen.

Im Dienste des Vaterlandes verzehre ich mich.
Wahlspruch zu seinen ›Gedanken und Erinnerungen‹

Setzen wir Deutschland, sozusagen, in den Sattel!
Reiten wird es schon können.
Bismarck am 11. März 1867 im Norddeutschen Reichstag

Es ist mir leid, daß Ew. Exzellenz in mir den Preußen
vermuten und in sich den Hannoveraner entdecken.
Ich habe nur ein Vaterland, das heißt Deutschland,
und da ich nach alter Verfassung nur ihm und keinem
besonderen Teile desselben angehöre, so bin ich auch
nur ihm von ganzer Seele ergeben.

Mir sind die Dynastien in diesem Augenblick der großen
Entwicklung vollkommen gleichgültig, mein Wunsch ist,
daß Deutschland groß und stark werde,
um seine Selbständigkeit und Unabhängigkeit
und Nationalität wiederzuerlangen und zu behaupten
in seiner Lage zwischen Frankreich und Rußland –
dieses ist das Interesse der Nation und ganz Europas,
es kann auf dem Wege alter zerfallener
und verfaulter Formen nicht erhalten werden.
Freiherr vom Stein am 1. November 1812 an Graf Münster

Ob ich aller Völker Hohn, / Weil auf Deutschlands beiden Küsten
Sich nur fremde Flaggen brüsten, / Christlich schweig ich still davon. . .
Gottfried Kinkel

Gesetzt, wir hätten in Deutschland seit Jahrhunderten
nur die beiden Residenzstädte Wien und Berlin,
oder gar nur eine, da möchte ich doch sehen,
wie es um die deutsche Kultur stände?
Goethe am 23. Oktober 1828 zu Eckermann

In Berlin werde ich von jedem gefragt, ob ich englisch
oder russisch sei; von einem preußischen Standpunkt
hatten wenige Leute eine Ahnung; selbst Leute,
die als Soldaten anerkannt brav sind, erwiesen sich
im Rat als so ängstlich, daß sie eine selbständige Politik
den Forderungen der Westmächte gegenüber
für kindische Phantasien erklärten,
Brief Bismarcks vom Juni 1854 an Karl von Canitz

Mut auf dem Schlachtfelde ist bei uns Gemeingut,
aber Sie werden nicht selten finden,
daß es ganz achtbaren Leuten an Zivilcourage fehlt.
Otto von Bismarck zu Robert von Keudell

steht über allem geschichtlichen Denken, so wie das Reich
am Anfang der deutschen Geschichte steht.
Heinrich Ritter von Srbik

Will mich Teutschland, mein geliebtes vatterland,
worauf ich (wie sie wissen) Stolz bin, nicht aufnehmen,
so muß im gottes Nammen frankreich oder England
wieder um einen geschickten teutschen mehr reich werden;
und das zur Schande der teutschen Nation.
Mozart an seinen Vater am 17. August 1782

Mag immer Österreich den Beruf haben, eine Laterne
für den Osten zu sein, es hat einen näheren, höheren Beruf:
eine Pulsader zu sein im Herzen Deutschlands!
Ludwig Uhland am 26. Oktober 1848 in der Paulskirche
Rede gegen Österreichs Ausschluß aus dem deutschen Staatsverbande

Meine liebe Tochter, Du sollst nie vergessen,
daß Du als Deutsche geboren bist,
und Dir die Eigenschaften bewahren, die unsere Nation
charakterisieren, nämlich Güte und Rechtlichkeit.
Hege weder Abneigung noch Vorliebe für eine Nation;
sie alle haben ihr Gutes und ihr Schlimmes. Im Herzen
bleibe stets eine Deutsche durch Deine Geradheit.
Kaiserin Maria Theresia im April 1768
an ihre Tochter Maria Karoline von Neapel-Sizilien

Als Deutscher ward ich geboren, / Bin ich noch einer?
Nur was ich Deutsches geschrieben, / Das nimmt mir keiner.
Franz Grillparzer, 1866

Sire, ich bin ein deutscher Fürst.
Kaiser Franz Joseph I. an Kaiser Napoleon III.

Auch in unserer Brust schlägt ein stolzes deutsches Herz,
und wir räumen niemandem das Vorrecht ein,
deutscher zu empfinden als wir.
Graf Radetzky dankt 1849 dem preußischen Gardekorps
für die Glückwünsche zum Sieg von Novara

Östreich! Du hast versäumt an Deinen Söhnen
Dir groß zu ziehen kräftige Vertreter,
Die, nicht entschlummernd auf dem Ruhm der Väter,
Mit neuen Siegen die Geschichte krönen.
Ferdinand von Saar

Wien ist eine deutsche Stadt, deren deutschen Charakter zu wahren
jeder Bürger die Pflicht hat.
Karl Lueger, Bürgermeister von Wien

Ihre Persönlichkeit ist ganz dafür geschaffen, eine Krone
zu tragen; ihr Gemüt aber verleiht derselben erst den
rechten Glanz. Ihr Antlitz verrät Verstand, Geist und
Anmut, jede ihrer Bewegungen ist voll Grazie und Würde.
Der englische Gesandte Charles Hambury Williams 1753
über Kaiserin Maria Theresia

Unser Widerstand ist die letzte Stütze zur Rettung.
Unsere Sache ist die Sache Deutschlands.
Erzherzog Karl von Österreich im Manifest von 1809
›Dem beharrlichen Kämpfer für Deutschlands Ehre‹, Heldenplatz in Wien

Die Spaltung Deutschlands und Österreichs: Die beiden Herzkammern
trennen und doch den Blutkreislauf erhalten wollen!
Friedrich Hebbel

. . . Singt das Lied der Nibelungen nicht von beiden im Verein?
Sprecht mit kindlich frommen Zungen: Mutter Donau, Vater Rhein!
Hebt die Stirn mit edlem Stolze, euren nordischen Brüdern gleich!
Ja, aus deutschem Holze sind auch wir in Österreich!
Wilhelmine Wickenburg, ›Mahnruf‹

Österreich ist deutsch, deutsch durch die Geschichte, durch den Kern
seiner Provinzen, durch seine Zivilisation.
Klemens Lothar Wenzel Fürst Metternich

Ich bin zwar vor allem österreichisch, dabei aber entschieden deutsch
und wünsche den innigsten Anschluß an Deutschland.
Kaiser Franz Joseph I. 1862 in Wien zum Vorstand des Deutschen Juristentages

Die Geschichte Österreichs als ein vollberechtigter Teil der deutschen
Geschichte soll in das Bewußtsein des großen Gesamtvolkes eingehen,
und die kommenden Geschlechter im Lande Österreich sollen in lebendigster
Erinnerung bewahren, daß ihre Vorfahren das Erbe, das sie der Mutter
Deutschland verdanken, in Ehren verwaltet und vermehrt haben.
Heinrich Ritter von Srbik

Teutsch soll Max werden, ein Bayer, aber teutsch vorzüglich,
nie Bayer zum Nachteil der Teutschen.
König Ludwig I. von Bayern, über seinen Sohn Maximilian

...Prinz Eugenius wohl auf der Rechten
Tät' als wie ein Löwe fechten,
Als General und Feldmarschall.
Prinz Ludewig ritt auf und nieder:
›Halt' euch brav, ihr deutschen Brüder,
Greift den Feind nur herzhaft an!‹...

1717 vor Belgrad von einem brandenburgischen Soldaten
auf den österreichischen Feldherrn Prinz Eugen von Savoyen gedichtet

Daß wir diesem deutschen Volk ehrlich und treu dienen wollen,
das erklären wir hier. Wir wollen die guten Charaktereigenschaften
des deutschen Volkes pflegen, wir wollen die dem Deutschtum
eigene Mannigfaltigkeit zur Einheit führen und wollen die Tugenden
der Ehrlichkeit und der deutschen Treue in unserer Heimat pflegen!

Bundeskanzler Engelbert Dollfuß am 11. 9. 1933 vor der Vaterländischen Front

Karl Haushofer wollte die Volksgrenze mit der Staatsgrenze
in Übereinstimmung bringen und allenfalls – ›unter williger
Mitarbeit der Angegliederten‹ – Böhmen und Mähren als
›uraltes deutsches Land‹ angegliedert sehen.

Karl-Eckhard Hahn, ›Westbindung und Interessenlage‹,
in ›Die selbstbewußte Nation‹, 1993

Wenn die ebenso reaktionäre wie widerliche Utopie einer
österreichischen Nation Wahrheit würde und ich gezwungen wäre,
zwischen ihr und der deutschen zu wählen, würde ich mich
für jene entscheiden, in der Goethes Faust, Freiligraths
revolutionäre Gedichte und die Schriften von Marx, Engels
und Lassalle nicht zur ausländischen Literatur gehören.

Friedrich Adler 1946 in einem Brief an die Sozialistische Partei Österreichs

Die deutschen Gefühle in Österreich haben nicht erst mit
Hitler begonnen und sind nach ihm nicht zu Ende –
dies wird sich bald zeigen...
Die Annahme, daß alle Deutschgefühle in Österreich tot sind
auf immer, ist ein Wunschtraum der Österreich-Ideologen,
und nicht einmal ein schöner.

Günther Nenning, ›Die Nation kommt wieder‹, 1990

Die politische Klasse in Österreich hat nicht nur ein System errichtet,
das eine Mischung aus Kreml, Vatikan und albanischer
Weltoffenheit repräsentiert, sondern sie ist auch fortgesetzt dabei,
sich aus der eigenen Geschichte zu verabschieden.

Jörg Haider, ›Die Freiheit, die ich meine‹, 1994

Bernard Baruch am 13. September 1977 vor dem Nye Committee

Vor allem gilt doch, daß wir Engländer bisher stets gegen unsere
Wettbewerber im Handel und Verkehr Krieg geführt haben.
Und unser Hauptbewerber im Handel und Verkehr ist heute nicht
länger Frankreich, sondern Deutschland. Bei einem Krieg gegen Deutschland
kämen wir in die Lage, viel zu gewinnen und nichts zu verlieren.
Ein Krieg mit Frankreich, ende der Krieg wie er wolle,
schlösse immer mit schweren Verlusten für uns ab.
Our true foreign policy, ›Saturday Review‹ vom 24. August 1895

Hinter der sichtbaren Regierung sitzt auf dem Thron
eine unsichtbare Regierung, die dem Volk keine Treue
schuldet und keine Verantwortlichkeit anerkennt.
Diese unsichtbare Regierung zu vernichten,
den gottlosen Bund zwischen korruptem Geschäft und
korrupter Politik zu lösen, ist Aufgabe des Staatsmannes.
Theodore Roosevelt in seinem Wahlprogramm von 1922

Jeder Zoll, den wir an der Grenze von Memel bis Krakau nachgeben,
ruiniert diese ohnehin schon miserabel schwache Grenze
und legt die ganze Ostküste bis nach Stettin bloß.
Friedrich Engels an Karl Marx am 23. Mai 1851

Befriedigen können wir die Ansprüche, welche dieser
neue Nachbar [Polen] auf unsere Kosten erheben würde,
niemals. Sie würden außer Posen und Danzig sich
demnächst auf Schlesien und Ostpreußen richten,
und die Landkarten, in welchen die Träume
der polnischen Insurrektion ihren Ausdruck finden,
bezeichnen Pommern bis an die Oder als polnische Provinz.
Bismarck am 7. Februar 1863 an den Londoner Gesandten Graf Bernsdorff

Wir werden jeden Versuch, von diesem Vaterlande ein Stück Boden
wegzureißen, mit allen uns zu Gebote stehenden Kräften
bis zum letzten Atemzug zurückweisen.
August Bebel, am 7. März 1904 vor dem Reichstag

1990 mußte Deutschland . . ., seinen Tribut leisten, mußte sich
zur Streichung des § 23 seines Grundgesetzes (Beitritt anderer Länder)
verpflichten und mußte die ›Endgültigkeit‹ seiner Grenzen anerkennen –
ganz im Gegensatz zur sonst so gern beschworenen Helsinki-Charta mit
ihrer Zustimmung zu friedlichen Grenzänderungen.
Franz Uhle-Wettler, in ›Handbuch zur Deutschen Nation‹, Bd. 4

Walther Rathenau, ›Nach der Flut‹

Das erste, was in einem Krieg auf der Strecke bleibt,
ist die Wahrheit.
Hiram Johnson 1918 vor dem US-Senat

Deutschland hätte einen Überraschungsangriff unternommen,
wenn es einen Krieg gewollt hätte. Deutschland hat aber
das Gegenteil getan, hat einen Tag nach dem anderen
verstreichen lassen, und diese Frist hat Rußland zur
Teilmobilisierung nutzen können, und Frankreich hat sich
im Friedenszustand für alle Fälle wappnen können.
Jean Jaurès am 29. Juli 1914 in der Pariser ›L'Humanité‹
Am 31. Juli 1914 wurde er ermordet

Was menschliche Klugheit auf der Versailler Konferenz begonnen,
das möge Gottes Liebe veredeln und vollenden.
Von Frankreich aus möge sich Gottes Gnade
über die ganze Welt ergießen.
Papst Benedikt XV. am 7. Oktober 1919 an den Pariser
Kardinal Amette. Acta Apostolicae Sedis Nr. 12 vom 13.November 1919

In jedem Artikel des Friedensvertrages
sehe ich ein kleines Ei, eine Keimzelle neuer Kriege.
Die Witwe Napoleons III., nach Harold Kurtz, ›Eugenie‹, 1964

Dieser Friede [von Versailles], den sie uns auferlegen,
hat keinerlei Kennzeichen des neuen Zeitalters,
sondern ist der Gewaltfriede alter und ältester Art,
der nicht einen, sondern hundert neue Kriege im Bauche trägt.
Hans Delbrück, ›Vor und nach dem Weltkrieg‹, 1926

Zuletzt die höchste Gefahr: die technische Kultur erringt
sich die Welt, mit ihr entsteht die Macht der Furcht,
der Klugheit, der Verschlagenheit, verkörpert durch
Demokratie und Kapital.
Walter Rathenau, nach Harry Graf Keßler, ›W. R.‹, 1928,

Natürlich gibt jeder Bürger seine Stimme ab und er denkt dabei,
daß er für den, den er will, stimme.
Wir jedoch wissen, daß er für den, den **wir** wollen, stimmt,
das ist das heilige Gesetz der Demokratie.
Ilja Ehrenburg, ›Die Traumfabrik‹, 1931

Nach Hitler kommen wir.
Buchtitel zur KPD von Peter Erler, Horst Laude, Manfred Wilke, 1994

Wir österreicher müssen es durch unsere Werke bestätigen,
daß wir zu Deutschland gehören. Was wir sind, sind wir durch
deutschen Geist geworden, durch deutsche Bildung,
und trotzen dem Versuche, uns das vergessen zu machen.

Marie von Ebner-Eschenbach

Friedrich II., der Große, König von Preußen, und Joseph II.,
österreichischer Thronfolger, begegnen einander in Neiße Ende August 1769

Deutschösterreich ist ein Bestandteil der Deutschen Republik.
Gesetz, beschlossen in Wien am 12. November 1918

Deutschösterreich muß mit dem Mutterland für alle Zeiten vereinigt werden.
Unsere Stammes- und Schicksalsgenossen dürfen versichert sein,
daß wir sie im neuen Reich der deutschen Nation mit offenen Armen und
Herzen willkommen heißen. Sie gehören zu uns, und wir gehören zu ihnen.
Friedrich Ebert, Deutsche Nationalversammlung, 1. Sitzung 6. Februar 1919

Deutsch-Österreich wird niemals darauf verzichten, die Wiedervereinigung
mit dem Deutschen Reich als das Ziel seiner friedlichen Politik zu betrachten.
Karl Renner vor der Wiener Nationalversammlung am 6. September 1919

Wie die großen Vorkämpfer der Sozialdemokratie, so treten wir für Groß-
deutschland, für die Einheit all derer ein, die an der Donau, an der Etsch,
wie an den Mündungen der Weser und Elbe, Oder und Weichsel,
von deutscher Mutter das Sprechen gelernt haben.
Paul Löbe, Rede aus dem Jahre 1919

In einem sind wir alle einig: Grenzen werden uns nicht trennen.
Die Einheitlichkeit unseres deutschen Vaterlandes ist für uns alle
ein Stück unseres Glaubens, unserer Liebe und Hoffnung.
Friedrich Ebert zum Reichsgründungstag am 18. Januar 1921

Eine meiner wesentlichsten Aufgaben ist die Korrektur der Ostgrenzen:
Die Wiedergewinnung Danzigs, des polnischen Korridors und
eine Korrektur der Grenze in Oberschlesien.
Reichsaußenminister Stresemann im Brief an den Kronprinzen 7. Sept. 1925

Ich bin bekanntermaßen ein unbedingter Anhänger des Anschlusses
Österreichs an Deutschland. Jede andere Lösung erschiene mir
unnatürlich und auf Dauer nicht haltbar.
Julius Deutsch, Sozialist, 1929 im Wiener Nationalrat

Ich darf mir wohl in diesem Zusammenhang die persönliche Bemerkung
gestatten, daß ich als erster Deutscher vor einem internationalen Forum,
auf der Berner Konferenz am 3. Februar 1919, der Unwahrheit von der
Schuld Deutschlands am Ausbruch des Weltkrieges entgegengetreten bin.
Otto Wels, 23. März 1933 vor dem Deutschen Reichstag

Ich kritisiere an den politischen Parteien, daß sie dem Individuum
zu viel versprechen. Sie achten zu wenig auf Gemeinsinn.
Ulrich Wickert

Die Geburtsstätte der nationalsozialistischen Bewegung ist nicht München, sondern Versailles

Theodor Heuss, ›Hitlers Weg‹, 1932

Solange ein Mitglied der Völkergemeinschaft als Verbrecher an der
Menschheit gebrandmarkt ist, kann es keine wahre Verständigung
und Aussöhnung der Völker geben.

Gustav Stresemann 1925 in London

Wenn Hitler fehlschlägt, wird sein Nachfolger der Bolschewismus
sein; wenn er Erfolg hat, wird er innerhalb von fünf Jahren
einen europäischen Krieg bekommen.

Robert G. Vansittart, ›Even now‹, 1933

Man mag darüber sagen, was man will:
Deutschland war im Jahre 1936 ein blühendes, glückliches Land.
Auf seinem Antlitz lag das Strahlen einer verliebten Frau.
Und die Deutschen waren verliebt – verliebt in Hitler. . .
Und sie hatten auch allerhand Grund zur Dankbarkeit.
Hitler hatte die Arbeitslosigkeit bezwungen und ihnen eine
neue wirtschaftliche Blüte gebracht. Er hatte den Deutschen
ein neues Bewußtsein ihrer nationalen Kraft
und ihrer nationalen Aufgabe vermittelt.

Sefton Delmer, ›Die Deutschen und ich‹, 1961

Es liegt ein gut Stück Wahrheit in den Vorwürfen in bezug
auf die gegen die Achsenmächte gerichtete Einkreisung.
Es ist gegenwärtig nicht mehr nötig, die Wahrheit zu verbergen.

Winston Churchill am 21. Juni 1939
nach Bolko von Richthofen, ›Kriegsschuld 1939/41‹, 1968

Wir sind 1939 nicht in den Krieg eingetreten,
um Deutschland vor Hitler oder die Juden vor Auschwitz
oder den Kontinent vor dem Faschismus zu retten.
Wie 1914 sind wir für den nicht weniger edlen Grund
in den Krieg eingetreten, daß wir eine deutsche Vorherrschaft
nicht akzeptieren konnten.

Sunday Correspondent, London, 16. September 1989

Der Friede von Versailles schloß bereits den Zweiten Weltkrieg ein.
Auf offene Gewalt begründet, gab er das Evangelium, auf das jede Gewalt
sich bezog. Ein zweiter Friede nach diesem Muster würde noch kürzer
dauern und die Zerstörung Europas einschließen.

Ernst Jünger, ›Der Waldgang‹, 1951

Der Versailler Vertrag war ein Instrument, dessen Absichten
dahin gingen, die Lebenskraft eines europäischen Hauptvolkes
auf die Dauer der Geschichte niederzuhalten; und dieses Instrument
als die Magna Charta Europas zu betrachten, auf der alle
historische Zukunft sich aufbauen müsse, war ein Gedanke,
der dem Leben und der Natur zuwiderlief und der schon heute
in aller Welt kaum noch zum Schein Anhänger besitzt.
Fast müßig schon, es auszusprechen, und doch notwendig,
es immer wieder zu sagen: es ist kein haltbarer Zustand,
daß inmitten von lauter bewaffneten und auf ihren Waffenglanz
stolzen Völkern Deutschland allein waffenlos dasteht, so daß jeder
Pole in Posen, der Tscheche auf dem Wenzelsplatz, ohne Scheu
seinen Mut daran kühlen kann; daß die Erfüllung des Versprechens,
die deutsche Abrüstung solle nur der Anfang der allgemeinen sein,
immer wieder ad calendas graecas vertagt wird und jede
Unmutsäußerung des deutschen Volkes gegen diesen Zustand als
eine zu neuen Rüstungen auffordernde Bedrohung aufgefaßt wird.
Diese Ungerechtigkeit ist die erste, die man nennen muß,
wenn man dem deutschen Gemütszustand gerecht werden will;
aber es ist nur zu leicht, fünf, sechs andere aufzuzählen,
die sein Gemüt verdüstern, wie die absurden Grenzregelungen
im Osten, das niemandem heilsame, auf das vae victis
stumpfsinnig aufgebaute Reparationssystem. . . und so fort.

Thomas Mann, ›Deutsche Ansprache von 1930‹,
zitiert nach Hellmut Diwald, ›Seemachtpolitik im 20. Jahrhundert‹

Es war ein Kriegsverbrechen, Deutschland im Herzen
Europas zu vernichten. Dies störte das Gleichgewicht
nicht bloß in Europa, sondern auf der ganzen Welt.
Die einzige Möglichkeit, das Gleichgewicht wieder
herzustellen, ist die Wiederaufrichtung Deutschlands.

Sven Hedin

Wenn meine Arbeit und mein Kampf eine offizielle Bestätigung
brauchten, in den Jalta-Papieren wurde sie erbracht.
Ich glaube nach ehrlicher Überprüfung nicht, daß ich auch nur
eine der angeführten Tatsachen zurücknehmen oder die
Charakterisierung der Akteure ändern müßte.
Über die Jalta-Dokumente kann man nur einen Titel schreiben:
Willkür und Machtrausch.

Pater Emanuel J. Reichenberger, ›Wider Willkür und Machtrausch‹, 1955

Jetzt liegts an den erfahrenen alten Kriegern.
Titus Livius

Das [deutsche] Fußvolk ist vortrefflich, und die Leute sind von schöner
Statur, im Gegensatz zu den Schweizern... Ebenso sah man neulich,
als der katholische König mit Frankreich in Guyenne Krieg anfing,
daß die spanischen Truppen eine Schar von 10 000 Deutschen,
die der König von Frankreich hatte, mehr fürchteten als das ganze übrige
Fußvolk zusammen, und vermieden, mit ihnen zusammenzutreffen.
Niccolo Machiavelli, ›Politischer Zustand Deutschlands zu Anfang d. 16. Jh.‹

Ich wollte, es wäre Nacht oder die Preußen kämen!
Wellington vor Waterloo: ›Die Preußen oder die Nacht!‹

The Germans to the front!
Lord Seymor an Kapitän Guido von Usedom, den Führer der deutschen Abteilung
beim Sturm auf das chinesische Fort Hsiku am 22. Juni 1900 (›Boxer-Aufstand‹)

Erhobenen Hauptes dürft Ihr zurückkehren. Nie haben Menschen
Größeres geleistet und gelitten wie Ihr.
Reichspräsident Ebert vor heimkehrenden Truppen am 10. Dezember 1918

Der deutsche Soldat hat, getreu seinem Eid, im höchsten Einsatz für
sein Volk, für immer Unvergeßliches geleistet. Die einmalige Leistung
von Front und Heimat wird im späteren gerechten Urteil der Geschichte
ihre endgültige Würdigung finden.
Aus dem letzten Wehrmachtbericht am Ende des Zweiten Weltkrieges

Die Deutschen sind ohne Frage
die wunderbarsten Soldaten.
Feldmarschall Lord Alanbrooke, Chef des britischen
Generalstabs am 23. Mai 1940 in seinem Tagebuch

Die Deutschen sind prächtige Kämpfer.
Feldmarschall Lord Archibald P. Wavell im Mai 1941
Nach Oberst Walther Dahl, ›Ehrenbuch‹, 1985

Die beste Kampftruppe des Krieges,
eine der großartigsten, die die Welt gesehen hat.
Militärhistoriker Max Hastings, ›Overlord‹, 1984

...unsere besten Truppen, die schottische und die
irische Garde, [wurden] durch die Tatkraft, den
Ideenreichtum und die Ausbildung von Hitlers jungen
Soldaten zum Narren gehalten.
Churchill, ›Memoiren‹ II/649, über Wehrmachts-Reservisten

Der deutsche Soldat kämpft ritterlich für den Sieg seines Volkes, Grausamkeiten und nutzlose Zerstörungen sind seiner unwürdig.

Erstes der Gebote mit Befehlscharakter im Soldbuch des deutschen Soldaten im Zweiten Weltkrieg

Die Eroberung Kretas durch eine Invasion, die ausschließlich aus der Luft erfolgte, war eine der erstaunlichsten und kühnsten Taten des Krieges.

Basil W. Liddell Hart, ›Geschichte des Zweiten Weltkrieges‹, 1972

Die deutschen Offiziere und Soldaten haben sich mit beachtlichem Takt aufgeführt.

Harald Nicolson, Tagebucheintrag vom 22. April 1944 ›The War Years 1939–1945‹, 1967

Wie eh und je schlug sich der deutsche Soldat tapfer und zeichnete sich, vor allem auch in der Verteidigung, zuweilen durch geradezu leidenschaftliche Standhaftigkeit aus.

Marschall Iwan S. Konjew, ›Das Jahr fünfundvierzig‹

Heute wird allgemein als Wahrheit anerkannt, was in den ersten zwei oder drei Jahrzehnten nach 1945 selten öffentlich zugegeben wurde: Die deutschen Soldaten waren Mann für Mann die erstaunlichsten Kämpfer.

Der englische Militarhistoriker Max Hastings, in der FAZ, 4 . Juni 1994

Oberst Dupuy kam so zu dem Schluß, daß das deutsche Heer in den Kriegen seit 1807 seinen Gegnern qualitativ überlegen gewesen sein muß, und zwar in einem definierbaren und quantifizierbaren Maß.

Franz Uhle-Wettler, ›Höhe- und Wendepunkte deutscher Militärgeschichte‹, zu ›A Genius for War, The German Army. . .‹

Ich möchte erklären, daß wir alle Waffenträger unseres Volkes, die im Rahmen der hohen soldatischen Überlieferungen ehrenhaft zu Lande, auf dem Wasser und in der Luft gekämpft haben, anerkennen. Wir sind überzeugt, daß der gute Ruf und die großen Leistungen trotz aller Schmähungen während der vergangenen Jahre, in unserem Volke noch lebendig sind und es auch bleiben werden.

Konrad Adenauer am 3. Dezember 1952

Bernhard Fürst von Bülow, 1909

Wer das Leben für das Vaterland verliert, kann nimmer sterben.
Theodor Gottlieb von Hippel

Wir sind doch alle Deutsche!
*Der preußische General Hiller von Gartingen umarmt 1866 bei Königgrätz
einen sterbenden österreichischen Gegner*

Sind etwa unsere Kriegstoten dafür gestorben, daß wir heute untereinander
uns im Streite zerbröckeln? Denkt an ihr Sterben und seid einig!
Friedrich Naumann, 1919

Ich bin nicht mehr ich selbst; ich war.
Ich bin ein Glied der heiligen Schar, / die sich dir opfert, Vaterland.
Walter Flex

Wo meine deutsche Heimat in Not war, zog es mich hin, um zu helfen.
Das letzte Mal hat mir mein Todesurteil gebracht. Mit Ruhe
habe ich es vernommen. Ruhig wird mich auch die Kugel treffen.
Albert Leo Schlageter, 1923

Die für das Vaterland starben, ehren wir am besten,
wenn wir für das Vaterland leben.
Peter Rosegger

Kamerad! / Wer von uns fällt / In dem großen, grausen Morden,
Du im Süden, ich im Norden, / Wird ein Teil der Ewigkeit,
Die da leuchtet, fordert, zwingt, / Daß der Enkel einmal singt,
So wie wir, die ausgezogen / Und im Kampf ihr Herz gewogen:
Deutschland! Freiheit! Ewigkeit! / Und das Reich von dieser Welt!
Kurt Eggers

Über zwei Millionen deutsche Soldaten sind vor mir für ihr Vaterland
in den Tod gegangen. Ich folge meinen Söhnen nach. Alles für Deutschland!
Generalfeldmarschall Wilhelm Keitels letzte Worte am 16. Oktober 1946

Dies erst genügt – und keine andere Tröstung für uns oder euch reicht
der gewaltige Engel, als daß in der ewigen, in der Seele des Volkes
ihr unvergänglich beschlossen seid.
Josef Weinheber, ›An die Gefallenen‹

Ich bin nicht gekommen, um die Niederlage herauszustellen, weil ich wußte,
welche Stärken das deutsche Volk hat, welche Tugenden, welchen Mut, und
wenig bedeutet mir seine Uniform und die Vorstellung in den Köpfen dieser
Soldaten, die in so großer Zahl gestorben sind. Sie waren mutig.
François Mitterrand am 8. Mai 1995, Berlin, Konzerthaus am Gendarmenmarkt

. . . Jeder spazieret nun hinaus, zu schauen der guten Vertriebenen
Elend, und niemand bedenkt, daß ihn das ähnliche Schicksal
Auch vielleicht zunächst betreffen kann oder künftig.
O sie sollen uns nicht den herrlichen Boden betreten
und vor unseren Augen die Früchte des Landes verzehren,
Nicht den Männern gebieten und rauben Weiber und Mädchen!
Goethe hatte das Schicksal der vertriebenen Salzburger Protestanten
und die Folgen der Französischen Revolution vor Augen,
als er das epische Gedicht ›Hermann und Dorothea‹ schrieb

Wer das Weinen verlernt hat, der lernt es wieder beim Untergang Dresdens.
Dieser heitere Morgenstern der Jugend hat bisher der Welt geleuchtet.
Ich weiß, daß in England und Amerika gute Geister genug vorhanden sind,
denen das göttliche Licht der Sixtinischen Madonna nicht fremd war
und die vom Erlöschen dieses Sternes allertiefst schmerzlich getroffen
weinen. Und ich habe den Untergang Dresdens unter den Sodom- und
Gomorra-Höllen der feindlichen Flugzeuge persönlich erlebt. . .
Gerhart Hauptmann, Agnetendorf, März 1945

Auch Papst Pius XII. ist sich darüber im klaren, daß mit einer
Verurteilung des an so vielen Millionen Schuldloser begangenen
Unrechts wohl dem Recht und der Wahrheit Genüge getan ist,
praktisch jedoch niemandem geholfen wäre.
Deshalb schließt er seiner verurteilenden Sentenz den Ausdruck
des Wunsches und der Hoffnung an, ›es möchten alle
Beteiligten zu ruhiger Einsicht kommen und das Geschehene
rückgängig machen, soweit es sich noch rückgängig machen läßt‹.
Pater Emanuel J. Reichenberger, ›Ostdeutsche Passion‹

. . . Vergib, wenn das Herz, das sich dir ergibt,
Nicht vergißt, was zu sehr es geliebt,
Was Gleichnis uns war - und noch bleibt im Leid -
Von Deines Reiches Herrlichkeit.
Agnes Miegel, ›Sie erstarrten im Eis, sie verglühten im Brand. . .‹

Am Abend meldete der Rundfunk, daß die Austreibung der
deutschen Bevölkerung aus dem Sudetenland in vollem Gange ist.
Darunter sind ohne Zweifel Millionen Unschuldige, denen eines Tages
ein Kläger erwachsen wird. Es gehörte bereits zu den Mißgriffen
des Versailler Diktates, sie unter Fremdherrschaft zu stellen,
jetzt sollen sie dafür büßen, daß sich das als unsinnig erwies.
Ernst Jünger, ›Tagebuch, 11. Juni 1945‹

mit Hilfe der historischen Tatbestände unternimmt, entdeckt,
daß unsere Geschichte es nicht nötig hat, rehabilitiert
zu werden. Man muß sich nur ernsthaft mit ihr befassen. . .
Hellmut Diwald, ›Heinrich der Erste‹

Die Vertreibung von der Scholle ist die flagranteste Verkennung
der Geschichte und die offenkundigste Verletzung der Menschenrechte.
Albert Schweitzer

Alle unschuldigen deutschen Opfer im geschichtlichen Zusammenhang
aber – Vertriebene, Vergewaltigte, Verhungerte, Erschlagene, Erschossene,
in Flächenbombardements Verbrannte und Erstickte –
werden, in einem beispiellosen Akt zeitgenössischer sprachlicher Verrohung,
zu abstrakten Zahlenkolonnen einer bloßen Ursache-Wirkung-Folge. . .
Es ist die Kälte und Gefühllosigkeit machtpolitisch motivierter Rechthaberei
und ihres gehobenen Mitläufertums in Parteien, Verwaltung, Universitäten,
Akademien, Künstlerorganisationen und Redaktionen, die aus der Pf l i c h t
zu historischer Erkenntnis und geschichtlichem Wissen das R e c h t
zu geistiger Intoleranz und politischer Unbarmherzigkeit ableitet.
Ulrich Schacht, Rede auf dem Hambacher Schloß am 6. Mai 1995

Ich trage schwer am Unglück meines Volkes.
Kardinal Clemens August Graf von Galen, 1945 zu einem Besetzeroffizier

Daß der Räuber den Wunsch hat, seinen Raub vom Beraubten
als rechtens erklären zu lassen, ist begreiflich.
Daß sich der Beraubte dazu versteht, ist unbegreiflich.
Hellmut Diwald, ›Deutschland einig Vaterland‹, 1990

Meine Hochachtung gilt den Leistungen der deutschen Soldaten
im Ersten und Zweiten Weltkrieg.
Utta Danella, 1983 in einer Fernsehsendung

Vergessen wir nicht den bolschewistischen Völkermord,
die sechzig Millionen umgebracht von den Sowjetdespoten,
doppelt so viele Opfer wie im Zweiten Weltkrieg.
Alexander Solschenizyn am 20. Juli 1994 bei seiner Ankunft in Jaroslawe

Präsident [Roosevelt] sagte, daß es nach seiner Ansicht sehr wichtig sei,
den deutschen Köpfen nicht Vorstellung des Reiches zu belassen, vielmehr
auch schon das Wort aus der deutschen Sprache gestrichen werden.
Geheimes Memorandum des Gesprächs mit Stalin vom 28. Nov. 1943

Der Nürnberger Prozeß war kein rechtlicher,
sondern ein Akt der Rache gegen den Verlierer.
Vincentas Brizgys, römisch-katholischer Bischof von Litauen

Sowjetsoldat, räche dich. Verhalte dich so, daß der Einbruch
unserer Armeen nicht nur den heutigen Deutschen,
sondern auch ihren fernen Enkeln in Erinnerung bleibt.
Denke daran, daß alles, was die deutschen Untermenschen
besitzen, Dir gehört. Sowjetsoldat, habe kein Mitleid im Herzen!
Sowjetmarschall Schukows Tagesbefehl vom Januar 1945
R. Cartier, ›Der Zweite Weltkrieg‹, 1967

Das Gespenstische an der Potsdamer Konferenz lag darin,
daß hier ein Kriegsverbrechergericht von Siegern beschlossen wurde,
die nach den Maßstäben des späteren Nürnberger
Prozesses allesamt hätten hängen müssen.
Stalin zumindest für Katyn, wenn nicht überhaupt,
Truman für die überflüssige Bombardierung von Nagasaki,
wenn nicht schon von Hiroshima, und Churchill zumindest
als Ober-Bomber von Dresden, zu einem Zeitpunkt,
als Deutschland schon erledigt war.
Rudolf Augstein, in ›Der Spiegel‹ vom 7. Januar 1985

Als Christen weigern wir uns rundweg, die Nürnberger Urteile
als gerecht anzunehmen. Diese Urteile sind nichts anderes
als eine Vergeltungsmaßnahme, die ein besiegtes Volk gegen
seinen Willen über sich ergehen lassen muß, und das
Völkerrecht wird in ihnen durch brutalen Egoismus
in modernen Staaten mit Füßen getreten.
Bischof Otto Dibelius im Brief an Gräfin Schwerin von Krosigk
nach ›Der Bund‹, 16. März 1949

Selbst das einheitliche Volks- und Reichsbewußtsein
ist problematisch geworden. Da sollten wir uns an ein
leider immer aktuell gebliebenes Sprichwort aus dem
Dreißigjährigen Krieg erinnern:
›Man sucht die Deutschen durch Deutsche zu vertilgen.‹
Der deutsch-jüdische Historiker Hans Joachim Schoeps,
Anwalt des getilgten Preußens, in ›Ungeflügelte Worte‹

Wenn ich mir den Tod gebe, so ist es aus Verzweiflung
darüber, immer und ewig von einer Atmosphäre
des Mißtrauens umgeben zu sein. So soll er eine Mahnung sein:
Schafft endlich eine Staatsgesinnung!
Hans Venatier am 19. Januar 1959, nachdem er drei Tage zuvor
ins Mainzer Ministerium einbestellt worden war.
Freitod am 27. Januar 1959.

Spott der Mitteldeutschen auf die vergangene DDR-Wirtschaft

Ein schöneres und monumentaleres Denkmal als die Leerstelle der einstigen Statuen sowjetischer Eroberer kann ich mir kaum vorstellen.

Gábor Görgey, ›Macht und Ohnmacht des Geistes‹, 1994

Nach dem Aufstand des 17. Juni
Ließ der Sekretär des Schriftstellerverbands
In der Stalinallee Flugblätter verteilen,
Auf denen zu lesen war, daß das Volk
Das Vertrauen der Regierung verscherzt habe
Und es nur noch durch doppelte Arbeit
Zurückerobern könne. Wäre es da
Nicht doch einfacher, die Regierung
Löste das Volk auf und / Wählte ein anderes?

Bertolt Brecht, ›Die Lösung‹

Die Geschichte wird der revolutionären Ungeduld der Sozialistischen Einheitspartei Deutschlands ihren Respekt zollen. Die große Aussprache mit den Massen über das Tempo des sozialistischen Aufbaus wird zu einer Sichtung und Sicherung der sozialistischen Errungenschaften führen. Es ist mir ein Bedürfnis, Ihnen in diesem Augenblick meine Verbundenheit mit der Sozialistischen Einheitspartei Deutschlands auszusprechen!

Zeitgleich mit dem Spottgedicht beteuerte damit Bertold Brecht Ulbricht seine Ergebenheit im ›Neuen Deutschland‹ vom 21. Juni 1953

Vielleicht tut es dem Eisenhower und dem Dulles jetzt leid,
daß sie uns am 17. Juni ihre Achtgroschen-Jungs
herübergeschickt haben, wobei so viele Fensterscheiben
kaputtgingen und der Schnaps und die Zigaretten
aus den Auslagen gestohlen wurden. . .

Stefan Heym im ›Neuen Deutschland‹ vom 13. Juli 1953, angesichts 31 erschossener und 20 hingerichteter Deutschen und 61 Sowjetsoldaten, die auf die Arbeiter nicht schießen wollten. 6171 Aufständische wurden verhaftet.

Menschlich fühl ich mich verbunden / mit den armen Stasi-Hunden
die bei Schnee und Regengüssen / mühsam auf mich achten müssen
die ein Mikrophon einbauten / um zu hören all die lauten
Lieder, Witze, leisen Flüche / auf dem Clo und in der Küche
– Brüder von der Sicherheit / ihr allein kennt all mein Leid. . .

Wolf Biermann, ›Stasi-Ballade‹

Ich würde gern einmal in Dresden singen, / in Stendal, Meißen, Zittau
und Küstrin, /mit Freunden plaudern, trinken, um Ideen ringen,
wie manche liebe, lange Nacht in Amsterdam und Wien.

Reinhard Mey, schon vor 1989

Ich klage um Deutschland, nicht weil es besiegt, zerstückt, entmachtet ist –
ich klage, weil es sein Wesen preisgibt, weil es seine Seele verrät.
Ich klage um Deutschland, weil es seine Herkunft vergißt,
um jenes Deutschland, wo ein Wort noch ein Wort,
Recht Recht, Treue Treue, Verrat Verrat war,
wo Korruption fremd und Opportunismus verächtlich war.
Wo Pflicht höher stand als Genuß.
Friedrich Franz von Unruh

Wir haben so viel Rechte hingegeben,
Daß uns auf nichts ein Recht mehr übrig bleibt.
Goethe, ›Faust II‹

Der Stolz der Engländer trägt zu ihrer politischen Existenz
mächtig bei; die gute Meinung der Franzosen von sich selbst
hat von jeher ihr Übergewicht in Europa verstärken helfen.
Anne Germaine de Staël, ›Über Deutschland‹

Die Amerikaner demonstrierten vom ersten Tag der Besetzung an
ihr charakteristisches Bündel widersprüchlicher Haltungen:
Arroganz und Liebenswürdigkeit, Herablassung und Bewunderung,
Selbstgefälligkeit und Mitleid, Brutalität und Hilfsbereitschaft,
Berechnung und Planlosigkeit – ein endloser Katalog
des gradlinig verschlungenen Way of life.
Hellmut Diwald, ›Deutschland einig Vaterland‹, 1990

Die Worte vom Mündel Deutschland und seinen Quislingen,
als Ausdruck der Kollaboration mit dem Sieger,
bis zur Denunziation, gelten auch im ästhetischen Bereich.
Jürgen Syberberg, ›Eigenes und Fremdes‹, in ›Die selbstbewußte Nation‹

Die Bundeswehr wurde nicht um der Bundesrepublik willen
geschaffen, sondern um der westlichen Welt willen.
*Josef Isensee, ›Das Recht und die Freiheit des deutschen Volkes‹,
in D. Wellershoff, ›Frieden ohne Macht‹, 1991*

Das Verteufeln alles Nationalen ist im heutigen Deutschland
fast parteiübergreifender Konsens.
*Alfred Mechtersheimer, ›Nation und Internationalismus‹,
in ›Die selbstbewußte Nation‹, 1993*

Ich kenne keine Methode, nach der man
eine ganze Nation unter Anklage stellen kann.
Edmund Burke, Rede vom März 1775

Schiller, ›Wilhelm Tell‹

Dreifach ist der Schritt der Zeit: / Zögernd kommt die Zukunft hergezogen,
Pfeilschnell ist das Jetzt entflogen, / Ewig still steht die Vergangenheit,
Keine Ungeduld beflügelt / Ihren Schritt, wenn sie verweilt.
Keine Furcht, kein Zweifeln zügelt / Ihren Lauf, wenn sie enteilt,
Keine Reu', kein Zaubersegen / Kann die Stehende bewegen.
Möchtest du beglückt und weise / Endigen des Lebens Reise,
Nimm die Zögernde zum Rat, / Nicht zum Werkzeug deiner Tat.
Wähle nicht das Fliehende zum Freund, / Nicht das Bleibende zum Feind.
Friedrich von Schiller

Auch liegt mir Deutschland warm am Herzen.
Ich habe oft einen bitteren Schmerz empfunden bei dem Gedanken
an das deutsche Volk, das so achtbar im einzelnen
und so miserabel im ganzen ist.
Goethe zum Historiker Heinrich Luden am 13. Dezember 1813

Die Tugend geschlagener Völker ist die Geduld, nicht die Resignation.
Oswald Spengler

Ein Volk im ganzen oder jedes Mitglied dieses Volkes
summarisch zu verurteilen, scheint mir gegen die
Forderung des Menschseins zu verstoßen.
Karl Jaspers, Antwort an Sigrid Undset, 1945

Wenn Deutschland einmal vereint sein wird
– jeder weiß, das wird kommen, niemand weiß, wann –,
wird es nicht sein durch Krieg.
Bertolt Brecht

Das geteilte Deutschland ist das geteilte Europa.
Sein Drama ist auch das unsere.
*Italiens Staatspräsident Sandro Pertini am 11. Juni 1985
vor dem Straßburger Parlament*

Aus meinem historischen Bewußtsein ist Deutschland
nicht zu tilgen. Sie können neue Landkarten drucken,
aber sie können mein Bewußtsein nicht neu herstellen.
Ich weigere mich, an der Liquidierung von Geschichte teilzunehmen.
Martin Walser am 30. August 1977, ›Über Deutschland reden‹

Ich lehne Rollen aus dem Ausland ab, in denen ich das Ansehen
meines Vaterlandes herabsetzen würde.
Gerd Fröbe

Deutschland wird nie die Oder-Neiße-Linie,
wie sie von den vier Siegermächten in Potsdam
festgelegt wurde, als deutsche Grenze anerkennen.
Kurt Schumacher, vor der Universität Köln Oktober 1945

Wir stehen zu den deutschen Soldaten, die, ihrer besten Überlieferung
getreu, sich dem deutschen Volk in sittlicher Verpflichtung verbinden.
Das den pflichttreuen deutschen Soldaten nach dem Zusammenbuch
von 1945 geschehene Unrecht hat ihre Ehre nicht berührt.
Christlich-Demokratische Union, Hamburger Programm, 1953

Die Abtretung von Gebieten, die 1937 zu Deutschland gehörten,
hat nicht neues Recht, sondern neues Unrecht geschaffen.
Die Sozialdemokratische Partei erkennt sie weder im Osten noch
im Westen an. Die Sozialdemokratische Partei Deutschlands kämpft
für die Wiedergutmachung des Unrechts, das den Opfern der Potsdamer
Austreibungsbeschlüsse angetan worden ist. Sie bejaht ihr Heimatrecht
im Osten und ihr Lebensrecht im Westen.
Sozialdemokratische Partei Deutschlands, Aktionsprogramm 1952

Nur eine freigewählte gesamtdeutsche Regierung kann einen
Friedensvertrag für Deutschland frei vereinbaren. Dieser muß von
der Wiederherstellung deutschen Staatsgebietes von 1937 ausgehen.
Die Regelung der Ostgrenzenfrage darf niemals zu einer Anerkennung
der Oder-Neiße-Linie führen Alle Vertriebenen haben das unabdingbare
Recht auf Rückkehr in ihre Heimat.
Freie Demokratische Partei, Wahlprogramm 1953

Die friedliche Wiedervereinigung mit Mitteldeutschland und den
ostdeutschen Gebieten in einem deutschen Reich mit freiheitlicher Ordnung
ist unser oberstes Ziel. Alle innen- und außenpolitischen Anstrengungen
müssen in erster Linie der Erreichung dieses Zieles dienen.
Freie Demokratische Partei, Berliner Programm, 1957

Keine Macht der Welt wird auf Dauer uns Deutsche voneinander trennen.
Ernst Reuter, vor den Opfern des 17. Juni 1953

Eines Tages wird die schlafende Löwin, die deutsche Einheit,
ihr Haupt emporrecken und zu brüllen anheben,
daß die verschlafenen westdeutschen Spießbürger aus ihrer
satten Selbstzufriedenheit aufgeschreckt und die protokolltreuen
Bürokraten ihre Augen aufreißen werden.
Ministerpräsident Reinhold Maier (FDP) am 6. Januar 1955

Vergessen Sie nicht, daß ich der einzige deutsche Kanzler bin,
der die Einheit Europas der Einheit seines eigenen Vaterlandes vorzieht.
Konrad Adenauer am 30. August 1954 zu Mendés-France

In unserer geopolitischen Lage, angesichts unserer jüngsten
Geschichte können wir Deutschen uns nicht eine politische
Schizophrenie leisten, etwa auf der einen Seite eine realistische
Friedenspolitik voranzutreiben und auf der anderen gleichzeitig
eine illusionistische Wiedervereinigungsdebatte zu führen.
Helmut Schmidt am 17. Mai 1979

Die Ansicht, wonach die Wiedervereinigung vordringliche Aufgabe
deutscher Politik bleibe, ist objektiv und subjektiv Lüge, Heuchelei,
die uns und andere vergiftet, politische Umweltverschmutzung.
Egon Bahr am 27. November 1988

Durch den Kalten Krieg und dessen Nachwirkungen gefördert,
gerann die ›Wiedervereinigung‹ zu jener spezifischen Lebenslüge
der zweiten deutschen Republik.
Willy Brandt, am 11. September 1988 in Berlin

Ich stamme aus einer Gegend, der Pfalz, die fünfzehn Jahre
lang ein französisches Departement war. Das hat mich tief
geprägt. Die Freiheit ist wichtiger als die Einheit. . .
Helmut Kohl in ›Le Monde‹, 20. Januar 1988

Die Wiedervereinigung West- und Mitteldeutschlands ist allein
durch das Volk und nicht durch die operative deutsche Politik
erreicht worden. Diese friedliche Revolution von unten
ist ein Ruhmesblatt der Geschichte der Deutschen,
nicht aber einer tatenlosen politischen und geistigen Führungsschicht.
Reinhard Uhle-Wettler, in ›Deutschland in Geschichte und Gegenwart‹

Das neue Deutschland beginnt sich als Mischung Adenauerscher
und Bismarckscher Traditionen abzuzeichnen, weil es nicht anders kann.
*Karl-Eckhard Hahn, ›Westbindung und Interessenlage‹,
in ›Die selbstbewußte Nation‹, 1993*

Jahrelang ist den Deutschen eingeredet worden, respektabel
könnten sie nur bleiben, wenn sie ihre Nationalbelange
Gemeinschaftsbeschlüssen unterordneten. Dieser Vorwand sollte
schnellsten aus der Welt geschafft werden.
Margaret Thatcher, ›Die Erinnerungen 1925-1979‹

Theodor Fontane, ›Der Stechlin‹

›Gegebene historische Tatsachen‹ – Gegeben? Nein, vom Historiker gemacht und weiß Gott wie oft umgemodelt. Erfunden und erzeugt, mit Hilfe von Hypothesen und Vermutungen, in einer heiklen und spannenden Arbeit.
Lucien Febvre, 1933

Meine Familie hat den 8. Mai nicht als Befreiung empfinden können.
Steffen Heitmann, in ›Rheinischer Merkur‹, 5. Mai 1995

Des Historikers erste Pflicht ist die Wahrheit, die ganze Wahrheit, und wer bloß die halbe Wahrheit sagt, der ist schon ein ganzer Lügner.
Wilhelm Heinrich von Riehl

Der Antigermanismus scheint wie der Antisemitismus zu den Grundbestimmungen der Welt zu gehören; er bedarf keiner Begründungen. Wenn man heute eine Zeitung aufschlägt, sieht man, wie ihm gefrönt wird wie einer Orgie, auch von Landsleuten.
Ernst Jünger, ›Jahre der Okkupation, die Hütte im Weinberg‹

Verrat am Volke ist ein unverzeihliches Delikt, viel schlimmer als das, was der Landesverrat juristisch bedeutet.
Hans-Joachim von Merkatz vor dem Deutschen Bundestag am 16. Sept. 1954

Es gibt zwei Arten von Weltgeschichte. Die eine ist die offizelle, für den Schulunterricht bestimmt; die andere ist die geheime, welche die wahren Ursachen der Ereignisse in sich birgt.
Honoré de Balzac

Liegt das Gestern klar und offen, / wirkst du heute kräftig frei, kannst auch auf ein Morgen hoffen, / das nicht minder glücklich sei.
Johann Wolfgang von Goethe

Die Vergangenheit muß reden, und wir müssen zuhören. Vorher werden wir und sie keine Ruhe finden.
Erich Kästner

Das Abwesende wirkt auf uns durch Überlieferung. Die gewöhnliche ist historisch zu nennen; die höhere, der Einbildungskraft verwandte, ist mythisch. Sucht man hinter dieser noch etwas Drittes, irgendeine Bedeutung, so verwandelt sie sich in Mystik.
Goethe, ›Maximen und Reflexionen‹

Nicht zu wissen, was sich vor deiner Lebenszeit ereignet hat, ist, als bliebest du immer Kind.
Cicero

Liebe dein Volk, denn es ist nicht schlechter als andere Völker.
Es gibt keine schlechten Völker, es gibt nur schlechte Menschen.
Ehm Welk

Der Versuch, ein ganzes Volk und speziell seine Jugend
durch das Wiederaufwärmen von Kollektivschuld- und
ähnlichen Thesen zu neurotisieren, muß mißlingen.
Dafür spricht schon die heillose Konfusion, in der sich
die Neurotisierer selbst befinden. Sie geben sich als
Aufklärer aus und sind zu feige, mit Andersdenkenden
in einen offenen Dialog zu treten,
Günter Zehm, in ›Die Welt‹ vom 16. Dezember 1987

Am 8. Mai 1995 müssen wir konstatieren, daß der Haß gegen Deutschland
und alles Deutsche ein Innenprodukt ist, pathologisches Symptom
eines Machtkampfes zwischen Vertretern einer classe politique, die
›gebrochene Existenzen liebt‹ (Joachim Gauck), und einer classe rebellion,
die den aufrechten Gang probt.
Ulrich Schacht, Rede auf dem Hambacher Schloß am 6. Mai 1995

Es gibt nichts Unerträglicheres als diesen Typ des Sühnedeutschen,
der nichts anderes tut, als auf den Knien herumzurutschen und die Welt
um Verzeihung zu bitten, daß er existiert.
Otto von Habsburg, im ›Münchner Merkur‹, 15. Juni 1989

Es ist stets ein unwürdiges Schauspiel, sich selbst als nichtswürdig darzustellen. Vertrauenerweckend ist das nicht – weder politisch noch moralisch.
Hermann Lübbe, in ›Focus‹ 19/1995

Fünfzig Jahre unendlicher Verleumdung und Verteufelung eines ganzen
Volkes sind genug. Fünfzig Jahre ungeheuerlicher Beleidigung deutscher
Soldaten sind genug. Was nun im ›Jubiläumsjahr‹ als Niagara-Lügenflut
über unser Volk herniederstürzen wird, kann man nur ahnen. Mit meinen
75 Jahren kann ich nicht mehr viel tun, aber doch soviel, daß ich mit
meinem Flammentode als Fanal ein sichtbares Zeichen der Besinnung
setzen will. Und wenn auch nur ein Deutscher zur Besinnung kommt
und den Weg zur Wahrheit findet, dann war mein Opfer nicht vergebens.
*Der Heimatvertriebene Reinhold Elstner, nach der Selbstverbrennung an der
Münchner Feldherrnhalle am 26. April 1995 gestorben, in seinem Abschiedsbrief*

Es gibt überhaupt keinen Grund, daß wir nationale Gefühle
und Symbole verbergen. Was haben wir verbrochen, daß wir nicht
zeigen können, daß wir Deutsche sind?
Franz Beckenbauer

Meine jungen Freunde, seien Sie ohne Sorge wegen Ihrer Laufbahn:
Der Friede, den wir in Versailles gemacht haben, sichert Ihnen
zehn Jahre voller Zusammenstöße in Europa.
Georges Clémenceau vor Offiziersschülern in St. Cyr im Juli 1919

Frieden. . . die Fortsetzung des Krieges mit anderen Mitteln.
Oswald Spengler, ›Jahre der Entscheidung‹

Deutschland wird nicht besetzt werden zum Zwecke der Befreiung,
sondern als besiegte Feindnation.
US-Besatzungsdirektive JCS 1067 von 1945

Dadurch, daß wir den Russen erlaubt haben, Königsberg
zu annektieren und Wien und Weimar zu besitzen, haben wir
das Äußerste getan, um zweitausend Jahre europäischer
Geschichte ungeschehen zu machen.
George F. Kennan im Jahre 1947

Wie jedes geschichtsteleologisch begründete Selbstbewußtsein braucht
auch das amerikanische zu seiner historischen Verwirklichung die
konkrete Negation, das Antiprinzip: das Reich des Bösen, das bekämpft
werden muß . . . Das Deutsche Reich saß zweimal in der manichäischen
Falle, vor und während des Ersten sowie des Zweiten Weltkrieges.
Detlev Junker, in der ›FAZ‹ vom 25. März 1995

Als sie in Nürberg saßen, / die Großen, zu Gericht,
fragten in Dresden die Mütter: / ruft man uns nicht?
Heinrich Zillich, ›Die Mütter von Dresden‹

›Nürnberg‹, sagte Taft, ist ein Schandfleck auf der Konstitutionsgeschichte,
eine gefährliche Abweichung von unserem angelsächsischen Erbe.
Wir können noch nicht einmal unserem eigenen Volk die Grundsätze
von Freiheit und Recht beibringen‹, so schloß Taft.
John F. Kennedy, › Profiles in Courage, 1956, über den Führer der Republikaner

Wenn die Deutschen Europa wieder destabilisieren, muß man Deutschland
nicht noch einmal verteilen, sondern dieses Land ganz einfach von
der Karte streichen. Der Westen und der Osten haben die moderne
Technologie zur Verfügung, die nötig ist, das Urteil zu vollstrecken.
Lech Walesa, am 3. April 1990 in ›Elsevier‹

Wenn Ihr Deutschen nicht aufhört, Euch mit der Vergangenheit erpressen
zu lassen und den ideologischen Kampf um die Zukunft nicht aufnehmt,
kann Europa nicht gerettet werden!
Peter Howard bei der Erstaufführung seiner ›Weltraumstory‹ Mannheim 1963

JEDER MÖGE SEIN EIGENER GESCHICHTSSCHREIBER SEIN,
DANN WIRD ER SORGFÄLTIGER UND ANSPRUCHSVOLLER LEBEN
Bertolt Brecht, ›Me-ti, Buch der Wendungen‹, 1974

. . . immer noch
schreibt der Sieger die Geschichte des Besiegten,
dem Erschlagenen entstellt der Schläger die Züge,
aus der Welt geht der Schwächere, / und übrig bleibt die Lüge.
Bertolt Brecht

Erst wenn die Kriegspropaganda der Sieger Eingang in die Geschichts-
bücher der Besiegten gefunden hat und von nachfolgenden Generationen
geglaubt wird, kann die Umerziehung als gelungen angesehen werden.
Walter Lippmann, nach ›Neue Politik‹ 1/1985

Die Deutschen haben endlich genug daran, immer von neuem hören zu
müssen, daß sie an allem Leid der Welt die alleinige Schuld trügen.
Karl Carstens 1976 im Deutschen Bundestag

Den Deutschen soll ein selbstzerstörerisches Schulbbewußtsein
eingebrannt werden. Ich wende mich gegen die Taktik jener,
die die Kollektivschuldthese neu zu beleben wünschen.
Gerhard Löwenthal

Was der Politiker vom Historiker lernen kann?
Daß erfolgreiche Schurkenstücke Ehrentitel nach sich ziehen.
Karl-Heinz Kausch, ›Widerprüche – prosaisch‹

Zuerst war er schwarz, dann war er rot, jetzt ist er grün,
aber die ganze Zeit war er farblos.
Zarko Petan, ›Viele Herren von heute waren gestern noch Genossen‹, 1990

Wir sollen daran glauben müssen.
Richard W. Eichler

Es ist leichter, eine Lüge zu glauben, die man hundertmal hört,
als eine Wahrheit, die man noch nie gehört hat.
Robert S. Lynd

Allmählich müssen wir aufhören, unsere eigene Geschichte im Geiste
der Siegermächte schreiben. Dieser Geist ist nämlich keineswegs vom
Geist der Wahrheit und schon gar nicht vom Heiligen Geist beflügelt.
Victor Reimann

Der Blick zurück kann heilsam sein. Diese Chance ist hier und da
im Übereifer der Zerknirschung erstickt worden. Der Aufbaugeneration
und den ihr folgenden gibt ihre Leistung das Recht, nach vorne zu
schauen und ihre Gegenwart zu gestalten.
Friedrich Karl Fromme, in ›FAZ‹,12. Mai 1995

Friedrich Nietzsche

Dran setze Leib und Blut, / Krafft, Macht, Gwalt und Gut,
Dein Vatterland zu retten.

Hans Sachs

Ich hab mich ergeben mit Herz und mit Hand,
dir, Land voll Lieb und Leben, mein deutsches Vaterland!
Mein Herz ist entglommen, dir treulich zugewandt,
du Land der Frei'n und Frommen, du herrlich Hermannsland!
Wir halten und glauben an Gott fromm und frei;
will, Vaterland, dir bleiben auf ewig fest und treu!
Ach Gott, tu erheben mein jung Herzensblut
zu frischem, freud'gem Leben, zu freiem frommen Mut!
Laß Kraft mich erwerben, in Herz und in Hand,
zu leben und sterben fürs heilige Vaterland.

Hans Ferdinand Maßmann, ›Gelübde‹

Stoßt an: Ein Hoch dem deutschen Reich!
An Kühnheit reich, dem Adler gleich / mög's täglich neu sich stärken.
Doch Gott behüt's vor Klassenhaß / und Rassenhaß und Massenhaß
und derlei Teufelswerken!

Victor von Scheffel am 16. Februar 1881 in Karlsruhe

Mein Volk, dem ich angehöre und das ich liebe, ist das deutsche Volk,
und meine Nation, die ich mit großem Stolz verehre, ist die deutsche
Nation, eine ritterliche, stolze und harte Nation.

Ernst Thälmann

Anmut sparet nicht noch Mühe, / Leidenschaft nicht noch Verstand,
Daß ein gutes Deutschland blühe, / wie ein andres gutes Land.

Bertolt Brecht, ›Kinderhymne‹

Auferstanden aus Ruinen / und der Zukunft zugewandt,
laß uns dir zum Guten dienen, / Deutschland, einig Vaterland.
Alte Not gilt es zu zwingen, und wir zwingen sie vereint,
denn es wird uns doch gelingen, / daß die Sonne schön wie nie
über Deutschland scheint.

*Von Johannes R. Becher verfaßte DDR-Hymne,
deren Text später nicht mehr gesungen werden durfte*

Ein Unbelehrbarer ist ein Mann, der nicht einsieht,
daß er durch eine Siegermacht von irgend etwas befreit
oder vor irgend etwas geschützt werden muß.

Joachim Fernau

Es gibt weder Gewähr noch überhaupt Anzeichen dafür,
daß die Menschheit immer toleranter, friedfertiger, edler und klüger wird.
Im Gegenteil. Die Weltschau der Romantik ist allemal realistischer
als die der Aufklärung.

Bernhard Adamy, Nachwort zu Hans Pfitzner, ›Briefe‹, Band II

Nachbarschaften

Europa und Menschheit
Über Verwandtes und Fremdes

*Friedrich Overbeck, ›Italia und Germania‹,
zwischen 1811 und 1828*

DEUTSCHLAND! VATERLAND! DU BIST EUROPAS HERZ
Christian Grabbe

... O Freiheit, blick auf deine Streiter,
Erkenn dein Volk in solchen Tagen:
Wir opfern Blut dir, während andre
Um dich kaum eine Träne wagen.

Bedarfs noch mehr, daß deines Segens
Wir wohlverdient uns endlich freuen?
In diesen ungetreuen Zeiten
Sind wir die einzigen Getreuen!
Alexander Petöfi, ›Europa schweigt‹

Was sollte an die Stelle Europas gesetzt werden,
welche der österreichische Staat von Tirol bis
zur Bukowina bisher ausfüllt? Neue Bildungen auf dieser
Fläche können nur dauernd revolutionärer Art sein.
Otto von Bismarck, ›Gedanken und Erinnerungen‹

Sah man je ein Volk auf Erden so reich an Kontrasten,
so leicht von einem Extrem zum anderen getrieben, so oft durch
augenblickliche Eindrücke, so selten durch feste Grundsätze geleitet. . .?
Alexis de Tocqueville über die Franzosen,
›Das alte Staatswesen und die Revolution‹

Wenn aber Deutschland ruiniert wird,
so wird der größte Teil Europas ruiniert.
Herbert George Wells

Österreich kann seine Mittlerrolle zwischen Ost und West nur erfüllen,
wenn es ein freier, aber auch ein deutscher Staat bleibt.
Alfons Gorbach

Die Auslöschung Deutschlands bedeutet in der Realität einen
Niedergang des gesamten Europa. Ein Keim zu diesem Niedergang
steckte schon im Versailler Vertrag.
François Furet, ›Jenseits der Jahrestage‹, in der ›FAZ‹, 8. Mai 1995

Nur wer sein Vaterland bejaht, ist zu internationaler Zusammenarbeit bereit.
Kurt Schumacher

Wir sind eine Rechts-Partei, was wäre Europa ohne das Nationale?
Thomas Dehler, ›Zuruf an Hinterbänkler‹

Die Welt gehört denen, die sie haben wollen,
und wird von jenen verschmäht, denen sie gehören sollte.
Marie von Ebner-Eschenbach

Unser Volkstum ist uns von Gott gegeben. Es hoch zu halten ist Pflicht.
Ein Weltbürgertum, dem das eigene Volk gleichgültig ist, lehnen wir ab.
Evangelischer Kirchentag 1927 in Königsberg

. . . immer mehr verdunstet das feine Aroma des
Besonderen in den Kulturen, immer rascher blättern die
Farben ab und unter der zersprungenen Firnisschicht
wird der stahlfarbene Kolben des mechanischen Betriebes,
die moderne Weltmaschine sichtbar.
Stefan Zweig, ›Die Monotonisierung der Welt‹

Das Verschwinden der Nationen würde uns nicht weniger arm machen,
als wenn alle Menschen einander gleich würden mit einem Charakter,
einem Gesicht. Die Nationen sind der Reichtum der Menschheit. . .
Alexander Solschenizyn

Es gibt Idealisten, die der Meinung sind, daß die Verwirklichung eines
Weltbürgertums das Zusammengehörigkeitsgefühl in einem Vaterland
überflüssig machen würde und daß die Staatsbegriffe allgemein aufgegeben
werden sollten. Solche Gedanken widersprechen nicht nur unmittelbar den
derzeitigen spannungsreichen Verhältnissen auf Erden, sondern zutiefst
auch den Naturgesetzlichkeiten. Die Liebe zum Vaterland ist die einzige
wirklich begründbare und genau lenkbare naturgegebene Antriebskraft zur
Überwindung des seelisch leeren und für jeden nachdenklichen Menschen
unbefriedigenden Raumes der individuellen Eigensucht.
Hans Domizlaff, ›Die Seele des Staates‹, 1951

Es sind die Verschiedenheiten der Kulturen, die für die
Höherentwicklung der Menschheit maßgeblich gewesen sind.
Konrad Lorenz, ›Die Rückseite des Spiegels‹, 1973

Es soll das Recht der Deutschen gewahrt werden,
in einem deutschen und nicht in einem Vielvölkerstaat zu leben.
Martin Neuffer, ›Die Erde wächst nicht mit‹, 1982

Muß ›Internationalismus‹ eine Abkürzung von Intervention
und Nationalismus sein?
Gabriel Laub, ›Denken verdirbt den Charakter‹, 1984

›Was bist du nun, Indianer oder Amerikaner?‹ ›Gegenfrage: Was bist du?‹
›Deutscher.‹ ›Na siehst du – du bist Deutscher, ich Indianer –
Amerikaner kann jeder werden.‹
Hardy Krüger in der Sendung aus einem Reservat, sinngemäß

WER DEUTSCHLAND HAT, HAT EUROPA
Wladimir Iljitsch Lenin

Nicht in unseren Tagen, aber in naher Zukunft könnten
wir über den Köpfen ganz Europas eine Zuchtrute
schwingen, die auch die Stärksten erzittern ließe.
Thomas Jefferson 1812

Europa war sonst eine der seltsamsten Republiken,
die jemals existiert, und ging dadurch zugrunde,
daß ein Teil das sein wollte, was das Ganze war;
nämlich Frankreich wollte Republik werden.
Goethe an Friedrich Wilhelm Riemer am 15. Mai 1808

Wer sich die Welt zerstört, der fängt es so an:
Die Menschen werden zuerst treulos gegen die Heimat, treulos gegen die
Vorfahren, treulos gegen das Vaterland. Sie werden dann treulos
gegen den Nächsten, gegen die guten Sitten, gegen das Weib, gegen das Kind.
Peter Rosegger, ›Jakob der Letzte‹

Du bist auf der Hut vor mir, / Ich hüte mich vor dir,
So trauen sie einer dem andern nicht,
Man nennt's das europäische Gleichgewicht.
Eduard von Bauernfeld

Überhaupt ist es mit dem Nationalhaß ein eigenes Ding.
Auf den untersten Stufen der Kultur werden Sie ihn immer
am stärksten und heftigsten finden. Es gibt aber eine Stufe, wo er
ganz verschwindet und wo man gewissermaßen über den Nationen
steht und man ein Glück oder ein Wehe seines Nachbarvolkes
empfindet, als wäre es dem eigenen begegnet.
Goethe zu Eckermann am 14. März 1830

In den Maße, wie die Gedanken in Europa abgenommen haben,
haben die Erfindungen zugenommen.
Joseph Roth

Der Zustand des neuen Europas ist Anarchie, plus einem Gendarmen.
Thomas Carlyle

Ich habe das Wort ›Europa‹ immer im Munde derjenigen
Politiker gefunden, die von anderen Mächten etwas verlangten,
was sie im eigenen Namen nicht zu fordern wagten.
Otto von Bismarck

Aus Sonderung und ihrer Ausbildung
wird die wahre Harmonie hervorgehen.
Leopold von Ranke über die wünschenswerte Gestalt Europas

Europa, du falsche Kreatur! / Man quält sich ab mit der Kultur,
Spannt vorn die Lokomotive an,
Gleich spannen sie hinten eine andre dran,
Die eine schiebt vorwärts, die andre retour,
So bleibt man stecken mit der ganzen Kultur.
Joseph von Eichendorff, ›Ein Auswanderer‹, 1850

Unsere Zukunft wird kein Weltalter barer Friedfertigkeit,
verständnisvoller Menschlichkeit, immerzu verfeinerten
Schaffens und veredelten Gewissens sein.
Im heutigen Europa droht weithin die Alternative
von Chaos und Despotie.
Herbert Cysarz, ›Deutsches Geistesleben der Gegenwart‹, 1965

Daß die Reichsidee und die moderne Vorstellung von Europa zusammenhängen und zusammengehören, ist offensichtlich. Deshalb ziehen auch die Deutschen . . . die europäische Perspektive wie von selbst in Betracht, während sie auf seiten der Franzosen oder Engländer Zurückhaltung hervorruft.
Alain de Benoist, in ›Handbuch zur Deutschen Nation‹, Bd. 1

Daß Europa in den letzten dreißig Jahren
nicht in die Zweitklassigkeit abgefallen ist, verdankt es
in erster Linie seinen hervorragenden Wirtschaftsmanagern.
Die Politiker haben – von einigen Ausnahmen abgesehen –
nicht viel bewegen können. Sie denken nicht mehr kreativ,
unpopulär, gegen den Strom, sondern verheddern sich im
Parteienclinch und orientieren ihre Entscheidungen am
Stimmenproporz.
Reinhold Messner, in › FAZ-Magazin‹, 29. Juli 1994

Gäb's keine Franzosen und keine Polen, / Europa stünde auf festen Sohlen.
Eduard von Bauernfeld

Die Engländer haben das Öl, die Franzosen die Kernkraft
und wir die Diskussionen.
Lothar Späth

Italien besteht aus fünfzig Millionen Schauspielern.
Die schlechtesten von ihnen stehen auf der Bühne.
Orson Welles

Wo befindet sich die berühmte slawische Seele?
Irgendwo zwischen Herz und Magen.
Zarko Petan, ›Vor uns die Sintflut‹, 1983

Der Mensch hat die Sprache empfangen,
um seine Gedanken zu verbergen.

(Zum Zaren Alexander:)
Verrat, Sire, ist nur eine Frage des Datums.
Meuchelmord ist die in Rußland übliche Art der Thronentsetzung.

Ein elegantes Laster ist nur ein halbes Laster.

Wer lange genug gelebt hat, hat alles gesehen
und auch das Gegenteil von allem.
Charles Maurice de Talleyrand

Als Louis Philipp zu Talleyrands Sterbelager kam
und dieser stöhnte: ›Sire, ich leide Höllenschmerzen‹,
soll der König gefragt haben: ›Schon?‹ –
Doch dies ist sicher legendär.
Hans Joachim Schoeps, ›Ungeflügelte Worte‹

Als Napoleon den Herzog von Enghien gegen jedes
Völkerrecht erschießen ließ, urteilte Napoleons
Polizeiminister Joseph Fouché:
›Das war mehr als ein Verbrechen, es war ein Fehler‹.

Mirabeau ist für Geld zu allem fähig – selbst zu einer guten Tat.
Antoine de Rivarol

Napoleon: ›Ach der ‘gute Geschmack’, auch nur eines
der klassischen Schlagworte, die ich nicht leiden kann.‹
Talleyrand: ›Er ist Ihr persönlicher Feind. Wenn Sie
sich seiner mit Kanonenkugeln entledigen könnten,
dann gäbe es ihn schon längst nicht mehr. ‹
Madame de Rémusat, ›Memoiren‹

Er wird gegen vier unüberwindliche Generale
zu kämpfen haben: November, Dezember, Januar, Februar.
*Talleyrand zu Hans von Gagern, den Gesandten Oraniens,
als Napoleon im Mai 1812 den Zug nach Rußland beschloß*

Ein Engländer denkt ganz laut;
ein Franzose darf seine Gedanken kaum erraten lassen. . .
Friedrich der Große

Ein Franzose hat selbst dann noch etwas zu sagen, wenn er
keine Ideen hat; ein Deutscher hat davon noch immer mehr,
als er auszudrücken versteht.
Anne Germaine de Staël, ›Über Deutschland‹

Thomas Babington Lord Macaulay über englische Öffentlichkeit

Während aber die Deutschen sich mit der Auflösung
philosophischer Probleme quälen, lachen uns die Engländer
mit ihrem großen praktischen Verstande aus und gewinnen die Welt.
Goethe zu Eckermann am 1. September 1829

Von allen Nationen der Erde haben es die Engländer
am besten verstanden, drei wichtige Dinge für sich
auszunutzen: Religion, Handel und Freiheit.
Montesquieu, ›Der Geist der Gesetze‹

Bisher hatten wir ein flackerndes Licht,
jezt haben wir eines, das flammt, und in Zukunft
werden wir ein Licht haben, das über
alle Länder und Meere leuchten wird.
Winston Churchill, Parlamentsrede vom 8. Dezember 1941

Ich bin nicht des Königs Premier geworden,
um die Aufsicht über die Auflösung des Empire zu führen.
Winston Churchill, Rede vom 10. November 1942

Niemals wird man einem Engländer beweisen können,
daß er im Unrecht sei. Denn er tut alles aus Grundsätzen.
George Bernard Shaw, ›Der Schlachtenlenker‹

Am besten zu haben:
Der Ire halb betrunken, der Engländer vollgegessen,
der Schotte hungrig.
Irisches Sprichwort

Damit, daß ich nun während des Krieges
deutschgesinnt bin, meine ich mit ganzer Seele
meinem Land zu dienen, nicht mir persönlich. . .
Nichts auf der Welt befürchte ich für mein Land mehr,
als daß es von England eine ›Selbstregierung‹ erhält.
Knut Hamsun an den Langen Verlag am 2. September 1915

Ich glaube, daß England mehr als alle andern Nationen
die Fähigkeit hat, neuen Wein in alte Flaschen zu gießen,
ohne sie zu zerbrechen.
Clement Attlee, Ansprache 1950

England ist die Heimat der abgestandenen Ansichten.
Oscar Wilde, ›Aphorismen‹

Octavio Paz

Manchmal kommt mir in den Sinn, / Nach Amerika zu segeln,
Nach dem großen Freiheitsstall, / Der bewohnt von Gleichheitsflegeln.
Heinrich Heine

Die Hauptregel unseres Verhaltens gegenüber fremden
Völkern besteht darin – mit ihnen so wenig wie möglich
politische Verbindungen zu unterhalten.
George Washington, Abschiedsbotschaft, 1796
Von den Nachfolgern mißachtete Weisheit

Eine Vergiftung der Mächte Europas untereinander fördert
die Sicherheit und ungestörte Ausbreitung Amerikas.
Thomas Jefferson, ›Writings XIV‹

Ohne die Entdeckung Amerikas hätten wir
weder die Syphilis noch die Reblaus.
Trotzdem überschwenglich davon schwärmen,
besonders wenn man nie dort war.
Redeschwall über ›Selbstregierung‹.
Gustave Flaubert, ›Wörterbuch der Gemeinplätze‹

Der französische Ministerpräsident Georges Clemenceau
(1841–1929), genannt ›Der Tiger‹, ein großer Realist,
irrational nur als Deutschenhasser, soll sich damals [1918]
ironisch geäußert haben: ›Gott gab uns die zehn Gebote.
Wir haben sie gebrochen. Wilson gab uns die vierzehn
Punkte. Man wird sehen. . . ‹
Über seine Zusammenarbeit mit Lloyd George und
Woodrow Wilson bei den Friedensverträgen von Versailles
(1919) hat sich Clemenceau so geäußert:
›Ich hatte mit zwei Leuten zu tun, von denen sich
der eine für Napoleon, der andere für Christus hielt.‹
Hans Joachim Schoeps, ›Ungeflügelte Worte‹

Amerika hat noch nicht gelitten. Man täuscht sich,
wenn man ihm schon die hohe Fähigkeit des Herrschens
zubilligen möchte.
José Ortega y Gasset, ›Der Aufstand der Massen‹

In den Vereinigten Staaten werden Gewalttätigkeit und
Heldentum gleichgesetzt, wenn es nicht um Schwarze geht.
James Baldwin, ›Am Fuße des Kreuzes‹

Unser Land ist groß und fruchtbar,
aber es ist keine Ordnung darin;
kommt und herrschet als Fürsten über uns.
Die Nestorchronik des elften Jahrhunderts über die wikingischen Rus

Der politische Gehorsam ist für die Russen ein Kultus,
eine Religion geworden. Nur in diesem Lande,
wenigstens glaube ich es, hat man die Märtyrer
ihre Henker fast anbeten gesehen.

Das russische Volk ist von allen zivilisierten Völkern
dasjenige, bei welchem das Rechtsgefühl
am schwächsten und unklarsten ist.
Adolphe de Custine, ›La Russie en 1839‹

Zar Nikolaus I. zu Adolphe de Custine:
›In Rußland besteht der Despotismus noch, weil er das
Wesentliche meiner Regierung ist, aber er steht
im Einklang mit der Volksgunst.‹
Hans Joachim Schoeps, ›Ungeflügelte Worte‹

Richtet das russische Volk nicht nach seinen Fehlern und Lastern,
sondern beurteilt es nach seinen großen und heiligen Idealen,
nach denen es aus seinem Schmutze lechzt.
Dostojewskij, ›Aufzeichnungen aus einem Totenhaus‹, 1861

Das sündigste Volk der Erde – unempfindlich für Gut und Böse,
vom Schnaps betrunken, vom Zynismus der Macht entstellt,
scheußlich grausam und zugleich unbegreiflich gutmütig –
ist letztlich doch ein begabtes Volk.
Maxim Gorki, ›Über das russische Volk‹, 1. Mai 1918

Schließlich trägt zur Katastrophe bei,
daß wir zu wenig Männer in der Staatsführung haben,
die weise, mutig und selbstlos wären.
Alexander Solschenizyn, ›Mein Weg nach Moskau‹

Wir verbreiten die Parole, von den Erfahrungen der
Sowjetunion zu lernen; niemals aber haben wir vorgebracht,
von deren rückständigen Erfahrungen zu lernen.
Mao Tse-Tung, ›Zur Außenpolitik‹, 1956

Der Unterschied zwischen Rußland und den Vereinigten Staaten besteht heute
im wesentlichen darin, daß in Rußland jeder einen jeden für einen Spitzel
und in den Vereinigten Staaten jeder einen jeden für einen Gangster hält.
Friedrich Dürrenmatt, ›Sätze aus Amerika‹, 1970

WER SEIN VATERLAND NICHT KENNT, HAT KEINEN MASSSTAB FÜR FREMDE LÄNDER

Goethe, ›Lehrjahre‹

Weiche Länder zeugen weiche Männer, und kein Land hat je herrliche
Früchte und kampfentschlossene Männer zugleich hervorgebracht.

Herodot, ›Die Historien‹

Alle südlichen Nationen würden eine unendliche
Langeweile finden, wenn sie gegen die Ihrigen sich in
der fortdauernden, wechselseitigen Spannung erhalten sollten,
wie es die Nordländer gewohnt sind.

Goethe, ›Schriften zur Kunst‹

Hätte man die ›Nibelungen‹ gleich in tüchtige Prosa
gesetzt und sie zu einem Volksbuche gestempelt,
so wäre viel gewonnen worden, und der seltsame,
ernste, düstere, grauerliche Rittersinn hätte uns
mit seiner vollkommenen Kraft angesprochen.

Goethe, Noten zum ›West-östlichen Divan‹

Hier ist mein Vaterland, hier ist der Kreis,
In dem sich meine Seele gern verweilt.
Hier horch ich auf, hier acht ich jeden Wink,
Hier spricht Erfahrung, Wissenschaft, Geschmack.

Goethe, ›Torquato Tasso‹

Unübersetzlich sind die Eigenheiten jeder Sprache:
denn vom höchsten bis zum tiefsten Wort
bezieht sich alles auf die Eigentümlichkeiten der Nation,
es sei nun in Charakter, Gesinnungen oder Zuständen.

Johann Wolfgang von Goethe

Es ist unbestritten, daß sich die Menschen in dem, was
man ihren ›Erkenntnis-Stil‹, ihren angeborenen Denkmodus,
nennen kann, dramatisch voneinander unterscheiden.

Davis / Hersh im Vorwort zu ›Erfahrung Mathematik‹

Wollt ihr die Unterschiede vernichten,
hütet euch, daß ihr nicht das Leben tötet.

Ranke, ›Zur Geschichte Deutschlands und Frankreichs im 19. Jahrhundert‹

Wenn die Deutschen nicht endlich begreifen, daß es allein von ihrem
(generativen) Verhalten abhängt, ob sie als Volk noch eine Zukunft haben, ist
die Endlösung der deutschen Frage tatsächlich nur noch eine Frage der Zeit.

Robert Hepp, in ›Handbuch zur Deutschen Nation‹, Bd. 2

Wenn eine fremde Macht ein Volk ermahnt, die eigene Nationalität zu vergessen, so ist das kein Ausfluß von Internationalismus, sondern dient dem Zweck, die Fremdherrschaft zu verewigen.
Friedrich Engels im Brief an irische Freiheitskämpfer

Diego Velasquez, ›Die Übergabe von Breda‹, 1635

DAS RECHT AUF UNTERSCHIED

Henning Eichberg

Eigenes, was heißt das? Vor Hitler wurde das von prominenter Seite
so definiert: Wille zur Gestalt eines morphologischen Denkens,
mit dem Blick für die innere Gestalt und den Charakter der Dinge
durch das Eigentümliche in die Tiefe einzudringen.
Das klingt anders als der Minimalismus der Nachkriegsästhetik
mit ihrem Reiz der marginalen Banalität,
oder die Politisierung des Ästhetischen. . .

Hans Jürgen Syberberg, ›Eigenes und Fremdes‹,
in ›Die selbstbewußte Nation‹, 1993

Denn der Staat, das Volk als politische Einheit, existiert weder
vor noch über dem Volk als Vielheit, noch entsteht er
durch ein bloß vernünftiges ›Vertragen‹ dieser Vielheit. . .
In viel höherem Grade als die autokratische Staatsform
ist die Demokratie von dieser vorgegebenen Einheit abhängig.

Hermann Heller

Türken, Inder, Hottentotten / sind sympathisch alle drei,
wenn sie leben, lieben, lachen / fern von hier, in der Türkei.
Doch wenn sie in hellen Scharen, / wie die Maden in dem Speck,
in Europa nisten wollen, / ist die Sympathie schnell weg.

Heinrich Heine, 1840

Der Staat wird ein Geschäfts- und Wirtschaftsstaat,
dessen nationalpolitische Schwäche es bedingt,
daß er das Operationsfeld stärkerer Mächte wird,

August Winnig, ›Das Reich als Republik‹, 1928

Zwischen den Kräften des Hergebrachten
und denen des ständigens Fortbringens, Abservierens
und Auslöschens wird es Krieg geben.

Botho Strauß, ›Anschwellender Bocksgesang‹, 1993

Als aufgeklärter Europäer, tabuloser Weltbürger, tolerantes
Parteimitglied, dialogbereiter Mensch unter Menschen
soll der Demokrat seine Würde finden, die er in der feudalen Epoche
ganz naheliegend als Meister, Priester, Grundherr, Bauer,
als Vater oder Mutter nicht umständlich zu suchen brauchte.
Sie ergab sich im konkreten Leben und dessen
Herausforderungen und Verpflichtungen.

Uwe Wolff, ›Tradition und Transzendenz‹,
in ›Die selbstbewußte Nation‹, 1993

ekelt fragende Menschen an, veranlaßt sie zum Suchen.
Diesen Suchenden ein Hafen zu werden,
ist die inhaltliche Herausforderung der Konservativen von heute.
Roland Bubik, ›Herrschaft und Medien‹, in ›Die selbstbewußte Nation‹

Volk und formlose Menge oder, wie man gewöhnlich sagt,
›Masse‹, sind zwei verschiedene Begriffe. . .
Welchen Anblick bietet im Gegensatz zu diesem Bild des demokratischen
Ideals der Freiheit und Gleichheit in einem Volke,
das von ehrenhaften und gescheiten Männern geführt wird,
ein demokratischer Staat, der der Willkür der Massen ausgeliefert ist!
Die Freiheit, wie die moralischen Pflichten der Person
verwandeln sich in tyrannische Forderungen, den Leidenschaften
und Trieben freien Lauf zu lassen ohne Rücksicht auf die Rechte
der Mitmenschen. Die Gleichheit sinkt herab zu einer
mechanischen Gleichmacherei, zu einer farblosen Gleichförmigkeit;
das wirkliche Ehrgefühl, das persönliche Handeln, die Achtung
vor der Überlieferung, die Würde, mit einem Wort, alles, was
dem Leben Wert gibt, versinkt und schwindet. . .
Papst Pius XII., Weihnachtsansprache 1944, nach ›Criticón‹, 144/94

Schuld an der unvollkommenen gesellschaftlichen Wirklichkeit
haben miteinander und nacheinander die Arbeitsbedingungen,
der Adel, die Bourgeoisie, der Kapitalismus, die Juden, die Multis,
die Kirchen, der Nationalsozialismus ohnehin, indessen selbst
weitere Variationen des Sozialismus, wie der Stalins oder Maos.
Der demokratische Gedanke selbst gerät kaum in Verdacht,
vielleicht gerade das zu schaffen, was ihm widerspricht,
eben Einsamkeit als Langeweile. Denn die demokratische
Gesellschaft stellt alles zur Diskussion, außer ihrer Verheißung,
befähigt zu sein, eine heitere Organisation gleicher und freier
Menschen herstellen zu können. Dennoch: Selbstentfremdung,
Langeweile und Vereinzelung wurden als soziale wie ästhetische
Phänomene überhaupt erst wahrgenommen,
seit sich die Gesellschaft demokratisierte.
Uwe Wolff, ›Tradition und Transzendenz‹, in ›Die selbstbewußte Nation‹

In Frankreich beschließt auch ein Kommunist eine Parteitagsrede
mit ›Vive la France!‹. In Deutschland würde ein solches patriotisches
Bekenntnis eine Diffamierungskampagne auslösen.
Alfred Mechtersheimer, ›Nation und Internationalismus‹,
in ›Die selbstbewußte Nation‹, 1993

Zufällig ist es jedoch nicht, daß einer aus dieser oder
jener Nation, Stamm oder Familie sein Herkommen ableitet:
denn die auf der Erde verbreiteten Nationen
sind so wie die mannigfaltigen Verzweigungen
als Individuen anzusehen.

Goethe über seine Gedichte ›Urworte‹‚orphisch‹

Wodurch ist Deutschland groß geworden
als durch eine bewunderungswürdige Volkskultur,
die alle Teile des Reichs gleichmäßig durchdrungen hat?

Goethe zu Eckermann am 23. Oktober 1808

Und wiederum ist für eine Nation nur das gut,
was aus ihrem eigenen Kern und ihrem allgemeinen
Bedürfnis hervorgegangen, ohne Nachäffung einer anderen.
Alle Versuche, irgendeine ausländische Neuerung
einzuführen, wozu das Bedürfnis nicht im tiefen Kern
der eigenen Nation wurzelt, sind töricht.

Goethe zu Eckermann am 4. Januar 1824

Was Gutes zu denken, wäre gut,
Fänd' sich nur immer das gleiche Blut;
Dein Gutgedachtes in fremden Adern,
Wird sogleich mit dir selber hadern.

Goethe, ›Lähmung‹

Jede Nation hat Eigentümlichkeiten,
wodurch sie von den andern unterschieden wird,
und diese sind es auch, wodurch die Nationen sich
unter einander getrennt, sich angezogen
oder abgestoßen fühlen.

Goethe, ›Schriften zur Literatur‹

Wie aber die militärisch-physische Kraft einer Nation
aus ihrer inneren Einheit sich entwickelt, so muß auch
die sittlich-ästhetische aus einer ähnlichen
Übereinstimmung nach und nach hervorgehen.

Goethe, ›Schriften zur Literatur‹

Könnte man nur den Deutschen, nach dem Vorbilde der Engländer,
weniger Philosophie und mehr Tatkraft, weniger Theorie und
mehr Praxis beibringen, so würde uns schon ein gutes Stück
Erlösung zuteil werden. . .

Goethe zu Eckermann am 12. März 1828

Hans Freyer

Die Nationen wurden von der Revolution nicht gefressen,
sondern die polnische, ungarische, kroatische und auch
die deutsche Nation haben den hundertjährigen Kampf
gegen die Revolution gewonnen. Der antinationale Affekt
linker Intellektueller ist deshalb so stark, weil ihnen das
geistige Instrumentarium fehlt, um die elementare Bedeutung
von Volk und Nation zu erkennen.
Alfred Mechtersheimer, ›Nation und Internationalismus‹,
in ›Die selbstbewußte Nation‹, 1993

Ich erblicke eine Menge einander ähnlicher und gleichgestellter
Menschen, die sich rastlos im Kreise drehen, um sich kleine und
gewöhnliche Vergnügen zu verschaffen, die ihr Gemüt ausfüllen...
Über diesen erhebt sich eine gewaltige, bevormundende Macht,
die allein dafür sorgt, ihre Genüsse zu sichern
und ihr Schicksal zu überwachen.
Alexis de Tocqueville

Ziel der Gemeinschaft muß sein, eine, Konföderation europäischer
Staaten zu schaffen, die regionale und kommunale Selbstverwaltung
achten. Der Versuch, über eine Wirtschafts- und Währungsunion
einen europäischen Bundesstaat zu schaffen, wird aufgegeben.
Das Bundesverfassungsgericht zum Maastricht-Vertrag

Die in Maastricht geschaffene Europäische Union ähnelt einem
monarchischen Reich mit einem schwachen Parlament.
Im ›Europa ohne Völker‹ gilt der Satz: Wer in der EU etwas
zu sagen hat, ist nicht vom Volk gewählt, und wer vom Volk
gewählt ist, hat nichts zu sagen.
Alfred Mechtersheimer, ›Nation und Internationalismus‹,
in ›Die selbstbewußte Nation‹, 1993

Diese Rechte von heute ist aber überzeugt, daß die Einigung
Europas nicht die Herabdrückung seiner Nationalstaaten
zu Provinzen bedeuten darf und daß eine politische Welteinigung,
die zu einer genuinen ›Weltregierung‹ führen würde,
der schlimmste und hassenswerteste Despotismus sein würde,
den es je auf der Erde gegeben hat.
Ernst Nolte, ›Links und rechts‹, in ›Die selbstbewußte Nation‹, 1993

An Glück und Leid, an Ruhm und Unheil empfängt
stets eine jede Nation genau, wa sie verdient.
Heinrich von Sybel, ›Kleine historische Schriften‹, 1863

Carl Schmitt

Nun aber gibt es auf Erden keinen Menschen schlechthin.
Ich habe in meinem Leben Franzosen, Italiener, Russen usw. gesehen.
Dank Montesquieu weiß ich sogar, daß man Perser sein kann.
Einen Menschen aber, erkläre ich, nie im Leben gesehen zu haben,
er müßte denn ohne man Wissen vorhanden sein.
Joseph de Maistre, ›Betrachtungen über Frankreich‹, 1796

Die Sehnsucht nach einer übernationalen Macht verdeckt
das kaum getarnte nationalistische Großmachtinteresse
der US-Außenpolitik.
*Alfred Mechtersheimer, ›Nation und Internationalismus‹,
in ›Die selbstbewußte Nation‹, 1993*

Insbesondere die USA folgen der Maxime Henry Kissingers,
der gemäß ein Staat seine Interessen wahrnehmen müsse, wenn das
auch noch im ethnischen Sinne begrüßenswert sei, um so besser.
*Karlheinz Weißmann, ›Herausforderung und Entscheidung‹,
in ›Die selbstbewußte Nation‹, 1993*

Das Pathos des Universalen wird immer schneller verzehrt
und ein zynischer Mißbrauch seiner Formeln
oder die offene Propaganda des sacro egoismo hervorgerufen.
*Karlheinz Weißmann, ›Herausforderung und Entscheidung‹,
in ›Die selbstbewußte Nation‹, 1993*

Die allgemeine Anerkennung der Menschenrechte wird. . . nicht
die Grundlage für weltweite ethische Verständigung, sondern
vielmehr das gemeinsame Schlachtfeld abgeben, auf dem jede der
konkurrierenden Seiten um die Durchsetzung der eigenen Interpretation
von Menschenrecht gegen andere Interpretationen kämpfen wird.
Panajotis Kondylis

Die meisten Deutschen sind blind für jene fremden Interessen,
die, nachdem sie die Wiedervereinigung nicht verhindern konnten,
das größere Deutschland wirtschaftlich schwächen
und politisch niederhalten wollen.
*Alfred Mechtersheimer, ›Nation und Internationalismus‹,
in ›Die selbstbewußte Nation‹, 1993*

Es ist lebensgefährlich, den Nationalstaat zu demontieren,
bevor etwas Besseres an seine Stelle getreten ist.
Er allein garantiert Bürgerrechte und Bürgerchancen.
Ralf Dahrendorf

Sophokles

Die neueste Philosophie unserer westlichen Nachbarn gibt ein Zeugnis,
daß der Mensch, er gebärde sich, wie er wolle,
und so auch ganze Nationen immer wieder zum Angebornen zurückkehren.
Und wie wollte das anders sein, da ja dieses seine Natur
und Lebensweise bestimmt.
Goethe, ›Wanderjahre. Aus Makariens Archiv‹

Die öffentliche Meinung vergöttert Menschen
und lästert Götter; sie preist oft die Fehler
worüber wir erröten, und verhöhnt die Tugenden,
welche unser Stolz sind.
Goethe zum Gesandten Aleksander G. Graf Stroganoff

Die Götter geben dir Gelegenheit / Und hohen Sinn, das Rühmliche
Von dem Gerühmten rein zu unterscheiden!
Goethe, ›Elpenor‹

Mit dieser Welt ist's keiner Wege richtig;
Vergebens bist du brav, vergebens tüchtig,
Sie will uns zahm, sie will sogar uns nichtig!
Goethe, ›Zahme Xenien‹

Wenn ihr eure Augen nicht braucht, um zu sehen,
werdet ihr sie brauchen, um zu weinen.
Jean Paul

Du kannst so rasch sinken, daß du zu fliegen meinst.
Marie von Ebner-Eschenbach

Sein Jahrhundert kann man nicht ändern; aber man kann
sich dagegen stellen und glückliche Wirkungen vorbereiten.
Goethe an Schiller am 21. Juli 1798

Wir stehen niemals im fünften Akt des Weltdramas,
sondern immer im zweiten, also in jenem, wo Spiel und
Gegenspiel sich verwickeln und entwickeln.
Carl Spitteler, ›Politische Tagesberichte‹

Ihr wenigen Kühnen: / Nun tretet vor und nennt verrucht: verrucht.
Gebt die Parole: statt verdienen – dienen!
Statt Willkür Ordnung und statt Un-Zucht Zucht!
Nur wenige sind die Retter stets gewesen.
Bewährt euch ihr, dann kann das Volk genesen.
Gerhard Schumann

Euripides

Du darfst nicht nur ans Heute denken!
Du darfst nicht deine Kraft verschenken
An Dinge, die wie Spreu verwehen. . .
Hoch über allem Zeitgeschehen
Steht deines Volkes Wohlergehen
Und deiner Kinder Zukunftsland!
Aus einem Saarbrücker Bergmannskalender

Ein Volk würde ein anderes Bild bieten, wenn es wirklich ein Volk,
eine einzige große Familie wäre.
In einer Familie fühlt sich jedes Mitglied für das andere verantwortlich.
Christian Morgenstern
›Stufen – Aphorismen und Tagebuchnotizen‹, 1963

Der göttliche Baumeister der Erde hat die Menschheit
nicht geschaffen als gleichförmiges Ganzes.
Er gab den Völkern verschiedene Blutströme, er gab ihnen
als Heiligtum der Seele ihre Muttersprache.
Gustav Stresemann

Ein Volk ist immer soviel wert,
wie es sich in seinen Toten ehrt,
wie es sich in seinen Kindern lebt,
wie es Meister zu seinem Bilde erhebt.
Herbert Böhme

Was wissen Sie über Breslau? / Breslau liegt an der Elbe.
Was wissen Sie über die Oder? / Die Oder fließt ins Meer.
Was wissen Sie über Stettin ? / Entschuldigen Sie, mein Hirn ist jetzt leer.
Horst Scheffler spricht mit einem westdeutschen Bürger

Die Sieger haben ihr Angesicht verhüllt vor dem,
was sie getan haben; um sich Mut zu machen,
haben sie ihr Blutbad in einen Kreuzzug verwandelt.
Maurice Bardèche, 1957

Sofern das Gewissen der Menschheit jemals wieder empfindlich
werden sollte, werden die Vertreibungen als die unsterbliche Schande
aller derer im Gedächtnis bleiben, die sie veranlaßt oder sich damit
abgefunden haben. . . Die Deutschen wurden vertrieben. . . mit dem
denkbar höchsten Maß an Brutalität.
Victor Gollancz, ›Unser bedrohtes Erbe‹, 1947

**WAS EUCH NICHT ANGEHÖRT, / MÜSSET IHR MEIDEN!
WAS EUCH DAS INNRE STÖRT, / DÜRFT IHR NICHT LEIDEN!**
Goethe, ›Faust II‹

Du bist ein Fremdling und Auslender
Herkommen auch in unser Stat,
Der viel Winds in der Nasen hat,
Und woltst uns gern all regirn.
Hans Sachs, nach Lutz Röhrich

Die Hauptsache ist immer, daß die Rasse rein und der
Mensch nicht seine verstümmelnde Hand angelegt hat.
Goethe zu Eckermann am 18. April 1827

Der Freihandel der Begriffe und Gefühle steigere
ebenso wie der Verkehr in Produkten und Bodenerzeugnissen
den Reichtum und das allgemeine Wohlsein der Menschheit.
Daß das bisher nicht geschehen sei, liege an nichts anderem
als daran, daß die internationale Gemeinsamkeit keine
festen moralischen Gesetze habe, welche doch im
Privatverkehre die unzähligen individuellen Verschiedenheiten
zu mildern und in ein mehr oder minder harmonisches
Ganzes zu verschmelzen vermögen.
Goethe zum Übersetzer Anton Eduard Odyniec am 25. August 1829

Man will bemerkt haben, daß zwei verschiedene
Menschenmassen, in einem engen Raum, zum Beispiel
eines Schiffs, vereinigt, wenn schon beide gesund,
krankhaften Zustand erzeugen.
Goethe, ›Schriften zur Literatur‹

Und ebenso natürlich ist's, daß der Bürger von dem
regiert sein will, der mit ihm geboren und erzogen ist,
den gleichen Begriff mit ihm vom Recht und Unrecht
gefaßt hat, den er als seinen Bruder ansehn kann.
Goethe, ›Egmont‹

Gleiche Gesinnung ist die Grundlage jeder Gemeinschaft.
Ist sie vorhanden, können auch verschiedene Meinungen
nicht trennen. Der Wert jener Gesinnung aber
gibt der Gemeinschaft den Grad ihrer Würde.
Heinrich Schäfer-Hansen

Flucht des Gemeinsinns ist der Tod.
Novalis

Alfred Mechtersheimer, ›Friedensmacht Deutschland‹

Ich hasse meine Epoche aus ganzer Seele.
Der Mensch stirbt in ihr vor Durst.
Man kann nicht mehr leben ohne Poesie, ohne Farbe,
ohne Liebe. Wenn man bloß ein Dorflied aus dem
fünfzehnten Jahrhundert hört, ermißt man den ganzen Abstieg.
Es bleibt nur die Stimme des Propagandaroboters.
Antoine de Saint-Exupéry, ›Brief an einen General‹, 1943

Identitäten können wir nicht wählen.
Erbe können wir annehmen oder ausschlagen.
Thomas Nipperdey

Zu lange haben wir uns über die Rolle der Intelligenz getäuscht.
Wir haben die Grundsubstanz des Menschen vernachlässigt.
Wir haben gemeint, die Kunstfertigkeit niederer Seelen
könnte zum Triumph edler Vorhaben mithelfen,
der wendige Egoismus könne den Geist des Opfers übertrumpfen,
die Nüchternheit des Herzens mit schönen Reden
Brüderlichkeit und Liebe gründen.
Wir haben das Wesen vernachlässigt.
Antoine de Saint-Exupéry, ›Flug nach Arras‹

Der Maßstab aller Dinge war verloren,
Nur an sich selber maß jeder, was er sah.
Franz Grillparzer, ›Medea‹

Ich bin traurig über meine Generation, die jeder menschlichen Substanz
entleert ist, die nur Bars, Mathematik und Rennwagen als Form des
geistigen Lebens kennengelernt hat und gegenwärtig in eine
ausgesprochene Herdenaktion eingespannt ist, eine Aktion,
die keinerlei Farbe mehr hat.
Antoine de Saint-Exupéry, ›Brief an einen General‹, 1943

Es gibt an sich nichts Gleiches.
Friedrich Nietzsche

Eigenheiten, die werden schon haften;
Kultiviere deine Eigenschaften!
Goethe, ›Sprichwörtlich‹

In allen Landen herrscht große Schande,
keiner begnügt sich mit seinem Stande.
Sebastian Brant, ›Das Narrenschiff‹

William Shakespeare, ›Ein Sommernachtstraum‹

Niedliche Gemeinheit und gebildete Unart
heißt in der Sprache des feinen Umgangs Delikatesse.
Friedrich von Schlegel

Wenn man alle erbärmlichen Wichte hassen wollte, da hätte man viel zu tun.
Arthur Schopenhauer

Ehre sei Gott in der Höhe, / daß er die Berge so hoch gestellt,
damit ihm nicht jeder Lumpenhund,
mit denen die Täler so reichlich gesegnet,
hier droben dem Wanderer begegnet.
Aus einem Gipfelbuch

Die Bilder, die ich von New York und Amerika zeichne,
können Sie aber auch in den Straßen von Hamburg oder
Berlin antreffen: Menschen sitzen in irgendwelchen Ecken und
haben scheinbar schon längst aufgegeben.
Hier geht es um die modernen Metastasen des Zerfalls. . .
Joseph Heller über seine ›Endzeit‹, nach ›Focus‹ 48/1994

Durch die Parteien wurde die Politik etwas Kleines.
Sie sehen nicht die Nation, sondern die vom Eigennutz bewegte
Wählermasse. Die Masse verlangt, daß man ihr gefalle.
Masse ist Volk, das die Form verloren hat. Die Parteien sind Anpassung
an die Masse. Die Instinkte der Masse werden die Gesetze der Parteien.
In der Masse ist das Kleine und Gemeine mächtig.
Nation und Parteien sind heute zwei Welten.
August Winnig, ›Wir hüten das Feuer‹

Frankfurt ist eine amerikanische Stadt mit türkischen
Einwohnern und einem deutschen Namen.
Helmut Schmidt, nach Robert Lembke

Wenn die absolute Wahrheit bei irgend jemand auf Erden
zu finden ist, dann bestimmt nicht bei den Leuten und Parteien,
die sie zu besitzen glauben.
Albert Camus, ›Der Sozialismus der Galgen‹

. . . eine Nation, welche Fremde, die vorher ihre Feinde waren,
als Untertanen in ihren Schoß aufnimmt, ist beinahe ebenso
übel daran, als wenn sie sie zu Herren erhielte. . .
Anne Germaine de Staël, ›Über Deutschland‹

KEIN ZYNISMUS KANN DAS LEBEN ÜBERTREFFEN
Anton Tschechow

Wen die Götter vernichten wollen,
den schlagen sie mit Blindheit.
Sophokles, ›Antigone‹

Ich rief den Teufel und er kam,
Und ich sah ihn mit Verwundrung an.
Er ist nicht häßlich und nicht lahm,
Er ist ein lieber, charmanter Mann,
Ein Mann in den besten Jahren,
Verbindlich und höflich und welterfahren.
Er ist ein gescheuter Diplomat,
Und spricht recht schön über Kirche und Staat. . .
Heinrich Heine

Die Liebe, das Genie, das Talent, der Schmerz sogar –
alle diese heiligen Dinge sind der Ironie ausgesetzt,
und es läßt sich nie berechnen, wie weit die Herrschaft der
Ironie sich erstrecken kann. In der Bosheit liegt etwas
Reizvolles; so wie in der Güte etwas Schwaches liegt.
Anne Germaine de Staël, ›Über Deuschland‹

Das ist des Warners felsenschweres Amt,
Daß ihn die Zeit, in der er lebt, verdammt,
Daß ihn die Vielheit, der sein Wirken gilt,
In Haßgesängen einen Narren schilt,

Daß ihn das Volk, das liebend er umfängt,
Gleich einer Pest aus seiner Mitte drängt,
Und dennoch warnt der Warner unentwegt
Und trägt die Last, die er sich auferlegt.
Erich Limpach

Zu schweigen, wo widersprochen werden müßte,
macht aus einem Volk der Männer ein Volk der Feiglinge.
Abraham Lincoln

Es bedarf also einer neuen Sicht auf die Geschichte
des 20. Jahrhunderts. Die Sicht der Sieger von 1945 genügt nicht.
Reinhart Maurer, ›Schuld und Wohlstand‹, in ›Die selbstbewußte Nation‹

Was braucht ein Volk für Gönner? / Wahrheit-sagen-Könner.
*Christian Morgenstern, ›Wer vom Ziel nichts weiß,
kann den Weg nicht haben‹, 1964*

Ein weich verpackter, / Ein fein befrackter,
Nicht sehr intakter / Charakter.
Friedrich Theodor von Vischer

Es gibt Pedanten, die zugleich Schelme sind,
und das sind die allerschlimmsten.
Goethe, ›Maximen und Reflexionen‹

Sagt einer: ›Ich mein es ehrlich‹ – / Der Mann ist gefährlich.
Eduard von Bauernfeld

Man muß keinem Menschen trauen,
der bei seinen Versicherungen die Hand aufs Herz legt.
Georg Christoph Lichtenberg

Komm, geh mit angeln, sagte der Fischer zum Wurm.
Bertolt Brecht

Wenn wir nur verdienen wollen,
Die wir doch zuvörderst dienen sollen,
Kommt die Zeit der skrupellosen Klugen.
Und die Welt geht langsam aus den Fugen.
Gerhard Schumann

Der Pfeil des Schimpfs kehrt auf den Mann zurück,
Der zu verwunden glaubt.
Goethe, ›Torquato Tasso‹

Man soll einem toten Löwen keinen Fußtritt versetzen.
Gustav Noske

Mit Toten führe ich keinen Krieg.
Kaiser Karl V. 1547 beim Tode Luthers

Nimmst du die Menschen für schlecht,
du kannst dich verrechnen, o Weltmann,
Schwärmer, wie bist du getäuscht,
nimmst du die Menschen für gut.
Goethe, ›Xenien aus dem Nachlaß‹

Jeder weiß, daß die Korruption an geheimen Stellen gedeiht
und Tageslicht scheut; und der Gedanke, daß von der
Heimlichkeit zur Unzulässigkeit nur ein Schritt ist,
muß sich aufdrängen.
Thomas Woodrow Wilson, ›Die Neue Freiheit‹, 1914

Helmuth von Moltke

Bereits mit der Geburt geht man seinem Vaterlande gegenüber
eine Schuld ein, von der man sich niemals ganz befreien kann.
Charles de Montesquieu

Vaterlandsliebe ist erweiterte Familienliebe.
Marie von Ebner-Eschenbach

Liebe zum Vaterland stirbt nie in einer edlen Brust; alle Bitterkeit und
aller Groll gegen das Vaterland ist nur Bitterkeit und Groll der Liebe.
Jens Baggesen

Wenn wir uns vereinigen, wenn wir unsere Familienfehden vergessen, wenn
wir in der Stunde gemeinschaftlicher Not uns entschließen
könnten Deutsche zu sein, so trotzten wir jeglichem Sturme.
Friedrich Gentz

Das edle deutsche Land, mit unerschöpften Gaben.
Von Gott und Natur auf Erden hoch erhaben,
Dem niemand vor der Zeit an Kriegestaten gleich,
Das viele Jahre her an Friedenskünsten reich
In voller Blüte stand, ward und ist auch heute
noch sein Widerpart sich selbst und fremder Völker Beute.
Martin Opitz

Meines Volkes Not ist meine Not. Ich könnte nicht essen,
wenn mein Volk hungert!
Gorch Fock

Das große vaterländische Empfinden muß Gemeingut
des ganzen Volkes werden.
Gustav Stresemann

Heimat, wir lassen dich nicht! / Du, unser Traum, unser Sehnen,
Land du des Lachens, der Tränen, / Du, unser Lied, unser Licht,
Brüder in Ost und West, / Widersteht den Gewalten!
Haltet, um standzuhalten, / Deutschland im Herzen fest.
Johannes R. Becher

Die liebe vor daß vaterland
kann mir nicht auß dem hertzen gehen als mit dem leben.
Liselotte von der Pfalz

Jetzt bange? Nein! / Wir wollen unsre Feinde nicht zählen
Und können unser Los nicht wählen / Wir müssen Deutsche sein!
Ludwig Thoma

Nicht nach Haufen von Geld steht deutschen Gemüts Verlangen,
nicht nach Schätzen begehrt's, doch stets nach leuchtenden Ehren!
Kaiser Friedrich I. Rotbart weist Bestechungsversuch der Römer zurück

Tätiges Leben

Berufung und Selbstvertrauen
Schicksal und Opfer
Wille und Tatkraft

Hans Merian, ›Druckerwerkstatt zu Beginn des 17. Jahrhunderts‹
Ständebuch in Anlehnung an Jost Amann

Oscar Wilde, ›Eine Frau ohne Bedeutung‹

Wir stolpern wohl auf unsrer Lebensreise,
Und doch vermögen in der Welt, der tollen,
Zwei Hebel viel aufs irdische Getriebe:
Sehr viel die **Pflicht**, unendlich mehr die **Liebe**!
Goethe, ›Das Tagebuch‹

Schaffende Arbeit ist Weltengebot,
Ist Erlösung durch Qual und Not,
Schaffet und wirket!
Schweigend dem Werke sich weihen und geben,
Heißt im Gebet seine Seele erheben,
Lautloses Suchen stummen Gebets.
Er, der alles versteht, er versteht's.
Suchet ihn im Schaffen.
Ernst von Wildenbruch

Eine tägliche Übersicht des Geleisteten und Erlebten
macht erst, daß man seines Tuns gewahr und froh werde.
Sie führt zur Gewissenhaftigkeit.
Fehler und Irrtümer treten bei solcher täglichen
Buchführung von selbst hervor.
Johann Wolfgang von Goethe

Nichts ist zu hoch, wonach der Starke nicht
Befugnis hat, die Leiter anzusetzen.
Schiller, ›Wallenstein‹

Vergebens werden ungebundene Geister
Nach der Vollendung reiner Höhe streben.
Wer Großes will, muß sich zusammenraffen,
In der Beschränkung zeigt sich erst der Meister,
Und das Gesetz nur kann uns Freiheit geben.
Johann Wolfgang von Goethe

Du willst bei Fachgenossen gelten?
Das ist verlorne Liebesmüh.
Was dir mißglückt, verzeihn sie selten -
Was dir gelingt, verzeihn sie nie!
Oscar Blumenthal

Über den Tadel sind viele erhaben; wenige über das Lob.
Carl Gustav Jochmann, ›Erfahrungsfrüchte‹

HOCH KLINGT DAS LIED VOM BRAVEN MANN

Gottfried August Bürger

Wer über See geht, wechselt den Himmel, nicht den Charakter.
Horaz, ›Episteln‹

Wohl dem, der seiner Väter gern gedenkt,
Der froh von ihren Taten, ihrer Größe
Den Hörer unterhält und still sich freuend
Ans Ende dieser schönen Reihe sich geschlossen sieht.
Goethe, ›Iphigenie‹

Der Adel der Gesinnung besteht zu einem großen Teil
aus Gutmütigkeit und Mangel an Mißtrauen,
und enthält also gerade das, worüber sich die
gewinnsüchtigen und erfolgreichen Menschen zu gerne
mit Überlegenheit und Spott hinwegsetzen.
Friedrich Nietzsche

Tugenden lassen sich verteufeln, aber Sünden nicht heiligen.
Robert Schützbach, ›Kopfkonfekt‹, 1983

Durch nichts bezeichnen die Menschen mehr ihren Charakter
als durch das, was sie lächerlich finden.
Goethe, ›Die Wahlverwandtschaften‹

Zunächst ist der Verstand für die Bedürfigkeiten des Lebens
bestimmt. Wer dann noch welchen übrig hat, nun gut, der mag
ihn anwenden, um sich die verzwickten Dinge dieser Welt
ein wenig zurechtzulegen.
Wilhelm Busch in einem Brief von 1899

Oh, man ist auch verzweifelt wenig, / wenn man nichts weiter als ehrlich.
Lessing, ›Minna von Barnhelm‹

Redlichkeit gedeiht in jedem Stande.
Schiller, ›Wilhelm Tell‹

Wir sind gegen andere aufrichtiger als gegen uns selber.
Friedrich Nietzsche, ›Unschuld des Werdens‹

Jemandem keinen Dank schulden wollen
ist gegen edlere Menschen die roheste Art des Undanks.
Ernst von Feuchtersleben

Wir wollen die Möglichkeit behalten, mehr zurückzuzahlen,
als wir schulden.
Blaise Pascal, ›Gedanken‹

Es hat noch niemand etwas Ordentliches geleistet,
der nicht etwas Außerordentliches leisten wollte.

Was zu leisten ist, bedenke;
was schon geleistet ist, vergiß.

Nichts schwerer, als den gelten zu lassen,
der uns nicht gelten läßt.

Den Menschen, die große Eigenschaften besitzen,
verzeiht man ihre kleinen Fehler am schwersten.

Haben und nicht geben, ist manchmal schlechter als stehlen.
Arme Leute schenken gern.
Wenn jeder dem andern helfen wollte, wäre allen geholfen.

Der Gescheitere gibt nach! Ein unsterbliches Wort.
Es begründet die Weltherrschaft der Dummheit.

Wir werden vom Schicksal hart oder weich geklopft.
Es kommt auf das Material an.

So mancher meint ein gutes Herz zu haben
und hat nur schwache Nerven.

Die Grausamkeit der Ohnmächtigen
äußert sich als Gleichgültigkeit.

Gedanken, die schockweise kommen, sind Gesindel.
Gute Gedanken erscheinen in kleiner Gesellschaft.
Ein göttlicher Gedanke kommt allein.

Wenn man nicht aufhören will, die Menschen zu lieben,
darf man nicht aufhören, ihnen Gutes zu tun.

Einen Menschen kennen, heißt
ihn lieben oder ihn bedauern.

Wenn man das Dasein als Aufgabe betrachtet,
dann vermag man es immer zu ertragen.

Wir sind so eitel, daß uns sogar an der Meinung von Leuten,
an denen uns nichts liegt, etwas gelegen ist.

Die Kunst ist im Niedergang begriffen, die sich von der
Darstellung der Leidenschaft zu der des Lasters wendet.

Je weiter unsere Erkenntnis Gottes dringt,
desto weiter weicht Gott vor uns zurück.

DIE ARBEIT SELBST IST FREUDE

Martial

Wer bei seinen Arbeiten nicht schon ganz seinen Lohn
dahin hat, ehe das Werk öffentlich erscheint, der ist übel dran.

Goethe an Karl Ludwig von Knebel am 15. März 1799

Den Edlen bedrückt, daß ihm Fähigkeiten fehlen,
nicht jedoch, daß andere seine Verdienste verkennen.

Konfuzius

Wolle nur! Und aus den Tiefen des Abgrunds herauf
rufst du die heiligen, schützenden Kräfte,
und sie segnen und schirmen dein Werk!

Friedrich Hebbel

Was immer du beginnst, tue es so, daß keiner es besser macht als du.
Aber laß die Hände von Werken, die deiner Art nicht entsprechen.

Marie Adelheid Prinzessin Reuß zur Lippe

Volk und Knecht und Überwinder, / Sie gestehn, zu jeder Zeit:
Höchstes Glück der Erdenkinder / Sei nur die Persönlichkeit.

Goethe, ›West-östlicher Divan‹

Was jeder Tag will, sollst du fragen; / Was jeder Tag will, wird er sagen.

Goethe, ›Zahme Xenien‹

Wen die Götter lieben, / Den führen sie zur Stelle, wo man sein bedarf.

Goethe, ›Iphigenie auf Tauris‹

Endlich einmal bin ich wieder durch das große Tor gegangen –
endlich einmal hielt mich wieder meiner Arbeit Braus umfangen!
In den blanken Spiegelflächen der Maschinen sich zu schauen
war mir tiefes Liebesblicken in die Augen schöner Frauen.

Heinrich Lersch

Pflicht! du erhabener, großer Name, der du nichts Beliebtes,
was Einschmeichelung bei sich führt, in dir fassest...

Kant, ›Kritik der praktischen Vernunft‹

Der Mensch kann sich Fertigkeiten erwerben und kann ein Tier werden,
wo er will. Gott macht die Tiere, der Mensch macht sich selbst.

Georg Christoph Lichtenberg

Unsere wirklichen Probleme sind psychologischer Natur, es sind Probleme,
die von den Menschen in mannigfaltigen Wechselbeziehungen erzeugt
werden: Streiks, Krieg, Schwierigkeiten in der Ehe, Arbeitslosigkeit, politische Krisen, Versagen in der Schule, auf der Universität oder im Beruf ...

Hans Jürgen Eysenck, ›Handbuch zur Deutschen Nation‹, Bd. 3

Aus dem alten Indien

Allzuviel Bewußtheit tötet den echten Willen,
den instinktiven Drang zur Tat.
Oswald Spengler

Wenn alle Tage im Jahre gefeiert würden,
So würde Spiel so lästig sein wie Arbeit.
William Shakespeare, ›Heinrich IV.‹

Ach nein, ach nein, nicht traurig sein!

Mit traurig sein ist nichts getan! / Auf helle Augen kommt es an
Und auf Vertrauen zu dir selbst, / Daß du's zwingst und daß du's hältst!
Cäsar Flaischen

Von drückenden Pflichten
kann uns nur die gewissenhafteste Ausübung befreien.
Goethe, ›Wanderjahre‹

Das höchste Glück, das einem Menschen widerfahren kann,
ist, zu einer Tätigkeit geboren zu sein,
die ihm Arbeit und Freude spendet, ob er Körbe oder
Säbel fertigt, Kanäle oder Statuen baut oder Lieder dichtet.
Ralph Waldo Emerson

Jeder einzelne unter uns in seiner Weise wirke und tue,
als ob er allein sei und als ob lediglich auf ihm
das Heil der zukünftigen Geschlechter beruhe.
Johann Gottlieb Fichte

Im Alter gibt es keinen schöneren Trost,
als daß man die ganze Kraft seiner Jugend
Werken einverleibt hat, die nicht mit altern.
Arthur Schopenhauer

Die Überzeugung unserer Fortdauer entspringt mir
aus dem Begriff der Tätigkeit; denn wenn ich bis an
mein Ende rastlos wirke, so ist die Natur verpflichtet,
mir eine andere Form des Daseins anzuweisen, wenn die
jetzige meinem Geist nicht ferner auszuhalten vermag.
Johann Wolfgang von Goethe

Ich gestehe, ich wüßte auch nichts mit der ewigen
Seligkeit anzufangen, wenn sie mir nicht neue Aufgaben
und Schwierigkeiten zu besiegen böte.
Goethe zu Friedrich von Müller am 23. September 1827

Erich Kästner

Die Tugend liegt inmitten von zwei Lastern, von beiden weit entfernt.
Horaz

Selig, wer sich vor Untergebenen so demütig benimmt,
wie wenn er vor seinem Oberen und Herrn stünde.
Franz von Assisi, ›Seligpreisungen‹

Unsere Wünsche sind Vorgefühle der Fähigkeiten,
die in uns liegen, Vorboten desjenigen,
was wir zu leisten imstande sein werden.
Goethe, ›Dichtung und Wahrheit‹

Der Mensch ist gut, er hat nur viel zu schaffen,
Und wie er einzeln dies und das besorgt,
Entgeht ihm der Zusammenhang im Ganzen.
Franz Grillparzer, ›Libussa‹

Hievon ist unsere Sittenlehre ganz abgesondert,
sie ist rein tätig und wird in wenigen Geboten begriffen:
Mäßigung im Willkürlichen, Emsigkeit im Notwendigen.
Goethe, ›Wanderjahre‹

Hast du die irdischen Geschäfte schon getan,
Daß du der himmlischen dich nimmst so eifrig an?
Friedrich Rückert

Die Menschen, denen wir Stütze sind, geben uns Halt im Leben.
Marie von Ebner-Eschenbach

Der Mensch verbirgt die Motive seines Tuns
oft vor allen andern, bisweilen sogar vor sich selbst,
nämlich da, wo er sich scheut zu erkennen,
was eigentlich es ist, das ihn bewegt.
Arthur Schopenhauer

Auf das allein kommt es an: Daß jeder das, was er besitzt,
als etwas bewertet, mit dem er wirken soll.
Albert Schweitzer

Gut Ding will manchmal Eile haben.
Rudolf Mayer Freiwaldau, ›Wendezeiten‹, 1991

Ja, mach nur einen großen Plan, / sei nur ein großes Licht,
und mach auch noch 'nen zweiten Plan, / gehn tun sie beide nicht!
Bertolt Brecht, ›Die Dreigroschenoper‹

Von Natur besitzen wir keinen Fehler,
der nicht zur Tugend, keine Tugend,
die nicht zum Fehler werden könnte.
Johann Wolfgang von Goethe

Alle praktischen Menschen suchen die Welt handrecht zu machen;
alle Denker wollen sie kopfrecht haben.
Wie weit es jedem gelingt, mögen sie zusehen.
Goethe, ›Maximen und Reflexionen‹

Mittelmäßigkeit ist von allen Gegnern der schlimmste,
Deine Verirrung, Genie, schreibt sie als Tugend sich an.
Goethe, ›Die Wahlverwandtschaften‹

Zwei Seelen wohnen, ach! in meiner Brust,
Die eine will sich von der andern trennen:
Die eine hält in derber Liebeslust
Sich an der Welt mit klammernden Organen;
Die andre hebt gewaltsam sich vom Dunst
Zu den Gefilden hoher Ahnen.
Goethe, ›Faust I‹

Berate dich gut, ehe du beginnst.
Doch wenn du dich entschieden hast, handle sofort und kühn.
Sallust

Gott hat den Menschen einfach gemacht, aber wie er gewickelt wird
und sich verwickelt, ist schwer zu sagen.
Goethe an Charlotte von Stein am 11. Dezember 1778

Man erträgt die Unbequemen lieber, als man die Unbedeutenden duldet.
Goethe, ›Die Wahlverwandtschaften‹

Alles passet nicht für einen, aber eines paßt für jeden:
Laßt ihr dieses euch beschränken, habt ihr alles weggegeben –
Leben ist nur freies Denken, freies Denken nur ist Leben.
August Heinrich Hoffmann von Fallersleben

Fremde Kraft ist immer etwas, was uns entzogen werden kann,
die eigene indessen bleibt und entscheidet das Leben.
Karl Günther Stempel

Je mehr sich die Panik steigert, desto erbaulicher ist der Anblick
eines Mannes, der . . . den Schrecken die Verneigung weigert.
Ernst Jünger, ›Strahlungen‹

Franz Grillparzer, ›Des Meeres und der Liebe Wellen‹

Doch wir, die wir auf jeden Lohn verzichten,
die wir nicht glauben eure ewigen Qualen;
Selbstsucht hat niemals unser Herz befleckt.
Der Menschheit Wohl, die Tugend bloß bewegt uns.
Nur Lust zur Pflicht ließ meiden uns Verbrechen.
Da enden wir getrost und sterben ohne Reu,
nachdem wir eine Welt mit Wohltun überschüttet.
Friedrich der Große

Zum Handeln gehört wesentlich Charakter, und ein Mensch von
Charakter ist ein verständiger Mensch, der als solcher bestimmte Zwecke
vor Augen hat und diese mit Festigkeit verfolgt.
Hegel, ›Enzyklopädie der philosophischen Wissenschaft‹

Wenn ich nun sage: Trachte jeder, überall sich und andern
zu nützen! So ist dies nicht etwa Lehre noch Rat,
sondern der Anspruch des Lebens selbst.
Goethe, ›Wanderjahre‹

Alle anderen Dinge müssen; Der Mensch ist das Wesen, welches will.
Friedrich von Schiller, ›Über das Erhabene‹

. . . wer will, ist dem nicht alles möglich?
Goethe, ›Die Mitschuldigen‹

Die Welt ist nicht aus Brei und Mus geschaffen.
Deswegen haltet euch nicht wie Schlaraffen;
Harte Bissen gibt es zu kauen:
Wir müssen erwürgen oder sie verdauen.
Goethe, ›Sprichwörtlich‹

Ich schlief und träumte, das Leben wäre Freude.
Ich erwachte und sah, das Leben war Pflicht.
Ich handelte, und siehe, die Pflicht ward Freude.
Rabindranath Tagore

Erfüllte Pflicht empfindet sich immer noch als Schuld,
weil man sich nie ganz genug getan.
Goethe, ›Maximen und Reflexionen‹

In einer öffentlichen Halle ist nie ein Mensch zum Fegen da.
Chinesisches Sprichwort

Was kann ich dagegen machen, daß ich sehe, was ich vor Augen habe?
Winston in George Orwells Roman ›1984‹

Goethe, ›Torquato Tasso‹

Es stellt dich jeder Morgen vor eine neue Tat;
besiege deine Sorgen und such dir selber Rat.

In deinem eignen Herzen, in deiner eigenen Art
sind Taten, Freuden, Schmerzen ganz nahe aufbewahrt!

Aus ihnen kannst du küren Sieg oder Niedergehn.
Stoß auf des Lebens Türen: du wirst im Lichte stehn!

Lotte Huwe (vertont von Ewald Schäfer)

Bedenk es gut und höre zu: / Nie wieder wird ein Mensch, wie du,
auf dieser Erde leben. / Es liegt an dir und deiner Tat,
die tief in dich gelegte Saat / zur Reife zu erheben.

Erich Limpach

Tropfen werden Fluten, / Fäden werden Kleid,
Flüchtiger Minuten Reih' / Ist alle unsre Zeit. . .
Halts nichts für geringe, / Bleib nicht zeufzend ruhn;
Denn auch große Dinge / Lassen sich im Kleinen tun.

Wilhelm Pleyer

. . . Ihr Meister vom Bau, ihr Gesellen gut,
Die die Fugen ihr kittet mit Herzensblut,
Laßt nimmer euch irren und haltet euch recht,
Es ist keine Stunde zum Bau zu schlecht!
Laßt nimmer euch täuschen durch falsches Wort,
Laßt schaufeln und hämmern, laßt mauern uns fort!
Ans Werk, ans Werk durch Tag und Nacht,
bis das Vaterhaus unter Dach gebracht - Ans Werk, ans Werk!

Wilhelm Raabe

Es wirkt mit Macht der edle Mann / Jahrhunderte auf seines gleichen;
Denn, was ein guter Mensch erreichen kann,
Ist nicht im engen Raum des Lebens zu erreichen;
Drum lebt er auch nach seinem Tode fort,
Und ist so wirksam, als er lebte; / Die gute Tat, das schöne Wort
Es strebt unsterblich, wie er sterblich strebte.

Goethe, ›Künstlers Apotheose‹

Jeder sieht, was du scheint, und nur wenige fühlen, was du bist.

Niccolo Machiavelli

Die Höhe des Ranges und die Tiefe des Schmerzes
stehen in unmittelbarem Zusammenhang.

Ernst Jünger

Ferdinand Raimund

Sobald du dir vertraust, sobald weißt du zu leben.
Goethe, ›Faust I‹

Nicht was einer über sich sagt, sondern wie einer sich gibt,
zeigt, wofür er sich hält.
Hans Albrecht Moser

Schöne Taten, die im Verborgenen geschehen, sind die schönsten.
Blaise Pascal, ›Gedanken‹

Das Üble an den Minderwertigkeitskomplexen ist,
daß die falschen Leute sie haben.
Alec Guinness

Von sich zurücktreten wie ein Maler von seinem Bilde –
wer das vermöchte!
Christian Morgenstern, ›Aphorismen und Sprüche‹

Nie ist der Mensch so vollkommen wie in einem Bewerbungsschreiben.
Boy Gobert

Was ist ein Orden? Ein kostensparender Gegenstand,
der mit wenig Blech viel Eitelkeit befriedigt.
Aristide Briand

Die Dekorierten
Nur Anmerkungen sind sie, die Herrn, zum Text der Geschichte:
Darum hat man sie auch mit ****** versehen
Georg Herwegh

Man muß die Leute an ihren Einfluß glauben lassen –
Hauptsache ist, daß sie keinen haben.
Ludwig Thoma

Der wirklich Mächtige trägt seine Macht unter dem Revers,
nicht im Knopfloch.
Roger Peyrefitte

Statussymbole sind Orden, die man sich selber kauft.
Bernhard Wicki

Luxus ist die teuerste Form der Primitivität.
Oliver Hassencamp, ›Sage und Schreibe‹

Die Vulgarität der vollkommenen Anpassung an jede Tagesmode.
Nicólas Gómez Dávila, ›Auf verlorenem Posten‹

Marie von Ebner-Eschenbach

Mach dir das Leben ja nicht sauer
Und renne ruhig gegen die Mauer
Mit deinem Kopf; hast du nur Glück,
So weicht die Mauer vor dir zurück.
Friedrich Hebbel

In Gefahr und großer Not / Bringt der Mittelweg den Tod.
Friedrich von Logau

Müßige Ruh ist das Grab des Muts.
Schiller, ›Die Braut von Messina‹

Wage was zu wagen.
Reinhard von Sulz, ›Spätmittelalterliche Leitsprüche‹

Man muß höher zielen, als man treffen will.
Alfred Polgar

Ich schätze den, der tapfer ist und grad.
Goethe, ›Iphigenie‹

Den Tapferen fördert das Glück.
Terenz

Das Schicksal liebt die Rebellen.
Arabisches Sprichwort

Geh mutiger dem Übel entgegen.
Vergil

Wer kämpft, kann verlieren.
Wer nicht kämpft, hat schon verloren.
Volksweisheit

Es stirbt der Feige oftmals, eh' er stirbt.
Shakespeare, ›Julius Caesar‹

Ich widerrufe alles, was ich zwischen den Zeilen geschrieben habe.
Zarko Petan

Ich hatte die Stirn, sie zu runzeln.
Heinz Erhardt

Schrecklich sind die Anspruchslosen;
die nicht fordern, gewähren auch nicht.
Peter Hille, ›Aus dem Heiligtum der Schönheit‹, 1909

Stell dich in Reih und Glied, / das Ganze zu verstärken,
mag auch, wer's Ganze sieht, / dich nicht darin bemerken;
das Ganze wirkt, und du bist drin / mit deinen Werken.

Friedrich Rückert

Constantin Meunier, ›Der Lastträger‹

Paul Valéry

Der Charakter ist das Schicksal des Menschen.
Heraklit

Recht hat jeder eigne Charakter,
Der übereinstimmt mit sich selbst.
Schiller, ›Wallenstein‹

In harten Zeiten Gleichmut bewahren.
Horaz

Verwandt sind alle starken Seelen.
Schiller, ›Wallenstein‹

Ehre kann auch der Arme besitzen, aber nicht der Lasterhafte.
Armut kann den Adel umwölken, aber nicht ganz verdunkeln.
Miguel de Cervantes

O über die wilden, unbiegsamen Männer, die nur immer ihr stieres Auge
auf das Gespenst der Ehre heften! für alles andere Gefühl sich verhärten!
Lessing, ›Minna von Barnhelm‹

Redlichkeit gedeiht in jedem Stande.
Schiller, ›Wilhelm Tell‹

Das schlimmste Übel, das das Schicksal einem antun kann,
ist, ihn mit geringem Talent und großem Ehrgeiz auszustatten.
Luc de Clapiers deVauvenargues

Vom einen schnackt er, / Das andre tut er.
Das ist ein Charakter, / Wenn auch kein guter.
Adolf Wilbrandt

Wer fertig ist, dem ist nichts recht zu machen,
Ein Werdender wird immer dankbar sein.
Goethe, › Faust I‹

Übermut und Sklavensinn, / Die sind in einer Schachtel drin.
Friedrich Theodor von Vischer

Es gibt Schlimmeres als das Sterben:
vor allem, ein niedriges Leben zu bejahen.
Henry de Montherlant

Willst du nach Fehlern forschen, fang an die deinen zählen;
dir wird die Zeit für fremde fehlen.
Frei nach Friedrich von Logau

Oscar Wilde, ›Aphorismen‹

Nicht frei sind wir, zu hassen und zu lieben,
Dem Willen wird's vom Schicksal vorgeschrieben.
Christopher Marlowe, ›Hero und Leander‹

Was ist doch ›gefaßt‹ für ein gutes Wort!
Sein Gegensinn ist ›zerfallen‹.
Emil Gött, ›Selbstgespräch‹, 1982

In Leuten von Verstand ist bisweilen Bösartigkeit;
aber das Genie ist beinah immer gutmütig.
Bösartigkeit rührt nicht daher, daß man zuviel Verstand hat,
wohl aber daher, daß man nicht genug hat.
Anne Germaine de Staël, ›Über Deutschland‹

Alles beruht darauf, daß du dir selbst gebietest.
Cicero

Könnt ich mich selber ganz besiegen, / Ich hätt' die Not bald überstiegen.
Freidank

Gelten lassen ist schwerer als sich begeistern.
Hugo von Hofmannsthal, ›Buch der Freude‹

Selbst vor dem Kaiser nimmt den Strohhut nicht ab – die Vogelscheuche.
Aus China

Wer Demut besitzt, kann nicht gedemütigt werden.
Wer unterwürfig ist, wird unterworfen.
Peter Horton, ›Die andere Saite‹, 1978

Gott hat in den Menschen viele wunderbare Geheimnisse gesät,
die in ihm liegen und sind wie Samen in der Erde.
Paracelsus von Hohenheim

Die Gabe der Erfindung besitzen. Sie beweist das höchste Genie:
allein welches Genie kann ohne ein Gran Wahnsinn bestehn?
Baltasar Gracián, ›Hand-Orakel und Kunst der Weltklugheit‹

Um es in der Welt zu etwas zu bringen, tut man,
als habe man es zu etwas gebracht.
François de La Rochefoucauld

Dein Ohr leih jedem, wenigen deine Stimme,
Nimm Rat von allen, aber spar dein Urteil.
William Shakespeare, ›Hamlet‹

Deutscher Titel der Oper ›Arminio‹ von Heinrich Ignatz Franz Biber

Wenn alles verloren scheint, / wenn du keinen Besitz mehr hast,
keine Freunde, keine Hoffnung - / dann komme ich, die Mutter der Welt.
Indien, Worte der Göttin Kali

Wohlverwahrt im warmen Zimmer / murmelt Kassandra / Untergang.
Die Hoffnung steht draußen / im fegenden Schneesturm, / sie wartet.
Sie wartet auf dich und mich. / Wer hat den Mut, / sie hereinzuholen.
Du oder ich?
Gertrud Fussenegger

Laß den Schwächling angstvoll zagen! / Wer um Hohes kämpft, muß wagen,
Leben gilt es oder Tod!
Laß die Wogen donnernd branden, / Nur bleib immer, magst du landen
Oder scheitern, selbst Pilot.
Neidhardt von Gneisenau

Gib den Flamberg nie aus Händen, / In Triumph selbst und Genuß,
Denn du brauchst ihn aller Enden / Bis zum letzten Atemschluß.
Frieden wirst du nie erkämpfen;
Dennoch! Schmück dir Schwert und Schmerz
Hin und wieder mit Aurikeln, / Und bekränze auch dein Herz.
Detlev von Liliencron

Die Mannhaftigkeit besteht im Widerstand gegen das Unglück.
Nur Memmen beugen sich unter das Joch, schleppen ihre Ketten
und ertragen ruhig die Unterdrückung.
Friedrich der Große

Es gibt nur ein Glück: Die Pflicht. Nur einen Trost: Die Arbeit.
Nur einen Genuß: Die Schönheit.
Carmen Sylva

Die Tat ist ein Schicksal, verkleidet in ein Wollen.
Der bedeutende Mensch lebt so, daß sein Dasein ein Opfer an eine Idee ist.
Der Sinn, den man dem eigenen Leben gibt, ist ein Zeugnis der Selbstachtung.
Einem Menschen, der eine große Aufgabe auszuführen hat,
kann kein Unglück zustoßen, solange er seine Bestimmung nicht vollendete.
Oswald Spengler, ›Gedanken‹

Wer bin ich? Doch nicht nur Körper, Besitz, Ruhm?
Nichts davon. Aber was bin ich dann?
Epiktet

Notwendigkeit befreit von der Qual der Wahl.
Luc de Clapiers de Vauvenargues

Schiller, ›Wallenstein‹

Was nennt man groß? Was hebt die Seele schauernd
Dem immer wiederholenden Erzähler,
Als was mit unwahrscheinlichem Erfolg / Der Mutigste begann?
Goethe, ›Iphigenie‹

Der Streit ist der Vater der Dinge, aller Dinge König;
die einen macht er zu Göttern,
die andern zu Menschen, diese zu Sklaven, jene zu Freien.
Heraklit

Wenn die Guten nicht kämpfen, obsiegen die Schlechten.
Platon

Wenn nur unter der Asche / die Glut der Liebe noch glimmt
und in der Tiefe des Herzens / der uralte Kompaß stimmt,
dann wird auch das trotzige Segel / einst wieder vom Sturmwind geschwellt
und von wärmenden, schmelzenden Flammen / die finstere Welt erhellt!
Karl Günther Stempel

Auf die Kunst, sich in der Welt zu betragen
und nach Erfordern dreinzuschlagen, kommt es bei den Nationen an.
Goethe zu Friedrich von Müller am 23. August 1827

Wennn etwas gewalt'ger als das Schicksal,
so ist's der Mut, der's unerschüttert trägt.
Emanuel Geibel

Geschichte ist ein Meer von Leiden, aber erst damit ist das hohe Leben
möglich: stolz auf die Härte, heroisch im Dulden, hart im Wollen,
die Klage verachtend, die Ergebung nicht kennend.
Der Held verachtet den Tod, der Heilige verachtet das Leben.
Was ist das Gegenteil der Seele eines Löwen? Die Seele einer Kuh.
Pflanzenfresser ersetzen die starke einzelne Seele durch die große Zahl,
die Herde, das gemeinsame Fühlen und Tun von Massen.
Eine Seele hat jeder. Aber die Persönlichkeit, die eigentlich bedeutende Seele,
ist selten. Der Gegensatz von vornehm ist nicht arm, sondern gemein.
Oswald Spengler, ›Gedanken‹

Mut hat mehr Mittel gegen das Unglück als die Vernunft.
Luc de Clapiers de Vauvenargues

Dienen! Nicht den Menschen, sondern der Aufgabe
und den Menschen in der Aufgabe!
Georg Stammler

DES MENSCHEN WILLE, DAS IST SEIN GLÜCK

Schiller, ›Wallenstein‹

Stell dich mitten in das Feuer, / Liebe dieses Ungeheuer
In des Herzens rotem Wein – Und versuche gut zu sein!

Wolfgang Borchert

Alles Komplizierte wird einfach,
sobald man sich zu einer Entscheidung aufrafft.

Heinz Steguweit

Auch dem Stahl verleiht nur Tatkraft seine Stärke.

Flavius Josephus

Eine Reise von tausend Meilen / beginnt mit dem ersten Schritt.

Laotse, ›Taoteking‹

Die Berge, die du nicht versetzen kannst,
mußt du ersteigen. Da hilft dir niemand.

Rudolf Alexander Schröder, ›Aphorismen und Reflexionen‹

Was sich dem Nichts entgegenstellt, / Das Etwas, diese plumpe Welt,
Soviel als ich schon unternommen, / Ich wußte nicht ihr beizukommen,
Mit Wellen, Stürmen, Schütteln, Brand –
Geruhig bleibt am Ende Meer und Land.

Mephisto in Goethes ›Faust I‹

Den Fortschritt verdanken wir Leuten, die nicht ›Warum?‹,
sondern ›Warum nicht?‹ gefragt haben.

Robert Lembke, ›Grüße aus dem Fettnäpfchen‹, 1986

Recht hattest du? - das will nicht viel bedeuten.
Nur was du wirktest, reicht in Ewigkeiten.

Arthur Schnitzler, ›Sprüche in Versen‹

Wie kann man sich selbst kennenlernen?
Durch Betrachten niemals, wohl aber durch Handeln.
Versuche deine Pflicht zu tun, und du weißt gleich, was an dir ist.

Goethe, ›Wilhelm Meisters Wanderjahre‹

Gib dir Mühe, dahin zu kommen, daß du gar nichts
wider Willlen tust. Alles was kommt, ist notwendig.

Seneca, ›Briefe an Lucilius‹

Wir wollen krumm hinterm Pfluge geh'n,
und unser Schweiß sei der Scholle Wein,
und sollten wir nie ein Fruchtfeld seh'n,
wir wollen nicht müde werden, Säer zu sein.

Helmuth von Moltke

Pierre Corneille

Die Weisheit des Bachs heißt: Nie zurück!
Hans Lohberger, ›Das Lied aus dem Lärm‹

Ebbe und Flut beherrschen die menschlichen Geschicke:
Nimmt man die Flut wahr, führt sie zum Glück;
Versäumt man sie, so muß die ganze Reihe des Lebens
sich durch Not und Klippen winden.
Wir sind nur flott auf solch hoher See und müssen das Gefäll'
des Stromes nutzen; wo nicht, verlieren wir des Zufalls Gunst.
William Shakespeare

Wach auf ! Dein Ziel ist in Gefahr! / Du gabst in bunten Träumerei'n
der Einsamkeit, was ihrer war -: / Nun gib dem Leben auch, was sein!
Christian Morgenstern, ›Wer vom Ziel nichts weiß, kann den Weg nicht haben‹

Nur was reine Hände tun, / das ist gottgesegnet.
Laßt das Jahr beginnen nun, / das uns jetzt begegnet.
Heinz Steguweit, ›Erfülltes Jahr‹, 1963

. . . mit ›wenn‹ und ›hätte‹ und ›wäre‹ – / Damit ist für immer Schluß!
Dem Schicksal seine Ehre – / Dem Morgen seinen Gruß!. . .
Wilhelm Pleyer, ›Auf der Flucht‹

Wie groß, wie befreiend ist doch Arbeit, wahre Arbeit!
Das fühlt erst der Gelähmte.
Emil Gött, ›Selbstgespräch‹, 1982

Besser laufen als faulen.
Goethe, ›Reineke Fuchs‹

Der Einzelne ist stark als Teil der kleinsten Einheit.
Bertolt Brecht

Der Mensch hat die größte Freude an dem,
was er selbst neu findet oder hinzulernt.
Thomas von Aquin

Altersweisheit ist aus Jugendtorheit gekeltert und lebenslang ausgegoren.
Wilhelm Pleyer, ›Mit wenigen Worten‹

Tu das Nächstliegende, das dir als Pflicht erscheint.
Die zweite Pflicht wird dir dann bereits klarer werden.
Thomas Carlyle

Chancengleichheit gibt es auch aus erbbiologischen Gesetzen nie.
Vor einer Forderung steht immer die Leistung.
Werner Freytag

Schiller, ›Wallenstein‹

Gottes sind Wogen und Wind, doch Segel und Steuer,
daß ihr den Hafen gewinnt, sind euer!
Will Vesper

Ein unnütz Leben ist ein früher Tod.
Goethe, ›Iphigenie auf Tauris‹

Die Welt ist wie ein Kram, hat Waren ganze Haufen,
Um Arbeit stehn sie feil und sind durch Fleiß zu kaufen.
Friedrich von Logau, ›Sinngedichte‹

Schaff', das Tagwerk meiner Hände,
Hohes Glück, daß ich's vollende!
Laß, o laß mich nicht ermatten!
Nein, es sind nicht leere Träume:
Jetzt nur Stangen, diese Bäume
Geben einst noch Frucht und Schatten.
Goethe, ›Hoffnung‹

Arbeit! Segensquelle, / Arbeit ist das Zauberwort,
Arbeit ist des Glückes Seele, / Arbeit ist des Friedens Hort!...
Nur die Arbeit kann erretten, / Nur die Arbeit sprengt die Ketten,
Arbeit macht die Völker frei!
Heinrich Seidel, ›Hymne der Arbeit‹

Ältestes bewahrt mit Treue, / Freundlich aufgefaßt das Neue,
Heitern Sinn und reine Zwecke; / Nun, man kommt wohl eine Strecke.
Johann Wolfgang von Goethe

Können ist eine große Sache, / Damit das Wollen etwas mache.
Goethe, ›Zahme Xenien‹

Wissen ist Macht – wie schief doch gedacht.
Wissen ist wenig – Können ist König.
Peter Rosegger

Glück hat auf die Dauer doch zumeist wohl nur der Tüchtige.
Helmuth von Moltke, ›Aufsatz über Strategie‹

Man muß das Brett bohren, wo es am dicksten ist.
Friedrich von Schlegel

Große Gedanken und ein reines Herz, das ist's,
was wir uns von Gott erbitten sollten!
Goethe, ›Wilhelm Meisters Wanderjahre‹

DIE GÖTTER LIEBEN DIE TÄTIGEN
Hesiod

Was tun? spricht Zeus. Ich möchte antworten: Was tun!
Julius Stettenheim

Es wäre wenig in der Welt unternommen worden,
wenn man immer auf den Ausgang gesehen hätte.
Gotthold Ephraim Lessing

Die Ringenden sind die Lebendigen,
und die in der Irre rastlos streben, / sind auf gutem Wege.
Gerhart Hauptmann, ›Pippa tanzt‹

Den edlen Seelen vorzufühlen / Ist wünschenswertester Beruf.
Goethe, ›Gott und die Welt‹

Wer nicht zeitlebens gewissermaßen ein großes Kind bleibt,
sondern ein ernsthafter, nüchterner, durchweg gesetzter
und vernünftiger Mann wird, kann ein sehr nützlicher
und tüchtiger Bürger dieser Welt sein,
nur nimmermehr ein Genie.
Arthur Schopenhauer, ›Die Welt als Wille und Vorstellung‹

Nichts auf der Welt ist mächtiger als eine Idee,
deren Zeit gekommen ist.
Victor Hugo

Hat man ein größeres Werk im Kopfe,
so kann nichts daneben aufkommen,
so werden alle Gedanken zurückgewiesen,
und man ist für die Behaglichkeit des Lebens
selbst so lange verloren.
Goethe zu Eckermann am 18. September 1823

Daß sich das größte Werk vollende,
Genügt ein Geist für tausend Hände.
Goethe, ›Faust II‹

Ein Geheimrat erschrickt über nichts so sehr, als wenn er sich über einem
eigenen Gedanken ertappt. Glücklicherweise geschieht ihm das selten.
Hermann Wagener

Die mitteldeutschen Bürger, die die Zeichen aus Moskau besser kannten als
die herrschenden Funktionäre in Ost und West, haben mit ihrer friedlichen
Revolution das fertig gebracht, was die Politiker aller Parteien Westdeutsch-
lands nicht für möglich hielten. Deutschland wurde wieder hergestellt.
Helmut Kamphausen, in ›Handbuch zur Deutschen Nation‹, Bd. 4

Der Beruf ist das Rückgrat des Lebens
Friedrich Nietzsche

Arbeit und Fleiß, das sind die Flügel,
So führen über Strom und Hügel.
Johann Fischart, ›Glückhaft Schiff von Zürich‹

Wer seine Pflicht tut, ist ein getreuer Knecht,
hat aber keinen Anspruch auf Dank.
Otto von Bismarck

Wer im Dienst des Staates reich wird, kann kein Mann
von edlem Charakter sein.
Johann Gottfried Seume

Solcher Fried ist selten gut, / Der nicht Bauern sanfte tut.
Friedrich von Logau

Die Arbeit, dieser Fluch, womit Gott das menschliche Geschlecht segnete,
gibt uns wahres und dauerhaftes Vergnügen.
Justus Möser

Dem Hungrigen ist leichter geholfen als dem Übersättigten.
Marie von Ebner-Eschenbach

Arbeit geben. Das ist nun wirklich seliger, denn nehmen.
Wolfdietrich Schnurre

Der Arbeiter soll seine Pflicht tun, der Arbeitgeber mehr als seine Pflicht.
Marie von Ebner-Eschenbach

Ein jeder kehre vor seiner Tür, / Und rein ist jedes Stadtquartier,
Ein jeder übe seine Lektion, / So wird es gut im Rate stohn.
Goethe, ›Bürgerpflicht‹ (zwei Wochen vor seinem Tode)

Ein guter Vorsatz ist meist ein Startschuß, dem kein Rennen folgt.
Siegfried Lowitz

Unter den drei Lastern: Faulheit, Feigheit und Falschheit
scheint das erstere das verächtlichste zu sein.
Immanuel Kant

Es fragt sich, ob wir die Kraft zur Aufstellung und zum
Bekenntnis eigener Werte haben. Ob wir Kraft und Mut besitzen,
um die Revolutionäre des abendländischen Geistes zu sein,
ob die Oberschicht diese Aufgabe erkennt.
Das ist die Deutsche Frage.
August Winnig, ›Das Reich als Republik‹, 1928

Goethe, ›Faust I‹

Was aber ist deine Pflicht? Die Forderung des Tages.
Goethe, ›Maximen und Reflexionen‹

Laß uns nicht weiblich vieles reden, / Wo viel zu tun ist.
Goethe, ›Elpenor‹

›Dir warum doch verliert / Gleich alles Wert und Gewicht?‹
Das Tun interessiert, / Das Getane nicht.
Goethe, ›Zahme Xenien‹

Weil nun die Tat überall entscheidend ist, so kann
aus einem tätigen Irrtum etwas Treffliches entstehen,
weil die Wirkung jedes Getanen ins Unendliche reicht.
Goethe, ›Maximen und Reflexionen‹

Der Worte sind genug gewechselt, / Laßt mich auch endlich Taten sehn!
Indes ihr Komplimente drechselt, / Kann etwas Nützliches geschehn.
Goethe, ›Faust I‹

Ein Tag der Gunst ist wie ein Tag der Ernte:
Man muß geschäftig sein, sobald sie reift.
Goethe, ›Torquato Tasso‹

Zwischen heut und morgen / Liegt eine lange Frist;
Lerne schnell besorgen, / Da du noch munter bist.
Goethe, ›Sprichwörtlich‹

Gut ist der Vorsatz, aber die Erfüllung schwer.
Goethe, ›Paläophron‹

Die Welt ist nicht aus Brei und Mus geschaffen,
Deswegen haltet euch nicht wie Schlaraffen;
Harte Bissen gibt es zu kauen: / Wir müssen erwürgen oder sie verdauen.
Goethe, ›Sprichwörtlich‹

Ja, ja, mein Guter, man braucht nicht bloß Gedichte
und Schauspiele zu machen, um produktiv zu sein,
es gibt auch eine Produktivität der Taten, und die in
manchen Fällen noch um ein Bedeutendes höher steht.
Goethe zu Eckermann am 11. März 1828

So bleibt nur die Hoffnung auf die Kehrtwende der Pendelbewegung
der menschlichen Evolution zur Verinnerlichung hin. Der Anzeichen
sind nicht wenige. Doch ist uns nicht mehr gestattet, diese Rettung
einer Gottheit oder einem geistesgeschichtlichen Gesetz zu überlassen.
Werner Georg Haverbeck, in ›Handbuch zur Deutschen Nation‹, Bd. 1

Sprichwörtlich

Das Reich der Anlagen und ihrer Ausbildung
ist die eigentliche Stadt Gottes auf der Erde,
in welcher alle Menschen Bürger sind,
nur nach sehr verschiedenen Klassen und Stufen.
Herder, ›Ideen zur Philosophie der Geschichte der Menschheit‹

Wir können dem Vaterlande nicht auf gleiche Weise dienen,
sondern jeder tut sein Bestes,
je nachdem Gott es ihm gegeben.
Johann Wolfgang von Goethe

Nun möge aus mir werden, was da wolle,
wenn nur das aus mir wird, was meiner Natur nach
aus mir werden soll, so werde ich das Rechte.
Richard Wagner

Keiner sei gleich dem andern;
doch gleich sei jeder dem Höchsten.
Wie das zu machen ? Es sei jeder vollendet in sich.
Goethe, ›Vier Jahreszeiten‹

Wir können nicht immer große Dinge tun,
aber wir haben die Möglichkeit,
in die kleinen Dinge etwas Großes zu legen.
Josua Leander Gampp

Was er geworden, genüget nie dem Mann;
O wohl ihm, wenn er stets nur werden will und kann!
Friedrich Rückert

Ohne Arbeit – früh und spät – wird dir nichts geraten;
Neid sieht nur das Blumenbeet, aber nie den Spaten.
Sprichwörtlich

Aller Anfang ist leicht, und die letzten Stufen
werden am schwersten und seltensten erstiegen.
Goethe, ›Wilhelm Meisters Wanderjahre‹

Der gute Vorsatz zählt zu jenen Frommen,
die ungeboren in den Himmel kommen.
Fred Endrikat

Unumstritten ist nur, bei dem es nicht lohnt.
Richard W. Eichler

WAS MICH NICHT UMBRINGT, MACHT MICH STÄRKER
Friedrich Nietzsche, ›Götzen-Dämmerung‹

Die hohen Tannen sprechen: Wir sind nicht traurig
und nicht fröhlich, wir sind **fest**.
Christian Morgenstern, ›Wer vom Ziel nichts weiß,
kann den Weg nicht haben‹, 1964

Angst haben alle. Der Unterschied liegt in der Frage: wovor?
Frank Thiess

Viel Klagen hör' ich oft erheben / Vom Hochmut, den der Große übt.
Der Großen Hochmut wird sich geben, / Wenn unsere Kriecherei sich gibt.
Gottfried August Bürger

Nie seid ihr mit mehr Recht ermahnt worden,
euch darauf besinnen zu wollen, daß ihr Deutsche seid.
Schon stehen wir im Ausland nicht mehr in gutem Rufe,
durch eure Schuld, denn ihr sitzet da
und erschlafft ruhmlos im Müßiggang
und macht keinen Gebrauch von unseren Kräften.
Ulrich von Hutten 1518 an die Reichsfürste

So werfe ich jetzt oft mein Wort voraus – dann muß ich ja auch nach!
Gorch Fock

Ich mag die Flachen nicht und nicht die Flauen;
ich liebe nicht die Blassen und die Stummen,
die Neunmaldummen und die Neunmalschlauen,
die ewig Lächelnden und ewig Krummen.

Ich liebe die Beherzten und die Hellen,
die offen kommen und die offen gehen,
die tapferen und fröhlichen Gesellen,
die unerschrocken in die Flammen sehen. . .
Eberhard Wolfgang Möller, ›An die Freunde‹

Ihr Sterblichen, nützt die Zeit! Vergeßt niemals den Wert
des Augenblicks, auf dem doch die Unendlichkeit der Zeit beruht,
und beschleunigt nicht die Flucht eurer Tage noch durch eitle Nichtigkeiten.
Friedrich der Große

Kein Volk und keine Elite dürfen die Hände in den Schoß legen
und darauf hoffen, daß im Ernstfall – im ernstesten Falle –
genügend Helden zur Stelle sein werden.
Erich Kästner

William Thackery

Wo aber Gefahr ist, wächst das Rettende auch.
Friedrich Hölderlin

Der Furchtsame erschrickt vor der Gefahr, der Feige in ihr,
der Mutige nach ihr.
Jean Paul, ›Das Kampanertal‹, 1797

Allen Gewalten zum Trotz sich erhalten, nimmer sich beugen,
kräftig sich zeigen, rufet die Arme der Götter herbei.
Goethe, ›Sehnsucht‹

Nur das feurige Roß, das mutige, stürzt auf der Rennbahn,
Mit bedächtigem Paß schreitet der Esel daher.
Goethe, ›Votivtafeln‹

Die Tugend der Tapferkeit bewahrt den Menschen davor,
sein Leben auf solche Weise zu lieben, daß er es verlebt.
Josef Pieper

Nicht jene, die streiten, sind zu fürchten, sondern jene, die ausweichen.
Marie von Ebner-Eschenbach

Gegen die Infamitäten des Lebens sind die besten Waffen:
Tapferkeit, Eigensinn und Geduld.
Die Tapferkeit stärkt, der Eigensinn macht Spaß,
und die Geduld gibt Ruhe.
Hermann Hesse

Man läßt alles in der Welt gehn, bis es schädlich wird;
dann zürnt man und schlägt drein.
Goethe, ›Lehrjahre‹

Die Tugend, die diesem Zustande angemessen ist,
ist die des heroischen Realismus, der selbst durch die
Aussicht auf völlige Vernichtung und der Hoffnungslosigkeit
seiner Anstrengungen nicht zu erschüttern ist.
Ernst Jünger, ›Der Arbeiter – Herrschaft und Gestalt‹

Vorbei der Traum vom Lustgewinn! / Die Ärmel hochkrempeln heißt's
und den Gürtel enger schnallen, / wie es unsere Väter und Vorväter taten!
Wolfgang Venohr

Uns selbst zu achten, leitet unsre Sittlichkeit;
andere zu schätzen, regiert unser Betragen.
Goethe, ›Wanderjahre, Aus Makariens Archiv‹

DEM WEISEN GENÜGT DAS!
Plautus

Einer neuen Wahrheit ist nichts schädlicher als ein alter Irrtum.
Goethe, ›Wanderjahre, Aus Makariens Archiv‹

Derjenige, der sich mit Einsicht für beschränkt erklärt,
ist der Vollkommenheit am nächsten.
Goethe, ›Maximen und Reflexionen‹

Wer da will wissen, wer er sei,
Der schelte seiner Nachbarn zwei oder drei.
Sebastian Franck

Hör doch auf, mit Weisheit zu prahlen, zu prangen,
Bescheidenheit würde dir löblicher stehn.
Kaum hast du die Fehler der Jugend begangen,
So mußt du die Fehler des Alters begehn.
Goethe, ›Zahme Xenien‹

Flieh auf ewig die Gesichter / Aller finstern Splitterrichter.
Johann Christian Günther

›Da reiten sie hin! wer hemmt den Lauf?‹
Wer reitet denn? ›Stolz und Unwissenheit.‹
Laß sie reiten ! da ist gute Zeit,
Schimpf und Schande sitzen hinten auf.
Goethe, ›Zahme Xenien‹

›Es mißfällt mir.‹ – Warum? – / ›Ich bin ihm nicht gewachsen.‹ –
Hat je ein Mensch so geantwortet?
Friedrich Nietzsche

Man heilt sich am zuverlässigsten von seinen Fehlern,
wenn man sie bei einem andern sieht.
Henry de Montherlant

Viele sind geistreich genug und voller Kenntnisse, allein sie sind
zugleich voller Eitelkeit, und um sich von der kurzsichtigen Masse
als witzige Köpfe bewundern zu lassen, haben sie keine Scham und Scheu,
und ist ihnen nichts heilig.
Goethe zu Eckermann

Verlust der Scham ist das erste Zeichen des Schwachsinns.
Sigmund Freud

Manches scheint uns überflüssig, / wenn wir seiner überdrüssig.
Erich Limpach

Römische Weisheit

Es ist rühmlich, Feinde – solange sie widerstehen – zu besiegen im Kampf,
sobald sie unterlegen – durch Wohltat.

Heliodor

Du mußt steigen oder sinken, / Du mußt herrschen und gewinnen
Oder dienen und verlieren, / Leiden oder triumphieren,
Amboß oder Hammer sein.

Goethe, ›Kophtische Lieder‹

Du glaubst nicht, was ein Mensch vermag
mit heißem Blut und harten Händen.
Er kann durch einen starken Schlag,
er kann an einem starken Tag,
hat er den Mut, das Schicksal wenden.
Du glaubst nicht, was ein Mensch vermag.

Bogislaw von Selchow

Das Wort allein, auch das gute und tapfere,
bleibt immer ein leicht verfliegender Schall.
Seinen Wert verleiht ihm erst, der danach lebt und handelt.

Erich Ludendorff

Lieber ein Ende mit Schrecken als ein Schrecken ohne Ende.

Ferdinand von Schill, Marktplatz von Arneburg 12. Mai 1809

Ihm wuchs
Gestählt im banne der verruchten jahre
Ein jung geschlecht, das wieder mensch und ding
Mit echten maßen mißt, das schön und ernst
Froh seiner einzigkeit, vor fremden stolz,
Sich gleich entfernt von klippen dreisten dünkels
Wie seichtem sumpf erlogener brüderei,
Das von sich spie, was mürb und feig und lau,
Das aus geweihten träumen, tun und dulden
Den einzigen, der hilft, den mann gebiert. . .

Stefan George

Greif nicht leicht in ein Wespen-Nest, / Doch wenn du greifest, stehe fest.

Matthias Claudius

Seelenleiden, in die wir durch Unglück oder eigene Fehler geraten,
sie zu heilen vermag der Verstand nichts, die Vernunft wenig,
die Zeit viel, entschlossene Tätigkeit hingegen alles.

Goethe, ›Wilhelm Meisters Wanderjahre‹

DIE ZUKUNFT HABET IHR, IHR HABT DAS VATERLAND, IHR HABT DER JUGEND HERZ, ERZIEHER, IN DER HAND!

Friedrich Rückert, ›Die Weisheit der Brahmanen‹

Kein Geschlecht ist so hoch und edel,
daß nicht ein ungeratenes Kind daraus kommen könne.
*Martin Luther verteidigt sich im Brief vom 15. August 1538
an Herzog Albrecht von Preußen gegen Angriffe
des Kardinalerzbischofs Albrecht von Mainz*

Alles Erziehertum beginnt mit dem Aufbau einer inneren Welt
im eigenen Herzen.
Das Leben muß einem erst groß und heilig geworden sein,
wenn man es in anderen wecken will.
Eduard Spranger

Jeder Mensch sollte sich einen Lebensplan zurechtlegen,
ebenso durchdacht und geschlossen
wie ein mathematischer Beweis. Wer sich daran hielte,
besäße eine Handhabe folgerechten und zielsicheren Handelns.
Friedrich der Große

Wenn einer dahin gekommen ist, sich selbst zu beherrschen,
wird es für ihn nicht schwer sein, jedes Amt auszufüllen.
Wenn er sich selbst hat nicht erziehen können,
wie kann er hoffen, andere zu leiten?
Konfuzius

Mittelmäßiger Umgang schadet mehr,
als die schönste Gegend und die geschmackvollste
Bildergalerie wieder gutmachen können.
Friedrich von Schiller

Die Lösung für die Menschheit liegt in der richtigen Erziehung
der Jugend, nicht in der Heilung der Neurotiker.
Alexander Sutherland Neill

Die Menschheit ist gefühlskrank, krank als Folge
der Schuldgefühle, die in der Kindheit hervorgerufen wurden.
Alexander Sutherland Neill

Gut erzogen zu sein ist heutzutage ein großer Nachteil.
Er schließt einen von so vielem aus.
Oscar Wilde, ›Aphorismen‹

Wer in einem Streit als erster schweigt, stammt aus einer guten Familie.
Slowakisches Sprichwort

Marie von Ebner-Eschenbach

Der Schwärmer drückt die Augen zu und behauptet,
doch zu sehen.
Johann Wilhelm Mejer, ›Aphorismen über Religion,
Kirche und Staat‹, 1817

Indem der Schwärmende einen falschen Gegenstand,
sich selbst täuschend, seinem Enthusiasmus unterschiebt,
verwirrt er die Grenzen des Endlichen und Unendlichen,
und zieht das Erhabenste in den Staub herab.
Johann Wilhelm Mejer, ›Aphorismen über Religion,
Kirche und Staat‹, 1817

Einer der Wege zur Klugheit ist die Ent-Täuschung.
Peter Horton, ›Die andere Saite‹, 1978

Ein Gedanke kann nicht erwachen, ohne andere zu wecken.
Marie von Ebner-Eschenbach

Der Weise ist selten klug.
Marie von Ebner-Eschenbach

Das Verständnis reicht oft viel weiter als der Verstand.
Marie von Ebner-Eschenbach

Der Mensch ist ein Schilfrohr, das schwächste in der Natur;
aber er ist ein denkendes Schilfrohr.
Blaise Pascal, ›Gedanken‹

Was der Kluge vermutet, ist mehr, als der Törichte weiß.
Arabisches Sprichwort

Es gibt Menschen mit leuchtendem und Menschen mit
glänzendem Verstande. Die ersteren erhellen ihre Umgebung,
die zweiten verdunkeln sie.
Marie von Ebner-Eschenbach

Man hört zuzeiten Welt-, Hof- oder Geschäftsleute sagen: Der Mann
ist mir zu gescheit! Das heißt: Er ist kein Werkzeug!
Friedrich Maximilian von Klinger

Klugheit tötet Weisheit; das ist eine der wenigen zugleich
traurigen wie wahren Tatsachen.
Gilbert Keith Chesterton

Marie von Ebner-Eschenbach

Verständig zu sein, ist der Hauptteil des Glücks.
Sophokles

Ohne Wissen gibt es keine Wahl.
George Bernard Shaw

Die Sinne trügen nicht, das Urteil trügt.
Goethe, ›Maximen und Reflexionen‹

Gott gebe mir Gelassenheit, Dinge hinzunehmen, die ich nicht ändern kann,
den Mut, Dinge zu ändern, die ich ändern kann,
und die Weisheit, das eine vom anderen zu unterscheiden.
Friedrich Christoph Oetinger

Wer nicht auf den Kopf gefallen ist, fällt immer auf die Füße.
Rupert Schützbach

Der Mensch wird allgemein unterschätzt.
Christian Morgenstern

Nicht allemal hat Stand Verstand; / Ein Niedrer hat oft mehr erkannt.
Friedrich von Logau

Das Herz hat Freunde, das Hirn ist allein.
Ernst Wilhelm Eschmann

Wenn weise Männer nicht irrten, müßten die Narren verzweifeln.
Goethe, › Maximen und Reflexionen‹

Unser Verstand ist ein Beweis für den Humor des lieben Gottes.
Thomas Niederreuther

Welche wohl bleibt von all den Philosophien! Ich weiß nicht.
Aber die Philosophie, hoff ich, soll ewig bestehn.
Schiller, ›Die Philosophien‹

Was sie gestern gelernt, wollen sie heute schon lehren.
Ach was haben die Herrn doch für ein kurzes Gedärm!
Schiller, ›Geschwindschreiber‹

Einem Menschen mit schlechtem Gedächtnis
nützen Erfahrungen auch nicht viel.
Ralph Waldo Emerson

Auch wenn du dich treiben läßt: / Halte stets das Steuer fest.
Erich Limpach

Vergil

Die Zukunft decket / Schmerzen und Glücke. /Schrittweis dem Blicke
Doch ungeschrecket / Dringen wir vorwärts. . .
Hier winden sich Kronen / In ewiger Stille. / Die sollen mit Fülle
Die Tätigen lohnen! / Wir heißen euch hoffen.
Johann Wolfgang von Goethe

Die Wissenschaft ist die höchste Kraft des menschlichen Geistes,
der Genuß dieser Kraft aber ist die Kunst.
Richard Wagner

Was kein Verstand der Verständigen sieht,
Das übet in Einfalt ein kindlich Gemüt.
Schiller, ›Die Worte des Glaubens‹

Die Körper wirken so, als ob es keine Seelen gäbe,
und die Seelen so, als ob es keine Körper gäbe;
beide zusammen so, als ob sie sich gegenseitig beeinflußten.
Gottfried Wilhelm Leibniz, ›Monadologie‹

Die wichtigste Fähigkeit des Menschen ist jene,
die alle anderen ordnet.
Blaise Pascal

Wonach soll man am Ende trachten?
Die Welt zu erkennen und sie nicht verachten.
Goethe, ›Zahme Xenien‹

Wie schwer sind nicht die Mittel zu erwerben.
Durch die man zu den Quellen steigt!
Und eh man nur den halben Weg erreicht,
Muß wohl ein armer Teufel sterben.
Goethe, ›Faust I‹

Er ist selber aufgeklärt und verdient von der dankbaren Welt
und Nachwelt als derjenige gepriesen zu werden, der zuerst
das menschliche Geschlecht der Unmündigkeit wenigstens
von seiten der Regierung entschlug und jedem frei ließ,
sich in allem, was Gewissensangelegenheit ist,
seiner eigenen Vernunft zu bedienen.
Immanuel Kant über Friedrich den Großen

Die Bestimmung des Menschen auf dieser Erde
ist nicht die Glückseligkeit, sondern die Vervollkommnung.
Anne Germaine de Staël, ›Über Deutschland‹

Martin Luther

Überall geht ein frühes Ahnen dem späteren Wissen voraus.
Alexander von Humboldt

Wer setzt das Maß in dieser Zeit,
wer ist zu opfern noch bereit,
wer grenzt des Abgrunds drohend Sein
mit seines Mutes Schranken ein ?

Die wen'gen Rufer, die es gibt,
die geh'n verkannt und ungeliebt
durch diese satt geword'ne Frist,
die ohne Sinn und Seele ist.

Und doch, sie hüten unbeirrt
den Funken, der einst Flamme wird,
wenn jener Sturmwind ist entfacht,
der Menschen wieder menschlich macht.
Erich Limpach

Getrost! es ist der Schmerzen wert, dies Leben,
Solang uns Armen Gottes Sonne scheint,
Und Bilder beßrer Zeiten um unsre Seele schweben. . .
Friedrich Hölderlin an Christian Ludwig Neuffer im März 1794

Ich erhoffe von einem ruhigen und ritterlichen Geschlecht,
daß es wieder in anmutigen und kraftvollen Bildern
das Wunder und die Würde des Lebens veranschaulichen werde.
Friedrich Lienhard

Mein fester Glaube an Homer und die Tradition
ist nie von der modernen Kritik erschüttert worden,
und diesem Glauben verdanke ich die Entdeckung Trojas.
Heinrich Schliemann

Der Mensch muß bei dem Glauben verharren,
daß das Unbegreifliche begreiflich sei;
er würde sonst nicht forschen.
Goethe, ›Maximen und Reflexionen‹

Es hört jeder nur, was er versteht.
Goethe, ›Maximen und Reflexionen‹

Es ist für einen Menschen von Geist schlechthin unmöglich,
nicht des öfteren gegen den Zeitgeist zu verstoßen.
Richard W. Eichler

Schiller, ›Die Jungfrau von Orleans‹

Vielwisserei lehrt nicht, Vernunft zu haben.
Heraklit

Die Vernunft ist wertvoller als selbst die Philosophie,
weil alle anderen Tugenden aus ihr natürlich hervorgehen. . .
Denn die Tugenden
sind mit dem freudvollen Leben auf natürliche Weise
verwoben, und ein freudvolles Leben
ist von ihnen nicht zu trennen.
Epikur, Brief an Menoikeus

Was für eine Philosophie man wähle, hängt davon ab,
was für ein Mensch man ist.
Fichte, ›Erste Einleitung zur Wissenschaftslehre‹

Niemand kann den rechten Weg gehen,
der nicht zuvor im Lichte der Betrachtung gesessen hat.
Meister Eckhart

Vor meinem geistigen Auge gebar sich, Athene mit
Schild und Schwert, die Urteilskraft.
In der Zeit meines seelischen Siechtums hatte ich mich
wie eine Fliege im Spinnennetz unentrinnbarer
Abhängigkeiten herumgewälzt. Nun war ich frei,
denn ich wurde von der neugeborenen Göttin für frei erklärt.
Der junge Gerhart Hauptmann in den Breslauer Tagen

Das Gefühl findet, der Scharfsinn weiß die Gründe.
Jean Paul, ›Aphorismen‹

Wir sind Menschen, soweit wir Kopf,
wir sind Gott und Teufel, soweit wir Herz sind.
Ricarda Huch, ›Quellen des Lebens‹

Zum Lichte des Verstandes können wir immer gelangen;
aber die Fülle des Herzens kann uns niemand geben.
Goethe, ›Lehrjahre‹

Es wird nicht alles begriffen, was angetastet wird.
Julius Stettenheim

Er war durch den fortwährenden Umgang mit sich selbst
grenzenlos verwöhnt worden.
Wilhelm Raabe

Der uns mit solcher Denkkraft schuf,
Voraus zu schaun und rückwärts, gab uns nicht
Die Fähigkeit und göttliche Vernunft,
um ungebraucht in uns zu schimmeln.
William Shakespeare, ›Hamlet‹

In der wissenschaftlichen Welt haben aber diese Gesinnungen
niemals gelten wollen; durchaus ist es auf Herrschen und Beherrschen
angesehen; und weil sehr wenige Menschen eigentlich selbständig sind,
so zieht die Menge den Einzelnen nach sich.
Goethe, ›Wanderjahre, Aus Makariens Archiv‹

Es ist kein Verdienst, Verstand zu haben,
sondern ein Glück; aber Verdienst ist es,
ihn zur Erkennung seiner selbst anzuwenden.
Johann Kaspar Lavater

Mit dem Wissen wächst der Zweifel.
Wenn wir den Zweifel nicht hätten,
Wo wäre dann frohe Gewißheit?
Johann Wolfgang von Goethe

Wenn ich zwischen zwei Meinungen wählen muß,
entscheide ich mich für die, gegen die mein Verstand
sich am wenigsten sträubt. Und aus diesem einzigen
Grunde halte ich mich an die Ansicht, daß die Welt
ewig ist wie Gott, und daß Gott ihr Geist ist oder,
wenn Sie wollen, ihre ordnende und treibende Kraft.
Friedrich der Große zum französischen Gelehrten Thiébault

Was vernünftig ist, das ist wirklich;
und was wirklich ist, das ist vernünftig.
Hegel, ›Grundlinien der Philosophie des Rechts‹, Vorrede

Aus dem erkennbaren Kosmos ist nicht die Herkunft
des Denkens zu begreifen, das ihn erkennt.
Karl Jaspers, ›Philosophie und Welt‹, 1958

Es gehört auf alle Fragen nit Antwort.
Johann Agricola

Was nennen die Menschen am liebsten dumm?
Das Gescheite, das sie nicht verstehen.
Marie von Ebner-Eschenbach

VIELE VERLIEREN DEN VERSTAND NICHT,
WEIL SIE KEINEN HABEN
Balthasar Gracián

Wenn wir uns dem Altertum gegenüberstellen und es ernstlich
in der Absicht anschauen, uns daran zu bilden, so gewinnen wir
die Empfindung, als ob wir erst eigentlich zu Menschen würden.
Goethe, ›Wanderjahre, Aus Makariens Archiv‹

Weisheit steht einsam manchen Tag, / Der Torheit folgen viele nach.
Freidank

Wir leben in einer Welt, worin **ein** Narr viele Narren,
aber ein weiser Mann nur wenige Weise macht.
Georg Christoph Lichtenberg

Vor dem Stifter des Christentums hat Sokrates die fröhliche Art
des Ernstes und jene Weisheit voller Schelmenstreiche voraus,
welche den besten Seelenzustand des Menschen ausmacht.
Überdies hatte er den größeren Verstand.
Nietzsche, ›Menschliches, Allzumenschliches‹

Wer viel denkt, eignet sich nicht zum Parteimann:
er denkt sich zu bald durch die Partei hindurch.
Friedrich Nietzsche

Einen Gescheiten kann man überzeugen,
einen Dummen muß man überreden.
Curt Götz

Alle Gelegenheit, glücklich zu werden, hilft nichts,
wer den Verstand nicht hat, sie zu benutzen.
Johann Peter Hebel, ›Drei Wünsche‹

In Frankreich möchte sich der esprit gern Genie geben.
In Deutschland möchte das Genie sich gern esprit geben.
Friedrich Nietzsche, ›Unschuld des Werdens‹

Natürlicher Verstand kann fast jeden Grad von Bildung ersetzen,
aber keine Bildung den natürlichen Verstand.
Arthur Schopenhauer

Es gibt eine Tiefe im menschlichen Gemüte, die tiefer ist,
als der Eimer reicht, mit dem die Philosophie ihre Weisheit schöpft.
Jeremias Gotthelf

Verwendet nie ein neues Wort, sofern es nicht drei Eigenschaften
besitzt: Es muß notwendig, verständlich und wohlklingend sein.
Voltaire, ›Ratschläge an einen Journalisten‹, 1737

Was Jupiter erlaubt ist, ist dem Ochsen nicht erlaubt
Römisches Sprichwort

Unsere Erkenntnisse haben ihren Ursprung in einer Empfindung.
Leonardo da Vinci

Eines schickt sich nicht für alle! / Sehe jeder, wie er's treibe,
Sehe jeder, wo er bleibe, / Und wer steht, daß er nicht falle!
Goethe, ›Beherzigung‹

Doch wer ist so gebildet, daß er nicht seine Vorzüge
gegen andere manchmal auf eine grausame Weise
geltend machte?
Goethe, ›Die Wahlverwandtschaften‹

Eigne den Stolz dir zu, den dein Verdienst dir erwarb.
Horaz

Weiland war das Sein werter als der Schein;
Nunmehr ist der Schein werter als das Sein.
Friedrich von Logau

Viel leisten, wenig hervortreten! Mehr sein als scheinen!
Alfred von Schlieffen

Das flüchtge Lob, des Tages Ruhm, / Magst du den Eitlen gönnen;
Das aber sei dein Heiligtum: / Vor dir bestehen können.
Theodor Fontane

Seh' ich die Werke der Meister an, / So seh ich das, was sie getan;
Betracht ich meine Siebensachen, / Seh' ich, was ich hätt' sollen machen.
Goethe, ›Epigrammatisch‹

Wer will, ist still,
Nur wem heimlich vorm Ernste graut, wird überlaut.
Georg Stammler

›Sehr weit bist du nicht gekommen.‹ ›Ich bin hier!‹
Ernst Wilhelm Eschmann

Wer etwas zu sagen hat, bediene sich nicht der Aggression;
Deutlichkeit genügt.
Peter Horton, ›Die andere Saite‹, 1978

Die Philosophie gab den Zusammenhang mit dem im Menschen
natürlich vorhandenen Suchen nach Weltanschauung preis und wurde zu
einer Wissenschaft von der Geschichte der Philosophie.
Albert Schweitzer

Volksweisheit

Mit Maß bedacht sei der Männer jeder,
aber nicht überbedacht;
denn heiter wird selten das Herz des Grüblers,
der ängstlich ist.
Altnordisch

Es gibt problematische Naturen,
die keiner Lage gewachsen sind, in der sie sich befinden,
und denen keine genug tut. Daraus entsteht
ein ungeheurer Widerstreit, der das Leben ohne Genuß verzehrt.
Goethe, ›Maximen und Reflexionen‹

Die Zeit zum Handeln jedesmal verpassen,
nennt ihr: die Dinge sich entwickeln lassen,
Was hat sich denn entwickelt, sagt mir an,
das man zur rechten Stunde nicht getan?
Emanuel Geibel

Ha, lachte der Kaiser, vortrefflicher Haber,
Ihr füttert die Pferde mit Wenn und Aber.
Der Mann, der das Wenn und Aber erdacht,
Hat sicher aus Häckerling Gold gemacht.
Gottfried August Bürger

Wer keinen Namen sich erwarb noch Edles will,
Gehört den Elementen an.
Goethe, ›Faust II‹

Ein Mensch sagt – und ist stolz darauf –
Er geh in seinen Pflichten auf.
Bald aber, nicht mehr ganz so munter,
Geht er in seinen Pflichten unter.
Eugen Roth, ›Mensch und Unmensch‹, 1948

Auch schlechte Menschen tun mitunter Gutes,
als wollten sie ausprobieren, ob es wirklich so viel
Vergnügen macht, wie die Guten behaupten.
Nicolas de Chamfort, ›Maximen und Gedanken‹

Man kann stets nett sein gegen jene, die uns nichts angehen.
Oscar Wilde

Wer zu spät kommt, den bestraft das Leben.
Michail Gorbatschow am 7. Oktober 1989 in Berlin

HERR, LASS MICH HUNGERN DANN UND WANN,

satt sein macht stumpf und träge,
und schick mir Feinde, Mann um Mann,
Kampf hält die Kräfte rege.
Gib leichten Fuß zu Spiel und Tanz,
Flugkraft in goldne Ferne,
und häng den Kranz, den vollen Kranz,
mir höher in die Sterne.
Gustav Falke

Mögen die Kinder meiner Feinde üppig leben!
Antisthenes

Wer aus armen, niedern Häusern kommt, dem darf man es
nicht vorwerfen, wenn er die erste Strecke seines Weges
nur scheu und zögernd zurücklegt, wenn ihn Nichtigkeiten
blenden, wenn ihn falsche Trugbilder verwirren. . .
Wilhelm Raabe, ›Der Hungerpastor‹

Der vollkommene Besitz erweist sich nur durch das Schenken.
Alles, was du nicht zu geben weißt, besitzt dich.
André Gide, ›Brevier der Lebenskunst‹

Es muß was Schönes sein um die Tugend, Herr Hauptmann.
Aber ich bin ein armer Kerl.
Georg Büchner, ›Woyzeck‹

Fortwährendem Entbehren folgt Stumpfheit ebenso gewiß
wie übermäßigem Genuß.
Marie von Ebner-Eschenbach

Die Armut ist ein Zustand,
dessen Tugend Freigebigkeit heißt.
Albert Camus, ›Aus dem Tagebuch eines Moralisten‹

Geduld ist **zweierlei** – ruhige Ertragung des Mangels –
ruhige Ertragung des Übermaßes.
Novalis

Die Bescheidenheit, die zum Bewußtsein kommt, kommt ums Leben.
Marie von Ebner-Eschenbach

Die Welt ist voller Leute, die Wasser predigen und Wein trinken.
Giovanni Guareschi

Je reicher einer ist, desto leichter ist es für ihn, ein Lump zu sein.
Gilbert Keith Chesterton

Lessing, ›Briefe, die neueste Literatur betreffend‹

Ich habe nie danach gestrebt, der Menge zu gefallen;
Denn was ihr gefiel, habe ich nicht schätzen gelernt,
und was ich wußte, lag fernab von ihrem Begreifen.
Epikur

Der Adler fliegt allein, der Rabe scharenweise;
Gesellschaft braucht der Tor und Einsamkeit der Weise.
Friedrich Rückert

Tief und ernsthaft denkende Menschen
haben gegen das Publikum einen schweren Stand.

Das Publikum will wie ein Frauenzimmer behandelt sein:
man soll durchaus nichts sagen, als was sie hören wollen.
Goethe, ›Maximen und Reflexionen‹

Ist eine Feder wohl so leicht hin und her geblasen
wie dieser Haufe?
William Shakespeare, ›König Heinrich VI.‹

Wollten keine Ovationen
Von dem Publico auf Pump,
Keine Vorschuß-Lorbeerkronen,
Rühmten sich nicht keck und plump.
Heinrich Heine, ›Plateniden auf die Klassiker‹

Man sagt: ›Eitles Eigenlob stinket.‹ Das mag sein;
was aber fremder und ungerechter Tadel für einen
Geruch habe, dafür hat das Publikum keine Nase.
Goethe, ›Maximen und Reflexionen

Künstler! dich selbst zu adeln,
Mußt du bescheiden prahlen;
Laß dich heute loben, morgen tadeln,
Und immer bezahlen.
Goethe,› Zahme Xenien‹

Sechs Wörtchen nehmen mich in Anspruch jeden Tag:
Ich soll, ich muß, ich kann, ich will, ich darf, ich mag.
Friedrich Rückert, ›Die Weisheit des Brahmanen‹

Mir bleibt genug! Es bleibt Idee und Liebe!
Goethe, ›West-östlicher Divan, Buch der Betrachtungen‹

Nur die Lumpe sind bescheiden, Brave freuen sich der Tat
Johann Wolfgang von Goethe

Es bildet nur das Leben den Mann
und wenig bedeuten die Worte.
Johann Wolfgang von Goethe

Ohne Liebe zu sich selbst ist auch die Nächstenliebe unmöglich.
Der Selbsthaß ist genau dasselbe und erzeugt am Ende
dieselbe grausige Isoliertheit und Verzweiflung wie der grelle Egoismus.
Hermann Hesse, ›Der Steppenwolf‹

Wollte Gott! alle Menschen wären eitel, wären es
aber mit Bewußtsein, mit Maß und im rechten Sinne:
so würden wir in der gebildeten Welt
die glücklichsten Menschen sein.
Goethe, ›Wanderjahre‹

Bescheiden wollt' ich sein, säh' ich mich voll geehrt;
Stolz muß ich sein, solang' ihr leugnet meinen Wert.
Friedrich Rückert

Und wenn Ihr Euch nur selbst vertraut,
Vertrauen Euch die andern Seelen.
Goethe, ›Faust I‹

Selbsterkenntnis gibt dem Menschen das meiste Gute,
Selbsttäuschung aber das meiste Übel.
Sokrates

Wie gerne säh ich jeden stolzieren, / Könnt er ein Pfauenrad vollführen.
Goethe, ›Zahme Xenien‹

Sich im Spiegel zu beschaun / Kann den Affen nur erbaun.
Wirke! nur in seinen Werken / Kann der Mensch sich selbst bemerken.
Friedrich Rückert

Wie verfährt die Natur, um Hohes und Niedres im Menschen
Zu verbinden? Sie stellt Eitelkeit zwischenhinein.
Goethe, ›Vier Jahreszeiten‹

Wo es nichts mehr zu zerstören gibt,
wird der wertefeindliche Rebell zum Clown.
Roland Bubik, ›Herrschaft und Medien‹, in ›Die selbstbewußte Nation‹, 1993

Wer sich aber wohl besann, / Läßt sich so nicht zwingen:
Schwere Ketten fürchtet man, / Rennt in leichte Schlingen.
Goethe, ›West-östlicher Divan, Gewarnt‹

WAS DAS GESETZ NICHT VERBIETET, VERBIETET DER ANSTAND

Seneca

Der sittliche Mensch weiß, was recht ist;
der gewöhnliche, was man verkaufen kann.
Konfuzius

Er kennt den Preis für jedes Ding, / Den Wert jedoch von keinem.
Mascha Kaléko

Unbedingt aus der Tugend handeln ist dasselbe,
wie nach den Gesetzen der eigenen Natur handeln.
Baruch de Spinoza

Der eine fragt: Was kommt danach?
Der andre fragt nur: Ist es recht?
Und also unterscheidet sich
Der Freie von dem Knecht.
Theodor Storm

Gerne dient' ich den Freunden, doch tu' ich's leider mit Neigung,
Und so wurmt es mich oft, daß ich nicht tugendhaft bin.
Schiller, auf Kants Ethik anspielend

Was sich nicht schickt zu tun, das hör und sieh dir auch nicht an.
Menander

Wer sich selbst nicht verachtet,
der achtet keinen seiner Fehler gering.
Johann Heinrich Pestalozzi, ›Der natürliche Schulmeister‹

Erst der Wissende darf es sich leisten,
auf alle Vorurteile hinabzusehen.
Hermann Graf von Keyserling, ›Reisetagebuch‹

Der Durchschnittsmensch, der mit seinem Leben nichts anzufangen weiß,
wünscht sich ein anderes, das ewig dauern soll.
Anatole France

Uns allen ward ein Kompaß eingedrückt,
Noch keiner hat ihn aus der Brust gerissen;
Die Ehre nennt ihn, wer zur Erde blickt,
Und wer zum Himmel, nennt ihn das Gewissen.
Annette von Droste-Hülshoff

Höflichkeit ist der Widerschein der Sittlichkeit.
Jean Paul, ›Aphorismen‹

Alexander Pope

Ich lebe mein Leben in wachsenden Ringen,
die sich über die Dinge ziehn.
Ich werde den letzten vielleicht nicht vollbringen,
aber versuchen will ich ihn.
Rainer Maria Rilke

Wir sind nicht da um des Besitzes willen, nicht um der Macht
willen, auch nicht um des Glückes willen; sondern wir sind
da zur Verklärung des Göttlichen aus menschlichem Geiste.
Walther Rathenau, ›Der Weg‹, 1916

Es ist müßig zu fragen, ob das Leben einen Sinn hat
oder nicht. Es hat den Sinn, den wir ihm geben.
Martin Kessel, ›Aphorismen‹, 1948

In Deutschland betreibt man alles gewissenhaft; und wahrlich, so muß es
sein. Wenn man den Lauf des menschlichen Schicksals untersucht, so wird
man finden, daß der Leichtsinn zu allem Bösen von der Welt führen kann.
Anne Germaine de Staël, ›Über Deutschland‹

Die Menschen werden den Sinn des Lebens verstehen,
wenn sie sich über den Sinn der Arbeit verständigt haben.
Johann Kaspar Lavater

Es ist ein Glück, daß der Mensch
nicht immer seiner Fehler gewahr werde.
Johann Peter Eckermann, ›Aphorismen‹

Fremde Sünden sieht man vor sich,
die eigenen hat man hinter dem Rücken.
Leo N. Tolstoi

Man vergißt seine Schuld, wenn man sie einem andern
gebeichtet hat, aber gewöhnlich vergißt der andere sie nicht.
Friedrich Nietzsche

Die meisten Menschen brauchen mehr Liebe, als sie verdienen.
Marie von Ebner-Eschenbach

Das Laster, dem man selbst heimlich nahesteht, verurteilt man am eifrigsten.
Sigmund Graff

Eigne Fehler sind es selten, / über die die Menschen schelten.
Erst die Fehler anderswo / machen sie entdeckungsfroh.
Erich Limpach

sind niemals neu, aber stets tröstlich.
Gustave Flaubert, ›Wörterbuch der Gemeinplätze‹

Die goldne Regel lautet: Es gibt keine goldnen Regeln.
George Bernard Shaw

Man muß das Leben nehmen, wie es ist, dann nimmt man es sich nicht.
Julius Stettenheim

Man denke sich das Große der Alten, vorzüglich der sokratischen Schule,
daß sie Quelle und Richtschnur alles Lebens und Tuns vor Augen stellt,
nicht zur leeren Spekulation, sondern zu Leben und Tat auffordert.
Goethe, ›Wanderjahre, Aus Makariens Archiv‹

Suche nicht vergebne Heilung! / Unsrer Krankheit schwer Geheimnis
Schwankt zwischen Übereilung / Und Versäumnis.
Goethe, ›Sprichwörtlich‹

Wenn der Glücksuchende immer nur auf sein Ziel starrt, nie zur Seite blickt,
kann sein Glück unbemerkt am Wegrand liegen bleiben.
Reinhold Frank, ›Heimkehr‹, 1995

Wie wohl mir's tut, / Daß nicht alles gut;
Ist alles nett, / Erstickt man im Fett.
Theodor Fontane

Der Stock ist mehr zu fürchten als das Schwert.
Gustave Flaubert, ›Wörterbuch der Gemeinplätze‹

Erinnerung in eigener Sache verfährt zumeist recht gnädig.
Hans Kasper

Der Twist von heute, sei er, wie er sei,
Ist beizulegen; doch das sichert uns
Nicht für die Zukunft, für den Morgen nicht.
Goethe, ›Torquato Tasso‹

Der Wein behebt den Streit / In kürz'rer Zeit / Als Pfaff und Obrigkeit.
Richard Brinsley Sheridan

Es trinken tausend eher den Tod, / Als einer sterb' den Durstestod.
Freidank

Wer aller Menschen Freund, der ist der meine nicht.
Molière, ›Der Menschenfeind‹

Es gibt Sonne genug, es gibt Acker genug, hätten wir nur der Liebe genug.
Bjørnstjerne Bjørnson

Michel! Fallen dir die Schuppen / Von den Augen? Merkst du itzt,
Daß man dir die besten Suppen / Vor dem Maule wegstibitzt?
Heinrich Heine

Geld und Geiz

Klugheit und Narrentum
Bosheit, Unterwürfigkeit, Eitelkeit

Guillaume de la Perrière,
›Der Verständige wird Unsinniges nicht versuchen‹

Seneca

Auf Minne und auf Gewinne
Stehn ganz der Welt die Sinne.
Freidank

Kein Borger sei und auch Verleiher nicht;
Sich und den Freund verliert das Darlehn oft,
Und borgen stumpft der Wirtschaft Spitze ab.
William Shakespeare, ›Hamlet‹

Manche Leute haben von ihrem Vermögen nur die Furcht,
es zu verlieren.
Antoine de Rivarol

So sind wir am härtsten gequält:
Im Reichtum fühlend, was uns fehlt!
Goethe, ›Faust II‹

O weh dir, Armut! Du nimmst dem Mann
Witz und Verstand, daß er nichts taugt.
Die Freunde machen sich's leicht ohne ihn,
wenn er der Güter entblößt:
sie kehren ihm den Rücken und grüßen verdrossen.
Solang er im vollen lebt, hat er treue Verwandte.
Der Minnesänger Spervogel

Ich habe stets beobachtet, daß man, um Erfolg zu haben
in der Welt, närrisch scheinen und weise sein muß.
Montesquieu, ›Gedanken und Urteile‹

Wem ererbte Reichtümer eine vollkommene Leichtigkeit
des Daseins verschafft haben, wer sich, wenn ich mich
so ausdrücken darf, von allem Beiwesen der Menschheit,
von Jugend auf, reichlich umgeben findet,
gewöhnt sich meist, diese Güter als das erste
und größte zu betrachten, und der Wert
einer von der Natur schön ausgestatteten Menschheit
wird ihm nicht so deutlich.
Goethe, ›Lehrjahre‹

Ich war so reich damals, als ich noch arm war.
Peter Rosegger

Ehrliche Menschen werden weiß, schlaue kahl.
Ungarisches Sprichwort

AUGEN AUF, KAUF IST KAUF

Günter Grundmann, ›Rechtssprichwörter‹

Es ist ein sondrer Pflug, womit die Handelsleute pflügen
Das Feld der Kaufmannschaft; wie heißt er denn? Das Lügen.
Friedrich von Logau

Wer den Wolf nach Hause lädt, hat seinen Schaden davon.
Ein Schiffer hat ein schwaches Schiff bald überladen.
Der Minnesänger Spervogel

Der eine stets den Baum begießt, / Der andre seine Frucht genießt.
Jüdisches Sprichwort

Ich finde nichts vernünftiger in der Welt,
als von den Torheiten anderer Vorteil zu ziehen.
Goethe, ›Lehrjahre‹

Wenn man einem übel will, / So findet man zur Axt leicht einen Stiel.
Sprichwörtlich

Wer dem Regen will entlaufen, / Kommet oftmals in die Traufen.
Sprichwörtlich

Ich habe mich nie verrechnet, aber oft verzählt.
Goethe, ›Zahme Xenien‹

Der Pfaffen Sag, der Juristen Buch
Und das Ding unter der Magd Schürztuch –
Diese drei Geschirre / Machen gar viele irre.
Luther zugeschrieben, Stammbucheintrag 1649

Wir mögen die Welt kennen lernen, wie wir wollen,
sie wird immer eine Tag- und eine Nachtseite behalten.
Goethe, ›Maximen und Reflexionen‹

Hüte dich vor allen Unternehmen, / die neue Kleidung erfordern.
Henry David Thoreau

Wenn Gott mit dem Tod kommt, kommt der Teufel mit den Erben.
Sprichwörtlich

Man ist am meisten in Gefahr, überfahren zu werden,
wenn man eben einem Wagen ausgewichen ist.
Friedrich Nietzsche

Die beste Art, einer Haltung zum Sieg zu verhelfen,
ist, sie so treulich wie möglich zu leben.
Teilhard de Chardin

O Mensch, das Geld ist nur Chimäre!
Christian Morgenstern, ›Lebens-Lauf‹

Viel Narren freut nichts in der Welt,
es sei denn, daß es schmeckt nach Geld,
die gehören auch ins Narrenfeld.
Sebastian Brant, ›Das Narrenschiff‹

Den Armen geht vieles ab, den Geizigen alles.
Sprichwörtlich

Geiz läßt sich nicht improvisieren. Er verlangt besondere Eigenschaften,
Diplomatie, Seelenkunde, spartanische und christliche Tugenden:
Geduld, Mut, die Kraft der Entsagung und Verzicht auf den Stolz.
Yvan Goll, ›Der Goldbazillus‹, 1927

Geiz und Glück haben sich nie gesehen,
wie sollten sie sich da kennenlernen?
Benjamin Franklin, ›Des armen Richard Almanach‹

Geldhändler sind saubere Leute; sie waschen es nach jeder Benutzung.
Rudolf Mayer Freiwaldau, ›Wendezeiten‹, 1991

Daß man ohne Sorgen lebe, sorgt man stets um Gut und Geld,
Das doch den, der es ersorgte, stets in Angst und Sorgen hält.
Friedrich von Logau, ›Gut und Geld‹

Für ein paar Groschen kann man viel Freundlichkeit
und guten Willen kaufen.
Johann Peter Hebel, ›Die zwei Postillione‹, 1811

Willst du den Wert des Geldes kennenlernen,
versuche, dir welches zu borgen.
Benjamin Franklin, ›Des armen Richard Almanach‹

Wer das Geld hat, der segelt mit sicherem Winde.
Petronius Arbiter

Endlich weiß ich, was den Menschen vom Tier unterscheidet: Geldsorgen.
Jules Renard

Während die schweigende Mehrheit den Wohlstand produziert,
produziert eine lautstarke Minderheit den Mißmut.
Karl Steinbuch

Wenn Fleiß und Sparsamkeit sich lohnen / bei einem, der sich eingerichtet,
dann kommen bestimmt die Drohnen / und halten ihn für hilfsverpflichtet.
Erich Limpach

DER ALLMÄCHTIGE DOLLAR, DIESER GEGENSTAND ALLGEMEINER VEREHRUNG

Washington Irving

Kommt der Bürger erst einmal richtig zu Gelde,
Dann kommt das Geld zuerst, und erst danach die Tugend.
Horaz, ›Episteln‹

Die ganze Welt ist nichts als Handel. Fürsten, Grafen, Ritter,
Edelleut, Bürger, sind eitel Händler.
Wenn jetzt einer nur fünfzig Gulden zusammenbringt,
so legt er sie in den Handel. Wie kann die Welt länger bestehn?
Martin Luther, ›Tischreden‹

Das ist ein Schalk – Der's wohl versteht –
Er lügt sich ein – So lang es geht –
Ich weiß schon – Was dahinter steckt –
Und was denn weiter? – Ein Projekt.
Goethe, ›Faust II‹

Die Parasiten sind so groß geworden,
daß die Mikroskope ihren Zweck verloren haben.
Milenko Pajovic

Seit fünf Jahrhunderten dauert der Wohlstand der Schweiz;
seit fünf Jahrhunderten zählt man mehr weise Generationen
als große Männer darin. Es gibt für die Ausnahme
keinen Raum, wenn das Ganze so glücklich ist.
Anne Germaine de Staël, ›Über Deutschland‹

Der Rechtsstaat und die Freiheit sind unter jeder Herrschaft
eine Illusion, und das Geld ist eine Herrschaft,
mächtiger als die der rohen Gewalt.
Ernst Dronke

Die neue Vereinigung der Deutschen hätte, nach deutscher Art geführt,
alle Fehlentwicklungen der deutschen Wirtschaft seit 1945 korrigiert. . .
Dies ist nicht die Stunde des Staates, sondern die Stunde der Wirtschaft!
tönte es vorsorglich aus allen öffentlichen Lautverstärkern.
So erlebten die Mitteldeutschen die Vereinigung als einen Einfall von Haien.
Hans Dietrich Sander, in ›Staatsbriefe‹, 11/1994

Der materielle Wohlstand hat den nationalen Anstand aufgelöst.
Hellmut Diwald

Geld verdirbt nicht den Charakter, es bringt ihn zum Vorschein.
Lebensweisheit

Er wirft noch einen Schatten, aber einen Körper hat er nicht mehr.
Johannes Gross

Was ist ein Mensch, / Wenn seiner Zeit Gewinn, sein höchstes Gut
Nur Schlaf und Essen ist? Ein Vieh, nichts weiter.
William Shakespeare, ›Hamlet‹

In dem Bach sind wenig Fische, welcher immer klar und licht.
Stirn, die immer lächelt, viel Gedanken hast du nicht.
Wilhelm Müller

Ich bin ein Gründer froh und frisch,
Schon heute setz ich mich zu Tisch,
Als dürft ich weiter mich nicht quälen,
Als meine Zinsen nur zu zählen.

Gottlob, ich weiß mir selber Rat,
Nichts soll mich kümmern, Stadt noch Staat:
Dem Gründerleben treu ergeben,
Verschaff ich mir ein würdig Leben.

Was gehet *das* Verdienst mich an?
Nur *der* Verdienst ist noch mein Mann:
Ich will mir flechten selbst zum Lohne
Aus Aktien eine Bürgerkrone.
Hoffmann von Fallersleben, ›Gründers Mittagslied‹, 1872

Der Fortschrittsgedanke der Zivilisation
hat sich als ein Übermut des Menschen entschleiert.
Karl Jaspers, ›Vom europäischen Geist‹, 1946

Wir sind schlimmer als die Amerikaner:
sie beten den Dollar an, wir den Mann, der ihn hat.
Kurt Tucholsky, ›Wenn Ibsen wiederkäme‹

Es ist nicht leicht, sie ohne Haß zu schildern,
und ganz unmöglich geht es ohne Hohn.
Sie haben Köpfe wie auf Abziehbildern
und, wo das Herz sein müßte, Telefon.
Erich Kästner

Vergeblich, mit Spott auf Besinnen oder gar Besserung zu hoffen: am hohlen
Hartkopf prallen die Pfeile ab, im Fett vor dem Herzen bleiben sie stecken.
Richard W. Eichler

Wenigen lohnt es zu widersprechen.
Ernst Jünger

Juvenal

Das war die Endzeit immer: Brot und Spiele
Der volle Bauch und der gefüllte Sack
Und jeder scharf, daß er sein Lüstlein kühle.
Gesindel wiehert. Und das Volk wird Pack.
Gerhard Schumann

Die Gesellschaft verlangt ständige Grimassen, unter Androhung
der Schmach befiehlt sie uns, ihren Konventionen zu gehorchen.
Honoré de Balzac, ›Eine Frau von dreißig Jahren‹

Das Leben eines jeden Staatsbürgers wird zum Geschäftsbetrieb.
Das ist meiner Ansicht nach eine der schlimmsten Deutungen
für den Sinn des menschlichen Lebens...
Saul Bellow

Wenn plötzlich Hunderte versammelte Menschen jede Scham
vor einander verlieren und in wiehernder Freude
über eine nicht mißzuverstehende Andeutung übereinstimmen,
dann sinkt mir der Mensch unter das Tier
und ein schmerzlicher Unwille zieht mir das Herz zusammen.
Ich habe doch für vieles Leichtsinn,
und nicht zum mindesten für die Liebe jeglicher Art,
aber von der berechneten Zote vergeht mir aller Übermut.
Da schaue ich nur in einen Abgrund von Gemeinheit und Häßlichkeit.
Christian Morgenstern,
›Stufen - Aphorismen und Tagebuchnotizen‹, 1963

Nach einer Ausschweifung fühlt man sich immer
viel einsamer, viel verlassener.
Charles Baudelaire, ›Mein entblößtes Herz‹

Laßt andere klagen, daß unser Zeitalter böse sei;
ich klage, daß es armselig, da ohne Leidenschaft ist.
Der Menschen Gedanken... sind zu armselig, um sündig zu sein.
Søren Kierkegaard, ›Entweder | Oder‹, 1843

Jetzt tragen wir des langen Friedens Übel:
Uns drückt was härter ist als Krieg, der Luxus.
Juvenal, ›Satiren‹

Der geistige Tod eines Volkes liegt in seinen Geldschränken.
Leonhard Frank, ›Der Mensch ist gut‹, 1918

Werner Mitsch

Wie zahlreich sind doch die Dinge, deren ich nicht bedarf!
Sokrates

Vieles wünscht sich der Mensch, und doch bedarf er nur wenig.
Goethe, ›Hermann und Dorothea‹

Jedes Ding wird mit mehr Genuß erjagt, als genossen.
William Shakespeare, ›Der Kaufmann von Venedig‹

Ein jeder Wunsch, wenn er erfüllt,
kriegt augenblicklich Junge.
Wilhelm Busch, ›Schein und Sein‹

Die meisten Menschen machen sich selbst bloß durch
übertriebene Forderungen an das Schicksal unzufrieden.
Wilhelm von Humboldt, ›Briefe an eine Freundin‹, 1832

Nicht alles Wünschenswerte ist erreichbar,
nicht alles Erkennenswerte erkennbar.
Goethe, ›Maximen und Reflexionen‹

Die schlimmsten Enttäuschungen verdanken wir erfüllten Wünschen.
Robert Lembke

Wer begehrt, fürchtet auch.
Horaz

Angst, die Götter auf mich aufmerksam zu machen.
Franz Kafka

Wir Deutschen haben eine sehr gute Anlage zur Unzufriedenheit.
Bertolt Brecht

Durch Eintracht wächst eine kleine Habe,
Durch Zwietracht nimmt ein großes Gut ab.
Erasmus Alberus

Auf Erden wird ein jeder Mann
Wie er's verdient, belohnt.
Der eine sieht sein Konto an,
Der andre in den Mond.
Werner Finck, ›Finckenschläge‹

Die glücklichen Pessimisten! Welche Freude empfinden sie,
sooft sie bewiesen haben, daß es keine Freude gibt.
Marie von Ebner-Eschenbach

Theodor Storm

Schließt eure Herzen sorgfältiger als eure Tore,
es kommen die Zeiten des Betrugs,
es ist ihm Freiheit gegeben.
Die Nichtswürdigen werden regieren mit List,
und der Edle wird in ihre Netze fallen.

Goethe, ›Götz von Berlichingen‹

Ich beklage den Erwerbsgenius unserer Zeit,
der auf Vorteile auch dann nicht verzichten kann,
wenn dabei die Fundamente des Anstandes,
der handwerklichen Solidität
und der professionellen Verläßlichkeit ins Wanken geraten.

Jacob Burckhardt

Nichts an der gegenwärtigen Lage ist so neu
und unvergleichbar mit irgendeinem Geschehen
der Vergangenheit, wie die Herrschaft, welche der
geistige Pöbel im öffentlichen Leben ausübt.

José Ortega y Gasset

In unserer Gesellschaft stehen Anständigen und Spitzbuben
die gleichen Wege offen – allerdings mit einem Unterschied:
Die Spitzbuben bedienen sich zusätzlich gewisser Wege,
die der Anständige scheut. So kommt es zu einer ständigen
Anreicherung der höheren Gesellschaft mit Schurken.

Hermann Oberth

Wer sich grün macht, den fressen die Ziegen.

Johann Wolfgang von Goethe

Zur Lage der Nation
Hunde seid ihr, nur treu nicht, als Esel nicht lastbar,
Wölfe jeder für sich, Füchse, nur kein Gespür.
Läßt man euch laufen, dann wollet ihr lieber dressiert sein,
aber beim kleinsten Befehl werdet ihr störrisch und stur.

Karl-Heinz Kausch

Freilich ist's auch kein Vorteil für die Herde,
wenn der Schäfer ein Schaf ist.

Goethe, ›Brief des Pastors‹

Wer sagt euch, daß Verstand ein sicheres Erbteil ist,
wie könnte es denn so viele Narren geben!

Ferdinand Raimund

Hans Kasper

Zufriedene Menschen sind die ordentlichsten.
Jean Paul, › Schulmeisterlein Maria Wutz‹

Wer will haben ein reines Haus,
Der laß Pfaffen, Mönch und Tauben drauß.
Johannes Agricola

Wenn Katzen, Hund' und Zank nur wären abzuschaffen,
So wär ein Stillstand bei Mäusen, Wild und Pfaffen.
Paul Fleming

Denn wer die Mägde läßt allein,
Setzt den Bock zum Gärtner ein.
Simon Dach

Wie angenehm ist es uns also, wenn aus einer
menschlichen Wohnung uns der Geist einer höhern,
obgleich auch nur sinnlichen Kultur entgegen spricht.
Goethe, ›Lehrjahre‹

Eine schlechte Wohnung macht brave Leute verächtlich.
Goethe, ›Was wir bringen‹

Ausgenommen, daß man von Jugend auf daran gewöhnt sei,
sind prächtige Zimmer und elegantes Hausgerät
etwas für Leute, die keine Gedanken haben und haben mögen.
Goethe zu Eckermann am 25. März 1831

Vieles kann ich ertragen. Die meisten beschwerlichen Dinge
Duld ich mit ruhigem Mut, wie es ein Gott mir gebeut.
Wenige sind mir jedoch wie Gift und Schlange zuwider,
Viere: Rauch des Tabaks, Wanzen und Knoblauch und †.
Goethe, ›Venezianische Epigramme‹

Ein, zwei, drei, vier, fünf, sechs, sieben, / Sauerkraut und Rüben,
die haben mich vertrieben;
hätt' meine Mutter Fleisch gekocht, ich wär bei ihr geblieben.
Deutscher Abzählreim

Pöbel gibt es in jeder Einkommensklasse.
Richard W. Eichler

Ein Krämer kann kein Mäzen sein.
Georg Joachim Göschen

Vespasian

Am Füchslein siehst du schon, / Daß er eines Fuchses Sohn.
Jüdisches Sprichwort

Das Blut beherrscht uns insgesamt,
Was man auch mag von Bildung munkeln,
Und wer von einer Katze stammt,
Der fängt die Mäuse im Dunkeln.
Paul Heyse

Pferde kennt man an den Haaren, / Kleider können offenbaren,
Wie des Menschen Sinn bestellt / Und wie weit er Farbe hält.
Friedrich von Logau

Nicht aus jedem Affen hat ein Mensch werden können.
Brana Crncevic

Man bewahrt für immer die Merkmale seiner Abstammung.
Ernest Renan

Wir sind Epigonen und tragen an der Last, die jeder
Erb- und Nachgeborenschaft anklebt.
Karl Leberecht Immermann, ›Die Epigonen‹, 1836

Mängel, die im Blute sitzen,
kann man nicht vertreiben durch Schwitzen.
Sprichwörtlich

Das Unkraut, merk' ich, rottet man nicht aus,
Glück auf, wächst nur der Weizen etwas darüber.
Franz Grillparzer

Des Diebes Sohn wird Straßenräuber später,
Die Söhne bringen's weiter als die Väter.
Eduard von Bauernfeld

Wir leben bis zum Tode mit den Vorfahren im Blute.
Ernst R. Hauschka

Das Hündlein wedelt, dir sein Futter abzuschmeicheln,
Den edlen Hengst, damit er's annimmt, mußt du streicheln.
Friedrich Rückert

Eigenheiten werden schon haften; / Kultiviere deine Eigenschaften!
Goethe, ›Sprichwörtlich‹

Voltaire

Das eben ist der Fluch der bösen Tat,
Daß sie fortzeugend immer Böses muß gebären.
Schiller, ›Wallenstein‹

Mit Heucheln deine Feinde versöhnen?
Du wirst Verachtung ernten, sie für Belohnung nehmen.
Richard W. Eichler

Unverzagt
Wo du stehst, grab tief hinein!
Drunten ist die Quelle!
Laß die dunklen Männer schrein:
›Stets ist drunten – Hölle!‹
Friedrich Nietzsche

Schmale Seelen sind mir verhaßt:
Da steht nichts Gutes, nichts Böses fast.
Friedrich Nietzsche

Ich kann mich nicht bereden lassen,
Macht mir den Teufel nur nicht klein:
Ein Kerl, den alle Menschen hassen,
Der muß was sein!
Goethe, ›Zahme Xenien‹,

Der Trug, die Hinterlist ersetzt das Schwert,
Das Edle schwindet von der weiten Erde,
Das Hohe sieht vom Niedern sich verdrängt.
Franz Grillparzer

Es sind nicht alles Köche, die lange Messer tragen.
Sebastian Franck

Der Haß ist ein aktives Mißvergnügen, der Neid ein passives;
deshalb darf man sich nicht wundern,
wenn der Neid so schnell in Haß übergeht.
Goethe, ›Maximen und Reflexionen‹

Bei bösen Menschen und bösen Hunden scheue
Das Schweigen mehr als ihr Geschreie.
Johann Gottfried Herder

Es ist unmöglich, jemandem ein Ärgernis zu geben,
wenn er's nicht nehmen will.
Friedrich von Schlegel.

Hermann Hesse

Wie vieles ist denn dein?
Der Kreis, den meine Wirksamkeit erfüllt.
Nichts drunter und nichts drüber,
Goethe, ›Prometheus‹

Wenn Weisheit und Verschlagenheit / Einander je bekriegen,
Wird dem Verschlagenen jederzeit / Der Weise unterliegen.
Arabisches Sprichwort

Schaffe dir vorne so viele Feinde wie du willst,
aber lasse nie einen in deinen Rücken.
George Bernard Shaw

›Sag mir doch! Von deinen Gegnern
Warum willst du gar nichts wissen?‹
Sag mir doch! Ob du dahin tritts,
Wo man den Weg beschissen ?
Goethe, ›Zahme Xenien‹

Wann dich die Lästerzunge sticht,
So laß dir dies zum Troste sagen:
Die schlechtesten Früchte sind es nicht,
Woran die Wespen nagen.
Gottfried August Bürger

Neue Weissagung des Bakis:
Einer verachtet den andern. Doch tut er's mit Einsicht und Neigung
Und so kommt man gemeinsam ganz tüchtig voran.
Ernst Wilhelm Eschmann

Die Menschen mißbilligen stets das, wozu sie nicht fähig sind.
Königin Christine von Schweden

Nichts taugt Ungeduld, / Noch weniger Reue:
Jene vermehrt die Schuld, / Diese schafft neue.
Goethe, ›Sprichwörtlich‹

Ich liebe meinen Nächsten unter der Bedingung,
daß er mir nicht zu nahe kommt.
Zarko Petan

Sich von einem ungerechten Verdacht reinigen wollen
ist entweder überflüssig oder vergeblich.
Marie von Ebner-Eschenbach

Hans Clarin

Je höher ein Mensch steht, desto häufiger
hält ihm die Fratze Gemeinheit die Faust unter die Nase.
Wilhelm Raabe

Böse Menschen wären weniger gefährlich,
wenn sie gar keine Güte besäßen.
François de La Rochefoucauld

Der erfolgreiche Verleumder spricht leise und gütig.
Carl Jacob Burckhardt, ›Einfälle, Aphorismen und Betrachtungen‹

Niemals geht mir das Beten, Predigen, Schreiben besser
vonstatten, als wenn ich zornig bin. Denn Zorn erfrischt mir
mein ganz Geblüt, schärft den Geist, vertreibt Anfechtungen.
Martin Luther, ›Tischreden‹

›So sei doch höflich!‹ Höflich mit dem Pack?
Mit Seide näht man keinen groben Sack.
Goethe, ›Zahme Xenien‹

Ein wahres Wort heißt: resolut! / Hast du zum Sterben nicht den Mut,
So lebe mit Courage!
Otto Julius Bierbaum, ›Freundesbrief an einen Melancholischen‹

Deutlichkeit ist die natürliche Höflichkeit der Denker
und die notwendige Unhöflichkeit der Empörer.
Arthur Hafink, ›Hergebrachtes‹

Sprachlehre: Ein schlechtes Subjekt verdient kein Prädikat.
Heinz Müller-Dietz, ›Alles was Recht ist‹, 1983

Verehrte Kunden, wir teilen Ihnen mit,
daß die Unternehmen Skylla und Charibdis fusioniert haben.
Zarko Petan, ›Vor uns die Sintflut‹, 1983

Wenn unsere Zeit nur tragisch wäre!
Aber sie ist widerlich. Deshalb ist es notwendig,
sie anzuklagen – und ihr zu verzeihen.
Albert Camus, ›Aus dem Tagebuch eines Moralisten‹

Jede Zeit hat die Verbrechen, die sie verdient.
Gustav Radbruch, ›Aphorismen zur Rechtsweisheit‹

Nur wer vieles übersieht, / kann manches sehen.
Hans Magnus Enzensberger, › Kiosk‹

Jede Roheit hat ihren Ursprung in einer Schwachheit.
Seneca

Die Menschen werden verfolgen, wovor sie Angst haben.
Leonardo da Vinci, ›Philosophische Tagebücher‹

Nicht glücklich ist ein schlechter Mensch, auch wenn er Glück hat.
Menander

Wessen Mund mich täuschen will, der behalte sein Lächeln.
Von dem nähm ich ein ehrliches Nein lieber als zwei gelogene Ja.
Walther von der Vogelweide

Zum Leben braucht's nicht just, daß man so tapfer ist.
Man kommt auch durch die Welt mit Schleichen und mit List.
Goethe, ›Die Mitschuldigen‹

O Schurke! Lächelnder, verdammter Schurke!
Schreibtafel her! Ich muß mir's niederschreiben,
Daß einer lächeln kann und immer lächeln,
Und doch ein Schurke sein.
William Shakespeare, ›Hamlet‹

Vor der Wühlmaus Sippschaft, die da / Gräbt am schwarzen Ort,
Hüte dich, die holde Blüte / Ist gar bald verdorrt.
Friedrich Georg Jünger, ›Warnung‹

Niemand ist härter als die Sanftmütigen aus Berechnung.
Luc de Clapiers de Vauvenargues

›Pöbel! wagst du zu sagen, wo ist der Pöbel?‹ Ihr machtet,
Ging es nach euerm Sinn, gerne die Völker dazu.
Goethe, ›Xenien aus dem Nachlaß‹

Der zivilisierte Wilde ist der schlimmste aller Wilden!
Karl Julius Weber, ›Demokritos‹

Unhöflich sind der Niedrigkeit Genossen.
Goethe, ›West-östlicher Divan‹

Grobheit – eine eiserne Keule;
Höflichkeit – ein stählerner Schild.
Mirko Jelusich, ›Geschichten um das Wiener Künstlerhaus‹

Unduldsam ist nur der Hochmut.
Voltaire

Die kriechende Mittelmäßigkeit kommt weiter
als das geflügelte Talent.
Friedrich von Schiller

Wer vorwärtskommen will, muß einen Buckel machen –
sagte die Raupe zu ihren Kindern.
Robert Lembke, ›Grüße aus dem Fettnäpfchen‹, 1986

Es ist kein Schwert, das schärfer schiert,
als wenn ein Bauer zum Herren wird.
Hans Jacob Christoffel von Grimmelshausen

Bei Erfolgsmenschen ist meist der Erfolg größer als die Menschlichkeit.
Daphne du Maurier

Um ein öffentliches Amt glänzend zu verwalten,
braucht man eine gewisse Anzahl guter und schlechter Eigenschaften.
Marie von Ebner-Eschenbach

Wenn Diener löblich raten, / So sind's der Herren Taten;
Wenn Herren gröblich fehlen, / Ist's Dienern zuzuzählen.
Friedrich von Logau

Wer sich dem Zeitgeist vermählt, der wird bald Witwer.
Søren Kierkegaard

Gib acht auf die, die den Finger am Puls der Zeit haben,
damit sie nicht zudrücken.
Rudolf Mayer Freiwaldau, ›Wendezeiten‹, 1991

Geld – ein Segel in der Tasche.
Chinesisches Sprichwort

Geizhälse sind unangenehme Zeitgenossen,
aber angenehme Vorfahren.
Victor de Kowa

Gibt es jemanden, der so weise ist, die Erfahrungen anderer zu nutzen?
Voltaire

Man kann sich keine Niederträchtigkeit denken, deren ein Geizhals nicht
fähig wäre, wenn seine Bgierde nach Reichtum ins Spiel kommt.
Adolph von Knigge

Der Nutzen ist ein Herrscher ohne Gnade.
Erich Limpach

Wie heißt das schlimmste Tier mit Namen?
So fragt' ein König einen weisen Mann.
Der Weise sprach: von wilden heißt's Tyrann,
Und Schmeichler von den zahmen.
Gotthold Ephraim Lessing

Woran sollte man sich von der endlosen Verstellung, Falschheit
und Heimtücke der Menschen erholen, wenn die Hunde nicht wären,
in deren ehrliches Gesicht man ohne Mißtrauen schaut?
Arthur Schopenhauer, ›Parerga‹

Es ist eine schlimmere Art des Stolzes, andere zu verkleinern,
als sich selbst zu erheben.
Francesco Petrarca

Setzt einem stolzen Manne Gleichgültigkeit entgegen,
und ihr nehmt seiner Macht den Stachel.
Friedrich Maximilian Klinger

Warum du wider alles Hoffen
Noch niemals mitten ins Schwarze getroffen?
Weil du's nicht lassen konntest, beim Zielen
immer ins Publikum zu schielen.
Emanuel Geibel

Schau, dort spaziert Herr Biedermeier
Und seine Frau, den Sohn am Arm;
Sein Tritt ist sachte wie auf Eier,
Sein Wahlspruch: Weder kalt noch warm.

Das ist ein Bürger hochgeachtet,
Der geistlich spricht und weltlich trachtet.
Er wohnt in jenem schönen Haus
Und – leiht sein Geld auf Wucher aus.
Ludwig Pfau, ›Herr Biedermann‹

›Warum willst du dich von uns allen
Und unserer Meinung entfernen?‹
Ich schreibe nicht, euch zu gefallen;
Ihr sollt was lernen!
Goethe, ›Zahme Xenien‹

Wer andere einwickelt, riskiert es, daß sie auspacken.
Heinz Müller-Dietz, ›Recht sprechen und rechtsprechen‹, 1987

Titus Livius

Kaum sah man den Servil in einem Amte prangen,
So wünscht ihm jeder Glück; mit lächelndem Gesicht
Schwur er: ›Gott weiß, ich bin dem Dienst nicht nachgegangen!‹
Er hatte recht: Wer kriecht, der gehet nicht.
Gottfried Konrad Pfeffel

Tyrannen sind verzagt und kriechen überall,
wo sie nicht befehlen dürfen.
Theodor Gottlieb von Hippel

Augendienst und Ohrenblasen / Sind zu Hofe die besten Waren.
Johannes Agricola

Bei Hofe wird kein Greis, / Wer nicht zu heucheln weiß.
Friedrich von Logau

Und diese Heuchelei fand ich unter ihnen am schlimmsten:
daß auch die, welche befehlen, die Tugenden
derer heucheln, welche dienen.
Friedrich Nietzsche, ›Von der verkleinerten Tugend‹

Hast mit dem Kopf geändert auch dein Herz, du falscher Greis,
Dies ist schwarz wie Raben worden und dein Kopf hingegen weiß.
Daniel Casper von Lohenstein

Sah jüngst eine Efeuranke, / Und es neckt mich der Gedanke:
Manchem mag dies Beispiel frommen – kriechen, um emporzukommen.
Oscar Blumenthal

Sie lassen sich kneten wie Wachs, aber sie nehmen keine Form an.
Stanislaw Jerzy Lec

Everybody's darling is everybody's Depp.
Franz Josef Strauß

Mit leerem Kopf läßt sich leicht nicken.
Zarko Petan

Die Diebe bell' ich an, den Buhler laß ich ein,
Wie sollten Herr und Frau mir nicht gewogen sein?
Georg Greflinger

Hofnarrenprinzip: Wes Brot ich ess, des Nest ich beschmutz!
Robert Schützbach, ›Kopfkonfekt‹, 1983

Des Volkes Zukunft hängt nicht ab von der Zahl der Kraftwagen,
sondern von der Zahl der Kinderwagen.
Kardinal Joseph Frings

Hieronymus Bosch, ›Das Narrenschiff‹, nach 1480

Schiller, ›Wallenstein‹

Anders sein und anders scheinen,
Anders reden, anders meinen;
Alles loben, alles tragen,
Allen heucheln, stets behagen;
Allem Winde Segel geben,
Bös' und Guten dienstbar leben;
Alles Tun und alles Dichten
Bloß auf eignen Nutzen richten:
Wer sich dessen will befleißen,
Kann politisch heutig heißen.
Friedrich von Logau

Die Menschen werfen sich im Politischen wie auf dem
Krankenlager von einer Seite zur andern,
in der Meinung, besser zu liegen.
Goethe zu Friedrich von Müller am 29. Dezember 1825

Wenn keine Winde wehen, zeigt sogar ein Wetterhahn
Charakter .
Schade, daß man ins Paradies fährt mit dem
Leichenwagen.
Wenn ein Menschenfresser mit Messer und Gabel ißt,
kann man das Fortschritt nennen?
Stanislaw Jerzy Lec, ›Unfrisierte Gedanken‹

Trau keinem, der nie Partei genommen
Und im Trüben ist geschwommen!
Doch wird dir jener auch nicht frommen,
Der nie darüber hinaus will kommen.
Gottfried Keller, ›Parteileben‹

Die Zeiten sind als wie ein Rad, sie reißen mit sich um,
Wer sich an sie hängt; machen ihn verdreht, verkehrt, krumm.
Friedrich von Logau

Wer sich nicht verstellen kann, der kann nicht regieren.
König Ludwig XI. von Frankreich, nach Roche et Chasles

Das Wissen, wie man sich verstellt, ist das Wissen der Könige.
Richelieu, ›Miranne‹

Der Dumme findet stets einen noch Dümmeren, der ihn bewundert.
Voltaire

Nicht Rache, nein, Rente.
Wolf Biermann, ›Ballade von den verdorbenen Greisen‹

Freund, wer ein Lump ist, bleibt ein Lump
Zu Wagen, Pferd und Fuße;
Drum glaub an keinen Lumpen je,
An keines Lumpen Buße.
Goethe, ›Zahme Xenien‹

Nicht gedacht soll deiner werden, / Nicht im Liede, nicht im Buche –
Dunkler Hund im dunkeln Grabe, / Du verfaulst mit meinem Fluche!
Heinrich Heine

Wach auf und nimm zu Herzen, / Du wertes deutsches Land:
Fürwahr es gilt nicht scherzen, / Die Not ist vor der Hand.
Paulus Freudenlechner, ›Meistergesangbuch‹, um 1600

Recht, Ehre, Tugend und Gewissen
hat der Tyrann dir aus der Brust gerissen.
Theodor Körner

›Die Feinde, sie bedrohen dich, / Das mehrt von Tag zu Tage sich;
Wie dir doch gar nicht graut!‹ / Das seh ich alles unbewegt,
Sie zerren an der Schlangenhaut, / Die ich jüngst abgelegt.
Und ist die nächste reif genung, / Ab streif ich sie sogleich
Und wandle neu belebt und jung / Im frischen Götterreich.
Goethe, ›Zahme Xenien‹

Es wechseln viel Geschlechter / Und sinken in die Nacht! –
Steh fest, du treuer Wächter, / Und nimm dein Land in acht!
Joseph von Eichendorff (als Sinnspruch an der Marienburg)

In diesen glorreichen Zeiten, wo die Vernunft ihr erhabenes Regiment
ausbreitet, hat man sich täglich, von den würdigsten Männern,
einer Infamie oder Absurdität zu gewärtigen.
Goethe an Schiller am 3. März 1799

Es bricht der Wolf, o Deutschland, in deine Hürde ein,
und deine Hirten streiten sich um eine Handvoll Wolle.
Heinrich von Kleist, ›Die Hermannsschlacht‹

Wird eine Freiheit dauern, die täglichen Verrat zum Komfort deklassiert?
Hans Kasper

An den wärmsten Plätzen sitzen die Unverfrorenen.
Robert Lembke

Julius Cäsar, nach Plutarch, ›Romolus‹

Die über Nacht sich umgestellt
und sich zu jedem Staat bekennen,
Das sind die Praktiker der Welt.
Man könnte sie auch Lumpen nennen.

Franz Grillparzer

Vor Verrätern / Hüte sich jeder, am meisten,
Wer Gewalt und Unrecht tut.

Johann Gottfried Herder, ›Der Cid‹

Ich finde, Gott sei Dank! kein deutsches Wort,
um perfid in seinem ganzen Umfange auszudrücken.
Unser armseliges treulos ist ein unschuldiges Kind dagegen.
Perfid ist treulos mit Genuß, mit Übermut und Schadenfreude.

Goethe, ›Lehrjahre‹

Erst habt ihr die Großen beschmaust,
nun wollt ihr sie stürzen;
Hat man Schmarotzer doch nie dankbar dem Wirte gesehn.

Goethe, ›Xenien‹

Sie täten gern große Männer verehren,
Wenn diese nur auch zugleich Lumpe wären.

Goethe, ›Zahme Xenien‹

Was an dem Lumpenpack mich noch am meisten freut,
Ist, daß es wechselweis von Herzen sich verachtet.

Goethe, ›Faust I‹

Wer da baden will einen Rappen weiß
und daran legt seinen ganzen Fleiß,
der tut, das da unnütz, gar.

Frühneuhochdeutsch, A. v. Keller, ›Alte gute Schwänke‹

Der größte Lump im ganzen Land,
Das ist und bleibt der Denunziant.

August Heinrich Hoffmann von Fallersleben

Man sieht, es bessert doch nicht Elend, Reu noch Zeit,
Einmal ein Lumpenhund, der bleibt's in Ewigkeit.

Goethe, ›Die Mitschuldigen‹

›Die anderen sind die Hölle!‹
Nicht doch: aber das Fegefeuer könnten sie schon sein.

Bernd Rill, ›Das Neueste aus der Tonne des Diogenes‹, 1989

Titus Livius

Sieh nach den Sternen, gib acht auf die Gassen.
Wilhelm Raabe

Nichts ist so leicht, daß es nicht schwer wird,
wenn du es wider Willen tust.
Terenz, ›Der Selbstquäler‹

Ja, mit dem besten Willen leisten wir
So wenig, weil uns tausend Willen kreuzen.
Goethe, ›Die natürliche Tochter‹

Sind wir nicht wie zugeschüttete Brunnen,
jeder einzelne? Kein Wunder, daß ringsherum Wüste ist.
Horst Wolfram Geißler, ›Grillenkonzert‹

Willst du ins Unendliche schreiten,
Geh nur im Endlichen nach allen Seiten.
Goethe, ›Gott, Gemüt und Welt‹

Man lebt nicht zweimal, und wie groß ist deren Zahl,
Die leben auf der Welt auch einmal nicht einmal.
Friedrich Rückert

Wer fertig ist, dem ist nichts recht zu machen,
Ein Werdender wird immer dankbar sein.
Goethe, ›Faust I‹

Ganz in Vollkommenheit siehst du kein Ding erglänzen!
Warum? Damit dein Geist hab’ etwas zu ergänzen.
Friedrich Rückert

Es ist nichts furchtbarer anzuschauen
als grenzenlose Tätigkeit ohne Fundament.
Goethe, ›Maximen und Reflexionen‹

Es ist eines der Vorurteile unserer Zeit, man erreiche
ein Ziel am besten, wenn man ihm
mit Scheuklappen zustrebe.
Carl Friedrich von Weizsäcker, ›Zum Weltbild der Physik‹

Durch Heftigkeit ersetzt der Irrende,
Was ihm an Wahrheit und Kräften fehlt.
Goethe, ›Torquato Tasso‹

Juvenal

An solichem zank und hader
verdirbt die herrschaft nit,
der ambtman noch der bader,
ir waiz der blüt damit.
Uhland, ›Alte hoch- und niederdeutsche Volkslieder‹

Ihr seit zu feist beim Klagen über eure Not:
wer ernstlich so nach Minne sich sehnt,
der wär binnen Jahresfrist tot.
Ein Fahrender, der sich Geltar nannte

Der Arzt heißt herzlich dich willkommen,
Was dir auch fehlt – Geld ausgenommen.
Eugen Roth, ›Privatpraxis‹

Die Zimmermann und Maurer
Sind beide rechte Laurer;
Ehe sie essen, messen und sich besinnen,
So geht die Zeit und der Tag von hinnen.
Sprichwörtlich

Im Essen bist du schnell, im Gehen bist du faul.
Iß mit den Füßen, Freund, und nimm zum Gehn das Maul.
Lessing, ›Auf einen unnützen Bedienten‹

Kluge leben von den Dummen. Dumme leben von der Arbeit.
Robert Lembke

Der Verdacht wohnt stets im schuldigen Gemüt;
Der Dieb scheut jeden Busch als Häscher.
William Shakespeare, ›König Heinrich VI.‹

Setz einen Frosch auf einen weißen Stuhl:
Er hüpft doch wieder in seinen Pfuhl.
Wilhelm Müller

Blüte edelsten Gemütes / Ist die Rücksicht; doch zu Zeiten
Sind erfrischend wie Gewitter / Goldne Rücksichtslosigkeiten.
Theodor Storm

Die Wahl besorgt, daß ›aus der Torheit des einzelnen
die Weisheit des Ganzen wird‹.
Ulrich Raulff, nach ›Criticón‹, 144 (IV/1994)

Gesprühte Maueraufschrift

Jeder ungebildete Mensch ist eine Karikatur seiner selbst.
Friedrich von Schlegel

Jedermann klagt über sein Gedächtnis,
niemand über sein Urteilsvermögen.
François de La Rochefoucauld

Und er kommt zu dem Ergebnis:
›Nur ein Traum war das Erlebnis.
Weil‹, so schließt er messerscharf,
›Nicht sein kann, was nicht sein darf.‹
Christian Morgenstern, ›Die unmögliche Tatsache‹

Ein großer Vorsatz scheint am Anfang toll;
Doch wollen wir des Zufalls künftig lachen,
Und so ein Hirn, das trefflich denken soll,
Wird künftig auch ein Denker machen.
Goethe, ›Faust I‹

Denken überzeugt Denkende; darum überzeugt Denken selten.
Karlheinz Deschner
›Nur Lebendiges schwimmt gegen den Strom‹, 1985

Wer sich seiner Lebenserfahrung rühmt, hat noch zu wenig.
Bernd Rill, ›Das Neueste aus der Tonne des Diogenes‹, 1989

Allen ist das Denken erlaubt. Vielen bleibt es erspart.
Curt Götz

Wer unter Toren schweigt, läßt Vernunft,
wer unter Vernünftigen schweigt, Torheit vermuten.
Ernst von Feuchtersleben

Nachdenken wachhalten, nicht verbieten lassen.
Martin Heidegger

In Deutschland ist es wichtiger, Verständnis zu haben,
als Verstand.
Johannes Gross

Wer seine Gedanken nicht auf Eis zu legen versteht,
der soll sich nicht in die Hitze des Streites begeben.
Friedrich Nietzsche

Das Menschenpack fürchtet sich vor nichts mehr als vor dem Verstande;
vor der Dummheit sollten sie sich fürchten,
wenn sie begriffen, was fürchterlich ist.
Johann Wolfgang von Goethe

Nichts ist so fürchterlich als die Macht der Dummheit in den Klugen.
Gerhart Hauptmann

Auch Sisyphos hat mit nutzloser Arbeit Weltruhm erlangt.
Pavle Kovacevic

Zähne taugen nicht nur als Gebiß. Sie sollten auch Zaun sein,
ein Wehr, das Dummheiten zurückhält.
Richard W. Eichler

Erst haben wir ihn reich gemacht, / Nun wollen wir ihn amüsieren.
Goethe, ›Faust II‹

Die meisten Menschen würden sich schrecklich langweilen,
wenn sie nicht überzeugt wären, daß sie sich amüsieren.
Michel Saint-Pierre

Haupsache, wir haben die Unfähigen versorgt.
Die Fähigen werden sich schon selbst zurechtfinden.
Petar Lazic

Die Dummheit verfügt über unzählige Lehrstühle,
Tribünen und Kanzeln.
Aleksander Swietochowski

Was ist der Mensch anderes als ein kleiner Staat,
der von Tollköpfen beherrscht wird ?
Georg Christoph Lichtenberg

Gewisse Dinge verstehe ich nicht mehr, wenn ich sie begriffen habe.
Heinrich Waggerl, ›Kleine Münze‹

Ich gratuliere dir, denn ewig wirst du leben:
Wer keinen Geist besitzt, hat keinen aufzugeben!
Heinrich von Kleist

Es wächst das Hirn nicht mit der Popularität.
Hans-Joachim Kulenkampff

Konsum ist Zerstörung, Kultur Erhaltung.
Kultur heißt Pflege. Unser Wohlstand ist ein Kind der Zerstörung.
Karl Lubomirski, ›Macht und Ohnmacht des Geistes‹, 1994

Heimliche Laster, die gibt es nicht.
Das Laster schreibt sich ins Gesicht.
Oscar Wilde

Die vernünftige Nächstenliebe beginnt bei sich selbst.
Jean-Paul Sartre

Alle Kritik, aller Tadel läuft auf den Satz hinaus:
Ich bin nicht du.
Paul Valéry

Wer widersetzt sich endlich
der geistig-seelischen Innenwelt-Verschmutzung?
Richard W. Eichler

Je ernster die Lage, um so ernster
kann die Funktion des Unernstes werden.
Günther Anders, ›Die Antiquiertheit des Menschen‹

Möge das als niedrig gelten:
Was man nicht vermag, zu schelten.
Christian Morgenstern, ›Wer vom Ziel nichts weiß, kann den Weg nicht haben‹

Es ist nichts schrecklicher, als eine tätige Unwissenheit.
Goethe, ›Maximen und Reflexionen‹

Manche Leute braucht man nicht zu parodieren.
Es genügt, wenn man sie zitiert.
Robert Newman

Gott hat die Welt aus dem Nichts geschaffen.
Aber das Nichts schmeckt durch.
Paul Valéry

Als Gott den Menschen erschuf, war er bereits müde;
das erklärt manches.
Mark Twain

Folge der Mode, oder verlaß die Welt.
Französisches Sprichwort

Die Umwandlung von Dreck zu Gold ist kein chemischer Vorgang,
sondern ein ökonomischer. Das haben die Alchimisten nicht gewußt.
Johannes Gross

Das Recht auf Faulheit
Paul Lafargue, Schwiegersohn von Karl Marx

Das ist die Summe aller Relativismen:
Weder Freund noch Feind, nicht heiß noch kalt, sans esprit
et sans génie! Kurz: man hat seinen Frust, sein Ressentiment;
man hat keinen Bock auf nichts.
Wolf von Quitzow, ›Schalmeien und Rapiere‹, in ›Staatsbriefe‹ 9/1994

Was für ein Leben – Tag für Tag aufstehn, ohne sich zu erheben,
Karlheinz Deschner, ›Nur Lebendiges schwimmt gegen den Strom‹, 1985

Von einem Kehrichthaufen aus kann man nicht
weit über die Welt hinaussehen.
August Strindberg

Die Dummheit fällt allemal mit der Tür ins Haus:
denn alle Dummen sind verwegen.
Baltasar Gracián

Das ist der ganze Jammer: Die Dummen sind so sicher,
die Gescheiten so voller Zweifel.
Bertrand Russel

Wenn die Narren zu Markte kommen, freuen sich die Kaufleute.
Immanuel Kant

Wer sich gesellt zu Narren und Affen,
dem geben sie gar viel zu schaffen.
Deutsches Sprichwort

Wenn du schlechte Gesellschaft fliehen willst,
brauchst du nicht deine Tür zu schließen.
Nimm nur gute Sitten an,
und deine Stallbrüder werden dich scheuen wie die Pest.
August Strindberg

So sagt man, jemand bekleide ein Amt,
wenn er von einem Amt bekleidet wird.
Georg Christoph Lichtenberg

Was kann ein Tag schon taugen, der mit Aufstehen beginnt.
Spruchweisheit der Dekadenten

Wenn man mich fragt, was ich unter Teamwork verstehe,
dann antworte ich: Ich teame, die anderen worken.
Werner Remmers

Hier modert Nitulus, jungfräulichen Gesichts,
Der durch den Tod gewann: er wurde Staub aus Nichts.
Lessing, ›Grabschrift des Nitulus‹

Skeptizismus, der trübe, kleinliche Skeptizismus
des Weltlings, ist Schwäche.
Ernst von Feuchtersleben, ›Zur Diätetik der Seele‹, 1838

Nur zu sprechen, ohne was zu sagen,
Das war von je der Redner größte Gabe.
August Graf von Platen

O, welches wirres Netz wir spinnen,
Wenn zu betrügen wir beginnen!
Sir Walter Scott

Vom Erhabenen zum Lächerlichen ist nur ein Schritt.
Napoleon 1812, nach dem Rückzug von Moskau zu De Pradt

Ein Ding mag noch so närrisch sein,
Es sei neu, so nimmt's den Pöbel ein.
Christian Fürchtegott Gellert

›Einmal ist keinmal.‹ Das ist das erlogenste und
schlimmste unter allen Sprichwörtern, und wer es
gemacht hat, der war ein schlechter Rechenmeister
oder ein boshafter.
Johann Peter Hebel

Drei gibts, die alles tragen können, was man ihnen auflädt:
eines Weibsbilds Kopf, eines Esels Rücken,
eines Mönchs Gewissen.
Johann Geiler von Kaisersberg

Da streiten sich die Leut' herum
Oft um den Wert des Glücks.
Der eine heißt den andern dumm,
Am End weiß keiner nix.
Ferdinand Raimund, ›Der Verschwender‹

Die Augen halte zu und deinen Beutel offen;
Ein solcher Kund' ist es, auf den die Krämer hoffen.
Friedrich Rückert

Juvenal

Man schätzt den Staub, ein wenig übergoldet,
Weit mehr als Gold, ein wenig überstäubt.
William Shakespeare, ›Hamlet‹

Am auffälligsten unterscheiden sich die Leute darin, daß die Törichten immer
wieder dieselben Dummheiten machen, die Gescheiten immer neue.
Karl Heinrich Waggerl

Ein Kluger kann sich dumm stellen; aber ein Dummer wirkt echter.
Oliver Hassencamp

Wie heut bequem das Reisen geht:
Du wirst verschickt wie ein Paket
Und brauchst nur, statt was zu erleben,
Ganz einfach – dich selbst aufzugeben!
Eugen Roth, ›Tierleben‹, 1948

Ein Mensch beklagt, schier seelisch blind,
Daß er am Leben nichts mehr find.
Er hab, liegt er uns in den Ohren,
Auf dieser Welt nichts mehr verloren.
Doch wie würde er der Antwort fluchen:
Dann hab er auch nichts mehr zu suchen.
Eugen Roth, ›Der Mißgelaunte‹

Der Charakter der Menschen ist ihren Gesichtern eingeprägt.
Alle Leidenschaften verursachen besondere Züge im Antlitz.
Ewald von Kleist

Lieber vom Leben gezeichnet als das Gesicht bemalt.
Spruchweisheit

Das ist das beste Vermächtnis, / Das mir die Natur gereicht:
Ich habe ein gutes Gedächtnis, / Denn ich vergesse leicht.
Oscar Blumenthal

Die Menschheit will nicht mehr leben, aber der Mensch will es.
Friedrich Sieburg, ›Die Lust am Untergang‹, 1954

Wer sich der Inpflichtnahme entzieht, sich selbst auflockert und der
Libertinage überläßt, gerät in die Nähe des Pöbels.
Arnold Gehlen, ›Moral und Hypermoral‹

Der Chor der Stimmen wächst, die den Friedensstörer nicht in dem erblicken,
der das Unrecht geschaffen hat, sondern in dem, der es ändern will.
Karl Theodor von und zu Guttenberg

Viel Wunderkuren gibts jetzunder,
Bedenkliche, gesteh ich's frei!
Natur und Kunst tun große Wunder,
Und es gibt Schelme nebenbei.

Fortschrittlich
Umstülpen führt nicht ins Weite:
Wir kehren frank und froh
Den Strumpf auf die linke Seite
Und tragen ihn so.

Modern
Das ist doch der alte Dreck;
So werdet doch gescheiter!
Tretet nicht immer denselben Fleck,
So geht doch weiter!

Widerspenstig
Verstanden hat er vieles recht,
Doch sollt er anders wollen;
Warum blieb er ein Fürstenknecht?
Hätt' **unser** Knecht sein sollen.

Ex tunc
›Was lassen sie denn übrig zuletzt,
Jene unbescheidenen Besen?‹
Behauptet doch **Heute** steif und fest,
Gestern sei nicht gewesen.

Trotzig
Nein, das wird mich nicht kränken,
Ich acht es als Himmelsgabe!
Soll ich geringer von mir denken,
Weil ich Feinde habe?

Rechthaberisch
Wo recht viel Widersprüche schwirren,
Mag ich am liebsten wandern;
Niemand gönnt dem andern -
Wie lustig! – das Recht zu irren.

(Vorzugsweise aus den ›Xenien‹, Zwischentitel vom Herausgeber)

›Dir in göttlichen Gefilden
Fühlt ein Irdischer sich nah,
Möcht aus deinem Schatz sich bilden;
Du warst schließlich vor uns da.‹

Du auch?

Seit sechzig Jahren seh ich gröblich irren
Und irre derb mit drein;
Da Labyrinthe nun das Labyrinth verwirrren,
Wo soll auch Ariadne sein ?

Vorbild

›Friedlich sein in Tagessachen,
Streitbar, wenn es wesentlich.
Mit Freunden Zwiesprach, mit Frauen Lachen –
So warst du, Meister, wär gern ich.‹

Schwächen

Mancherlei hast du versäumet:
Statt zu handeln, hast geträumet,
Statt zu danken, hast geschwiegen,
Solltest wandern, bliebest liegen.

Sorgen

›Die Welt ist voll falscher Propheten,
Sie flüstern dem Volk Verderbliches ein.
Kennen nur Protz, Kitsch und Moneten;
Wo soll da Zukunftshoffnung sein ?‹

Auch deinerzeit?

Das Unvernünftige zu verbreiten,
Bemüht man sich nach allen Seiten;
Es täuschet eine kleine Frist,
Man sieht doch bald, wie schlecht es ist.

Unwert

Ich habe nie mit euch gestritten,
Philister-Pfaffen! Neiderbrut!
Unartig seid ihr wie die Briten,
Doch zahlt ihr lange nicht so gut.

(Die Fragen in Anführungszeichen stellte der Herausgeber)

Mit den Irrtümern der Zeit ist schwer sich abzufinden:
widerstrebt man ihnen, so steht man allein;
läßt man sich davon befangen, so hat man auch
weder Ehre noch Freude davon.
Goethe, ›Maximen und Reflexionen‹

Und endlich, wenn Sie das Schlechte schlecht finden,
dürfen Sie es nicht einmal sagen,
wenn Sie sich nicht der Gefahr aussetzen wollen,
mit aller Welt in Krieg zu geraten.
Goethe zu Eckermann am 3. Dezember 1824

Hat Rat bei Menschen je gegolten?
Ein kluges Wort erstarrt im harten Ohr.
Goethe, ›Faust II‹

Des Geistes Stärke entwickelt sich nur,
wenn er die Macht angreift.
Anne Germaine de Staël, ›Über die Literatur‹

Wie magst du ruhig fort erfahren,
Daß sie dich schelten?
Ich rede zu! In fünfzig Jahren
Wird es schon gelten.
Goethe, ›Epigrammatisch‹

Fürwahr, ist das eine große, ehrenhafte Tat,
mit Raten und Vermahnen, Treiben und Schreien
zu bewirken, daß unser Vaterland seinen Schaden und
seine Unwürde erkenne und sich aufrichte,
seine alte angeborene Freiheit wiederzugewinnen –
wenn es je einer möchte ausführen und vollbringen!
Ulrich von Hutten

Auch ich soll gottgegebne Kraft
Nicht ungenützt verlieren
Und will in Kunst und Wissenschaft
Wie immer protestieren.
Goethe am 17. Oktober 1817

Tun Sie gelegentlich etwas, womit Sie weniger
oder gar nichts verdienen. Es wird sich lohnen.
Oliver Hassencamp, ›Sage und Schreibe‹

Marie von Ebner-Eschenbach

Das Tabu ist der Architekt der Seele.
Günther Anders

Es ist der Mensch sich selbst das wichtigste Problem,
Solang er das nicht löst, bleibt er sich unbequem.
Otto Siegfried Diehl, ›In Gottes Garten‹, 1989

Wo die Einsamkeit aufhört, da beginnt der Markt;
und wo der Markt beginnt, da beginnt der Lärm der
großen Schauspieler und das Geschwirr der giftigen Fliegen.
Friedrich Nietzsche, ›Also sprach Zarathustra‹

Ein Neurotiker ist, wer ein Luftschloß baut.
Psychotiker ist ein Mensch, der darin wohnt.
Ein Psychiater ist jener, der die Miete kassiert.
Jerome Lawrence

Der Psychoanalytiker ist ein Beichtvater, den es gelüstet,
auch die Sünden der Väter abzuhören.
Karl Kraus

Es ist ein großer Unterschied,
ob bei einem Roboter oder bei einem Menschen
eine Schraube locker ist.
Germund Fitzthum, ›Salonblüten‹, 1983

Zwei Arten von Menschen gibt es; Gerechte,
die sich für Sünder halten, und die anderen Sünder,
die sich für Gerechte halten.
Blaise Pascal

Das Schlechte, an das sogar die Bosheit nicht mehr glaubt,
an das glaubt noch die Albernheit.
Marie von Ebner-Eschenbach

Warum sind nicht mehr Leute aus Trotz gut?
Elias Canetti, ›Die Provinz des Menschen‹, 1973

Wer hielte es wohl in einem Haus
Lange mit einer Schlange aus?
Jüdisches Sprichwort

Der Glaube an einen übernatürlichen Ursprung des Bösen ist unnütz;
Menschen sind von sich aus zu jeder Gemeinheit durchaus fähig.
Joseph Conrad, ›Mit der Augen des Westens‹, 1911

Julius Stettenheim

Es ist nichts jämmerlicher, als Leute unaufhörlich
von Vernunft reden zu hören, mittlerweile sie allein
nach Vorurteilen handeln.
Goethe, ›Brief des Pastors‹

Wer es einmal so weit gebracht hat, daß er nicht
mehr irrt, der hat auch zu arbeiten aufgehört.
Max Planck

Man liebt Ursache und Wirkung zu verwechseln.
Goethe an Karl Friedrich Zelter am 1. Februar 1831

Tolle Zeiten hab ich erlebt und hab nicht ermangelt,
Selbst auch töricht zu sein, wie es die Zeit mir gebot.
Goethe, Venezianische Epigramme

Toll ist: wer Toren belehrt, Weisen widerredet,
von hohlen Reden bewegt wird, Huren glaubt,
Geheimnisse Unsichern vertraut.
Goethe, ›Maximen und Reflexionen‹

Sprich nichts Böses von einem Menschen,
wenn du es nicht gewiß weißt.
Und wenn du es gewiß weißt,
dann frage dich: Warum erzähle ich es?
Johann Kaspar Lavater

Ich soll die Heimlichkeit, die du mir sagst, verhehlen,
Und warum kommst du doch, mir solche zu erzählen?
Georg Greflinger

Wat den einen sin Uhl is den annern sin Nachtigal.
Fritz Reuter, ›Ut mine Stromtid‹, 1862–64

Gescheit gedacht und dumm gehandelt,
So bin ich meine Tage durchs Leben gewandelt.
Franz Grillparzer, ›Biographisch‹

Es gibt Steine des Anstoßes,
über die ein jeder Wanderer stolpern muß.
Goethe, ›Maximen und Reflexionen‹

Es gibt auch so etwas wie geistiges Asthma.
Man bekommt es, wenn man hinter jedem Trend herrennt.
Jean Marais

Cicero

Stolzes Tatgepränge
Zu keinem Ziel und Zweck ist uns ein Schaum;
Verwirrtes Wogen unverständiger Menge,
Von allen Träumen ist's der schwerste Traum.
Goethe, ›Festzug‹

›Sonst warst du so weit vom Prahlen entfernt,
Wo hast du das Prahlen so grausam gelernt?‹
Im Orient lernt ich das Prahlen.
Doch seit ich zurück bin, im westlichen Land,
Zu meiner Beruhigung find ich und fand
Zu Hunderten Orientalen.
Goethe, ›Zahme Xenien‹

Blas dich nicht auf: sonst bringt dich
Zum Platzen schon ein kleiner Stich.
Friedrich Nietzsche

Man schlingt die Lüge, die uns schmeichelt,
in vollen Zügen hinab und kostet Tropfen für Tropfen
die Wahrheit, die uns bitter ist.
Johann Wolfgang von Goethe

Man lobt im Tode manchen Mann, / der Lob im Leben nie gewann.
Sprichwörtlich

Nicht aufzufallen ist das erste Gebot des guten Tons.
August Julius Langbehn

Verschon uns Gott mit seinem Grimme!
Zaunkönige gewinnen Stimme.
Goethe, ›Buch der Sprüche‹

Wie sie genau sich kennen,
Wenn sie einander Egoisten nennen.
Eduard von Bauernfeld

Ich Egoist! – Wenn ichs nicht besser wüßte!
Der Neid, das ist der Egoiste;
Und was ich auch für Wege geloffen,
Aufm Neidpfad habt ihr mich nie getroffen.
Goethe, Sprichwörtlich

Der Triumph der Gesinnung über die Urteilskraft.
Hermann Lübbe

Victor Hugo, ›Ruy Blas‹, 1838

Wer dem Publikum dient, ist ein armes Tier;
Er quält sich ab, niemand bedankt sich dafür.
Goethe, ›Sprichwörtlich‹

Das Urteil der Menge mache dich immer nachdenklich,
aber niemals verzagt.
August Graf von Platen

Jenes ungestörte, unschuldige, nachtwandlerische Schaffen,
wodurch allein etwas Großes gedeihen kann,
ist gar nicht mehr möglich. Unsere jetzigen Talente
liegen alle auf dem Präsentierteller der Öffentlichkeit.
Goethe zu Eckermann am 2. Januar 1824

Wer wird nicht einen Klopstock loben?
Doch wird ihn jeder lesen? – nein!
Wir wollen weniger erhoben,
Und fleißiger gelesen sein.
Gotthold Ephraim Lessing, ›Sinngedichte‹

Man kann dem Publikum keine größere Achtung bezeigen,
als indem man es nicht wie Pöbel behandelt.
Goethe, ›Schriften zur Literatur‹

Wenn ich dumm bin, lassen sie mich gelten;
wenn ich recht hab, wollen sie mich schelten.
Goethe, ›Zahme Xenien‹

Auf so manche Lust der Welt / lernt man früh verzichten –
was uns bis zuletzt gefällt, / sind Bilder und Geschichten.
Karl Springenschmid

Was rühmst du deinen schnellen Ritt!
Dein Pferd ging durch und nahm dich mit.
Emanuel Geibel

Ein Mensch sollte nie mehr Staub aufwirbeln,
als er bereit ist zu schlucken.
Werner Mitsch

Du wüßtest gern, was deine Bekannten von dir sagen?
Höre, was sie von Leuten sprechen,
die mehr wert sind als du.
Marie von Ebner-Eschenbach

George Bernard Shaw

Goldene Zügel machen ein Pferd nicht besser.
Seneca

Titel ohne Mittel sind wie ein schwäbisch Latz,
Da oft ein schlechter Junker braucht einen großen Platz.
Friedrich von Logau

Der adelige Rat: Mein Vater war ein Reichsbaron,
Und Ihrer war, ich meine. . .?
Der bürgerliche Rat: So niedrig, daß, mein Herr Baron,
Ich glaube, wären Sie sein Sohn, Sie hüteten die Schweine.
Johann Heinrich Voß

Daß sich Bruno gern lobet, solches halt' ich für gut,
Denn er muß es selbst verrichten, weil es niemand anders tut.

Ortlieb wär ein wackrer Bursche und berühmt in aller Welt,
Wenn er andern halb gefiele, wie er selbst sich ganz gefällt.
Johann Grob

Wollt ihr, daß man Gutes von euch glaube?
Dann sagt es nicht selber.
Blaise Pascal

Die Sucht zu gefallen ist der Kitt der Gesellschaft.
Charles de Montesquieu

›Kenne dich selbst!‹ – Bedenkliche Sache.
Wie, wenn ich da eine schlechte Bekanntschaft mache?
Eduard von Bauernfeld

Willst du dich selber erkennen, / so sieh, wie die andern es treiben;
willst du die andern verstehn, / blick in dein eigenes Herz.
Goethe / Schiller, ›Xenien‹

Das Leben ist schwer, das will Bedacht;
Vor dir besonders nimm dich in acht!
Friedrich Theodor von Vischer

Wer in sich selbst verliebt ist, hat wenigstens bei seiner Liebe
den Vorteil, daß er nicht viele Nebenbuhler erhalten wird.
Georg Christoph Lichtenberg

Was nützt die Solidität, wenn's kein Mensch glaubt?
Johann Nestroy

Seien wir auf der Hut vor der größten Gefahr, die es gibt –
davon, daß uns das Leben etwas Gewöhnliches wird.
Ernst Jünger

Freundschaft

Muße und Großmut
Freude und Leid

Meister E. S., ›Der Liebesgarten‹, um 1446

Die Föhre dort / steht frei auf offenem Feld
nicht schützt sie Borke noch Blatt.
So ist's mit dem Mann / den alle meiden –
was lebt er länger noch?
Aus dem nordgermanischen ›Havamal‹

Als den Begleiter ich fand: / Den Menschen freut der Mensch.
Aus der ›Edda‹

Nicht geringer fürwahr, als selbst ein leiblicher Bruder,
Ist ein redlicher Freund. . .
Homer, ›Odyssee‹

Wer nicht einen braven Mann zum Freunde hat, verdient nicht zu leben.
Demokrit

Laß einen sein von ganz hoch oben / und ohne Freund – die Welt bleibt leer.
Ist Sippschaft schon Verdienst zu nennen ?
Nichts! Aber Freunde binden können.
Walther von der Vogelweide

Die Welt ist so leer,
wenn man sich nur Berge, Flüsse und Städte darin denkt,
aber hie und da jemand zu wissen, der mit uns übereinstimmt,
mit dem wir auch stillschweigend fortleben,
das macht uns dieses Erdenrund erst zu einem bewohnten Garten.
Goethe, ›Lehrjahre‹

Das Band der Freundschaft bindet enger als das des Blutes
oder der Schwägerschaft; denn die Freunde haben wir,
wie wir sie uns wählen, die Verwandten, wie das Glück sie gibt.
Giovanni Boccaccio

Der Mensch hat nichts zu eigen, / So wohl steht ihm nichts an,
Als daß er Treu erzeigen / Und Freundschaft halten kann.
Simon Dach

Ich aber liege allein / im Eisverhau voller Wunden.
Es hat mir der Schnee / noch nicht die Augen verbunden.
Ingeborg Bachmann, ›Lieder auf der Flucht‹

Es bleibt vom Freunde, der verging, / das, was dein Herz von ihm empfing,
das, was von seinem Werk und Sein / als Abglanz sich im Widerschein
dir hell und unverlierbar zeigt, / auch, wenn er nun für immer schweigt.
Erich Limpach

Goethe, ›Egmont‹

Immer wird mir der lieber sein, der mir gut ist.
Vergib mir sonst meine Schuld – aber dabei bleibe ich.
Walther von der Vogelweide

Kann etwas besser sein / Als stete Freundestreue?
Kudrun-Epos des 12. Jahrhunderts

Zu den Gastmählern der Freunde geh' langsam,
zu ihren Unglücksfällen schnell.
Chilon, einer der Sieben Weisen Griechenlands

Der Mann ist töricht, / Der die Menge der Freunde zählt.
Ein Bündel Röhricht / Hilft dir nicht, wo ein Stab dir fehlt.
Friedrich Rückert, ›Erbauliches und Beschauliches‹

Man ist nur eigentlich lebendig,
wenn man sich des Wohlwollens andrer freut.
Goethe, ›Maximen und Reflexionen‹

Nicht die Stärke der Empfindungen,
sondern die Dauer machen den hohen Menschen.
Friedrich Nietzsche

Die Menschen werden durch Gesinnungen geeinigt,
durch Meinungen getrennt.
Goethe an Friedrich Heinrich Jacobi am 6. Januar 1813

Freundschaft ist die Blüte eines Augenblicks und die Frucht der Zeit.
August von Kotzebue

Einem Kameraden hilft man. Einem Kollegen mißtraut man.
Mit einem Freunde ist man albern.
Peter Bamm, ›Die kleine Weltlaterne‹

Allen gefallen wollen nur Knechte.
Keinem gefallen werden nur Schlechte.
Den Besten gefallen, das ist das Rechte.
Niederdeutscher Hausspruch

Sage mir, mit wem zu sprechen / Dir genehm, gemütlich ist;
Ohne mir den Kopf zu brechen, / Weiß ich deutlich, wer du bist.
Goethe, › Zahme Xenien‹

Der Großzügige hat mit dem Verschwender nichts gemein.
Erich Limpach

Marie von Ebner-Eschenbach

O könnte doch ein Mann wie du, der du der Beste bist, zum Freunde werden.
Xenophon

Freundschaft – eine Seele in zwei Körpern.
Aristoteles

Der Freund ist gleichsam ein anderes Ich.
Cicero

Es sollt' ein Freund des Freundes Schwächen tragen.
William Shakespeare, ›Julius Cäsar‹

Sei hochbeseligt oder leide: / Das Herz bedarf ein zweites Herz.
Geteilte Freud ist doppelte Freude. / Geteilter Schmerz ist halber Schmerz.
Christoph August Tiedge, ›Unsterblichkeit und Freiheit‹, 1801

Denn was man durch einen gleichgesinnten Freund erfährt,
ist nahezu, als wenn man es selbst erfahren hätte.
Goethe an Wilhelm von Humboldt

Des gemeinsamen Geistes Gedanken sind
Stillendend in der Seele des Dichters.
Friedrich Hölderlin

Denn es muß von Herzen gehen, / Was auf Herzen wirken soll.
Goethe, ›Faust II‹

Wenn wir mit Wohlwollenden
Von Angesicht zu Angesicht uns finden, geht
Das Herz uns auf, die Rede fließt vom Munde leicht,
Und immer ist's, als bliebe mehr zu sagen.
Goethe, ›Prolog zum 6. August 1811‹

Nimm dir Zeit für deine Freunde, sonst nimmt die Zeit dir deine Freunde.
André Brie

O brich den Faden nicht der Freundschaft rasch entzwei!
Wird er auch neu geknüpft, ein Knoten bleibt dabei.
Friedrich Rückert, ›Die Weisheit des Brahmanen‹

Tüchtiges Leben endet auf Erden nicht mit dem Tode,
es lebt im Gemüt und Tun der Freunde.
Gustav Freytag

Horch auf das, was du vernimmst, wenn man nichts mehr hört.
Paul Valéry

KEIN FREUND IST, WER NUR ERWÜNSCHTES SAGT
Altnordisch

Treue Liebe kann zwischen Menschen von sehr verschiedenen,
dauernde Freundschaft nur zwischen Menschen gleichen Wertes
bestehen. Aus diesem Grund ist die zweite seltener als die erste.
Marie von Ebner-Eschenbach

Den sicheren Freund erkennt man in unsicherer Sache.
Ennius, nach Cicero

›Freund in der Not‹ will nicht viel heißen;
hilfreich möchte sich mancher erweisen.
Aber die neidlos ein Glück dir gönnen,
die darfst du wahrlich Freunde nennen.
Paul Heyse

Eine Freundschaft mag zerbrechen; wenn sie verwelkt,
verdient sie diesen Namen nicht.
Richard W. Eichler

Eine Freundschaft, die der Wein gemacht, Wirkt wie Wein – nur eine Nacht.
Friedrich von Logau

Es gibt wenig aufrichtige Freunde – die Nachfrage ist auch gering.
Marie von Ebner-Eschenbach

Hände küssen, Hüte rücken, / Kniee beugen, Häupter bücken,
Worte schrauben, Rede schmücken, / wer, daß diese Gaukelei,
meint, rechte Freundschaft sei, / kennet nicht Betrügerei.
Friedrich von Logau

Ich ließ sie reichlich beschenken, da dies seine Zinsen tragen wird.
Christoph Kolumbus, Aus dem Bordbuch der Amerikareise

Ein versöhnter Feind, / Ein erkaufter Freund,
Sind zu einer Brücke / Ungeschickte Stücke.
Friedrich von Logau

Wer die ganze Menschheit liebt, hat keine Liebe mehr
für den einzelnen Menschen.
Fedor M. Dostojewski

Man liebt neuerdings die Neger anstelle des Nächsten.
Jean-Jacques Rousseau

Ein wahrer Freund trägt mehr zu unserem Glück bei
als tausend Feinde zu unserem Unglück.
Marie von Ebner-Eschenbach

Emil Gött

Indem wir das Wohl anderer erstreben, fördern wir unser eigenes.
Platon

Durch Freigebigkeit die Fülle der königlichen Würde sich mehrt,
durch Geschenke Erhabenheit nicht Minderung erfährt.
Der Staufer Friedrich II.

Ich sage euch die letzte Wahrheit. / Es war mir gegeben in aller Klarheit.
Ich sah, daß alle Leiden und Mühen / am Abend leise zu Asche verglühen.
Und da das Herz loderte und brannte, / daß ich als höchstes Glück erkannte:
Solange ich auf Erden wandere , / ich lebe nicht für mich, ich lebe für andere!
Ludwig Finckh

Teuer ist mir der Freund, doch auch den Feind kann ich nützen:
Zeigt mir der Freund, was ich kann, lehrt mich der Feind, was ich soll.
Friedrich von Schiller

Als Knabe nahm ich mir zur Lehre, / Welt sei ein allerliebster Spaß,
Als wenn es Vater und Mutter wäre; / Dann – etwas anders fand ich das.
Goethe, ›Zahme Xenien‹

Albinus bittet mich schier jeden Tag zu Gaste;
Warum denn komm ich nicht? Weil ich nicht gerne faste.
Andreas Gryphius

Die Freigebigkeit erwirbt einem jeden Gunst,
vorzüglich, wenn sie von Demut begleitet wird.
Goethe, ›Maximen und Reflexionen‹

Wer sein Herz gibt, wird sein Geld nicht verweigern.
Englisches Sprichwort

›Sprich! wie du dich immer und immer erneust?‹
Kannst's auch, wenn du immer am Großen dich freust.
Das Große bleibt frisch, erwärmend, belebend.
Goethe, ›Panazee‹

Der Geiz steht zur Sparsamkeit
in größerem Gegensatz als die Freigebigkeit.
François de La Rochefoucauld, ›Maximen und Sentenzen‹

Wir sind freigebiger, wenn es auf Kosten der Gesamtheit geht,
als wir aus unserer eigenen Kasse zu sein pflegen.
Bismarck vor dem Deutschen Reichstag am 2. Juni 1871

Geselligkeit und Gastfreundschaft pflegt kein Volk
so ausgiebig wie die Germanen. Einen Menschen von der
Tür zu weisen gilt als Unrecht. Den Mitteln entsprechend
bewirtet man den Gast, so gut man kann.

Tacitus, ›Germania‹

Tritt ein zu dieser Schwelle! / Willkommen hier zu Land!
Leg ab den Mantel und stelle / den Stab an diese Wand.

Sitz obenan zu Tische! / Die Ehre ziemt dem Gast.
Was ich vermag, erfrische / dich nach des Tages Last.

Wenn ungerechte Rache / dich aus der Heimat trieb,
nimm unter meinem Dache / als treuer Freund vorlieb!

Nur eines ist, was ich bitte: / Laß du mir ungeschwächt
der Väter fromme Sitte, / des Hauses heilig Recht!

Ludwig Uhland

Geh, lieber Gast, nicht von diesem Haus, / Ohne dich auszuruhn,
Daß du uns nicht tragst die Ruhe hinaus / Mit deinen staubigen Schuhn.

Friedrich Rückert

Ich liebe mir den heitern Mann / Am meisten unter meinen Gästen:
Wer sich nicht selbst zum besten halten kann,
Der ist gewiß nicht von den Besten.

Goethe, ›Meine Wahl‹

Lachen und Lächeln sind die Pforte,
durch die viel Gutes in den Menschen hineinhuschen kann.

*Christian Morgenstern, ›Wer vom Ziel nichts weiß,
kann den Weg nicht haben‹, 1964*

Seele, du süße Braut des Frühlings,
du trägst ein grünes Kleid von Wäldern und von Bergen
und jauchzt entgegen dem Geliebten.
Es ist der Frühling, dem jedes Wunder gelingt.
Er kümmert sich nicht um eine Wunde,
in hunderttausend Knospen heilt sie nach. . .

Ludwig Derleth

Eine führt dich zu der andern Schmause, / Den sich jede äußerst ausersinnt.
Viele Frauen hast und Ruh' im Hause,
Wert, daß man darob das Paradies gewinnt.

Goethe, ›West-östlicher Divan, Buch des Paradieses‹

Triebe mich nicht die deutsche Sinnesart und das Verlangen,
mehr zu lernen und zu tun, als zu genießen, so sollte ich in dieser
Schule des leichten Lebens (in Neapel) noch einige Zeit verweilen. . .
Goethe, ›Italienische Reise‹

Das Leben besteht aus seltenen einzelnen Momenten
von höchster Bedeutsamkeit und unzählig vielen Intervallen,
in denen uns bestenfalls die Schattenbilder jener
Momente umschweben. Die Liebe, der Frühling,
jede schöne Melodie, das Gebirge, der Mond, das Meer –
alles redet nur einmal ganz zum Herzen:
wenn es überhaupt je ganz zu Worte kommt.
Friedrich Nietzsche

Es wird der zahlreichere Teil der Menschen
durch den Kampf mit der Not viel zu sehr ermüdet
und angespannt, als daß er sich zu einem neuen und
harten Kampf mit dem Irrtum aufraffen könnte.
Zufrieden, wenn er selbst
der sauren Mühe des Denkens entgeht, läßt er andere
gern über seine Begriffe die Vormundschaft führen.
Und geschieht es, daß sich höhere Bedürfnisse
in ihm regen, so ergreift er mit durstigem Glauben
die Formeln, welche der Staat und das Priestertum
für diesen Fall in Bereitschaft haben.
Friedrich von Schiller

Niemals bin ich weniger müßig als in meinen Mußestunden,
niemals weniger einsam, als wenn ich allein bin.
Cicero

Es sind nur wenige, die den Sinn haben und zugleich zur Tat fähig sind.
Goethe, ›Lehrjahre‹

Für Millionen Beschauende und Genießende
ist ein Produzierender genug: so war es und wird's sein.
Goethe an Karl Friedrich Zelter am 10. April 1827

Wer von Termin zu Termin eilt, fristet nur mehr sein Leben.
Heinz Müller-Dietz, ›Recht sprechen und rechtsprechen‹, 1987

Die Sklaven von heute werden nicht mit Peitschen,
sondern mit Terminkalendern angetrieben.
John Steinbeck

Müßiggang ist aller Laster Anfang
und aller entscheidenden Fähigkeiten Ursprung, Prüfung und Lohn.
Heimito von Doderer, ›Repertorium‹

Ohne Faulheit kein Fortschritt.
Weil der Mensch zu faul war, zu rudern, erfand er das
Dampfschiff, weil er zu faul war, zu Fuß zu gehen, erfand
er das Auto, weil er zu faul war, abends die Augen
zuzumachen, erfand er das Fernsehen.
Manfred Hausmann

Trunken müssen wir alle sein! / Jugend ist Trunkenheit ohne Wein;
Trinkt sich das Alter wieder zu Jugend, / So ist es wundervolle Tugend.
Für Sorgen sorgt das liebe Leben, / Und Sorgenbrecher sind die Reben.
Goethe, ›West-östlicher Divan, Das Schenkenbuch‹

Die große Hast ist schlimmer noch als die Trägheit.
Ludwig Tieck

Wer ununterbrochen vorwärts marschiert,
steht die Hälfte seines Lebens auf einem Bein.
Manfred Biehler

Der Zeiger
Dem fortwährend Überholten gehört die Stunde.
Hans Baumann, ›Denkzettel‹, 1970

Die träumerische Viertelstunde eines Poeten oder Philosophen
ist oft wichtiger für die Menschheit
als der Lärm einer tagelang währenden Feldschlacht.
Wilhelm Raabe

Vielleicht mißt Gott unsere Schmerzen und unsere Arbeiten
an den Kräften unserer Jugend, und vielleicht ist eine Zeit
dafür bestimmt, sich von den Anstrengungen der Vergangenheit
auszuruhen und sie zu genießen.
George Sand

Es gibt freilich genug Menschen, die leben nicht,
sie erledigen nur noch. Auch Briefe schreiben sie nicht, sie erledigen Briefe.
Ernst Penzoldt

Die Faulheit – der Luxus der Anspruchslosen.
Bernd Rill, ›Das Neueste aus der Tonne des Diogenes‹, 1989

Die Zeit vergeht von ganz allein, / du mußt nicht noch ihr Treiber sein.
Erich Limpach, ›An die Eiligen‹

Schiller, ›Lied an die Freude‹

Heil dir, Tag! / Heil euch, Tagsöhne!
Heil, Nacht und Nachtkind! / Mit holden Augen
schaut her auf uns / und gebt uns Sitzenden Sieg!

Heil euch, Asen! / Heil euch, Asinnen!
Heil dir, fruchtschwere Flur! / Rat und Rede
gebt uns ruhmreichen Beiden / und heilkräftige Hände lebenslang!

Die von Sigurd erweckte Walküre in der ›Edda‹

Bunt und reich ist das Leben für den, / der mit starken Augen ins Licht
schaut. Reichtum und Herrschergewalt / sind nicht das Höchste.
Das Höchste ist auch nicht der Sieg. / Das Höchste ist tapfer zu leben
und tapfer zu sterben. / In ewigem Wandel wandelt sich alles.
Auch die Götter vergehn. / Aber das Göttliche bleibt.
Froh lebt, wer freigebig und kühn, / selten bedrückt ihn Sorge.
In steter Furcht lebt der Feige. / Es wurmt die Gabe den Geizhals.

Aus der ›Edda‹

Von der Schulter dir schüttle, / was übel dir dünkt,
und richte dich selbst / nach dir selber.

Altnordisch

Feuer ist das Beste dem Volke der Menschen / und der Anblick der Sonne,
heile Knochen – kann man sie haben – und ein Leben schandelos.

Aus der ›Edda‹

Nicht dem Leben aus dem Wege gehen, keinem Tag und keiner Frage!
Es ist verkehrt. Das Leben kommt dir nach
und packt dich wieder, diesmal aber hinterrücks.

Gorch Fock

Wenn nicht mehr Zahlen und Figuren / Sind Schlüssel aller Kreaturen,
Wenn die, so singen oder küssen, / Mehr als die Tiefgelehrten wissen,
Wenn sich die Welt ins freie Leben / Und die Welt wird zurückbegeben,
Wenn sich wieder Licht und Schatten / Zu echter Klarheit werden gatten,
Und man in Märchen und Gedichten / Erkennt die ew'gen Weltgeschichten,
Dann fliegt mit einem geheimen Wort / Das ganze verkehrte Wesen fort.

Novalis

Denn ein äußerlich Zerstreuen, / Das sich in sich selbst zerschellt,
Fordert inneres Erneuen, / Das den Sinn zusammenhält.

Goethe, ›Inschriften, Denk- und Sendeblätter‹

Es ziemt wohl Helden, nach Leiden frohen Muts zu sein. Kein Mißgeschick
war je so groß, daß nicht dabei ein Glück gewesen: das wollen wir bedenken.
Uns mag wohl ein Gewinn auf Schaden folgen. Wir haben ein zum Untergehn
bestimmtes Gut verloren: Ihr stolzen Helden, bleibet unbekümmert.
Darum wollen wir nicht verzagen: Es wird erneut versucht.

Der Minnesänger Spervogel

Unglück bildet den Menschen und zwingt ihn, sich selber zu kennen,
Leiden gibt dem Gemüt doppeltes Streben und Kraft.
Uns lehrt eigener Schmerz, der anderen Schmerzen zu teilen.
Eigener Fehler erhält Demut und billigen Sinn.

Goethe, ›Antiker Form sich nähernd‹

Es ist ein Grundgedanke großer Seelen, nicht zu zerbrechen.

Arthur Graf von Gobineau

Wende dich der Sonne zu, dann fallen die Schatten hinter dich.

Thomas Carlyle

Das Wesentliche in den Dingen ist nicht ausreichend,
auch die begleitenden Umstände sind erfordert.
Ein schönes Benehmen ist der Schmuck des Lebens,
und jeder angenehme Ausdruck hilft wundervoll von der Stelle.

Baltasar Gracián

Ist es doch eine menschliche Schwäche,
sich von unsicheren und unbekannten Dingen allzu sehr in
Hoffnungen wiegen und in Schrecken setzen zu lassen.

Julius Cäsar

Genieße, was der Schmerz dir hinterließ!
Ist Not vorüber, sind die Nöte süß.

Goethe, ›Sprichwörtlich‹

Was ist die Weisheit allen Seins? / Ich trug sie jüngst im Arme.
Sie lachte, trank ein Schlückchen Weins / Und hatte Lippen, warme.
Ach, seit ihr's nimmer da gefällt, / Sind's wohl viel tausend Jahre.
Was ist die Weisheit dieser Welt? Ein Büschel brauner Haare. . .

Ludwig Finckh, ›Weisheitslied‹

Sei auch zu leichtem Spiele / begeistert und entflammt;
am Leide schaffen viele – / die Freude sei dein Amt!

Wilhelm Pleyer

Ein Wort aus dem Munde des Volkes, welches sich im Leben
bewährt: Wo etwas ist, da sammelt sich etwas.
Dem Reichen fließt Geld zu, dem Fröhlichen begegnet Frohes,
dem Schwarzsehenden Unglück, dem Abenteurer Seltsames,
der Wissende erspäht das Verborgene, der Sammler findet
das Merkwürdige. Heißt das nicht in höherer Instanz:
daß Charakter und Schicksal unter eine höhere Einsicht fallen?

Das beste Mittel, sich von Menschenfurcht zu befreien, ist:
Menschenkenntnis. Wer die Motive kennt,
welche die Welt bewegen, wird sich eher Mühe geben müssen,
das Gefühl der Verachtung zu unterdrücken.

Das Sittliche verbreitet eine Atmosphäre des Anstandes
um sich her, der Begeisterte entzündet,
in der Nähe des Klugen schärft sich das Urteil,
Liebe erzeugt Gegenliebe, der Frohe belebt.

Ein gewisses Selbstgefühl macht geschickt zum Umgange
mit Menschen, und nichts erzeugt dieses Selbstgefühl gewisser
als der Umgang mit Menschen.

Geringe Menschen sind stolz. Sie halten fest an dem
idealen Besitz in der Sozietät, weil sie fühlen,
daß sie ohne ihn nichts mehr sind. Große Charaktere wissen,
daß ihnen alles bleibt, wenn sie scheinen alles geopfert zu haben.

Daß die sozialen Zustände nicht wesentlich sind,
macht sie nicht weniger notwendig.

Schicksal und Zufall!
Jenem unterwirf dich, diesen unterwirf dir, –
und du bist, was Menschen sein können.

Wer eine Sache in ein treffendes Gleichnis bringen kann,
hat sie verstanden.

Man hat nur an so viel Freude und Glück Anspruch,
als man selbst gewährt.

Das Licht ist für alle Augen;
aber nicht alle Augen sind für das Licht.

Bis ins späte Alter lernen (nicht auswendig, sondern inwendig),
das ist Genießen, das ist Leben. Da wächst die Seele,
in konzentrischen Kreisen, göttlichen Sphären zu.

Friedrich Hölderlin, ›Hyperion‹

Kummer nimm erst Gestalt! Nur das Formlose ängstet und martert;
hat sich der Feind mal gestellt, ist halb gewonnen der Sieg.
Franz Grillparzer, ›Schwermut‹

Wer sich sein Leid stets vor Augen hält, stirbt daran.
Jemenitisches Sprichwort

Weine dich aus im Schmerz; dann greif entschlossen zur Arbeit;
Was die Träne nicht löst, löst dir erquickend der Schweiß.
Emanuel Geibel, ›Kleinigkeiten‹

In Sicherheit und Ruhe zu genießen
Und zu vergessen alles, was es litt,
Das ist der Wunsch, der jedes Herz belebet,
Das wieder frisch ins neue Leben strebet.
Goethe, ›Maskenzug‹

Wenn der schwer Gedrückte klagt: / Hilfe, Hoffnung sei versagt,
Bleibet heilsam fort und fort, / Immer noch ein freundlich Wort.
Goethe, ›Buch der Sprüche‹

Licht muß wieder werden nach diesen dunklen Tagen.
Laßt uns nicht fragen, ob wir es sehen, / Es wird geschehen.
Auferstehen wird ein neues Licht! / Laßt uns nicht zagen.
Licht muß wieder werden nach diesen dunklen Tagen.
Hermann Claudius

Laßt nur die Sorge sein, / Das gibt sich alles schon;
Und fällt der Himmel ein, / Kommt doch eine Lerche davon.
Goethe, ›Sprichwörtlich‹

Schlägt die Hoffnung fehl, / nie fehle dir das Hoffen!
Ein Tor ist zugetan, / doch tausend sind noch offen.
Friedrich Rückert

So oft die Sonne aufersteht, / Erneuert sich mein Hoffen
Und bleibet, bis sie untergeht, / Wie eine Blume offen;
Dann schlummert sie ermattet / Im dunklen Schatten ein,
Doch eilig wacht sie wieder auf / Mit ihrem ersten Schein.
Das ist die Kraft, die nimmer stirbt / Und immer wieder streitet,
Das gute Blut, das nie verdirbt, / Geheimnisvoll verbreitet!
Solang noch Sommerwinde / Voran der Sonne wehn,
Wird nie der Freiheit Fechterschar / In Nacht und Schlaf vergehn!
Gottfried Keller, ›Morgen‹

IN DER NOT ALLEIN BEWÄHRT SICH DER ADEL GROSSER SEELEN

Friedrich von Schiller, ›Turandot‹

Doch wer nicht verzweifeln kann, muß nicht leben;
nur feige sich ergeben, sei ihm das Verhaßteste.

Goethe an Friedrich von Müller am 3. April 1824

Herr! schicke was du willt, / Ein Liebes oder Leides,
Ich bin vergnügt, daß beides / Aus deinen Händen quillt.
Wollest mit Freuden / Und wollest mit Leiden
Mich nicht überschütten! / Doch in der Mitten / Liegt holdes Bescheiden.

Eduard Mörike

Die Schmerzen sind's, die ich zu Hilfe rufe:
Denn es sind Freunde, Gutes raten sie dir.

Goethe, ›Iphigenie‹

Hat Gott doch die Wehmut zu einer Art Vermittlerin zwischen dem Glück
und dem Unglück, der Süßigkeit und dem Schmerz geschaffen.

Wilhelm von Humboldt, ›Briefe an eine Freundin‹, 1830

Der Vogel kämpft sich aus dem Ei. Das ist die Welt.
Wer geboren werden will, muß eine Welt zerstören.

Hermann Hesse, ›Klingsors letzter Sommer‹

Es ist klug und kühn, / dem unvermeidlichen Übel entgegenzugehn.

Goethe, ›Egmont‹

Nichts ist erbärmlicher als die Resignation, die zu früh kommt.

Marie von Ebner-Eschenbach

Ich liebe jene, die sich nicht ergeben,
Ihr Dennoch hüten in der harten Stunde.
Ein jeder leidet tief an einer Wunde,
Ein jeder leidet tief an seinem Leben;
Dies ist der Mensch: Er kann sich wieder heben
Nach jedem Schlag zu heißerem Bemühen;
Und ob dir tausend Hoffnungen zerglühen:
Ich liebe jene, die sich nicht ergeben!

Florian Seidel

Wir müssen den Becher trinken,
den das Leben uns reicht, auch wenn er voll Leid ist –
Wir müssen den Weg gehen,
den das Leben uns weist, wenn er auch weit ist –
Wir wollen das Schöne bewahren und über das Heilige wachen –
Wir wollen in dunklen Jahren durch unsere Tränen lachen.

Wolfgang Borchert

Erst müssen wir im Einklange mit uns selbst sein,
ehe wir Disharmonien, die von außen auf uns zudringen,
doch wenigstens einigermaßen auszugleichen imstande sind.

Blumenpflückerin, Stabiae um 50 n.d. Ztr.

Lessing, ›Minna von Barnhelm‹

Im Atemholen sind zweierlei Gnaden:
Die Luft einziehen, sich ihrer entladen;
Jenes bedrängt, dieses erfrischt;
So wunderbar ist das Leben gemischt.

Goethe, ›West-östlicher Divan, Buch des Sängers‹

Der Mensch, der keine Zeit hat–- und das ist eines unserer Kennzeichen –
kann schwerlich Glück haben. Notwendig verschließen sich ihm große
Quellen und Mächte wie die der Muße und des Glaubens, der Schönheit in
Kunst und Natur. Damit entgeht ihm die Krönung, der Segen der Arbeit,
der in Nicht-Arbeit, und die Ergänzung, der Sinn des Wissens,
der in Nicht-Wissen liegt. Das wird im Absinken dessen,
was wir Kultur nennen, unmittelbar deutlich.

Ernst Jünger

Wir leben im Zeitalter der Überarbeitung
und der Unterbildung – einem Zeitalter, in dem die Menschen
so fleißig sind, daß sie vollkommen verdummen.

Oscar Wilde

Hoffnung, einmal ohne Druck zu leben, / wenn auch nicht ohne Unruhe.

Ernst Wilhelm Eschmann

Schnelligkeit – Ur-List der schwächeren Kreatur gegen die stärkere Natur.

Hans Kasper

Der Schlaf ist die Nabelschnur, durch die das Individuum
mit dem Weltall zusammenhängt.

Friedrich Hebbel

Der größte Sinnengenuß, der gar keine Beimischung von Ekel bei sich führt,
ist, im gesunden Zustande, Ruhe nach der Arbeit.

Immanuel Kant

Alles in der Welt läßt sich ertragen, / Nur nicht eine Reihe von schönen Tagen.

Goethe, ›Sprichwörtlich‹

Der Trinker kennt das Gift, der Enthaltsame die Heilkraft des Weines nicht.

Volksweisheit

Einen Tag ungestört in Muße zu verleben
heißt, diesen Tag lang ein Unsterblicher zu sein.

Chinesische Weisheit

Schiller, ›Der Taucher‹

Du bist nicht auf der Erde, um unglücklich zu werden.
Doch Glück ist allein der innere Friede. Lerne ihn finden, du kannst es.
Überwinde dich selbst, und du wirst die Welt überwinden.

Buddha

Nicht mitzuhassen, mitzulieben bin ich da.

Sophokles, ›Antigone‹

Denn so lange ich lebe, freue ich mich ähnlich wie die Götter.

Epikur

Eine gute Tat ist eine solche, die ein Lächeln der Freude
auf das Antlitz eines andern zaubert.

Mohammed

Kann man denn nicht auch lachend ernsthaft sein?
Lieber Major, das Lachen erhält uns vernünftiger als der Verdruß.

Lessing, ›Minna von Barnhelm‹

Ich muß es eben bezahlen, daß ich eine Deutsche bin: es ist der Charakter
der Deutschen, daß sie über allem schwer werden,
daß alles über ihnen schwer wird.

Aurelie in Goethes ›Wilhelm Meisters Lehrjahre‹

Wir nehmen ernst, was spielerisch zu nehmen über unsere Kraft geht.

Hans Albrecht Moser

Heiterkeit ist eine Tugend der Heiligen und Ritter; Heiterkeit ist weder
Tändelei noch Selbstgefälligkeit, ist höchste Erkenntnis und Liebe,
ist Bejahen aller Wirklichkeit, Wachsein am Rande aller Tiefen
und Abgründe. Sie ist das Geheimnis des Schönen.

Hermann Hesse, ›Das Glasperlenspiel‹

Alles in der Welt ist Torheit, nur nicht die Heiterkeit.

Friedrich der Große

Lächeln heißt die Gegenwart begrüßen.

Peter Horton, ›Die andere Saite‹, 1978

Eins muß man haben: entweder einen von Natur leichten
oder einen durch Kunst und Wissen erleichterten Sinn.

Friedrich Nietzsche

Die Fröhlichkeit ist nicht die Flucht vor der Traurigkeit –
sondern der Sieg über sie.

Gorch Fock

ROSEN AUF DEN WEG GESTREUT
Ludwig Christoph Heinrich Hölty

Wohl ist sie schon, die Welt! In ihrer Weite
Bewegt sich so viel Gutes hin und her.
Goethe, ›Torquato Tasso‹

Freude ist eine starke Feder / In der ewigen Natur,
Freude, Freude treibt die Räder / In der großen Weltenuhr.
Schiller, ›An die Freude‹, 1785

›Wie man nur so leben mag? / Du machst dir keinen guten Tag!‹
Ein guter Tag kommt heran, / Wenn ich den ganzen Tag getan.
Johann Wolfgang von Goethe

Der Morgen muß streng und geschäftig, der Abend üppig sein.
Novalis

Und so haltet's auch, ihr Hohen, / Gegen Gott wie der Geringe,
Tut und leidet, wie sich's findet, / Bleibt nur immer guter Dinge.
Goethe, ›West-östlicher Divan‹

In jede hohe Freude mischt sich die Empfindung der Dankbarkeit.
Marie von Ebner-Eschenbach

Eine Sonne ist der Mensch, allsehend, allverklärend,
wenn er liebt. Und liebt er nicht, so ist er eine
dunkle Wohnung, in der ein rauchend Lämpchen brennt.
Friedrich Hölderlin

Mein Erbteil ist herrlich, weit und breit!
Die Zeit ist mein Besitz, mein Acker ist die Zeit.
Goethe, ›Buch der Sprüche‹

Ihr machet es mir zu toll / Mit eurem christlichen Leide;
Mein Herz ist noch freudevoll, / Darum bin ich ein Heide.
Friedrich Rückert, ›Zahme Xenien‹

Der Tag ist abgegriffen, laßt uns in den Morgen zurücksteigen.
Christian Morgenstern

Freude macht aufrichtig.
Jean Paul

Lächeln ist das Kleingeld des Glücks.
Heinz Rühmann

Der Mensch ist nicht zum Vergnügen, sondern zur Freude geboren.
Paul Claudel

Homer, ›Ilias‹, Andromache

Nur wer die Sehnsucht kennt, / Weiß, was ich leide!
Goethe, ›Wilhelm Meisters Lehrjahre‹

Der Schmerz macht, daß wir die Freude fühlen,
so wie das Böse macht, daß wir das Gute erkennen.
Ewald Christian von Kleist

Die Flamme, wenn sie mit dem Winde stritt,
stieg höher auf; und also gibt die Tugend,
des Himmels Ruhm, mehr Licht, wenn sie litt.
Michelangelo Buonarroti

Mein Unglück mag sein, wie es will,
mein Glück aber muß sein, wie ich es will.
Emil Gött, ›Selbstgespräch‹, 1982

Es ist ein Fürchterliches um einen Menschen, der leidet,
ohne Tragik empfinden zu können.
*Christian Morgenstern, ›Wer vom Ziel nichts weiß,
kann den Weg nicht haben‹, 1964*

Wer sich verschließen gelernt hat, dem tut es doppelt wohl,
wenn er sich aufschließen darf.
Ernst von Feuchtersleben

Man kann die Wunden anderer nur heilen, wenn man selber welche hat.
Carl Gustav Jung

Den Gebrauch der Kräfte, die man hat,
ist man denen schuldig, die sie nicht haben.
Carl Schurz

Die kleinen Miseren des Lebens helfen uns
manchmal über sein großes Elend hinweg.
Marie von Ebner-Eschenbach

Die Teilnahme der meisten Menschen
besteht aus einer Mischung von Neugier und Wichtigtuerei.
Marie von Ebner-Eschenbach

Der Mensch, der sich beklagt, schwächt seine Kräfte.
Richard W. Eichler

Nichts ist so sehr zu fürchten wie die Furcht.
Henry David Thoreau

Etwas zu wünschen übrig haben,
um nicht vor lauter Glück unglücklich zu sein.
Der Leib will atmen, der Geist streben.
Wer alles besäße, wäre über alles enttäuscht und mißvergnügt.
Baltasar Gracián

Wer weiß zu leben? Wer zu leiden weiß.
Wer zu genießen? Wer zu meiden weiß.
David Friedrich Strauß, ›Der alte und der neue Glaube‹, 1872

Ich bin kein ausgeklügelt Buch.
Ich bin ein Mensch in seinem Widerspruch.
Conrad Ferdinand Meyer, ›Huttens letzte Tage‹

Niemand ist glücklicher, als wenn er kein Glück braucht,
um glücklich zu sein.
Karlheinz Deschner, ›Nur Lebendiges schwimmt gegen den Strom‹

Ach! Warum ihr Götter, ist unendlich
Alles, alles, endlich unser Glück nur!
Sternenglanz und Mondes Überschimmer,
Schattentiefe, Wassersturz und Rauschen,
Sind unendlich, endlich unser Glück nur.
Goethe, ›Pandora‹

Vergnügt sein ohne Geld, das ist der Stein der Weisen.
Magnus Gottfried Lichtwer, ›Der Weise und der Alchimist‹

Eine Frau, die vom Lachen Fältchen bekommt, sieht immer
noch jünger aus als eine, der Heiterkeit fremd ist.
Germund Fitzthum, ›Salonblüten‹, 1983

Große Herren haben Vergnügungen, das Volk hat Freude.
Montesquieu, ›Gedanken und Urteile‹

Wird man künftig statt Glück nur noch Spaß empfinden?
Richard W. Eichler

Der noble Humor grinst nicht, sondern lächelt.
Carlo Schmid

Für einen bescheidenen Menschen ist jedes Erwachen ein neues Leben.
Brana Crncevic

Als mir die Zeit entgegenkam,
Erschien sie mir hübsch wundersam
Und angenehm und lecker.
Sie ging vorüber, und – o weh! –
Nun, da ich sie von hinten seh',
Bemerk ich ihren Höcker.

Tugend will, man soll sie holen,
Ungern ist sie gegenwärtig;
Laster ist auch unbefohlen
Dienstbereit und fix und fertig.
›Gute Tiere‹, spricht der Weise,
›Mußt du züchten, mußt du kaufen,
Doch die Ratten und die Mäuse
Kommen ganz von selbst gelaufen.‹

Wie klein ist das, was einer ist,
Wenn man's mit seinem Dünkel mißt.

Der klugen Leute Ungeschick stimmt uns besonders heiter.
Man fühlt doch für den Augenblick sich auch einmal gescheiter.

Ach, ja ja! So seufz ich immer,
Denn die Zeit wird schlimm und schlimmer.
Oder kann in unsern Tagen
Einer wagen nein! zu sagen,
Der mit kindlichem Gemüt
Morgens in die Zeitung sieht?
Hier Romane und Gedichte,
Malzextrakt und Kursberichte,
Näh- und Mäh- und Waschmaschinen,
Klauenseuche und Trichinen –
Dieses druckt man groß und breit,
Aber wo ist Frömmigkeit?

Oh, hüte dich vor allem Bösen!
Es macht Pläsier, wenn man es ist,
Es macht Verdruß, wenn man's gewesen!

In Ängsten findet manches statt,
Was sonst nicht stattgefunden hat.

*

Wie viele Tränen hat er getrocknet!
Gerhart Hauptmann über Wilhelm Busch

Goethe, ›Götz von Berlichingen‹

Hoffnungslosigkeit darf es nicht geben,
wenn Menschen mit Menschen leben.
Karl Jaspers, ›Rechenschaft und Ausblick‹, an Sigrid Undset 1945

Die Hoffnung freuet manchen Mann, / Der Herzensfreude nie gewann.
Freidank

Was ist das höchste Glück des Menschen, als daß wir das ausführen,
was wir als recht und gut einsehen? Daß wir wirklich Herren
über die Mittel zu unseren Zwecken sind?
Goethe, ›Wilhelm Meisters Lehrjahre‹

Jeder Weltmann verkehrt lieber mit einem wohlerzogenen
Bösewicht als mit einem schlechterzogenen Heiligen.
Marie von Ebner-Eschenbach

Der Waage gleicht die große Welt: / Das Leichte steigt, das Schwere fällt.
Gotthold Ephraim Lessing

Mit einem klaren Geiste wird man leicht bekannt und mit dem Weltmanne
findet ihr's gleich bequem, weil er durchaus offen erscheint,
ohne eben gerade aufrichtig zu sein.
Goethe, ›Schriften zur Literatur‹

Der Weltmann steigt empor und der Pedant bleibt sitzen:
Die Sitten können mehr als die Gelahrtheit nützen.
Magnus Gottfried Lichtwer

Die Unglücklichen sind gefährlich!
Goethe, ›Clavigo‹

Das Leben ist eine in siebenfaches Goldpapier eingewickelte Bittermandel.
Friedrich Hebbel

Wenn du von außen ausgestattet bist, / So wird sich alles zu dir drängen;
Ein Kerl, der nicht ein wenig eitel ist, / Der mag sich auf der Stelle hängen!
Johann Wolfgang von Goethe

. . . das Klügste, was man tun kann, um sich Ruhe zu verschaffen,
daß man gegen die andern ein wenig unverträglich ist.
Goethe, ›Schriften zur Kunst‹

Hier ist die Zeit, durch Taten zu beweisen,
Daß Manneswürde nicht der Götterhöhe weicht.
Goethe, ›Faust I‹

Schiller, ›Wallenstein‹

Wer durchs Leben / Sich frisch will schlagen,
muß zu Schutz und Trutz / Gerüstet sein.
Schiller, ›Wilhelm Tell‹

Keinen hat es noch gereut, / Der das Roß bestiegen,
Um in frischer Jugendzeit / Durch die Welt zu fliegen.
Ludwig Tieck, ›Schöne Magelone‹

Laßt mich nur auf meinem Sattel gelten!
Bleibt in euren Hütten, euren Zelten!
Und ich reite froh in alle Ferne,
Über meiner Mütze nur die Sterne.
Goethe, ›West-östlicher Divan, Freisinn‹

Die Bücherwelt ist in der Tat nur eine Karikatur der wirklichen Welt.
Novalis

Laßt uns also fröhlich sein / und der Jugend uns erfreun.
Wen das Alter erst beschleicht, / seinen Ursprung bald erreicht.
Vivat Akademia! / Professoren und Scholaren, ja!
Allen hübschen Mädchen hold, / braven Frauen treu wie Gold.
Wir lieben dieses schöne Land, / woll'n dienen ihm mit Herz und Hand.
Weg mit Neidern, fort der Schuft! / Befreites Atmen reiner Luft.
C. W. Kindleben, ›Gaudeamus igitur‹, Halle 1781
Gekürzt und verdeutscht von Richard W. Eichler

Beim Tafeln, Freund, beginnt erst meine Not,
Da geht es über meine Flaschen!
Mit Weinen von Burgund, die mir der Arzt verbot,
Muß ich die Kehlen meiner Lober waschen;
Mein schwer verdienter Bissen Brot
Wird hungriger Schmarotzer Beute; / O, diese leidige, vermaledeite
Unsterblichkeit wird meines Nierensteines Tod!
Friedrich von Schiller

Denn da es der Charakter unserer Landsleute ist, das Gute ohne viel Prunk
zu tun und zu leisten, so denken sie selten daran, daß es auch eine Art
gebe, das Rechte mit Zierlichkeit und Anmut zu tun, und verfallen
darauf, von einem Geiste des Widerspruchs getrieben,
durch ein mürrisches Wesen ihre liebste Tugend im Kontraste darzustellen.
Goethe, ›Wilhelm Meisters Lehrjahre‹

Mit der Leichtigkeit tut sich der Deutsche besonders schwer.
Werner Mitsch

Wir selber müssen hell werden,
wenn die Welt ein klein wenig heller werden soll.
Reinhold Schneider

Es ist besser, Genossenes zu bereuen,
als zu bereuen, daß man nichts genossen hat.
Giovanni Boccaccio

Ein Leben ohne Feste: Ein langer Weg ohne Gasthäuser.
Demokrit

Daß das Glück ihm günstig sei, / Was hilfts dem Stöffel?
Denn regnets Brei, / Fehlt ihm der Löffel.
Goethe, Sprichwörtlich

Spötters Haus brennt auch.
Sebastian Franck

Humor verzeiht. Satire verachtet. Witz ist nur intellektuelles Spiel.
Oswald Spengler

Der Scherz ist ein Versuch, Ungleichheit gleichzustellen,
Darum scherzen ungestraft nur unter sich Gesellen.
Mit Kleinem scherze nicht! er wird sich überheben;
Und nicht mit Größerem, er wird dir's nicht vergeben.
Friedrich Rückert

Lustige Leute begehen mehr Torheiten, aber traurige begehen größere.
Ewald Christian von Kleist

›Bei mancherlei Geschäftigkeit / Hast du dich ungeschickt benommen.‹
Ohne jene Verrücktheit, / Wär' ich nicht so weit gekommen.
Goethe, ›Zahme Xenien‹

Der Einwand, der Seitensprung, das fröhliche Mißtrauen, die Spottlust
sind Anzeichen der Gesundheit: alles Unbedingte gehört in die Pathologie.
Friedrich Nietzsche

Mit Mädchen sich vertragen, / Mit Männern 'rumgeschlagen,
Und mehr Kredit als Geld: / So kommt man durch die Welt.
Goethe, ›Frech und froh‹

Nichts Lieberes auf dieser Welt, / Denn schöne Jungfrau und bar Geld.
Stammbucheintrag Nürnberg 1598

Lustig gelebt und selig gestorben heißt dem Teufel das Konzept verdorben.
Stammbucheintrag Erlangen 1764

Auch ich war in Arkadien geboren,
Und ward daraus entführt vom neidischen Glücke.
Ist hier der Rückweg? fragt ich jede Brücke;
Der Eingang hier? fragt ich an allen Toren.
Friedrich Rückert, ›Aprilreiseblätter‹, 1811

Glücklicherweise kann der Mensch nur einen gewissen
Grad des Unglücks fassen; was darüber hinausgeht,
vernichtet ihn oder läßt ihn gleichgültig.
Goethe, ›Die Wahlverwandtschaften‹

Ich sehe nichts Großes darin, wegzulaufen wie einer,
der sein Geld im Spiel verlor. Es gehört größerer Mut
dazu, unverschuldetes Unglück zu überleben.
Napoleon Bonaparte

Krankheiten sind Lehrjahre der Lebenskunst und der Gemütsbildung.
Novalis

Wirkliche Sorgen sind der beste Schutz gegen eingebildete Sorgen.
Charles Tschopp

Im Unglück pflegen die Menschen früh zu altern.
Hesiod

Nur der Tatenlose ist mitleidig.
Oswald Spengler

Zu dem Armen der Geizige spricht: ›Freund, immer strecke
Dich nach der Decke!‹ Aber die Decke gibt er ihm nicht.
Julius Stettenheim

Mißtrauen Sie den Bettlern. Die wirklich Bedürftigen
findet man nicht auf den Straßen.
Es ist besser, Familien zu unterstützen, deren Armut
oder Unglück man kennt.
Günther Anders

Frohe Arbeit – ernster Wille! / Mal en Schluck in de Destille!
Und een bißken Kille-Kille – / Det hält munter! *Heinrich Zille*

Am Sunntig isch Kirchweih, do versuf ' ich mei Geld,
Steig ufi in Himmel, und guck abi in d' Welt.
Schnadahüpferl

Julius Stettenheim

Der Cassius dort hat einen hohlen Blick;
Er denkt zuviel: Die Leute sind gefährlich.
William Shakespeare, ›Julius Cäsar‹

Unter allen Leidenschaften der Seele bringt die
Traurigkeit am meisten Schaden für den Leib.
Thomas von Aquin

Hartnäckige Übellaunigkeit ist ein allzu klares Symptom
dafür, daß ein Mensch gegen seine Bestimmung lebt.
José Ortega y Gasset, ›Um einen Goethe von innen bittend‹

Wer sich von jeher erlaubt hätte, die Welt so schlecht anzusehen,
wie uns die Widersacher darstellen,
der müßte ein miserables Subjekt geworden sein.
Goethe, ›Maximen und Reflexionen‹

Ja, schelte nur fort, / Es wird sich nie Beßres ergeben;
Denn Trost ist ein absurdes Wort: / Wer nicht verzweifeln kann,
der muß nicht leben.
Goethe, ›Sprichwörtlich‹

Das bejammern oder fürchten,
Was unvermeidlich ist, wär kind'sche Schwäche.
William Shakespeare, ›König Heinrich VI.‹

Angst – ich bestehe aus ihr.
Franz Kafka

Ein Finanzrat darf verdrossen sein, aber nicht ein Studienrat!
Der eine sitzt über oft unfrohen Akten,
der andere steht vor Kinderseelen,
die froh sein wollen, um ernst werden zu können.
Theodor Heuss

Der Mensch gibt ebenso schwer eine Furcht auf als eine Hoffnung.
Otto Ludwig

Ein echter Pessimist kommt dem Pech immer ein wenig entgegen.
Robert Lembke

Schlechtgelaunte Menschen haben Pech.
Horst Wolfram Geißler

Nur um rechtzubekommen, freuen sich viele schon auf den Weltuntergang.
Werner Mitsche

Jeder möge seine Meinung üppig genießen, bis jenes Licht
der Erkenntnis die Finsternis der falschen Propheten
auf rechte Weise in den Glanz des Wahrhaften verwandelt.
Johannes Eriugena, mehr als dreihundert Jahre nach seinem Tode
von Papst Honorius III. als Ketzer verurteilt, ein Geist vom Range einer
Hildegard von Bingen, eines Nikolaus von Kues, eines Meister Eckhart

Bereiche des Geistigen

Wissenschaft
Gelehrte und Bücher

Auguste Rodin, ›Der Denker‹, 1880

O JAHRHUNDERT! O WISSENSCHAFTEN:
ES IST EINE LUST ZU LEBEN!
Ulrich vor Hutten an Pirkheimer am 25. Dezember 1518

Ich kann an einem Tag tausend adeln und zu Rittern
machen; aber so mächtig bin ich nicht, daß ich
in tausend Jahren einen Gelehrten machen könnte.
Kaiser Sigismund

Ich habe alles, was ich gesehen, gehört, beobachtet habe,
gesammelt und verwertet. Meine Werke
haben von tausend verschiedenen Personen Nahrung gezogen;
Unwissende und Weise, geistvolle Männer
und Dummköpfe, die Kindheit, das reife Alter,
das Greisenalter, alle kamen und boten mir
ihre Gedanken, Fähigkeiten, ihre Hoffnung, ihre Art,
zu sein, an; ich hab oft geerntet, wo andere gesät
hatten, mein Werk ist das eines Sammelwesens,
und es trägt den Namen Goethe.
Goethe am 17. Februar 1832 an Frédéric Jean Soret aus Genf

Die Wissenschaft im Bunde mit der Liebe
führt zur Weisheit und der Welt zum Heile.
Paracelsus von Hohenheim

Bildung ist die Fähigkeit, Wesentliches vom Unwesentlichen
zu unterscheiden, und jenes ernst zu nehmen.
Paul de Lagarde, ›Deutsche Schriften‹, 1886

Es ist der Vorzug aller höheren Naturen, daß sie die Welt
mit allen ihren Einzelheiten immer symbolisch sehen.
Friedrich Hebbel

In dem idealen Gebiete der deutschen Universität
können die Geister nie zu kühn sein.
*Karl August von Hardenbergs Glückwunschbrief an Ernst Moritz Arndt,
von der Wirklichkeit widerlegt*

Auch in der Wissenschaft ist alles ethisch,
die Behandlung hängt vom Charakter ab.
Goethe, Tagebuch, 15. Februar 1831

Die Aufgabe des Gebildeten ist: wahrhaftig zu sein
und sich wirklich in ein Verhältnis zu allem Großen zu setzen.
Bildung ist das Leben im Sinne großer Geister mit dem Zweck großer Ziele.
Friedrich Nietzsche

Otto Michel

Welches Glück liegt im Empfangen einer neuen Idee!
Karl L. Immermann

Alles Wissen ist auf einem fundamentalen Nichtwissen gegründet.
Reinhold Schneider

Die neuere Zeit schätzt sich selbst zu hoch,
wegen der großen Masse Stoffes, den sie umfaßt.
Der Vorzug des Menschen beruht aber darauf,
daß er Stoff zu behandeln und zu beherrschen weiß.
Johann Wolfgang von Goethe

Wie wundervoll sind diese Wesen,
Die, was nicht deutbar, dennoch deuten,
Was nie geschrieben wurde, lesen,
Verworrenes beherrschend binden,
Und Wege noch im Ewig-Dunkeln finden.
Hugo von Hofmannsthal, ›Der Tor und der Tod‹

Nicht das viele Wissen tut's, / Sondern wissen etwas Gut's.
Friedrich von Logau

Fähigkeit zur Kürze gibt nur die Kenntnis.
Friedrich Georg Jünger

Toren und gescheite Leute sind gleich unschädlich.
Nur die Halbnarren und Halbweisen, das sind die gefährlichsten.
Goethe, ›Maximen und Reflexionen‹

Wenn man einen Riesen sieht, so untersuche man
erst den Stand der Sonne und gebe acht, ob es nicht
der Schatten eines Pygmäen ist.
Novalis, ›Fragmente‹

Wenn du glaubst, einen Bart wachsen zu lassen bedeute Weisheit,
dann wäre die Ziege sofort ein wahrer Platon.
Lukian

Genug, er war Original, / Und aus Originalität
Er andern Narren gleichen tät.
Goethe, ›Der ewige Jude‹

Stets äußert sich der Weise leise, / vorsichtig und bedingungsweise.
Wilhelm Busch

Schopenhauer, ›Die Welt als Wille und Vorstellung‹

Der Weise spricht zu uns über seinen Tod hinaus.
Sprichwörtlich

Die Wissenschaft ist der auserlesene Weg,
um das Gemüt des Menschen heldisch zu gestalten.
Giordano Bruno

Was ist das Schwerste von allem?
Was dir das Leichteste dünket,
Mit den Augen zu sehn, was vor den Augen dir liegt.
Goethe, ›Xenien aus dem Nachlaß‹

Das Nicht-Verquere, zu dem unsereiner – durch
die ungesunde Distanzierung der Universität vom Leben
und der damit zusammenhängenden Gefahr
einer beständigen, im einzelnen kaum noch spürbaren
Verkrüppelung im Geistigen – kaum noch einen Zugang
findet und fast verzweifelt darum kämpft,
diesen Zugang möchte ich im Auge behalten.
Hellmut Diwald an Richard W. Eichler am 20. Mai 1980

Die Bildung eines Menschen zeigt sich am deutlichsten
in seinem Verhalten gegenüber Ungebildeten.
Hans Kilian, ›Brevier für Vorgesetzte‹

Wir würden unser Wissen nicht für Stückwerk erklären,
wenn wir nicht einen Begriff von einem Ganzen hätten.
Goethe, ›Maximen und Reflexionen‹

Lehren heißt, zweimal lernen.
Joseph Joubert

Wenn du als Mann die Wissenschaft vermehrst,
So kann dein Sohn zu höhrem Ziel gelangen.
Goethe, ›Faust I‹

Wir wissen so viel, / wir wissen zu viel!
Keith Jarret

Wieso haben die Intellektuellen, wenn sie scharenweise
zusammenkommen, unweigerlich etwas Komisches?
Max Frisch, ›Tagebuch 1946–1949‹

Ein Genie weckt tausend Spezialisten, tausend Spezialisten kein Genie.
Erich Limpach

Arthur Schopenhauer
über Gelehrte und Bücher

Das charakteristische Merkmal der Geister ersten Ranges
ist die Unmittelbarkeit aller ihrer Urteile.
Alles was sie vorbringen, ist Resultat ihres selbsteigenen
Denkens und kündigt sich, schon durch den Vortrag,
überall als solches an.
Sie haben sonach, gleich den Fürsten, eine Reichsunmittelbarkeit
im Reiche der Geister: die übrigen sind alle mediatisiert;
welches schon an ihrem Stil, der kein eigenes Gepräge hat,
zu erkennen ist.

Im Ganzen genommen, ist die Stallfütterung der Professoren
am geeignetsten für die Wiederkäuer.
Hingegen die, welche aus den Händen der Natur
die eigene Beute empfangen, befinden sich besser im Freien.

Wenn wir lesen, denkt ein anderer für uns:
wir wiederholen nur seinen mentalen Prozeß.
Es ist damit, wie wenn beim Schreibenlernen der Schüler
die vom Lehrer mit Bleistift geschriebenen Züge
mit der Feder nachzieht. Damit ist beim Lesen die Arbeit
des Denkens zum größten Teil abgenommen. . . zu diesem allen
kommt, daß zu Papier gebrachte Gedanken überhaupt nichts
weiter sind als die Spur eines Fußgängers im Sande:
man sieht wohl den Weg, welchen er genommen hat;
aber um zu wissen, was er auf dem Wege gesehn,
muß man seine eigenen Augen gebrauchen.

Xerxes hat, nach Herodot, beim Anblick seines unübersehbaren
Heeres geweint, indem er bedachte, daß von diesen allen,
nach hundert Jahren, keiner am Leben sein würde:
wer möchte da nicht weinen, beim Anblick des dicken
Meßkatalogs, wenn er bedenkt, daß von all diesen Büchern,
schon nach zehn Jahren, keines mehr am Leben sein wird.

Daß Bücher nicht die Erfahrung und Gelehrsamkeit
nicht das Genie ersetzen, sind zwei verwandte Phänomene:
ihr gemeinsamer Grund ist, daß das Abstrakte
nie das Anschauliche ersetzen kann.

So sehr viel leichter ist Widerlegen als Beweisen,
Umwerfen als Aufstellen.

Oswald Spengler

Die Philosophie soll nicht abdanken. Am wenigsten heute.

Es gelte ›Unser Menschsein im Philosophieren offen zu halten‹.
Sich verbergen ist an sich unphilosophisch.
Kernsätze aus Werken von Karl Jaspers

Na, Prosit! Sagte Fritzchen Köhler. / Nach dem Examen ist mir wöhler.
Wilhelm Busch

Verfahrner Schüler Stoßgebet / Heißt: Herr, gib uns zu trinken!
Victor von Scheffel

Die Trigonometrie des Irrsinns nennt man Philosophie.
Peter Bamm

Wenn man in umgekehrter Welt / den Clown an's Katheder,
den Philosoph auf's Drahtseil stellt, / wer wirkt von beiden blöder?
Fred Endrikat

Ganz und gar / Bin ich ein armer Wicht,
Meine Träume sind nicht wahr, / Und meine Gedanken geraten nicht.
Goethe, ›Sprichwörtlich‹

Wer ein' glatten Aal beim Schwanz kann halten
und in vier Teil' ein Härlein spalten,
den soll man loben für einen geschickten Herrn,
aber gleich in den Narrenturm sperrn.
Volksweisheit

Ein fachkundiger Mensch ist jener, der sich den Regeln gemäß irrt.
Paul Valéry

Wissen ohne Bildung ist der Todfeind jeder Kultur.
Thomas Niederreuther

Zum Beweisen sind die Privatdozenten da.
Walther Rathenau

Wer sich auf seinen Lorbeeren ausruht, trägt sie am falschen Körperteil.
Heinz Riesenhuber

Leute, die über den Wissensdurst getrunken haben, sind eine Plage.
Karl Kraus

Das Gleiche läßt uns in Ruhe; aber der Widerspruch ist es,
der uns produktiv macht.
Goethe zu Eckermann am 28. März 1827

Tacitus, ›Annalen‹

Sobald man in der Wissenschaft einer gewissen
beschränkten Konfession angehört, ist sogleich jede
unbefangene treue Auffassung dahin.
Goethe zu Eckermann am 18. Mai 1824

Die Wissenschaften gehn vorwärts nicht im Zirkel,
aber in einer Spirallinie – dasselbe kommt wieder,
aber höher und weiter.
Goethe zu Christian von Voigt am 5. August 1806

Der Umsturz alles Bestehenden wird in den Naturwissenschaften nur
von unkritischen halbverrückten Fanatikern probiert. . .
Werner Heisenberg, ›Revolution und Universitätsleben‹

Als Pythagoras einst seinen berühmten Lehrsatz
entdeckt hatte, brachte er den Göttern eine Hekatombe
Ochsen als Dankopfer dar. Seitdem zittern alle Ochsen,
so oft eine neue Wahrheit ans Licht kommt!
Arthur Schopenhauer

Wissenschaften entfernen sich im ganzen immer vom Leben
und kehren nur durch einen Umweg wieder dahin zurück.
Goethe, ›Maximen und Reflexionen‹

Die Gelehrten sind meist gehässig, wenn sie widerlegen;
einen Irrenden sehen sie gleich als Todfeind an.
Goethe, ›Maximen und Reflexionen‹

Die Arznei macht kranke, die Mathematik traurige
und die Theologie sündhafte Leute.
Martin Luther

Soziologie ist die Kunst, eine Sache, die keiner versteht
und die jeden interessiert, so ausdrücken zu können,
daß jeder sie versteht und sie keinen mehr interessiert.
Arnold Bergstraesser zu Hans Joachim Schoeps

Aus einer großen Gesellschaft heraus
Ging einst ein stiller Gelehrter nach Haus.
Man fragte: Wie seid ihr zufrieden gewesen?
›Wärens Bücher‹, sagt er, ›ich würd sie nicht lesen.‹
Goethe, ›Gesellschaft‹

Man soll sich vor Menschen hüten, die nur ein Buch gelesen haben.
Giacomo Casanova

Je gelehrter, desto verkehrter.
Volksweisheit

Des Wissens wird immer mehr,
und Verstand und Vernunft bleiben immer dieselben.
Goethe zu Friedrich Wilhelm Riemer am 8. Februar 1824

Manche sind auf das, was sie wissen, stolz;
gegen das, was sie nicht wissen, hoffärtig.
Goethe, › Maximen und Reflexionen‹

Die Herren dieser Art blendt oft zu vieles Licht,
Sie sehn den Wald vor lauter Bäumen nicht.
Christoph Martin Wieland, ›Musarion‹, 1768

Was Philosophen erst einmal gründlich zu diskutieren
sich vorgenommen haben, scheint damit der Stärkung
der menschlichen Einsichtskraft
endgültig entfremdet zu werden.
Eberhard Winterhager, in ›Festschrift für Hellmut Diwald‹, 1994

Gelehrsamkeit
Einem ist sie die hohe, die himmlische Göttin;
dem andern eine tüchtige Kuh, die ihn mit Butter versorgt.
Friedrich von Schiller, ›Xenien‹

Um gelehrt zu sein, braucht man nur ein gutes Gedächtnis.
Gustave Flaubert, ›Wörterbuch der Gemeinplätze‹

Unser Verstand lebt vom Treppenwitz, vom Hinterdrein.
Gefühl hat Witterung, führendes Gesicht. Gemüt leitet,
und Ahnung muß man von dem inneren Leben
der Dinge haben.
Erwin Guido Kolbenheyer

Gelehrte dirigieren ist nicht viel besser,
als eine Komödiantentruppe unter sich zu haben.
Wilhelm von Humboldt an seine Frau am 16. November 1808

Wie sie den Doktor schnell umringen, / Wie sie die harten Fäuste schwingen,
Die guten Lehren festzunageln, / Die brausend auf den Sünder hageln.
Nikolaus Lenau, ›Faust‹

Immer wieder wage / den Zweifel und die Frage.
Erich Limpach

Es gibt keine trockene Wissenschaft, nur trockene Gelehrte

Joseph Unger

Ein jeder Deutsche möchte lernen und erfinden, die Politik ist allen eine lästige Störung, denn eine geheime Stimme scheint ihnen zu sagen, daß die Ereignisse der Welt uns fern liegen und andere Völker aufgerufen haben; darum strebt nach Wissenschaft und Kunst mit ganzer Hingebung und bewährt darin die Liebe zu euerm Volke; habt ihr diese Liebe bewahrt, so seid ihr auch zu aller Tat bereit, wenn euer Volk sie künftig einmal fordern sollte.

Achim von Arnim, ›Schriften‹

Heutzutage schreiben viele Gelehrte mehr, als sie wissen; in alten Zeiten wußten einige mehr, als sie schrieben.

Matthias Claudius

Daran erkenn ich den gelehrten Herrn!
Was ihr nicht tastet, steht euch meilenfern,
Was ihr nicht faßt, das fehlt euch ganz und gar,
Was ihr nicht rechnet, glaubt ihr, sei nicht wahr,
Was ihr nicht wägt, hat für euch kein Gewicht,
Was ihr nicht münzt, das, meint ihr, gelte nicht!

Goethe, ›Faust II‹

Hütet euch vor den Gelehrten! / Sie hassen euch, denn sie sind unfruchtbar.
Sie haben kalte, vertrocknete Augen, / vor ihnen liegt jeder Vogel entfedert.

Nietzsche, ›Also sprach Zarathustra‹

Ich freue mich, wenn kluge Männer sprechen,
Daß ich verstehen kann, wie sie es meinen.

Goethe, ›Torquato Tasso‹

Wenn das Leben mit der Lehre in Widerspruch steht,
dann hat stets das Leben recht.

Justus von Liebig

Die Wissenschaft soll endlich dem Volk helfen, in Tat übergehen.
Wenn die Philosophen ihre Resultate nicht populär machen,
so werden die Pfaffen und Finsterlinge schon Sorge tragen, dieselben
dem Volke auf eine Art zu übersetzen, welche in ihren Kram dient.

Gottfried Keller, Tagebuch, 8. August 1843

Die Kunst, verständlich zu schreiben, ist die Höflichkeit der Genies.

Hans Kasper

Die Gottheit läßt sich nicht photographieren.
Die Wissenschaft bedauert das sehr.

Emil Nolde, ›Ungemalte Bilder‹

Louis Pasteur

Grundlagenforschung ist, was ich tue, wenn ich nicht weiß, was ich tue.
Wernher von Braun

Eine Entdeckung besteht darin, etwas zu sehen,
was jedermann gesehen hat, und sich dabei etwas zu denken,
was noch niemand gedacht hat.
Albert Szent-Györgyi

Wissenschaftler sind ebenso gewöhnliche, dickköpfige und unvernünftige
Wesen wie irgendwer sonst, und ihre außerordentliche Intelligenz
macht ihre Vorurteile um so gefährlicher.
Hans Jürgen Eysenck

Wenn ich Kanäle in meinem Kopfe ziehen könnte,
um den inländischen Handel zwischen
meinem Gedankenvorrate zu befördern!
Aber da liegen sie zu Hunderten, ohne einander zu nützen.
Georg Christoph Lichtenberg

Vieles ist bekannt, aber leider in verschiedenen Köpfen.
Werner Kollath, ›Medica Mente‹, 1950

Wissenschaft macht keine Augen, sondern Brillen.
Friedrich Georg Jünger, ›Gedanken und Merkzeichen‹, 1949

Was die Schärfe angeht, bin ich der Meinung, daß in der geistigen Welt
durch Schwammigkeit mehr Unheil entstand, als durch Härte.
Gotffried Benn

Mancher Mann studiert sich frigid.
Georg Christoph Lichtenberg

Die Unbildung zahlloser Vielwisser ist leicht erklärt:
Was sie nicht wirklich anrührt, können sie zwar speichern,
aber sich nicht aneignen.
Richard W. Eichler

Philosophie ist ihre Zeit in Gedanken erfaßt.
Georg Wilhelm Friedrich Hegel

Man soll sich der Gelehrten als lebender Bibliotheken bedienen,
sie respektvoll und freigebig behandeln, Nutzen aus ihnen ziehen
und sie auf ihrem eigenen Gebiet um Rat fragen, doch,
davon abgesehen, muß man wissen, daß sie sich in weltlichen
und praktischen Dingen meist simpel ausnehmen.
Christine von Schweden

EIN GELEHRTER DUMMKOPF IST EIN GRÖSSERER DUMMKOPF ALS EIN UNWISSENDER

Moliere, ›Die gelehrten Frauen‹

Und die Gelehrten sind eben solche pinselige Fratzen,
mit ihrem allseitigen Viellieben,
wobei alle Einheit des großen Lebens und des hohen Gefühls
vergeht: die meisten ohne Sinn und Ehre.
Von Glück und Kraft der Welt wissen sie nicht mehr,
und bei jedem neuesten blutigen Tanz der Zeit
posaunen sie Aussichten von verborgenen Zwecken und
Entwicklungen der Vorsehung und des Zeitalters.
Kommt mir eine solche Kreatur auf den Hals, so mochte ich
zuweilen stößig werden; aber sie sind allenthalben, und man muß sie schon
ertragen lernen, weil man nicht aus der Welt laufen kann.

Professor Ernst Moritz Arndt

Das beste Wissen, es vermehret die Last,
Ein Tor ist, wer gelehrt und nicht verständig.

Franz Grillparzer

Was mich betrifft, werde ich Ihnen den größten Dank schuldig sein,
wenn Sie mich endlich mit der Philosophie versöhnen, die ich
nie entbehren und mit der ich mich niemals vereinigen konnte.

Goethe an Fichte am 24. Juni 1794

. . . es ist hohe Zeit, daß ich für eine Weile die philosophische Bude schließe.
Das Herz schmachtet nach einem betastlichen Objekt.

Schiller an Goethe am 17. Dezember 1795

Da aber sah ich, daß den meisten die Wissenschaft nur etwas ist,
insofern sie davon leben, und daß sie sogar den Irrtum vergöttern,
wenn sie davon ihre Existenz haben.

Goethe zu Eckermann am 15. Oktober 1825

Diplom. Äußerliches Merkmal für Wissen. Beweist nichts.

Gustave Flaubert, ›Wörterbuch der Gemeinplätze‹

Intellektueller, ein Mensch, der seinem Verstande nicht gewachsen ist.

›Der große Brockhaus‹, 1954, Band V/703

Nichts schadet der menschlichen Phantasie mehr als eine gesicherte Existenz.

Werner Mitsch

Einen mit Weisheit Gesalbten darf man nicht warm werden lassen,
sonst trieft er.

Marie von Ebner-Eschenbach

Hippokrates, ›Das Prognostikon‹

Auch muß ich selbst sagen, halt ich es für wahr,
daß die Humanität endlich siegen wird, nur fürcht ich,
daß zu gleicher Zeit die Welt ein großes Hospital
und einer des andern humaner Krankenwärter werden wird.

Goethe am 8. Juni 1787 an Charlotte von Stein

Das Geheimnis der Medizin besteht darin,
den Patienten abzulenken, während die Natur sich selbst hilft.

Voltaire

In Wien kuriert ich einen Mann, / Der hatte einen hohlen Zahn.
Ich schoß ihn raus mit der Pistol, / Ach Gott, wie ist dem Mann so wohl.

Der Doktor Eisenbart

Man sollte niemals zu einem Arzt gehen,
ohne zu wissen, was dessen Lieblingsdiagnose ist.

Henry Fielding

Wenn ein Arzt hinter dem Sarg eines Patienten geht,
so folgt manchmal tatsächliche die Ursache der Wirkung.

Robert Koch

Herausgewachsen aus allen Bindungen, verfällt das Individuum dem
Müßigang, dem Selbstmord, dem Laster oder der Psychologie.

Peter Robert Hofstaedter, ›Die Psychologie und das Leben‹

Die Werke von Marx haben als Quelle einer Offenbarung
die Stelle der Bibel und des Koran eingenommen,
obwohl sie nicht freier von Widersprüchen
sein sollen als diese. . .

Sigmund Freud, ›Vorlesungen zur Psychoanalyse‹, 1932

Die Psychoanalyse ist jene Geisteskrankheit,
für deren Therapie sie sich hält.

Karl Kraus, ›Nachts‹, 1909

Psychoanalyse: – neben der Verwandlung durch marxistische
Denkungsart eine Weise der Vernichtung der Menschenwürde.

Karl Jaspers, ›Philosophie und Welt‹, 1958

In der Stratosphäre, / Links vom Eingang, führt ein Gang,
(Wenn er nicht verschüttet wäre) / Sieben Kilometer lang,
Bis ins Ungefähre.

Joachim Ringelnatz, ›Die neuen Fernen‹

Wer die Vergangenheit beherrscht, beherrscht die Zukunft,
und wer die Gegenwart beherrscht, beherrscht die Vergangenheit.
George Orwell, ›1984‹

Joh. Heinrich Wilhelm Tischbein, ›Goethe in der Campagna‹, 1787

Ist dies schon Tollheit, hat es doch Methode!
William Shakespeare, ›Hamlet‹

Das Absurde vergöttern zu müssen,
ist der allertraurigste Fall, in welchen der
seiner Vernunft sich bewußte Mensch geraten kann.
Goethe, ›Schriften zur Literatur‹

Gelehrte betrügen sich gemeiniglich am meisten im Urteilen
über Menschen. Sie sind mit ihrer Unsterblichkeit beschäftigt
und geben sich nicht die Mühe, das Innere des Menschen
zu untersuchen.
Ewald Christian von Kleist

In Deutschland reicht der philosophische Geist viel weiter
als in irgendeinem andern Lande; nichts hält ihn auf,
und gerade die Abwesenheit der politischen Laufbahn,
wie nachteilig sie auch der Masse ist, gibt den Denkern
um so mehr Freiheit.
Anne Germaine de Staël, ›Über Deutschland‹

Auch die strenge wissenschaftliche Forschung kann
ohne das freie Spiel der Einbildungskraft nicht vorwärtskommen.
Wer nicht gelegentlich auch einmal kausalwidrige Dinge
zu denken vermag, wird seine Wissenschaft
nie um eine neue Idee bereichern können.
Max Planck

Chemisch reines Wasser ist ungesund,
chemisch reines Wissen ist tödlich. Wie zum Wasser der
Sauerstoff der Luft, so muß zum Wissen die Persönlichkeit
hinzutreten, um es verdaulich zu machen.
Paul de Lagarde

In der Universität zählen heute nicht mehr die Kapazitäten,
sondern nur noch die Kapazität.
Heinz Müller-Dietz, ›Alles was Recht ist‹, 1983

Die wirksamste Waffe gegen die Hochschulen
ist ein Teil ihrer Professoren.
Hans Weigel

Gelehrten, welche Politiker werden, wird gewöhnlich
die komische Rolle zugeteilt, das gute Gewissen
einer Politik sein zu müssen.
Friedrich Nietzsche

Christian Morgenstern, ›Aphorismen und Sprüche‹

Die Gelehrten haben meistens die abgeschliffenste
Gleichgültigkeit gegen Recht und Unrecht,
und vermieten ihr bißchen erbärmliche Dialektik
für den schmutzigsten Gewinn an den Meistbietenden;
aber die Staatsverweser und die Religionsvorsteher
tun auch alles mögliche, um aus rechtlichen, vernünftigen
Leuten Indifferentisten zu machen.
Johann Gottfried Seume

Man versteht das Künstliche gewöhnlich besser als das Natürliche.
Es gehört mehr Geist zum Einfachen als zum Komplizierten. . .
Novalis

Schon Till Eulenspiegel hat bewiesen, daß man einen Mitmenschen
zur Verzweiflung treiben kann, wenn man ihn auf die absurdeste
Art und Weise scheinlogisch beim Wort nimmt.
Heinz Friedrich, ›Im Narrenschiff des Zeitgeistes‹, 1972

Philosophien sind Schwimmgürtel,
gefügt aus dem Kork der Sprache.
Christian Morgenstern, ›Aphorismen und Sprüche‹

Daß man sich dumm lernt und närrisch philosophiert,
sind ziemlich gewöhnliche Erscheinungen.
Johann Gottfried Seume

Er handelte mit anderer Leute Meinungen. Er war ein Philosoph.
Georg Christoph Lichtenberg

Psychologie ist Philosophie nach dem Sündenfall.
Rudolf Alexander Schröder, ›Aphorismen und Reflexionen‹, 1977

Bacon hat die spekulative Philosophie mit der Lerche verglichen,
welche zum Himmel aufsteigt und wiederkehrt, ohne von ihrem Fluge
das mindeste mitzubringen. Empirismus hingegen mit dem Falken,
der ebenso hoch steigt, aber mit seiner Beute zurückkommt.
Anne Germaine de Staël, ›Über Deutschland‹

Eine unfruchtbare Weisheit ist schon fast eine Dummheit.
Bernd Rill, ›Das Neueste aus der Tonne des Diogenes‹, 1989

Das sogenannte ›verkannte Genie‹ ist eine zweifelhafte
Erscheinung. Meist entpuppt es sich eher als Untauglichkeit.
Carl Gustav Jung, ›Der Begabte‹

Gedanken sind zollfrei.
Aber man hat doch Scherereien.

Wie wird die Welt regiert und in den Krieg geführt?
Diplomaten belügen Journalisten und glauben es,
wenn sie's lesen.

›Die Welt erobern‹: weil Händler so sprachen,
mußten Krieger so handeln. Seitdem wird erobert,
wenngleich nicht der Weltmarkt.

Kriege und Geschäftsbücher werden ›mit Gott‹ geführt.

Der Agitator ergreift das Wort.
Der Künstler wird vom Wort ergriffen.

Geduld ihr Forscher! Die Aufklärung des Geheimnisses
wird durch dieses selbst erfolgen.

Das sind die wahren Wunder der Technik,
daß sie das, wofür sie entschädigt,
auch ehrlich kaputt macht.

Die Technik ist ein Dienstbote,
der nebenan so geräuschvoll Ordnung macht,
daß die Herrschaft nicht Musik machen kann.

In einen hohlen Kopf geht viel Wissen.

Ansichten pflanzen sich durch Teilung,
Gedanken durch Knospung fort.

Ein guter Psycholog ist imstande,
sich ohne weiteres in seine Lage zu versetzen.

Krank sind die meisten, aber nur wenige wissen,
daß sie sich etwas darauf einbilden können.
Das sind die Psychoanalytiker.

Ein Aphorismus braucht nicht wahr zu sein,
aber er soll die Wahrheit überflügeln.

Nur in der Wonne sprachlicher Zeugung
wird aus dem Chaos eine Welt.

Die Literatur von heute sind Rezepte,
die die Kranken schreiben.

Anne Germaine de Staël, ›Über Deutschland‹

Die meisten unserer Kritiker sind nur deshalb Scharfrichter geworden,
weil sie keine Könige werden konnten.
Friedrich Hebbel

Schreibe nichts, was die Nachwelt als wertlos ansehen wird.
Voltaire

Unsinn! Woher sollen wir wissen, was die Nachwelt als
wertvoll ansehen wird? Wer sind wir, daß wir uns anmaßen,
zu entscheiden, wie die Nachfahren die Welt betrachten wollen.
Laßt uns lieber alles schreiben, was wir für wert halten,
aufgezeichnet zu werden. Mag sich die Nachwelt heraussuchen,
was ihr aus unseren Werken gefällt, und den Rest verwerfen.
Alexandre Dumas der Ältere

Lessing, einer von den scharfsinnigsten Geistern Deutschlands,
hat nie aufgehört, die ganze Stärke seiner Logik
gegen die so oft wiederholte Maxime zu richten:
daß es gefährliche Wahrheiten gibt.
Anne Germaine de Staël, ›Über Deutschland‹

Die Zensur ist die jüngere von zwei schändlichen
Schwestern, die ältere heißt Inquisition.
Johann Nestroy

Wenn Freiheit etwas bedeutet, dann das Recht,
andern Leuten das zu sagen, was sie nicht hören wollen.
George Orwell

Man wird in anderen Erdteilen den Negern die Ketten
abnehmen und in Europa den Geistern anlegen.
*Friedrich von Schiller am 13. Juli 1793
an Prinz Friedrich Christian von Dänemark*

Je mehr die Befreier ihr Werk rühmen,
desto weniger Freiheit gibt es.
Milenko Pajovic

Man muß Bücher schreiben, die gewinnen, wenn das Geschlecht,
das sie später liest, andere Röcke und Hosen trägt.
Wilhelm Raabe

Noble Dichtung bekommt neuerdings kaum den Nobelpreis.
Richard W. Eichler

Friedrich von Logau

Über Bücher
Freunde habe ich, deren Gesellschaft mir sehr wert ist.
Allen Ländern und Zeiten entstammen sie,
mit Ehren hat sie die Gelehrsamkeit überhäuft.
Sie stehen mir immer zu Diensten, stets willfährig,
mir Antwort auf Fragen zu geben, die ich ihnen stelle.
Auch bringt ein jedes nicht nur sich selbst
dem Leser dar: Es schenkt uns neue Namen,
eines weckt die Sehnsucht zum anderen.

Francesco Petrarca

Eine gute Bibliothek ist wie eine königliche Schatzkammer,
in der jeder sich mit soviel Kostbarkeiten beladen kann,
als sein Herz und sein Verstand zu tragen vermögen.

Alexander Puschkin

Die nützlichsten Bücher sind die, die den Leser anregen, sie zu ergänzen.

Voltaire

Bücher sind bessere Freunde als Menschen,
denn sie reden nur, wenn wir es wollen, und schweigen,
wenn wir anderes vorhaben.
Sie geben immer und fordern nie.
Sie sind die ewig Geduldigen, die Jahre und Jahrzehnte
warten können, ohne daß ihre Gedanken bitter,
ihre Gefühle kühl werden. Sie altern nicht,
sie sind nicht launisch, sie haben immer Zeit für uns,
wenn wir zu ihnen kommen.

Börries von Münchhausen

Von den vielen Welten, die der Mensch nicht von der
Natur geschenkt bekam, sondern sich aus dem eigenen
Geist geschaffen hat, ist die Welt der Bücher die größte.

Hermann Hesse, ›Magie des Buches‹

Gute Gedanken sind die, bei denen dir, mein Leser,
noch bessere einfallen.

Charles Tschopp

Die Bestätigung eines Künstlers liegt nicht im Erfolg – der ist manchmal
nur ein Mißverständnis –, sondern im Argwohn, im Mißtrauen,
das ihm entgegenschlägt.

Siegfried Lenz, ›Ansteckende Gefühle‹, 1961

Terentianus Maurus

In einem guten Buche stehen mehr Wahrheiten,
als der Verfasser hineinzuschreiben meinte.
Marie von Ebner-Eschenbach

In den Büchern hat jeder Arme und Einfältige die Möglichkeit
des Umganges mit den erlauchtesten Geistern seines Volkes,
mehr noch: aller Völker, mehr noch:
aller Zeiten aller Völker!
Börries von Münchhausen

Jener leichte unterhaltende Ton, mit welchem man über das
spricht, was man nicht weiß, kann seine Eleganz haben,
solange man spricht, verliert sie aber, sobald man schreibt.
Anne Germaine de Staël, ›Über Deutschland‹

. . . So schreibt ein Buch in guter deutscher Sprache,
Daß sich das durst'ge Volk daran kann letzen
Und endlich einmal sieht, was an der Sache!. . .
Gottfried Keller, ›An die Gelehrten‹

Die Wirkungen, die gemeiniglich gute Bücher haben:
es macht die Einfältigen einfältiger,
die Klugen klüger, und die übrigen Tausende
bleiben unverändert.
Georg Christoph Lichtenberg, ›Sudelbücher‹

Gewisse Bücher scheinen geschrieben zu sein, nicht damit man daraus lerne,
sondern damit man wisse, daß der Autor etwas gewußt hat.
Goethe, ›Maximen und Reflexionen‹

Wenn ein Buch erscheint – wieviel glückliche Augenblicke
hat es alsdann schon demjenigen gewährt, der es nach
seinem Herzen und als kultische Handlung schrieb?
Anne Germaine de Staël, ›Über Deutschland‹

Man sollte nicht lesen, um alles herunterzuschlucken,
vielmehr sehen, was man gebrauchen kann.
Henrik Ibsen, ›Peer Gynt‹, 1867

Lesen ist wie Schlafen und Träumen – der Mensch ist
in einer anderen Welt; man soll ihn nicht wecken.
Richard Benz, ›Stufen und Wandlungen‹, 1946

Morgenstern, ›Stufen – Aphorismen und Tagebuchnotizen‹, 1963

Auf Menschen ist nicht leicht zu wirken, / Doch auf das willige Papier.
Goethe, ›Epigrammatisch‹

Je mehr sich unsere Bekanntschaft mit guten Büchern vergrößert,
desto geringer wird der Kreis von Menschen, an deren Umgang
wir Gefallen finden.
Ludwig A. Feuerbach, ›Abälard und Heloise‹, 1834

Wer gute Bücher zu lesen und zu genießen weiß, kann auf einer höheren
Kulturstufe stehen, als der, der mittelmäßige schreibt.
Emil Gött, ›Selbstgespräch‹, 1982

Die schlechtesten Leser sind die, welche wie plündernde Soldaten
verfahren: sie nehmen sich einiges, was sie brauchen können, heraus,
beschmutzen und verwirren das Übrige und lästern das Ganze.
Friedrich Nietzsche

Wer etwas zu sagen hat, / Hat keine Eile.
Er läßt sich Zeit und sagt's / In einer Zeile.
Erich Kästner

Es gibt in der Tat Menschen, die wie ein Buch reden.
Glücklicherweise gibt es zum Entgelt Bücher, die wie ein Mensch reden.
Theodor Haecker

Wer sich selbst kommentiert, geht unter sein Niveau.
Ernst Jünger, ›Blätter und Steine‹

Gebildet ist, wer weiß, wo er findet, was er nicht weiß.
Georg Simmel

Wer nicht liest, kennt die Welt nicht.
Arno Schmidt

Wer sich beständig, ausschlußweise mit Büchern beschäftigt,
ist für das praktische Leben schon halb verloren.
Johann Gottfried Seume

Ein Buch ist ein Spiegel, / wenn ein Affe hineinsieht,
so kann kein Apostel herausgucken.
Georg Christoph Lichtenberg

Ich lese auf Vorrat, weil ich nicht weiß,
ob es im Himmel gute Bibliotheken gibt.
Hermann Schreiber

Dickes Buch – grosses Übel
Neugriechisches Sprichwort

Ein Kater sitzt vorm dicken Buch, / Die Brille auf der Nase;
Man sieht's, er denkt gewaltig klug / Ob einer dunklen Phrase.
Adolf Glaßbrenner, ›Der gelehrte Kater‹

Dein redseliges Buch lehrt mancherlei Neues und Wahres,
Wäre das Wahre nur neu, wäre das Neue nur wahr!
Lessing im ›Musenalmanach‹ von Johann Heinrich Voß

Einst war die Seltenheit der Bücher den Wissenschaften
nachteilig, jetzt ist es deren Überzahl. . .
Karl Julius Weber, ›Demokritos‹

Der Autor hat den Mund zu halten,
wenn sein Werk den Mund auftut.
Friedrich Nietzsche

Es gibt gut eingekleidete Dummheiten,
wie es gut angezogene Dummköpfe gibt.
Nicolas de Chamfort

Das Druckenlassen verhält sich zum Denken
wie eine Wochenstube zum ersten Kuß.
Friedrich von Schlegel

Seinen Namen gedruckt sehen! Manche Leute
begehen schon dafür Verbrechen.
Gustave Flaubert, ›Wörterbuch der Gemeinplätze‹

Wir bringen unsere Dummheiten zu hohen Ehren,
wenn wir sie in Druck geben.
Michel de Montaigne

In Saloniki / weiß ich einen, der mich liest,
und in Bad Nauheim. / Das sind also zwei.
Günter Eich

Erst durch Lesen lernt man, wieviel man ungelesen lassen kann.
Wilhelm Raabe

Der Verleger verlegte das Manuskript und ließ nichts mehr von sich hören.
Hugo Ernst Käufer, ›Kehrseiten‹, 1984

Ein Zensor ist ein Beamter, der Dinge empfiehlt, indem er sie verbietet.
Frank Wedekind

William Shakespeare, ›König Heinrich V.‹

Mögen sich doch die Philosophen, nicht die Ärzte, damit plagen,
die Bedeutungen jener Windungen des Gehirns zu erforschen.
Andreas Vesalius, 1543

Du bist keines Weisen Freund, / Weil du selber keiner;
Und den Narren bist du Feind, / Weil du selber einer.
Georg Rudolf Weckherlin

Unter allem Diebsgesindel sind die Narren die schlimmsten:
sie rauben euch beides, Zeit und Stimmung.
Goethe, ›Maximen und Reflexionen‹

Ein Narr will tausend Dinge. / Der Weise sucht nur eins:
daß er zum Urquell dringe / des rätselvollen Seins.

Der Narr muß sich verzehren; / ein Kerker ist sein Ich.
Der Weise wird gebären / ein Weltenall in sich.

Schreck muß den Narren fassen / im Tod. Er stürzt ins Nichts.
Der Weise geht gelassen / im Glanz des innern Lichts.
Fritz Kudnig

Unser Hergott hat alles aus nichts gemacht;
der Chymist hingegen macht aus allem nichts.
Theodor Verweyen, ›Apophthegma und Scherzrede‹

Nun hält man im gespaltnen Kern / ein Wundermittel in der Hand –
und so bedroht den Erdenstern / sein spät entdeckter Urzustand.
Erich Limpach, ›Atomzeit‹

Was die Leute gemeinhin Schicksal nennen,
sind meistens nur ihre eigenen dummen Streiche.
Arthur Schopenhauer

Die schlimmste Krankheit ist kurierbar, / einnehmbar, injizierbar
oder schmierbar. / Das größte Leiden ist zu stillen;
nur: Doof bleibt doof, da helfen keine Pillen.
Fred Endrikat

Die Dummheit drängt sich vor, um gesehen zu werden.
Die Klugheit steht zurück, um zu sehen.
Carmen Sylva

Dummheit kennt keine Grenzen – sie ist überall zu Hause.
Robert Lembke

Wie kommt es, daß die Menschen heute so eingeschüchtert sind,
daß sie nördlich der Alpen nicht mehr wagen, sich zum Schönen
zu bekennen, daß sie auf jenen Teil ihrer Persönlichkeit verzichten,
der ihnen zusteht, daß sie sich von Kritikern, Menschen wie sie,
entmündigen lassen?

Karl Lubomirski, ›In Macht und Ohnmacht des Geistes‹, 1994

Sprache, Dichtung und Kritik
Bilder, Bauten und Musik

*Israhel van Meckenem, ›Der Orgelspieler‹
(Albertina, Wien)*

Die Muttersprachen sind die Völkerherzen, welche Liebe, Leben, Nahrung und Wärme aufbewahren und umtreiben

Jean Paul

Viel hat erfahren der Mensch, / Der Himmlischen viele genannt,
Seit ein Gespräch wir sind / Und hören können voneinander.
Friedrich Hölderlin

Der Mensch ist nur Mensch durch die Sprache,
aber um die Sprache zu erfinden, mußte er schon Mensch sein.
Wilhelm von Humboldt

Der Mensch hat nur durch die Sprache Vernunft,
weil nur das Wort in dem ganzen Ozean der Empfindungen
eine Welle abzusondern und anzuhalten imstande ist.
Johann Gottfried von Herder

In der Muttersprache ehrt sich jedes Volk; in seiner Sprache Schatz
ist die Urkunde seiner Bildungsgeschichte niedergelegt.
Friedrich Ludwig Jahn

Die Sprache ist eine ungeheure fortwährende Aufforderung
zur Höherentwicklung. Die Sprache ist unser Geistesantlitz,
das wir wie ein Wanderer in die unabsehbare und
unausdenkbare Landschaft Gottes unablässig weitertragen.
Christian Morgenstern, ›Aphorismen und Sprüche‹

Die Red' ist uns gegeben, / damit wir nicht allein
vor uns nur sollen leben / und fern von Leuten sein.
Simon Dach

Zum Werke, das wir ernst bereiten, / Geziemt sich wohl ein ernstes Wort;
Wenn gute Reden sie begleiten, / Dann fließt die Arbeit munter fort.
Schiller, ›Das Lied von der Glocke‹

Das jedenfalls ist es, was in dem deutschen Begriff des Volkes enthalten ist:
Das Menschheitsgesetz der Sprachgemeinschaft wird als das verbindlichste
aller erkennbaren Hinweise auf die Begründung des
Gemeinschaftslebens hervorgehoben und damit zugleich
der Primat des Geistigen gegenüber Natur und Macht. . .
Leo Weisgerber

Es ist das erste Lebensrecht eines Volkes, seine Muttersprache zu erhalten.
Julius Raab

Wörter sind Laternen, steck ein Licht hinein,
Und sie geben einen guten Schein.
Emanuel Geibel

WILLKOMMENER LAUT! O WELCH EIN GLÜCK ZU HÖREN
DIE HEIMATSPRACHE NACH SO LANGER ZEIT
Sophokles, ›Philoktet‹

O süße Stimme! Willkommner Ton
Der Muttersprach in einem fremden Lande!
Goethe, ›Iphigenie‹

Muttersprache, Mutterlaut! / Wie so wundersam, so traut!
Erstes Wort, das mir erschallet, / süßes erstes Liebeswort,
erster Ton, den ich gelallet, / klingest ewig in mir fort!
Max von Schenkendorf

Die wahre Heimat ist eigentlich die Sprache.
Sie bestimmt die Sehnsucht danach, und die Entfernung
vom Heimischen geht immer durch die Sprache
am schnellsten und leichtesten, wenn auch am leisesten vor sich.
Wilhelm von Humboldt

Erst im Auslande lernt man den Reiz
des Heimatdialektes genießen; erst in der Fremde
erkennt man, was das Vaterland ist.
Gustav Freytag

Sprache-Lernen ist etwas Höheres, als Sprachen-Lernen;
und alles Lob, das man den alten Sprachen als
Bildungsmittel erteilt, fällt doppelt der Muttersprache anheim,
welche noch richtiger die Sprachmutter hieße.
Jean Paul, ›Levana oder Erziehlehre‹, 1807

Damals lernt ich als ein Kind / Rom und Griechenland verehren,
Wenn mein Ohr an deinem Munde / mit erhitzter Sehnsucht hing
Und der Nachdruck beider Sprachen / lustig ins Gedächtnis ging.
Johann Christian Günther (vom Vater unterrichtet)

Der Deutsche ist gelehrt / Wenn er sein Deutsch versteht;
Doch bleib ihm unverwehrt, / Wenn er nach außen geht.
Er komme dann zurück, / Gewiß um viel gelehrter;
Doch ist's ein großes Glück, / Wenn nicht um viel verkehrter.
Johann Wolfgang von Goethe

Kunstwörter müssen dann der Dummheit Blöße decken,
Und ein gelehrt Zitat macht Zierden selbst zu Flecken.
Gotthold Ephraim Lessing

Wir haben unseren Wortschatz vergraben.
Zarko Petan, ›Vor uns die Sintflut‹, 1983

DIE SPRACHEN SIND DIE SCHEIDEN, DARIN DIE SCHWERTER DES GEISTES VERBORGEN STECKEN

Martin Luther

Je näher man ein Wort ansieht,
desto ferner sieht es zurück.

Karl Kraus

Wäre die Sprache ein Produkt des logischen Geistes
anstatt des poetischen, so würden wir nur eine haben.

Friedrich Hebbel

Die Sprache ist äußeres Denken, das Denken innere Sprache.

Antoine de Rivarol

Wem nicht jeder Satz, den er schreibt, der wichtigste ist,
soll das Schreiben lassen.

Wilhelm Raabe

Große Literatur ist einfach Sprache, die bis zur Grenze
des Möglichen mit Sinn geladen ist.

Ezra Pound, ›ABC des Lesens‹

Die Sprache ist für Schriftsteller das verläßlichste Geschichtsbuch.

Martin Walser, ›Leseerfahrungen‹

Der Gedanke wächst, indem er sich von den eigenen Worten nährt.

Rabindranath Tagore

Das Wort ist der Hammer, der aus dem Bergwerk des Geistes
Edelsteine schlägt.

Otto Michel

Ein Wort, ein Satz -: aus Chiffren steigen /erkanntes Leben, jäher Sinn,
die Sonne steht, die Sphären schweigen /und alles ballt sich zu ihm hin.
Ein Wort – ein Glanz, ein Flug, ein Feuer, /ein Flammenwurf, ein Sternen-
strich – und wieder Dunkel, ungeheuer, / im leeren Raum um Welt und ich.

Gottfried Benn, ›Ein Wort‹

Die Schrift ist das große Sinnbild der Ferne, also nicht
nur der Weite, sondern auch vor allem der Dauer,
der Zukunft, des Willens zur Ewigkeit.

Oswald Spengler, ›Der Untergang des Abendlandes‹

Nur dank der Schrift erhalten sich die Toten
im Andenken der Lebenden. Nur die Schrift bewahrt
die köstlichen Gedanken der weisen Männer.

Diodor aus dem sizilischen Agyrion

Ernst Jünger

. . . überall Götter, Göttinnen, handelnde bösartige und gute Wesen.
Der brausende Sturm und der süße Zephyr, die klare Wasserquelle und
der mächtige Ocean - ihre ganze Mythologie liegt in den Fundgruben,
den Verbis und Nominibus der alten Sprachen, und das älteste Wörterbuch
war ein tönendes Pantheon, ein Versammlungssaal beider Geschlechter. . .
Johann Gottfried Herder

Alle Meister der Sprache wußten, daß die Sprache der Meister ist.
Hans Krailsheimer, ›Kein Ausweg ist auch einer‹, 1954

Sowenig der Mensch seiner natürlichen Geburt nach
aus sich selbst entspringt, sowenig ist er
im Gebrauche seiner geistigen Kräfte ein Selbstgeborener.
Johann Gottfried Herder

Laß die Sprache dir sein, was der Körper den Liebenden. Er nur
Ist's, der die Wesen trennt und die Wesen vereint.
Schiller, ›An die Dichter‹

Kein Wort steht still, sondern es rückt immer
durch den Gebrauch von seinem anfänglichen Platz,
eher hinab als hinauf, eher ins Schlechtere als Bessere.
Goethe, ›Maximen und Reflexionen‹

Was sich überhaupt sagen läßt, läßt sich klar sagen;
worüber man nicht reden kann, darüber muß man schweigen.
Ludwig Wittgenstein

Ein geistreich-aufgeschloßnes Wort / Wirkt auf die Ewigkeit.
Goethe, ›Lebensgenuß‹

Ein jeder, weil er spricht, glaubt, auch über die Sprache sprechen zu können.
Goethe, ›Maximen und Reflexionen‹

Anatomieren magst du die Sprache, doch nur ihren Kadaver;
Geist und Leben entschlüpft flüchtig dem groben Skalpell.
Goethe, ›Xenien‹

Bedenk' es wohl, eh' du sie taufst! / Bedeutsam sind die Namen;
Und fasse mir dein liebes Bild / Nun in den rechten Rahmen.
Theodor Storm

Erst durch das Verklingen des Namens
wird auch das Wesen des Menschen vernichtet.
Platon

DIE DEUTSCHE SPRACHE IST DIE ORGEL UNTER DEN SPRACHEN

Jean Paul, ›Aphorismen‹

Kann die deutsche Sprache schnauben, schnarren, poltern, donnern, krachen,
kann sie doch auch spielen, scherzen, liebeln, gütteln, kürmeln, lachen.
Friedrich von Logau

Welche Sprache darf sich mit der deutschen messen, welche andere ist so
reich und mächtig, so mutig und anmutig, so schön und mild als unsere?
Ludwig Börne

Sprache unser! / Die wir dich sprechen in Gnaden, dunkle Geliebte!
Die wir dich schweigen in Ehrfurch, heilige Mutter!
Josef Weinheber, ›Hymnus an die deutsche Sprache‹

Die deutsche Sprache ist auf einen so hohen Grad
der Ausbildung gelangt, daß einem jeden in die Hand
gegeben ist, sowohl in Prosa als in Rhythmen und Reimen
sich dem Gegenstande wie der Empfindung gemäß
nach seinem Vermögen glücklich auszudrücken.
Goethe, ›Schriften zur Literatur‹

Wenn etwas nicht klingen will – es ist nicht deutsch!
sage ich, und stets bietet sich Bessres.
Klopstock an seinen jüngeren Freund Johann Heinrich Voß

Mit der Bildung der deutschen Sprache und des Stils
in jedem Fache wuchs auch die Urteilsfähigkeit.
Goethe, ›Dichtung und Wahrheit‹

Französisch klingt wie ein elegantes Streichorchester,
Italienisch hat mehr Cello dabei und sonores Blech.
Aber die deutsche Sprache ist ein Orgelspiel.
Heinrich Federer

Die anderen Nationen werden schon deshalb Deutsch lernen,
weil sie inne werden müssen, daß sie sich damit
das Lernen fast aller andern Sprachen gewissermaßen
ersparen können; denn von welcher besitzen wir nicht
die gediegensten Werke in vortrefflichen deutschen Übersetzungen?
Goethe zu Hermann Fürst von Pückler-Muskau am 14. Sepember 1826

An deiner Sprache, Deutscher, halte fest!
Weh dem, der diesen Schatz sich stehlen läßt.
Wer erst beginnt, das reine Wort zu fälschen,
Dem kann gar bald auch Kopf und Herz verwälschen.
Otto von Leixner

Ernst Wilhelm Eschmann

. . .Ihr bösen Teutschen, man sollt euch peitschen,
Daß ihr der Muttersprach so wenig acht.
Ihr lieben Herren, das heißt nicht mehren:
Die Sprach verkehren und zerstören.
Johann Michael Moscherosch

Die Muttersprache zugleich reinigen und bereichern
ist das Geschäft der besten Köpfe.
Goethe, ›Schriften zur Literatur‹

Sprache ist gleichsam ein Behältnis der eigensten Begriffe eines Volkes.
Friedrich Gottlieb Klopstock

Die deutsche Sprache ist zum Übersetzen besonders geeignet;
sie schließt sich an die Idiome sämtlich mit Leichtigkeit an,
sie entsagt allem Eigensinn und fürchtet nicht,
daß man ihr Ungewöhnliches, Unzulässiges vorwerfe. . .
Goethe, ›Schriften zur Literatur‹

Alles in der Muttersprache ausdrücken zu können
bekundet höchste Geistes- und Seelenbildung.
Georg Wilhelm Friedrich Hegel

Deutsche mühen sich jetzt Hochdeutsch zu reden fein und rein;
Wer von Herzen redet Deutsch, wird der beste Deutsche sein.
Friedrich von Logau

Deutsch, und i kanns, is mei Muttersprach. / Aber des is halt a Gfrett:
I grat in vülem mein Vattern nach; / und der hat wienerisch gredt.
Josef Weinheber, ›Wienerisch‹

. . . es ist wahr, was im Koran steht:
Wir haben keinem Volk einen Propheten geschickt
als in seiner Sprache!
Goethe an Adolf Oswald Blumenthal am 28. Mai 1819

Mit Latein bekehrt man keine Indianer.
Joseph Joubert

Man muß denken wie die wenigsten und reden wie die meisten.
Balthasar Gracián

Ein müdes Volk leiht sich den Laut von andern.
Hans Friedrich Blunck

William Shakespeare, ›König Richard II.‹

Je mehr Wort, desto ärger Gebet.
Martin Luther, ›Deutsche Schriften‹

Widriger sind mir die redenden, als die schreibenden Schwätzer:
Diese leg' ich weg, jenen entflieh ich nicht stets.
Friedrich Gottlieb Klopstock

Es ist leichter zu schweigen, als sich im Reden zu mäßigen.
Thomas von Kempen

Seid ihr nicht wie die Weiber, die beständig
Zurück nur kommen auf ihr erstes Wort,
Wenn man Vernunft gesprochen stundenlang?
Schiller, ›Wallenstein‹

Die Wortkargen imponieren immer.
Man glaubt schwer, daß jemand kein anderes Geheimnis
zu bewahren hat als das seiner Unbedeutenheit.
Marie von Ebner-Eschenbach

Gewöhnlich glaubt der Mensch, wenn er nur Worte hört,
Es müsse sich dabei auch etwas denken lassen.
Goethe, ›Faust I‹

Laß uns auf unserer Weise beharren, fühlen und
gewahr werden, denken und tun, alles übrige
ist von Übel. Die neuere Welt ist den Worten hingegeben,
das mag sie denn so weiter treiben und haben.
Goethe an Karl Friedrich Zelter am 26. November 1825

Das Wort verwundet leichter, als es heilt.
Goethe, ›Die natürliche Tochter‹

Wer redet, sät; wer zuhört, erntet.
Aus Argentinien

Niemand hat mehr Geist als er Sprache hat.
Friedrich Georg Jünger

Bekanntlich kann man heute acht Jahre lang in die Schule gehen
ohne Deutsch zu lernen, und auch an den Universitäten
wird dieser germanische Dialekt allmählich zu einer
nur mangelhaft beherrschten Fremdsprache.
Hans Magnus Enzensberger

Gottes Mühlen mahlen mir zu langsam.

Die Wogen der Gescheitheit
brechen sich irgendwann am Felsen der Dummheit.

Eh' ich mich langweilen lasse, rede ich lieber selber.

Früher wünschte ich, die Leute sollen mich gern haben.
Mittlerweile bin ich toleranter.
Jetzt können sie mich gernhaben.

Um ein Theater zu füllen, bedarf es der Dramaturgie.
Um es zu leeren, genügt Ideologie.

Für Geld gehe ich mich nicht ärgern.

Stoßen Luxustourismus und Kunstspekulation zusammen,
entstehen Festspiele.

Auch das deutsche Fernsehen belastet die Umwelt:
Als Verbrennungsanlage für amerikanischen Kulturmüll.

Eins würd ich gern seh'n:
Im Fernseh'n mehr Herrn seh'n!

Im antiautoritären Kindergarten von gestern
wurde ein sensationeller Fund gemacht: Disziplin.

Wir brauchen keinen dritten Weltkrieg.
Wir haben Kapitalismus, Kommunismus und Tourismus.

Die planmäßige Zerstörung von Stadt und Land
haben die Militärs den Architekten und Baubehörden übergeben.

Um eine Meinung unverblümt sagen zu können,
müßte man Schweizer sein und Millionär.
Ein solcher aber würde das nie tun.

Nichts gegen üble Nachrede!
Sie macht manchen interessanter, als er ist.

Irren ist menschlich.
Nur wer uns lobt, ist unfehlbar.

Betrüger haben es besser als Geistliche.
Sie haben es durchweg mit gläubigen Menschen zu tun.
Wer lügt, hat die Wahrheit immerhin gedacht.

Heinz Müller-Dietz, ›Recht sprechen und rechtsprechen‹, 1987

Ich habe mich in meinem Leben vor nichts so sehr als vor
leeren Worten gehütet, und eine Phrase, wobei nichts gedacht
und empfunden war, schien mir an andern unerträglich,
an mir unmöglich.
Goethe, ›Tag- und Jahreshefte‹, 1803

Alles was ich mühsam sage / Hält der Wahrheit nicht die Waage,
Denn das Wissen, das ich trage, / Bleibt unsagbar, wenn ich's sage.
Franz Werfel, ›Sprachnot‹

Die großen Dinge haben einen natürlichen Feind: die großen Worte.
Karl Krailsheimer

Prüfe gelegentlich deine Adjektiva nach.
Christian Morgenstern, ›Aphorismen und Sprüche‹

Klischees vererben sich von Degeneration zu Degeneration.
Robert Schützbach, ›Kopfkonfekt‹, 1983

Es ist auf Erden kein besser List, / denn wer seiner Zungen ein Meister ist.
Martin Luther

Wer am lautesten quakt, wird bei den Fröschen König,
und bei den Menschen Minister.
Werner Mitsch

Pointenredner – schlechter Charakter.
Blaise Pascal

Ein Held mit Worten bist du; doch kein Redlicher.
Kann über alles glänzend sprechen, fand ich.
Sophokles, ›Ödipus auf Kolonos‹

Mit leerem Kopf spricht man nicht.
Werner Mitsch

Früher gab es oben und unten, heute gibt es rechts und links.
Bis einer den Mund aufmacht: Plötzlich gibt es wieder oben und unten.
Oliver Hassencamp.

Sieht ein Zuhörer auf die Uhr, hat der Redner verloren.
Hans Kasper

Eine Konferenz ist eine Sitzung, bei der viele hineingehen
und wenig herauskommt.
Werner Finck

WORTE, WORTE, NICHTS ALS WORTE

William Shakespeare, ›Hamlet‹

Die wahre Beredsamkeit besteht darin, das zu sagen,
was zur Sache gehört, und eben nur das.
François de La Rochefoucauld

Es trägt Verstand und rechter Sinn / Mit wenig Kunst sich selber vor.
Und wenn's euch Ernst ist, was zu sagen, / Ist's nötig, Worten nachzujagen?
Goethe, ›Faust I‹

Tritt frisch auf, tu's Maul auf, hör bald auf!
Martin Luther

Wer reden und auch schweigen kann / Zur Zeit, der ist ein weiser Mann.
Hugo von Trimberg

Die beste Beredsamkeit ist die, welche etwas zustande bringt,
die schlechteste die, welche die Dinge verzögert.
David Lloyd George

Sprich wenig mit anderen, viel mit dir.
Kaiser Konrad II.

Fenster des Himmels / Und freigelassen der Nachtgeist,
Der himmelstürmende, der hat unser Land
Beschwätzet, mit Sprachen viel, unbändigen,
Den Schutt gewälzet / Bis diese Stunde.
Friedrich Hölderlin

Denn eben, wo Begriffe fehlen, / da stellt ein Wort zur rechten Zeit sich ein.
Mit Worten läßt sich trefflich streiten, / Mit Worten ein System bereiten,
An Worte läßt sich trefflich glauben, /
Von einem Wort läßt sich kein Jota rauben.
Goethe, ›Faust I‹

Wer spüret nicht in den Reichsabschieden den Unterschied der güldenen
und eisernen Zeit, wenn er siehet, daß die deutsche Sprache und die
deutsche Ruhe zugleich übern Haufen gegangen und auf einmal unser
Ruhm und unsere Sprachrichtigkeit von uns gewichen? Von der Zeit an
haben deutsche Kriegsheere fremden Befehlshabern gegen ihr Vaterland zu
Gebote gestanden, und das deutsche Blut ist denen Ausländern mit falschen
Anerbieten übertünchter Landgierigkeit aufgeopfert. Von der Zeit an
hat auch unsere Sprache die Zeichen unserer Dienstbarkeit tragen müssen.
Gottfried Wilhelm Leibniz, ›Ermahnung an die Deutschen‹

Eratosthenes hat Homer unter anderem den Vorwurf gemacht,
daß seine Dichtungen öde Fabeleien seien, weil sie in südliche Länder
Verhältnisse und Sagen verlegen, die in Wahrheit aus dem äußersten
Norden stammen. Auch Thorkill fährt genau wie Odysseus über das
Weltmeer bis ans Ende desselben, auch Thorkill gelangt an die Küste eines
Landes, das, genau wie das Land der Kimmerer, in Wolken und Nebel ge-
hüllt ist, so daß die Sonne nicht zu sehen ist.
Jürgen Spanuth, ›Die Rückkehr der Herakliden‹

Der geistige Reichtum der Menschen ist ganz aus Mythen gebildet.
Paul Valéry

Märchen, noch so wunderbar, / Dichterkünste machen's wahr.
Johann Wolfgang von Goethe

Die Dichtung ist Erinnerung und Ahnen von Dingen;
was sie besingt, ist nicht gestorben; was sie berührt, lebt schon.
Alphonse de Lamartine, ›Geschichte der Girondisten‹, 1847

. . . es kommt darauf an, daß in einer Nation viel Geist
und tüchtige Bildung im Kurs sei, wenn ein Talent
sich schnell und freudig entwickeln soll.
Goethe zu Eckermann am 3. Mai 1827

Weisheit in kleiner Münze ist, was Sprichwörter uns geben.
George Meredith

Selig der Dichter, er kann festhalten das zeitliche Dasein,
Aber verewigen auch alle Gestalten des Raums!
August Graf Platen, ›Dichtergeschick‹

Das Reich der Poesie blüht auf, und nur der ist Poet,
der den Volksglauben besitzt oder sich ihn anzueignen weiß.
Goethe, ›Schriften zur Literatur‹

Schläft ein Lied in allen Dingen, / Die da träumen fort und fort,
Und die Welt hebt an zu singen, / Triffst du nur das Zauberwort.
Joseph von Eichendorff

Bin ich aber erst so weit, daß mir Kunstmäßigkeit
Natur wird, wie einem wohlgesitteten Menschen die Erziehung,
so erhält auch die Phantasie ihre ewige Freiheit zurück
und setzt sich keine andern als freiwillige Schranken.
Friedrich von Schiller

An die Parzen

Nur einen Sommer gönnt, ihr Gewaltigen!
Und einen Herbst zu reifem Gesange mir,
Daß williger mein Herz, vom süßen
Spiele gesättigt, dann mir sterbe.

Die Seele, der im Leben ihr göttlich Recht
Nicht ward, sie ruht auch drunten im Orkus nicht;
Doch ist mir einst das Heil'ge, das am
Herzen mir liegt, das Gedicht gelungen,

Willkommen dann, o Stille der Schattenwelt!
Zufrieden bin ich, wenn auch mein Saitenspiel
Mich nicht hinabgeleitet; Einmal
Lebt ich, wie Götter, und mehr bedarfs nicht.

Friedrich Hölderlin

Als ich war ein Baum, hört ich des Orpheus Lieder:
Nun bin ich eine Laut', und Orpheus hört mich wieder.

Martin Opitz, ›Inschrift auf einer Laute‹

Die Kunst kann nicht trösten; /sie verlangt schon Getröstete.

Ernst von Feuchtersleben

Nicht den Fels zu erschüttern vermag ich, wie Orpheus vermochte,
Aber ich wage das Wort, wie das Wort er gewagt.
Steine schweigen, ich weiß. Doch, wenn ein Herz ich bewege,
Wär ich, bewegt ich ein Herz, nicht von des Orpheus Geschlecht?

Albrecht Goes, ›Wagnis‹

Es schreibt keiner wie ein Gott, der nicht gelitten hat wie ein Hund.

Marie von Ebner-Eschenbach

Der Dichter kann heute nur noch von Taten und Leiden sprechen,
die jeden angehen, daher wird auch seine Sprache verstanden,
und was er an erquickenden, befeuernden und erneuernden
Worten findet, das hat er für Tausende gefunden.

Hans Carossa

Wer dichtet, steht doch gegen die ganze Welt.
Gegen heißt nicht feindlich. Nur ein Fluidum von Vertiefung
und Lautlosigkeit ist um ihn.

Gottfried Benn, ›Soll die Dichtung das Leben bessern?‹

. . . die ältesten Urkunden der Poesie geben das Zeugnis,
daß die Dichtkunst überhaupt eine Welt- und Völkergabe sei,
nicht ein Privaterbteil einiger feinen, gebildeten Männer.

Goethe, ›Dichtung und Wahrheit‹

Der Dichtung Schleier aus der Hand der Wahrheit

Goethe, ›Zueignung‹

Das Amt des Dichters zählt zu den höchsten dieser Welt.
Wenn er das Wort verwandelt, umdrängen ihn die Geister;
sie wittern, daß Blut gespendet wird. Da wird Zukünftiges
nicht nur gesehen; es wird beschworen oder auch gebannt.
Ernst Jünger, ›Strahlungen I‹, Prolog

André Gide war der Meinung, daß Goethe mit der Darstellung
seines glücklichen Lebens mehr für die Menschen getan hat,
als wenn er sich sozialen Fragen gewidmet hätte.
Richard W. Eichler zu André Gide, ›Tagebücher‹

Homeride sein zu wollen, wenn man Goethe ist!
Hätte ich doch die Macht, diese unverzeihliche
Bescheidenheit zu verbieten!
Johann Gottfried Schadow

Priester und Dichter sind das Risiko eingegangen, für alle die
Zwiesprache des Menschen mit sich selbst zu halten.
Hans Erich Nossack, ›Der Mensch in der heutigen Literatur‹, 1962

Der Schriftsteller soll bis in sein höchstes Alter den Vorteil nicht aufgeben,
sich mit denen, die eine Neigung zu ihm gefaßt,
auch in der Ferne zu unterhalten.
Goethe, ›Dichtung und Wahrheit‹

Auf der seelischen Erschütterung,
nicht auf der moralischen Verurteilung
liegt das Schwergewicht jeder poetischen Gestaltung.
Gertrud von Le Fort

Der Dichter hat nicht nur um seine Muse zu werben,
sondern auch noch um Mutter Philologie;
und die letztere ist für den Anfänger die wichtigere.
Wystan Hugh Auden, ›Des Färbers Hand‹, 1948

Geistiges möglichst ungeistig, sinnlich, heiter,
unscheinbar zu sagen: es bleibt das letzte Ziel des Schriftstellers.
Alfred Kerr

Man hat den Poeten das Herz und den Mond genommen.
Das Hirn und die Erde sollte man ihnen lassen.
Wieslaw Brudzinski, ›Katzenjammer‹

Ich habe keinen Vers geschrieben, für den ich nicht auch gelitten hätte.
Josef Weinheber im Brief an einen Freund

Anne Germaine de Staël

... Du wahres Wunder! – Ihr halb blinden, trägen
Gefühle, du Geschautes in und um:
Nun laßt ihr euch vergleichen und bewegen
und ordnen nach der Worte Mittlertum...
Josef Weinheber, ›Sprachanbeginn‹

Ein poetisches Werk muß sich selbst rechtfertigen,
und wo die Tat nicht spricht, da wird das Wort nicht viel helfen.
Friedrich von Schiller

Ich selbst berief mich zu dem hohen Werke.
Nicht Gnade nahm ich, Frost war meine Stärke.

Nie gab ich mich dem Gott der Zeit zu eigen.
Die mit mir leben, sind mir längst gestorben.

In ihrer Nacht hab ich das Recht erworben,
unangetastet in mein Licht zu steigen.

In einem hoffnungslosen Kampfe falle ich weit voran,
kein Mann der Ruhmeshalle: jedoch der Ehre wert, daß jene schweigen.
Josef Weinheber, ›Leitwort‹

Feurig darfst du nur verkünden, / was du selbst bekennst.
Herzen kannst du nur entzünden, / wenn du selber brennst.
Gerhard Schumann

Schwerverständliche Verse sind nur gerechtfertigt,
wenn sie die Sache genauer treffen als leichtverständliche Prosa.
Karl-Heinz Kausch, ›Widersprüche – prosaisch‹

Auf dem politischen Krankenbette verjüngt ein Volk gewöhnlich sich selbst
und findet seinen Geist wieder, den es im Suchen und Behaupten der Macht
allmählich verlor. Die Kultur verdankt das allerhöchste
den politisch geschwächten Zeiten.
Friedrich Nietzsche, ›Menschliches, Allzumenschliches‹

Der Staat muß durch geistige Kräfte ersetzen,
was er an physischen verloren hat.
*König Friedrich Wilhelm III. von Preußen
bei der Wiedereröffnung der Universität Halle a.d. Saale*

Es geht vieles unter in diesen Tagen.
Aber das eigentlich Große kann nicht untergehen.
Josef Weinheber am 13. März 1945, drei Wochen vor dem Freitod, an Richard Göth

WIR NACHTWANDLER DES TAGES! WIR KÜNSTLER!
Friedrich Nietzsche

Ein Kunstwerk ist ein Stück Natur, gesehen durch ein Temperament.
Emile Zola

Ein guter Schriftsteller hat Gegner und auch Feinde nötig,
muß gegen solche dankbarer sein als gegen die blinder Bewunderer.
Johann Georg Hamann

Bei einem großen Dichter hat man das Gefühl,
als ob Dinge emportauchen, die im Chaos steckengeblieben sind.
Friedrich Hebbel

Dies hat es immer gegeben: daß sich der Poet vornehmlich
in Verständigung mit vorausgegangenen Geistern befindet –
aber vielleicht nie in solcher Ausschließlichkeit,
in solcher Publikumsferne.
Botho Strauß, ›Anschwellender Bocksgesang‹, 1993

Wer im Volkstum wurzelt und aus dem Volkstum schreibt,
ist ein gesunder Baum. So einer bist du, Peter Rosegger.
Geburtagsglückwunsch Gerhart Hauptmanns

Selbst die Götter sterben,
Aber Gedichte dauern fort, Herrscher, dauerhafter als Erz.
Théophile Gautier

Ein Gedicht ist Wachstum. Es läßt Fähigkeiten nachwachsen,
die verkümmerten, so reizt es und entwickelt es
das ›nützliche Träumen‹ – das Gedicht verjüngt.
Johannes R. Becher, ›Aus der Welt des Gedichts‹

Dichtung muß aufgefaßt werden als ein heftiger Angriff
auf die unbekannten Kräfte, um sie zu zwingen,
sich vor dem Menschen zu beugen.
Filippo Tommaso Marinetti

Säe! / Frag nicht, wer erntet!
Wurzeln der Frucht / sprengen den Fels:
In die verhärteten Herzen / sickert dein Lied.
Karl Emmert

Die Literatur muß so leicht werden, daß sie auf der Waage
der heutigen Literaturkritik nichts mehr wiegt:
Nur so wird sie wieder gewichtig.
Friedrich Dürrenmatt, ›Theaterprobleme‹

DER EDLE, FEURIGE, SELBSTÄNDIGE, ALLWÜRKSAME, GENIALISCHE GÖTHE

Johann Caspar Lavater

Das Resultat einer echten Methode nennt man Stil,
im Gegensatz der Manier.
Der Stil erhebt das Individuum zum höchsten Punkt,
den die Gattung zu erreichen fähig ist,
deswegen nähern sich alle großen Künstler einander
in ihren besten Werken.
Goethe, ›Schriften zur Kunst‹

Den Geschmack kann man nicht am Mittelgut bilden,
sondern nur am Allervorzüglichsten.
Goethe zu Eckermann

Und wenn der Mensch in seiner Qual verstummt,
Gab mir ein Gott zu sagen, was ich leide.
Goethe, ›Torquato Tasso‹

Und wer der Dichtkunst Stimme nicht vernimmt,
Ist ein Barbar, er sei auch, wer er sei.
Goethe, ›Torquato Tasso‹

Alle Blüten müssen vergehn, daß Früchte beglücken,
Blüten und Frucht zugleich gebet ihr Musen allein.
Goethe, ›Vier Jahreszeiten‹

Zu erfinden, zu beschließen, / Bleibe Künstler, oft allein!
Goethe, ›Künstlerlied‹

Durch Vernünfteln wird Poesie vertrieben,
Aber sie mag das Vernünftige lieben.
Goethe, ›Sprichwörtlich‹

Die Poesie soll belehrend sein, aber unmerklich; sie soll den Menschen
aufmerksam machen, wovon sich zu belehren wert wäre;

er muß die Lehre selbst daraus ziehen, wie aus dem Leben.
Goethe an Karl Friedrich Zelter am 26. November 1825

Die Manier will immer fertig sein und hat keinen Genuß an der Arbeit;
das echte, wahrhaft große Talent findet höchstes Glück in der Ausführung.
Goethe zu Eckermann am 28. Februar 1824

In der Beschränkung zeigt sich erst der Meister,
Und das Gesetz nur kann uns Freiheit geben.
Goethe, ›Natur und Kunst‹

ist zugleich ein Lehrer des Volkes;
er steigt nicht herab, er zieht zu sich hinauf.
Theodor Fontane, ›Tagebücher‹, 9. April 1856

Wie den Soldaten auf der Wacht / Die Ronde schreckt aus dumpfer Ruh,
So durch gewitterschwüle Nacht / Ruft uns die Zeitenlosung zu:
Wie nennst du dich? Wer bist denn du?
Annette von Droste-Hülshoff

Ein echter Dichter, der erkoren, / Ist immer als Naturalist geboren,
Doch wird er ein roher Bursche bleiben,
Kann ihm in die Wiege die Fee nicht verschreiben
Zwei Rätsel aus ihrem Wunderland: / Humor und feine Künstlerhand.
Detlev von Liliencron

Erschöpft er sich in Bild und Klang? / Er offenbart die Gottgewalten
Die immer neu in verwegnem Drang / Leben und Welt gestalten.
Theodor Seidenfaden

Was ist für den Autor das Wichtigste? Die Wiederentdeckung des
Unvergänglichen in der vergänglichen Zeit: des Seins in der Existenz.
Ernst Jünger, ›Siebzig verweht IV‹

Die meisten bezeichnen heute eine Dichtung als elementar,
wenn sich der Mensch darin als ungezügeltes Tier enthüllt
und alles von den anderen Aufgebaute über den Haufen wirft.
Sie übersehen dabei nur, daß der also entfesselte Mensch
im Grunde nichts ausrichtet; er kann wohl ein wenig
vergewaltigen, morden und niederbrennen, aber es wird
nichts durch ihn bewegt, nichts gestiftet, nichts gegründet.
Hans Carossa

Ein lebender Dichter? Wer traut sich da ran?
Man weiß ja nie richtig, was der Mann kann,
und weiß auch nie sicher, ob er genehm.
Und ich gehe gern sicher und hab's gern bequem.
Ein Dichter ist tot und bei Reclam zu lesen,
dann weiß man doch, daß es ein Dichter gewesen,
und erspart sich die Müh mit den vielen Gedichten.
Wozu gibt's denn – das genügt doch – Literaturgeschichten?
Will Vesper

Die Dauer der Welt beruht auf dem Fleiße der Schriftsteller.
Arno Schmidt

Friedrich Hebbel, ›Tagebücher‹

Das Gedicht steht in dem Buch? / Schlag auf, lies.
Gut, es hält einen Augenblick still. / Aber dann?
Siehst du nicht, / wie es sich rührt, / die Seite verläßt,
schwebt, fliegt / und allmählich / unsichtbar wird,
ehe es sich / in dir niederläßt.

Walter Helmut Fritz

. . . Wo aus des Herzens Grunde / Die reine Wahrheit spricht
Und von erlöstem Munde / Frei flügelt das Gedicht.

Hermann Burte

Es gibt keine alte und moderne Literatur,
sondern nur eine ewige und eine vergängliche.

Ernst von Feuchtersleben

Daher ist es das schönste Zeichen der Originalität,
wenn man einen empfangenen Gedanken dergestalt fruchtbar
zu entwickeln weiß, daß niemand leicht,
wieviel in ihm verborgen liegt, gefunden hätte.

Goethe, ›Wilhelm Meisters Wanderjahre‹

Meine Kultur ist in ausgedehntem Maße eine deutsche Kultur.

George Bernard Shaw, ›Was ich der deutschen Kultur verdanke‹

Alle vergessenen Gedanken tauchen empor,
am anderen Ende der Welt.

Elias Canetti, ›Letzte Aufzeichnungen‹

Wenn er Goethe las, fiel ihm immer etwas ein.

Hugo Ernst Käufer, ›Kehrseiten‹, 1984

Es gibt nur zwei Arten von Literatur:
eine junge und eine, die jung bleibt.

Karlheinz Deschner
›Nur Lebendiges schwimmt gegen den Strom‹, 1985

Je mehr ihm das Leben entglitt, desto mehr wurde er Dichter.

Wilhelm Raabe

Auch Lyriker schreiben manchmal Ungereimtes.

Heinz Müller-Dietz, ›Alles was Recht ist‹, 1983

Die Poesie der Alten war die des Besitzes,
die unsrige ist die der Sehnsucht.

August Wilhelm von Schlegel, ›Über dramatische Kunst und Literatur‹

Gotthold Ephraim Lessing

Die Poeten schreiben alle, als wären sie krank
und die ganze Welt ein Lazarett. Alle sprechen sie von
dem Leiden und dem Jammer der Erde und von den
Freuden des Jenseits, und unzufrieden, wie schon alle sind,
hetzt einer den andern in noch größere Unzufriedenheit hinein.
Das ist ein wahrer Mißbrauch der Poesie,
die uns doch eigentlich dazu gegeben ist,
um die kleinen Zwiste des Lebens auszugleichen und den
Menschen mit der Welt und seinem Zustande
zufrieden zu machen. . .
Ich habe ein gutes Wort gefunden um diese Herren zu ärgern. Ich will ihre
Poesie die Lazarettpoesie nennen.
Goethe zu Eckermann am 24. September 1827

Was den Effekt betrifft, so würde ein Neuer,
der für Neue arbeitet, immer dabei im Vorteil sein,
weil man ohne pathologisches Interesse wohl schwerlich
sich den Beifall der Zeit erwerben wird.
Ohne ein lebhaftes pathologisches Interesse ist es auch
mir niemals gelungen, irgendeine tragische Situation
zu bearbeiten, und ich habe sie daher lieber vermieden.
Goethe an Schiller am 9. und 27. Dezember 1797

Wirke Gutes, du nährst der Menschheit göttliche Pflanze;
Bilde Schönes, du streust Keime des Göttlichen aus.
Friedrich von Schiller

Das Schöne, auch in der Kunst, ist ohne Scham nicht denkbar.
Hugo von Hofmannsthal, ›Buch der Freunde‹, 1922

Die Dichter sind gegen ihre Erlebnisse schamlos: sie beuten sie aus.
Friedrich Nietzsche

Willst du dich öffentlich entkleiden, / Wie Phrynes Beispiel weist,
So prüfe vorher dich bescheiden, / Wie schön du etwa seist.
Franz Grillparzer, ›Die Dichterin‹

Genie hin, Genie her, Reinlichkeit ist auch keine üble Sache.
Arthur Schnitzler

Unser Leben ist Vorwärtswandern und Rückwärtsschauen –
wer würde da nicht straucheln?
Richard Thöne, ›Aphorismen‹, 1955

MEIN ENTBLÖSSTES HERZ
Charles Baudelaire

Wisse, daß mir sehr mißfällt, / Wenn so viele singen und reden!
Wer treibt die Dichtkunst aus der Welt? / Die Poeten!
Goethe, ›West-östlicher Divan, Buch der Sprüche‹

Wir haben Epochen / im Sturme zerbrochen.
Was sollen die Formen / den Neuen, Enormen!
Nicht jedem, nicht allen / sind wir zu Gefallen.
Wir machen Gedichte, / wir bauen an Bildern,
wir haben Gesichte, / die sind nicht zu schildern.
Wohl aber zu lallen. / Wir bellen, wir ballen.
Karl Kraus 1920 in einer ›Magischen Operette‹ gegen Franz Werfel

Ein Gedicht war einst ein Wunder:
Unerklärlich in seiner Einfachheit, aber erleuchtend wie
ein Blitz. Es erlöste die Stummen.
Daher wurde es im Munde geführt. Es lebte auf der Straße,
im Alltag, im Volk. Es war die Trompete der Fröhlichen
und die Viola da gamba der Beladenen.
Aus diesem Paradies hat man mit einem Hochmut ohnegleichen
das Volk vertrieben. Seitdem schweigt es.
Hören denn diese Gaukler die Totenstille nicht?
Nein; sie haben sich zu einer Alchemistengilde zusammengeschlossen
und verkehren nicht mehr mit dem Volk.
Sie experimentieren in ihren lyrischen Labors,
und wenn es verschroben dunstet, wenn es
tiefenpsychologisch nebelt und fortschrittlich knallt,
genügt ihnen das, und sie loben sich gegenseitig Orden an den Hals.
Joachim Fernau, ›Suite Nr. 1‹

Jede große Figur der Weltdramatik, von Hamlet bis Hannele,
taugte nur noch dazu, als Material für Zerstörungseinfälle herzuhalten.
Das dominierende Konzepttheater der Niedermacher und Theaterhasser
machte aus Königen Kretins, aus Prinzen Pinkel, aus Menschen Matsch.
Gerhard Stadelmaier, in ›FAZ‹, 28. Juni 1993

Was Sie vor Augen haben, / meine Damen und Herren, / dieses Gewimmel,
das sind Buchstaben. / Entschuldigen Sie. / Entschuldigen Sie. /
Schwer zu entziffern, / ich weiß, ich weiß / Eine Zumutung.
Sie hätten es lieber audiovisuell, / digital und in Farbe.
Hans Magnus Enzensberger, ›Kiosk‹

Wenn die Literatur eines Volkes verfällt, verkümmert und verdirbt das Volk.
Ezra Pound, ›ABC des Lesens‹

Horaz

Wer vom Schreiben nichts weiß, der meint, daß es keine
Arbeit sei. Drei Finger schreiben, aber der ganze Körper plagt sich ab.
Es ist eine große Arbeit lobenswert, wer sie gut brauchet.
Martin Luther, ›Tischreden‹

Wenn ich schreibe, statte ich mir einen feierlichen Besuch ab.
Fernando Pessoa

Der Mensch der schreibt, ist nie allein.
Paul Valéry

Wie viele Gedanken verloren bleiben!
Man war zu faul, sie aufzuschreiben;
In Zukunft soll kein Einfall mir entweichen,
Auf die Gefahr – ihn wieder wegzustreichen.
Eduard von Bauernfeld

Bilde Künstler! rede nicht! / Nur ein Hauch sei dein Gedicht.
Johann Wolfgang von Goethe

Ein Gedicht soll kurz sein, damit man lange darüber nachdenken kann.
Ernst R. Hauschka

Ein Schriftsteller ist ein Mann, dem das Schreiben schwer fällt.
Thomas Mann

Viele Worte sind lange zu Fuß gegangen, ehe sie geflügelte Worte wurden.
Marie von Ebner-Eschenbach

Man schreibt nur im Angesicht der Poesie gute Prosa.
Friedrich Nietzsche

Worte sind Gebrauchsware; erst der Dichter erweckt sie zu wahrem Leben.
Otto Michel

Man kann ein anständiger Mensch sein und doch schlechte Verse machen.
Molière, ›Der Menschenfeind‹

Kultur ist der Ausdruck der Seele eines Volkes.
Dies fordert den ganzen sittlichen Ernst der Gestaltenden,
die sich vor ihren Kindern nicht schämen wollen.
Karl Günther Stempel

Dann zuletzt ist unerläßlich, / Daß der Dichter manches hasse;
Was unleidlich ist und häßlich, / Nicht wie Schönes leben lasse.
Goethe, ›West-östlicher Divan, Elemente‹

Heinz Müller-Dietz, ›Alles was Recht ist‹, 1983

Die jetzigen Schriftsteller zucken die Achseln
am meisten über die, auf deren Achseln sie stehen;
und erheben die am meisten, die an ihnen hinaufkriechen.
Jean Paul, ›Aphorismen‹

Der ganze moderne Literatenstand steht aber den
Feuilletonisten sehr nahe, es sind die ›Narren der modernen
Kultur‹, welche man milder beurteilt, wenn man sie
als nicht ganz zurechnungsfähig nimmt.
Friedrich Nietzsche

Noch ein Jahrhundert Zeitungen, und alle Wörter stinken.
Nietzsche

In Froschpfuhl all das Volk verbannt, / Das seinen Meister je verkannt.
Goethe, ›Hans Sachsens poetische Sendung‹

Ein Maulwurf hört in seinem Loch, / Ein Lerchenlied erklingen
Und spricht: ›Wie sinnlos ist es doch, / Zu fliegen und zu singen!‹
Emanuel Geibel

Geliebte Unverständlichkeit der Poesie. Brot der Erklärer.
Hans Kasper

Überfluß ist die Mutter der Phantasielosigkeit.
Günther Anders, ›Die Antiquiertheit des Menschen‹

Aufrichtig zu sein, kann ich versprechen, unparteiisch zu sein aber nicht.
Goethe, ›Maximen und Reflexionen‹

Ästhetizismus, Isolationismus, Esoterismus –
›der Kranichzug des Geistigen über das Volk‹ – in der Tat,
für diesen Vogelzug bin ich spezialisierter Ornithologe,
für diesen Zug, der niemanden verletzt, zu dem jeder
aufblicken kann und ihm seine Träume übergeben.
Gottfried Benn, ›Berliner Brief‹, Juli 1948

Die echten Schriftsteller sind Gewissensbisse der Menschheit.
Ludwig A. Feuerbach

Deshalb die Behauptung: wer sich schreibend verändert, ist ein Schriftsteller.
Martin Walser, ›Wer ist ein Schriftsteller?‹

Dichten ist Gerichtstag halten über sich selbst; mit einem sicheren Freispruch!
Robert Musil, ›Tagebücher‹

Solon

Der Endzweck der Wissenschaft ist die Wahrheit;
der Endzweck der Künste hingegen ist Vergnügen.

Lessing, ›Laokoon‹

Man tut nicht wohl, sich allzulange im Abstrakten aufzuhalten.
Das Esoterische schadet nur, indem es exotisch zu werden trachtet.
Leben wird am besten durchs Lebendige belehrt.

Goethe, ›Wanderjahre, Aus Makariens Archiv‹

Wie es im politischen System zugeht, so auch in der Republik
der Literatur: die Dummköpfe machen den Text,
die Geistreichen schreiben den Kommentar.

Ferdinando Galiani

›Ein neu Projekt ward vorgebracht, / Willst du dich nicht damit befassen?‹
Habe schon 'mal Bankrott gemacht, / Nun will ich's andern überlassen.

Goethe, ›Zahme Xenien‹

Die Schriftstellerei ist, je nachdem man sie treibt,
eine Infamie, eine Ausschweifung, eine Tagelöhnerei,
ein Handwerk, eine Kunst, eine Wissenschaft oder Tugend.

August Wilhelm von Schlegel

Sowie ein Dichter politisch wirken will,
muß er sich einer Partei hingeben; und sowie er dieses tut,
ist er als Poet verloren; er muß seinem freien Geiste,
seinem unbefangenen Überblick Lebewohl sagen
und dagegen die Kappe der Borniertheit
und des blinden Hasses über die Ohren ziehen.

Goethe, Anfang März 1832 zu Eckermann

Das Publikum lernt niemals begreifen, daß der wahre Poet
eigentlich doch nur, als verkappter Bußprediger,
das Verderbliche der Tat, das Gefährliche der Gesinnung
an den Folgen nachzuweisen trachtet.

Goethe an Joseph Stanislaus Zauper am 7. September 1821

So wäre denn das Wesen der Kunst dieses:
das Sich-ins-Werk-Setzen der Wahrheit des Seienden.

Martin Heidegger, ›Der Ursprung der Kunstwerke‹

Das Schlechte kannst du immer loben, / Du hast dafür sogleich den Lohn!
In deinem Pfuhle schwimmst du oben / Und bist der Pfuscher Schutzpatron.

Goethe, ›Zahme Xenien‹

Alle echte Dichtung ist Weltbesitz, ist planetar, sozuzagen; aber um planetar zu sein, darf sie ihre nationalen Ursprünge niemals verleugnen.

Thornton Wilder

Der Minnesänger Spervogel aus Eger
›Manesse-Handschrift Heidelberg‹

Horaz

Nehmt nur mein Leben hin in Bausch / Und Bogen, wie ich's führe:
Andre verschlafen ihren Rausch, / Meiner steht auf dem Papiere.
Goethe, ›Zahme Xenien‹

Der Schiller und der Hegel, / Der Uhland und der Hauff,
Das ist bei uns die Regel, / Das fällt uns gar nicht auf.
Eduard Paulus

Jeder Schriftsteller schildert sich einigermaßen
in seinen Werken, auch wider Willen, selbst. . .
Goethe, ›Schriften zur Literatur‹

Alt-Tümer sind ein böses Ding, / Ich schätze sie aber nicht gering;
Wenn nur Neu-Trümer, in allen Ehren,/ Auch um soviel besser wären.
Goethe, ›Zahme Xenien‹

Dichter lieben nicht zu schweigen, / Wollen sich der Menge zeigen.
Lob und Tadel muß ja sein! / Niemand beichtet gern in Prosa!
Goethe, ›An die Günstigen‹

Einst schlug er muntre Kapriolen, / Dann lahmte er auf halben Sohlen.
Bald soll er neue Eisen haben, / Laßt ihn traben!
Ernst von Dombrowski, ›Dichterroß für Karl Springenschmid‹

Schriftsteller, die ihrem Weltbild sprachlich nicht gewachsen sind,
nennt man in Deutschland Seher.
Gottfried Benn

Die Literatur als Beruf ist zerstörend:
man soll sich vor den Worten mehr fürchten.
Elias Canetti, ›Aufzeichnungen‹, 1946

Um vom Brecht zu lernen,
muß man sich so weit wie möglich / vom Brecht entfernen.
Robert Gernhardt, ›Weiche Ziele‹, 1994

Eine engagierte Literatur gibt es nicht. Der Begriff ist ein Widerspruch in sich
selbst. Es gibt engagierte Menschen, aber keine engagierten Schriftsteller.
Peter Handke, ›Die Literatur ist romantisch‹, 1966

Was von der Literatur unserer Tage übrigbleiben wird, kann nur Monolog
sein. Weil der Monolog genau der Situation des im Dickicht
abstrakter Wahrheiten verlorenen Menschen entspricht.
Hans Erich Nossack, ›Rede auf Georg Büchner‹, 1961

Lessing, ›Emilia Galotti‹

Ich hab mein Lehen – alle Welt! –, ich hab mein Lehen.
Nun fürcht ich nimmer den Hornung für meine Zehen,
und will nun nicht länger die bösen Herren anflehen.
Der edle König, der milde König hat mich versorgt,
daß ich im Sommer Kühle und im Winter Wärme habe.
Meinen Nachbarn dünke ich nun wohlgeraten,
sehn mich nicht mehr als Gespenst, wie sie es weiland taten.
Ich war zu lange arm und gegen meinen Willen.
Ich war so voller Schelten, daß mein Atem stank –
den hat der König rein gemacht, und dazu meinen Sang.
Walther von der Vogelweide

Wohin willst du dich wenden? / Nach Weimar-Jena, der großen Stadt,
Die an beiden Enden / Viel Gutes hat.
Goethe, ›Zahme Xenien‹

Geld, Gewalt und Herrengunst / Zerbricht Ehr, Recht und alle Kunst.
Georg Rollenhagen

Der Dichter freut sich am Talent, / An schöner Geistesgabe;
Doch wenn's ihm auf die Nägel brennt, / Begehrt er irdischer Habe.
Goethe, ›Zahme Xenien‹

Ich hungre heut den vierten langen Tag,
und bin auf Nahrung nun nicht mehr versessen;
im Ohre klingt es mir wie Wellenschlag,
mich hat die Welt, und ich hab sie vergessen.
Sauft nur und praßt auf euerm Zechgelag,
was kümmert euer Schlemmen mich und Fressen.
Detlev von Liliencron

. . . Ladendiener des Geistes und ›Träger‹ der Bildung –, den Literaten,
der eigentlich nichts **ist**, aber fast alles ›repräsentiert‹, der den
Sachkenner spielt und ›vertritt‹, der es auch in aller Bescheidenheit
auf sich nimmt, sich an dessen Stelle bezahlt, geehrt, gefeiert zu **machen**.
Friedrich Nietzsche, ›Die fröhliche Wissenschaft‹

Nach der Wahrheit strebest du, / Mit der Schönheit sie zu binden;
Das zu suchen, das zu finden, / Unablässig warst du treu.
Doch nur Schund und Tand und Spreu / Für die breite Masse schmieren,
Diese Vorschrift gibt Gewähr, / Nicht zu hungern, nicht zu frieren.
Detlev von Liliencron
Auf den Tod eines im Elend untergegangenen deutschen Dichters

Shakespeare, ›König Lear‹

Selbst die größte Sammlung des Weltgeistes,
das Zusammentragen wichtigster Gedankengüter,
ist nur ein lächerlicher Ausschnitt aus der Unendlichkeit
des Geistes selbst. Das bedenke in Demut, mein Freund.
Nikolaus von Kues

Eine Sammlung von Anekdoten und Maximen ist für den
Weltmann der größte Schatz, wenn er die ersten an schicklichen
Orten ins Gespräch einzustreuen, der letzten sich
im treffenden Falle zu erinnern weiß.
Goethe, ›Maximen und Reflexionen‹

Das Vorlesen der Alten bei Tische wieder einzuführen,
was bei der Suppe, was bei dem Braten, was bei dem Obst
zu lesen sei, wir haben die vortrefflichsten Sachen
für jede Schüssel.
Georg Christoph Lichtenberg, ›Sudelbücher‹

Ich als Dichter habe ein ganz anderes Interesse
als das der Kritiker. Mein Beruf ist zusammenfügen,
verbinden, ungleichartige Teile in ein Ganzes zu vereinen;
des Kritikers Beruf ist, aufzulösen, zu trennen,
das gleichartige Ganze in Teile zu zerlegen.
Goethe zu Karl August Böttiger im Frühjahr 1793

Je höher du wirst aufwärts gehn,
Dein Blick wird immer allgemeiner;
Stets einen größeren Teil wirst du vom Ganzen sehn,
Doch alles einzelne wird kleiner.
Friedrich Rückert

. . . aber der Mensch ist ein wahrer Narziß; er bespiegelt
sich überall gern selbst; er legt sich als Folie
der ganzen Welt unter.
Goethe, ›Die Wahlverwandtschaften‹

Leser, ich will sein kein Trichter,
Wo du nur willst sein kein Richter.
Friedrich von Logau

Wer den Stempel hat, schlägt die Münze.
Johann Gottfried Seume, ›Spaziergang nach Syrakus‹

Schiller, ›Die Künstler‹

Natur und Kunst, sie scheinen sich zu fliehen,
Und haben sich, eh man es denkt, gefunden.
Goethe, ›Natur und Kunst‹

Der Mensch ist das exzentrische Mängelwesen mit der Fähigkeit,
seine physischen und historischen Mängel
durch Kultur zu kompensieren.
Odo Marquard, ›Der Mensch ist ein Prinz auf der Erbse‹

Ich bin ein Dichter. Laßt die Menschen reden.
Was gehen mich die Menschen an, ihr Tun,
Ihr Hasten, Heucheln, ihre Wut zu herrschen.
Hoch über Rassenhaß und Klassenhaß,
Hoch über Kastengeist, Parteigezänk.
Und keinem bin ich Gegenrede schuldig
Als mir allein, ich bin mein eigner Herr.
Detlev von Liliencron, ›Zwiegespräch‹

Jetzt, da sich eine Weltliteratur einleitet, hat,
genau besehen, der Deutsche am meisten zu verlieren;
er wird wohltun, dieser Warnung nachzudenken.
Goethe, ›Maximen und Reflexionen‹

Der Weise spricht:
Dem Volke fremd und nützlich doch dem Volke,
zieh' ich des Weges, Sonne bald, bald Wolke –
und immer über diesem Volke!
Friedrich Nietzsche

Sieh, was das Leben dir entzog,
Ob dir's ersetzen kann die Kunst.
Franz Grillparzer, ›Der Bann‹

Der Künstler schafft nicht um der Kunst,
sondern um der Wirkung seines Werkes willen.
Erwin Guido Kolbenheyer

Genie bringt Übereinstimmung hervor zwischen der Welt,
in der es lebt, und der Welt, die in ihm lebt.
Hugo von Hofmannsthal

Eines der vorzüglichsten Kennzeichen des Verfalles der Kunst
ist die Vermischung der verschiedenen Arten derselben.
Goethe, ›Schriften zur Kunst‹

Ihr fühlet nicht, wie schlecht ein solches Handwerk sei,
Wie wenig das dem echten Künstler zieme!
Der saubern Herren Pfuscherei
Ist, merk ich, schon bei euch Maxime.
Goethe, ›Faust‹, Vorspiel auf dem Theater

Wir gehören einer Zeit an, deren Kultur in Gefahr ist,
an den Mitteln der Kultur zugrunde zu gehen.
Friedrich Nietzsche

Die Literatur verdirbt sich nur in dem Maße,
als die Menschen verdorbener werden.
Goethe, ›Maximen und Reflexionen‹

Hat im Gestrüpp ein Schwarm sich verrannt,
Hilflos spähend nach einer Lichtung,
Früher hat man es Holzweg genannt;
Heute heißt man's: Die neue Richtung.
Ludwig Fulda

Alles habend alles wissend seufzen sie:
›Karges leben! drang und hunger überall! fülle fehlt!‹
Speicher weiß ich über jedem haus
Voller korn das fliegt und neu sich häuft –
Keiner nimmt. . .
Keller unter jedem hof wo siegt
Und im sand verströmt der edelwein –
Keiner trinkt. . .
Tonnen puren golds verstreut im staub:
Volk in lumpen streift es mit dem saum –
Keiner sieht.
Stefan George

Sie fahren das Erlebte und Erlernte
Nicht in die Scheuern ein und in die Mühle.
Sie zeigen ihre Felder statt der Ernte,
Die noch am Halme wogenden Gefühle,
Und sagen zu den Leuten stolz und fest:
›Das wär's, – nun freßt!‹
Erich Kästner

Getretner Quark / Wird breit, nicht stark. . .
Goethe, ›West-östlicher Divan, Buch der Sprüche‹

Alain Chartier

Gott schuf, eh alles wurde aus dem Nichts,
Die Zeit, zerteilte sie und gab dem einen
Der Teile Sonnenglanz, ihn zu bescheinen,
Dem andern nur den Schein des Mondenlichts.
Michelangelo Buonarroti, ›An Cavalieri‹

Wie schön, o Mensch, mit deinem Palmenzweige
Stehst du an des Jahrhunderts Neige.
Mit aufgeschloßnem Sinn, mit Geistesfülle,
Voll milden Ernsts, in tatenreicher Stille,
Der reifste Sohn der Zeit,
Frei durch Vernunft, stark durch Gesetze,
Durch Sanftmut groß und reich durch Schätze,
Die lange Zeit dein Busen dir verschwieg,
Herr der Natur, die deine Fesseln liebet,
Die deine Kraft in tausend Kämpfen übet
Und prangend unter dir aus der Verwildrung stieg!
Friedrich von Schiller, ›Die Künstler‹

Gott sandte seinen rohen Kindern
Gesetz und Ordnung, Wissenschaft und Kunst,
Begabte sie mit aller Himmelsgunst,
Der Erde krasses Los zu mindern.
Sie kamen nackt vom Himmel an
Und wußten sich nicht zu benehmen;
Die Poesie zog ihnen Kleider an,
Und keines hatte sich zu schämen.
Goethe, ›Parabolisch‹

Das Schöne ist wesentlich das Geistige, das sich
sinnlich äußert, sich im sinnlichen Dasein darstellt.
Hegel, ›Vorlesungen über die Philosophie der Religion‹

Könige kann man von Thronen jagen.
Wer aber vermöchte den Künstler in seinem Reich
zu stürzen? An seiner Majestät läßt sich nicht rütteln,
denn er ist wahrhaftig von Gottes Gnaden.
Wolfram Pinder

Schöner wohnen außen?
Schöner wohnen **innen** muß man.
Herbert Reinecker, im ›SZ-Magazin‹, 49/1994

Goethe, ›Maximen und Reflexionen‹

Was sie heute auf dem Theater aufführen, sind die ›Affären‹ kranker Leute.
Wie gesund war ein Othello!
Wilhelm Raabe

Eh noch der Held den Dolch, die Heldin Gift erkor,
Starb schon das Drama selbst den sanften Tod: Erfror.
Abraham Gotthelf Kästner

Bei Dramen, in mystischen Nebel getaucht,
Erkennt man mit Staunen und Lachen:
Wie viele Worte so mancher braucht,
Um sich unverständlich zu machen.
Oscar Blumenthal

Mit den Wölfen muß man heulen, / Eine alte Weisheit spricht.
Aber mit dem Schwein zu grunzen, / Braucht man drum noch lange nicht!
Ludwig Köner

Wie wohl ist dem, der dann und wann,
Sich etwas Schönes dichten kann.
Wilhelm Busch

Auch der kleinste Autor fühlt sich immer in großer Gesellschaft.
Franz Peter Künzel

Hast erhoben die Nation, / Großer deutscher Volkessohn,
Klein im Leben war dein Lohn – / Kleiner noch wirkt Gyps und Thon!
Die unsägliche Friederike Kempner vor Schillers Denkmal

Viele Gedichte halten den Druck nicht aus.
Rupert Schützbach

Zuchthaus beherbergt da und hie / So manchen Jüngling der Poesie.
Eduard von Bauernfeld

Ein Abglanz aller großen Zeiten des Burgtheaters. . .
glüht immer noch nach. Wenn die Aschekruste,
die sich heute über das Burgtheater gelegt hat, einmal beiseite geräumt ist,
wird auch für unsere Kinder und Enkel wieder hell das Feuer leuchten.
Walter Marinovic, ›Das Teutsche Nationaltheater‹, Wien 1994

Das gibt zu denken: Romeo und Julia werden heutzutage
vorzugsweise in Verbrecherkreise versetzt: in die West Side
oder als Bonny und Clyde.
Richard W. Eichler

SCHLECHT UND MODERN

Goethe, ›Faust II‹

Allen Moden gemeinsam ist die Erkenntnis,
daß ihre ersten und letzten Vertreter komisch sind.
Sigmund Graff, ›Vom Baum der Erkenntnis‹

Die junge Welt ist so verkehrt, / Mich dünkt, wer sie jetzt Bosheit lehrt,
Der trägt das Wasser in den Rhein.
Thomas Murner, ›Schelmenzunft‹

Überhaupt ist die Welt jetzt so alt,
und es haben seit Jahrtausenden so viele bedeutende
Menschen gelebt und gedacht,
daß wenig Neues mehr zu finden und zu sagen ist.
Goethe zu Eckermann am 16. Dezember 1828

Lebe mit deinem Jahrhundert, aber sei nicht sein Geschöpf; leiste deinen
Zeitgenossen, aber was sie bedürfen, nicht was sie loben.
Friedrich von Schiller

Affektation entspringt nicht so wohl aus dem Bestreben,
neu, als aus der Furcht, alt zu sein.
Friedrich von Schlegel

Die Menschen und die Pyramiden
Sind nicht gemacht, um auf dem Kopf zu stehn.
Gottlieb Konrad Pfeffel

Auch ein Schritt zurück kann Fortschritt sein.
Brana Crncevic

Sobald eine Mode allgemein geworden ist, hat sie sich überlebt.
Marie von Ebner-Eschenbach

Der Fortschritt, der immer schneller Wirklichkeit verdrängt,
befördert zugleich – indirekt – die Wiederkehr des Verdrängten.
Odo Marquard, ›Der Mensch ist ein Prinz auf der Erbse‹

Will unsre Zeit mich bestreiten, / Ich lasse es ruhig geschehn,
Ich komme aus andern Zeiten / Und hoffe in andre zu gehn.
Franz Grillparzer

Die letzten Ausläufer der Kultur enden in der Zivilisation.
Gertrud von le Fort

Und so möcht ich alle Freunde, / Jung und alt, in eins versammeln,
Gar zu gern in deutscher Sprache / Paradiesesworte stammeln.
Goethe, ›West-östlicher Divan, Buch des Paradieses‹

Auf ernstem Lebensgrunde zeigt sich das Heitere so schön,
Ernst und Heiligkeit mäßigen die Lust, und durch Mäßigkeit erhalten wir uns.
Goethe, ›Wilhelm Meisters Wanderjahre‹

Worin besteht ihr Sinn und Verstand?
Auf Bänkelsänger hören sie
und den Pöbel wählen sie sich zum Lehrer;
sie wissen nicht, daß die meisten schlecht sind.
Heraklit

Ding mag noch so närrisch sein,
es sei nur neu, so nimmt's den Pöbel ein.
Christian Fürchtegott Gellert

Was gute Gesellschaft genannt wird,
ist meistens nur ein Mosaik geschliffener Karikaturen.
Friedrich von Schlegel

Drei Klassen von Narren: die Männer aus Hochmut,
die Mädchen aus Liebe, die Frauen aus Eifersucht.
Johann Wolfgang von Goethe

Gott schuf ihn, also laßt ihn als Menschen gelten.
William Shakespeare, ›Der Kaufmann von Venedig‹

Sich amüsieren heißt etymologisch: Die Muse loswerden.
Amüsement wäre also das Vergnügen der Plattköpfe.
Johann Gottfried Seume

Ist ein Gefäß nicht sauber, wird zu Essig der Nektar.
Horaz

Mancher erträgt sein Unglück leichter als das Glück anderer.
Volksweisheit

Jeder solcher Lumpenhunde / Wird vom zweiten abgetan;
Sei nur brav zu jeder Stunde, / Niemand hat dir etwas an.
Goethe, ›Zahme Xenien‹

Nie dürft ihr so tief sinken,
Von dem Kakao, durch den man euch / Zieht, auch noch zu trinken.
Erich Kästner

Im Geistigen sehen vier Augen weniger als zwei.
Albert Paris Gütersloh

ARCHITEKTUR IST DIE ERSTARRTE MUSIK
Friedrich Wilhelm von Schelling

Architektur ist eine Art Macht-Beredsamkeit in Formen,
bald überredend, selbst schmeichelnd, bald bloß befehlend.
Nietzsche, ›Streifzüge eines Unzeitgemäßen‹

Zu Fürsten: Sage mir, wie du baust,
und ich sage dir, wer du bist.
Christian Morgenstern, ›Stufen‹, 1918

Das Wahre, das Gute, das Schöne
haben ihre Gerechtsame. Man bestreitet sie, aber man
endigt mit Bewunderung. Was nicht mit diesem Stempel
bezeichnet ist, man bewunderts eine Zeitlang,
aber man endigt mit Gähnen.
Johann Wolfgang von Goethe

Das allgemeine vorzügliche Kennzeichen der griechischen
Meisterstücke ist endlich eine edle Einfalt
und eine stille Größe, in Stellung und Ausdruck.
Johann Joachim Winckelmann

Die Baukunst ist keine angewandte Archäologie.
Walter Gropius, ›Architektur‹

Wo ein Baulöwe hintritt, wächst kein Gras mehr.
Germund Fitzthum, ›Salonblüten‹, 1983

Plastik wirkt eigentlich nur auf ihrer höchsten Stufe.
Goethe, ›Maximen und Reflexionen‹

Der Hauptzweck aller Plastik, welches Wortes wir uns
künftighin zu Ehren der Griechen bedienen, ist,
daß die Würde des Menschen
innerhalb der menschlichen Gestalt dargestellt werde.
Goethe, ›Schriften zur Kunst‹

Niemand, der nicht auch begabter Bildhauer oder Maler ist,
kann ein Architekt sein – höchstens ein Baumeister.
John Ruskin, ›Vorträge über Architektur‹, 1854

Die Malerei ist die läßlichste und bequemste von allen Künsten.
Goethe, ›Maximen und Reflexionen‹

Entzückung schwebt auf einer Zehenspitze; sie hält das nicht lange aus.
Emil Gött, ›Selbstgespräch‹, 1982

Das Charakteristische liegt zum Grunde,
auf ihm ruhen Einfalt und Würde;
das höchste Ziel der Kunst ist Schönheit
und ihre letzte Wirkung Gefühl der Anmut.
Goethe, ›Schriften zur Kunst‹

Die Kunst kann niemand fördern als der Meister.
Gönner fördern den Künstler, das ist recht und gut;
aber dadurch wird nicht immer die Kunst gefördert.
Goethe, ›Maximen und Reflexionen‹

Wir wissen von keiner Welt, als im Bezug auf den Menschen;
wir wollen keine Kunst, als die ein Ausdruck
dieses Bezuges ist.
Goethe, ›Maximen und Reflexionen‹

Die Kunst ist eine Vermittlerin des Unaussprechlichen;
darum scheint es eine Torheit,
sie wieder durch Worte vermitteln zu wollen.
Goethe, ›Maximen und Reflexionen‹

Das Schöne ist eine Manifestation geheimer Naturgesetze,
die uns ohne dessen Erscheinung ewig wären verborgen geblieben.
Goethe, ›Maximen und Reflexionen‹

Das Schöne ist ein enger Kreis,
in dem man sich nur bescheiden bewegen darf.
Goethe, ›Schriften zur Kunst‹

Die höchste Absicht der Kunst ist,
menschliche Formen zu zeigen, so sinnlich bedeutend
und so schön, als es möglich ist.
Goethe, ›Maximen und Reflexionen‹

Indessen ist mir das armselige bißchen Zeichnen unschätzbar,
es erleichtert mir jede Vorstellung von sinnlichen Dingen,
und das Gemüt wird schneller zum Allgemeinen erhoben,
wenn man die Gegenstände genauer und schärfer betrachtet.
Goethe an Charlotte von Stein im Februar 1787

Auch die Kultur, die alle Welt beleckt,
Hat auf den Teufel sich erstreckt.
Goethe, ›Faust I‹

KUNST IST DIE SPIEGELUNG DER NATUR IN EINER MENSCHENSEELE: WIE DIE SEELE, SO DIE KUNST
Fritz Mackensen

Was kunstvoll ist, erfordert Fleiß, Mühe und Arbeit,
bis es aufgefaßt und erlernt ist.
Albrecht Dürer

Die Akademie also als Spielplatz von Künstler-Darstellern,
die bestenfalls noch ein paar Tricks lernen wollen,
den Fundus plündern, um ihre Basteleien zum ›Zeitgeist‹
zu verklären? Das Gewurschtel als Avantgarde?
Annette Meyhöfer, ›Künstler werden gar nicht schwer‹, in ›Kursbuch 99‹

Die Kunstgelehrten, die den ganzen Tag lesen, gleichen Leuten,
die Kochbücher studieren und dadurch satt zu werden glauben.
Max Jacob Friedländer

Unter den Männern, die der allgemeinen Kritik
an der liberalen Kulturfrömmigkeit und an der herrschenden
Kathederphilosophie den philosophischen Ausdruck gaben,
war das revolutionäre Genie des jungen Heidegger.
*Hans Georg Gadamer, Einführung
zu Martin Heideggers ›Der Ursprung der Kunstwerke‹, 1960*

Das Wesen des Kunstwerkes besteht darin,
daß ein Geistig-Seelisches sich in geformtem Stoff
– im Idealfall restlos – sichtbar und hörbar darstellt.
Hans Sedlmayr, ›Normen der bildenden Kunst‹, in ›Integritas‹, 1966

Was ist dargestellt, was bleibt von der Welt übrig?
Ist sie zu schal geworden, um die Wiedergabe zu verdienen,
muß eine neue entstehen?
Georges Floersheim, ›Ist die Malerei zu Ende?‹ 1969

(November 1922) Jeder arbeitet, wie er kann. Ich bin einverstanden
damit, daß meine Kunst Zwecke hat. Ich will wirken in dieser Zeit,
in der die Menschen so ratlos und hilfsbedürftig sind.
Käthe Kollwitz, ›Aus meinem Leben‹, 1958

Was mag die Zukunft bringen? – Vielleicht eine Monumentalität
von neuer Art, schwerlich eine neue Genrekunst.
Max Jakob Friedländer, ›Über die Malerei‹, 1963

Die Welt soll vor dir stehn, / Wie Albrecht Dürer sie hat gesehn,
Ihr festes Leben und Männlichkeit, / Ihre innere Kraft und Ständigkeit.
Goethe, ›Hans Sachsens poetische Sendung‹

›Treu der Natur und ganz!‹ – Wie fängt ers an:
Wann wäre je Natur im Bilde abgetan?
Unendlich ist das kleinste Stück der Welt! –
Er malt zuletzt davon, was ihm gefällt.
Und was gefällt ihm? Was er malen kann.
Friedrich Nietzsche

Das ist das Eigentliche an der Kunst:
hervorzubringen, was keiner vorhersah.
Philipp Otto Runge

Das Auge ist der Punkt, in dem Seele und Körper sich vermischen.
Friedrich Hebbel

Das, was man malt, ist dem Maler wie das Instrument,
auf dem der Musiker seine Töne streicht.
Emil Nolde

Statt mich in Verzweiflung gehen zu lassen,
habe ich mich für die tätige Melancholie entschieden. . .
Vincent van Gogh

. . . Nichts schrecklicher kann dem Menschen geschehn
Als das Absurde verkörpert zu sehn.
Dummes Zeug kann man viel reden, / Kann es auch schreiben,
Wird weder Leib noch Seele töten, / Es wird alles beim alten bleiben.
Dummes aber vors Auge gestellt, / hat ein magisches Recht:
Weil es die Sinne gefesselt hält, / Bleibt der Geist ein Knecht.
Goethe / Schiller, ›Xenien‹

Man kann die Menschen sehr leicht durch tolle und unschickliche
Darstellungen irremachen; aber man lege ihnen das Vernünftige und Schickli-
che auf eine interessante Weise vor, so werden sie gewiß danach greifen.
Goethe, ›Wilhelm Meisters Lehrjahre‹

Es gibt auch Afterkünstler, Dilettanten und Spekulanten;
jene beiden treiben die Kunst um des Vergnügens,
diese um des Nutzens willen.
Goethe, ›Maximen und Reflexionen‹

Dem gängigen Berufsethos nach stehen Kunsthändler
und Schrotthändler einander ausgesprochen nahe.
Oliver Hassencamp, ›555 kandierte Sätze‹

Peter Hille

Ein guter Maler ist innerlich voller Figur.
Albrecht Dürer

Je genauer dein Werk dem Leben gemäß ist
in seiner Gestalt, desto besser erscheint dein Werk.
Albrecht Dürer, ›Proportionslehre‹

Jedes Kunstwerk ist ein Geformtes, ein Organismus.
Sein wesentlichstes Merkmal ist der Charakter der Notwendigkeit,
daß nichts geändert oder verschoben werden könnte,
sondern alles so sein muß, wie es ist.
Heinrich Wölfflin

Besonders wenn die Liberalen / Die Pinsel fassen, kühnlich malen,
Man freut sich am Originalen; / Da zeigt sich uns ein jeder frei:
Er ist von Kindesbeinen tüchtig, / Besieht sich Erd und Himmel richtig,
Sein Urteil ist ihm nur gewichtig, / Die Kunst ist selbst schon Tyrannei.
Goethe, ›Zahme Xenien‹

Übrigens blickt man in ein wunderliches Gewirre,
wenn man in die Verflechtung der politischen, moralischen
Kunsthandwerks- und Wissenschaftswelt hineinsieht.
Goethe an Karl Friedrich Zelter am 21. Mai 1816

Stets muß Bildnerin Natur / den alten Ton benützen
in Garten, Haus und Flur / zu ihren neuen Skizzen.
Wilhelm Busch

(Zeitgemäßer Nachsatz des Herausgebers:)
Vetter Hans fand das vertrackt; / um neu die Welt zu schaffen,
malt er neuerdings abstrakt. / Da hat das Volk zu gaffen!

Alles Ausgedachte ist brüchig, / Nur das Geschaute ist wahr.
Othmar Spann

Antiquitäten sind ausnahmslos neueren Datums.
Gustave Flaubert, ›Wörterbuch der Gemeinplätze‹

. . . zu sagen, daß ein Kunstwerk gut, aber unverständlich sei,
ist ebenso, als ob man von einer Speise sagte,
sie sei sehr gut, aber die Menschen könnten sie nicht essen.
Leo N. Tolstoi

Heutige Kunst: ihr Wesensausdruck ist Chaos bei äußerem Können.
Karl Jaspers, ›Die geistige Situation der Zeit‹, 1931

Schiller, ›Wallenstein‹, Prolog

Und wenn du ein Werk geschaffen und es dem Menschen zuführst zum
Beschauen, dann soll es sein, als sähe der in eine Kammer deines Herzens.
Albrecht Dürer

In der freien Welt ist ein kultureller Pluralismus unterwegs,
eine Gemeinschaftskultur freier westlicher Völker,
aber solange wir amerikanischer sein wollen als die Amerikaner,
wird dieser Pluralismus schließlich nur aus der angelsächsischen,
romanischen und aus der westslawischen Komponente bestehen.
Wenzel Jaksch, ›Unser Kulturerbe im Wettstreit der Völker‹, 1964

Wenn wir einen nationalen Baustil haben wollten,
müßten wir eine einheitliche Weltanschauung haben.
Christian Morgenstern,
›Stufen – Aphorismen und Tagebuchnotizen‹, 1963

Eine zur Bösartigkeit gesteigerte Ahnungslosigkeit
verfemt Meisterwerke des höchsten geistigen Bereichs als Nachahmung.
Karl Hofer, ›Erinnerungen eines Malers‹, 1953

Nebenbei notiert, das Erlernen der Kunstfertigkeit,
Gegenstände richtig zu zeichnen, erfordert mehr Mühe,
als sich so mancher moderne Genius, der darüber
mit wegwerfender Geste hinwischt, vorstellen kann.
Klaus Fußmann, ›Die Schuld der Moderne‹, 1991

Um über eine Bildidee zu sprechen,
braucht der Künstler Bleistift und Papier.
Emil Preetorius, ›Sprache der Kunst‹, 1955

Der Künstler versäume nie, die Spuren des Schweißes zu verwischen,
den sein Werk gekostet hat. Sichtbare Mühe war zu wenig Mühe.
Marie von Ebner-Eschenbach

Künstler haben gewöhnlich die Meinung von uns,
die wir von ihren Werken haben.
Marie von Ebner-Eschenbach

Neue Kunst soll neue Kunst sein und nicht eine Fratze,
die das neue Zeitalter dem alten schneidet.
Friedrich Kayßler, ›Besinnungen aus der äußeren und inneren Welt‹, 1921

Wer im Leben nichts Lustiges findet,
der findet es vielleicht im Traurigen der Kunst.
Bernd Rill, ›Das Neueste aus der Tonne des Diogenes‹, 1989

KUNSTWERKE WIRKEN ZUR SITTLICHEN VEREDELUNG,

indem sie das Beste in uns freimachen,
unseren Standpunkt erhöhen, unser Inneres läutern. Katharsis.
Ernst von Feuchtersleben

Es gibt keine geistige, kulturelle, religiöse, weltanschauliche
Position und Produktion, die nicht zutiefst
politisch imprägniert wäre.
Friedrich Heer

Ich fürchte, Theo, es wird so kommen, daß viele,
die um des Neuen willen das Alte geopfert haben,
das sehr bereuen werden.
Vincent van Gogh an seinen Bruder in einem Brief von 1882

Der Tag wird nicht mehr fern sein,
an dem die Europäer der große Schmerz der Gestaltlosigkeit
überfallen wird. Dann werden diese Gepeinigten
ihre Arme recken und Formsucher sein.
Franz Marc

So leben die Kunstwerke unserer Tage unter uns –
doch nein, sie leben uns ja gegenüber, irgendwie abgetrennt.
Man beguckt sie, man findet sie merkwürdig, vielleicht aufregend –
fast immer bleiben sie etwas gegenüber, etwas Fremdes. . .
Alfred Stange, ›Die Einsamkeit der modernen Kunst‹, 1951

Die Kunst ist nicht ein Kranker, der auf den Arzt wartet,
sie ist ein Sterbender, der seiner Auferstehung harrt.
Der Sterbende wird sich von seinem Lager erheben:
im sengenden Licht des neuen Tages. Geschieht dies nicht,
so werden wir ihn einsargen müssen, und seine ruhmreiche
Geschichte wird an unser Ohr tönen wie eine lange Trauerrede.
Wladimir Weidlé, ›Die Sterblichkeit der Musen‹, 1958

Ihr habt den Bestand und die Kontinuität der großen Kunst
zu wahren! Fürchtet Euch nicht vor dem imposanten
Apparat des großen Popanz ›Modernismus‹!
Die natürliche Entwicklung ist Euer stärkster Bundesgenosse!
Alois Melichar, ›Die Überwindung des Modernismus‹, 1955

Parteipolitisch zusammengesetzte Kunstausschüsse,
auch wenn sie von als sachverständig firmierten Akademiedirektoren
beraten werden, können grausam daneben stimmen.
Theodor Heuss 1956 vor dem Bundesverband der Deutschen Industrie

eines einzelnen, der am Abend seines Lebens getrieben war,
zu überprüfen, was ihm persönlich von den Dingen bleibt,
an die er selber in jüngeren Jahren ganz allgemein und
leidenschaftlich geglaubt, für die er sich als Schriftsteller
auf seine Weise damals stark gemacht hat. . .
durchgängig ist es etwas Gefährdetes und Gefährdendes –
auch noch im Besten.
Wilhelm Hausenstein, ›Was bedeutet die moderne Kunst‹, 1949

Wer im Kielwasser der guten Gesellschaft durch eine
Gemäldeausstellung steuert, wird unwandelbar feststellen,
daß sie vor Bildern die Augen verdreht und die Hände faltet,
vor welchen die gewöhnlichen Leute in ein Gelächter
ausbrechen oder die Ärgermiene eines Menschen zeigen,
der sich gefoppt glaubt. . .
Der Träger einer Zwangsvorstellung ist ein unvergleichlicher
Apostel. Es gibt keine durch gesunde Gedankenarbeit gewonnene
vernünftige Überzeugung, die sich eines Geistes so vollständig
bemächtigt. . . wie ein Delirium.
Max Nordau, ›Entartung‹, 1893

Der Eklektizismus Picassos bedeutet die bewußte und
vorsätzliche Zerstörung der Einheit der Persönlichkeit. . .
Picasso macht aus sich einen Tausendkünstler, einen Gaukler,
einen Parodisten, aus Opposition gegen den Romantiker mit
seiner ›inneren Stimme‹, seinem ›so und nicht anders können‹,
seiner Selbstachtung und Selbstvergötterung.
Arnold Hauser, ›Sozialgeschichte der Kunst und Literatur II‹, 1953

(26. Mai 1957) Noch über Kandinsky nachgedacht:
prätentiöser Nihilismus. Nihilismus, der sich
nicht recht wahrhaben will.
Wilhelm Hausenstein, ›Impressionen und Analysen‹, 1969

Mit dem Verlust der Kunst begibt sich der Mensch
seines wichtigsten Kommunikationsmittels, das ihm die
Zwiesprache mit der Schöpfung als Erlebnis, und das heißt:
als Wirklichkeit erlaubte. Gedanke und Reflexion
können diesen Verlust niemals ersetzen, wie die
Entwicklung der menschlichen Gesellschaft drastisch beweist.
Heinz Friedrich, ›Kulturverfall und Umweltkrise‹, 1982

Mehr Inhalt, weniger Kunst!

William Shakespeare, ›Hamlet‹

Das einfach Schöne soll der Kenner schätzen;
Verziertes aber spricht die Menge an.
Goethe, ›Die natürliche Tochter‹

Selten hat ein Maler, der jeden Stil beherrscht, einen eigenen.
Hans Kasper

Künstler! zeiget nur den Augen / Farben-Fülle, reines Rund!
Was den Seelen möge taugen: seid gesund und wirkt gesund.
Goethe, ›Zahme Xenien‹

Die totale Seelenblindheit für alles Schöne, die heute allenthalben
so rapide um sich greift, ist eine Geisteskrankheit, die schon
deshalb ernst genommen werden muß, weil sie mit einer
Unempfindlichkeit gegen das ethisch Verwerfliche einhergeht.
Konrad Lorenz, ›Die acht Todsünden der zivilisierten Menschheit‹, 1973

Der törichste von allen Irrtümern ist, wenn junge gute Köpfe glauben,
ihre Originalität zu verlieren, indem sie das Wahre anerkennen,
was von andern schon anerkannt worden.
Goethe, ›Maximen und Reflexionen‹

Malen ist überhaupt nicht schwierig, solange man nichts davon versteht.
Edgar Degas

Wer's nicht besser machen kann, macht's wenigstens anders.
Goethe, ›Maximen und Reflexionen‹

Die Schönheit ist ein Letztes,
das sowohl die Wahrheit wie die Güte voraussetzt.
Romano Guardini

Der feurigste Maler darf nicht sudeln,
so wenig der feurigste Musikus falsch greifen darf.
Goethe an Maler Müller am 21. Juni 1781

Um zur wahren Kunst zu gelangen, muß man lange und viel arbeiten.
Vincent van Gogh

Bestimmung des Menschen: Wahrheit erkennen,
Schönheit lieben, Gutes wollen, das Beste tun.
Moses Mendessohn

Die Kunst braucht Herzenswiderhall – / die Afterkunst den Redeschwall.
Erich Limpach

Peter Horton, ›Die andere Saite‹, 1978

Ich sage: es ist nichts Heiliges, was nicht entheiligt, nicht zum ärmlichen
Behelf herabgewürdigt ist bei diesem Volk, und was selbst unter Wilden
göttlich sich meist verhält, das treiben diese allberechnenden Barbaren,
wie man so ein Handwerk treibt, und können es nicht anders. . .

Friedrich Hölderlin

Bei der Welt gilt oft mehr ein Pfund Gunst / als ein Zentner Kunst.

Abraham a Santa Clara

Leicht kommt man an das Bildermalen,
Doch schwer an Leute, die's bezahlen.

Wilhelm Busch

Ist der Künstler, so könnte man sich fragen,
am Ende schon zur ausgehaltenen Mätresse der
Wohlstandsgesellschaft geworden? Wenn alles sich darum
reißt, ihm das Leben zu erleichtern, sein Bankkonto
aufzufüllen und – seine Einsamkeit zu vernichten,
wie kann er seine Freiheit bewahren?

*Hans Egon Holthusen, ›Avantgardismus und die Zukunft
der modernen Kunst‹, 1964*

Wer Zeit und Geld hat, den zieht es irgendwann zur Kunst.

Oliver Hassenkamp, ›555 kandierte Sätze‹

Alle große Kunst ist eine Huldigung an die Natur. Wer unsere heutige Kunst
betrachtet, weiß, welches Verhältnis wir zur Natur haben.

Daniel Goeudevert

Wenn es um Kunst geht, werden aus Wirtschaftskapitänen
unsichere Möchtegern-Snobs, die sich ausnehmen lassen
wie geschlachtete Gänse.

Raymon Turf

Wenn man ein Gespräch über Kunst führen will, muß man sich mit Bankiers
unterhalten – Künstler reden neuerdings nur über Geld.

Gisela Uhle

Der beste Kritiker für bildende Kunst ist ein Blinder mit sehr gutem Gehör.

Zarko Petan, ›Vor uns die Sintflut‹, 1983

Definition für Kultur: Schneewittchen und die sieben Bürokraten.

Zarko Petan, ›Viele Herren von heute waren gestern noch Genossen‹, 1990

Man sollte lieber mit feiner Kunst sterben wollen, als mit grober siegen.

Christian Morgenstern, › Stufen – Aphorismen und Notizen‹, 1963

Shakespeare, ›Heinrich IV. ‹

Einer könnte das Schönste, Herrlichste auf Chinesisch sagen
und ich würde nicht die Ohren spitzen.
Wenn ich also ein seelisches Erlebnis nachfühlen soll,
so muß es eine Sprache sprechen, in der ich das Tiefste
und Verborgenste nacherleben kann. Meine Muttersprache
ist die geeignetste, und meine künstlerische Muttersprache
ist nun mal die menschliche Figur oder das Milieu,
der Gegenstand, durch das oder in dem der Mensch
lebt, leidet, sich freut, fühlt und denkt. Darüber komme ich
nicht hinaus. Auf Esperanto-Kunst kann ich mich nicht einlassen.
Ernst Barlach

Sollte sich unter der Maske der Liebe zur ›reinen Kunst‹
Übersättigung und Haß gegen die Kunst verbergen?
Wie wäre das möglich? Haß gegen die Kunst kann
nur entstehen, wo auch Haß gegen die Wissenschaft,
gegen den Staat, gegen die Kultur als Ganzes keimt.
Gärt in der europäischen Seele eine Ranküne gegen ihr
eigenes historisches Wesen. . .?
José Ortega y Gasset, ›Die Vertreibung des Menschen aus der Kunst‹, 1964

Affektiertheit nennt man die Vortäuschung eines nicht
vorhandenen Gefühls, Maniertheit dagegen die Hervorkehrung
eines Benehmens, das die Erhabenheit über das Gewöhnliche,
Gefühlsmäßige anzeigen soll. Der Affektierte hat immer
die Tendenz, sein jeweiliges Gegenüber, den ›Zuschauer‹,
zu beeindrucken. Der Manierierte nimmt dagegen auf die
Empfindungen der anderen keine Rücksicht.
Leo Navratil, ›Schizophrenie und Kunst‹, 1965

So groß auch der Radius unserer Freiheit sein mag,
es gibt für ihn eine Grenze: Wir müssen unweigerlich
den Zusammenhang mit der Vergangenheit wahren. . .
Als Beispiel kann die sogenannte moderne Kunst gelten,
die ganz einfach von dem Grundsatz inspiriert ist,
das Gegenteil all dessen zu tun, was Kunst zu allen Zeiten getan hat,
und uns als Kunst vorsetzt, was im wesentlichen Nichtkunst ist.
José Ortega y Gasset

Unwissende Männer von Genie entdecken ständig ›Gesetze‹ der Kunst
wieder, die die Akademiker verlegt oder versteckt hatten.
Ezra Pound, ›ABC des Lesens‹, 1957

SCHÖNHEIT ›AN SICH‹?
NEIN, SCHÖNHEIT, DIE ÜBER SICH HINAUSWEIST

Christian Morgenstern, ›Wer vom Ziel nichts weiß,
kann den Weg nicht haben‹, 1964

Der die erste Figur in eine Felswand ritzte,
tat es zum Trost gegen seine Einsamkeit, aus Gottesfurcht.
Karl-Heinz Kausch, ›Widersprüche – prosaisch‹

Der Maler. . . soll sich verhalten gleich einem Spiegel,
der in alle Farben verwandelt, welche die ihm
gegenübergestellten Dinge aufweisen.
Wenn er das tut, wird er wie eine zweite Natur sein.
Leonardo da Vinci

Jedes Bild ist mehr oder weniger eine Charakterstudie
dessen, der es malt.
Caspar David Friedrich

Als die Technik noch eine Seele besaß, hieß sie Kunst.
Seit die Kunst keine Seele mehr hat, ist sie Technik.
Hans Lohberger

›Schön‹ ist, was ›ansehnlich‹, des ›Anschauens wert‹ ist;
›schonen‹ wiederum bedeutet, etwas auf ›schöne‹ Art, also
sorgsam und behutsam zu behandeln.
Nach Kluge-Götze, ›Etymologisches Wörterbuch der deutschen Sprache‹, 1951

Gleichwohl scheint es, daß unsere Zeit mehr Schwierigkeiten
hat als andere Zeiten, sich am Schönen zu freuen,
Schönes hervorzubringen oder auch nur Sinn
für Schönheit zu entwickeln.
Gerd-Klaus Kaltenbrunner, ›Was aber schön ist. . .‹, 1983

Ein Schöngeist, der nur schön ist – das ist zu wenig.
Bernd Rill, ›Das Neueste aus der Tonne des Diogenes‹, 1989

Eigentlich muß nur die Reklame noch ›schön‹ sein,
in einem sehr oberflächlichen Sinne natürlich,
aber eben darum ist es ihr recht, wenn viele Äußerungen
heutiger Kunst trotzig in der Maske der Häßlichkeit auftreten.
Manfred Bluth, ›Weltbild und Bilderwelt‹, 1986

Schönheit ist ein offener Empfehlungsbrief,
der die Herzen im voraus für uns gewinnt.
Schopenhauer, ›Aphorismen zur Lebensweisheit‹

Du machst dreihundert Vers, eh ich drei gemacht.
Ein Lorbeerbaum wächst spät, ein Kürbis in einer Nacht.
Andreas Gryphius

Daran erkennen wir, daß eitle Prunksucht,
ebenso wie roher Unverstand,
den Künsten zum höchsten Schaden gereichen,
Goethe, ›Schriften zur Kunst‹

Viele junge Maler würden nie einen Pinsel in die Hand
genommen haben, wenn sie früh genug gewußt und
begriffen hätten, was denn eigentlich ein Meister
wie Raffael gemacht hat.
Goethe zu Eckermann am 20. April 1825

Willst du wissen, was Schönheit sei, befrage
die Herren Ästhetiker. Beim Teetisch kann's dir
nützlich werden, aber vor der Staffelei nicht,
da mußt du fühlen, was schön ist.
Caspar David Friedrich

›Ich hielt mich stets von Meistern entfernt;
Nachtreten wäre mir Schmach!
Hab alles von mir selbst gelernt.‹
Es ist auch danach.
Goethe, ›Zahme Xenien‹

Das sogenannte Aus-Sich-Schöpfen
macht gewöhnlich falsche Originale und Manieristen.
Goethe, ›Schriften zur Kunst‹

Weil dir ein Vers gelingt in einer gebildeten Sprache,
Die für dich dichtet und denkt, glaubst du schon Dichter zu sein?
Schiller, ›Dilettant‹

Hättest du Phantasie und Witz und Empfindung und Urteil,
Wahrlich, dir fehlte nicht viel, Wieland und Lessing zu sein?
Goethe, ›Xenien‹

Ein tüchtiger Meister weckt brave Schüler,
und ihre Tätigkeit ästet wieder ins Unendliche.
Goethe, ›Schriften zur Kunst‹

Es dauert meistens Jahre, bis man über Nacht berühmt wird.
Liselotte Pulver

Es darf so mancher Talentlose von dem Werk
so manches Talentvollen sagen:
Wenn ich das machen könnte, würde ich es besser machen.
Marie von Ebner-Eschenbach

Wie eine Tragödie in drei Akten den Untergang ihres Helden
abrollen läßt, so vollzieht sich vor unseren Augen
der Abstieg des europäischen Bildbegriffes:
Nach dem Schwund des Gottesbildes folgt der Schwund
des Menschenbildes; nach diesem der Schwund des Bildes
überhaupt. Leitbild, Sinnbild, Ebenbild wurden vom Gegenstand
abgelöst; Vorbilder sind unerwünscht.
Hans Pfannmüller, ›Abschied von der Kathedrale‹, 1966

Der gefundene Stil ist eine Beleidigung für den Freund des gesuchten Stils.
Friedrich Nietzsche

Mit ausschließlich rein abstrakten Formen kann der Künstler
heute nicht auskommen. Diese Formen sind ihm zu unpräzis.
Sich auf ausschließlich Unpräzises zu beschränken
heißt sich der Möglichkeit berauben, das rein Menschliche
ausschließen und dadurch seine Ausdrucksmittel arm machen.
Wassily Kandinsky, ›Über das Geistige in der Kunst‹, 1912

Auch schlechte Künstler haben gute Gründe und Absichten.
Robert Musil, ›Tagebücher‹, 1955

Durch die Bindung jedes Kunstwerkes an eine bestimmte
außerkünstlerische Aufgabe blieb ›die Kunst‹ in enger
Verbindung mit allen übrigen Lebensbereichen und fand
die Teilnahme auch der nicht speziell ästhetisch Interessierten.
Peter Meyer, ›Testfall des Kunstbetriebes‹, 1966

Wir befreien uns von der Behinderung durch Erinnerung,
Gedankenassoziationen, Nostalgie, Legende, Mythos und was es
sonst noch gibt, von all den Theorien der westeuropäischen Malerei.
*Der Direktor der Nationalgalerie Berlin
nach Manfred Bluth, ›Weltbild und Bilderwelt‹, 1986*

Es ist überhaupt keine Frage, daß man glücklich und verzweifelt,
ergriffen und erhellt leben kann wie eh und je,
freilich nur außerhalb des herrschenden Kulturbegriffs.
Botho Strauß, ›Anschwellender Bocksgesang‹, 1993

SCHLAGT IHN TOT, DEN HUND! ES IST EIN REZENSENT
Johann Wolfgang von Goethe

In der Literatur sind solche Personen Herunterzieher
und Widersacher großer Talente, die von Natur selber
schlecht bedacht sind und denen daher das Vollkommene,
das sie selber nicht besitzen, ein wahrer Dorn im Auge ist.
Goethe zu Eckermann am 4. September 1829

Mir ekelt vor diesem tintenklecksenden Säkulum,
wenn ich in meinem Plutarch von großen Menschen lese.
Schiller, ›Die Räuber‹

Kritik lernt man mehr von eigenen Arbeiten
als von Kunstrichtern.
Jean Paul

Wer öffentlich Kritik ausübt, nimmt ein großes Recht für sich in Anspruch.
Große Rechte, ohne durch große Pflichten balanciert zu werden,
haben etwas Unmoralisches.
Hans Thoma

Trübsinn und Feierlichkeit sind auch in der fachgerechten Untersuchung
einer Kunst fehl am Platze, die ursprünglich bestimmt war,
dem Herzen des Menschen Freude zu bringen.
Ezra Pound

Der übelste Stil entsteht, wenn man etwas nachahmt
und gleichzeitig kundgeben will, daß man sich
diesem Nachgeahmten überlegen fühle.
Hugo von Hofmannsthal, ›Buch der Freunde‹, 1922

Einstmals lobte das Werk den Meister; in unseren Tagen
Ist es anders, denn jetzt lobet der Meister das Werk.
Christian Fürchtegott Gellert

Wieviel wird um Brot und wie wenig als Brot geschrieben.
Christian Morgenstern

Auszeichnung hier erwarte nie, / Denn das System verbeut's.
Man hängt das Kreuz nicht ans Genie, / Nein, das Genie ans Kreuz.
Dichter zu belohnen, / Sind Orden und Titel
Die besten Mittel: / Für Fiktionen – Illusionen.
Franz Grillparzer

Auf das Wohlsein der Poeten, / Die nicht schillern und nicht goethen,
Durch die Welt in Lust und Nöten / Segelnd frisch auf eignen Böten!
Joseph von Eichendorff

Hippokrates

Aus der Kultur haben wir eine Karikatur gemacht.
*Zarko Petan, ›Viele Herren von heute waren gestern
noch Genossen‹, 1990*

Die meisten Nachahmer lockt das Unnachahmliche.
Marie von Ebner-Eschenbach

Es gibt Kunstwerke, zu denen die Fehler
als ihre liebenswürdigsten Ingredienzien gehören.
Wilhelm Raabe

Aller Kunstbetrieb, er mag aufs äußerste gesteigert werden
und alles um der Werke selbst willen betreiben,
reicht immer nur bis an das Gegenstandsein der Werke.
Doch das bildet nicht ihr Werksein.
Martin Heidegger, ›Der Ursprung der Kunstwerke‹, 1960

Modern heißt heute, was morgen als Mode von gestern erkannt werden
wird. Obwohl alle, die jetzt blühen, dereinst verwelken, sind doch
einige zum reinen Verwelken geboren. . .
Albert Paris Gütersloh,›Zur Situation der modernen Kunst‹, 1963

Nichts können ist noch lange keine neue Richtung.
Arnold Böcklin

Der Trieb zum Arbeiten, zu schaffenden Leistungen ist so hohen Ursprungs
wie die Liebe und läßt sich ebensowenig erzwingen.
Carl Maria von Weber

Nichts besseres kann der Künstler sich wünschen
als grobe Freunde und höfliche Feinde.
Marie von Ebner-Eschenbach

Ein Panzer, ein Uboot und die Concorde sind viel ästhetischer als alle heute
zur Verfügung stehenden Kunstwerke von Picasso bis zu meinem Mist.
Joseph Beuys, nach Robert Lembke

Kunstversuche von Unkünstlern nennt man OBJEKTE.
Oliver Hassencamp, ›555 kandierte Sätze‹

Ihr karrt in ewig gleicher Spur / und narrt euch vor, dies sei Kultur.
Christian Morgenstern

Die Kritik ist die Kunst, die Scheinlebendigen in der Literatur zu töten.
Friedrich von Schlegel

DIE WELT IST EINE BÜHNE
William Shakespeare

Hier liegt – wenn man euch glauben wollte,
Ihr frommen Herrn! – der längst hier liegen sollte.
Der liebe Gott verzeih aus Gnade / ihm seine Henriade
Und seine Trauerspiele / Und seiner Verschen viele:
Denn was er sonst ans Licht gebracht,
Das hat er ziemlich gut gemacht.
Lessing, ›Grabrede auf Voltaire‹

Er hat mehr als irgend jemand den Verstand, den jedermann hat.
Montesquieu über Voltaire, nach de Staëls ›Über Deutschland‹

Der ergriffene Zuschauer wird zu einem guten Mitkünstler.
Emil Gött, ›Selbstgespräch‹, 1982

Possen müssen Schlag auf Schlag gesagt werden,
und der Zuhörer muß keinen Augenblick Zeit haben,
zu untersuchen, wie witzig oder unwitzig sie sind.
Lessing, ›Die Hamburgische Dramaturgie‹

Schreiben können sie heute alle. Die Klassiker haben vor
ihnen nur das voraus, daß sie auch lesen konnten.
Max Rychner, ›Lavinia oder die Suche nach Worten‹, 1962

Schauspielen erfordert Intellekt; aber ohne die vorhergehende
Opferung eines Teils des Intellekts geht es nicht.
Bernd Rill, ›Das Neueste aus der Tonne des Diogenes‹, 1989

Andere pflegen sich und reiben das Theater auf;
ich reibe mich auf und pflege das Theater.
Gustav Mahler, nach Paul Stefan und Ludwig Karpath

Im modernen Theater braucht das Publikum einen Soufleur.
Zarko Petan, ›Vor uns die Sintflut‹, 1983

An der Überschätzung der Regisseure
wird das deutsche Theater zugrunde gehen.
Axel von Ambesser

Heute sind im Theater die Rollen leichter zu besetzen als die Ränge.
Germund Fitzthum, ›Salonblüten‹, 1983

Kunst ist eine Sache von fünfzig Leuten,
davon noch dreißig nicht normal sind.
Gottfried Benn an Paul Zech

Martin Luther, ›Tischreden‹

Wo die Sprache aufhört, fängt die Musik an.
E. T. A. Hoffmann

Der Mann, der nicht Musik hat in sich selbst,
Den nicht die Eintracht süßer Töne rührt,
Taugt zu Verrat, Räuberei und Tücken.
William Shakespeare, ›Der Kaufmann von Venedig‹

Wo man singet, laß dich ruhig nieder
Ohne Furcht, was man im Lande glaubt:
Wo man singet, wird kein Mensch beraubt;
Bösewichter haben keine Lieder.
Johann Gottfried Seume, ›Die Gesänge‹

Vor allem laß mich hören, daß du schöne Musik gemacht;
hinterher soll mir auch dein Programm angenehm sein.
Robert Schumann

Die Musik soll auch in schaudervollster Lage
niemals das Ohr beleidigen, sondern doch dabei
vergnügen, folglich allzeit Musik bleiben.
Mozart, Brief an den Vater vom 26. September 1781

Die einzige Form der Musik ist die Melodie;
ohne Melodie ist die Musik gar nicht denkbar.
Richard Wagner, ›Zukunftsmusik‹

Licht senden in die Tiefe des menschlichen Herzens – Künstlers Beruf!
Robert Schumann

Musik ist der Schlüssel zum weiblichen Herzen.
Johann Gottfried Seume

Nirgends kann das Leben so roh wirken, wie konfrontiert mit edler Musik.
Christian Morgenstern

Wenn sanft die Stimmen der Musik verklingen,
Wird sie noch im Gedächtnis weiter schwingen.
Percy B. Shelley

Dem deutschen Geist und dem deutschen Streben
mag manches widerstehen, dem deutschen Liede widersteht nichts.
Carl Schurz

Die deutsche Musik ist ohne Richard [Strauss] nicht denkbar.
Wilhelm Furtwängler

Nicht entreiße Händel, Haydn, Mozart ihren Lorbeerkranz;
ihnen gehört er zu, mir noch nicht.
Ihre Porträte in meinem Zimmer,
sie können mir auf Duldung Anspruch machen helfen.

Allzeit habe ich mich zu den größten Verehrern Mozarts gerechnet
und werde es bis zum letzten Lebenshauch bleiben.

Es ist der Geist, der edlere und bessere Menschen
auf diesem Erdenrund zusammenhält,
und den keine Zeit zerstören kann.

Lassen Sie uns doch helfen, wo wir können.
Ich muß nun einmal so und nicht anders handeln!
Scheuen Sie keine Unkosten, ich trage sie gern,
es ist nicht der Mühe wert, wegen lumpiger einiger paar Gulden
jemanden leiden zu lassen.

Will man mich, so hat man mich, und
dann bleibt mir noch die Freiheit, ja oder nein zu sagen.
Freiheit!!! Was will man mehr???

Man sagt: vox populi, vox dei – ich habe nie daran geglaubt.

Unser Zeitalter bedarf kräftiger Geister,
die diese kleinsüchtigen heimtückischen elenden Schufte
von Menschenseelen geißeln – so sehr sich auch mein Herz,
einem Menschen wehe zu tun, dagegen sträubt.

Mut. Auch bei allen Schwächen des Körpers
soll doch mein Geist herrschen.
Ich will dem Schicksal in den Rachen greifen,
ganz niederbeugen soll es mich gewiß nicht.

Musik ist das Klima meiner Seele, da blüht sie und
schießt nicht nur ins Kraut, wie die Gedanken anderer,
die sich Komponisten nennen. Aber wenige verstehen,
welch ein Thron der Leidenschaft jeglicher einzelne
Musiksatz ist – und wenige wissen, daß die Leidenschaft
selbst der Thron der Musik ist.

Für dich, armer Beethoven, gibt es kein Glück von außen,
du mußt dir alles in dir selbst erschaffen,
nur in der idealen Welt findest du Freunde.

Man muß was sein, wenn man was scheinen will.

Zusammengefaßter, energischer, inniger habe ich
noch keinen Künstler gesehen. Ich begreife recht gut,
wie er gegen die Welt wunderlich stehen muß.

Goethe über Beethoven, an Christiane am 19. Juli 1812

Goethe behagt die Hofluft sehr. Mehr als einem Dichter ziemt.
Es ist nicht viel mehr über die Lächerlichkeiten
der Virtusien hier zu reden, wenn Dichter, die als
die ersten Lehrer der Nation angesehen sein sollten,
über diesen Schimmer alles andere vergessen können.

Beethoven an seinen Verleger, Franzensbad, 9. August 1812

Beethoven habe ich in Teplitz kennen gelernt.
Sein Talent hat mich in Erstaunen gesetzt;
allein er ist eine ganz ungebändigte Persönlichkeit,
die zwar gar nicht Unrecht hat, wenn sie die Welt
detestabel [verabscheuungswürdig] findet, sie aber
freilich dadurch weder für sich noch andre genußreicher macht.
Sehr zu entschuldigen ist er hingegen und sehr zu
bedauern, da ihn sein Gehör verläßt, das vielleicht
dem musikalischen Teil seines Wesens weniger als dem
geselligen schadet. Er, der ohnehin lakonischer Art ist,
wird es nun doppelt durch diesen Mangel.

Goethe an Karl Friedrich Zelter am 2. September 1812

Beethoven ist mit bewundernswertem Genie
in meine Intentionen eingegangen.

Goethe im Sommer 1821 zu Friedrich Förster

In Karlsbad habe ich Goethe kennen gelernt, vor –
Gott weiß, wie langer Zeit. Ich war damals noch nicht
so taub, wie jetzt: aber schwer hörte ich schon.
Was hat der große Mann da für Geduld mit mir gehabt!
. . . Wie glücklich hat mich das damals gemacht! Totschlagen
hätt ich mich für ihn lassen; und zehnmal. Damals als ich
so recht im Feuer saß, hab ich mir auch die Musik zu
seinem Egmont ausgesonnen, und sie ist gelungen, nicht wahr?

Beethoven zu Johann Friedrich Rochlitz

Wie lieb würde es mir sein zu wissen, ob ich passend meine Harmonie
mit der Ihrigen verbunden! Auch Belehrung, welche gleichsam als
Wahrheit zu betrachten, würde mir äußerst willkommen sein.

*Brief Beethovens an Goethe vom 8. Februar 1823,
die Vertonung von ›Meeresstille‹ und ›Glückliche Fahrt‹ betreffend*

DAS TALENT ARBEITET, DAS GENIE SCHAFFT

Robert Schumann

Die Kunst – ein Übermaß an Sehnsucht.
Vor einer lauschenden Menge predigen zu können,
ein Prophet, ein Herold zu sein, das war, was ich wollte.

Edvard Grieg

Die Musik hat keine Entsprechungen, die Begriffe
prallen von ihr ab; ihre Farben sind ohne Namen;
ihre Sinnlichkeit kennt keine Begattung;
ihrer Trauer geht kein Tod voraus.

Hans Henny Jahnn

Aber freilich, eine Erscheinung wie Mozart bleibt immer
ein Wunder, das nicht weiter zu erklären ist.

Goethe zu Eckermann am 14. Februar 1831

Aber als Ganzes ist die Erscheinung (Richard Wagner)
jedem Angriff gewachsen.

Friedrich Nietzsche, ›Unschuld des Werdens‹

Sie haben jetzt gesehen, was wir können;
nun ist es an Ihnen, zu wollen.
Und wenn sie wollen, so haben wir eine Kunst.

*Richard Wagner im August 1876 in Bayreuth
nach der Uraufführung des ›Rings der Nibelungen‹*

Ich selbst bin in der deutschen Schule erzogen.
Ich habe in Leipzig studiert, bin musikalisch ganz deutsch.
. . . Gewiß schöpfe ich aus dem norwegischen Volkslied,
aber selbst Mozart und Beethoven wären nicht das
geworden, wenn sie nicht das Vorbild der alten Meister
gehabt hätten. Das hehre deutsche Volkslied lag ihrem
Schaffen zugrunde, und ohne dies wäre jede Kunstmusik
unmöglich. Das sah ich auch für mich ein.

Edvard Grieg

Sooft sich ein Virtuose hören läßt, finden sich immer
einige, die sogleich dasselbe Instrument zu lernen anfangen.
Wie viele irren auf diesem Wege herum !

Goethe, ›Wilhelm Meisters Lehrjahre‹

Man wird des Besten überdrüssig, sobald es landläufig ist.

Luc de Clapiers de Vauvenargues

Karl Julius Weber, ›Demokritos‹

Der deutsche Geist, der sich in solchen Werken findet,
bleibt, bis die Erdkruste vereist.
Richard Strauss beim Hören des Oktetts von Franz Schubert

Der Gesang ist die in höchster Leidenschaft erregte Rede:
Die Musik ist die Sprache der Leidenschaft.
Richard Wagner

Ein Künstler muß seine Weisen
eigentlich immer einer Geliebten ins Ohr flüstern.
Christian Morgenstern, ›Aphorismen und Sprüche‹

Musik ist nicht nur das, was Musik angedichtet wird,
ist so wenig abstrakt wie eine Sprache, ein Tod, eine Liebe.
Hans-Werner Henze,› Die Zeichen‹, 1955

Für den überwiegenden Teil der Menschen ist die Musik
ein angenehmes Mittel, ihre eigene Plattheit zu pathetisieren.
Heimito von Doderer

Ohne die Negerkunst bleibt den Vereinigten Staaten
nur noch Mechanik und Automatismus.
Garcia Lorca, ›Über Dichtung und Theater‹

Der Musik in unserer Zeit ist wenig Möglichkeit gegeben,
Zustände zu verherrlichen und ein Leuchten über die Menschen
zu ergießen. Das Feuer von Hiroshima hat alles übertroffen.
Die andauernde Bedrohung des Lebens und der individuellen
Freiheit treibt das Künstlerisch-Kreative in die Defensive.
Hans-Werner Henze, ›Musik als Resistenzverhalten‹, 1963

Die zeitgenössische Musik ist eine Wüste
mit ein paar Dattelkernen hier und da.
Pablo Casals

Die modernen Komponisten schreiben nicht einmal
für die Instrumente verständlich.
René Kollo

*

Wenn du von allem dem, was diese Blätter füllt,
Mein Leser, nichts des Dankes wert gefunden,
So sei mir wenigstens für das verbunden, / Was ich zurück behielt.
Gotthold Ephraim Lessing, ›Abschied an den Leser‹

Quellenverzeichnis

sofern die Quelle nicht bereits beim Verfassernamen angegeben

Berlin, Paul, *Deutschland stirbt nicht!*, DSZ, München 1980.

Bern, Maximilian, *Die zehnte Muse*, Otto Elsner Verlagsges., Darmstadt 1955.

Böhmer, Otto A., *Leben ist immer – lebensgefährlich*, dtv Klassik, München 1990.

Büchmann, Georg, *Geflügelte Worte*, Haude & Spener, Berlin [30]1961.

Dobel, Richard, *Lexikon der Goethe-Zitate*, Artemis, Zürich 1968.

Eichler, Richard W., *Gesammelte Lesefrüchte von 1946 bis heute*.

Flaubert, Gustave, *Wörterbuch der Gemeinplätze*, Matthes & Seitz, München o. J.

Genzmer, Felix, *Die Edda*, Eugen Diederichs, Köln [6]1981.

Gundert, Wilhelm u. a., *Lyrik des Ostens*, Carl Hanser, München 1952.

Hauer, J. W. u. A., *Der deutsche Born*, Buch 1 bis 5, Türmer, München ab 1951.

Hennecke, Hans u. a., *Lyrik des Abendlands*, Carl Hanser, München 1953.

Jameson, Egon, *ABC der klügsten Sätze*, Rowohlt TB, Reinbek 1961.

John, Johannes, *Reclams Zitaten-Lexikon*, Reclam, Stuttgart 1992.

Kirchberger, J. H., *Das Große Krüger Zitaten Buch*, Krüger, Frankfurt/Main 1977.

Mackensen, Lutz, *Zitate, Redensarten, Sprichwörter*, VMA, Wiesbaden 1981.

Reuß zur Lippe, Marie Adelheid, *Mein liebstes Buch*, Dt. Unitarier, Gießen [3]1993.

Schumann, Gerhard, *Spruchbuch*, Hohenstaufen, Bodman 1981.

Schumann, Gerhard, *Stachel-Beeren-Auslese*, Hohenstaufen, Esslingen 1963.

Seitz, Roger, *Zitate von A bis Z*, Südwest, München o. J.

Sellner, Alfred, *Latein im Alltag*, Cura, Wien 1970.

Zoozmann, Richard, *Zitatenschatz der Weltliteratur*, Praktisches Wissen, Berlin o. J.

Bildnachweis

Namenverzeichnis

Sofern keine nationale Herkunft angegeben, entstammen die Genannten dem deutschen Sprachraum

Abaelard, 1079–1142, französischer Philosoph

Abraham a Sancta Clara, eig Joh. Ulrich Megerle, 1644–1709, Kanzelredner

Adamy, Bernhard, o. J., Musikschriftsteller

Addison, Joseph, 1672–1719, englischer Schriftsteller

Adenauer, Konrad, 1876–1967, Politiker

Adler, Friedrich, 1879–1960, Politiker

Agricola, Johann, eig. Schneider, 1494–1566, Reformator

Aischilos, 525–456 v.d.Ztr., griechischer Dichter

Alanbrooke, Lord Alan Francis, 1883–1963, britischer Militär

Alberus, Erasmus, um 1500–1553, Theologe, Schriftsteller

Aldington, Richard, 1892–1962, englischer Schriftsteller

Allmers, Hermann, 1821–1902, Kunsthistoriker

Altenberg, Peter, eig. Richard Engländer, 1859–1919, Schriftsteller

Alvensleben, Constantin von, 1809–1892, General

Ambesser, Axel von, 1910–1988, Schauspieler, Schriftsteller

Amenophis IV. – Echnaton, 1364–1347 v.d.Ztr., Pharao

Amphilochios, um 340–394, griechischer Bischof

Amtmann, Rolf, * 1908, Schriftsteller

Anacker, Heinrich, * 1901, Schriftsteller

Anders, Günther, eig. Stern, 1902–1992, Schriftsteller

Andersen, Hans Christian, 1805–1875, dänischer Dichter

Andersen Nex, Martin, 1869–1954, dänischer Schriftsteller

Andreas–Salomé, Lou, 1861–1937, Schriftstellerin

Angelus Silesius, eig. Johann Scheffler, 1624–1677, Dichter

Antisthenes, um 445– um 360 v.d.Ztr., griechischer Philosoph

Aristoteles, 384–322 v.d.Ztr., griechischer Philosoph

Arndt, Ernst Moritz, 1769–1860, Schriftsteller

Arnim, Achim von, 1781–1831, Dichter

Arnim, Herbert von, *1939, Rechtslehrer

Ashoka, 273/265–238/232 v.d. Ztr. indischer Herrscher

Attlee. Clement, 1883–1967, englischer Politiker

Auden, Wyston Hugh, 1907–1973, englischer Dichter

Augstein, Franziska, o. J., Publizistin

Augstein, Rudolf, *1923, Publizist

Augustinus, Aurelius, 354–430, römischer Kirchenlehrer

Ayrer, Jacob, 1544–1605, Dichter

Bachmann, Ingeborg, 1926–1973, Schriftstellerin

Bacon, Francis, 1561–1626, englischer Staatsmann, Philosoph

Baggesen, Jens, 1764–1826, dänischer Dichter

Bahr, Egon, *1922, Politiker

Bahrs, Hans, 1917–1983, Schriftsteller

Baldwin, James, 1924–1987, afroamerikanischer Schriftsteller

Baljak, Aleksander, *1954, serbischer Schriftsteller

Balzac, Honore de, 1799–1850, französischer Schriftsteller

Bamm, Peter, eig. Curt Emmerich, 1897–1975, Schriftsteller

Bardèche, Maurice, französischer Schriftsteller

Barlach, Ernst, 1870–1938, Bildhauer

Bartels, Adolf, 1862–1945, Literaturhistoriker

Barth, Emil, 1900–1958, Schriftsteller

Baruch, Bernard, 1870–1965, US-Politiker

Baudelaire, Charles, 1821–1867, französischer Dichter

Bauer, Walter, 1904–1976, Schriftsteller

Bauernfeld, Eduard von, 1802–1890, Schriftsteller

Baumann, Hans, 1914–1988, Dichter

Bebel, August, 1840–1913, Politiker

Becher, Johannes R., 1891–1958, Schriftsteller

Beck, Hans–Georg, * 1910, Byzantinist

Beckenbauer, Franz, *1945, Sportler

Beethoven, Ludwig van, 1770–1827, Komponist

Bellow, Saul, *1915, US-Schriftsteller

Benedikt XV., 1854–1922, Papst

Benn, Gottfried, 1886–1956, Arzt, Schriftsteller

Benoist, Alain de, *1943, französischer Philosoph

Benz, Richard, 1884–1966, Literaturhistoriker

Bergengruen, Werner, 1892–1964, Schriftsteller

Bergfleth, Gerd, *1936. Schriftsteller

Bergstraesser, Arnold, 1896–1964, Kunsthistoriker

Betz, Otto, *1917, Theologe

Beuys, Joseph, 1921–1986, Aktionist

Bhagavadgita, ›Gesang des Erhabenen‹, seit 2. Jh. v.d.Ztr., indisches Erbauungsbuch

Biber, eig. von Bibern, Heinrich Ignaz, 1644–1704, Komponist

Biberach, Martinus, Daten unbekannt, Magister in Heilbronn

Bickel, Margot, o. J., Lyrikerin

Bieler, Manfred, *1934, Schriftsteller

Bierbaum, Otto Julius, 1885–1910, Schriftsteller

Bierce, Ambrose Gwinnett, 1842–1914, US-Schriftsteller

Biermann, Wolf, *1936, Liedermacher

Binding, Rudolf G., 1867–1938, Schriftsteller

Bismarck, Otto Fürst von, 1815–1898, Staatsmann

Bjornson, Bronstjerne, 1832–1910, norwegischer Dichter

Blake, William, 1757–1827, englischer Dichter, Maler

Blomberg, Werner von, 1878–1946, Generalfeldmarschall

Blücher, Gebhard Leberecht Fürst von, 1742–1819, Feldherr

Blumenthal, Oskar, 1852–1917, Schriftsteller

Blunck, Hans Friedrich, 1888–1861, Schriftsteller

Bluth, Manfred, *1926, Maler

Boccaccio, Giovanni, 1313–1375, italienischer Schriftsteller

Böcker, Juliane, 1905–1994, Lyrikerin

Böcklin, Arnold, 1827–1901, Maler

Bodenstedt, Friedrich von, 1819–1892, Schriftsteller

Böhme, Herbert, 1907–1971, Dichter

Böhme, Jakob, 1575–1624, Philosoph

Bojicic, Radivoje, *1949, serbischer Schriftsteller

Böll, Heinrich, 1917–1985, Schriftsteller

Borchert, Wolfgang, 1921–1947, Schriftsteller

Börne, Ludwig, zuvor Löb Baruch, 1786–1837, Schriftsteller

Bornewasser, Franz Rudolf, 1866–1951, Bischof

Brahmanas, um 1000–500 v.d.Zw., an die Veden anschließende altindische Weisheitslehren

Brandt, Willy, 1913–1992, Politiker

Brant, Sebastian, 1457–1521, Jurist, Schriftsteller

Braun, Wernher Frhr. von, 1912–1977, Raumfahrtpionier

Brecht, Bertolt, 1898–1956, Schriftsteller, Regisseur

Brentano, Clemens von, 1778–1842, Dichter

Breuel, Birgit, *1937, Politikerin

Briand, Aristide, 1862–1932, französischer Politiker

Brie, André, *1950, Schriftsteller

Brigl, Bernhard, 19. Jh., Zeitungsverleger

Brissac, Timoléon Herzog von, 1734–1784, französischer Marschall

Brockes, Barthold Hinrich, 1680–1747, Dichter

Brockmeier, Wolfram, *1903, Schriftsteller

Bröger, Karl, 1886–1944, Schriftsteller

Brudzinski, Wieslaw, *1920, polnischer Schriftsteller

Bruno, Giordano, 1548–1600, italienischer Philosoph

Buber, Martin, 1878–1965, Religionsphilosoph

Bubik, Roland, *1970, Journalist

Buchanan, Patrick J., * 1938, US-Politiker

Büchner, Georg, 1813–1837, Schriftsteller

Büchner, Ludwig, 1804–1899, Arzt, Philosoph

Buddha, um 560–480 v.d.Ztr.., indischer Religionsstifter

Bülow, Bernhard Fürst von, 1849–1929, Diplomat

Buñuel, Luis, 1900–1983, spanischer Filmemacher

Burckhardt, Jacob, 1818–1897, Kulturhistoriker

Bürgel, Bruno, 1875–1948, Schriftsteller

Bürger, Gottfried August, 1747–1794, Dichter

Burke, Edmund, 1729–1797, irisch-englischer Politiker

Burte, Hermann, eig. Strübe, 1879–1960, Dichter

Busch, Wilhelm, 1832–1908, Maler, Zeichner, Dichter

Butler d. A., Samuel, 1612–1680, englischer Schriftsteller

Byron, Lord George, 1788–1824, englischer Dichter

Caesar, Julius, 100–44 v.d.Ztr., römischer Feldherr, Staatsmann

Calderon de la Barca, Pedro, 1600–1681, spanischer Dramatiker

Camus, Albert, 1913–1960, französischer Schriftsteller

Canetti, Elias, 1905–1994, spanischer Schriftsteller

Carlyle, Thomas, 1795–1881, schottischer Schriftsteller

Carmen Sylva, eig. Elisabeth Prinzessin zu Wied, Königin v. Rumänien, 1843–1916, Dichterin

Carossa, Hans, 1878–1956, Arzt, Schriftsteller

Carstens, Karl, 1914–1992, Politiker

Cartwright, John, 1740–1824, englischer Politiker

Casals, Pablo, 1876–1973, spanischer Cellist

Casanova de Seingalt, Giacomo, 1725–1798, italienischer Schriftsteller

Castelli, Ignaz Franz, 1781–1862, Schriftsteller

Cato d. Ä., 234–149 v.d.Ztr.., römischer Staatsmann, Schriftsteller

Céline, eig. Destouches, Louis-Ferdinand, 1894–1961, französischer Schriftsteller

Cervantes, Miguel de, 1547–1616, spanischer Dichter

Chamberlain, Houston Stewart, 1855–1927, Kulturphilosoph

Chamfort, Nicolas de, 1741–1794, französischer Schriftsteller

Chamisso, Adalbert von, 1781–1838, Schriftsteller, Naturforscher

Chartier, Alain, um 1385– um 1435, französischer Dichter

Chesterton, Gilbert Keith, 1874–1936, englischer Schriftsteller

Chiton, † um 556 v.d.Zw., spartanischer Staatsmann

Christine, 1626–1689, Königin von Schweden

Chrustschow, Nikita S., 1894–1971, Sowjet-Politiker

Churchill, Winston, 1874–1965, englischer Politiker

Cibulka, Hanns, *1920, Schriftsteller

Cicero, Marcus Tullius, 106–43 v.d.Ztr., röm. Redner, Politiker

Cioran, Emile M., *1911, rumänischer Schriftsteller

Clarin, Hans, *1929, Schauspieler

Claudel, Paul, 1868–1955, französischer Schriftsteller

Claudius, Hermann, 1878–1980, Schriftsteller

Claudius, Matthias, 1740–1815, Dichter

Clausewitz, Carl von, 1780–1831, General, Schriftsteller

Clay, Henry, 1877–1952, US-Politiker

Clémenceau, Georges, 1841–1928, französischer Politiker

Cocteau, Jean, 1889–1963, französischer Schriftsteller

Comte, Auguste, 1798–1857, französischer Philosoph

Conce, Werner, 1910–1986, Historiker

Conrad, Joseph, 1857–1927, polnisch-englischer Schriftsteller

Conzelmann, Hans, *1915, Theologe

Coremans, Victor-Amadeus, 1802 – nach 1832, flämischer Schriftsteller

Corneille, Pierre, 1606–1684, französischer Dramatiker

Cornelia, Tochter Scipios d.Ä., 2. Jh. v.d.Zw., Mutter der Gracchus-Brüder

Coudenhove-Kalergi, Richard Graf von, 1894–1972, Politiker

Crncevic, Nenad, *1950, serbischer Schriftsteller

Crncevic, Brana, *1933, serbischer Schriftsteller

Croce, Benedetto, 1866–1952, italien. Philosoph, Historiker

Custine, Adolphe de, 1793–1857, französischer Schriftsteller

Cysarz, Herbert, 1896–1985, Literaturhistoriker, Philosoph

Czepko von Reigersfeld, Daniel, 1605–1660, Dichter

Dach, Simon, 1605–1659, Dichter

Dahn, Felix, 1834–1912, Schriftsteller

Dahrendorf, Ralf, *1929, Soziologe

Danella, eig. Schneider, Uta, o. J., Schriftstellerin

Dante Alighieri, 1265–1321, italienischer Dichter

Dávila, Nikolas Gomez, kolumbianischer Philosoph

Decatur, Stephen, 1779–1820, US-Marineoffizier

Degas, Edgar, 1834–1917, französischer Maler, Plastiker

Dehler, Thomas, 1897–1967, Politiker

Dehmel, Richard, 1863–1920, Schriftsteller

Delbrück, Hans, 1848–1929, Historiker

Delmer, Sefton, 1904–1979, englischer Publizist

Demokrit, um 460 – um 375 v.d.Zw., griechischer Philosoph

Derleth, Ludwig, 1870–1946, Schriftsteller

Deschner, Karlheinz, *1924, Schriftsteller

Destouches, Philippe Nericault, 1680–1754, französischer Dramatiker

Deutsch, Julius, 1884–1968, Politiker

Dhünen, Felix, 1896–1939

Dibelius, Otto, 1880–1967, Bischof

Diderot, Denis, 1713–1784, französischer Enzyklopädist

Diederichs, Eugen, 1867–1930, Verleger

Diehl, Otto Siegfried, 1891–1988, Schriftsteller

Dingelstedt, Franz Frhr von, 1814–1881, Theaterleiter, Schriftsteller

Diodor von Sizilien, 1. Jh. v.d.Ztr., Geschichtsschreiber

Diogenes, Laertios, 3. Jh., griechischer Philosoph

Disraeli of Beaconsfield, Benjamin, 1804–1881, englischer Politiker

Diwald, Hellmut, 1924–1993, Historiker

Doderer, Heimito von, 1896–1966, Schriftsteller

Dollfuß, Engelbert, 1892–1934, Politiker

Dombrowski, Ernst von, 1896–1985, Graphiker, Schriftsteller

Domizlaff, Hans, *1892, Werbemann, Schriftsteller

Dostojewskij, Fjodor M., 1821–1881, russischer Schriftsteller

Drawe, Friedrich, o. J., Schriftsteller

Dronke, Ernst, 1822–1891, Schriftsteller

Droste-Hülshoff, Annette Freiin von, 1797–1848, Dichterin

Dühnen, Felix, o. J., Schriftsteller

Dumas d. Ä., Alexandre, 1802–1870, französischer Schriftsteller

du Maurier, Daphné, 1907–1989, englische Schriftstellerin

Dürer, Albrecht, 1471–1528, Zeichner, Maler

Dürrenmatt, Friedrich, 1921–1990, Schriftsteller

Duse, Eleonora, 1858–1924, italienische Schauspielerin

Ebert, Friedrich, 1871–1925, Politiker

Eberz, Jakob, o. J., Schriftsteller

Ebner-Eschenbach, Marie Freifrau von, 1830–1916, Schriftstellerin

Eckermann, Johann Peter, 1792–1854, Schriftsteller, Goethes Helfer

Eckhart, Meister E. von Hochheim, um 1260–1328, Philosoph

Edda, Verfasser insbes. Snorri Sturlusson (Snorri–Edda) und jene der Lieder-Edda.

Eggers, Kurt, 1905–1943, Pastor, Lyriker

Ehrenburg, Ilja, 1891–1967, Sowjet-Schriftsteller

Eich, Günter, 1907–1972, Schriftsteller

Eichberg, Henning, *1942, Historiker

Eichendorff, Joseph Frhr. von, 1788–1857, Dichter

Eichler, Richard W., *1921, Schriftsteller

Eigen, Manfred, *1927, Biochemiker

Eisenbarth, Johannes Andreas, 1663–1727, Heilkundiger

Eisenreich, Herbert, 1925–1986, Schriftsteller

Eliade, Mircea, 1907–1986, rumänischer Religionshistoriker, Schriftsteller

Elstner, Reinhold, 1820–1995, Opfer der Selbstverbrennung

Emerson, Ralph Waldo, 1803–1882, US-Philosoph, Dichter

Emmert, Karl, 1922–1995, Dichter

Empedokles, 483/2–um 425 v.d.Ztr., griechischer Philosoph

Endrikat, Fred, 1890–1942, Schriftsteller

Engels, Friedrich, 1820–1895, Politiker

Ennius, Quintus, 239–169 v.d.Ztr., römischer Dichter

Enzensberger, Hans Magnus, *1929, Schriftsteller

Epiktet, um 50– um 138, griechischer Philosoph

Epikur, 341–271 v.d.Zw., griechischer Philosoph

Erasmus von Rotterdam, 1466 od. 1469–1536, Humanist, Theologe

Erhardt, Heinz, 1909–1979, Schauspieler, Kabarettist

Eriugena, Johannes Scotus, um 830 – um 877, schottischer Theologe, Philosoph

Ermacora, Felix, 1923–1994, Völkerrechtler

Ernst, Paul, 1866–1933, Schriftsteller

Eschenbach, siehe Wolfram von E.

Eschenburg, Theodor, *1904, Politologe

Eschmann, Ernst Wilhelm, 1904–1987, Schriftsteller

Esmarck, Henrich Karl, 1792–1863, Politiker

Eugen Prinz von Savoyen, 1663–1736, Reichsfeldmarschall

Eugénie, 1826–1920, Kaiserin der Franzosen

Euripides, um 485–406 v.d.Ztr., griechischer Tragödiendichter

Evertz, Alexander, *1906, Theologe

Evola, Julius, 1898–1974, italienischer Schriftsteller

Eysenck, Hans Jürgen, * 1916, Psychologe

Fabian, Ernst, o. J., Schriftsteller
Falke, Gustav, 1853–1916, Schriftsteller
Faulkner, eig. Falkner, William C., 1897–1962, US-Schriftsteller
Febvre, Lucien, 1878–1956, französischer Historiker
Federer, Heinrich, 1866–1928, Schriftsteller
Fénelon, François, 1651–1715, französischer Theologe, Schriftsteller
Ferdinandy, Michael de, o. J., Genealoge
Fernau, Joachim, 1908–1988, Schriftsteller
Fetcher, Iring, *1922, Politologe
Feuchtersleben, Ernst Frhr. von, 1806–1849, Arzt, Schriftsteller
Feuerbach, Ludwig A., 1804–1872, Philosoph
Fichte, Johann Gottlieb, 1762–1814, Philosoph
Fielding, Henry, 1707–1754, englischer Schriftsteller
Finck, Werner, 1902–1976, Schauspieler
Finckh, Ludwig, 1876–1964, Schriftsteller
Fischart, Johann, 1546–1590, Schriftsteller
Fitzthum, Germund, * 1938, Aphoristiker
Flaischlen, Cäsar, 1864–1920, Schriftsteller
Flaubert, Gustave, 1821–1880, französischer Schriftsteller
Fleming, Paul, 1609–1640, Dichter
Flex, Walter, 1887–1917, Schriftsteller
Floersheim, Georges, o. J., Kunsthistoriker
Foek, Gorch, eig. Johann Kinau, 1880–1916, Schriftsteller
Fontane, Theodor, 1819–1898, Schriftsteller
Ford, Henry, 1863–1947, US-Industrieller
France, Anatole, eig. J.–F. A. Thibault, 1844–1924, französischer Schriftsteller
Franck, Sebastian, 1499–1542, Schriftsteller
François, Marie Luise von, 1817–1893, Schriftstellerin
Frank, Leonhard, 1882–1961, Schriftsteller

Frank, Reinhold, * 1918, Schriftsteller
Franklin, Benjamin, 1706–1790, US-Politiker, Forscher
Franz Joseph I., 1830–1916, österreichischer Kaiser
Franz von Assisi, 1181/2–1226, italienischer Ordensgründer
Freidank, 1. Hälfte des 13. Jahrhunderts, Dichter
Freiligrath, Ferdinand, 1810–1876, Schriftsteller
Frenssen, Gustav, 1863–1945, Schriftsteller
Freud, Sigmund, 1856–1939, Nervenarzt, Psychoanalytiker
Freudenlechner, Paul, 1575–1638, Schulmann, Meistersinger
Freyer, Hans, 1887–1969, Philosoph, Soziologe
Freytag, Gustav, 1816–1895, Schriftsteller
Freytag, Werner, * 1908, Arzt, Schriftsteller
Friedländer, Max, 1867–1958, Kunsthistoriker
Friedrich I., Rotbart, 1122–1190, Kaiser
Friedrich II. von Hohenstaufen, 1194–1250, Kaiser
Friedrich II., der Große, 1712–1786, König von Preußen
Friedrich, Caspar David, 1774–1840, Maler
Friedrich, Heinz, * 1922, Verleger, Schriftsteller
Friedrich Wilhelm von Brandenburg, der Große Kurfürst, 1620–1688
Friedrich Wilhelm III., 1770–1840, König von Preußen
Friedrich Wilhelm IV., 1795–1861, König von Preußen
Frings, Joseph, 1887–1978, Kardinal
Frisch, Max, * 1911–1994, Schriftsteller
Fritz, Walter Helmut, * 1929, Schriftsteller
Fröbe, Gerd, 1913–1988, Schauspieler
Fröbel, Friedrich, 1782–1852, Erzieher
Fromme, Friedrich Karl, * 1930, Journalist
Fuchsberger, Joachim, * 1927, Schauspieler, Journalist
Fulda, Ludwig, 1862–1939, Schriftsteller
Furet, François, * 1929, französischer Historiker

Fussenegger, Gertrud, * 1912, Schriftstellerin
Furtwängler, Wilhelm, 1886–1954, Dirigent, Komponist
Fußmann, Klaus, * 1938, Maler

Gadamer, Hans–Georg, * 1900, Philosoph
Gagern, Heinrich Frhr. von, 1799–1880, Politiker
Galeano, Eduardo, * 1940, uruguayischer Schriftsteller
Galen, Clemens August Graf von, 1878–1946, Kardinal
Galini, Ferdinando, 1728–1787, italienischer Schriftsteller
Galinski Heinz, 1912–1992, Politiker
Gampp, Josua Leander, 1889–1969, Schriftsteller
Gandhi, Mahatma, 1869–1948, indischer Politiker
Garcia Lorca, Federico, 1893–1936, spanischer Dichter
Gaudy, Franz, Frhr. von, 1800–1840, Schriftsteller
Gaulle, Charles de, 1890–1970, franz. General, Politiker
Gautier, Theophile, 1811–1872, französischer Schriftsteller
Gauweiler, Peter, * 1949, Politiker
Gehlen, Arnold, 1904–1976, Soziologe, Philosoph
Geibel, Emanuel, 1815–1884, Dichter
Geiler von Kaysersberg, Johann, 1445–1510, Schriftsteller
Geißler, Horst Wolfram, 1893–1983, Schriftsteller
Gellert, Christian Fürchtegott, 1715–1769, Schriftsteller
Gentz, Friedrich von, 1764–1832, Politiker, Publizist
George, Heinrich, eig. Heinz Georg Schulz, 1893–1946, Schauspieler
George, Stefan, 1868–1933, Dichter
Gerhardt, Paul, 1607–1676, Theologe, Dichter
Gernhardt, Robert, * 1937, Schriftsteller
Gerstenmaier, Eugen, 1906–1986, Theologe, Politiker
Gide, André, 1869–1951, französischer Schriftsteller
Girard, René, * 1923, französischer Anthropologe, Schriftsteller
Glaßbrenner, Adolf, 1810–1876, Schriftsteller

Gleim, Johann Wilhelm Ludwig, 1719–1803, Dichter

Gneisenau, Neidhardt Graf von, 1760–1831, Heerführer

Gobert, Boy, 1925–1986, Schauspieler

Gobineau, Arthur Graf von, 1816–1882, französischer Schriftsteller

Goes, Albrecht, *1908, Schriftsteller

Goethe, Johann Wolfgang von, 1749–1832, Dichter

Goetz, Curt, 1880–1960, Schauspieler, Schriftsteller

Goeudevert, Daniel, *1942, (franz.?)Manager

Gogh, Vincent van, 1853–1890, niederländischer Maler

Goll, Yvan, 1891–1950, Schriftsteller

Gollancz, Victor, 1893–1967, englischer Verleger

Goncourt, Brüder Edmond de, 1862–1896, Jules de, 1830–1870, französische Schriftsteller

Gorbach, Alfons, 1898–1972, Politiker

Gorbatschow, Michail S., *1931, russischer Politiker

Görgey, Gábor, o. J., Schriftsteller

Gorki, eig. Peschkow, Maxim, 1868–1936, russischer Schriftsteller

Görres, Joseph von, 1776–1848, Publizist

Göschen, Georg Joachim, 1752–1928, Verleger

Gött, Emil, 1864–1908, Schriftsteller

Gotthelf, Jeremias, eig. Albert Bitzius, 1797–1854, Erzähler

Götz, Johann Nikolaus, 1721–1781, Schriftsteller

Grabbe, Christian Dietrich, 1801–1836, Schriftsteller

Gracián y Morales, Baltasar, 1601–1651, spanischer Philosoph,

Graevenitz, Fritz, o. J., Schriftsteller

Graff, Sigmund, *1898, Schriftsteller

Greflinger, Georg, um 1620 – um 1677, Dichter

Gregor I., um 540–604, Papst

Greiffenberg, Catharina Regina von, 1633–1694, Dichterin

Grieg, Edvard, 1843–1907, norwegischer Komponist

Grillparzer, Franz, 1791–1872, Dichter

Grimm, Hans, 1875–1959, Schriftsteller

Grimm, Jacob, 1785–1863, Gerrnanist

Grimm, Wilhelm, 1786–1859, Germanist

Grimmelshausen, Hans Jacob Christoffel von, um 1622–1676, Erzähler

Grob, Johann, 1634–1697, Schriftsteller

Gropius, Walter, 1883–1969, Architekt

Gross, Johannes, *1932, Publizist

Gruhl, Herbert, 1921–1993, Ökologe

Grün, Anastasius, eig. Graf von Auersperg, 1806–1876, Schriftsteller

Grundtvig, Nikolaj Frederik Severin, 1783–1872, dänischer Theologe, Dichter

Grundmann, Günter, 1892–1976, Jurist, Schriftsteller

Gryphius, eig. Greif, Andreas, 1616–1664, Dichter

Guardini, Romano, 1885–1968, Theologe

Guareschi, Giovanni, 1908–1968, italienischer Schriftsteller

Guinness, Alec, *1914, englischer Schauspieler

Guizot, François, 1787–1874, französischer Politiker, Historiker

Günther, Johann Christian. 1695–1723, Dichter

Gütersloh, Albert Paris, 1887–1973, Schriftsteller, Maler

Guttenberg, Karl Theodor Frhr. von, *1921, Politiker

Gutzkow, Karl Ferdinand, 1811–1878, Schriftsteller

Guyon des Chesnoy, Jeanne–Marie, 1648–1717, franz. Mystikerin

Habsburg, Otto v., *1912, Politiker

Haecker, Theodor, 1879–1945, Schriftsteller

Hafink, Arthur, eig. A.-Hermann Fink, *1907, Schriftsteller

Hagedorn, Friedrich von, 1708–1754, Schriftsteller

Hagen, Hans W., 1907–1969, Kunsthistoriker, Schriftsteller

Hahn, Friedrich, eig. Frhr. von Münch-Bellinghausen, 1806–1871, Schriftsteller

Hahn, Karl–Eckhard, *1960, Beamter

Haider, Jörg, *1950, Politiker

Halhuber, Max J., * 1919, Herz-Kreislaufforscher

Hamann, Johann Georg, 1730–1788, Philosoph, Schriftsteller

Hamerling, Robert, 1830–1889, Schriftsteller

Hamsun, eig. Pedersen, Knut, 1859–1952, norwegischer Schriftsteller

Handke, Peter, * 1942, Schriftsteller

Han Suyin. eig. Elisabeth Comber, *1917, chinesisch-belgische Schriftstellerin

Hardenberg, Karl August Fürst von, 1755–1822, Politiker

Harnack, Adolf von, 1851–1930, Theologe

Herpprecht, Klaus, *1927, Publizist

Härtle, Heinrich, 1909–1986, Schriftsteller

Hase, Karl Günther von, *1917, Diplomat, Journalist

Hassencamp, Oliver, 1921–1988, Schriftsteller

Hastings, Max, o. J., englischer Historiker

Hauff, Wilhelm, 1802–1827, Schriftsteller

Haug, Johann Christian Friedrich, 1761–1829, Schriftsteller

Hauptmann, Gerhart, 1862–1946, Dichter

Hauschka, Ernst R., *1926, Schriftsteller

Hausenstein, Wilhelm, 1882–1957, Kunsthistoriker

Hauser, Arnold, 1892–1978, ungarisch-engl. Kunstsoziologe

Haushofer, Karl, 1869–1946, Geopolitiker

Hausmann, Manfred, 1898–1986, Schriftsteller

Havel, Václav, *1936, tschechischer Dramatiker, Politiker

Haverbeck, Werner Georg, *1909, Schriftsteller

Haward, Peter, o. J., Schriftsteller

Hebbel, Friedrich, 1813–1863, Dichter

Hebel, Johann Peter, 1760–1826, Dichter

Hedin, Sven, 1865–1952, schwedischer Asienforscher

Heer, Friedrich, 1916–1983, Kulturhistoriker

Hegel, Georg Wilhelm Friedrich, 1770–1831, Philosoph

Heidegger, Martin, 1889–1976, Philosoph

Heine, Heinrich, 1797–1856, Dichter, Journalist

Heinrich I., um 875–936, deutscher König

Heinrich IV., 1165–1197, Kaiser, Minnesänger

Heinrich der Gleisner, 2. Hälfte des 12. Jh., Dichter

Heiseler, Bernt von, 1907–1969, Schriftsteller

Heisenberg, Werner, 1901–1976, Physiker

Heitmann, Steffen, *1944, Politiker

Held, Jeremias, 16. Jh., Schriftsteller

Held, Martin, 1908–1992, Schauspieler

Heliodor, 3. Jh., griechischer Schriftsteller

Heller, Hermann, 1891–1953, Staatsrechtler

Heller, Joseph, * 1923, US-Schriftsteller

Helvétius, Claude Adrien, 1715–1777, französischer Schriftsteller

Hennis, Wilhelm, *1923, Politologe

Henrici, Christian Friedrich, 1700–1764, Schriftsteller

Henze, Hans Werner, * 1926, Komponist

Heraklit, um 550–480 v.d.Zw., griechischer Philosoph

Herder, Johann Gottfried von, 1744–1803, Theologe, Schriftsteller

Herodot, um 490 – um 425 v.d.Zw., griechischer Geschichtsschreiber

Herwegh, Georg, 1817–1875, Schriftsteller

Hesiod, um 700 v.d.Zw., griechischer Dichter

Hesse, Hermann, 1877–1962, Schriftsteller

Heuss, Theodor, 1884–1963, Politiker

Heym, Stefan, eig. H. Flieg, * 1913, Schriftsteller

Heyse, Paul von, 1813–1914, Schriftsteller

Hieß, Joseph, 1904–1973, Schriftsteller

Hille, Peter, 1854–1904, Schriftsteller

Hiller von Gärtingen, Wilhelm Frhr. von, 1809–1866, General

Hindenburg, Paul von, 1847–1934, Feldherr, Politiker

Hippel, Theodor Gottllieb von, 1741–1796, Politiker, Schriftsteller

Hippokrates, um 460 – um 370 v.d.Ztr., griechischer Arzt

Hobbes Thomas, 1588–1679, englischer Philosoph

Höcherl, Hermann, 1912–1989, Politiker

Hofer, Karl, 1878–1955, Maler

Hoffmann, Ernst Theodor Amadeus, 1776–1822, Schriftsteller, Komponist

Hoffmann von Fallersleben. August Heinrich, 1798–1874, Schriftsteller

Höffner, Joseph, 1906–1987, Kardinal

Hofmann von Hofmannswaldau, Christian, 1616–1679, Schriftsteller

Hofmannsthal, Hugo von, 1874–1929, Dichter

Hofstätter, Peter Robert, 1913–1994, Psychologe

Hoggart, Simon, o, J., US-Journalist

Hohlbaum, Robert, 1886–1955, Schriftsteller

Höhler, Gertrud, * 1941, Literaturwissenschaftlerin

d'Holbach, Paul Henry, eig. Paul Heinrich Dietrich, 1723–1789, deutsch–französischer Philosoph

Hölderlin, Friedrich, 1770–1843, Dichter

Holthusen, Hans Egon, * 1913, Schriftsteller

Hölty, Ludwig Christoph Heinrich, 1748–1776, Dichter

Holzapfel, Hartmut, * 1944, Politiker

Homer, 8. Jh. v.d.Ztr., griechischer Dichter

Horaz, Quintus Horatius Flaccus, 63–8 v.d.Ztr., römischer Dichter

Horton, Peter, *1941, Schriftsteller

Hoyer, Alexander, *1914, Schriftsteller

Huch, Ricarda, 1864–1947, Schriftstellerin

Hufeland, Christoph Wilhelm von, 1782–1836, Arzt

Hugo, Victor, 1802–1885, französischer Schriftsteller

Hugo von Trimberg, 1. Hälfte des 13. Jh., Dichter

Huizinga, Johan, 1872–1945, niederländ. Kulturhistoriker

Humboldt, Alexander Frhr. von, 1769–1859, Naturforscher, Geograph

Humboldt, Wilhelm Frhr. von, 1767–1835, Gelehrter und Politiker

Hunke, Sigrid, * 1913, Religionsphilosophin

Hüsch, Heinz–Günther, * 1929, Politiker

Hutten, Ulrich von, 1488–1523, Schriftsteller

Huwe, Lotte, 1901–1988, Lyrikerin

Ibsen, Herrik, 1828–1906, norwegischer Dramatiker

Ihering, Rudolf von, 1818–1892, Jurist

Immermann, Karl Leberecht, 1796–1840, Schriftsteller

Inge, Dean William Ralph, 1860–1954, US-Schriftsteller

Innitzer, Theodor, 1875–1955, Kardinal

Irving, Washington, 1783–1859, US-Schriftsteller

Isaac, Heinrich, um 1450–1517, flämischer Komponist

Isensee, Josef, *1937, Rechtslehrer

Itthai, treuer Philister–Hauptmann gegen Davids abtrünnigen Sohn Absalon

Iwanow, Wjatscheslaw, 1866–1949, russischer Schriftsteller

Jahn, Friedrich Ludwig, 1778–1852, Erzieher, Politiker

Jahnn, Hans Henny, 1894–1959, Schriftsteller, Orgelbauer

Jaksch, Wenzel, 1896–1966, Politiker

Jarret, Keith, * 1945, US-Musiker

Jaspers, Karl, 1883–1969, Philosoph

Jaurès, Jean, 1859–1914, französischer Politiker

Jean Paul, eig. Johann Paul Friedrich Richter, 1763–1825, Schriftsteller

Jefferson, Thomas, 1743–1826, US-Politiker

Jellinek, Georg, 1851–1911, Staatsrechtslehrer

Jelusich, Mirko, 1886–1969, Schriftsteller

Jochmann, Carl Gustav, 1789–1830, Schriftsteller

Johannes von Tepl (von Saaz), um 1350–1414, Dichter

Johnson, Hiram, 1866–1945, US-Politiker

Joubert, Joseph, 1754–1824, französischer Schriftsteller

Joyce, James, 1882–1941, irischer Schriftsteller

Julian, Flavius Claudius, 331–363, römischer Kaiser, ›Apostata, der Abtrünnige‹

Julius III., 1487–1555, Papst

Jung, Carl Gustav, 1875–1961, Psychiater

Jung, Edgar Julius, 1894–1934, Politiker

Jung-Stilling, Johann Heinrich, 1740–1817, Arzt und Schriftsteller

Jünger, Ernst, * 1895, Schriftsteller

Jünger, Friedrich Georg, 1898–1977, Schriftsteller

Junker, Detlev, * 1939, Historiker

Juvenal, Decimus Junius, etwa 60 – etwa 140, römischer Redner, Satiriker

Kafka, Franz, 1883–1924, Schriftsteller

Kainz, Josef, 1858–1910, Schauspieler

Kaiser, Rudolf, * 1927, Amerikanist

Kaléko, Mascha, 1912–1975, Schriftstellerin

Kaltenbrunner, Gerd-Klaus, *1939, Schriftsteller

Kamphausen Helmut, *1924, Schriftsteller

Kandinsky, Wassily, 1866–1944, russischer Maler

Kant, Immanuel, 1724–1804, Philosoph

Karl, Erzherog von Österreich, 1771–1847, Feldherr

Karl V., 1500–1558, Kaiser

Kasper, Hans, eig. Dietrich Huber, * 1916, Schriftsteller

Kästner, Abraham Gotthelf, 1719–1800, Mathematiker, Dichter

Kästner, Erich, 1899–1974, Schriftsteller

Käufer, Hugo Ernst, *1937?, Schriftsteller

Kausch, Karl–Heinz, 1923–1995, Schriftsteller

Kautzky, Karl, 1854–1938, politischer Theoretiker

Kayßler, Friedrich, 1874–1945, Schauspieler, Schriftsteller

Keitel, Wilhelm, 1882–1946, Generalfeldmarschall

Keller, Gottfried, 1819–1890, Schriftsteller

Kelsos, 2. Jh., spätantiker Philosoph

Kempner, Friederike, 1836–1904, Schriftstellerin

Kennan, George F., *1904, US-Diplomat

Kennedy, John F., 1917–1963, US-Politiker

Kepler, Johannes, 1571–1630, Astronom, Mathematiker

Kerner, Justinus, 1786–1862, Arzt, Schriftsteller

Kernstock, Ottokar, 1848–1928, Theologe, Schriftsteller

Kerr, Alfred, 1867–1948, Schriftsteller

Kessel, Martin, *1901, Schriftsteller

Keun, Irmgard, 1905–1982, Schriftstellerin

Keynes, John Maynard, 1883–1946, engl. Volkswirtschaftler

Kayserling, Herrnann Graf von, 1880–1946, Philosoph

Kierkegaard, Søren, 1813–1855, dän. Theologe, Schriftsteller

Kilian, Hans, eig. Eduard Wildhagen, *1890, Schriftsteller

Kimminich, Otto, *1932, Staats- und Völkerrechtler

Kindleben, Christian Wilhelm, 1748–1785, Magister in Halle

Kinkel, Johann Gottfried, 1815–1882, Schriftsteller

Kippenberg, Anton, 1874–1950, Verleger

Kisch, Egon Erwin, 1885–1948, Reporter

Klabund, eig. Alfred Henschke, 1890–1928, Schriftsteller

Kleanthes, um 331 – 232/1 v.d.Ztr., griechischer Philosoph

Kleist, Ewald Christian von, 1715–1759, Schriftsteller

Kleist, Heinrich von, 1777–1811, Schriftsteller

Klinger, Friedrich Maximilian von, 1752–1831, Schriftsteller

Klopstock, Friedrich Gottlieb, 1724–1803, Dichter

Knef, Hildegard, *1925, Schauspielerin

Knigge, Adolph Frhr. von, 1751–1796, Schriftsteller

Koch, Robert, 1853–1910, Bakteriologe

Kohl, Helmut, *1930, Politiker

Kolbenheyer, Erwin Guido, 1878–1962, Schriftsteller

Kollath, Werner, 1892–1970, Ernährungswissenschaftler

Kollo, René *1937, Sänger

Kollwitz, Käthe, 1867–1945, Zeichnerin

Kolumbus, Christoph, 1451–1506, Seefahrer

Kondylis, Panajotis, o. J., griechisch–deutscher Schriftsteller

Köner, Ludwig, o. J., Präsident des Berliner Bühnenklubs

Konfuzius, 551–479 v.d.Ztr., chinesischer Philosoph

Konjetzky, Klaus, * 1943, Schriftsteller

Konjew, Iwan S., 1897–1973, Sowjetmarschall

Konrad II., um 990–1039, Kaiser

Konradin, 1252–1268, Herzog von Schwaben

Koren, Hanns, *1906, politischer Schriftsteller

Körner, Theodor, 1791–1813, Schriftsteller

Kostelany, André, *1908, Börsenfachmann

Kotzebue, August von, 1761–1819, Dramatiker

Kovacevic, Pavle, *1944, serbischer Schriftsteller

Kowa, Victor de, eig. Kowarzik, 1904–1973, poln. Schauspieler

Krailsheimer, Hans, 1888–1958, Schriftsteller

Kraus, Karl, 1874–1936, Journalist, Kritiker

Krebs, Pierre, *1946, Publizist

Kreisky, Bruno, 1911–1990, Politiker

Krolow, Karl, *1915, Lyriker

Krüger, Hardy, *1928, Schauspieler

Kudnig, Fritz, 1888–1979, Schriftsteller

Kudszus, Hans, 1901–1977, Schriftsteller

Kulenkampff, Hans–Joachim, *1921, Schauspieler

Küng, Hans, * 1928, Theologe

Kunze, Reiner, * 1933, Schriftsteller

Künzel, Franz Peter, * 1925, Übersetzer, Schriftsteller

La Bruyère, Jean de, 1645–1696, französischer Schriftsteller

Lafargue, Paul, 1842–1911, französischer Sozialist

Lagarde, Paul Anton de, eig. Bötticher, 1827–1891, Kulturphilosoph

Lamartine, Alphonse de, 1790–1869, franz. Schriftsteller

Lambsdorff, Otto Graf, *1926, Politiker

Lamey, August, 1816–1896, Rechtsgelehrter

Lamnais, Felicité, o. J., französischer Priester, Historiker

Landmann, Salcia, * 1911, Schriftstellerin

Langbehn, Julius, 1851–1907, Kulturphilosoph und Schriftsteller

Lange, Helene, 1848–1930, Frauenrechtlerin

Laotse, 6. oder 4. Jh. v.d.Ztr., chinesischer Philosoph

La Rochefoucault, François de, 1613–1680, französischer Schriftsteller

Laub, Gabriel, * 1928, Schriftsteller

Lavater, Johann Kaspar, 1741–1801, Theologe, Schriftsteller

Lawrence, Jerome, o. J., US-Schriftsteller

Lazic, Petar, * 1960, serbischer Schriftsteller

Lec, Stanislaw Jerzy, 1909–1966, polnischer Aphoristiker

Le Fort, Gertrud, Freiin von, 1876–1971, Schriftstellerin

Lehmann, Christian, um 1570–1638, Schriftsteller

Leibniz, Gottfried Wilhelm, 1648–1716, Mathematiker, Philosoph

Leisegang, Dieter, 1842–1973, Schriftsteller

Leixner, Otto von, 1847–1907, Schriftsteller

Lembke, Robert, 1913–1989, Journalist

Lenau, Nikolaus, eig. Niemsch Edler von Strehlenau, 1802–1850 Dichter

Lenin, eig. Wladimir I. Uljanow, 1870–1924, Politiker

Lenz, Siegfried, * 1926, Schriftsteller

Leo, Heinrich, 1799–1878, Historiker

Leonardo da Vinci, 1452–1519, italienischer Maler, Architekt, Techniker

Leonhard, Rudolf, 1889–1953, Schriftsteller

Leopardi, Giacomo Graf, 1798–1837, italienischer Dichter

Lersch, Heinrich, 1889–1936, Schriftsteller

Lessing, Gotthold Ephraim, 1729–1781, Schriftsteller

Lichtenberg, Georg Christoph, 1742–1799, Schriftsteller, Physiker

Lichtwer, Magnus Gottfried, 1719–1783, Dichter

Liddell Hart, Sir Basil Henry, 1895–1970, englischer Militärschriftsteller

Liebig, Justus Frhr. von, 1803–1973, Chemiker

Lienhard, Friedrich, 1865–1929, Schriftsteller

Ligne, Charles Joseph Fürst von, 1735–1814, Offizier und Diplomat

Liliencron, Detlev von, 1844–1909, Schriftsteller

Limpach, Erich, 1899–1965, Schriftsteller

Lincoln, Abraham, 1809–1865, US-Politiker

Lingg, Hermann von, 1820–1905, Schriftsteller

Lipok, Erich, * 1909, Schriftsteller

Lippmann, Walter, 1889–1974, US-Publizist

Liselotte von der Pfalz, 1652–1722, Verfasserin geistvoller Briefe

Livius, Titus, um 59 v.d.Ztr. – 17 n.d.Ztr., römischer Geschichtsschreiber

Lloyd George, David, 1863–1945, englischer Politiker

Löbe, Paul, 1875–1965, Politiker

Locke, John, 1632–1704, englischer Philosoph

Loeber, Valentin, 1620–1685, Schriftsteller

Logau, Friedrich Frhr. von, 1504–1555, Schrittsteller

Lohbauer, Rudolf, o. J., Schriftsteller

Lohberger, Hans, *1920, Schriftsteller

Lohenstein, Daniel Casper, 1635–1683, Schriftsteller

Lohmar, Ulrich, *1928, Politiker

London, Jack, 1876–1916, US-Schriftsteller

Löns, Hermann, 1866–1914, Schriftsteller

Lorenz, Konrad, 1903–1989, Verhaltensforscher

Lortzing. Albert, 1801–1851, Komponist

Lowell, James Russel, 1819–1891, US-Schriftsteller

Löwenthal, Gerhard, *1922, Publizist

Lowitz, Siegfried, *1914, Schauspieler

Lübbe, Hermann, *1926, Philosoph

Lubomirski, Karl, *1939, Schriftsteller

Ludendorff, Erich, 1865–1937, Feldherr

Ludendorff, Mathilde, 1877–1966, Schriftstellerin

Ludwig I., 1786–1868, König von Bayern

Ludwig XI., 1423–1483, König von Frankreich

Ludwig XIV., 1638–1715, König von Frankreich

Ludwig, Otto, 1813–1865, Schriftsteller

Lueger, Karl, 1844–1910, Politiker

Luise, 1776–1810, Königin von Preußen

Lukian, um 120– nach 180, griechischer Schriftsteller

Lukrez, eig. Titus Lucretius Carus, 97–55 v.d.Ztr., römischer Dichter

Luther, Martin, 1483–1596, Reformator

Luxemburg, Rosa, 1870–1919, Politikerin

Lynd, Robert S., 1892–1970, US-Soziologe

Macaulay, Lord Thomas Babington, 1800–1859, englischer Politiker

MacDonald. George, 1824–1905, schottischer Schriftsteller

Machiavelli, Niccolo, 1469–1527, italienischer Staatsdenker

Mackensen, Fritz, 1866–1953, Maler

Magiera, Kurt Martin, 1928–1975, Schriftsteller

Mahler, Gustav, 1860–1911, Komponist

Maier, Reinhold, 1889–1971, Politiker

Maistre, Joseph Marie de, 1753–1821, französischer Politiker, Philosoph

Makarios der Große, ›der Agypter‹, um 300 – nach 380, Mönch

Manfred, 1232–1266, König von Sizilien

Mann, Golo, * 1909–1994, Historiker

Mann, Thomas, 1875–1955, Schriftsteller

Manzoni. Carlo, 1902–1975, italienischer Erzähler

Mao Tse-tung, 1893–1976, chinesischer Politiker

Marais, Jean, * 1913, französischer Schauspieler

Marc, Franz, 1880–1916, Maler

Maria Theresia, 1717–1789, Kaiserin

Marinetti, Filippo Tommaso, 1876–1944, italienischer Schriftsteller

Marinovic, Walter, *1929, Schriftsteller

Marc Aurel, 121–180, römischer Kaiser

Markovic, Ilija, *1940, serbischer Schriftsteller

Markwort, Helmut, *1936, Publizist

Marlowe, Christopher, 1564–1593, englischer Dramatiker

Marquard, Odo, *1928, Philosoph

Martial, Marcus Valerius, um 40 – nach 100, römischer Dichter

Marx, Wilhelm, 1863–1946, Politiker

Maßmann, Hans Ferdinand, 1797–1874, Germanist

Mata Hari, eig. Margaretha Geertruida Zeller, 1876–1917, niederländische Tänzerin, deutsche Kundschafterin

Matthäus, nach kirchlicher Tradition Verfasser des M.–Evangelium, um 90

Matthäi, Albert, 1855–1924, Dichter

Maurer, Reinhart, *1935, Schriftsteller

Mayer Freiwaldau, Rudolf, *1931, Schriftsteller

McCartney, Paul, *1942, Beatmusiker

Mechtersheimer, Alfred, *1939, Schriftsteller

Meinrad, Josef, *1913, Schauspieler

Mejer, Johann Wilhelm, †1871, Jurist

Melichar, Alois, 1896–1977, Komponist

Menander, 342–291 v.d.Ztr., griechischer Komödiendichter

Mendelsohn, Moses, 1728–1786, Philosoph

Menzel, Herybert, 1906–1945, Schriftsteller

Meredith, George, 1828–1909, englischer Schriftsteller

Merkatz, Hans–Joachim von, *1905, Politiker

Merkle, Hans L., * 1913, Industrieller

Messner, Reinhold, * 1944, öster-

reichischer Bergsteiger, Schriftsteller

Metternich, Klemens Lothar Wenzel Fürst von, 1773–1859, Staatsmann

Metz, Karl–Heinz *1946, Schriftsteller

Meves, Christa, * 1929, Psychotherapeutin

Meyer, Conrad Ferdinand, 1825–1898, Schriftsteller

Meyer, Peter, o, J., Kunsthistoriker

Meyhöfer, Annette, o.J., Schriftstellerin

Michaux,, Henri, 1899–1984, belgischer Schriftsteller, Maler

Michel,Otto, 1892–1973, Schriftsteller

Michelangelo Buonarroti. 1475–1564, italienischer Bildhauer, Maler, Baumeister

Miegel, Agnes, 1879–1964, Schriftstellerin

Misic, Dragoslav, *1947, serbischer Schriftsteller

Mitterrand, François, *1916, französischer Politiker

Mitsch, Werner, *1936, Aphoristiker

Mittelstraß, Jürgen, * 1936, Philosoph

Mohammed, um 570–632, Stifter des Islams

Molière, eig. Jean Baptiste Poquelin, 1622–1673, französischer Dichter, Theaterleiter

Möller, Eberhard Wolfgang, 1906–1972, Schriftsteller

Moeller van den Bruck, Arthur, 1876–1925, Schriftsteller

Molnar, Thomas, o. J., ungarischer Schriftsteller

Molo, Walter von, 1880–1958, Schriftsteller

Moltke, Helmuth Graf von, 1800–1891, Feldherr

Mommsen, Theodor, 1817–1903, Historiker

Montaigne, Michel Eyquem de, 1533–1592, französischer Philosoph

Montesquieu de Secondat, Charles de, 1689–1754, Schriftsteller

Montherlant, Henry de, 1896–1972, französischer Schriftsteller

Moreau, Jeanne, *1928, französische Schauspielerin

Morgenstern, Christian, 1871–1914, Schriftsteller

Morhof, Daniel Georg, 1639–1691, Begründer der Literaturgeschichte

Mörike, Eduard, 1804–1875, Schriftsteller

Moscherosch, Johann Michael, 1601–1661, Schriftsteller

Moser, Hans Albrecht, 1882–1978, Musiker, Schriftsteller

Möser, Justus, 1720–1794, Politiker, Schriftsteller

Mozart, Wolfgang Amadeus, 1756–1791, Komponist

Müller, Adam Heinrich, 1779–1829, Staatstheoretiker

Müller, Johannes von, 1752–1809, Historiker

Müller, Wilhelm, 1794–1827, Schriftsteller

Müller–Dietz, Heinz, *1931, Rechtslehrer, Schriftsteller

Münchhausen, Börries Frhr. von, 1874–1945, Schriftsteller

Münzer, Richard, 1864–1930, Schriftsteller

Murner, Thomas, 1475–1557, Schriftsteller

Musil, Robert Edler von, 1830–1942, Schriftsteller

Musset, Alfred de, 1810–1857, französischer Schriftsteller

Napoleon Bonaparte, 1769–1821, Kaiser der Franzosen

Naumann, Friedrich, 1860–1919, Politiker

Navratil, Leo, *1921, Psychiater

Necker, Jacques, 1732–1804, deutsch–französischer Bankier, Politiker, Vater von Mme. de Staël

Neels, Julius, *1915, flämischer Dichter

Neill, Alexander Sutherland, 1883–1973, englischer Erzieher

Nenning, Günther, *1921, Journalist

Nerval, Gérard de, 1808–1855, französischer Dichter

Nestorchronik, 14.–16. Jh., vermutl. im Kiewer Höhlenkloster verfaßte Legenden des 12. Jh.

Nestroy, Johann, 1801–1862, Schriftsteller, Schauspieler

Neubauer, Erika, *1916, Lyrikerin

Neuffer, Martin, *1924, Publizist

Newman, Robert, *1928, US–Manager

Nibelungenlied, um 1200 von unbekanntem Dichter

Nicolson, Sir Harold George,

1886–1968, englischer Diplomat, Schriftsteller

Niederreuther, Thomas, *1909, Maler, Schriftsteller

Nieckisch, Ernst, 1889–1967, politischer Schriftsteller

Niethammer, Friedrich Imanuel, 1766–1848, Zentralschulrat in München

Nietzsche, Friedrich, 1844–1900, Philosoph

Nikolaus von Kues, 1401–1464, Theologe, Philosoph

Nipperdey, Thomas, 1927–1992, Historiker

Noack, Paul, *1925, Schriftsteller

Nolde, Emil, eig. Hansen, 1867–1956, Maler, Graphiker

Nolte, Ernst, *1923, Historiker

Nordau, eig. Südfeld, Max, 1849–1923, Schriftsteller

Noske, Gustav, 1868–1946, Politiker

Nossack, Hans Erich, 1901–1977, Schriftsteller

Novalis, eig. Gg. Ph. Friedrich Frhr. von Hardenberg, 1772–1801, Dichter

Oberkofler, Josef Georg, 1889–1962, Schriftsteller

Oberth, Hermann, 1894–1989, Raumfahrtpionier

Oechsner, Michael, o.J., Dichter der Bayernhymne

Oetinger, Friedrich Christoph, 1702–1782, Theologe

Opitz, Martin, 1597–1639, Dichter

Origines, um 185–254, griechischer Theologe

Ortega y Gasset, José, 1883–1955, spanischer Kulturphilosoph

Orwell, George, eig. E. A. Blair, 1903–1950, engl. Schriftsteller

Osmin, H., o.J. Schriftsteller

Otto I., der Große, 912–973, deutscher König, römischer Kaiser

Otto, Walter Friedrich, 1874–1958, Philologe

Overbeck, Franz, 1837–1905, Theologe

Ovid, eig. Publius O. Naso, 43 v. – 17 n.d.Ztr., römischer Dichter

Oxenstjerna, Axel, 1583–1654, schwedischer Staatsmann

Owlglaß, Dr., eig. Hans Erich Blaich, 1873–1945, Schriftsteller

Pajovic, Milenko, *1953, serbischer Schriftsteller

Palm, Johann Philipp, 1768–1806, Verleger, Buchhändler

Paracelsus, Philippus Theophrastus, eig. von Hohenheim, 1493–1541, Arzt, Philosoph

Pascal, Blaise, 1623–1662, französischer Physiker, Religionsphilosoph

Pasteur, Louis, 1822–1895, französischer Chemiker

Paul, Jean, siehe Jean Paul

Paulus, Eduard, 1837–1907, Kunsthistoriker

Paulus, zuvor Saul, † um 60, Apostel

Pavese, Cesare, 1908–1950, italienischer Schriftsteller

Pawlowa, Anna, 1881–1931, russische Tänzerin

Paz, Octavio, *1914, mexikanischer Schriftsteller

Peale, Vincent, o.J., angelsächsischer Schriftsteller

Penzoldt, Ernst, 1892–1955, Schriftsteller

Perikles, kurz nach 500–429 v.d.Ztr., athenischer Staatsmann

Perse, siehe Saint–John Perse

Pertini, Sandro, 1896–1990, italienischer Politiker

Pertz, Georg Heinrich, 1795–1876, Historiker

Pessoa, Fernando P. de Seabra, 1888–1935, portugiesischer Schriftsteller

Pestalozzi, Johann Heinrich, 1746–1827, Erzieher, Schriftsteller

Petan, Zarko, *1929, slowenischer Schriftsteller

Peter, Ursel, 1923–1970, Lyrikerin

Petöfi, Sándor, 1823–1849, ungarischer Dichter

Petrarca, Francesco, 1304–1374, italienischer Dichter

Petronius Arbiter, Gaius, † 66, römischer Schriftsteller

Petrus, eig. Simon, † um 66, Apostel

Petrus von Blois, um 1130 – um 1211, mittellatein. Theologe, Schriftsteller

Petzold, Alfons, 1882–1923, Schriftsteller

Peyrefitte, Roger, *1907, französischer Schriftsteller

Pfannmüller, Hans, * um 1920, Schriftsteller

Pfau, Ludwig Karl, 1821–1894, Schriftsteller

Pfeffel, Gottlieb Konrad, 1736–1809, Schriftsteller

Pindar, 522 od. 518 – 446 v.d.Ztr., griechischer Dichter

Pinder, Wolfram, o.J., Schriftsteller

Pius XII., Eugenio Pacelli, 1876–1958, Papst

Planck, Max, 1858–1947, Physiker

Platen, August Graf von, 1796–1835, Dichter

Platon, 427–348/7 v.d.Ztr., griech. Philosoph

Plautus, Titus Maccius, um 250 – 184 v.d.Ztr., römischer Komödiendichter

Plutarch, um 46 – um 120, griechischer Philosoph

Pleyer, Wilhelm, 1901–1974, Schriftsteller

Polgar, eig. Polak, Alfred, 1873–1955, Schriftsteller, Kritiker

Pope, Alexander, 1688–1744, englischer Dichter

Porphyrius, um 234 – um 304, griechischer Philosoph

Pound, Ezra, 1885–1972, US–Schriftsteller

Preetorius, Emil, 1883–1973, Graphiker, Bühnenbildner

Presber, Rudolf, 1868–1935, Schriftsteller

Properz, Sextus, um 50 v.d.Ztr. – nach 16 n.d.Ztr., römischer Dichter

Publius Syrus, 1. Jh. v.d.Zw., römischer Schriftsteller

Pulver, Liselotte, *1929, Schauspielerin

Puschkin, Alexander, 1799–1837, russischer Dichter

Pythagoras von Samos, um 570 – um 500 v.d.Ztr., griechischer Philosoph

Quitzoe, Wolf von, * 1931, Schriftsteller

Raab, Julius, 1891–1964, Politiker

Raabe, Wilhelm, 1831–1910, Schriftsteller

Rabelais, François, um 1494–1553, franz. Schriftsteller

Radbruch, Gustav, 1878–1949, Rechtsphilosoph

Radecki, Sigismund von, 1891–1970, Schriftsteller

Radetzky, Joseph Wenzel Graf, 1766–1858, Heerführer

Raimund, Ferdinand, eig. Reimann, 1790–1836, Schriftsteller, Schauspieler

Ramakrischna, 1834–1886, indisch-hinduistischer Reformer

Ranke, Leopold von, 1795–1886, Historiker

Rathenau, Walther, 1867–1922, Industrieller, Politiker

Raulff, Ulrich, o.J., Schriftsteller

Ravage, Marcus Eli, aus Rumänien stammender US-Rabbiner, Schriftsteller, schrieb Januar 1928 in *The Twentieth Century*, New York, über Juden– und Germanentum

Reichenberger, Emanuel J., 1888–1966, Geistlicher

Reimann, Victor, *1915, Publizist, Historiker

Reinecker, Herbert, *1914, Drehbuchautor

Reinmar von Zweter, 13. Jh., Dichter

Reitsch, Hanna, 1912–1979, Fliegerin

Remmers, Werner, *1930, Politiker

Rémusat, Claire Elisabeth Jeanne Gräfin von, 1890–1821, Hofdame

Renan, Ernest, 1823–1892, französischer Religionswissenschaftler

Renard, Jules, 1864–1910, französischer Schriftsteller

Renner, Karl, 1870–1950, Politiker

Repgow, Eike von, um 1180 – nach 1233, Rechtskundiger

Resch, Heinz, o.J., Schriftsteller

Reuss, Eduard, 1804–1891, Theologe

Reuß zur Lippe, Prinzessin Marie Adelheid, 1895–1993, Schriftstellerin

Reuter, Fritz, 1810–1874, Schriftsteller

Richelieu, Armand-Jean du Plessis, 1585–1642, Kardinal, französischer Politiker

Richthofen, Bolko Frhr. von, 1899–1983, Schriftsteller

Riehl, Wilhelm Heinrich von, 1825–1897, Kulturhistoriker

Riesenhuber, Heinz, *1935, Politiker

Rigveda, mehr als 3000 Jahre überlieferte altindoarische Götter– und Weisheitsdichtung

Rilke, Rainer Maria, 1875–1926, Dichter

Rille, Bernd, o. J., Schriftsteller

Ringelnatz, Joachim, eig. Hans Bötticher, 1883–1934, Schriftsteller

Rist, Johann von, 1607–1667, Schriftsteller

Rivarol, Antoine de, 1753–1801, französischer Schriftsteller

Robespierre, Maximilien de, 1758–1794, französischer Revolutionär

Roland, Manon, 1754–1793, französische Republikanerin

Rollenhagen, Georg, 1542–1609, Schriftsteller

Romig, Friedrich, *1926, Universitätsdozent

Roon, Albrecht Graf von, 1803–1879, Generalfeldmarschall

Roosevelt, Franklin Delano, 1882–1945, US-Politiker

Roosevelt, Theodore, 1858–1919, US-Politiker

Rosanow, Wassilij W., 1856–1919, russischer Philosoph, Schriftsteller

Rosegger, Peter, 1843–1918, Schriftsteller

Rost, Johann Christoph, 1717–1765, Schriftsteller

Roth, Eugen, 1895–1976, Schriftsteller

Roth, Joseph, 1894–1939, Schriftsteller

Roth, Stephan Ludwig, 1796–1849, Volksführer der Siebenbürger Sachsen

Rousseau, Jean–Jacques, 1712–1778, französisch-schweizerischer Philosoph

Rudorff, Ernst, 1840–1916, Pianist, Naturschützer

Rückert, Friedrich, 1788–1866, Orientalist, Dichter

Rühmann, Heinz, 1902–1994, Schauspieler

Runge, Philipp Otto, 1777–1810, Maler

Ruskin, John, 1819–1900, englischer Schriftsteller

Russel, Bertrand, 1872–1970, englischer Philosoph

Rüttgers, Jürgen, *1951, Politiker

Rychner, Max, 1897–1965, Schriftsteller

Saar, Ferdinand von, 1833–1906, Schriftsteller

Sachs, Hans, 1494–1576, Meistersinger

Saint–Exupéry, Antoine de, 1900–1944, franz. Schriftsteller

Saint–John Perse, eig. M. R. A. Léger, 1887–1975, französischer Diplomat, Lyriker

Saint–Pierre, Michel de, o. J., Schriftsteller

Sallust, Gaius Crispus, 86–34 v.d.Ztr., römischer Geschichtsschreiber

Salvian, um 400–470, Priester, Schriftsteller

Sand, George, 1804–1876, französische Schriftstellerin

Sander, Hans–Dietrich, *1928, Publizist

Santayana, George, eig. Jorge A. N. Ruiz de S. y Borrás, 1863–1952, span.–amerik. Philosoph

Sartre, Jean–Paul, 1905–1980, französischer Schriftsteller

Schacht, Ulrich, *1951, Schriftsteller

Schadow, Johann Gottlieb, 1764–1850, Bildhauer

Schäfer–Hansen, Heinrich, *1915, Schriftsteller

Schanz, Frida, *1859, Schriftstellerin

Schaukal, Richard von, 1874–1942, Dichter

Schefer, Leopold, 1784–1862, Schriftsteller

Scheffel, Victor von, 1826–1886, Schriftsteller

Scheffler, Horst, o. J., Schriftsteller

Scheler, Max, 1874–1928, Philosoph

Schelling, Friedrich W. J. von, 1775–1854, Philosoph

Schenkendorf, Max von, 1783–1817, Schriftsteller

Scherr, Johannes, 1817–1886, Schriftsteller

Schill, Ferdinand von, 1776–1809, Offizier

Schiller, Friedrich von, 1759–1807, Dichter

Schirnding, Albert von, *1935, Schriftsteller

Schlageter, Albert Leo, 1894–1923, Freikorpskämpfer

Schlegel, August Wilhelm von, 1767–1845, Schriftsteller

Schlegel, Friedrich von, 1772–1829, Philosoph und Schriftsteller

Schleiermacher, Friedrich, 1768–1834, Theologe, Philosoph

Schlieffen, Alfred Graf von, 1833–1913, Stratege

Schliemann, Heinrich, 1822–1890, Altertumsforscher

Schmid, Carlo, 1896–1979, Politiker

Schmidt, Arno, 1914–1979, Schriftsteller

Schmidt, Helmut, *1918, Politiker

Schmidt–Mühlisch, Lothar, *1938, Publizist

Schmitt, Carl, 1888–1985, Staats– und Völkerrechtler

Schneider, Reinhold, 1903–1958, Schriftsteller

Schnitzler, Arthur, 1862–1931, Schriftsteller

Schnorr von Carolsfeld, Julius, 1794–1872, Maler

Schnurre, Wolfdietrich, 1920–1989, Schriftsteller

Schoeps, Hans Joachim, 1909–1980, Historiker

Schöffel, Hedy–Maria, *1919, Lyrikerin

Schopenhauer, Arthur, 1788–1860, Philosoph

Schreiber, Hermann, *1920, Schriftsteller

Schröder, Rudolf Alexander, 1878–1962, Schriftsteller

Schröterus von Güstrow, Januas Hainricus, um 1600, Schriftsteller

Schubart, Christian Friedrich Daniel, 1739–1791, Schriftsteller

Schukow, Georgij K., 1896–1974, Sowjetmarschall

Schumacher, Kurt, 1895–1952, Politiker

Schumann, Gerhard, 1911–1995, Schriftsteller

Schumann, Robert, 1810–1856, Komponist

Schümer, Dirk, o. J., Schriftsteller

Schumpeter, Joseph Alois, 1883–1950, Volkswirtschaftler

Schurz, Carl, 1829–1906, deutsch-amerikanischer Politiker

Schützbach, Rupert, *1933, Schriftsteller

Schweitzer, Albert, 1875–1965, Theologe, Musiker, Arzt

Schwilk, Heino, *1952, Schriftsteller

Scott, Sir Walter, 1771–1832, schottischer Schriftsteller

Seattle, 1786–1866, Indianerhäuptling

Sedlmayr, Hans, 1896–1984, Kunsthistoriker

Seeckt, Hans von, 1866–1936, Generaloberst

Seidel, Florian, 1893–1972, Dichter

Seidel, Heinrich, 1842–1906, Schriftsteller

Seidel, Ina, 1885–1974, Schriftstellerin

Seidenfaden, Theodor, 1886–1979, Schriftsteller

Seipel, Ignaz, 1876–1932, Politiker

Selchow, Bogislaw von, eig. Julius La Fontaine, 1877–1943, Schriftsteller

Seneca, Lucius Annaeus d. J., um 4 v.d.Ztr. – 65 n.d.Ztr., röm. Schriftsteller

Senft, Anton Konrad, 1902 – um 1970, Schriftsteller

Seume, Johann Gottfried, 1763–1810, Schriftsteller

Seymour, Sir Edward H., 1840–1929, britischer Admiral

Shakespeare, William, 1564–1616, englischer Dramatiker

Shapero, Albert, o. J., Schriftsteller

Shaw, George Bernard, 1856–1950, irischer Schriftsteller

Shelley, Percy B., 1792–1822, englischer Dichter

Sheridan, Richard Brinsley, 1751–1816, irisch-engl. Dramatiker

Sieburg, Friedrich, 1893–1964, Schriftsteller

Sigismund, 1368–1437, Kaiser

Silone, Ignazio, 1900–1978, italienischer Schriftsteller

Simmel, Georg, 1858–1918, Soziologe

Simenon, Georges, 1902–1989, belgischer Schriftsteller

Simonides, um 556–467 v.d.Ztr., griechischer Lyriker

Simrock, Karl, 1802–1876, Germanist

Smith, Adam, 1723–1790, schottischer Philosoph, Volkswirtschaftler

Snorri, Sturluson, s. die Edda

Söhnker, Hans, 1903–1981, Schauspieler

Sokrates, um 470–399 v.d.Ztr., griechischer Philosoph

Solon, um 640 – nach 561 v.d.Ztr., athenischer Gesetzgeber

Solschenizyn, Alexander, *1918, russischer Schriftsteller

Sombart, Werner, 1863–1941, Volkswirtschaftler

Sophokles, 497/6–406/5 v.d.Ztr., griechischer Tragödiendichter

Spann, Othmar, 1878–1950, Volkswirtschaftler, Philosoph

Spanuth, Jürgen, *1907, Pastor, Frühgeschichtler

Spasovic, Zoran, *1961, serbischer Schriftsteller

Späth, Lothar, * 1937, Politiker

Spengler, Oswald, 1880–1936, Geschichtsphilosoph

Spervogel, 12. Jh., Minnesänger

Spinoza, Baruch de, 1632–1677, niederländischer Philosoph

Spitteler, Carl, 1845– 1924, Schriftsteller

Spranger, Eduard, 1882–1963, Kulturphilosoph

Springenschmid, Karl, 1897–1981, Schriftsteller

Srbik, Heinrich Ritter von, 1878–1951, Historiker

Stadelmaier, Gerhard, o. J., Schriftsteller

Staël Holstein, Anne Louise Germaine v., 1766–1817, schweiz.-französische Schriftstellerin

Stahl, Friedrich Julius, eig. F. J. Jolson-Uhlfelder, 1802–1861, Rechtsphilosoph, Politiker

Stalin, eig. Jossif W. Dschugaschwili, 1879–1953, georgisch-sowj. Politiker

Stammler, Georg, eig. Ernst Krauß, 1872–1948, Lyriker

Stange, Alfred, o.J., Kunsthistoriker

Stedinger, freies Bauernland in Dithmarschen von 1142 bis 1234

Steguweit, Heinz, 1897–1964, Schriftsteller

Steinbeck, John Ernst, 1902–1968, US–Schriftsteller

Steinbuch, Karl, *1917, Informatiker, Schriftsteller

Stempel, Karl Günther, *1917, Schriftsteller

Stengel von Rutkowski, Lothar, 1908–1993, Arzt und Schriftsteller

Stettenheim, Julius, 1831–1916, Schriftsteller

Stevensen, Adlai E., 1900–1965, US–Politiker

Stifter, Adalbert, 1805–1868, Schriftsteller

Stolberg, Friedrich Leopold Graf zu, 1750–1819, Schriftsteller

Soppe, Daniel, 1697–1747, Dichter

Storm, Theodor, 1817–1888, Schriftsteller

Strauß, Botho, *1944, Schriftsteller

Strauß, David Friedrich, 1808–1874, Theologe

Strauß, Franz Josef, 1915–1988, Politiker

Strauss, Ludwig, 1892–1953, Schriftsteller

Strauss, Richard, 1864–1949, Komponist

Strauß und Torney, Lulu von, 1873–1956, Schriftstellerin

Stresemann, Gustav, 1878–1929, Politiker

Strindberg, August, 1848–1912, schwedischer Schriftsteller

Stüber, Fritz, 1903–1978, Schriftsteller

Sudermann, Hermann, 1857–1928, Schriftsteller

Suevo, Italo, o. J., italienischer Romanschriftsteller

Suttner, Berta von, 1843–1914, Schriftstellerin

Swietochowski, Aleksander, 1849–1938, poln. Schriftsteller

Sybel, Heinrich von, 1817–1895, Historiker

Syberberg, Hans Jürgen, *1935, Regisseur, Schriftsteller

Sylva, siehe Carmen Sylva

Szent-Györgyi, Albert, 1893–1986, ungarischer Biochemiker

Tacitus, Cornelius, 55– nach 116, römischer Geschichtsschreiber

Taft, Robert A., 1889–1953, US–Politiker

Tagore, Rabindranath, 1861–1941, indischer Dichter, Philosoph

Talleyrand, Charles Maurice Herzog von, 1754–1838, französischer Politiker

Tecumseh, um 1768–1813, Indianerhäuptling

Teilhard de Chardin, Marie–Joseph Pierre, 1881–1955, französischer Theologe, Anthropologe

Terentianus Maurus, Ende 3. Jh., römischer Dichter

Terenz, Publius Afer, 185–159 v.d.Ztr., römischer Komödiendichter

Tersteegen, Gerhard, 1697–1769, Dichter

Tertullian, um 160–222, Kirchenlehrer

Thackeray, William, 1811–1863, englischer Schriftsteller

Thälmann, Ernst, 1886–1944, Politiker

Thatcher, Margaret, *1925, englische Politikerin

Themistokles, um 525 – nach 460 v.d.Zw., griechischer Feldherr, Staatsmann

Thiess, Frank, 1890–1977, Schriftsteller

Thietmar von Merseburg, 975–1018, Chronist

Thoma, Hans, 1839–1924, Maler

Thoma, Ludwig, 1867–1921, Schriftsteller

Thomas von Aquin, 1224/5–1274, Theologe, Philosoph

Thomas von Kempen, 1379–1471, Mystiker

Thöne, Richard, *1920, Schriftsteller

Thoreau, Henry David, 1817–1862, US–Schriftsteller

Thukydides, um 460 – nach 400 v.d.Ztr., griechischer Geschichtsschreiber

Tieck, Ludwig, 1773–1853, Philologe

Tiedge, Christoph August, 1752–1841, Schriftsteller

Tocqueville, Alexis de, 1805–1859, franz. Staatsdenker

Tolstoi, Leo Graf, 1828–1910, Schriftsteller

Tönnies, Sybille, o. J., Schriftstellerin

Trajan, Mareus Ulpius, 53–117, römischer Kaiser

Treitschke, Heinrich von, 1834–1906, Historiker

Trescho, Sebastian Friedrich, 1733–1804, Theologe, Lehrer Herders

Trojan, Johannes, 1837–1915, Schriftsteller

Tschechow, Anton P., 1860–1904, russischer Schriftsteller

Tschopp, Charles, 1899–1981, Schriftsteller

Tucholsky, Kurt, auch ›Ignaz Wrobel‹, 1890–1935, Schriftsteller

Turgenjew, Iwan, 1818–1883, russischer Schriftsteller

Twain, Mark, eig. Samuel Langhorn Clemens, 1835–1910, US–Schriftsteller

Uhland, Ludwig, 1787–1862, Germanist, Schriftsteller

Uhle–Wettler, Franz, *1927, General a.D., Schriftsteller

Uhle–Wettler, Reinhard, *1932, General a.D.

Uhlen, Gisela, *1919, Schauspielerin

Unamuno, Miguel de, 1864–1936, portugiesischer Schriftsteller

Unger, Joseph, 1828–1913, Jurist, Politiker

Unruh, Friedrich Franz von, 1893–1986, Schriftsteller

Usedom, Guido von, 1854–1925, zuletzt Admiral

Ustinow, Peter, *1921, englischer Schauspieler, Schriftsteller

Valéry, Paul, 1871–1945, französischer Schriftsteller

Vansittart, Robert G., 1881–1957, englischer Politiker

Vauvenargues, Luc de Clapiers de, 1715–1745, französischer Schriftsteller

Venatier, Hans, 1903–1959, Schriftsteller

Venohr, Wolfgang, *1925, Schriftsteller

Vergil, Publius V. Maro, 70–19 v.d.Ztr., römischer Dichter

Verweyen, Theodor, 18. Jh., Schriftsteller

Vesal, Andreas, 1514/5–1564, Mediziner

Vespasian, Titus, 9–79, römischer Kaiser

Versper, Will, 1882–1962, Schriftsteller

Virchow, Rudolf, 1821–1902, Pathologe

Vischer, Friedrich Theodor von, 1807–1887, Philosoph, Schriftsteller

Vogts, Berti, *1946, Bundestrainer

Voltaire, eig. François Marie Arouet, 1694–1778, französischer Philosoph und Schriftsteller

Voß, Johann Heinrich, 1751–1826, Schriftsteller

Vring, Georg von der, 1889–1968, Schriftsteller, Maler

Vrzina, Milovan, *1951, serbischer Schriftsteller

Wagener, Hermann, 1815–1889, Zeitungsherausgeber

Waggerl, Heinrich, 1897–1973, Schriftsteller

Wagner, Ernst, 1769–1812, Schriftsteller

Wagner, Richard, 1813–1883, Komponist, Schriftsteller

Walesa, Lech, *1943, polnischer Politiker

Walser, Martin, *1927, Schriftsteller

Walter, eig. Blankenmüller, Johann, 1496–1570, Kantor, Komponist

Walters, Hellmut, * 1930, Schriftsteller

Walther von der Vogelweide, um 1170 – um 1230, Dichter, Minnesänger

Washington, George, 1732–1799, US–General, Politiker

Wavell, Earl Archibald P., 1883–1950, britischer Feldmarschall

Weber, Carl Maria von, 1786–1826, Komponist

Weber, Karl Julius, 1767–1832, Schriftsteller

Weber, Max, 1864–1920, Soziologe und Wirtschaftswissenschaftler

Weckherlin, Georg Rudolf, 1584–1653, Dichter

Wedekind, Frank, 1864–1918, Schriftsteller

Wegeler, Franz Gerhard, 1765–1848, Arzt, Schriftsteller

Weidlé, Wladimir, o. J., Kunsthistoriker

Weigel, Hans, 1908–1991, Schriftsteller

Weinheber, Josef, 1892–1945, Schriftsteller

Weininger, Otto, 1880–1903, Psychologe

Weisgerber, Leo, 1899–1985, Sprachwissenschaftler

Weißmann, Karlheinz, *1959, Schriftsteller

Weizsäcker, Carl Friedrich von, * 1912, Physiker

Welk, Ehm, eig. Emil, 1884–1966, Schriftsteller

Welles, Orson, 1915–1985, US–Schauspieler

Wellington, Arthur Herzog von, 1769–1852, brit. Heerführer

Wells, Herbert George, 1866–1946, englischer Schriftsteller

Wels, Otto, 1873–1939, Politiker

Werfel, Franz, 1890–1945, Schriftsteller

Werner, Zacharias, 1768–1823, Schriftsteller

Whitehead, Alfred North, 1861–1947, englischer Mathematiker, Philosoph

Wickenburg–Almásy, Wilhelmine Gräfin, 1845–1890, Schriftstellerin

Wickert, Ulrich, o. J., Schriftsteller

Wicki, Bernhard, *1919, Schauspieler

Wieland, Christoph Martin, 1733–1813, Schriftsteller

Wilbrandt, Adolf von, 1837–1911, Schriftsteller

Wilde, Oscar, 1854–1900, irischer Schriftsteller

Wildenbruch, Ernst von, 1845–1909, Schriftsteller

Wildgans, Anton, 1881–1932, Schriftsteller

Wilder, Thornton, 1897–1975, US–Schriftsteller

Wilhelm II., 1859–1941, Kaiser

Wilhelm I. von Oranien, von Nassau–Dillenburg, 1533–1584, Statthalter in den Niederlanden

Williams, Charles Hambury, 18. Jh., engl. Botschafter in Wien

Williams, Tennessee, 1911–1983, US-Dramatiker

Willms, Bernard, 1931–1992, Politologe

Wilson, Thomas Woodrow, 1856–1924, US-Politiker

Winckelmann, Johann Joachim, 1717–1768, Archäologe

Winnig, August, 1878–1956, Politiker, Schriftsteller

Winterhager, Eberhard, o. J., Schriftsteller

Wittgenstein, Ludwig, 1889–1951, Philosoph

Wolandt, Gerd, *1928, Philosoph

Wolff, Uwe, *1955, Schriftsteller

Wölfflin, Heinrich, 1864-1945, Kunsthistoriker

Wolfram von Eschenbach, um 1175 - um 1220, Dichter, Minnesänger

Wolzogen, Ernst Ludwig Freiherr von, 1855-1934, Schriftsteller

Xenophanes, um 570 – um 470 v.d.Ztr., griechischer Philosoph, Dichter

Xenophon, um 430–nach 355 v.d.Ztr., griechischer Geschichtsschreiber

Yajurveda, religiöse Spruchweisheit innerh. der altindischen Veden, siehe Rikveda

Zahrnt, Heinz, *1915, Theologe, Schriftsteller

Zarathustra, um 628 – um 551 v.d.Ztr, altpersischer Religionsstifter

Zehm, Günther, o. J., Schriftsteller

Zeppelin, Ferdinand Graf von, 1838–1917, Offizier und Luftfahrtpionier

Zhou En-lai, 1898–1976, chinesischer Politiker

Zille, Heinrich, 1858–1929, Zeichner

Zillich, Heinrich, 1898–1988, Schriftsteller

Zimmermann, Hans Felix, o. J., Schriftsteller

Zincgref, Julius Wilhelm, 1591—1635, Schriftsteller

Zola, Emile, 1840-1902, französischer Schriftsteller

Zweig, Stefan, 1881–1942, Schriftsteller

Zwingli, Ulrich, 1484–1531, Reformator

Sachverzeichnis